Lexikon der Modelleisenbahn

Lexikon der MODELL- EISENBAHN

von Manfred Hoße, Claus Dahl,
Hans-Dieter Schäller und Joachim Schnitzer

trans
press

Titelfoto: Klawian

ISBN 3-344-70755-8

© 1996 by transpress Verlag, Postfach 10 37 43,
70032 Stuttgart.
Ein Unternehmen der Paul Pietsch Verlage GmbH + Co.
4. Auflage 1997

Druck: studiodruck GmbH & Co., 72622 NT-Raidwangen
Bindung: Karl Dieringer, 70839 Gerlingen
Printed in Germany

Die Stichwörter sind vom ersten bis zum letzten Buchstaben nach dem Alphabet geordnet, auch wenn ein Stichwort aus mehreren Wörtern besteht. Zusammengesetzte Stichwörter, die eingeführte Begriffe darstellen, werden nach dem Anfangsbuchstaben des ersten Wortes eingeordnet, z. B. „achshalterloses Drehgestell" unter „a". Die Umlaute ä, ö, ü gelten in der alphabetischen Reihenfolge wie a, o, u; ß gilt wie ss.

Synonyme zum Stichwort erscheinen kursiv. Im Artikeltext wird das Stichwort i. allg. mit dem bzw. den Anfangsbuchstaben abgekürzt, also „Abdecken" mit „A" und „achshalterloses Drehgestell" mit „a. D.".
Der Vermerk „Abb." am Schluß eines Artikels deutet darauf hin, daß zum betreffenden Stichwort eine Abbildung gehört; der Hinweis auf eine Abbildung in einer Bildtafel ist durch „→ Tafel …" gegeben.

Hinweise für die Benutzung

A

Abdecken: Überdecken bestimmter Bauteile oder Flächen beim Farbspritzen, die gar keine oder eine zweite Farbe erhalten sollen. In der industriellen Fertigung werden zum A. Abdeckvorrichtungen verwendet, die durch Eigenmasse, Klemm- oder Magnetwirkung am Werkstück haften oder in die das Werkstück eingelegt wird. Für den meist nur einmaligen Gebrauch können einfache Abdeckvorrichtungen aus Zeichenkarton o. ä. durch *Selbstbau* leicht hergestellt werden. Meist ist aber auch ein A. mit selbstklebendem Einfaßband (wie es zum Einfassen von Transparentzeichnungen verwendet wird), evtl. kombiniert mit Abdeckschablonen aus Zeichenkarton oder Papier, ausreichend. Stark klebende Klebebänder sind dafür ungeeignet, da sie beim Entfernen die vorhandene Farbschicht leicht abheben können. Das zeitraubende und nicht ganz risikolose A. kann entfallen, wenn z. B. → Fahrgestell, → Wagenkasten und →

Fahrzeugdach getrennt gefertigt und somit auch einzeln farbgespritzt werden können.

Abdeckschablone: → Abdecken

Abdrücksignal: am Scheitel des → Ablaufbergs aufgestelltes Rangiersignal, das vom Rangierleiter bedient, dem Lokführer die Signalbegriffe „Halt", „Langsam abdrücken" und „Mäßig schnell abdrücken" übermittelt. Ausführung a) als Formsignal – vor einer Scheibe drehbarer weißer Balken mit schwarzem Rand, nachts angeleuchtet; b) als Lichtsignal – umschaltbarer weißer Lichtstreifen (jeweils 5 Lichter) auf achteckigem Signalschirm. Signalbilder sind in jedem Falle nach vorn und hinten sichtbar. A. wird immer öfter durch Sprechfunk u. ä. ersetzt. Bei *Selbstbau* ist die Herstellung des Form-A. relativ einfach. Da mittels Magnetantrieb i. d. R. nur zwei Signalbegriffe möglich sind, kann man sich durchaus mit „Halt" und einem Abdrückbegriff begnügen. Als Lichtsignal ausgeführt, sollten die verschiedenen Signalbilder mittels → Flutlicht (z. B. Lichtleitkabel) ausgeleuchtet werden. Abb.

abisolieren: Entfernen der Ummantelung von → Schaltlitze oder → Schaltdraht mittels Abisolierzange, Seitenschneider oder Messer.

Abkanten, *Biegen:* zur Umformtechnik zählende spanlose Bearbeitungsart. Die Formgebung erfolgt mit einer Abkantmaschine oder einer Abkantpresse im kalten Zustand des Werkstoffs. Beim *Selbstbau* kann man eine Abkantmaschine mit Hilfe eines →Maschinenschraubstocks nachahmen, wobei als Biegewange ein sog. Biegeklotz aus Aluminium oder Hartholz dienen kann. Schmale Profile lassen sich jedoch nach dieser Methode nicht herstellen. Hierfür muß das Prinzip der Abkantpresse angewendet werden, wozu gewisse Voraussetzungen notwendig sind. Sofern keine Spindel- oder Handpresse zur Verfügung steht, kann eine Tischbohrma-

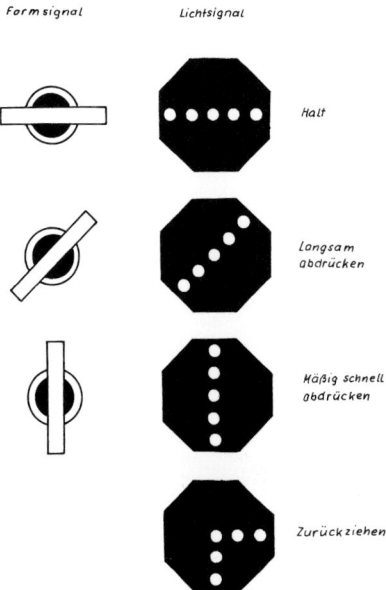

Formsignal   *Lichtsignal*

Halt

Langsam abdrücken

Mäßig schnell abdrücken

Zurück ziehen

Abdrücksignal
mit den verschiedenen Signalbegriffen

schine als Presse dienen (vorher Netzstecker abziehen). Außerdem sind als Biegewerkzeuge eine Matrize mit Anschlagschiene und ein Biegestempel erforderlich. Die dargestellte Form des Biegestempels, der mit einem Zapfen in das Oberteil der Presse bzw. des Bohrfutters eingespannt wird, gestattet nicht nur das A. von V-Profilen und das relativ scharfkantige Biegen von Fahrzeugwänden und anderen Blechteilen, sondern auch das A. von Profilen, wozu aber ein zweimaliges A. erforderlich ist. Die Matrize, die eine längs eingefräste V-Nut erhält, sollte möglichst mit der Anschlagschiene auf dem Pressentisch festgespannt werden. Da es sich nur um eine Behelfslösung handelt, sind Blechdicken und Profillängen in der Bearbeitung sowie der Arbeitsdruck (sofern er nur mittels Tischbohrmaschine erzeugt wird) begrenzt. Abb.

Ablaufberg: Erhebung eines Rangiergleises mit Gegensteigung, Gipfel, Steilrampe und Zwischenneigung, der zum Zerlegen und Bilden von Zügen auf Rangierbahnhöfen dient. Bei der *Modellbahn* ist der A. überdimensional anzulegen, um bei den geringen Wagenmassen einen ausreichenden Auslauf zu erzielen. Er ist nur für

große Modellbahnanlagen zu empfehlen, da sehr platzaufwendig. → Schwungmasse.

Abreibebuchstabe: Buchstaben, Zahlen, Symbole die auf einem Trägermaterial aufgebracht sind und durch Reiben auf den zu beschriftenden Gegenstand übertragen werden. Sie werden in verschiedenen Größen und Farben vom Handel angeboten und eignen sich für die Beschriftung von Fahrzeugen und Gebäuden, zur Herstellung

Abkanten
Abkantwerkzeug in einer Tischbohrmaschine, mit verschiedenen abgekanteten Bauteilen

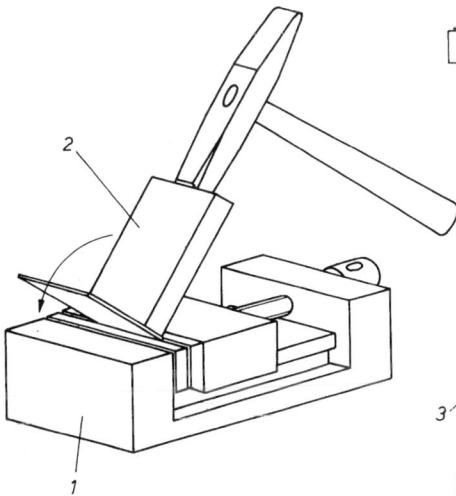

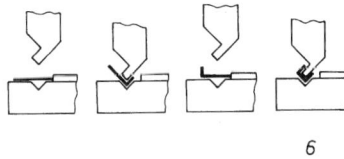

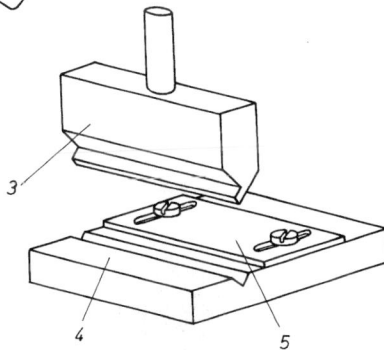

6

Abkanten
Abkantwerkzeug: 1 Maschinenschraubstock, 2 Biegeklotz, 3 Biegestempel mit Einspannzapfen, 4 Matrize, 5 Anschlagschiene oder -platte, 6 Abkantbeispiel U-Profil

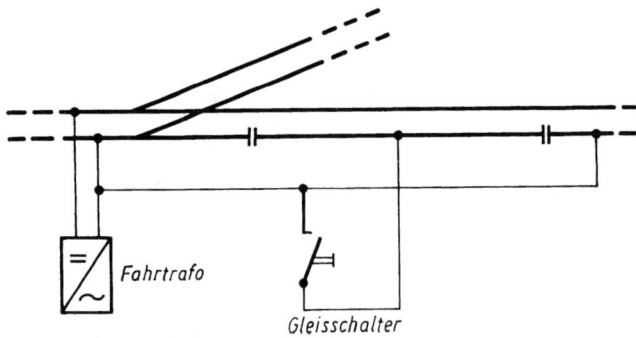

Abschaltgleis
Grundschaltung

von Leiterzügen für elektronische Schaltungen u. v. a.

abschaltbares Gleis: → Abschaltgleis

Abschaltgleis: von den übrigen Gleisen einer Modellbahnanlage elektrisch abgetrennter Gleisabschnitt, dessen → Fahrstromversorgung mit einem → Schalter oder mit anderen elektromechanischen oder elektronischen Schaltelementen wahlweise zu- bzw. abgeschaltet werden kann. Die A. sind Grundlage der → Abschaltsteuerung bzw. A-Schaltung und ermöglichen das spannungsfreie Abstellen eines → Triebfahrzeuges, während auf der übrigen Anlage ein weiteres Triebfahrzeug verkehren kann. Ein A. wird meistens durch einpoliges Trennen (z. B. mit → Trenngleisen) einer der beiden Fahrschienen (Abb.) oder einer Stromzuführungsleitung hergestellt. Zur Vereinfachung der Schaltung werden alle Trennstellen einer Modellbahnanlage in die gleiche Schiene eingefügt, während die an-

dere, nicht getrennte Schiene als → gemeinsamer Rückleiter verwendet wird. Die Anzahl der A. ist nicht begrenzt. Sie finden Verwendung als → Bahnsteiggleise, → Stumpfgleise und → Abstellgleise. Abb.

Abschaltsteuerung, *A-Schaltung:* Steuerung, mit deren Hilfe → Abschaltgleise automatisch oder von Hand betätigt werden können. Ihr liegt eine besondere Methode der → Fahrstromversorgung der gesamten Gleisanlage mit einem → Fahrstromsteller zugrunde. Die Kurzbezeichnung dieser Steuerungsart ist A-Schaltung (A für Abschaltung). Grundelement der A. sind → Abschaltgleise, wodurch der wechselweise Einsatz mehrerer → Triebfahrzeuge bzw. Züge möglich ist. Der mit der unterbrochenen Schiene verbundene Pol des → Fahrstromstellers führt über Schaltelemente (z. B. Gleisschalter) zu den einzelnen Abschaltgleisen. In dieser Form ist nur Einzugbetrieb mit abwechselnden Zugfahrten möglich. Werden mehrere getrennte Stromkreise mit je einem Fahrstromsteller aufgebaut, so ist auf der Gesamtanlage → Mehrzugbetrieb durch den Betrieb einzelner Züge in den selbständigen Stromkreisen möglich. Die A. eignet sich besonders für Anfänger- und Kleinanlagen. → Übergangssteuerung, → Zuschaltsteuerung. Abb.

Abspannmast: ein spezieller Fahrleitungsmast, an dem mit Hilfe von Abspanngewichten die durch Tempera-

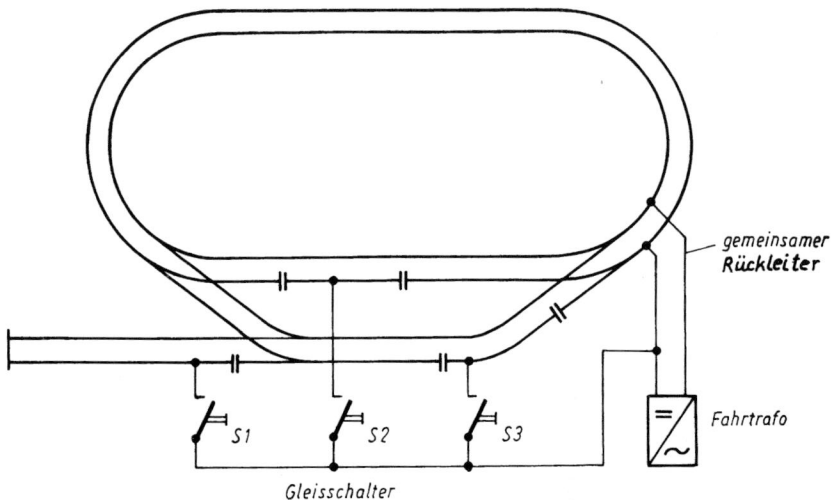

Abschaltsteuerung
mit einem Fahrstromversorgungsgerät

turschwankungen auftretenden Fahrdrahtlängenveränderungen ausgeglichen werden. A. sind oft als Turmmast ausgeführt. Sie sollen auf der Modellbahnanlage, die mit einer → Fahrleitung überspannt ist, nicht fehlen. A. werden von den Fa. Sommerfeld (H0) und Arnold (N) angeboten.

Abspannstrecke: Strecke, die durch die Aufstellung der → Abspannmaste begrenzt wird.

Abspannung, *Nachspannung:* Teil des Kettenwerks, in dem zwei aufeinanderfolgende Nachspannungslängen an den Masten beweglich nachgespannt werden. Es muß ein sicheres Überleiten der → Dachstromabnehmer der Triebfahrzeuge zwischen den → Fahrdrähten beider Kettenwerke gewährleistet sein.

Abstandsbrett: meistens aus Holz gefertigtes Distanzstück in Klotz-, Brett- oder Leistenform zum Tragen der Trassenbretter auf Modellbahnanlagen, die als → offene Anlagenform gebaut sind. Die A. werden auch zum Tragen der → Geländehaut bei der → Landschaftsgestaltung verwendet.

Abstellbahnhof: Gleisanlage zum Abstellen von Zuggarnituren zwischen den Zugfahrten. A. sind fast nur bei großen Personenbahnhöfen vorhanden. Da A. bei Modellbahnanlagen sehr platzintensiv sind, werden sie auf dem sichtbaren Teil der Modellbahnanlage kaum dargestellt. Verdeckte A. sind aber sehr wichtig, da sie einen abwechlungsreichen Fahrbetrieb ermöglichen.

Abteilwagen: → Reisezugwagen, bei dem der Fahrgastraum in Einzelabteile gegliedert ist. Die Abteile sind nur durch nach außen aufschlagende Seitenwandtüren erreichbar. Ein Übergang zwischen einzelnen A. ist nicht möglich. Nach dem Krieg wurden zahlreiche ältere 2-, 3- und 4achsige A. durch Rekonstruktion modernisiert (→ Rekowagen, → Umbauwagen). Abb.

ABW: Abk. für Außenbogenweiche.

Abzweigstelle: Bahnanlage der freien Strecke, wo Züge ein Gleis der freien Strecke unter Freigabe desselben für einen anderen Zug verlassen oder in dieses einfahren können. Eine A. ist

Abteilwagen
preußische Länderbauart in H0 (Roco)

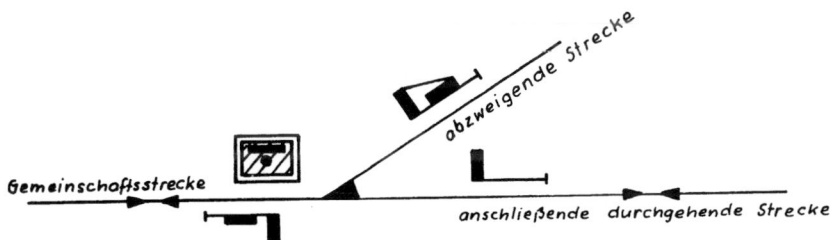

Abzweigstelle
schematische Darstellung

stets mit → Hauptsignalen zu sichern. Abb.

Aceton: fruchtartig riechende, leicht flüchtige Flüssigkeit, die zum → Kleben von Polystyrolteilen und zum Entfetten von Metallteilen verwendet werden kann.

Achsabstand: Abstand von Achs- und Wellenlagern innerhalb eines Getriebes. Bei Getrieben mit → Zahnradeingriff (z. B. → Stirnradgetriebe, → Schneckengetriebe usw.) muß der A. genau eingehalten werden. Berechnung des A.: → Getriebeberechnung

Achsanordnung: symbolische Kennzeichnung der Anordnung der Achsen (→ Radsatz) im → Laufwerk von Triebfahrzeugen. Gemäß UIC-Merkblatt 612 V verwenden alle der UIC angeschlossenen Bahnverwaltungen eine einheitliche A.bezeichnung. Danach wird die Anzahl der aufeinanderfolgenden → Laufachsen durch arabische Zahlen, die der Treibachsen durch große lateinische Buchstaben gekennzeichnet, wobei die alphabetische Reihenfolge die Anzahl der aufeinanderfolgenden Treibachsen angibt. Treibachsen, die nicht gekuppelt sind, sondern Einzelantriebe haben, erhalten zusätzlich den Index o. *Beispiele:* 2 Laufachsen, 3 angetriebene gekuppelte Achsen, 1 Laufachse = A. 2C1. 1 Laufachse, 2 einzeln angetriebene Achsen = A. 1Bo. Zu einem → Laufdrehgestell gehörende und nicht im Hauptrahmen gelagerte Achsen werden besonders gekennzeichnet, bei nur einer Ziffer oder einem Buchstaben durch Apostroph, bei mehr als einer Ziffer bzw. einem Buchstaben durch Klammer. Dabei bedeutet z. B. 2′ = 2 vom Hauptrahmen unabhängige Laufachsen; C′ = 3 angetriebene, gekuppelte Achsen im Drehgestell; Bo′ = 2 einzeln angetriebene Achsen im Drehgestell; (1A) = 1 Laufachse und 1 angetriebene Achse im Drehgestell. Bei mehreren voneinander trennbaren und unabhängigen Einheiten werden Symbole durch Pluszeichen verbunden. Beispiel: 3teiliger Schnelltriebwagen (Bauart Köln), bestehend aus Triebwagen plus Mittelwagen plus Triebwagen = A. 2′Bo′ + 2′2′ + Bo′2′. Die A. wird bestimmt durch zulässige Achsfahrmasse, Fahrzeugmasse und beeinflußt die Führung des Triebfahrzeuges im Gleis.

Achse: Hauptbauteil zur Verbindung eines Räderpaars zum →Radsatz

Achsfolge: → Achsanordnung

Achshalter: Bauteil des → Untergestells der Eisenbahnwagen, das zur Führung des → Achslagergehäuses dient. Bei der *Modellbahn* dient der A. meist zur direkten Lagerung des → Radsatzes. Ein *Selbstbau* ist durch U-förmiges Biegen eines passend zu-

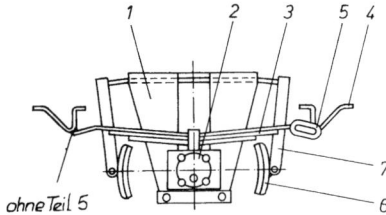

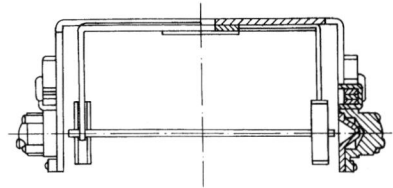

ohne Teil 5

Achshalter
mit Achslagergehäuse, Tragfedern, Federaufhängung,und Bremseinrichtung, in vereinfachter Ausführung für den Selbstbau, speziell für kleinere Nenngrößen: 1 Achshalter mit eingedrückten Achslagern, 2 Achslagergehäuse, 3 Blattfeder, 4 Federbock, 5 Federschake, 6 Bremsklotz, 7 Hängeeisen

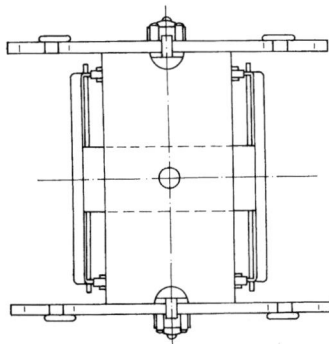

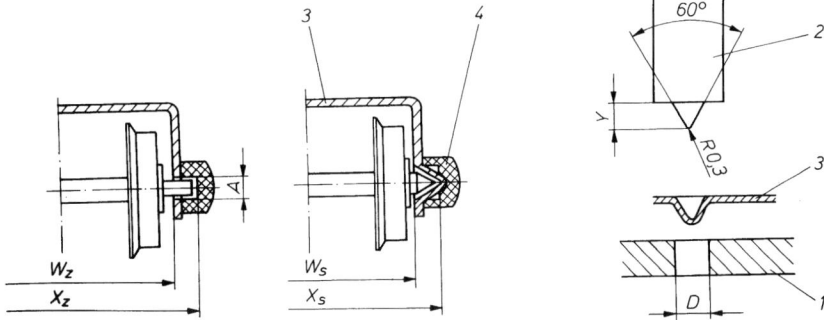

Achslager
1 Matrize (Stahlplatte),
2 Drückstempel,
3 Achshalter mit eingedrücktem Achslager,
4 aufgeklebtes Achslagergehäuse

geschnittenen Blechstücks möglich, in das zuvor beidseitig bei → Zapfenlagerung Bohrungen und bei → Spitzenlagerung kegelförmige Vertiefungen als → Achslager eingearbeitet wurden. Entgegen dem Vorbild können besonders bei kleineren Nenngrößen A. neben der Achslagerung auch als Halteelement für → Achslagerblenden bzw. für die Befestigung der → Tragfedern (→ Blattfedern) und → Achslagergehäuse dienen. Abb. (s. auch Abb. → Laufwerk)

achshalterloses Drehgestell: Drehgestell, bei dem die → Achslagergehäuse nicht im Drehgestellrahmen, sondern in speziellen Aufhängungen geführt werden.

Achslager: innerhalb des → Achslagergehäuses liegendes, die → Achsschenkel umschließendes Maschinenbauteil zur Stützung und Führung der → Achsen. Bei der *Modellbahn* befindet sich das A. in Form von Bohrungen oder kegelförmigen Vertiefungen meist direkt im → Achshalter. Beim *Selbstbau* wird der Lagerkegel nach → NEM mit Hilfe einer Matrize und eines entsprechend gedrehten Druckstempels eingedrückt, möglichst mit einer Handpresse oder ersatzweise mit einer Tischbohrmaschine. Abb., Tab.

Achslagerblende: aus Plast o. ä. Werkstoff gefertigte vorbildgerechte Nachbildung des gesamten → Laufwerks (Achshalter bzw. Drehgestell-Rahmenwangen einschließlich der → Tragfedern und →Achslagergehäuse sowie ggf. Bremsklötze). Die A. dient nur bei Verwendung von verschleißfestem Werkstoff gleichzeitig als →Achslager, ansonsten nur als Attrappe zum Verkleiden der meist metallenen → Achshalter. Beim *Selbstbau* kann zur

Herstellung von A. die → Gießharztechnik angewendet werden; bei Herstellung in Metallbauweise → Achshalter

Achslagergehäuse: die → Achslager umschließendes und abdichtendes Gehäuse, auf das sich der Fahrzeug- bzw. Drehgestellrahmen mit →Tragfedern abstützt. Bei der *Modellbahn* wird das A. als Attrappe innerhalb der Achslagerblende dargestellt. Beim *Selbstbau* kann das A. als Dreh- oder Gußteil (Zinn oder Gießharz) gefertigt werden. Das A. wird am → Achshalter oder → Drehgestellrahmen mit → Zweikomponentenkleber befestigt. Abb.

Achsschenkel: Abschnitt einer → Achse, der vom → Achslager aufgenommen wird. Bei der *Modellbahn* sind A. zylindrisch oder spitzkegelig ausgeführt (→ Spitzenlagerung, → Zapfenlagerung) und nach →

Achslagergehäuse
vereinfachte Ausführung: 1) Gleitlager älterer Bauart, 2) Gleitlager der Austauschbauart, 3) Gleitlager neuerer Bauart, 4) Rollenlager der UIC-Bauart

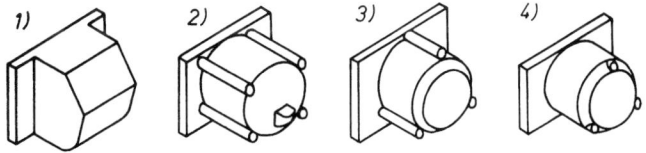

Achslager

Nenngröße	Spurweite in mm	A	D	Y	Ws	Wz	Xs	Xz
Z	6,5	–	1,3	0,9	9,0	–	10,8	–
N	9,0	–	1,6	1,2	12,5	–	15,2	–
TT	12,0	1,0	1,7	1,3	16,5	17,4	19,0	20,6
H0	16,5	1,0	2,0	1,6	21,4	22,4	25,0	25,8
S	22,5	1,5	3,0	2,3	28,6	29,6	33,7	34,4
0	32,0	2,0	–	–	–	41,0	–	47,0
I	45,0	3,0	–	–	–	55,0	–	64,7

Maßabweichungen (Toleranzen) s. NEM 313 und NEN 314 im Anhang

1)   *2)*

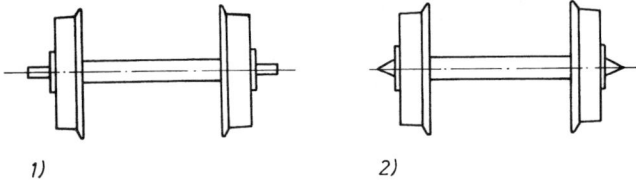

Achsschenkel
1) Radsatz mit zylindrischen Achsschenkeln,
2) Radsatz mit spitzkegeligen Achsschenkeln

Amperemeter
a) prinzipieller Anschluß an das Meßobjekt, b) Meßbereichserweiterung. Der Nebenwiderstand R_P läßt sich mit den Formeln
$R_P = U_i/(I_B-I_i) =$
$R_i/(n_i-1)$ oder
$P_{RP} = U_i^2/R_P$ errechnen
(mit U_i = Spannung am Meßgerät Vollausschlag, I_i = Strom am Meßgerät bei Vollausschlag, $R_i = U_i/I_i$ Meßgeräteinnenwiderstand, $n_i = I_B/I_i$, I_B zu messender Strom bei Vollausschlag (neuer Meßbereich), P_{RP} = Verlustleistung im Nebenwiderstand)

Analogbetrieb
Zusammenhang zwischen Fahrspannung und Geschwindigkeit (bzw. Drehzahl der Antriebsmotoren) der Triebfahrzeuge, a) gestufte Spannungsänderung, b) kontinuierliche Spannungsänderung. s = Anlaufschwelle des Motors

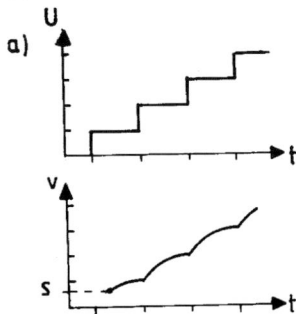

NEM 313 und NEM 314 standardisiert (→ Radsatz). Abb.
Achsstand: Abstand der Achsen bei Eisenbahnfahrzeugen. → Lenkachse, → Bogenläufigkeit
Akkumulator-Triebwagen: → Speichertriebwagen
Altern von Modellen: farbliche Behandlung von Modellen, um Betriebsspuren bzw. Umwelteinflüsse wie Schmutz, Rost, Flickstellen an Schienen- und Straßenfahrzeugen, Gebäuden nachzubilden. Die Modelle wirken dann nicht mehr so ladenneu, sondern erhalten ein wirklichkeitsnahes Aussehen. Entsprechende Farb-Sets werden vom Handel angeboten, z. B. von der Firma TRIX.

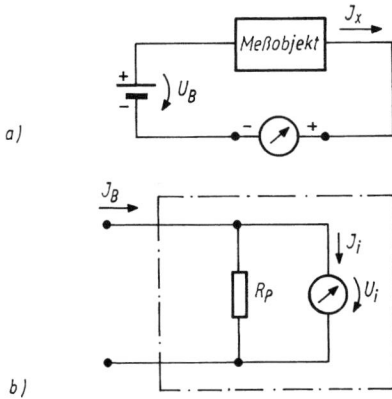

a)

b)

Aluminium: Kurzzeichen Al, Leichtmetall mit einer Dichte von 2,7 g/cm³, das sich sehr gut bearbeiten läßt. Es ist handelsüblich in den verschiedensten Formen und Abmessungen, wie z. B. Blech, Profile, Rundmaterial, Rohre. A. ist gut geeignet für den Anlagen- und Modellbau.
Amperemeter, *Strommesser:* elektrisches Meßgerät zur Messung der elektrischen Stromstärke. Sie erfolgt grundsätzlich in → Reihenschaltung des A. zum Meßobjekt, das vom zu messenden Strom durchflossen wird. Der Innenwiderstand des A. muß im Verhältnis zum → Widerstand des Meßobjektes möglichst klein sein (ideal: = 0), um den durch die zusätzlichen Spannungsabfall bedingten Meßfehler niedrig zu halten. Für die Praxis ist ein Verhältnis ≦ 1:100 anzustreben. Die Messung von Strömen, die größer sind als der Meßbereich zuläßt, ermöglicht die → Parallelschaltung eines Widerstandes (Shunt) zum Meßgerät, wodurch der zu messende Strom nur z. T. durch das Meßgerät fließt (Meßbereichserweiterung). Bei analogen Strommeßgeräten werden Drehspul- oder Dreheisenmeßwerke eingesetzt, bei digitalen elektronische Wandler und Anzeigedisplays. → Voltmeter. Abb.
Analogbetrieb: Art der Steuerung von Modellbahn-Funktionen, bei der die gesteuerte Größe (z. B. Spannung, Strom) innerhalb festgelegter Grenzen (Minimal- und Maximalwert) beliebige Werte annehmen kann. Häufigste Anwendung bei der → Fahrstromversorgung mit Stellwiderstand oder Stelltransformator, wobei der Antriebsmotor eine der Stellung des Drehknopfes entsprechende Drehzahl annimmt. Im erweiterten Sinn der Definition kann darunter auch die Beeinflussung des Fahrstromes mittels Stufenschalter verstanden werden, obwohl das streng genommen kein A. ist, sondern ein diskreter Betrieb, eine Vorstufe der → digitalen Steuerung. Hierbei wird in einigen handelsüblichen → Fahrstromstellern ein Stufenschalter in Anlehnung an den Fahrstufenschalter der Triebfahrzeuge des Vorbildes verwendet. Die Trägheit des Motors bzw. des Fahrzeuges führt trotz der sprunghaften Spannungsänderung zum annä-

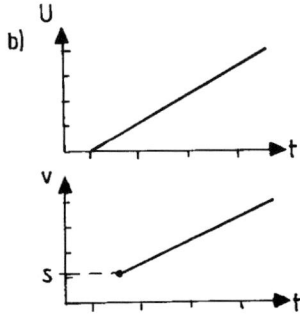

a)   *b)*

hernd gleichmäßigen Übergang von einer Drehzahlstufe zur anderen. → Digitalbetrieb. Abb.

analoge Steuerung: eine Steuerung, bei der sich der Wert der gesteuerten Größe innerhalb festgelegter Grenzen, der Minimal- und Maximalwerte, – bei der *Modellbahn* z. B. die Fahrspannung zwischen 0 und 12 V –, beliebig ändern kann. → Analogbetrieb, → Digitalbetrieb, → digitale Steuerung, → digitale Mehrzugsteuerung

An-der-Wand-entlang-Anlage: vorteilhafte → Anlagenform, die eine Variante der → offenen Anlagenform darstellt und auf → Bahnhofsbrettern und → Streckenbrettern an den Wänden entlang aufgebaut wird. Die A. bietet sehr gute Möglichkeiten, vorbildgetreue → Streckenführung und realistische → Landschaftsgestaltung wiederzugeben. → Anlagenform

Anfahrschaltung: besondere Fahrstromsteuerung zur Verbesserung des Anfahrverhaltens von Triebfahrzeugen der Modellbahn. Durch Verwendung des → Halbwellenbetriebes oder der → Pulsbreitensteuerung sind Verbesserungen möglich. → Rangiergang.

Anlagenbeleuchtung: Beleuchtung der Modelle, wie z. B. Gebäude, Fahrzeuge sowie Straßen, Plätze, Bahnhofsanlagen usw. zur Gestaltung eines echten Nachtbetriebes auf Modellbahnanlagen. Verwendung finden dabei Kleinstglühlampen, die jedoch nicht mit der vollen Betriebsspannung betrieben werden sollten (→ Reihenschaltung). Man erzielt dadurch eine bessere Lichtwirkung und erhöht gleichzeitig die Lebensdauer der Glühlampen. Gebäude sind nicht vollständig zu beleuchten, sondern nur einzelne Fenster oder Schaufenster. Für die A. sollte man einen gesonderten Beleuchtungstrafo verwenden. Beleuchtete Gebäude sind so aufzustellen, daß ohne Schwierigkeiten ein Glühlampenwechsel möglich ist.

Anlagenbepflanzung: Ausgestaltung der Modellbahnanlage mit nachgebildeten Bäumen, Sträuchern, Hecken usw. Einen Wald sollte man aus Kostengründen nicht unbedingt nachbilden wollen. Eine gut durchgestaltete Baumgruppe in Verbindung mit Sträuchern wirkt wesentlich besser und natürlicher. Von handelsüblichen Baumnachbildungen sollte unbedingt der Fuß oder der Sockel entfernt werden, bevor sie „eingepflanzt" werden. Laubbäume lassen sich durch Verwendung von Gräsern, Moosen und kleinen Zweigen leicht selbst herstellen, wobei zur Herstellung von Laubbäumen und Büschen sich besonders eingefärbtes Isländisches Moos eignet. Auch ein kleiner Kahlschlag wirkt oft belebend und auflockernd.

Anlagenentwurf: dem Bau einer Modellbahnanlage vorausgehende Planung und Projektierung. Der A. umfaßt die zur Verfügung stehende Grundfläche, die Wahl des → Anlagenmotivs sowie der → Anlagenform und die Gleisplangestaltung unter Beachtung der gewählten → Nenngröße. Beachtet sollte auch werden, ob die geplante Modellbahnanlage für Ausstellungen vorgesehen ist. Es ist zweckmäßig, die Anlage aus mehreren, gut zu transportierenden Teilen herzustellen. Zum A. gehört auch das Zeichnen der Schaltpläne.

Anlagenform: äußere Form der Anlagengrundfläche. Die häufigsten A. sind die Rechteckanlage, L-förmige, U-förmige, → An-der-Wand-entlang Anlage. Die Tendenz geht von der noch oft gebauten Rechteckanlage zu den für den Fahrbetrieb interessanteren und wirklichkeitsnahen L-, U-förmigen und An-der-Wand-entlang-Anlage. → offene Anlagenform.

Anlagengestaltung: Gesamtbezeichnung für alle Arbeiten, die zum vorbildgerechten Aussehen und dem entsprechenden Betriebsablauf beitragen. Dazu zählen Gleisführung, Bahnhofsgestaltung, eine der Natur und dem Anlagenthema entsprechende Geländegestaltung, → Anlagenbepflanzung, → Anlagenbeleuchtung, richtige Auswahl der Gebäude und der → Signale. Die A. sollte stets so sein, daß die Modellbahnanlage nicht überladen wirkt.

Anlagenhöhe: Höhe der Grundfläche der Modellbahnanlage über dem Fußboden. Dabei entspricht die Grundfläche der Höhe ± 0 auf der Anlage, d. h., es können Teile der Anlage höher (Berge, → Bahndämme) bzw. tiefer liegen (→ Einschnitte, → hängende Schlucht). Die A. ist vom Standpunkt des Betrachters, von der Form, von der Größe und vom Verwendungszweck der Anlage abhängig. Die A. sollte bei → Lehranlagen und → Ausstellungsanlagen wegen der besseren Überschaubarkeit 90 cm nicht überschreiten; dagegen kann die A. der → offenen Anlagenform bedenkenlos 120 bis 130 cm betragen. Landschaft und Eisenbahn rücken dadurch in den normalen Blickwinkel des Betrachters.

Anlagenmotiv: Leitgedanke beim Bau einer Modellbahnanlage. Das A. beinhaltet die 3 Hauptpunkte *Thema, Ort* und *Zeit* der Anlage. Beliebte *Themen* sind die Gestaltung von 1- und 2gleisigen Hauptbahnen, Neben-, Klein- und Schmalspurbahnen sowie deren Kombinationen. Unter *Ort* der Anlage versteht man z. B. Flachland, Hügelland, Mittel- oder Hochgebirge. Die Festlegung der *Zeit* ist ebenfalls vor Baubeginn zu treffen, da von ihr der Einsatz der Fahrzeugtypen und des weiteren Zubehörs abhängt. Werden alle Hauptpunkte aufeinander abgestimmt, läßt sich eine gute Gesamtwirkung der Anlage erzielen.

Anlagenthema: → Anlagenmotiv

Anlaufwinkel: in Gleiskrümmungen entstehender Winkel zwischen der Rollrichtung des Radsatzes und der Schienenlängsrichtung. Der A. ist abhängig vom Krümmungshalbmesser und dem festen → Achsstand des Fahrzeuges. Je kleiner der A. ist, desto besser ist das Fahrverhalten in Gleiskrümmungen.

Anreißen: Anzeichnen von Linien und Konturen auf einem Werkstück. Das A. geschieht mit einer Reißnadel oder einem spitzen Bleistift und stets von einer geraden Kante, der Bezugskante, aus. *Hilfsmittel:* Gliedermaßstab, Lineal, Anschlagwinkel. Auf der Reißlinie werden Körnerpunkte gesetzt. Biegekanten sollte man bei dünnen Blechen wegen der Bruchgefahr nur mit dem Bleistift anreißen.

Ansatzschraube: umgangssprachliche Bezeichnung für eine Linsenkopfschraube mit Ansatz. Die A. dient hauptsächlich zum Befestigen beweglicher Bauteile (z. B. → Drehgestell, → Kuppelstange). Fehlt beim *Selbstbau* eine entsprechende A., kann auch die normale Zylinderschraube (mit gerollter oder gedrehter Buchse versehen) den gleichen Zweck erfüllen. Abb., Tab.

Anschlußbahn: nichtöffentliche oder beschränkt öffentliche Eisenbahn, die unmittelbar an das öffentliche Gleisnetz angeschlossen ist. Über eine Anschlußweiche und ein → Anschlußgleis werden Güterwagen des öffentlichen Verkehrs zu Be- und Entladestellen des Anschließers bewegt. Bei der *Modellbahn* ist die A. beliebt, da sie zur Belebung des Betriebsablaufes beiträgt.

Anschlußbild: → Interface

Anschlußgleis: handelsübliches Gleisstück mit Anschlußklemmen oder Anschlußdrähten, das zur Einspeisung des Fahrstromes in das Gleis oder die Gleisanlage dient. Es sollte etwa alle 2 m Gleis ein A. vorgesehen werden, um Spannungsabfälle, die durch Übergangswiderstände an Schienenstößen hervorgerufen werden, wesentlich zu verringern. Abb.

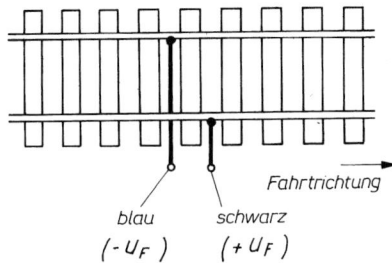

Fahrtrichtung

blau — schwarz
$(-U_F)$ — $(+U_F)$

Anschlußgleis

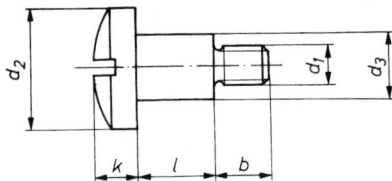

Ansatzschraube
Abmessungen

Ansatzschraube

d1	M1,4	M1,6	M2	M2,5	M3
d2	3,5	4	4,5	6	7
d3	2	2,5	2,8	3,5	4
b	2,2	2,5	3	3,5	4,5
k	1,2	1,3	1,5	1,8	2
	1	1	1,6	1,6	1,6
	1,6	1,6	2	2	2
l	2	2	4	4	4
	4	4	6	6	6
				8	8
					10

Anschlußstelle: Bahnanlage der freien Strecke, wo ein an das Streckengleis angeschlossenes Gleis durch Züge bedient wird, ohne daß das Streckengleis für einen anderen Zug freigegeben wird.

Anschlagwinkel: aus Holz oder Metall bestehendes Hilfsmittel, das zum rechtwinkligen Anreißen von Werkstücken dient. Dabei wird der A. an eine Bezugskante angelegt.

Anstrich: farbliche Behandlung von Modellen und Gelände, um ihnen ein vorbildgetreues Aussehen zu verleihen. Für den A. benutzt man → Plakatfarben, Latexfarben oder → Nitrofarben. → Altern von Modelle.

Antriebsarten: Eisenbahn-Triebfahrzeuge werden durch Dampfmaschine, Verbrennungsmotor oder Elektromotor angetrieben. Bei der *Modellbahn* wird der Dampfantrieb nur bei größeren → Nenngrößen und meist nur in besonderen Fällen angewendet. Vorherrschend ist der elektrische Antrieb mit → Fahrmotor (→ Motor), wobei die Steuerung durch ortsfeste Geräte (→ Fahrstrom, →Transformator) über die → Schienen zum Triebfahrzeug erfolgt. Bei einem Triebfahrzeug, in dem ein Fahrmotor nicht untergebracht werden kann, kann ggf. der → indirekte Antrieb angewendet werden.

Arbeitskontakt, *Schließer:* Kontakt an Schaltgeräten (z. B. → Schalter, → Relais), der in Ruhestellung (Relais abgefallen) den Stromkreis unterbricht und ihn bei seiner Betätigung (Relais angezogen) schließt. → Ruhekontakt, → Umschaltkontakt

Arbeitswagen: Güterwagen, der für innerbetriebliche Transporte (Baustoffe, Asche usw.) eingesetzt wird. Bei der *Modellbahn* kann nach Umbeschriftung ein offener Güterwagen älterer Bauart mit relativ niedrigen Bordwänden als A. eingesetzt werden. Abb.

A-Schaltung: Kurzbezeichnung für → Abschaltsteuerung

Ätztechnik: Technologie zur Herstellung von Teilen auf fotografisch-chemischem Wege. 1) *Materialien und Chemikalien:* Messingblech (max. 297 mm × 210 mm = Format DIN A 4), Foto-Positiv-Lack, farbloser Lack, Eisen-III-Chlorid, Ätznatron, 1 Fotoschale 240 mm × 300 mm, 1 PVC-Plastwanne (5 l Fassungsvermögen), 1 Fotolampe (500 W), 1 Vorrichtung zum Aufhängen der Messingplatte. 2) *Anfertigen der Ätzvorlage:* a) gewünschte(s) Teil(e) mit gut deckender → Ausziehtusche in etwa 5facher Vergrößerung auf glattes Transparentpapier oder Zeichenkarton zeichnen, so daß sich Feinheiten (Nietköpfe, Schilder, Zierlinien) besser zeichnen lassen; b) Bezugsmaß für fotografische Verkleinerung eintragen; c) Fotografie und anschließende Reproaufnahme der Zeichnung in gewünschter Originalgröße auf Lithographie-Film, die direkte Ätzvorlage (Anfertigung in einem Schwarz-Weiß-Labor ist zu empfehlen). 3) *Vorbereiten der Messingplatte:* a) mit Haushaltsscheuermittel und Papiertaschentüchern Platte von Fett befreien; b) mit Wasser abspülen und mit Papiertüchern sauber und trocken reiben; c) Sauberkeitskontrolle unter fließendem Wasser (ein zusammenhängender Film muß sich bilden), Achtung: nicht mehr mit den Fingern auf die Platte fassen; d) Platte trocken reiben; e) Rückseite mit farblosem Lack gegen Ätzmittel schützen; f) auf blanker Vorderseite gleichmäßig, aber nicht

Arbeitswagen

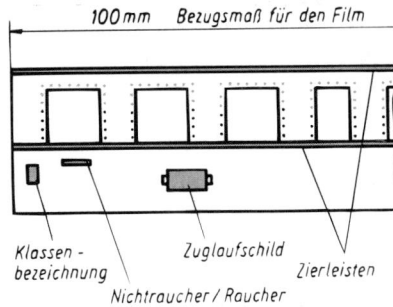

100mm Bezugsmaß für den Film

Größer als PVC-Wannenbreite

∅20mm

PVC, HGW o.ä.

10–20mm

schwergängig

∅10mm

Klassen-bezeichnung

Zuglaufschild

Zierleisten

Nichtraucher / Raucher

Ätztechnik
1) Ätzvorlage, 2) Aufhängevorrichtung für zu ätzende Platten

zu dick Foto-Positivlack auftragen, der sofort zu einer dünnen, lichtempfindlichen bläulichen Schicht verläuft; g) Platte 24 Stunden in dunklem Raum bei Zimmertemperatur trocknen lassen. 4) *Belichten, Entwickeln und Ätzen der Messingplatte:* a) Film direkt auf beschichtetes Messingblech und zusammen zwischen 2 Glasplatten legen; b) Belichtung mit der 500-W-Fotolampe, Abstand Lampe – Objekt 400 mm, Belichtungszeit etwa 40 min; c) Entwicklung in Ätznatronlösung (7 g Ätznatron in 1 l Wasser) in der Plastwanne bei gedämpftem Tageslicht; Vorsicht: mit Handschuhen arbeiten, da ätzende Wirkung; wenn Zeichnungskonturen nach einigen Minuten metallisch blank und schleierfrei sind, ist die Platte entwickelt; d) Platte gründlich abwaschen und mit Papiertaschentüchern abtrocknen und nicht mit den Fingern auf die Platte fassen; e) Ätzung in Eisen-III-Chlorid (300 bis 350 g Eisen-III-Chlorid in 1 l Wasser), dabei mit Gummihandschuhen arbeiten; Platte mit Haltevorrichtung in Ätzbad tauchen (belichtete Seite nach oben) und mehrmals im Bad bewegen, damit eine gleichmäßige Ätztiefe erreicht wird (bei 18 bis 20 °C werden für 0,1 bis 0,5 mm Ätztiefe etwa 4 bis 6 Stunden benötigt); f) wenn alle Konturen und Details sauber herausgeätzt sind, Platte unter fließendem Wasser gut abspülen, mit Bürste und Scheuermittel blank scheuern, erneut spülen und abtrocknen. 5) *Fertigstellung der Einzelteile:* Teile an Begrenzungslinien aussägen und weiterbearbeiten, danach zum fertigen Modell zusammenbauen. Abb.

Aufbauten: behälterförmiger Teil eines Fahrzeugs, das auf einem → Fahrgestell aufgebaut ist und zur Aufnahme von Personen, Gütern bzw. von Antriebs- und sonstigen Aggregaten dient. Die A. bei Wagen und Triebfahrzeugen mit Antriebsmotor (Diesel-bzw. E-Lok) werden allgemein als → Wagenkasten bezeichnet. Bei Wagen wird zwischen aufgesetzten, mittragenden und freitragenden A. bzw. Wagenkästen unterschieden. *Selbstbau:* → Wagenkasten, → Fahrzeugdach

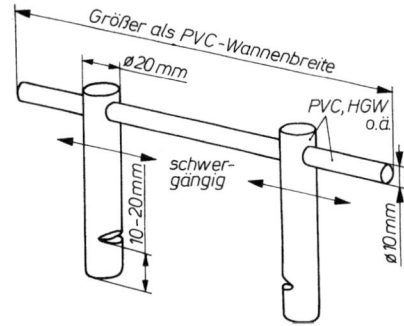

Auffahren: Umstellen einer Weiche durch ein Schienenfahrzeug, das eine Weiche vom Weichenende aus den nichteingestellten Fahrweg befährt und dabei die erforderliche Weichenstellung mit den Spurkränzen der ersten Fahrzeugachse erzwingt, d. h. die Zungen in die Gegenlage drückt. Alle Weichenverschlüsse sind zur Vermeidung von Entgleisungen und Beschädigungen von Weichenteilen auffahrbar. Bei den Modellbahnherstellern sind die Weichen meistens auch auffahrbar, d. h., es gibt bei falscher Weichenstellung keinen Kurzschluß durch den fahrenden Zug.

Auflager: → Brückenlager

Aufschneiden von Weichen: Vorgang an spitzbefahrenen Weichen, wobei ein Rad des Schienenfahrzeuges infolge Nichtanliegens der Weichenzunge an der Backenschiene zwischen beide gerät und dann entgleisen kann.

Ausfahrgleis: Hauptgleis eines Bahnhofs, aus dem im regelmäßigen Betrieb nach der Bahnhofsfahrordnung die Züge ausfahren.

Ausfahrgruppe: Gruppe von → Ausfahrgleisen auf großen Rangierbahnhöfen

Ausfahrsignal: Hauptsignal, das die Ausfahrt aus einem →Bahnhof auf die Strecke sichert. Alle Gleise, aus denen regelmäßig Züge ausfahren, erhalten A. (→ Gruppenausfahrsignal). Für Nebenbahnen sind Ausnahmen zulässig.

Ausgleichgleis: Paßstück zum Ausgleich von Längendifferenzen beim Aufbau einer Gleisanlage unter Verwendung industriell hergestellter Gleise.

Ausleger: aus Rohrmaterial drehbar am Fahrleitungsmast angebrachte Vorrichtung zur isolierten Aufhängung einer oder mehrerer → Fahrleitungen. A. werden abwechselnd mit kurzem oder langem Stützrohr angebracht, um eine Zickzackführung des Fahrdrahtes zu erreichen. Bei der *Modellbahn* werden die A. fest am Mast angebracht und sind ebenfalls kurz oder lang (→ Zickzackführung). Bei handelsüblichen Masten sind die Aufnahmeösen für die Aufhängung der Fahrdrähte vorhanden. Abb.

Auslegermast: Mast zur Aufnahme der → Ausleger

Ausrundungsbogen: Begriff für die Ausrundung des → Brechpunkts beim Übergang von einem waagerechten Gleis in eine → Neigung. Abb.

Außenbahnsteig: → Bahnsteig, der an den äußeren Gleisen einer mehrgleisigen Strecke liegt. Ein A. eignet sich gut für → Haltepunkte.

Außenbogenweiche: im Gleisbogen liegende einfache Weiche, deren Stamm- und Zweiggleis entgegengesetzt gekrümmt sind. Eine A. wird eingebaut, wenn durch örtliche Gegebenheiten der Einbau einer normalen Weiche nicht möglich ist. Sie wird auch für die Bildung von Gleisgruppen und für Kehranlagen angewendet. → Weichenformen

Ausstellungsanlage: Modellanlage, die a) zum Vorführen des Produktionsprogramms dient (Messeanlage) oder b) von Einzelpersonen bzw. Arbeitsgemeinschaften gezeigt wird, um der Öffentlichkeit einen Einblick in Betriebsabläufe und Ergebnisse der Freizeitbeschäftigung mit Modellbahnen geben zu können.

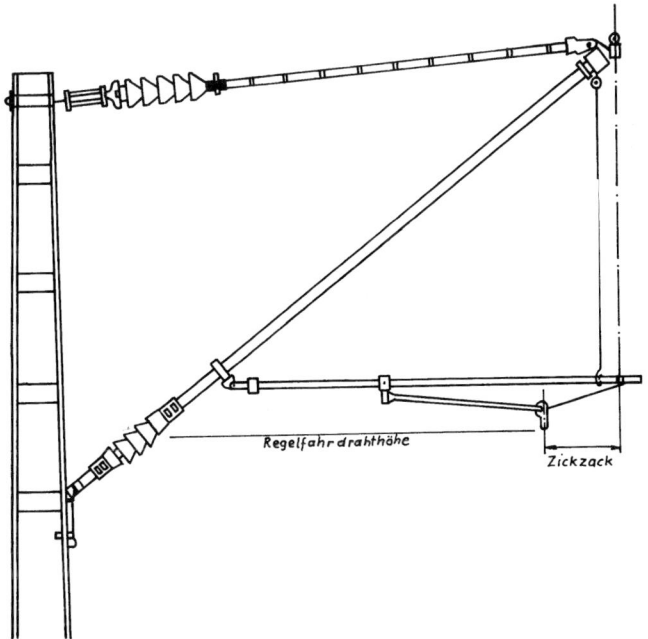

Regelfahrdrahthöhe
Zickzack

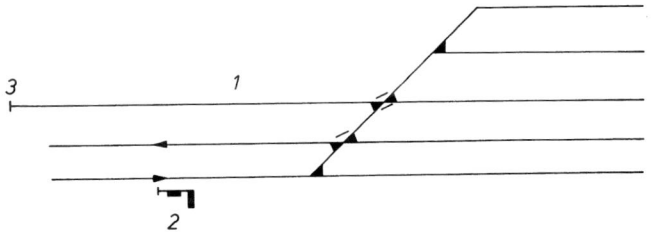

3   1

2

Ausziehgleis: Rangiergleis für das Vorziehen (Ausziehen) von Zugteilen beim Rangieren in Bahnhöfen, ohne daß die durchgehenden Hauptgleise benutzt werden müssen. A. ist oft als Stumpfgleis und mit z. T. niedrigem → Ablaufberg ausgelegt. Abb.

Ausziehtusche: wasserfeste Spezialtusche zum Anfertigen von technischen Zeichnungen und für Beschriftungen aller Art, die der Handel in verschiedenen Farben anbietet.

automatische Kreuzungsblockierung: spezielle elektrische oder elektronische Steuerschaltung an → Kreu-

Ausleger
Rohrschwenkausleger für Kettenwerksfahrleitung der DR

Ausziehgleis
schematische Darstellung mit 1 Ausziehgleis, 2 Einfahrsignal, 3 Prellbock

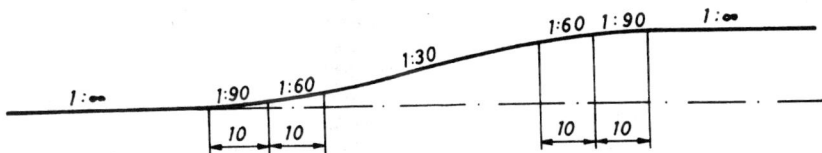

1:∞   1:90 1:60   1:30   1:60 1:90   1:∞

10   10   10   10

Ausrundungsbogen
Ausrundung einer Steigungsstrecke mittels verschiedener Neigungen

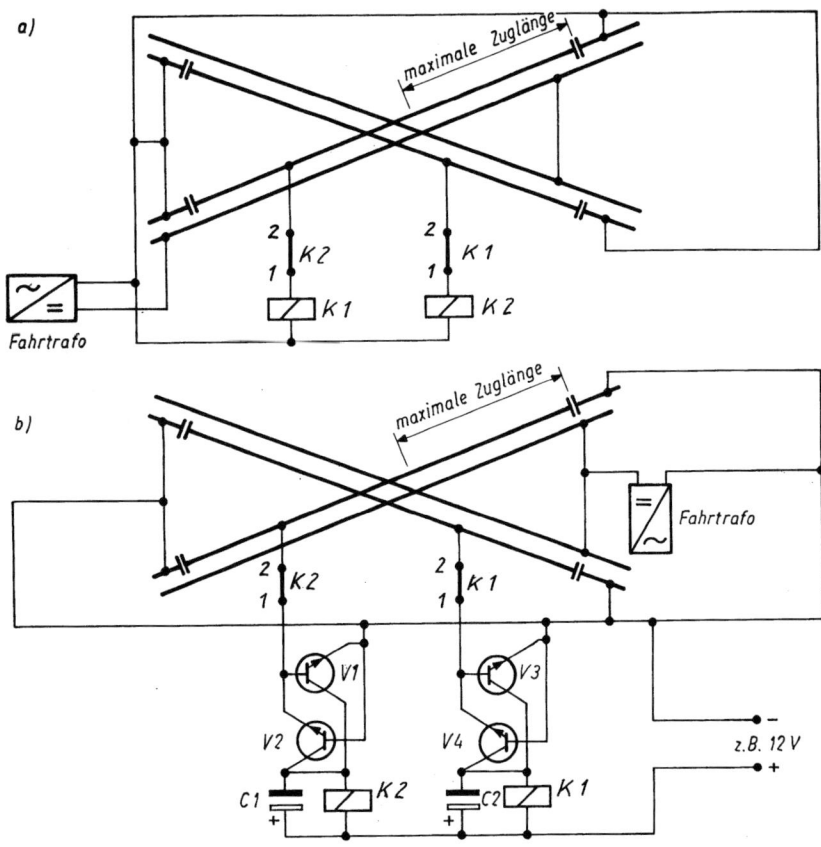

a)

maximale Zuglänge

Fahrtrafo

b)

maximale Zuglänge

Fahrtrafo

z.B. 12 V

automatische Kreuzungsblockierung a) mit 2 niederohmigen Relais (Stromrelais), b) Transistorschaltung mit höherer Empfindlichkeit (V1 bis V4 Silizium-npn-Leistungstransistoren 1 - 3 A, C1 = C2 = 47 µF, K1 = K2 = 12 V-Relais)

zungen zur Vermeidung von Zusammenstößen sich kreuzender Züge. Die a. K. ist eine Vorrangschaltung, d. h., der Zug, der als erster den Kreuzungsbereich erreicht, hat freie Durchfahrt. Der auf dem anderen Gleisstrang sich später nähernde zweite Zug wird solange gestoppt, bis der erste den Kreuzungsbereich verlassen hat. Die Abbildung zeigt eine a. K., bestehend aus zwei → Relais. Fährt ein Zug in den durch Trenngleise begrenzten Kreuzungsbereich ein, so zieht das zugehörende Relais an. Sein → Ruhekontakt unterbricht die Fahrstromversorgung für das andere Gleis. Weitere Kontakte der Relais können z. B. zur Steuerung von → Deckungssignalen verwendet werden. Die Relaiswicklung muß einerseits einen relativ niedrigen Widerstand besitzen, damit der durch ihn verursachte Fahrspannungsabfall nicht zu groß wird. Andererseits muß das Relais noch so empfindlich sein,

daß es auch bei langsam fahrenden Zügen mit geringem Fahrstrom sicher anspricht. Durch elektronische Steuerungen kann dieser Mangel verbessert werden. Diese Spezialsteuerung verliert an Bedeutung infolge der verbesserten Nachbildung der Eisenbahnsicherungstechnik bei der *Modellbahn* mit Hilfe der Elektronik, z. B. durch Fahrwegprüfung, -steuerung und Signalverriegelung. Abb.

automatische Kupplung: selbsttätig kuppelnde und ggf. auch lösende Verbindung von Eisenbahnfahrzeugen (meist → Mittelpufferkupplung) als vereinigte Zug- und Stoßeinrichtung. *Vorteile:* Erleichterung der Rangierarbeit, Beförderung größerer Zugmassen, Verringerung der Längsbewegung im Zugverband. Bei der *Modellbahn* wird die a. K. prinzipiell in Form der → Bügelkupplung oder → Klauenkupplung angewendet. Der Kuppelvorgang geschieht automatisch, die Entkupplung von Hand oder auf einem → Entkupplungsgleis (→ Kupplung). Abb.

automatischer Lichtwechsel: automatisches Umschalten der Zugspitzen- und Zugschlußsignale bei Fahrtrichtungswechsel. Bei → Gleichstrombetrieb kann der a. L. mit → Gleichrichterdioden erreicht werden. Die Gleichrichter bewirken, daß an der Zugspitze die weißen, am Zugschluß die roten Signallampen leuchten. Es können beliebige Gleichrichter verwendet werden, ihre Auswahl richtet sich nach der maximalen Betriebsspannung und der Stromaufnahme der Lampen. Das Schaltungsprinzip gilt auch für → Lichtemitterdioden einschließlich ihrer Vorwiderstände. Abb.

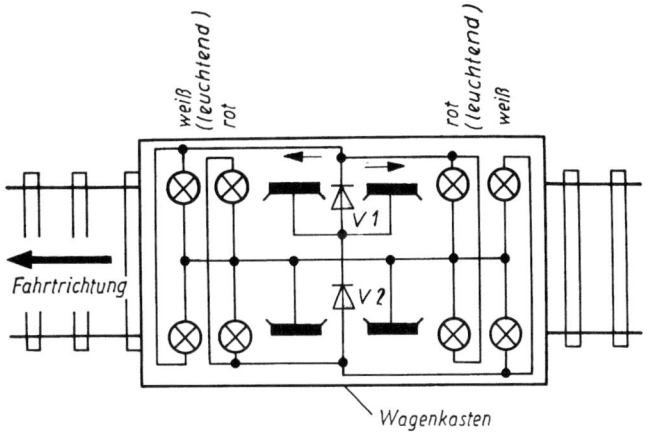

automatischer Lichtwechsel
(V1 = V2 = 1 bis 3 A-Siliziumdiode

automatischer Streckenblock, *Selbstblockung:* selbsttätige Steuerung zur Sicherung von Zugfahrten auf der freien Strecke, die durch → Hauptsignale bzw. → Blocksignale in Blockabschnitte unterteilt ist. Die Grundstellung der Signale ist dabei i. allg. eine Fahrtstellung. Ein in den Blockabschnitt einfahrender Zug stellt das zugehörige Blocksignal auf Halt und nach dessen Verlassen wieder in eine Fahrtstellung zurück. Ein nachfolgender Zug kann in den Blockabschnitt erst einfahren, wenn ihn der vorausfahrende verlassen hat. Die praktische Ausführung des a. S. geschieht

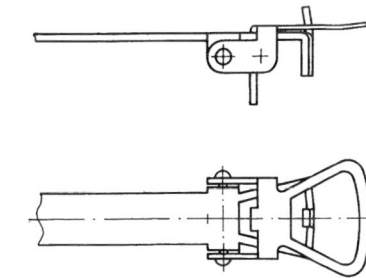

1)

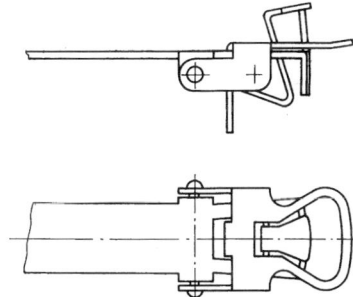

2)

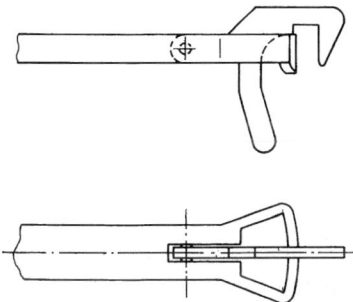

3)

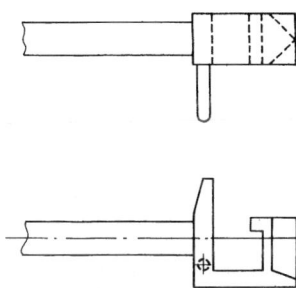

4)

automatische Kupplung
häufig angewendete Modellbahnkupplungen: 1) Bügelkupplung mit beweglichem Bügel, 2) Bügelkupplung mit Vorentkupplung, 3) Bügelkupplung mit beweglichem Kupplungshaken (auch Hakenkupplung genannt), 4) einfachste Ausführung einer Klauenkupplung

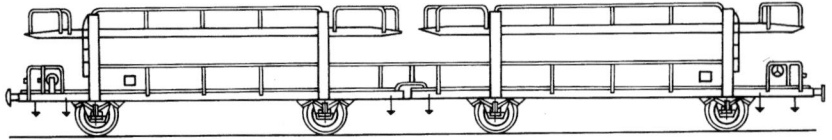

Autotransportwagen kurzgekuppelt als Doppelwagen

bei der *Modellbahn* durch Kombination von signalabhängigen Fahrsperren (→ Fahrsperre) und der → zugbetätigten Signalrückstellung. Neben den meistens angewendeten → Relais und → Gleiskontakten als Schaltelemente sind auch elektronische Lösungen für die a. S. möglich.

automatische Steuerung: eine Steuerung, bei der die gesteuerte Größe selbsttätig beeinflußt wird. Die a. S. läuft bei der *Modellbahn* meistens nach Programm (Programmsteuerung) ab, d. h. entweder als Ablaufsteuerung, z. B. fällt das Hauptsignal bei Vorbeifahrt des Zuges selbsttätig auf Halt, oder als Zeitplansteuerung, z. B. bei der selbsttätigen Abfahrt eines Zuges zu einem bestimmten Zeitpunkt. Die Steuerung der Modellbahn mittels → Steuercomputer ist am weitgehendsten automatisiert.

automatische Zwangshaltschaltung: → Fahrsperre

Autotransportwagen: Spezialgüterwagen zum Transport von Kraftfahrzeugen. Unterscheidung in geschlossene und offene, meist 2stöckige A. Der A. besteht vielfach aus zwei kurzgekuppelten 2achsigen → Flachwagen mit absenkbarem Oberdeck. Die Kraftfahrzeuge werden durch Radvorleger gesichert. 4achsige A. werden auch in schnellfahrende Reisezüge eingestellt, um Reisenden die Mitnahme des PKWs im gleichen Zug zu ermöglichen (Auto im Reisezug). Abb.

B

Bach: → Gewässer

Backenschiene: gerade oder dem → Zweiggleis entsprechend gekrümmte, feststehende Schiene der Zungenvorrichtung einer → Weiche. Die B. ist für das Anschlagen der → Weichenzunge am Kopf einseitig ausgearbeitet, um ein einwandfreies Rollen der Räder zu gewährleisten. Abb.

Bäume: dienen zur Ausgestaltung der Modellbahnanlage, wobei je nach dargestellter Landschaft Nadel- und Laubbäume verwendet werden. Der Handel bietet B. aller Arten und Größen an, sie wirken aber konfektioniert. Durch Verwendung verschiedener Pflanzen und Moose, die durch Glyzerin in Verbindung mit Lösungs- mitteln und farbliche Behandlung haltbar gemacht werden, lassen sich im *Selbstbau* Nadel- und Laubbäume herstellen, so daß die Modellbahnanlage natürlicher wirkt. B. auf Modellbahnanlagen dienen oft auch als optische Trennung von dicht nebeneinanderverlaufenden Strecken und als → Hintergrund der Modellbahnanlage.

Bahnbetriebswagenwerk, Abk. *Bww:* Werkstattanlage für die Wagenunterhaltung. Es werden Betriebsuntersuchungen und Ausbesserungen durchgeführt, um die Fahrzeuge in einem betriebstüchtigen Zustand zu erhalten. Ein Bww besteht meist aus großen Werkstatthallen, an deren Stirnseite Tore für die Ein- und Ausfahrt der Wagen vorhanden sind.

Bahnbetriebswerk, Abk. *Bw:* Anlage für die Behandlung und Unterhaltung von → Triebfahrzeugen. Je nach Traktionsart besitzt ein Bw unterschiedliche Anlagen und hat unterschiedliche Aufgaben. I. allg. gehören zu einem

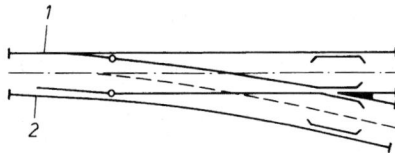

Backenschiene 1 gerade Backenschiene, 2 gebogene Backenschiene

Bw → Lokomotivschuppen, Besandungsanlage, Werkstatt-, Lager-, Verwaltungs- und Sozialgebäude. Ein Bw für Dampflokomotiven besitzt außerdem → Bekohlungsanlage, Ausschlack- und Wasserversorgungsanlage sowie eine → Drehscheibe vor dem → Ringschuppen, während Diesel- und Ellok-Bws vor Rechteckschuppen meist mit einer → Schiebebühne ausgestattet sind und außerdem eine Tankstelle besitzen. Ein Bw liegt grundsätzlich in der Nähe eines größeren Bahnhofs und ist mit ihm durch Lokomotivverkehrsgleise direkt verbunden. Auf einer mittleren bzw. größeren Modellbahnanlage sollte ein Bw nicht fehlen. Abb.

Bahndamm: Teil des Bahnkörpers, der als → Unterbau für Gleisanlagen dient. Den oberen Abschluß eines B. (Dammkrone) bildet das Planum. Die Dammkrone muß breiter als die das Gleis tragende → Bettung sein. Die Breite des Dammfußes ist von der Höhe des B. abhängig; mit größerer Höhe wird der Dammfuß breiter, da der Winkel der → Böschung konstant bleibt. Beim Nachbau eines B. ist folgende, einfache Methode anzuwenden: Man nimmt etwa 10 mm starke Brettchen, die das Profil des B. erhalten. Sie werden im gleichen Abstand auf den → Lattenrost oder die Grundplatte geschraubt. Durch Kürzen der Profilbrettchen kann die → Neigung einer Strecke exakt festgelegt werden. Bei flachen B. sind seitlich Wassergräben vorzusehen.

Bahnhof: Bahnanlage, wo Züge beginnen, enden, kreuzen, überholen oder mit Gleiswechsel wenden dürfen. Der B. wird von der → freien Strecke durch → Einfahrsignale bzw. → Einfahrweichen getrennt. B. werden nach verschiedenen Gesichtspunkten eingeteilt. → Bahnhofsarten. Abb. S. 22

Bahnhofsarten: Einteilung der Bahnhöfe nach verschiedenen Gesichts-

Bahnbetriebswerk auf einer Fleischmann-Ausstellungsanlage

Bahnhof
schematische Darstellung eines einfachen Personenbahnhofs (Maße in m): 1 durchgehendes Hauptgleis, 2 Überholungsgleis; A, D Einfahrsignale; Va, Vd Einfahrvorsignale; Vf, Vb Ausfahrvorsignale; B, C, E, F Ausfahrsignale; EG Empfangsgebäude

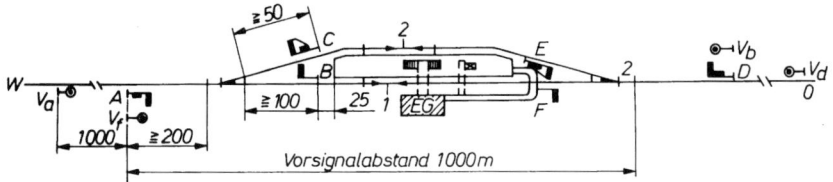

punkten. a) *Aufgaben:* → Abstellbahnhof, Gemeinschaftsbahnhof, →Grenzbahnhof, Güterbahnhof, → Hafenbahnhof, → Rangierbahnhof, → Transitbahnhof; b) *Lage im Streckennetz:* → Anschlußbahnhof, → Trennungsbahnhof, → Turmbahnhof, → Zwischenbahnhof; c) *Grundrißform:* → Durchgangsbahnhof, → Kopfbahnhof; d) *bautechnische Gestaltung:* → Flachbahnhof, → Gefällebahnhof; e) *Lage des Empfangsgebäudes:* →Dreiecksbahnhof, Inselbahnhof-, → Keilbahnhof. Abb.

Bahnhofsbrett: umgangssprachliche Bez. für das Teilstück einer Anlage der offenen Anlagenform, das nur den Bahnhof umfaßt. Das B. sollte wegen evtl. Transporte die Maße 3,00 m · 0,60 m nicht überschreiten und möglichst leicht, aber verwindungssteif gebaut sein. Gegensatz: → Streckenbrett.

Bahnhofsform: → Bahnhofsarten
Bahnhofsgrenze: Grenze zwischen → Bahnhof und → freier Strecke. Die B. wird durch die → Einfahrsignale aller in den Bahnhof einmündenden Strek-

ken markiert. Fehlen Einfahrsignale, dann rechnen die → Einfahrweichen als B. Verlaufen neben den durchgehenden Hauptgleisen eins oder mehrere Bahnhofsgleise oder andere Anlagen, so zählen diese noch zum Bahnhof, auch wenn sie, wie z. B. Ausziehgleise, über die B. hinausreichen.

Bahnhofshalle, *Bahnsteighalle:* zum Schutz gegen Witterungseinflüsse über den → Bahnsteigen angeordnete Umschließung, die aus Dach und Seitenwänden besteht. Eine B. hat meist unmittelbare Verbindung zum → Empfangsgebäude (EG). Die Ausführung als Einzelhalle oder mehrschiffige B. ist nur bei älteren Bahnhöfen anzutreffen. Neubauten erhalten aus Kostengründen → Bahnsteigüberdachungen. Auf Modellbahnanlagen sollte man eine B. nicht unbedingt darstellen.

Bahnhofsvorplatz: Verkehrsfläche vor dem → Empfangsgebäude eines → Bahnhofs (ruhender Verkehr mit Stellfläche für PKWs, Busse, Taxis sowie fließender und Fußgängerverkehr). Die Größe des B. ist abhängig von der

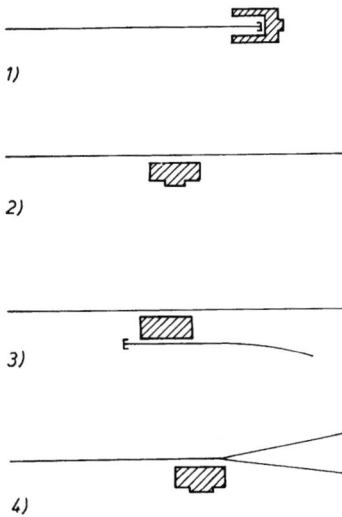

Bahnhofsarten
schematische Darstellung 1) Endbahnhof, 2) Zwischenbahnhof, 3) Anschlußbahnhof, 4) Trennungsbahnhof, 5) Trennungsbahnhof mit außerhalb des Bahnhofs liegender Trennung, 6) Berührungsbahnhof, 7) Kreuzungsbahnhof, 8) Kreuzungsbahnhof mit paralleler Streckenführung

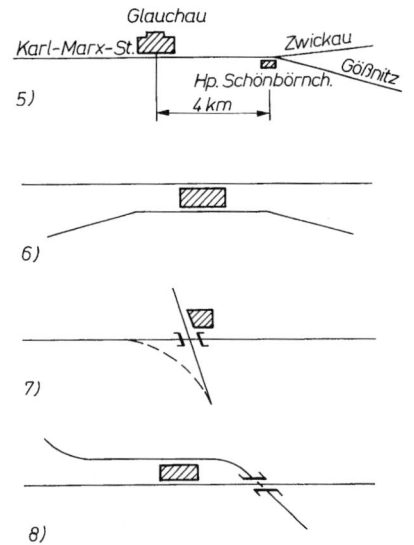

Größe des Ortes und den örtlichen Bedingungen. Bei den Modellbahnanlagen ist der B. meistens ein besonderer Blickpunkt, so daß er auch entsprechend vorbildgetreu nachgestaltet und mit Figuren, Kraftfahrzeugen, Verkehrs-, Hinweis- und Werbeschildern belebt werden sollte.

Bahnhofswagen: Eisenbahnwagen für innerbetriebliche Transporte von Werkstoffen, Müll, Schlacke, Schutt u. a. innerhalb eines großen Bahnhofs, Bahnbetriebs- oder Ausbesserungswerks. Der B. ist meist ein alter ausgemusterter Güterwagen und mit der Bezeichnung Bahnhofswagen, dem Namen und dem Ort der Dienststelle beschriftet. Da ein B. nicht auf die freie Strecke übergehen darf, trägt er noch zusätzlich die Anschrift „Wagen darf nicht in Züge eingestellt werden" (alle anderen Anschriften werden gelöscht). Bei der *Modellbahn* kann nach entsprechender → Frisur und Umbeschriftung ein gedeckter, offener oder u. U. auch ein Klappdeckelwagen älterer Bauart als B. eingesetzt werden.

Bahnpostwagen: Eisenbahnwagen zur Beförderung von Postgut, die in Reisezügen oder besonderen Postzügen befördert werden. B. sind Eigentum einer Postverwaltung. Ältere B. sind mit Arbeitsplätzen zur Sortierung von Postsendungen während der Fahrt ausgerüstet und wurden sogar in Personzügen eingesetzt. Abb.

Bahnräumer: an Triebfahrzeugen vorn und hinten, bei → Schlepptenderlokomotiven vorn und am Tender hinten angebrachte Vorrichtungen, um etwaige Hindernisse von den Schienen zu räumen. Um den minimalen Abstand von 65 mm über SO bei abgenutzten Radreifen einstellen zu können, sind die B. mit Langlöchern versehen. Beim *Selbstbau* können B. aus Blech gefertigt und am Rahmen o. ä. angeklebt oder angelötet werden. Zur Erhöhung der optischen Wirkung können Befestigungsschrauben

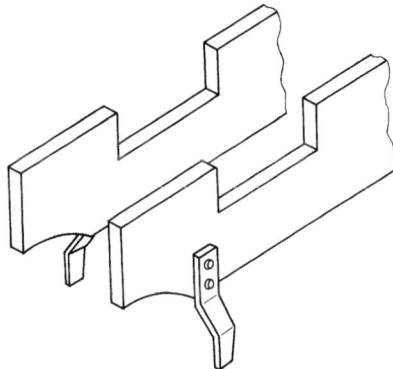

Bahnräumer
an den Rahmenwangen einer Dampflok
angebracht

durch Herausdrücken des Materials angedeutet werden (→ Niet-Imitation). Abb.

Bahnsteig: bauliche Anlage auf Personenbahnhöfen und Haltepunkten, an der Reisezüge planmäßig zum Aus- und Einsteigen von Reisenden halten. Der B. dient außerdem zum Ein- und Ausladen von Gepäck, Post und Expreßgut. Die Länge der B. ist von der größten Länge der planmäßig haltenden Züge abhängig. Unterscheidung der B. a) nach dem Verwendungszweck: Personen-, Dienst-, Gepäck-B.; b) nach der Anordnung zu den Gleisen und dem → Empfangsgebäude: → Hausbahnsteig, → Zwischenbahnsteig, → Inselbahnsteig, → Außenbahnsteig, → Doppelbahnsteig, → Zungenbahnsteig, → Zwillingsbahnsteig und Querbahnsteig. Die B. sind meist überdacht; Bei großen Perso-

nenbahnhöfen gibt es häufig Bahnsteighallen. Im Modell sind B. für alle Nenngrößen erhältlich und auf die einzelnen Gleissysteme abgestimmt. Wirkungsvoller sind jedoch selbstgebaute Bahnsteige bei einer Selbstbaugleisanlage. Abb.

Bahnsteigbreite: begehbarer Raum zwischen zwei Bahnsteiggleisen. Beim Vorbild sind folgende Mindestbreiten gebräuchlich: a) → Hausbahnsteig 7,50 m; b) → Außenbahnsteig 3,40 m; c) → Zwischenbahnsteig bei 1seitiger Benutzung 6,00 m und bei 2seitiger Benutzung 9,00 m. Die B. ist bei Modellbahnen standardisiert und paßt zum jeweiligen Gleissystem und der entsprechenden Nenngröße.

Bahnsteiggleis: Gleis, an dem ein → Bahnsteig vorhanden ist und an dem Züge planmäßig halten. B. kann ein durchgehendes → Hauptgleis, → Überholungsgleis oder → Stumpfgleis sein. Im Modell können vorbildgerechte B. nur auf Großanlagen angelegt werden; auf allen anderen Anlagen beginnt man zweckmäßig bereits am Gleisbogen bzw. am → Grenzzeichen der Weichen, um annehmbare B.längen zu erreichen.

Bahnsteighalle: → Bahnhofshalle

Bahnsteigkante: oberste und äußerste parallel zum Gleis verlaufende Begrenzungskante des → Bahnsteigs. Der Abstand zum Gleis ist abhängig von der Bahnsteighöhe und der → Umgrenzung des lichten Raumes. Bei *Modellbahnen* sind Höhe und Abstand der vom Handel angebotenen Bahnsteige genormt. Beim *Selbstbau* sollten die Werte durch Fahrversuche, vor allem im Gleisbogen, ermittelt werden.

Bahnsteigsperre: Abgrenzung der → Bahnsteige von den übrigen Verkehrsflächen durch bauliche Anlagen (wie z. B. Zäune, Hecken), wobei die B. der durch den Bahnsteigschaffner kontrollierte Zugangsweg für die Reisenden ist. Die B. wurde in der →Epoche III abgeschafft.

Bahnsteigüberdachung: → Bahnhofshalle

Bahnübergang: → Wegübergang

Bahnwärterhaus: kleineres Gebäude, in dem der Bahnwärter oder Schrankenwärter seinen Dienst versieht. B. sind an beschrankten → Wegübergängen gelegen und oft mit dem Wohn-

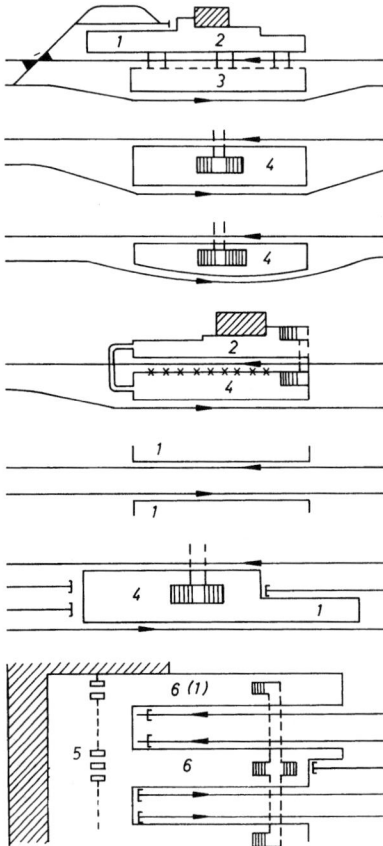

Bahnsteig
schematische
Darstellung
1 Außenbahnsteig,
2 Hausbahnsteig,
3 Zwischenbahnsteig,
4 Inselbahnsteig,
5 Querbahnsteig,
6 Zungenbahnsteig

haus für den Bahnwärter verbunden. Ein B. sollte auf Modellbahnanlagen nicht fehlen. Es kann z. B. als Aufnahme der Schrankenantriebe dienen.

Bake: → Vorsignalbake

Ballastgewicht: Gewicht zur Erhöhung der Eigenmasse von Modellfahrzeugen. Bei Triebfahrzeugen dient das B. zur Erhöhung der → Haftreibungszugkraft, bei Wagen kann u. U. die Laufeigenschaft verbessert werden. Beim *Selbstbau* kann das B. als Gußteil aus Blei gegossen werden. Als Gießform kann eine Sand- oder einfache Alublechform dienen. Bei der Herstellung der Alublechform wird ein entsprechend breiter Alustreifen in die gewünschte Form gebogen und beidseitig mit zwei Blechplatten abgedichtet. Abb.

Balsaholz: sehr leichtes, aus den Tropen stammendes Bastelholz, das gut für den *Selbstbau* von Gebäudemodellen geeignet ist. B. läßt sich leicht mit Schere, Messer oder Feile bearbeiten.

Basis: eine der drei Elektroden (Anschlüsse) des → Transistors. In der meistens angewendeten Grundschaltung (Emitterschaltung) ist B. die Steuerelektrode.

Baudienstwagen: Güterwagen für Transporte von Baustoffen für bahneigene Bauvorhaben (z. B. → Schotterwagen).

Baugruppe: in der Gerätetechnik, besonders der Elektrotechnik/Elektronik, benutzte Bezeichnung für ein relativ abgeschlossenes Bauteil mit komplexerer Funktion (z. B. Leistungsverstärker, Stromversorgungsteil u. a.). B. werden oft als Steck- oder Montageeinheit (→ Leiterplatte) ausgeführt. → Baustein, → Modul

Baumrinde: Holzwerkstoff (heimischer) Laub- und Nadelbäume, der sich gut zur Gestaltung von Felspartien eignet. B. wird durch Farben haltbar gemacht und gleichzeitig der entsprechenden Landschaft angepaßt.

Baureihe: Bezeichnung (Zifferngruppe) zur Unterscheidung der Triebfahrzeuge nach Hauptparametern. In der Triebfahrzeugnummer gibt bei Dampfloks die erste und zweite Ziffer die B. an, bei elektrischen und Dieseltriebfahrzeugen die erste bis dritte Ziffer.

Baustein: in der Gerätetechnik, besonders der Elektrotechnik/Elektronik, benutzte Bezeichnung für relativ kleine Bauteile mit bestimmter Funktion (z. B. → Verstärker, → Oszillator u. a.). B. sind oft als Steck- oder Montageeinheiten (→Leiterplatte) ausgeführt. → Baugruppe, → Modul

Befestigungsring: → Bindering

Behältertragwagen: Güterwagen (meist → Flachwagen) zur Aufnahme mehrerer genormter Behälter, die zum Verladen abgehoben und durch Haltevorrichtungen während der Fahrt gesichert werden. Die Behälter sollen den Transport erleichtern, Verluste durch wiederholtes Umladen vermeiden und eine ununterbrochene Transportkette vom Erzeuger zum Verbraucher ermöglichen. Abb.

Behälterwagen: → Güterwagenbauart, zu der → Kesselwagen, → Faßwagen, →Topfwagen und Spezial-B. wie → Kohlenstaubbehälterwagen, →

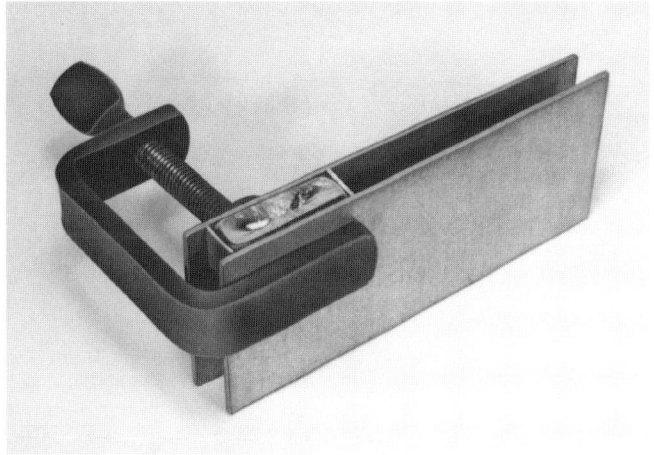

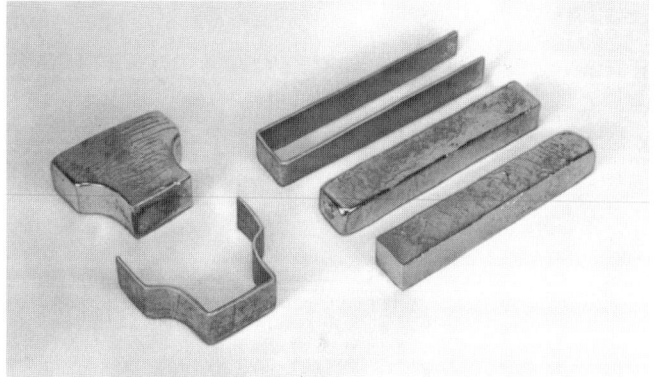

Ballastgewicht
einfache Blechform zur Herstellung von Ballastgewichten

gegossene *Ballastgewichte* verschiedener Formen

Behältertragwagen mit Kalkkübel in H0 (Sachsenmodelle)

Bekohlungsanlage

Zementbehälterwagen und B. für chemische Stoffe zählen. Der B. ist ein Güterwagen, der einen oder mehrere, meist mit dem → Fahrgestell fest verbundene, geschlossene Behälter zum Transport von flüssigen, gas- oder staubförmigen Stoffen besitzt.

Behelfsbrücke: → Brücke, die aus behelfsmäßigen Über- und Unterbauten besteht. Eine B. dient zur Aufrechterhaltung des Bahn-, Auto- oder Fußgängerverkehrs, z. B. bei Umbauten oder Erweiterungen vorhandener Brücken. Bei der *Modellbahn* bildet

eine B. ein anschauenswertes Detail, besonders wenn die darüberführende Strecke als → Langsamfahrstelle eingerichtet ist.

Beiwagen: mehrachsiger Eisenbahnwagen, der ausschließlich von → Triebwagen bewegt wird und keinen Steuerstand besitzt. In der äußeren Form ist ein B. meist dem zugehörigen Triebfahrzeug angepaßt und infolge relativ geringer Zugkraft besonders leicht gebaut.

Bekohlungsanlage: Teil des → Bahnbetriebswerks, in dem die Kohlevorräte der Dampfloks ergänzt werden. Zur B. gehören der *Kohlebunker* und der *Kohlekran*, der die Kohle aus dem Bunker entnimmt und in die Schlepptender oder Kohlekästen füllt. Bei kleineren B. auf Nebenbahnen wurden die Lokomotiven manuell beschickt. Eine B. sollte auf keiner Modellbahnanlage, die über ein Bw verfügt, fehlen, jedoch sollte sie der Größe des Bw angepaßt sein. Abb.

Beleuchtung von Fahrzeugen: Nachahmung von Beleuchtungseffekten an und in Fahrzeugen mit Hilfe kleiner Lichtquellen. a) *Außen-B.* von Modellbahnfahrzeugen (Regelspitzen- oder Regelschlußsignal) mit Hilfe von → Leuchtdioden (LED) oder indirekt mit transparenten Plasteinsätzen, Glasstäbchen oder → Lichtleitkabel. *Vorteile:* jeweils nur eine Lichtquelle mit relativ schwachem Lichtschein erforderlich, der bei Tagesbetrieb kaum wahrgenommen wird, so daß ein Abschalten entfallen kann. b) *Innen-B.* möglichst innerhalb der Dachkonstruktion, mindestens aber oberhalb der Fensteroberkante. Zwischen Wagenkasten und Glühlampen sollte eine transparente Zwischenlage (Papier, Cellophan o. ä.) für diffuse Ausleuchtung des Fahrzeugraumes sorgen. Die B. kann über isolierte Metallradsätze aus dem → Fahrstrom oder als → fahrstromunabhängige Zugbeleuchtung mit Strom versorgt werden.

Beleuchtung von Gebäuden: Nachahmung von Beleuchtungseffekten an und in Gebäuden mit Hilfe kleiner Lichtquellen. Bei Modellgebäuden mit Innenräumen sollten sich Lichtquellen vorbildgerecht jeweils an den Zwischendecken befinden. Durch unterschiedliche Helligkeit der Glühlam-

pen oder durch verschiedene Schaltungsmethoden (→ Parallelschaltung, → Reihenschaltung) kann die Wirkung erhöht werden. Bei Gebäuden ohne Inneneinrichtung sollte die zentrale Beleuchtung innerhalb der Dachkonstruktion liegen, um einen Lichtschein durch die Fenster nach oben zu vermeiden. Bei einem Teil der Fenster sollte man durch Hinterkleben mit Transparentpapier den Lichtschein reduzieren, bei einem weiteren Teil durch Hinterkleben mit schwarzem Fotoschutzpapier den Ausfall des Lichts völlig verhindern. Abb. in Tafel S. 101

Benzol: farblose, aromatisch riechende Flüssigkeit, deren Dämpfe leicht entzündlich und giftig sind. B. läßt sich als Lösungsmittel für Lacke, Kautschuk, als Klebemittel für Polystyrol und in Verbindung mit Glyzerin als Präpariermittel für Pflanzen zur Herstellung von → Bäumen verwenden.

Bergbahn: Verkehrsmittel, das in unwegsamem und steilem Gelände eingesetzt wird und zur Erschließung von Berggipfeln oder Ortschaften dient. Die Fahrbahn der B. muß oft mit starker → Neigung angelegt werden. B. können als Reibungs-, Zahnrad- oder Seilbahnen ausgeführt sein. Auch auf Modellbahnanlagen mit entsprechender Gestaltung ist die Nachbildung einer B. möglich; sie trägt zur Belebung der Anlage bei.

Besandungsanlage: Teil des → Bahnbetriebswerks, in dem die Sandbehälter der Triebfahrzeuge mit Streusand aufgefüllt werden. Streusand dient zur Besandung der Schienen vor Rädern von Triebfahrzeugen beim Bremsen oder Anfahren, besonders bei Nässe. B. besteht meist aus Besandungsturm mit dem Trockensandbunker und schwenkbaren Teleskoprohren sowie einer Sandaufbereitungsanlage (Sandtrockenofen). Abb. S. 28

Beschriften von Modellen: dekorative Anbringung von Anschriften an Gebäude- und Fahrzeugmodellen. Man unterscheidet: a) *indirektes B.:* Beschriftungsschilder (z. B. Bahnhofs-, Straßen-, Hinweis-, Zuglauf-, Lokschilder sowie komplette Beschriftungstafeln bei Behälterwagen, Fahrplänen), die an entsprechender Stelle auf die Modelle aufgeklebt werden; b) *direktes B.:* Auftragen der Anschriften di-

*Besandungsanlage
in einem
Dampflok-Bw in H0
(Selbstbau)*

rekt auf die jeweilige Farbfläche des Modells. Beim *Selbstbau* wendet man für die Herstellung von Beschriftungsschildern die *Fototechnik* als Hilfsmittel an (s. Abb. → Kesselwagen, → Topfwagen). Vorlagen, wie Originalschilder vom Vorbild oder selbstgezeichnete Schilder werden fotografiert. Für die endgültige Abbildungsgröße *A* des Modellschildes ist die Gegenstandsentfernung *E* zu ermitteln (Abb. a). Für die vereinfachte Grobrechnung ist noch die Brennweite *B* des Fotoobjektivs nötig. $E = M \cdot B$ oder $G = A \cdot M$ (mit *G* Gegenstandsgröße, *E* Gegenstandsentfernung, *A* Abbildungsgröße, *B* Brennweite, *M* Verkleinerungsmaßstab). *Beispiel:* Berechnung der Gegenstandsentfernung für die Fotografie eines Originalschilds für die Nenngröße H0 bei Verwendung eines Objektivs mit Brennweite 50 mm: $E = M \cdot B$, $E = 87 \cdot 50 = 4\,350$ mm. Für die Zeichnung der Vorlage (weißer Zeichenkarton, schwarze Tusche bzw. für Lokschilder schwarzer Unter-

grund und ausgeschnittene weiße Ziffern) ist eine 30fache Vergrößerung des Modellschildes erfahrungsgemäß am geeignetsten. Bahnhofschilder sind hierbei nicht zu groß und Lokschilder noch nicht zu klein. *Beispiel:* Soll ein Modell-Lokschild die Länge von 8 mm erhalten, beträgt die Länge der gezeichneten Vorlage: $G = A \cdot M$, $G = 8 \cdot 30 = 240$ mm. Die Gegenstandsentfernung ermittelt man dann: $E = M \cdot B$, $E = 30 \cdot 50 = 1\,500$ mm. Für kontrastreiche Modellschilder werden von dem etwas überbelichteten Negativ Kontaktabzüge auf Fotopapier extra hart gefertigt. Bei schwarzen oder schwarzrändigen Schildern ist die störende weiße Schnittfläche des Schildes vor dem Aufkleben ringsum mit schwarzem Faserstift einzufärben. Sollen keine Farbfotos zur Anwendung kommen, können Schwarzweißschilder mit Faserstift oder Ausziehtusche eingefärbt werden (z. B. gelb bei Warnschildern). Das Aufkleben erfolgt mit Hilfe einer Pinzette nach sparsamstem Auftragen des Klebers. Soll die Farbe des Modells nicht beschädigt werden, ist das Befestigen auch mit beidseitig klebendem Klebeband (Duplexklebeband) möglich. Weit schwieriger ist eine *Direktbeschriftung* auf dem Modell, sofern keine geeigneten Hilfsmittel, wie Abreibebuchstaben, Abziehbilder usw. zur Verfügung stehen. Ähnlich wie bei der Farbgebung kann durch ein mißglücktes B. ein gut gebautes Modell an Aussehen und Wert verlieren. Die einfachste Art ist das Beschreiben mit Hilfe einer spitzen Zeichenfeder und verdünnter Lackfarbe (s. Abb. → offener Güterwagen, → Mannschaftswagen, → Zementbehälterwagen). Ein herkömmliches Schreiben ist unmöglich, da eine hierzu verdünnte Farbe keine ausreichende Deckkraft mehr besitzen würde. Deshalb wird das sog.

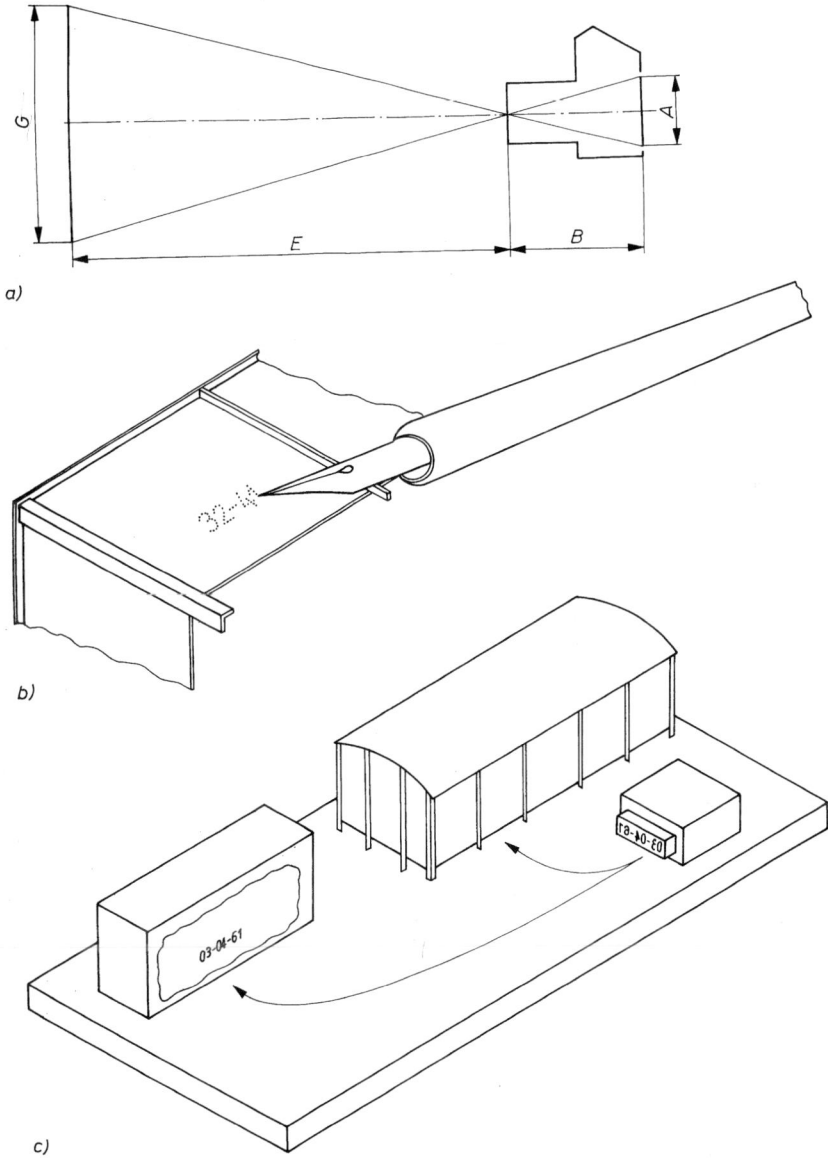

a)

b)

c)

Beschriften von Modellen
a) Fotografieren von Beschriftungsschildern, b) Handbeschriftung, c) Aufdruckverfahren

Tupfverfahren angewendet, d. h., daß mit einer Feder ein Farbtupferchen ans andere gesetzt wird (Abb. b), wobei die Viskosität der Farbe immer wieder durch tropfenweise Zugabe von Terpentinöl konstant zu halten ist, um ein allmähliches Ineinanderlaufen der Tupfpünktchen zu gewährleisten. Eine weitere Möglichkeit des B. ist das Aufdrucken von Anschriften mit einem *Gummistempel* (s. Abb. → Gepäckwagen, → Personenzugwagen). Ein freihändiges Bedrucken ist nicht möglich. Auf glatter Unterlage (Glasplatte o. ä.) wird ein mit dem Gummistempel versehenes Holzklötzchen gegen eine saubere, senkrecht stehende, mit Farbe bestrichene Fläche (mit Spachtel hauchdünn aufgetragen) gedrückt, wobei die Farbe am Stempel haften bleibt (dabei darf sie nicht verlaufen) und auf gleiche Weise auf die ebenfalls senkrechte Fläche des Modells durch sanften Druck übertragen wird (Abb. c). Als Farbe eignet sich sehr gut pastenförmige Siebdruckfarbe, aber auch jede andere zähflüssige, deckstarke und langsamtrocknende Ölfarbe. Probeabdrücke sind unerläßlich. Bei Beschaffung des Stempels ist auf Ölbeständigkeit des Gummis zu achten, da der Stempel vor jedem erneuten Aufdruck mit Verdünnung gereinigt werden muß. Sollen handelsübliche, industriegefertigte Modelle umbeschriftet werden (s. Abb. → Eilzugwagen), ist ein Abweichen und Entfernen der vorhandenen Beschriftung meist durch Terpentinöl oder Spiritus möglich. Vorher an verdeckten Stellen des Modells das Verhalten der Farbfläche und ggf. des Materials testen. Abb.

Besetztanzeige, *Gleisbesetztanzeige:* Bezeichnung für die Anzeige des Be-

setztzustandes eines Gleises auf z. B. einem → Gleisbildstellpult oder anderen Anzeigedisplays bzw. -mitteln. →Besetztmeldung

Besetztgeber: Schaltmittel, mit denen auf elektromechanischem (→Gleiskontakt), magnetischem (→ Schutzgas-Rohr-Kontakt, → Hall-Sensor), optischem (→ Lichtschranke) und elektronischem (Strommessung) Wege der Besetztzustand in Gleisen oder Gleisabschnitten der *Modellbahn* zum Zwecke der → Besetztmeldung und/oder der Auslösung von Steuerfunktionen gemessen werden kann. Abb.

Besetztmeldung: ist eine Modellbahn-Meßfunktion, die den Besetztzustand eines Gleises oder Gleisabschnittes erfaßt, auswertet und meldet, z. B. als Anzeige (→ Besetztanzeige) im → Gleisbildstellpult. Die B. kann mit unterschiedlichen → Besetztgebern gestaltet werden. Es werden zwei Arten der B. unterschieden, a) die *statische* B., mit der ruhende und bewegte Fahrzeuge, und b) die *dynamische* B., mit der nur bewegte Fahrzeuge erfaßt werden können. Neben der reinen Anzeigefunktion (Besetztanzeige), die nicht immer genutzt werden muß, ist die B. sehr wichtig als Steuerinformation für sicherungstechnische Steuerungen, z. B. beim → automatischen Streckenblock. Jede für einen Gleisabschnitt geltende B. besteht meistens aus zwei Besetztgebern und einem Zustandspeicher. Die Abb. a) zeigt eine einfache B. der 2. Art für einen Streckenblock, der in zwei Richtungen befahren wird. Speicherglied ist ein Schaltrelais (→ Relais 2), das mit → Gleiskontakten gesetzt oder rückgesetzt wird. B. der 1. Art erfordern Besetztgeber mit anderer Prinziplösung (z. B. Strom-, Spannungs- oder Widerstandsmessung), die auch bestimmte Voraussetzungen in den Fahrzeugen erfordern, z. B. leitfähige Verbindungen an Wagenachsen. Die Leitfähigkeit ist bei Triebfahrzeugen durch den Motor und die Beleuchtung gegeben, die auch bei vielen Personenwagen vorhanden ist. Bei Fahrzeugen ohne elektrische Ausrüstung kann die Verbindung mit Widerständen zwischen den Rädern hergestellt werden. Dies kann sowohl mit diskreten Widerstän-

Besetztgeber Schutzgas-Rohr-Kontakt, Hall-Sensor, Reflexlichtschranke und Fotodiode (v. l. n. r.)

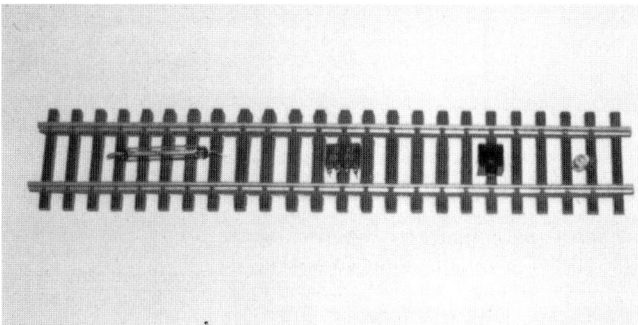

Besetztmeldung
a) Schaltbeispiel, b) Schaltung eines Meßtransistors als statischer Besetztgeber an einem transistorisierten elektronischen Fahrstromsteller ($R1$ = 3,3 bis 10 kΩ, $R2$ = 1,2 bis 2,2 kΩ, VT = Siliziumtransistor), c) statische Besetztgeberschaltung für beliebige Fahrstromversorgungsarten mit Gleichstrom ($R1$ = 33 Ω, $R2$ = $R3$ = 1,2 bis 2,2 kΩ, $R4$ = 1,2 kΩ, VT1 = Silizium-npn-Transistor, VT2 = Silizium-pnp-Transistor, VD1 = VD2 = 1 bis 3 A-Siliziumdiode, VD3 = Universaldiode), d) passende Auswerte- und Anzeigeschaltung zu Abb. c mit Potentialtrennung zwischen Fahr- und Steuerstromkreis durch Optokoppler ($C1$ = $C2$ = 4,7 bis 100 nF, $R1$ = $R2$ = 100 kΩ, $R3$ = $R4$ = 22 kΩ, $R5$ = $R6$ = 680 Ω, D1 bis D4 = 1/1 IS 4001, VT1 = VT2 = Universaltransistor, VD1 = rote LED, VD2 = gelbe LED, U1 = U2 = Optokoppler mit Transistorausgang; die Sternwiderstände $R2$ und $R3$ gehören zu Abb. c)

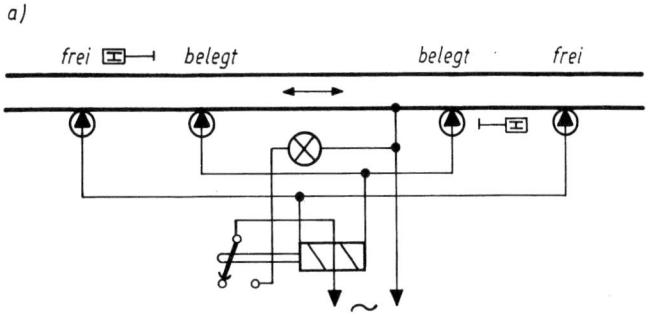

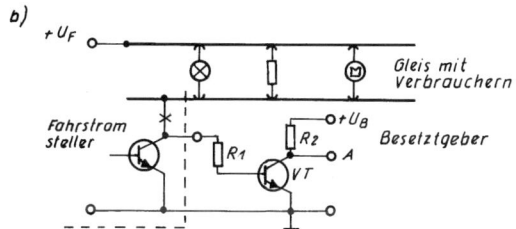

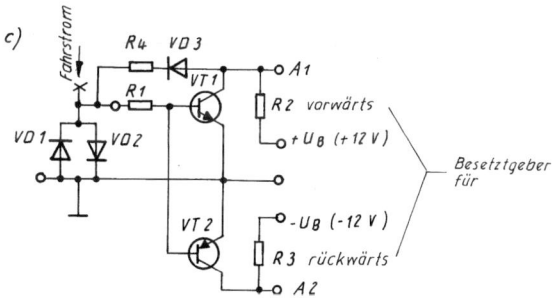

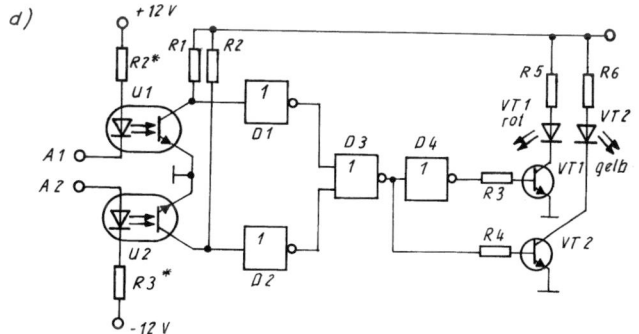

den (Richtwert mehrere kΩ, meistens 10 kΩ) als auch mit einer Leitlackschicht erreicht werden. Man sollte damit mindestens die Schlußwagen von Zügen und Wagengruppen sowie einzeln stehende Wagen ausrüsten. Die leitfähige Verbindung zwischen den Schienen liegt im Steuerstromkreis eines Transistors, wofür es zwei Grundschaltungen gibt. Abb. b) zeigt eine Meßschaltung, die sich vorzugsweise für den Einsatz mit elektronischen → Fahrstromstellern eignet. Sie benutzt einen im Besetztzustand über R1 geöffneten Meßtransistor, dessen Basisspannung bei besetztem Gleis durch den zwischen den Fahrzeugachsen vorhandenen niedrigen Widerstand (Größenordnung 100 bis 1 000 Ω) als Spannungsabfall an dem Stelltransistor bzw. Stellthyristor des elektronischen Fahrstromstellers entsteht, wodurch (der Schalttransistor) öffnet. Der Wechsel zwischen Sperr- und Öffnungszustand des Transistor wird ausgewertet und angezeigt. Die Schaltung nach Abb. c) arbeitet mit einem Stromsensor (Antiparallelschaltung zweier → Gleichrichterdioden) und läßt sich bei allen Fahrstromstellern anwenden. Bei auftretendem Fahrstrom entsteht je nach seiner Richtung ein Spannungsabfall an einer der beiden Dioden, und der zugehörende Meßtransistor öffnet. Auch hier werden durch nachfolgende Schaltungen die Schaltzustände aus-

gewertet. Da wegen des Zweirichtungsbetriebes zwei → Steuersignale entstehen, sollten sie mit einer ODER-Schaltung ggf. unter Einbeziehung von → Optokopplern zu einem vereinigt werden (Abb. d). Unter Voraussetzung der anliegenden Fahrspannung bleiben die Meßtransistoren im Sperrzustand, wenn das Gleis frei ist, befindet sich wenigstens ein (präpariertes) Fahrzeug im Gleisabschnitt, dann leitet einer von beiden. Da bei abgeschalteter Fahrspannung die Schaltung versagen würde, wird ihr über einen Widerstand und eine Diode eine Hilfsspannung zugeführt. Diese Maßnahme sichert die Arbeit der B. bei jedem Betriebszustand. Die Schaltung ist funktionssicher bei allen Verfahren der Fahrstromsteuerung. Falls der Fahrstrom nur in einer Richtung fließt, kann die eine Teilschaltung entfallen. B.-Schaltungen können auch weitere Aufgaben übernehmen, z. B. die Ermittlung der → Zugkennung oder die Beeinflussung des Fahrweges (→ zugbetätigte Weichenstellung). Abb.

Betrieb nach Fahrplan: Fahrbetrieb auf der Modellbahnanlage nach einem festen → Fahrplan, der den Betriebsablauf des Vorbilds auf die Modellbahn überträgt. Damit wird die Beschäftigung mit der Modellbahn noch sinnvoller. Mit Hilfe eines → Bildfahrplanes läßt sich der B. am besten verwirklichen. Beim B. werden alle Zugfahrten und z. T. Rangierfahrten im Modellfahrplan festgehalten und in zeitlicher Reihenfolge durchgeführt.

Betriebsspannung: → Nennspannung
Bettung: Teil des → Oberbaus, das für die Modellbahn keinen praktischen Wert hat, aber vorbildgetreu nachgebildet werden sollte. Dafür kann man einen → Bettungskörper und zum Verfüllen der Schwellenzwischenräume handelsüblichen → Schotter bzw. für die Nachbildung einer Kiesbettung feinen Sand verwenden, der im Handel erhältlich ist. Beim Kleben ist auf sorgfältiges Haften des Schotters zu achten, da lose Teilchen durch die Motoren der Triebfahrzeuge angesaugt werden und zu Störungen im Betriebsablauf führen können.

Bettungskörper: beim Vorbild Bezeichnung für die gesamte → Bettung, bei der Modellbahn Bezeichnung für die Gleisunterlage. Für B. finden abgeschrägte Holzleisten, Kork- oder Schaumstoffstreifen Verwendung; darauf werden die einzelnen → Schwellen oder das → Schwellenband befestigt und danach wird das → Schienenprofil aufgenagelt, geklammert bzw. eingeschoben. Den Abschluß bilden das Einschottern und das Festkleben des Schotters mittels dünnflüssigen, farblosen Klebers (z. B. → Spannlack). Einige Modellbahnhersteller (Roco, Fleischmann) bieten Gleismaterial mit Bettungskörper an.

bewegliche Achse: seitenverschieblich im → Rahmen oder → Drehgestell gelagerter → Radsatz, der zur Verbesserung der → Bogenläufigkeit von Schienenfahrzeugen dient. Die b. A. wird bei der Modellbahn wegen der extrem kleinen Gleisradien vor allem bei Triebfahrzeugen sehr oft angewendet. Bei Außenlagerung von b. A. (z. B. bei Tender oder mehrachsigem Drehgestell) sind zylindrische → Achsschenkel erforderlich.

Biegen: → Abkanten
biegsame Welle: elastisches Übertragungselement von Drehmomenten zwischen aufgehängtem Motor und der in der Hand gehaltenen Schleifspindel (z. B. bei Handschleifmaschinen). Beim Selbstbau kann die b. W. ähnliche Antriebsfunktionen übernehmen wie die → Gelenkwelle beim → Kardanantrieb, wobei als b. W. eine → Schraubenfeder dienen kann (deshalb auch Federkardan genannt). Die Schraubenfeder wird auf die jeweiligen Wellenenden aufgeschoben und kann durch Schlitze in den Wellen gegen Verdrehung gesichert werden. Abb.

Bildfahrplan: grafische Darstellung des → Fahrplans, die nur innerdienstlichen Zwecken der Eisenbahn dient und deshalb nicht öffentlich wird. Ein B. besteht aus einem Netz senkrechter und waagerechter Linien. Die senkrechten Linien (Weglinien) stellen die Lage der → Bahnhöfe dar, die waagerechten Linien (Zeitlinien) geben Stunden- und Minutenteilung an. Eine Zugfahrt ist somit eine Zeit-Weg-Linie. Ein B. ist die Grundlage für alle anderen Fahrpläne. Er ist übersichtlich

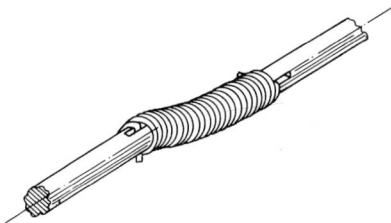

biegsame Welle
in Form einer Schraubenfeder

und deshalb besonders für die Darstellung des Betriebsablaufs auf Modellbahnanlagen geeignet. Abb.

Binärcode: häufig verwendeter Code in der Datenverarbeitungs- und Automatisierungstechnik auf der Basis der Dualzahlen, auch Binärzahlen genannt. Hierbei handelt es sich um ein Zahlensystem (Binärsystem), das zwei Ziffernwerte (0 und 1) und Potenzen von 2 als Stellenwerte besitzt (beim Dezimalsystem Ziffernwerte 0 bis 9 und Stellenwerte Potenzen von 10).

Bindemittel: → Latex-Bindemittel

Bindering: an der Unterkante der Seitenwände bei verschiedenen offenen Güterwagen und gelegentlich auch auf den Ladeflächen bei Flachwagen angebrachte Befestigungsringe zum Festbinden beweglicher Ladegüter bzw. Abdeckplanen. Ein *Selbstbau* ist möglich, indem man ein Stück sehr dünnen Kupferdraht mit beiden Enden in eine kleine Bohrung steckt, durch die entstandene Schlaufe einen entsprechend dicken Dorn steckt, beide Drahtenden auf der Rückseite kräftig durchzieht und sie hinten verlötet, wonach sie entfernt und überfeilt werden. Der auf der Vorderseite entstandene Ring wird dann flach an die Bordwand angedrückt. Abb. (s. Abb. → Arbeitswagen)

Bit: kleinste Informationseinheit. Mit ihr können ein Sachverhalt als wahr oder falsch bezeichnet oder die Zahlen 0 oder 1 angegeben werden. In der Datenverarbeitungs- und Automatisierungstechnik werden elektrische → Steuersignale benutzt, die den Wert 0 (keine Spannung vorhanden) oder 1 (Spannung vorhanden) haben. Z. B. könnte ein Hauptsignal der *Modellbahn* bei dem Wert 0 den Halt-, bei dem Wert 1 den Fahrtbegriff zeigen. Das B. ist die Grundeinheit digitaler → Steuersignale.

Blattfeder: Maschinenelement in Form geschichteter Federblätter aus Stahl. Elastisches Bauteil des → Laufwerks von Eisenbahnfahrzeugen, das der Stoß- und Schwingungsdämpfung dient. Bei der *Modellbahn* (besonders bei kleinen Nenngrößen) ohne Funktion. Beim *Selbstbau* wird die B. als starre Attrappe angebracht. Die B. wird entweder als ausgesägtes oder gegossenes kompaktes Gesamt-

teil oder aus einzeln geschichteten Blechstreifen hergestellt. Abb. (s. Abb. → Achshalter)

Blechrahmen: Fahrzeugrahmen, dessen Längs- und Querträger in reiner Blechträgerbauweise zusammengeschweißt werden. Vorherrschende Rahmenbauart bei Dieseltriebfahrzeu-

Bildfahrplan
Beispiel für eine Modellbahnanlage

Bindering
Vorschlag für die Herstellung

Blattfeder
in vereinfachter Ausführung hergestellte:
1) ausgesägtes Gesamtteil, 2) Einzelteile aus Blechstreifen, 3) aus Einzelteilen durch Löten oder Kleben zusammengebaut

Blindwelle
einer Diesellokomotive in H0 (Gützold)

Blinklicht
mit symmetrischen astabilen Multivibratoren: a) Schaltung mit Transistoren ($R1 = R2 = 4,7$ kΩ, $R3 = 220$ Ω, $C1 = C2 = 100$ μF, $V1 = V2 = 500$-mW-Siliziumtransistor, H1 = 12 V Glühlampe); b) Schaltung mit CMOS-Gatter (D1 = D2 = 1/2 IS 4001, $R1 = 47$ kΩ, $R2 = 470$ kΩ, $R3 = 22$ kΩ, $C1 = 10$ μF, V1 = SiliziumTransistor $I_C > 100$ mA, V2 = LED mit $R4$ nach Betriebsspannung, bei 12 V ca. 680 Ω)

gen und im Wagenleichtbau. Als B. werden auch Rahmen aus dicken Blechplatten von Dampflokomotiven bezeichnet. Während Fahrzeugrahmen bei der *Modellbahn* meist aus Plast oder Metallspritzguß gefertigt sind, verwendet man beim *Selbstbau* weitgehend Blech. → Rahmen

Blei: sehr schweres Buntmetall der Dichte 11,4 g/cm^3, das sich leicht bearbeiten läßt. B. ist gut geeignet als Ballast in Triebfahrzeugen zur Erhöhung der Zugkraft. Vorsicht! B. ist giftig und sollte deshalb nur lackiert verwendet werden.

Blindwelle: fest im Rahmen gelagerte Abtriebswelle mechanischer Getriebe in Verbindung mit → Kuppelstangen für Achsantrieb (sog. Blindwellen-Stangenantrieb) bei Dieselloks mit relativ kleiner Antriebsleistung und Fahrgeschwindigkeit (z. B. Rangierloks) sowie bei E-Loks älterer Bauart. Da bei der *Modellbahn* zum Antrieb von Triebfahrzeugen Zahnradgetriebe bevorzugt werden, kann eine B. entgegen dem Vorbild durch → Treibstangen vom → Treibradsatz angetrieben werden und nur als Attrappe mitlaufen. Abb.

Blinklicht: periodisches Aufleuchten einer Glühlampe oder → Lichtemitterdiode. Das B. findet Anwendung zur a) Darstellung bestimmter Signalbegriffe an → Lichtsignalen, b) Anzeige bestimmter Zustände durch → Kontrollampen, c) Anzeige von Gefahrenzuständen an Bahnübergängen, d) Leuchtreklame. Eine elektronische Blinkschaltung arbeitet nach dem Prinzip eines astabilen Multivibrators (Abb. a), dem erforderlichenfalls noch Leistungsverstärkerstufen nachgeschaltet werden. Die beiden Transistoren werden wechselseitig geöffnet und gesperrt, wobei die Sperrphasen

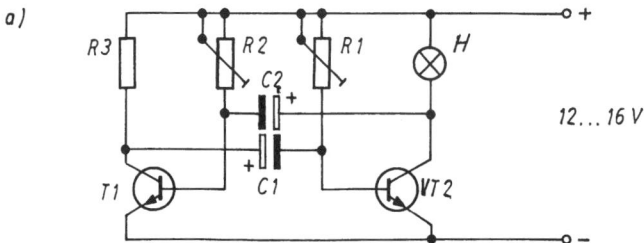

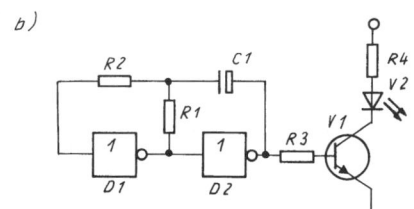

durch die im Basisstromkreis vorhandenen → Widerstände und Kondensatoren bestimmt werden. Abb. b) zeigt eine Multivibratorschaltung, bestehend aus Gattern eines Schaltkreises, ergänzt durch einen Leistungsverstärker. Abb.

Blinklichtanlage: Anlage zum Betrieb von → Blinklichtern, z. B. an Bahnübergängen. → Haltlichtanlage

Blockabschnitt: von Signalen begrenzter Streckenabschnitt zwischen zwei Zugfolgestellen, in den ein Zug erst einfahren darf, wenn ihn der vorausfahrende Zug verlassen hat.

Blockschaltbild:→ Stromlaufplan

Blocksignal: → Hauptsignal, das die Einfahrt in einen → Blockabschnitt sichert.

Blockstelle: Betriebsstelle der freien Strecke, liegt zwischen → Blockabschnitten. B. dient der technischen Sicherung der Zugfahrten in Blockstrekken. B. kann zusätzlich Funktion einer → Anschlußstelle oder betrieblich als Haltepunkt erfüllen. An B. befindet sich → Blocksignal.

Blockstrecke: → Blockabschnitt

Bodenplatte: spezielle Platte, die bei der *Modellbahn* als untere Abdeckplatte von Getriebe bzw. Rahmen bei Triebfahrzeugen dient. Beim *Selbstbau* ist hierfür mit Kupferfolie ka-

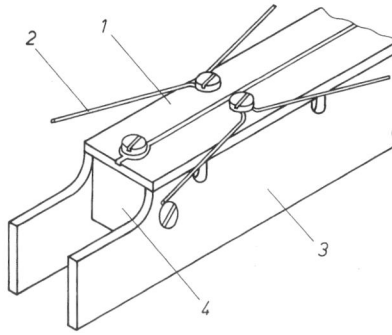

Bodenplatte
im montierten Zustand: 1 Bodenplatte, 2 Schleiffeder, 3 Rahmenwangen, 4 Querverbindung

schiertes Hartgewebe (Leiterplattenmaterial) gut geeignet, da die Kupferbeschichtung in Längsrichtung mit einer Reißnadel getrennt werden kann und somit eine unkomplizierte Befestigungsmöglichkeit für die → Radschleifer (Stromabnehmer) besteht, was durch Anschrauben oder Löten erfolgen kann. Abb.

Bogenanfang: Berührungspunkt zwischen geradem und folgendem gekrümmtem Gleisabschnitt. Zum weicheren Einlauf der Modellbahntriebfahrzeuge in den B. ist es empfehlenswert, allmählich in den Bogenhalbmesser überzugehen. → Korbbogen

Bogenbrücke: → Brücke, bei der das Haupttragwerk aus einem oder meh-

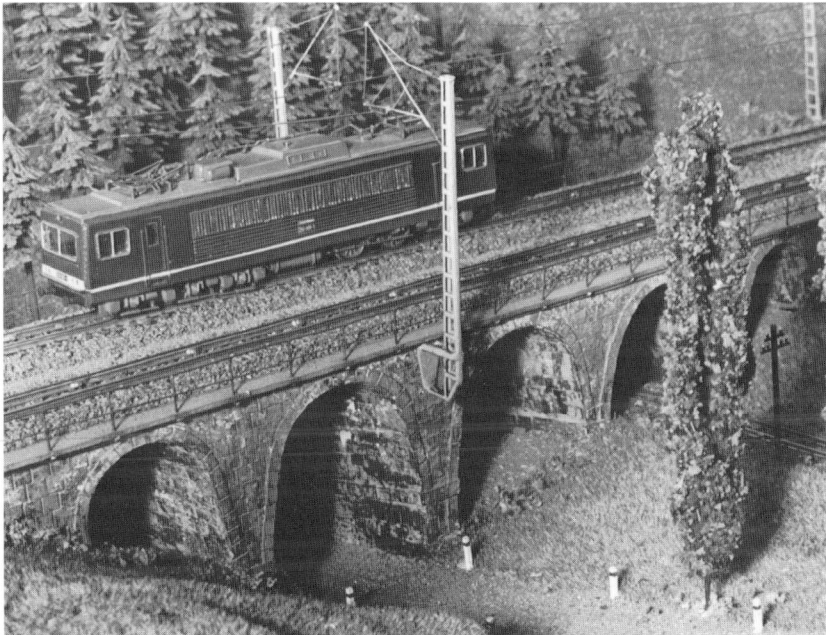

Bogenbrücke

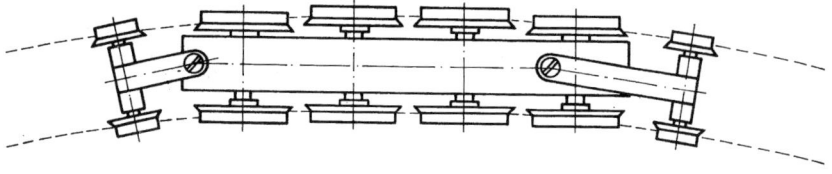

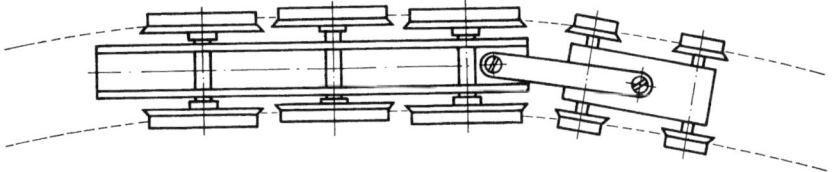

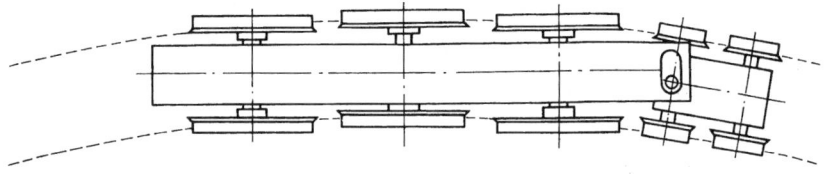

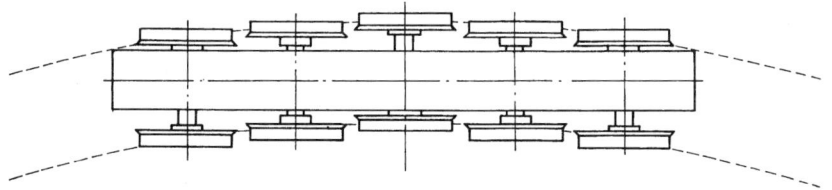

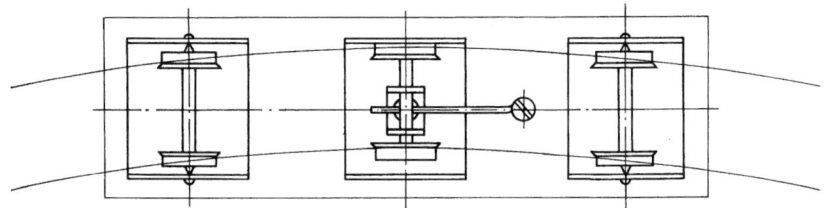

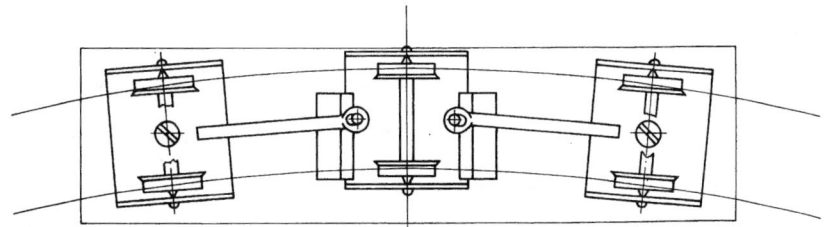

Bogenläufigkeit
Prinzipbeispiele

reren Tragbögen besteht, wobei die an den Fußpunkten nach außen gerichteten Kräfte in die Brückenwiderlager geleitet werden. Die Fahrbahn wird unterschiedlich angebracht. Die B. ist entweder aufgeständert oder an den Bogen mit Zugstangen bzw. Seilen angehängt. Tragbogen können fachwerkartig oder vollwandig ausgeführt sein. Abb.

Bogenende: Berührungspunkt zwischen Kreisbogen und folgendem geradem Gleisabschnitt. → Bogenanfang

Bogenhalbmesser: → Halbmesser

Bogenlampe: Lampe, deren oberer Teil des Mastes halbkreisförmig gebogen ist und an dessen Spitze sich der Lampenschirm mit Glühlampe befindet. Die für Modellbahnen in allen Nenngrößen handelsüblichen B. dienen der Beleuchtung von Straßen, Plätzen, Bahnsteigen usw.

Bogenläufigkeit: Bewertungsfaktor für das Verhalten von Schienenfahrzeugen beim Befahren von → Gleisbögen. Die B. wird als gut bezeichnet, wenn selbst bei kleinem → Bogenhalbmesser niedrige Schienenrichtkräfte auftreten und → Radsätze nicht zwängen. Bei der *Modellbahn* ergeben sich besonders bei längeren Fahrzeugen Schwierigkeiten mit größerem und festem → Achsstand (bedingt durch extrem kleine Gleisradien). Beim *Selbstbau* sollte man deshalb den Innenrahmen eines Triebfahrzeugs möglichst schmal bauen, um einen Teil der Radsätze als → bewegliche Achsen anbringen zu können, wobei zwei Radsätze ohne bzw. mit geringem Seitenspiel einzubauen sind. → Laufdrehgestelle werden nicht nur drehbar, sondern mit einem zum Rahmen hin versetzten Lagerzapfen zusätzlich in einem querliegenden Langloch geführt oder als Deichseldrehgestell ausgeführt. Führt diese Methode nicht zur gewünschten B., muß der Rahmen als → Knickrahmen ausgeführt werden. Bei 2achsigen Wagen mit großem Achsabstand können die Radsätze als → Lenkachsen angebracht werden. Bei 3achsigen Wagen mit geringem oder mittlerem Achsstand (z. B. beim Tender) genügt es, wenn die mittlere Achse seitenverschiebbar ist, was bei Außenlagerung zylindrische → Achs-

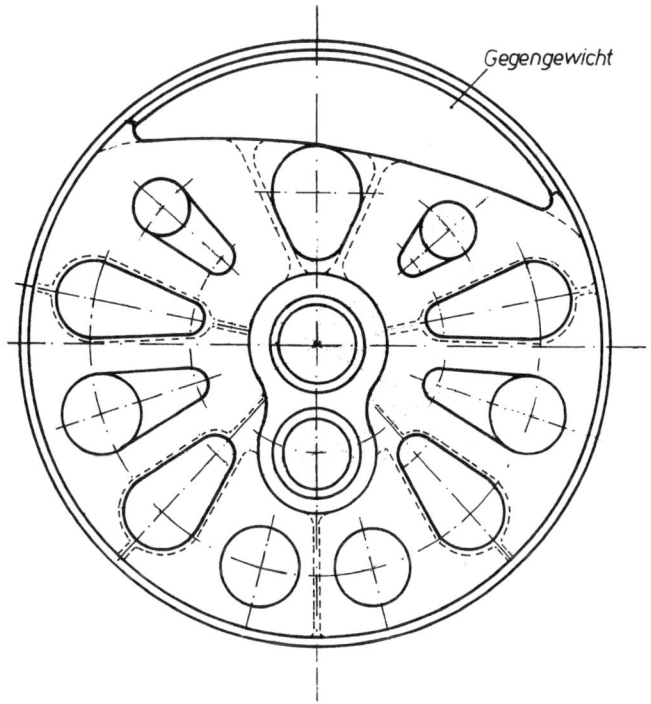

Boxpok-Rad

schenkel voraussetzt. Auch eine Innenlagerung ist möglich, wobei die Achsschenkel entfernt werden und die Achse in senkrechten Langlöchern eines U-förmigen Lagerbocks geführt und mit Hilfe einer dünnen Federzunge leicht auf das Gleis gedrückt wird. Bei 3achsigen Wagen mit großem Achsstand ist ein zwangsläufiges Mitlenken der außenliegenden Radsätze vorteilhaft. Der mittlere → Achshalter wird dann mit Winkelblechführungen seitenverschiebbar angebracht und mit zwei Lenkhebeln der drehbar montierten äußeren Achshalter verbunden. Abb.

Bogenradius: → Halbmesser

Booster: in der Elektrotechnik/Elektronik Bezeichnung für Leistungsverstärker (eigentlich Beschleuniger). → digitale Mehrzugsteuerung, → Verstärker

Böschung: geneigte Fläche zwischen Fuß und Schulter eines → Bahndamms oder eines → Einschnitts. Der B.winkel muß dem natürlichen Schüttwinkel des Erdstoffs entsprechen, um die Standsicherheit des Damms zu gewährleisten. Regelneigungen für Sand und Kies betragen 1:1,5 bis 1:2. Die geneigten B.flächen, die beim Vorbild gegen Abrutschen

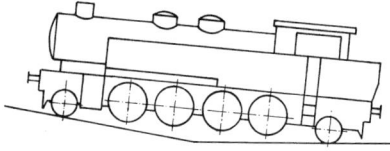

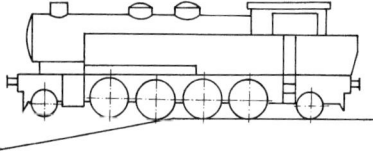

unterer und oberer
Brechpunkt

Bremsgestänge
Modell-Güterwagen in
H0 (Dietzel)

festes und bewegli-
ches *Brückenlager*

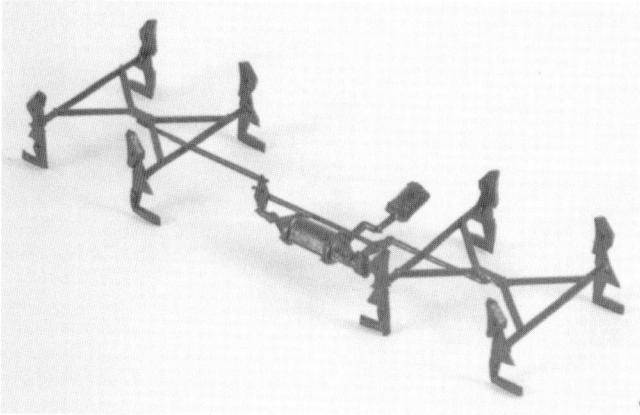

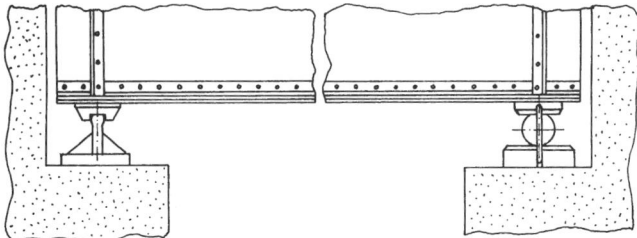

Festes Lager

Bewegliches Lager

und gegen Wasser, Wind, Frost durch Pflanzen oder Pflaster geschützt werden müssen, sollten auch bei der Modellbahn entsprechend gestaltet werden.

Böschungswinkel: → Böschung

Boxpok-Rad: ein zuerst in Amerika eingeführtes Lokrad zur Aufnahme hoher Achsfahrmassen. Bei der Rekonstruktion der Baureihe 01 (der DRG) in die Baureihe 01^5 der DR wurden B. teilweise eingebaut. Sie konnten sich aber nicht durchsetzen. Abb. S. 37

BR: Abkürzung für → Baureihe

Brechpunkt: gedachter Punkt, an dem ein waagerechtes Gleisstück in eine Neigung übergeht. Der B. muß immer ausgerundet sein, um Entgleisungen vorzubeugen. Bei der *Modellbahn* hat die Ausrundung außerdem besondere Bedeutung für die sichere Stromabnahme der Modellbahntriebfahrzeuge. → Ausrundungsbogen. Abb.

Bremse: Einrichtungen an Schienenfahrzeugen zur Verzögerung einer Bewegung, maximal bis zum Stillstand (Verzögerungsbremsung); im Gefälle als Gegenwirkung zu den von der Schwerkraft hervorgerufenen Beschleunigungskräften (Senkbremsung, Dauerbremsung). Bei der elektrisch betriebenen *Modellbahn* findet die B. nur in ganz einzelnen und besonderen Fällen Anwendung, da ansonsten durch Reduzierung und Unterbrechung der Fahrspannung gebremst wird.

Bremserbühne: wagenbaulicher Teil an einer Stirnseite von → Güterwagen zum Bedienen der → Handbremse. s. Abb. → Klappdeckelwagen

Bremserhaus: wagenbaulicher Teil an einer Stirnseite von Eisenbahnwagen zum Bedienen der → Handbremse. Im Laufe der 70er Jahre wurden B. beim Vorbild weitgehend entfernt und z. T. durch eine → Bremserbühne ersetzt. Der *Selbstbau* eines B. erfolgt im Prinzip wie der eines → Wagenkastens. s. Abb. → Kesselwagen

Bremsgestänge: Hebelsystem an Eisenbahnfahrzeugen zur Weiterleitung der Bremszylinderkolbenkraft auf Bremsklötze, damit die Bremsklotzkraft auf alle Räder eines Fahrzeuges gleich stark wirkt. Beim *Selbstbau* sollten wenigstens Bremszylinder, Hauptbremszugstangen, Hängeeisen und Bremsklötze nachgebildet werden. Man kann sie freilich auch optisch andeuten. Abb.

Bremsklotz: Teil der Fahrzeugbremse zur Übertragung der im Bremszylinder entwickelten Kolbenkraft auf die Räder. Bei der *Modellbahn* wird der B. nur als Attrappe angebracht. Beim *Selbstbau* kann je nach Nenngröße das zeitraubende Aussägen der einzelnen B. aus relativ dickem Material umgangen werden, indem man einen Ring mit entsprechendem Durchmesser dreht und diesen (evtl. in einer Trennvorrichtung) mit einer Laubsäge in einzelne Segmente zerlegt. Nach dem Befeilen kann der B. an → Hängeeisen angelötet werden. Abb. (s. Abb. → Achshalter, →Laufwerk)

Brücke: Bauwerk zur Überführung eines Verkehrsweges, von Rohrleitungen oder anderer trassengebundener Anlagen über Wasserläufe, Straßen, Einschnitte, Eisenbahnen oder andere Hindernisse. Eine B. besteht aus dem *Überbau* (Haupttragwerk mit Fahrbahn) und *Unterbau* (Widerlager, Pfeiler, Fundamente und Stützen). B. werden unterschieden nach a) *Anzahl der B.öffnungen* in 1-, 2- und mehrfeldrige B., b) *Bauform des Haupttragwerks* in Balken-, Platten-, Rahmen-, Hänge- und Bogenbrücken, c) *Baustoff* in Stahl- und Massiv-B. Die Fahrbahn einer Brücke kann ober- oder unterhalb sowie zwischen dem Haupttragwerk angeordnet sein. B. beleben Modellbahnanlagen, jedoch sollte eine Anhäufung vermieden werden. B. sind dort einzusetzen, wo sie einen Sinn haben und in die Landschaft passen. B. werden in vielen Ausführungen in allen Nenngrößen von der Industrie angeboten. Abb.

Brückengleichrichter: → Gleichrichtung

Brückenlager: Bauelement, das der Auflage des Brückenhauptträgers auf dem Widerlager dient. Bei größeren Stützweiten werden auf einer Seite feste, auf der anderen Seite bewegliche B. verwendet, um Schwankungs- und

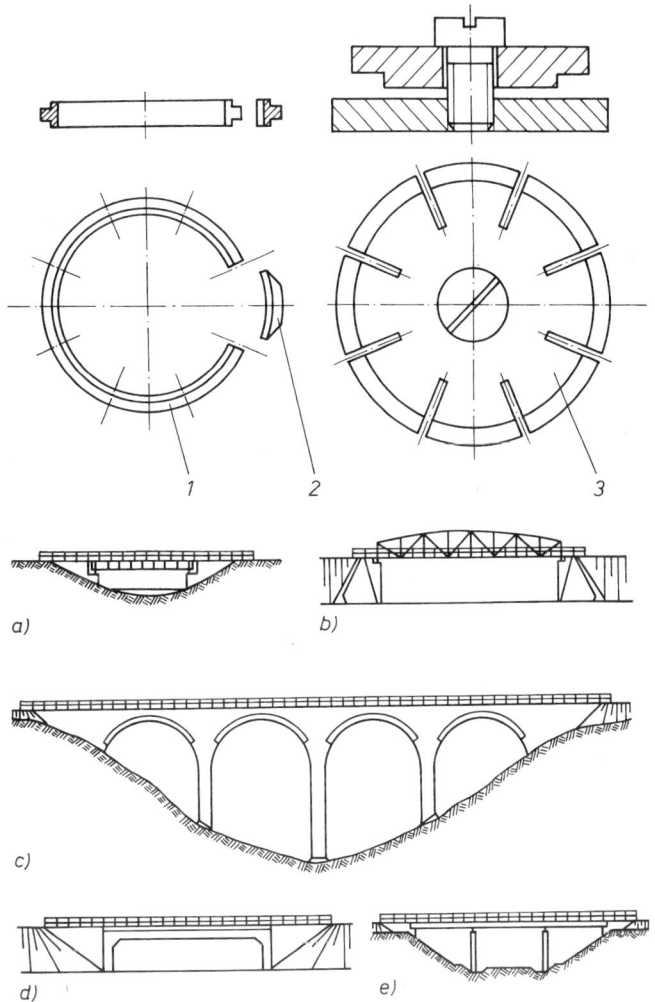

Bremsklotz in vereinfachter Ausführung und Herstellungsweise: 1 gedrehter Formring, 2 Segment als Bremsklotz, 3 Trennvorrichtung

Brücke schematische Darstellung verschiedener Brückenbauformen: a) Stahlvollwandträgerbrücke, b) gekrümmte Flachwerkträgerbrücke, c) Bogenbrücke (Viadukt), d) Stahlbetonflügelträgerbrücke, e) mehrfeldrige Stahlbogenbrücke in Fachwerkbauweise

Dehnungsfaktoren auszugleichen. Für die feste Auflagerung ist das Bocklager am verbreitetsten, für die bewegliche Auflagerung Ein- oder Mehrwalzenlager. Abb. S. 38

Brückenschaltung: Schaltung in der Elektrotechnik, bestehend aus → Widerständen oder anderen Bauelementen (Abb. a). Das charakteristische der Schaltung sind zwei parallele Spannungsteiler, deren Teilerpunkte mit einem Verbraucher überbrückt werden. Bestückt mit → Gleichrichtern (Abb. b) ergibt sich die bekannte Gleichrichter-B., mit der beide Halbwellen der gleichzurichtenden Wechselspannung zur → Gleichrichtung herangezogen werden. Die Gleichrichterschaltung ist auch unter dem Namen Graetz-Brückenschaltung bekannt. Abb.

Büfettwagen: kombinierter → Sitzwagen mit Abteilen 2. Klasse und Büfettabteil bzw. kleinem Speiseraum. Ein B. wurde meist auf kürzeren Strecken in → Schnellzügen eingestellt und diente der Versorgung der Reisenden mit Getränken und einfachen Speisen (Imbiß).

Bügel: → Schleifbügel

Bügelkupplung: Vorrichtung zur lösbaren Verbindung von Eisenbahnfahrzeugen, bei der ein beweglicher Bügel über einen feststehenden Haken greift und somit die Zugkraft überträgt. Bei der *Modellbahn* ist die B. die weitverbreitetste Kupplungsart, wobei durch besondere Gestaltung des Kupplungskopfs auch die Übertragung der Stoßkraft möglich ist. Somit ähnelt die Modell-B. im Prinzip der → Mittelpufferkupplung. Aus funktionstechnischen Gründen ist die Modell-B. überdimensional und stört somit den Gesamteindruck des Modellfahrzeugs. Abb.

Bühne: Bezeichnung für offene Einstiegsplattform bei älteren Durchgangs-Personenwagen oder Bremsplattform bei Güterwagen (→ Bremserbühne)

Burst: einzelner → Impuls oder Impulsgruppe mit ein- oder mehrmaliger oder periodischer Wiederkehr zur Übermittlung von Steuer- oder Meßinformationen. Die Impulsgruppen einiger digitaler Steuerungen der *Modellbahn* bilden B.

Bürste: schleifendes Kontaktstück, das auf dem → Kommutator oder auf den Schleifringen einer elektrischen Maschine sitzt. Bei Kleinmotoren elektrischer Modellfahrzeuge werden runde oder eckige B. verwendet, die aus gepreßtem Kohlenstaub bestehen und mittels Druckfedern an den Kommutator gedrückt werden. Da B. aus Kohle wegen ihres elektrischen Widerstands einen Spannungsabfall verursachen, werden auch häufig B. aus Kupferdrahtgeflecht verwendet, die gleichzeitig ein Verschmieren der Kommutatorflächen verhindern.

Bürstenhalter: meist auf isoliertem Material paarig angeordnete Vorrichtung zur Führung der → Bürsten an allen Elektromotoren. Bei Kleinmotoren der Modelltriebfahrzeuge sind B. leicht zugänglich, um dem Laien ein Wechseln der Bürsten zu ermöglichen. Nach einigen Betriebsstunden B. und Bürsten säubern, um evtl. Betriebsstörungen vorzubeugen.

Bus: in der Elektronik benutzter Begriff für Leitungsbündel, Sammelschiene. An den B., der aus einer bestimmten

Brückenschaltung
a) Prinzipschaltung der Widerstandsbrücke (U_b ist null, wenn $R1/R2 = R3/R4$ gilt), b) Gleichrichterbrückenschaltung

Bügelkupplung an einer Diessellokomotive in H0 (Gützold)

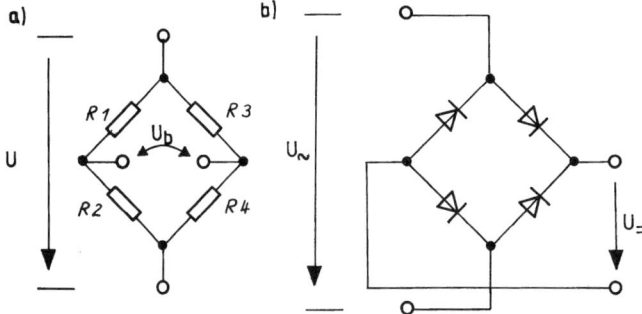

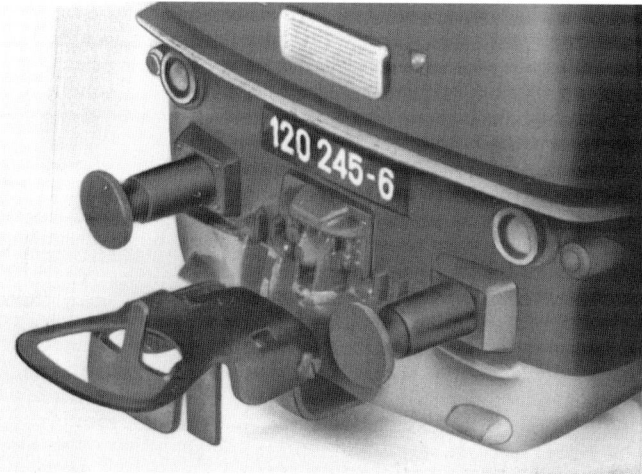

Anzahl paralleler Leitungen besteht, werden mehrere gleiche oder verschiedene Bausteine, Baugruppen oder Module angeschlossen (Computertechnik). Charakteristisch für den B. ist, daß auf jeder Leitung ein ganz bestimmtes Steuersignal übertragen wird. Bei der *Modellbahn* werden die Modellbahn-Steuerbaugruppen und -module mit einem B. mit dem Steuer-Computer gekoppelt. → Computer-Steuerung, → Interface
Bw: Abk. für → Bahnbetriebswerk
Bww: Abk. für→Bahnbetriebswagenwerk

Byte: größere Informationseinheit, die 8 → Bit vereinigt. Auf Grund der unterschiedlichen Werte der einzelnen Bit können $2^8 = 256$ verschiedene Werte oder Sachverhalte (Code) gebildet werden. Das B. ist eine wichtige Einheit in der Datenverarbeitungs- und Automatisierungstechnik. In der Schaltungstechnik werden 8 Steuerleitungen zur Darstellung eines B. benötigt. Aus B. werden Steuer-, Befehls-, Zeichen- und Datencodes gebildet und in Form → digitaler Steuersignale benutzt. →digitale Mehrzugsteuerung.

Coder, *Encoder:* zumeist elektronische Einrichtung zur Verschlüsselung von Steuersignalen, z. B. die Kodierung analoger Werte in den → Binärcode. → Steuersignal
Computer-Steuerung: eine → Steuerung, die zur Realisierung komplexer automatisierter Steueraufgaben als zentrale, informationsverarbeitende Steuereinrichtung einen Computer, eine elektronische Datenverarbeitungsanlage enthält. Bei der *Modellbahn* ist die C. sinnvoll bei größeren und komplexen Anlagen, wenn sie ausreichend mit Sensoren (Zustandsmeßeinrichtungen, wie Gleisbesetztzustand, Weichenstellung, Zugkennung o. ä.) und Aktoren (Stellglieder für alle Arten der → Modellbahn-Stellfunktion, wie Fahrstromsteller, Stellmagnete für Weichen und Signale, Schaltverstärker für Lichtsignale usw.) ausgerüstet ist. Die C. setzt also eine umfangreiche Automatisierung (fast) aller Betriebsfunktionen der Modellbahn voraus. Erhebliche Vorteile entstehen durch die Gestaltung vorbildgerechter Betriebsabläufe (z. B. signalbild- und vorbildgerechtes Fahren, Verbesserung der Sicherungstechnik durch Fahrwegüberwachung und -kontrolle usw.). Die Nutzung der Eingabetastatur und von Gleisbildern per Bildschirm ersetzt den beträchtlichen Aufwand für das

elektromechanische → Gleisbild-Stellpult. Der einfache Wechsel von Steuerprogrammen erhöht die Variabilität der Betriebsabläufe und die Attraktivität der Modellbahnanlage und vereinfacht ihre Bedienung. → digitale Steuerung, → Digitalbetrieb, → digitale Mehrzugsteuerung. Abb.

C

Computersteuerung
Blockschaltbild: a Ausgangssignal, steuert Stellglieder der Modellbahnsteuerung, b Eingangssignal, Zustandsmeldesignale (Rückmeldung) der Modellbahnfunktionen; 1 elektronische Ausgabesteuerbaugruppen für Fahrstrom und Fahrtrichtung, Signal- und Weichenstellung u. a., 2 elektronische Auswertebaugruppen der Zustandsmeldesignale der Modellbahnfunktionen

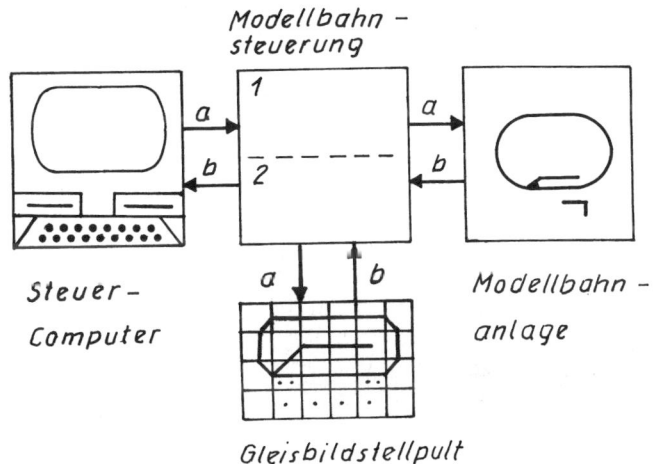

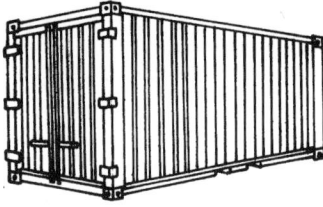

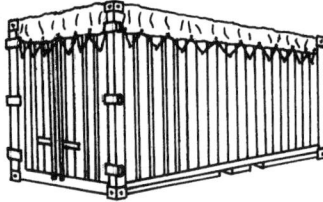

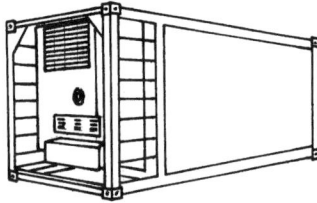

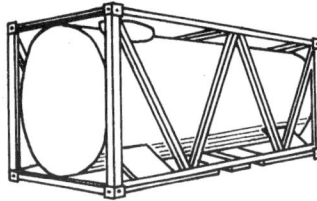

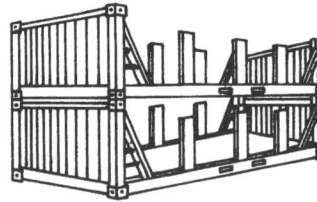

Container
1) geschlossener Container mit Stirnwandtür, 2) offener Container, notfalls mit Plane abgedeckt, 3) Kühlcontainer, 4) Flüssigkeitscontainer, 5) zwei übereinandergestellte Flachcontainer (Flat) zum Transport von nässeunempfindlichen Stückgütern (Rohre, Profilstahl u. ä.)

Container: (engl.) Behälter, international vereinheitlichte Transportgefäße, die für verpackte und unverpackte Güter eine einheitliche, äußerst rationelle Transport-, Umschlag- und Lagertechnologie ermöglichen. C. gestatten den Transport von Waren innerhalb einer Transportkette, ohne Umladen ihres Inhalts auch bei mehrmaligem Wechsel des Transportmittels (z. B. Eisenbahn, LKW, Schiff), mit hochmechanisierten Umschlagtechnologien. Es gibt Klein-, Mittel- und Groß-C., deren Gruppierung sich aus der international üblichen Einteilung nach der Länge in engl. Fuß (ft) ergibt. Zur Arretierung dienen Pilze auf den Fahrzeugen, die in die Öffnungen der ISO-Eckstücke der C. eingreifen und zur Verriegelung verdreht werden. Der *Selbstbau* von C. ist in Papp- und Blechbauweise möglich (→ Wagenkasten). Die Aufnahme auf dem Modellfahrzeug geschieht nach NEM 380 (s. Anhang). Abb.

Containerbahnhof: Umschlagplatz für den Containerverkehr, auf dem → Containerzüge zum Zweck des Absetzens und Aufnehmens von → Containern halten. Der C. ist mit Krananlagen ausgestattet und hat ausreichend Lagerplätze für Container. Modelle von C. sind sehr platzaufwendig und sollten deshalb nur auf großen Modellbahnanlagen vorgesehen werden.

Containertragwagen: mit Befestigungseinrichtung für verschiedene Größen der Container versehener → Güterwagen (→ Flachwagen). Ein *Selbstbau* ist relativ einfach, da C. außer → Laufwerk und → Rahmen nur das Trageplateau und meist keine weiteren Aufbauten besitzen. Zur Befestigung der Container sind Einsteckzapfen oder → Haftmagnete ausreichend. Abb.

Containerzug: → Güterzug, der ausschließlich für die Beförderung von → Containern vorgesehen ist. C. verkehren als → Ganzzüge zwischen den einzelnen → Containerbahnhöfen in festen Umläufen, haben geringe Aufenthaltszeiten und hohe Fahrgeschwindigkeiten. C. lassen sich im Modell gut nachbilden, denn die Industrie bietet in allen Nenngrößen verschiedene Containertypen an.

Culemeyer, *Straßenroller:* Schwerlastfahrzeug für den Straßentransport von Schienenfahrzeugen. C. werden auch im Modell angeboten, z. B. von der Fa. Arnold in der Nenngröße N.

Culemeyer-Anschluß: Rampe mit Gleis, von der Waggons auf → Culemeyer-Fahrzeuge übernommen werden, um zu Bahnkunden zu gelangen, die über keinen eigenen Bahnanschluß verfügen.

Containertragwagen

D

Dachleitung: Hochspannungsleitung aus Stahlrohren, Flacheisen oder Kupferseilen, die an Isolatoren auf dem Dach elektrisch angetriebener Fahrzeuge angebracht ist und Dachausrüstungsteile miteinander verbindet. Beim *Selbstbau* kann die D. aus Messing- oder weichem Stahldraht und bei beweglichen Gelenkfahrzeugen aus elastischem Isolierschlauch (Plasthülle dünner Drähte oder Litzen) hergestellt werden. Abb.

Dachplatten: Polystyrolplatten, die eine glatte und eine geprägte (Dachziegel, Schiefer) Seite besitzen. D. sind in verschiedenen Farben und Größen handelsüblich und gut für den Gebäudeselbstbau geeignet. Abb.

Dachstromabnehmer: Bauelement elektrischer Triebfahrzeuge zur Entnahme des elektrischen Stroms aus der → Fahrleitung. D. stellen den elektrischen Kontakt zwischen Fahrleitung und dem bewegten Triebfahrzeug her und gleichen senkrechte Fahrzeugbewegungen sowie Höhen-

unterschiede der Fahrleitung aus. Nach Bauart wird in → Scherenstromabnehmer und → Einholmstromabnehmer unterschieden.

Dampflok-Bw: → Bahnbetriebswerk

Dampflokomotive: an Bahngleise gebundenes Dampfkraftwerk auf Rädern, dessen Hauptbauteile Dampfkessel, Dampfmaschine und Fahrgestell sind. Vorräte (Wasser und Brennstoff) werden entweder im fahrbaren,

Dachleitung

Dachplatten
Verwendung handelsüblicher Dachplatten beim Eigenbau

durch Kurzkupplung mit der Lokomotive verbundenen Tender (→ Schlepptenderlokomotive) oder in besonderen, auf dem Rahmen montierten Kohle- und Wasserkästen (→ Tenderlokomotive) mitgeführt. Im Lokomotivkessel wird durch Verbrennung von Kohle oder Öl Dampf erzeugt. Die Druckenergie des Dampfes wird in einer Kolbendampfmaschine in mechanische Arbeit umgewandelt. Das Fahrgestell dient zur Umsetzung der geradlinigen Hin- und Herbewegung, die der Dampfkolben der Dampfmaschine ausführt, in die Drehbewegung der Räder (über Kolbenstange, Kreuzkopf, → Treibstange auf die → Treibachse). Um die → Haftreibungszugkraft zu erhöhen, sind weitere Achsen (→ Kuppelachsen) durch → Kuppelstangen mit der Treibachse verbunden. Die → Laufachsen dienen dazu, die große Lokmasse auf weitere Achsen zu verteilen, um die zulässige Achsfahrmasse nicht zu überschreiten. Bei der *Modellbahn* werden D. nur in besonderen Fällen und bei größeren → Nenngrößen mit Dampf angetrieben. I. d. R. erfolgt der Antrieb elektrisch (→ Antriebsarten). Der *Selbstbau* von D. erfordert gewisse Kenntnisse und Erfahrungen und wird als Krönung des Eisenbahnmodellbaus betrachtet. Deshalb sollte sich ein interessierter Modelleisenbahner zunächst durch → Frisur und → Umbau von Lokomotivmodellen und später durch → Selbstbau von Wagenmodellen die erforderlichen Grundlagen für den Lokomotivbau erarbeiten. Ansonsten können die unter folgenden Stichworten gegebenen Hinweise für den Selbstbau Anwendung finden: → Getriebearten, → Getriebeberechnung, → Bogen-

läufigkeit, → Rahmen. → Zylinderblock, → Steuerung, → Treibstange, → Kuppelstange, → Lokomotivgehäuse. Abb.

Dauerstromkontakt: Kontakt, dessen Betätigung (→ Arbeitskontakt) oder Nichtbetätigung (→ Ruhekontakt) für die Dauer eines zu beeinflussenden Vorganges erfolgt, bei der *Modellbahn* z. B. für die Dauer einer Weichenstellung oder die Leuchtdauer der grünen Lampe eines Lichtsignals. → Impulskontakt, → Dauerstromschaltung

Dauerstromschaltung: Methode der Stromversorgung elektrotechnischer Zubehörartikel der *Modellbahn* (z. B. Signale, Weichen, Schranken, Beleuchtung). D. ist dadurch gekennzeichnet, daß zum Erreichen und Erhalten eines Betriebszustandes des jeweiligen Zubehörs fortwährend, also *dauernd* Strom fließen muß. Zur Betätigung werden → Dauerstromkontakte benutzt. Eine Ansteuerung mit → Impulskontakten (→ Gleiskontakten) ist nicht direkt möglich, sondern erfordert die Zwischenschaltung eines Speichergliedes (z. B. → Kippschalter, Relais 2., elektronische Speicherschaltung). Die breite Anwendung der D. setzt wegen des hohen Strombedarfs entsprechend leistungsfähige → Netzanschlußgeräte voraus. Dauerstrom-Magnetantriebe von Modellbahnzubehör für Wechselstrom sind vom Hersteller häufig nur für eine einminütige Betriebszeit vorgesehen. Eine wesentlich längere Betriebszeit oder der Betrieb mit → Gleichspannung führt zur Beschädigung oder Zerstörung durch übermäßige Erwärmung. Die Betriebszeit von Gleichstrom-Magnetartikeln ist nicht begrenzt. → Impulsschaltung. Abb.

Dampflokomotive Längsschnitt durch eine Selbstbau-Tenderlokomotive mit Schneckenstirnradgetriebe. Durch die Zwischenräder erfolgt der Antrieb auf alle Achsen.

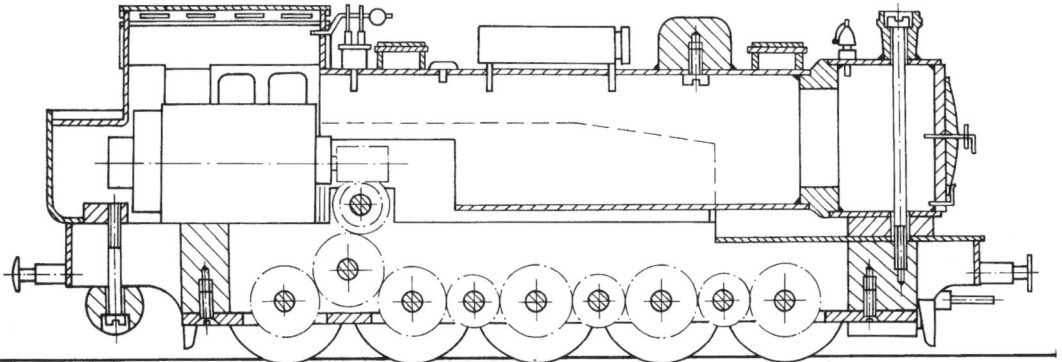

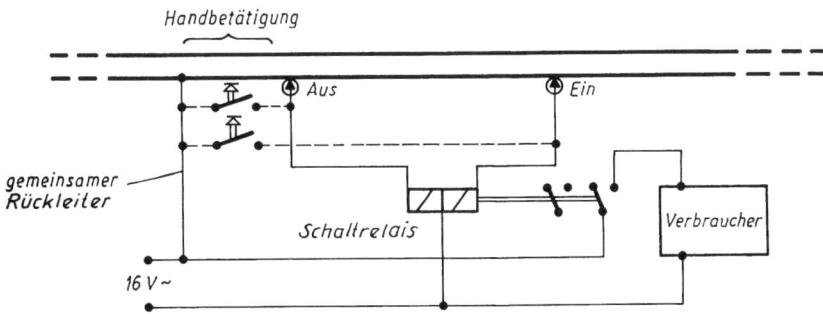

Dauerstromschaltung
Steuerschaltung mit
Impulskontakten

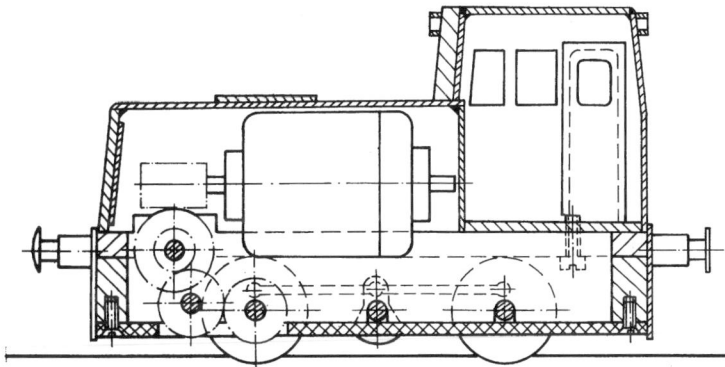

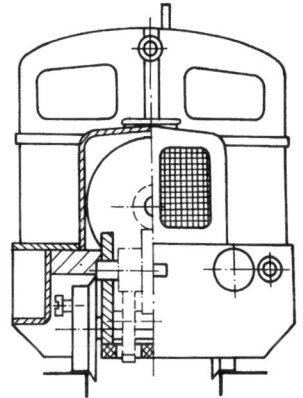

Deckungssignal: → Hauptsignal oder Haltscheibe zur Sicherung von Gefahrenpunkten der Strecke, z. B. Gleiskreuzungen, bewegliche Brücken usw.

Decoder: meist elektronische Einrichtung zur Entschlüsselung von codierten Steuersignalen, z. B. die Dekodierung digitaler Steuersignale in analoge.

Diesellokomotive: → Lokomotive mit Dieselmotor als Antriebsaggregat. Hauptbauteile sind Dieselmotor, Leistungsübertragungseinrichtung und Fahrgestell. Da ein Dieselmotor zur Zugförderung eine ungünstige Leistungscharakteristik aufweist, nicht unter Belastung anlaufen kann und nur eine Drehrichtung besitzt, ist ein geeignetes Getriebe vorzusehen. Je nach Art der Leistungsübertragung vom Dieselmotor zum Achsantrieb unterscheidet man dieselmechanische, dieselhydraulische und dieselelektrische Lokomotiven. Beim *Selbstbau* ist vor allem bei größeren D. mit Drehgestellen meist genügend Platz zur Unterbringung des Antriebs vorhanden. Der Antrieb kann als → Kardanantrieb ausgeführt sein oder sich im → Triebdrehgestell befinden. Bei kleineren D. (z. B. Rangier-D.) ist die Unterbringung des Antriebs weit komplizierter, weswegen man hierbei meist die Antriebsmöglichkeiten und → Getriebearten wählt, die man auch für den Selbstbau von → Dampflokomotiven anwendet. Das Motorgeräusch, das bei Dampflokmodellen mitunter störend wirken kann, kann bei D.modellen durch Einbau einer → Fliehkraftkupplung noch zusätzlich verstärkt werden, so daß bereits vor dem Anfahren der D. neben dem normalen Motorgeräusch auch ein sogenanntes „Hämmern" des („Diesel"-) Motors entstehen kann. Ansonsten können die bei → Getriebearten, → Getriebeberechnung, → Bogenläufigkeit, → Rahmen, → Fahrzeugdach und → Wagenkasten gegebenen Hinweise als Hilfe für den Selbstbau von D. verwendet werden. Abb.

Dieseltriebfahrzeug: mit Dieselmotor angetriebene → Diesellokomotive oder → Triebwagen. Vorteile: ständige Einsatzbereitschaft, höherer Wirkungsgrad als die Dampflokomotive,

Diesellokomotive Längsschnitt durch eine Sebstbau-Diesellokomotive mit Schneckenstirnradgetriebe. Der Antrieb erfolgt nur auf eine Achse, kann aber durch Einbau passender Zwischenräder auch auf die Blindwelle und hintere Achse erweitert werden. Der runde Motor füllt den Hohlraum der Motorhaube aus, wodurch im Führerhaus Platz für eine Inneneinrichtung vorhanden ist. Wie im Bild ersichtlich, müssen Getriebezahnräder nicht unbedingt auf Fahrzeugmitte angebracht sein, sondern können auch seitlich im Rahmen montiert werden.

sauberer Betrieb, Unabhängigkeit von besonderem Fahrleitungsnetz. Bei der *Modellbahn* werden D.modelle durch einen Elektromotor angetrieben.

Digitalbetrieb: Art der Steuerung von Modellbahn-Funktionen, bei der die gesteuerte Größe (z. B. Spannung, Strom) mit digitalen Steuersignalen beeinflußt wird. D. gilt selbst dann, wenn das digitale Signal nur in einem Teilabschnitt der Steuerung, z. B. auf dem Übertragungsweg vom Steuergerät bis zum Fahrzeug auftritt. Der D. der Modellbahnsteuerung nutzt meistens digitale Steuersignale mit → Binärcode (Zweiercode), es tritt aber auch Trinärcode (Dreiercode) mit der Basiszahl 3 (MÄRKLIN digital) auf. → digitale Steuerung, → digitale Mehrzugsteuerung, →Analogbetrieb, → analoge Steuerung

digitale Mehrzugsteuerung: eine komplexe → digitale Steuerung der *Modellbahn*, bei der wesentliche Funktionen der → Fahrzeug- und der → Fahrweg-Steuerung und -überwachung ausgeführt werden. Die Vielfältigkeit der Aufgaben der d. M. zur Gestaltung eines vorbildnahen Zugbetriebes erfordert in der Regel eine → Computer-Steuerung, zumindest wesentliche Teile der Computersteuerung (Mikroprozessoren, Speicher- und Ein/Ausgabe-Schaltkreise), wobei die Fahrzeuge und Fahrwegelemente (Weichen, Signale usw.) mit digitalen → Steuersignalen gesteuert werden. Die digital codierten Signale werden von den Fahrzeugen und Fahrwegelementen aufgenommen, entschlüsselt und ausgeführt. Die Nutzung dieser Technik wurde erst durch die Entwicklung spezieller integrierter → Schaltkreise möglich. Damit das jeweilige Modellbahn-Objekt sein Signal erkennt, enthält das Steuersignal eine Objekt-Adresse. Als Übertragungsweg benutzen alle d. M. ein aus zwei Leitern bestehendes Leitungssystem, wozu bei der *Modellbahn* das Gleissystem benutzt wird und so zusätzliche Leitungen einspart werden. Wegen dieses einfachen Leitungssystems müssen die Steuerinformationen zeitlich nacheinander (seriell) übertragen werden. Die d. M. erfordert deshalb auf zentraler Steuerebene mindestens eine Kodiereinrichtung (Coder, Encoder) und bei jedem gesteuerten Element eine Dekodiereinrichtung (Decoder), was einen erheblichen Aufwand an elektronischen Steuerungen bedingt. Die in den Triebfahrzeugen eingesetzten Decoder werden Lok- und die für das Zubehör eingesetzten Zubehördecoder oder -empfänger genannt. 1. *Art der Kodierung:* Jedem Decoder wird ein Steuersignal zugesendet, das aus mindestens zwei Teilen besteht: a) Adresse des aufgerufenen Decoders, bestehend aus einer binär codierten Zahl (→Binärcode). In der Regel beginnen die Adressen mit 1 und enden etwa bei 100. b) Signalteil, der die Steuerfunktionen beeinflußt. Für ein Triebfahrzeug besteht dieser Teil aus drei Informationen, der Fahrstufe (0 bis 14), der Fahrtrichtung und einer oder mehrerer Zusatzfunktionen, mit der weitere Triebfahrzeug-Funktionen (z. B. Beleuchtung, Kupplung, Typhon u. a.) geschaltet werden können. Den prinzipiellen Aufbau eines solchen Steuersignals zeigt Abb. a. Manche Steuersignale enthalten noch einen Kontrollsignalteil, mit dem der Decoder prüfen kann, ob das Steuersignal richtig übertragen wurde. Da bei dem Zubehör meist nur eine oder zwei Schaltfunktionen beeinflußt und deshalb die Übertragungskapazitäten nicht ausgeschöpft werden, sind die

digitale Mehrzugsteuerung:
a) Impulspaket von „Märklin digital" (Prinzip), 3 Bit für die Lokadresse, 5 Bit für Daten (F Fahrstufe, R Fahrtrichtung, Z Zusatzfunktion); b) Zeitdiagramme von 0- und 1-Bit bei "Märklin digital"; c) Zeitdiagramme von 0-und 1-Bit bei "Fleischmann FMZ"; d) Pegel-Zeitdiagramm eines Steuersignals von „Märklin digital"

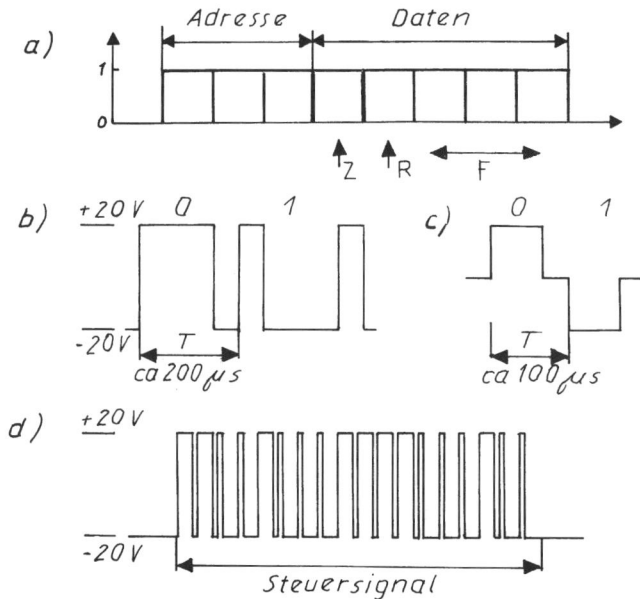

Zubehördecoder so ausgelegt, daß mit ihnen mehrere (z. B. vier) Zubehörartikel unter einer Adresse gesteuert werden können. Für die Überwachung des Fahrweges (Besetztmeldung, Weichenstellung usw.) werden Rückmeldedecoder (richtiger: Rückmeldecoder) angeboten. Bei der seriellen → Steuersignalübertragung ist ein zeitlich genauer Ablauf vorgeschrieben, der mit einem Takt (periodische Impulsfolge) gesteuert wird. Je nach der schaltungstechnischen Prinziplösung des Decoders und dem Übertragungsmodus muß ihm der Takt ständig oder zeitweise zugeführt werden. Deshalb muß das Steuersignal neben den anderen Informationen zusätzlich den Takt enthalten. Nachteilig für die allgemeine Verwendung ist, daß jeder Hersteller ein eigenes Verfahren der Kodierung gewählt hat, wodurch die Systeme untereinander nicht kompatibel sind. Kompatibilität besteht nur innerhalb des jeweiligen Systems (Ausnahme: MÄRKLIN digital = und Arnold). 2. *Art des Steuersignalübertragungsverfahrens:* Die Übertragung des Steuersignals ist systemgebunden, also vom Hersteller vorgegeben und überwiegend mit Schutzrechten versehen. Anfängliche Versuche der Mehrzugsteuerung haben zunächst eine modulierte Tonfrequenz zur Übertragung der Steuersignale benutzt, was sich wegen der technischen Beschränkungen (Anzahl der Steuerfrequenzen, geringer Informationsgehalt u. ä.) als nicht sehr erfolgreich gezeigt hat. Erst die Bereitstellung leistungsfähiger Halbleiterbauelemente ermöglichte die direkte Steuerung des Fahrstromes mit dem digitalen Steuersignal, so daß der Fahrstrom sowohl die Information als auch die Energie zum Triebfahrzeug-Empfänger überträgt. Dies erfordert grundsätzlich den Einsatz von Leistungsverstärkern, welche häufig → Booster genannt werden. Es zeigt sich, das dieses Verfahren sich bewährt, obwohl der so erzeugte digitale Strom zusätzliche Energie und entsprechende Geräte mit immer noch begrenzter Leistungsfähigkeit benötigt. Das Zeitdiagramm eines solchen Steuerstromes zeigt Abb. b. Es ist zu erkennen, daß die binären digitalen Signale als Zeitdauer verschlüs-

selt sind. →Digitalbetrieb, → Analogbetrieb, → Modellbahn-Steuerung. Abb.

digitale Steuerung: eine Steuerung, bei der der Wert der gesteuerten Größe digital beeinflußt wird. Dazu werden digitale → Steuersignale benutzt. → Digitalbetrieb, → digitale Mehrzugsteuerung, → Analogbetrieb

Diode: 2poliges elektronisches Bauelement mit bestimmten elektrischen Eigenschaften, vorzugsweise Kurzbezeichnung für Halbleiterdiode. Es gibt → Fotodioden, → Gleichrichterdioden, Kapazitätsdioden, → Lichtemitterdioden, → Z-Dioden u. a.

Dioramaanlage: Modellbahnanlage, die zur ständigen Ansicht als Raumschmuck in einer Vitrine untergebracht ist. Diese Vitrine kann in den Nenngrößen N und Z die gesamte D. beherbergen; in den Nenngrößen TT und H0 wird nur ein Anlagenteil als Diorama gezeigt werden können, das durch ansetzbare → Streckenbretter zu einer kompletten und betriebsfähigen Modellbahnanlage wird. Um die Auswahl der zu zeigenden Züge zu erhöhen, empfiehlt es sich, → Zugwechselmagazine zu verwenden.

Distanzklotz: Abstandsklotz

DKW: Abk. für → doppelte Kreuzungsweiche

Doppelspulenantrieb: Antriebsart zur Betätigung elektromagnetischen Zubehörs (→ Magnetartikel), mit dem zwei Grundstellungen (Hin- und Rückstellung) möglich sind. Der D. besteht im wesentlichen aus zwei Magnetspulen und einem gemeinsamen Magnetkern (Anker), der sich längs ihrer magnetischen Achse immer zu der Spule hinverschiebt, die stromdurchflossen ist. Mit geeigneten mechanischen Übertragungsgliedern (z. B. Hebel, Gestänge) löst diese Bewegung die gewünschte Funktion aus. Stromfluß ist nur bis zum Erreichen der jeweiligen Endlage erforderlich. Deshalb werden mit D. ausgerüstete Magnetartikel meistens mit der günstigeren, stromsparenden → Impulsschaltung betrieben. Als Schutzmaßnahme gegen ungewollten oder bei falschem Betrieb vorhandenen Dauerstrom und die damit verbundene schädigende Erwärmung (→ Dauerstromschaltung) werden diese Magnetartikel mit einer → Endabschaltung verse-

a)

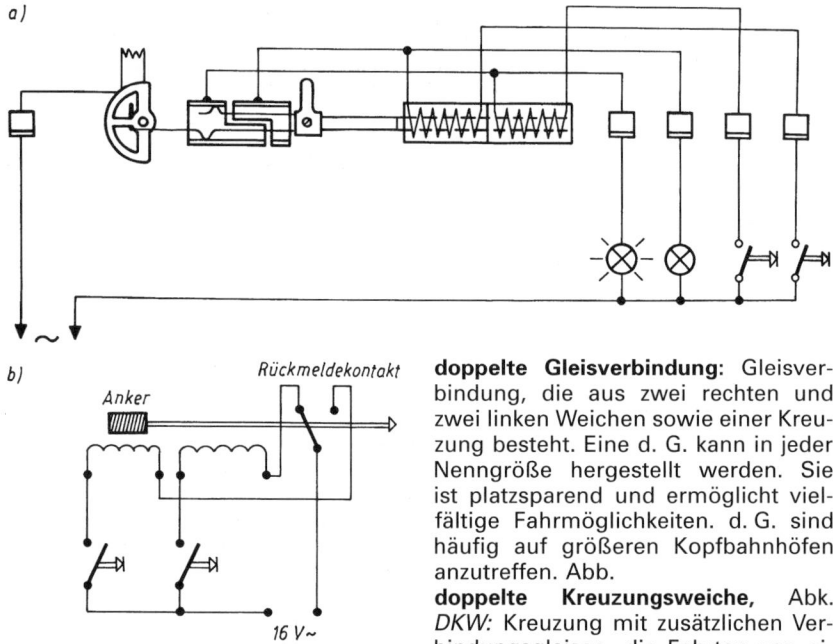

b)

Anker

Rückmeldekontakt

16 V~

Doppelspulenantrieb:
a) Beispiel eines Dop-
pelspulenantriebs
(Piko), b) Nachrüstung
der Endabschaltung
für einen Doppelspu-
lenantrieb unter Nut-
zung der Rückmelde-
kontakte

hen. Ein nachträglicher Einbau einer Endabschaltung ist unter Nutzung mitbetätigter Kontakte (→ Rückmeldekontakte) möglich. → Magnetantrieb. Abb.

Doppelstockwagen: 2stöckiger Eisenbahnwagen zur Beförderung von Reisenden oder Fahrzeugen. D. für Reisende gehören zu → Reisezugwagen, für Fahrzeuge zu → Güterwagen (→ Autotransportwagen). Reisezug-D. haben eine gute Raumausnutzung und eine geringe Sitzplatzmasse. D. für Fahrzeugtransporte fördern die Ausnutzung der Ladefähigkeit. Das Doppelstockprinzip wurde bereits 1833 von FRIEDRICH LIST in einer Skizze dargestellt. D. sind in Deutschland seit etwa 1870 bekannt (bei Altona-Kieler Eisenbahn), und um 1880 erfolgte erstmals der Einsatz von D. bei der Berliner Stadt- und Vorortbahn. Bei der *Modellbahn* ist ein Einsatz von D. wegen der geringen Zug- und somit nötigen Bahnsteiglängen besonders vorteilhaft.

Doppelstockzug: aus → Doppelstockwagen bestehende Reisezugwageneinheit.

doppelte Gleisverbindung: Gleisverbindung, die aus zwei rechten und zwei linken Weichen sowie einer Kreuzung besteht. Eine d. G. kann in jeder Nenngröße hergestellt werden. Sie ist platzsparend und ermöglicht vielfältige Fahrmöglichkeiten. d. G. sind häufig auf größeren Kopfbahnhöfen anzutreffen. Abb.

doppelte Kreuzungsweiche, Abk. *DKW:* Kreuzung mit zusätzlichen Verbindungsgleisen, die Fahrten von einem Strang zum anderen ermöglichen. Nach der Konstruktion werden DKW mit innenliegenden und außenliegenden Zungen unterschieden. Im Modell sind DKW in allen Nenngrößen handelsüblich.

Doppeltunnel: → Tunnel, der aus zwei parallel verlaufenden → Tunnelröhren besteht.

Doppelwagen: zwei miteinander kurzgekuppelte Eisenbahnwagen; eine normale Zug- und Stoßeinrichtung befindet sich jeweils nur an den äußeren Enden des D. (z. B. bei → Leig, → Autotransportwagen).

Doppelzug: zwei miteinander gekuppelte Züge zur Erhöhung der Durchlaßfähigkeit stark befahrener Strekken. Das Triebfahrzeug des zweiten Zuges befindet sich entweder in der Mitte oder am Ende der gesamten Einheit.

Drahtgaze: Leicht zu formendes, gewebeähnliches Material. D. läßt sich als Gerippe für die Geländegestaltung gut verwenden.

Drahtseilbahn: bahnähnliche Anlage mit Fahrzeugen ohne eigenen Antrieb zur Personen- oder Güterbeförderung in unwegsamem bzw. geografisch ungünstigem Gelände. Die Fahrzeuge sind in ein gespanntes oder gestütztes Seil eingehängt. Bei der auch *Seil-*

doppelte Gleisverbin-
dung
schematische Darstel-
lung

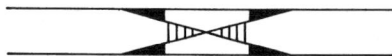

schwebebahn genannten D. hängen das Fahrzeug, die Kabine, der Sessel usw. auf dem Laufwerk am Tragseil oder bewegen sich mittels umlaufenden Zugseils, das stationär angetrieben ist. Auf der *Modellbahn* ist der Einbau einer D. nur auf Gebirgsanlagen zu empfehlen.

Drahtskelettbauweise: Methode der → Anlagengestaltung, bei der auf Stützleisten mittels kleiner Nägel → Drahtgaze aufgenagelt und dann entsprechend der gewünschten Landschaftsgestaltung geformt wird. Auf die Drahtgaze wird die eigentliche Geländehaut aufgetragen. Abb.

Drahtzug: Verbindungsdraht zwischen einem mechanischen Stellwerk und einer Stelleinrichtung, z. B. → Signal. Die D. werden dabei über Umlenkrollen und D.führungen vom Stellwerk aus an die entsprechenden Signale geführt. Zum Ausgleichen von temperaturbedingten Längenschwankungen der D. werden → Spannwerke aufgestellt. Auf der Modellbahnanlage sollten D. wegen ihrer guten optischen Wirkung nicht fehlen. Abb.

Drehbrücke: bewegliche Eisenbahnbrücke, die die Durchfahrt für Schiffe auf Wasserläufen ermöglicht. I. d. R. wird das Brückenteil um den in der Mitte befindlichen Aufleger um 90° gedreht. Für den Schiffs- und Eisenbahnverkehr sind besondere Sicherungsanlagen notwendig.

Drehgestell: → Laufwerk von Eisenbahnfahrzeugen, das aus → Drehgestellrahmen, zwei oder mehreren → Radsätzen und Federung besteht und sich gegenüber dem Wagenkasten bzw. dem Hauptrahmen eines Fahrzeuges um einen lotrechten, festen Drehpunkt (→ Drehzapfen) dreht. Der Einbau von D. erfolgt wegen der „halbierenden Wirkung" von Stößen (ruhiger Lauf), der Verbesserung der → Bogenläufigkeit in Gleiskrümmungen und der Vergrößerung der Nutzmasse. Besonders bekannte *Bauarten* von D. sind u. a. a) Güterwagen-D. der Bauart Diamond (Fachwerk-D.), b) Güterwagen-D. der Einheitsbauart, c) Güterwagen-D. der neueren Bauart, d) Reisezugwagen-D. der amerikanischen Bauart (Schwanenhals-D.), e) Reisezugwagen-D. der Regelbauart, f) Reisezugwagen-D. der Bauarten Görlitz I, II, III (schwer und leicht), g) achs-

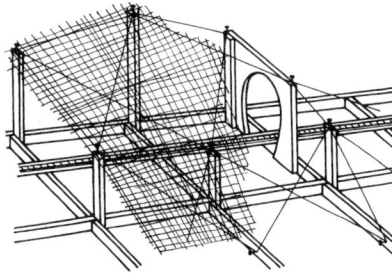

Drahtskelettbauweise
Prinzipdarstellung

halterloses D. der Bauart Görlitz, Bauart Minden-Deutz sowie D. der Sonderbauarten (z.B. → Jakobs-Drehgestell, Triebwagen-D., vielachsiges D. für Schwerlast-Güterwagen usw.). Beim *Selbstbau* wird der → D.rahmen mit den entsprechenden Bauteilen des → Laufwerks versehen. Hierbei erfolgt die Befestigung der → Tragfedern (→ Blattfeder, → Schraubenfeder) und der → Achslagergehäuse

Drahtzug
1) Drahtzugablenkung,
2) Drahtzugführung

Drehgestell
1) Güterwagendrehge-
stell Bauart Diamont
(Fachwerkdrehgestell),
2) Güterwagendrehge-
stell Einheitsbauart, 3)
Güterwagendrehge-
stell neuerer Bauart,
4) Güterwagendrehge-
stell neuester Bauart
(Y25CS), 5) Reisezug-
wagendrehgestell
amerikanischer Bauart
(Schwanenhalsdrehge-
stell), 6) Reisezugwa-
gendrehgestell Regel-
bauart, 7) Reisezugwa-
gendrehgestell Bauart
Görlitz III schwer, 8)
Reisezugwagendrehge-
stell Bauart Görlitz
(achshalterlos)

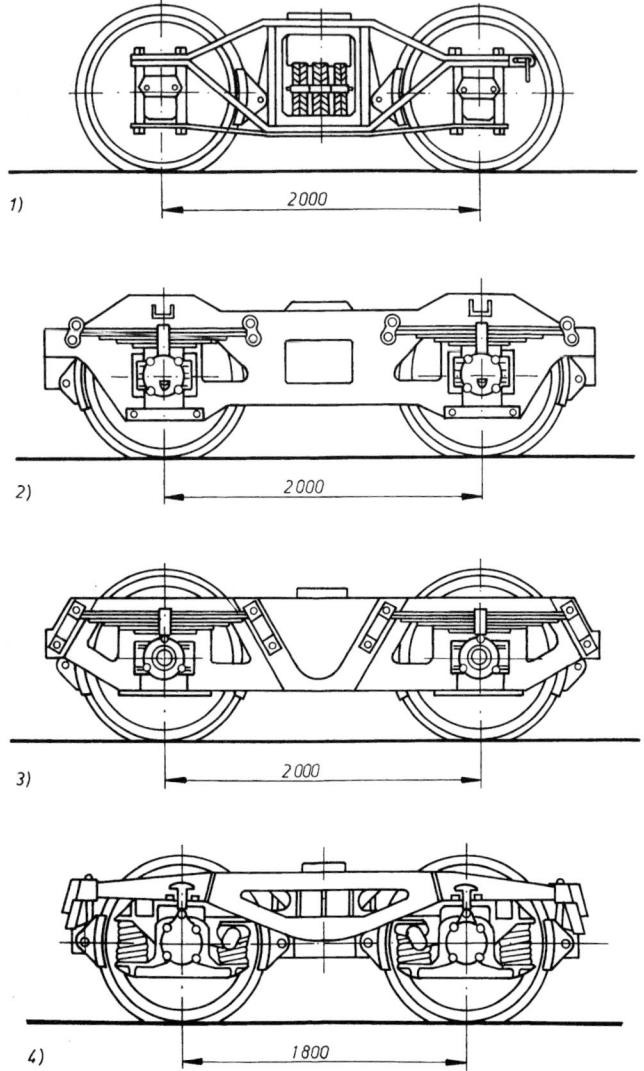

oder der kompletten → Achslagerblende durch → Kleben mit → Zweikomponentenkleber. Abb. (s. Abb. →
Achshalter).
Drehgestellantrieb: → Triebdrehgestell
Drehgestellrahmen: Hauptbauteil des
Drehgestells, das aus → Rahmenwangen und → Querträger besteht und
die Radsätze aufnimmt. Beim *Selbstbau* müssen die Rahmenwangen vor
dem Zusammenbau mit den entsprechenden → Achslagern versehen werden. Besitzt der D. an den Enden zu-

sätzliche Querverbindungen, kann
der mittlere Querträger mit Schrauben o.ä. beweglich angebracht werden (günstige Auflage der Radsätze,
auch bei Gleisunebenheiten). Abb.
Drehscheibe: um senkrechten mittleren Zapfen (Königsstuhl) drehbare
kreisrunde Anlage (Stahlbauwerk
nach Brückenart) zum Drehen (Wenden) oder Umsetzen von Schienenfahrzeugen. Ein brückenartiger Träger, auf dem die Fahrschienen angebracht sind, stützt sich am Außenrand
auf einem kreisförmigen Schienen-

5) 2150

6) 2500

7) 3600

8) 2650

1)

2)

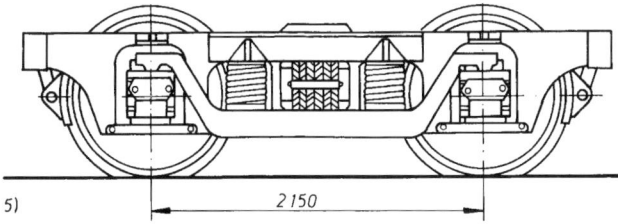

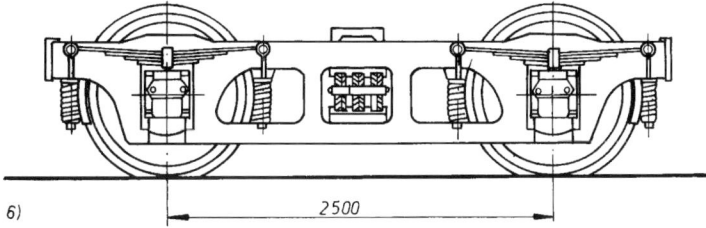

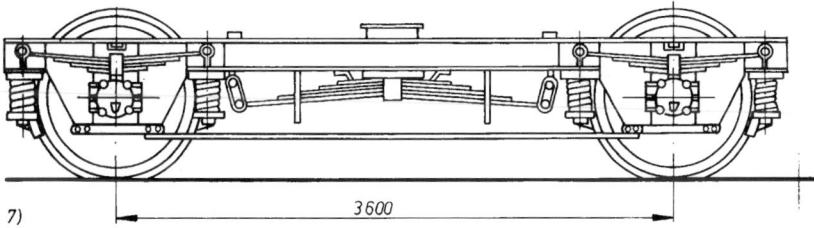

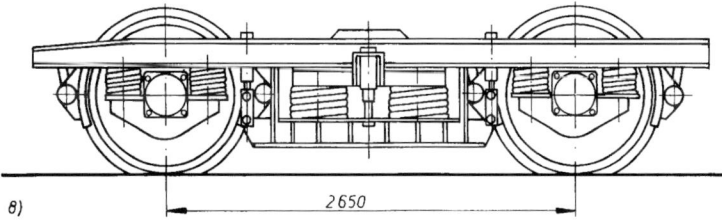

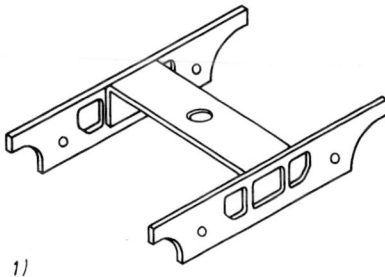

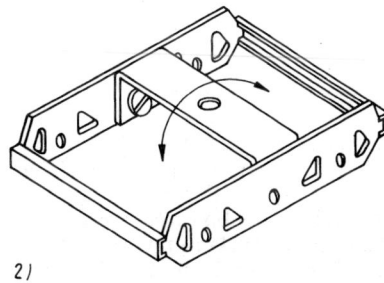

Drehgestellrahmen
1) mit starrer Querver-
bindung, 2) mit be-
weglich angebrachter
mittlerer Querverbin-
dung

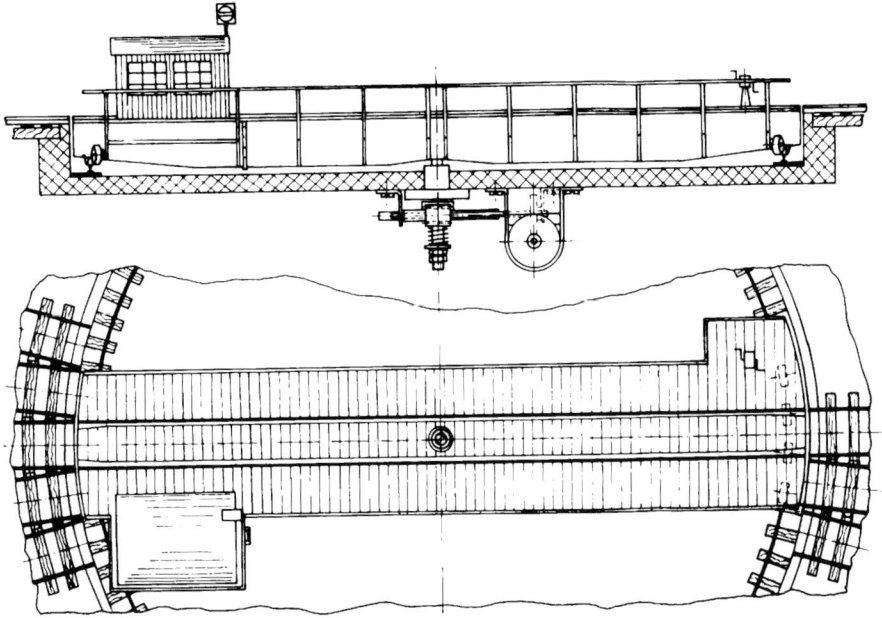

Drehscheibe
Bauvorschlag für ein vereinfachtes Modell mit ebenfalls vereinfachtem Unterflurantrieb

strang mit Laufräder ab. Die D. wird durch einen Elektromotor oder eine Handwinde angetrieben. Bei der *Modellbahn* ist der Einbau einer vorbildgerechten D. nur bedingt möglich, da für die D.-Grube die Anlagengrundplatte entsprechend ausgearbeitet werden muß. Ist dies nicht möglich, kann nur D. verwendet werden, bei der das Gleisniveau angehoben und die D.-Grube angedeutet ist. *Selbstbau* von D. ist nur erfahrenen Modellbauern vorbehalten. Das Verriegeln der D.-Bühne im Auffahrbereich sowie die Fahrstromzuführung für die Bühnengleise, deren Polarität sich beim Drehen umpolen muß, sind sehr aufwendig und lassen sich im Rahmen dieser Anleitung nicht näher

erläutern. Da auch die Unterbringung eines Antriebs innerhalb der D.-Bühne Schwierigkeiten bereiten kann, ist ein vereinfachter Zentralantrieb mit → Schneckengetriebe anzuraten. Abb.

Drehschemel: stählerner Querträger, der, durch seitliche Laufräder gestützt, drehbar auf einem → Drehschemelwagen angebracht ist. Der D. nimmt beidseitig umklappbare Rungen auf, die oben mit einer Spannkette verbunden werden. Beim *Selbstbau* kann die Abstützung durch Laufräder entfallen, in den meisten Fällen ist eine Befestigung des D. mit → Ansatzschraube und Zwischenlage einer → Unterlegscheibe ausreichend.

Drehschemelwagen
(Selbstbau)

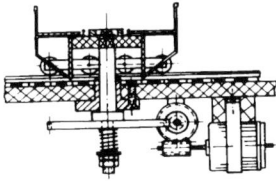

Drehschemelwagen: einfacher, mit einsteckbaren Stahlrungen versehener, 2achsiger → Plattformwagen ohne Stirn- und Seitenwände, der meist paarweise für Beförderung langer Güter (z. B. Langholz) eingesetzt wird. In der Wagenmitte befindet sich, in einer Drehpfanne gelagert, ein → Drehschemel. Für den *Selbstbau* beliebtes Anfängermodell, da kaum Aufbauten vorhanden sind. Abb.

Drehzahl (n): Verhältnis der Anzahl der Umdrehungen zur Beobachtungszeit. $n = U/t$ oder $n = 1/t$ (n Drehzahl, U Anzahl der Umdrehungen, t Zeit)

Drehzahlmessung: → Stroposkopscheibe

Drehzapfen: am Hauptrahmen von Eisenbahnfahrzeugen angebrachtes Bauteil in Zapfenform zur Verbindung mit einem drehbaren Laufwerk (Dreh- oder Lenkgestell). Beim *Selbstbau* dient als D. meist eine → Ansatzschraube oder ggf. ein eingeklebter oder gelöteter Gewindebolzen. Abb.

Dreilichtspitzensignal: → Regelspitzensignal

Dreipunktlagerung: wegen des Fehlens einer Achsfederung bei Modellbahnfahrzeugen angewendetes Ausgleichprinzip, das eine ständige Auflage der Radsätze auf den Schienen

gewährleistet und dadurch ein Abheben der Fahrzeuge vom Gleis bei Gleisunebenheiten verhindert. Hierbei wird der Wagenkasten oder der Rahmen an einem Ende durch zwei Auflagepunkte auf dem → Achshalter oder dem → Drehgestell abgestützt (was ein seitliches Wanken des Fahrzeugkastens verhindern soll), am anderen Ende geschieht dies durch einen zentralen Auflagepunkt. Beim *Selbstbau* können Auflagepunkte aus eingeklebten Nietköpfen oder aus ins Bodenblech eingedrückte Buckel (ähnlich wie beim → Achslager) bestehen. Für den zentralen Auflagepunkt ist eine Unterlegscheibe ausreichend. Abb.

Dreischienen-Dreileiter-System: → Fahrstromsysteme

Dreischienen-Vierleiter-System: → Fahrstromsysteme

Dreischienen-Zweileiter-System: → Fahrstromsysteme

Druckguß: früher Spritz- und Preßguß genanntes Gießverfahren, bei dem Metall (Aluminium-, Zink- und Magnesiumlegierungen) in flüssigem oder teigförmigem Zustand unter ho-

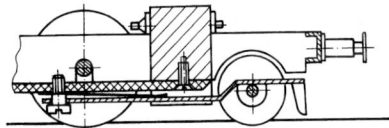

1)

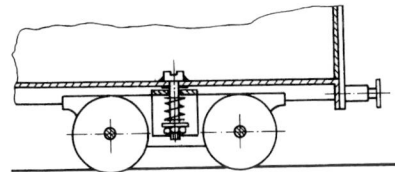

2)

Drehzapfen
1) Deichsel einer Laufachse mittels Ansatzschraube befestigt, 2) Befestigung eines Drehgestells mittels Schraubenbolzen und Mutter (eine Schraubenfeder kann zur sicheren Stromübertragung bei Fahrzeugen mit Innenbeleuchtung dienen)

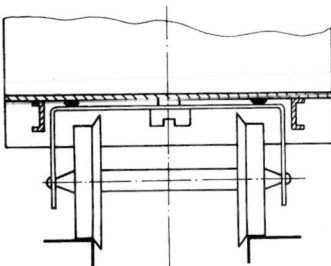

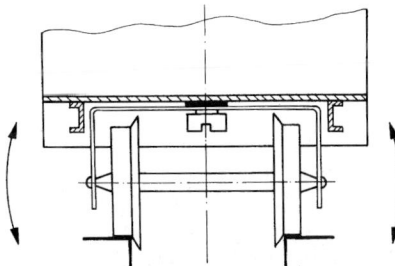

Dreipunktlagerung
bedeutet Zweipunkt- und Einpunktauflage

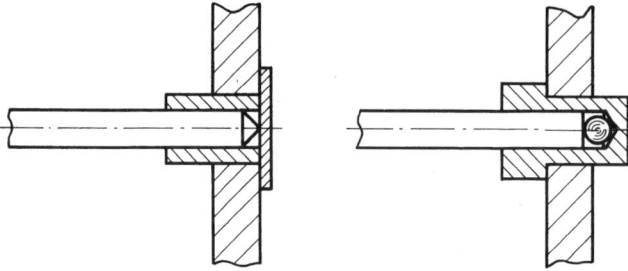

Drucklager
durch axiale Punktberührung entsteht ein geringer Reibungswiderstand

hem Druck in eine Stahlform gebracht wird. Es können Werkstücke mit sehr sauberen Oberflächen und hoher Maßhaltigkeit hergestellt werden.

Drucklager: Rillenkugellager (→ Wälzlager) zum Aufnehmen axialer Drücke bei Belastungen längs der Welle. Bei der *Modellbahn* werden D. in dieser Art nicht verwendet. Treten beim *Selbstbau* axiale Belastungen der Welle auf (z. B. bei → Schneckengetrieben) kann man den axialen Reibwiderstand der Welle reduzieren, indem man sie durch Punktberührung axial abfängt bzw. lagert. Hierfür kann man das Wellenende mit einer leicht abgerundeten Spitze versehen, die gegen ein ebenes Stahlplättchen drückt, oder man lagert das ebene Wellenende gegen eine kleine Stahlkugel. Abb.

Durchgangsprüfer
a) zwei einfache Durchgangsprüfer mit optischer Anzeige (G1 = 4,5-V-Batterie, V1 = rote LED, V2 = Silizium-Universaldiode, $R1$ = 150 Ω/0,125 W, H1 = 3,8-V-Glühlampe), b) Durchgangsprüfer mit Drehspulmeßwerk (0,1 mA bei Vollausschlag) mit sehr kleinem Meßstrom (G1 = 1,5-V-Batterie, $R1$ = 2,7 kΩ, $R2$ = 22 bis 47 kΩ)

Drucktaste: → Taster

Dübelmasse: pulverförmiges Gemisch aus Holzmehl und Gips oder zementartigen Bestandteilen, das, mit Wasser angerührt, zu einem Brei wird und sich sehr gut zur plastischen Gestaltung von Geländeteilen eignet. Nach dem Aushärten läßt sich D. mit Feile, Schmirgelpapier und Farbe leicht bearbeiten.

Durchfahrgleis: durchgehendes → Hauptgleis eines → Bahnhofs, durch das Zugfahrten ohne Halt im Bahnhof durchgeführt werden können.

Durchgangsbahnhof: → Bahnhof an ein- oder mehrgleisiger Strecke, durch den die durchgehenden → Hauptgleise hindurchgeführt werden.

Durchgangsprüfer: einfaches Hilfsmittel zur Fehlersuche in elektrischen Schaltungen, besonders der Verkabelung. D. bilden einschließlich Spannungsquelle einen offenen Stromkreis, der durch den Prüfling geschlossen wird. Dazu wird der Prüfling an zwei Punkten mit Tastspitzen oder Meßklemmen berührt. Bei vorhandenem Durchgang leuchtet das Anzeigeelement (Glühlampe, LED) auf (Abb. a). Zur Prüfung von empfindlichen elektronischen Schaltungen bzw. Bauelementen ist dieser D. wegen des relativ großen Prüfstroms und der dadurch bestehenden Gefahr der Zerstörung des Prüflings nicht geeignet! Eine zweite Variante des D. (Abb. b) enthält als Anzeigeelement ein Amperemeter (Meßbereich: mA oder µA). Hiermit können, allerdings mit nicht allzu großer Genauigkeit, sogar die Werte von Widerständen bis in den MΩ-Bereich bestimmt werden. Mit R2 wird vor der Messung durch Verbinden der Tastspitzen Vollausschlag eingestellt. → Spannungsprüfer. Abb.

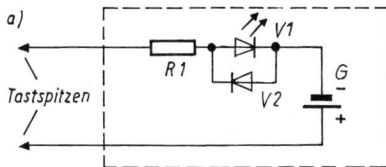

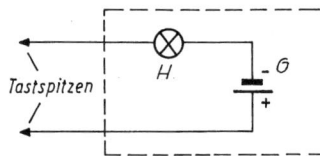

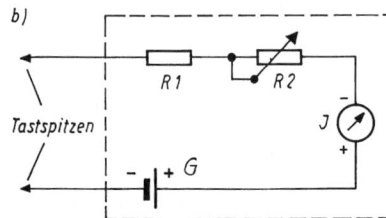

Durchgangswagen: → Reisezugwagen mit Mittelgang, Seitengang oder Großraumabteilen, bei denen ein Übergang zwischen den einzelnen Wagen möglich ist. Dem Übergang dienten früher bei Personen- und Eilzugwagen offene Übergangsbrücken, bei Schnellzugwagen ein → Faltenbalgübergang; heute bei allen Reisezugwagen grundsätzlich ein → Gummiwulstübergang. Abb.

durchgehender Nulleiter: → gemeinsamer Rückleiter

Durchgangswagen mit vorbildnahen offenen Übergangsbrücken in H0 (Selbstbau)

Durchrutschweg: Gleisabschnitt hinter dem die Einfahrstraße begrenzenden Signal, der für den Fall, daß der Zug über den für ihn festgelegten Halteplatz hinausfährt oder durchrutscht, freizuhalten ist. Der D. gehört zur Fahrstraße und wird in Tabellenform als Ergänzung zum Lageplan angegeben. Die Länge des D. hängt von den betrieblichen Erfordernissen ab und ist unterschiedlich.

D-Zugwagen: nichtamtliche, umgangssprachliche Bezeichnung für → Schnellzugwagen.

EC: Abk. für → EuroCity-Zug

Eckanlage: Variante der → offenen Anlagenform, die im Winkel an zwei Wänden angeordnet wird. Eine E. bietet auf relativ kleiner Fläche sehr gute Gestaltungsmöglichkeiten. → Anlagenform

Eckversteifung: Begriff aus der Holzbearbeitung. Bei der → offenen Rahmenbauweise werden E. benötigt, um den Anlagenrahmen zu festigen. E. werden in Form von Knotenblechen oder entsprechend bearbeiteten Leisten an den vier Rahmenecken angebracht. Abb.

Eigenbau: → Selbstbau

Eigenmasse: Masse eines betriebsbereiten Eisenbahnfahrzeuges ohne Beladung bzw. ohne Personen. Maßeinheit der E.: kg oder t.

Eilzugwagen: zur Personenbeförderung in → Eilzüge eingestellter → Sitzwagen; meist 4achsiger → Durchgangswagen mit Mittelgang. Wegen

E

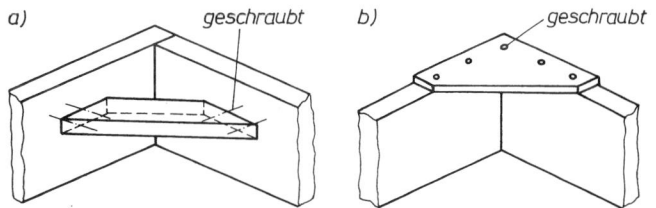

Eckversteifung
a) durch Leisten,
b) durch Knotenblech

Eilzugwagen
Dieser Wagen in H0 (Liliput) wurde im Aufdruckverfahren (s. Beschriften von Modellen) umbeschriftet und mit Oberwagenscheibenhaltern versehen und gilt somit als „Frisur".

des Mangels an geeigneten E. wurden um 1930 spezielle E. entwickelt und in relativ hoher Stückzahl gebaut. Sie besaßen Mittelgang, offene Wagenübergänge und waren an den Wagenenden mit beidseitigen Doppeltüren (schneller Ein- und Ausstieg) versehen. In den 50er Jahren erhielten diese E. Faltenbalgübergänge und wurden im Schnellzugdienst eingesetzt. Abb.

einfache Gleisverbindung: Gleisverbindung, die aus zwei linken oder zwei rechten einfachen → Weichen besteht. Die e. G. dient zum Übergang in das → Parallelgleis, z. B. bei einer 2gleisigen Strecke vor Einfahrt oder Ausfahrt eines Bahnhofs. Abb.

einfache Gleisverbindung
schematische Darstellung

einfache Kreuzungsweiche, Abk. *EKW:* Kreuzung mit einem zusätzlichem Verbindungsgleis, die den Übergang von einem Strang zum anderen ermöglicht. Sie erspart eine Kreuzung und zwei einfache Weichen.

Einfahrgleis: → Hauptgleis eines → Bahnhofs, in das planmäßig Züge einfahren. Das E. muß sicherungstechnisch für Zugfahrten zugelassen sein. Die Stelle, an der Züge im E. zum Halten kommen müssen, ist durch → Signale gekennzeichnet.

Einfahrgruppe: Gruppe von → Einfahrgleisen in → Rangierbahnhöfen.

Einfahrsignal: → Hauptsignal, das die Einfahrt von der Strecke in einen → Bahnhof sichert. Es steht an jedem in den Bahnhof einmündenden Streckengleis (100 bis 300 m vom angenommenen Gefahrenpunkt entfernt), das im Regelbetrieb von Zügen in Richtung Bahnhof befahren wird.

Einfriedung: Schutzanlagen (Mauern, Zäune, Geländer oder Hecken), die errichtet werden, um Unbefugte vom Betreten der Bahnanlagen abzuhalten. E. sollten auf Modellbahnanlagen nicht fehlen. Sie sind in vielen Ausführungen und in allen Nenngrößen handelsüblich.

Einheitsbauart: Bezeichnung für Eisenbahnfahrzeuge, die nach dem Zusammenschluß aller Ländereisenbahnen in Deutschland bei der 1920 gegründeten Deutschen Reichsbahn-Gesellschaft gebaut wurden. Vorteil: einheitliche Typisierung, Normung und Austauschbarkeit vieler Aggregate und Bauteile.

Einheitsgüterwagen: → Güterwagen, die den internationalen Vereinheitlichungsbestimmungen entsprechen. Vereinheitlichte Güterwagen, die nach Zeichnungen des ORE gebaut sind, tragen das Zeichen UIC und gelten als Standardgüterwagen. E. sind mit austauschbaren Ersatzteilen ausgerüstet.

Einheitslokomotive: → Einheitsbauart

Einholmstromabnehmer: → Stromabnehmer auf elektrischem Triebfahrzeug zur Entnahme des Fahrstroms aus der Fahrleitung, bei dem auf einem (verstärkten) Scherenunterarm zwei Scherenoberarme angebracht sind. Senkrechte Hubbewegungen sind durch Parallelogrammführung möglich. E. ist wegen seiner geringen Masse für schnellfahrende Triebfahrzeuge besonders geeignet. Abb.

Einkomponentenkleber: → Kleben

Einsatzstelle: → Triebfahrzeugeinsatzstelle

Einschnitt: durch Geländeabtragung entstandene Vertiefung im Verlauf einer Geländeerhöhung, durch die der Bahnkörper ohne größere → Neigung hindurchgeführt wird. Auf der Modellbahnanlage sollten E. nicht fehlen. Sie sind leicht herstellbar und können zur optischen Trennung von Strecken dienen.

Einspeisung: Zuführung von elektrischem Strom zu einem oder mehreren Verbrauchern. Die E. des Fahrstromes in das Gleisnetz der Modellbahnanlage geschieht in der Regel mit → Anschlußgleisen. Wegen des unvermeidlichen → Widerstandes aller Leiter sollten für die Fahrstromzuführung zwischen Stromerzeuger und Anschlußgleis Leitungen mit mög-

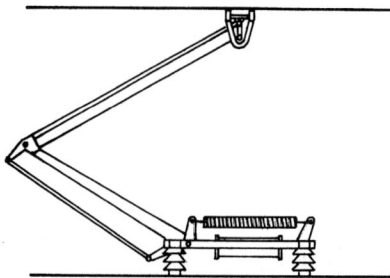

Einholmstromabnehmer

elektrische Lokomotive

lichst großem Querschnitt (Richtwert: 1 bis 1,5 mm²) verwendet werden. Da auch das Schienennetz einen bestimmten Widerstand aufweist, empfiehlt es sich, auf mittleren und größeren Anlagen mehrere E.stellen gleichmäßig zu verteilen. Für jedes Anschlußgleis sollte eine separate Leitung vom Stromversorgungsgerät verlegt werden.

Einweggleichrichtung: → Gleichrichtung

Ejektor: Blasrohranlage zur Erhöhung des thermischen Wirkungsgrads bei Dampflokomotiven. Äußeres Merkmal: flacher, ovalförmiger Schornstein.

EKW: Abk. für → einfache Kreuzungsweiche

elektrische Lokomotive, Abk. E-Lok: → Triebfahrzeug (→Lokomotive) mit Elektromotor als Antriebsaggregat. Der Antrieb erfolgte bei älteren Elloks anfangs (von der Dampflok übernommen) durch ein oder zwei große Elektromotoren, deren Drehmoment mit Blindwellen und Treibstangen auf die Treibachsen übertragen wurde (→Stangenantrieb). Da diese Antriebsform für hohe Geschwindigkeiten ungeeignet ist, erhielten E-Loks später Einzelachsantrieb, wobei jede Achse mit einem Motor angetrieben wird. Die elektrische Energie beziehen E-Loks aus einer → Fahrleitung; die Rückleitung des Stroms erfolgt über die Räder zu den Fahrschienen. Bei der *Modellbahn* beliebtes Triebfahrzeug, da Antriebsart und Energiezuführung sowie Fahrgeräusch weitgehend dem Vorbild entsprechen. Beim *Selbstbau* sind die unter → Diesellokomotive, → Stromabnehmer, → Dachleitung gegebenen Hinweise zu beachten. Abb.

elektrische Schutzmaßnahme: → Schutzmaßnahme

elektrische Steuerung: eine → Steuerung, deren wesentliche Bauglieder mit elektrischer Energie betrieben werden. Bei der *Modellbahn* werden neben e. S. in der Regel noch mechanische Steuerungen verwendet, vorwiegend mit ihnen gekoppelt (→ elektromechanische Steuerung).

elektrisches Triebfahrzeug: → Triebfahrzeug (→ elektrische Lokomotive, →Triebwagen) des Schienenverkehrs mit elektrischem Antrieb, dessen Stromversorgung über → Fahrleitung, Stromschiene oder aus Akkumulatoren geschieht.

Elektrolytkondensator: Abk. Elko, besondere Ausführung des → Kondensators.

elektromechanische Steuerung: eine bei der *Modellbahn* verbreitete → Steuerung, bei der eine Wandlung elektrischer in mechanische Energie vollzogen wird. Wichtige Bauglieder für diesen Zweck sind Elektromotor (→ Motor) und → Stellmagnet. → Magnetantrieb, → Relais

Elektromotor: → Motor, → Permanentmagnetmotor, → Langsamläufermotor

elektronischer Fahrstromregler: im Sprachgebrauch übliche, aber sachlich unexakte Bezeichnung für → Fahrstromsteller. →Regelung, → Steuerung

elektronischer Fahrstromsteller: ein → Fahrstromsteller, bei dem der Fahrstrom zur Beeinflussung der Fahrzeuggeschwindigkeit mit elektronischen Bauelementen und Schaltungen verändert wird. e. F. können für → Analog- oder Digitalbetrieb eingesetzt werden. Unter den analogen e. F. treten besonders zwei Arten her-

elektronischer Fahr-stromsteller
a) Prinzipschaltung mit Stelltransistor und Polwendeschalter (kann auch Bestand-teil eines Relais sein), b) Schaltung mit Stell-thyristor. Beide Schal-tungen arbeiten mit Pulsbreitensteuerung, der Transistor auch mit einfacher Span-nungssteuerung ($R_ü$ = Überstromschutzwider-stand).
c) Prinzipschaltung ei-nes elektronischen Fahrstromstellers für Zweirichtungssteue-rung mit Transistoren (V1 = pnp-Leistungs-transistor, V2 = npn-Leistungstransistor, I_V = Fahrstrom vor-wärts, I_R = Fahrstrom rückwärts).

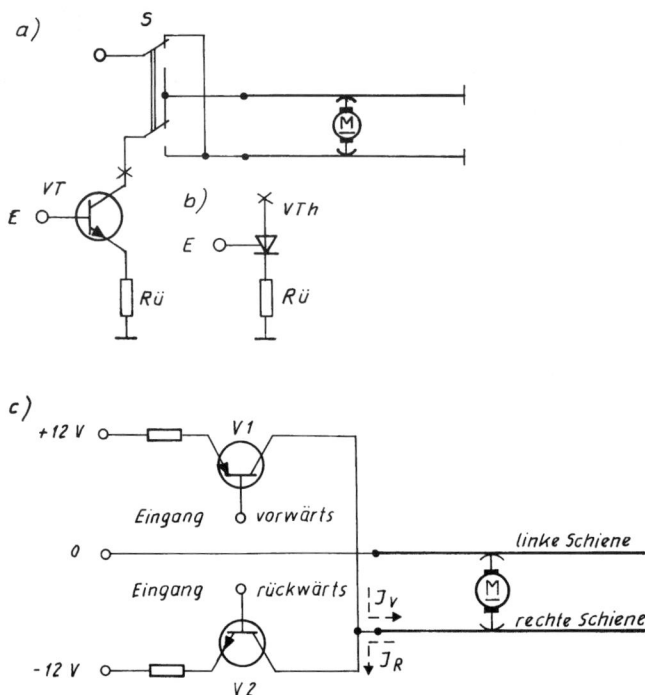

vor, a) solche mit kontinuierlich verän-derlicher Spannung und b) solche, bei denen die Breite von rechteckför-migen Stromimpulsen im Verhältnis zur Strompause kontinuierlich verän-dert werden kann (→ Pulsbreiten-Steuerung). Bei der 1. Art werden aus-schließlich Leistungstransistoren (→ Transistor) als Stellelement (wie ein veränderlicher Widerstand) verwen-det, bei der 2. neben Transistoren auch → Thyristoren (als Schalter). Bei den digitalen e. F. wird der Fahrstrom entsprechend einem gewählten Sy-stem kodiert oder die Pulsbreite wird mit digitalen Steuersignalen einge-stellt. → Analogbetrieb, → Digitalbe-trieb, → digitale Mehrzugsteuerung. Abb.

elektronische Sicherung: im Sprach-gebrauch übliche Bezeichnung für →Überstromschutz mit elektroni-schen Bauelementen, die sich durch sehr kurze Ansprechzeiten (Größen-ordnung μs und ms) auszeichnet. Die e. S. eignet sich deshalb besonders gut für den Schutz von Halbleiter-schaltungen gegen Überlastungen, wenn andere Schutzarten (z. B. Schmelzsicherungen) zu träge sind, d. h. zu große Ansprechzeiten haben.

e. S. gibt es als strombegrenzenden und stromunterbrechenden Typ. Beide Arten können so ausgelegt wer-den, daß sie nach Fortfall der Über-last selbsttätig einschalten. Zum Nachrüsten eignet sich besonders die elektronische Zweipolsicherung. Sie wird anstelle einer Schmelzsicherung in den zu schützenden Gleichstrom-kreis eingefügt (Abb. a). Die Schal-tung ist strombegrenzend ohne selbsttätige Rückstellung, mit R_5 der Ansprechstrom von ca. 2 A einge-stellt. Zur Rückstellung ist eine kurz-zeitige Abtrennung des Verbrauchers nötig. Abb. b zeigt ein Beispiel mit ei-ner integrierten Schaltung. Hier wird ein Festspannungsregler (→ Span-nungsregler) zur Erzeugung einer sta-bilisierten → Spannung und gleichzei-tig als selbsttätiger Überstromschutz benutzt. Die e. S. ist zum Schutz des Reglers und des Verbrauchers im Schaltkreis integriert. → Überstrom-schutz. Abb.

elektronische Steuerung: eine → Steuerung, deren wesentliche Bau-glieder mit elektrischer Energie betrie-ben werden und elektronische Bauele-mente bzw. elektronische Schaltun-gen enthalten.

Elko: Kurzbezeichnung für → Elektrolytkondensator, →Kondensator
E-Lok: fachsprachliche Kurzbezeichnung für → elektrische Lokomotive
Emitter: eine der drei Elektroden des → Transistors, in ihr beginnt der Ladungsträgerstrom durch den Halbleiter.
Empfangsgebäude: wesentliches Bauwerk des → Personenbahnhofs, das alle für die Abfertigung der Reisenden, deren Gepäck, von Expreßgut und Postsendungen notwendigen Räume (z. B. Gepäckabfertigung, Warteräume, Toiletten, Post, Gepäckauf-

bewahrung, Diensträume für Personal) umfaßt. Moderne E. beherbergen auch Gaststätten, Geschäfte oder Ladenstraßen, Dienstleistungseinrichtungen und Dienstwohnungen. Das E. liegt in günstiger Lage zwischen Bahnanlage und Ortslage. Vom Niveau der Bahntrasse aus gesehen gibt es *hochliegende, tiefliegende* und *auf gleichem Niveau* liegende E. Ein E. auf der Modellbahnanlage sollte immer im richtigen Größenverhältnis zur Bahnanlage und zum gewählten Anlagenmotiv stehen. Abb.
Encoder: → Coder

elektronische Sicherung
a) Schaltung einer elektronischen Sicherung im Stromkreis, bestückt mit älteren Germanium-Transistoren, läßt sich auch auf Silizium-Transistoren (in pnp- und npn-Technik) übertragen. Hat den Nachteil, daß der Leistungstransistor die gesamte bei Kurzschluß anfallende Verlustleistung aufnehmen muß. ($R1 = 0,3$ Ω/2 W, $R2 = 330$ Ω/0,5 W, $R3 = 100$ Ω, $R4 = 3,9$ kΩ, $R5 = 1$ kΩ, $C1 = 33$ nF, VD = Universaldiode, VT1 = 4-A-Leistungstransistor, VT2 = 500-mW-Transistor, VT3 = 250-mW-Transistor)
b) Schaltung eines Festspannungsreglers mit integriertem elektronischen Überstrom- und Wärmeschutz für einen maximalen Ausgangsstrom von 2,2 A. Der Überstromschutz arbeitet mit einer foldback-Kennlinie, bei der der Kurzschlußstrom auf einen unschädlichen Wert (35 mA) abgesenkt wird. (N1 = 6812, $C1 = 0,1$ bis 2 µF, ist nur erforderlich, wenn der Ladekondensator nicht räumlich nahe dem Schaltkreis liegt, $C2 = 1$ bis 2 µF)

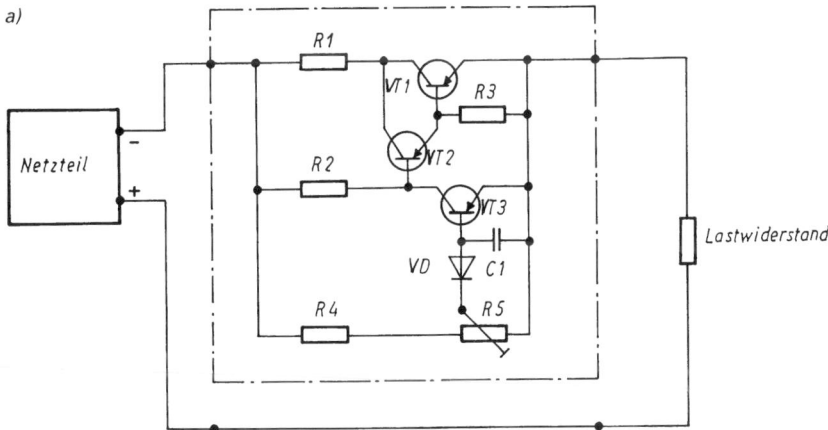

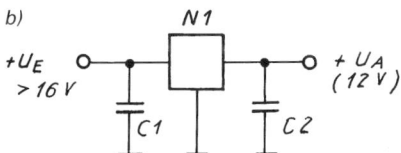

Endkupplung bzw. Kupplungsattrappe an einer Tenderlokomotive in H0 (Roco)

Endabschaltung: Methode zum Schutz der Magnetspulen von → Magnetartikeln mit → Doppelspulenantrieb (z. B. Weichen, Relais) wegen thermischer Überlastung durch zu lang andauernden Stromfluß. Wenn bei Betätigung der Magnetkern des Antriebes seine Endlage erreicht, wird mittels eines mit ihm gekoppelten Kontaktes (→Ruhekontakt) der Stromfluß durch die zugehörige Magnetspule unterbrochen. Gleichzeitig wird der Endlagenkontakt der zweiten Spule geschlossen, damit der Stromfluß für die Betätigung in Gegenrichtung möglich wird. Derartig ausgerüstete Magnetartikel lassen sich sowohl mit → Impulskontakten als auch mit → Dauerstromkontakten betreiben. → Dauerstromschaltung, → Impulsschaltung.

Endbahnhof: Bahnhof, der Anfangs- oder Endpunkt einer Eisenbahnstrecke ist. Auf Modellbahnanlagen ist der E. eine häufig angewendete Form bei Motiven mit Nebenbahncharakter.

Endkupplung: an den Zug- oder Fahrzeugenden bei der *Modellbahn* angebrachte, nicht kuppelbare Attrappe einer Schraubenkupplung. E. verbessert den Gesamteindruck der Vorder- und Rückseite von Schienenfahrzeugen; meist bei Triebwagenzügen oder Einzelfahrzeugen (Vitrinenmodelle), aber auch an den Zugenden steif- oder kurzgekuppelter Zugeinheiten (→ Steifkupplung). Abb.

Entfetten: Reinigung von Oberflächen, die anschließend (z.B. durch Lackieren, → Löten, → Kleben) weiterbehandelt werden. Zum E. benutzt man Schleif- oder Lösungsmittel, wie →Verdünner, → Aceton, → Benzol. Für → Plastwerkstoffe sind Lösungsmittel ungeeignet.

Entkuppler: in Gleismitte liegende Vorrichtung zum Entkuppeln von Modellbahnfahrzeugen, die fern- oder ortsbedient sein kann. Die Fernbedienung geschieht durch einen ober- oder unterflur angebrachten elektromagnetischen Antrieb, die Ortsbedienung mechanisch, z. B. durch einen Hebel. Die in → Entkupplungsgleisen eingebauten E. sind in allen Nenngrößen handelsüblich.

Entkupplung: beabsichtigter (gesteuerter) oder auch ungewollter Vorgang, der eine Zugtrennung bewirkt. Eine gesteuerte E. ist durch ein → Entkupplungsgleis möglich, eine ungewollte E. ist häufig die Folge schlecht verlegter Gleise.

Entkupplungsgleis: spezielles, bei der *Modellbahn* angewendetes und in allen Nenngrößen handelsübliches Gleis, das zum fern- oder handbedienten Abkuppeln von Fahrzeugen dient. Die Fernbedienung geschieht durch elektromagnetischen Antrieb. Die Entkuppelbohle befindet sich zwischen den Gleisen und wird beim Entkuppelvorgang angehoben.

Entladediode: → Freilaufdiode

Entprellschaltung: besondere elektronische Schaltung zur Unterdrückung der durch Kontaktprellen (→ Schaltkontakt) entstehenden Mehrfachsteuersignale (Abb. a) an → Schaltern und →Tastern, die elektronische Schaltungen wegen ihrer kurzen Ansprechzeit mehrfach auslösen. Mechanischen Schaltkontakten wird deshalb die E. nachgeschaltet, um diese Mehrfachwirkung zu unterdrücken. Abb. b zeigt einige Prinzipschaltungen, die je nach Erfordernis angewendet werden können. Abb.

Entstörung: gesetzlich vorgeschriebene Maßnahme für alle (in der Regel elektrischen) Geräte und Einrichtungen zur Verhinderung der Abstrahlung von hochfrequenten Störungen, die u. a. den Rundfunk- und Fernsehempfang erheblich beeinträchtigen können. Alle → Kontakte, die Stromkreise öffnen oder schließen, verursachen hochfrequente Störungen in einem breiten Frequenzbereich. Neben den beim Schalten der → Magnetartikel und durch mangelhafte Stromabnahme an Fahrschienen, → Fahrleitungen und → Schleiffedern (Kontaktfeuer) entstehenden unregelmäßigen Störungen spielen die periodischen Kontaktstörungen an den Kollektoren der Fahrzeugmotoren (Bürstenfeuer) eine große Rolle. Da die Gleise wie Antennen wirken, haben die Störungen sehr günstige Ausbreitungsbedingungen und stören besonders den UKW- und Fernsehrundfunk. Zur sicheren Entstörung der Antriebsmotoren der Triebfahrzeuge hat sich eine Filterschaltung nach Abb. a zwischen Motor und Gleis bewährt. Alle industriell gefertigten Modelle werden mit einer solchen Schaltung ausgerüstet. Schaltkontakte werden mit Entstörkondensatoren nach Abb. b entstört, wobei die Kombination mit einem Widerstand die Wirkung verbes-

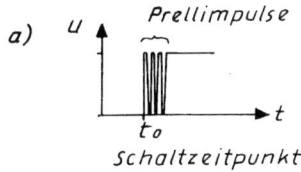

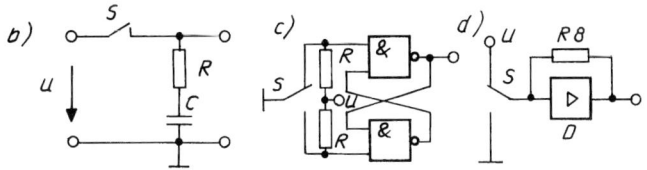

sert. Beim Einbau ist auf kurze Leitungsführung zu achten (lange Leitungsstücke = Antenne). Eine wichtige Voraussetzung zur Vermeidung von Störungen ist das ständige Sauberhalten aller kontaktgebenden Teile (Schiene, Radsatz, Schleiffedern usw.). Periodische Störungen können bei der Modellbahn auch durch die Verwendung von Oszillator- und Impulsschaltungen entstehen, zu nennen sind hier die → fahrstromunabhängige Zugbeleuchtung und die → Pulsbreiten-Fahrstromsteller. Abb.

Ersatzsignal (Signal Zs 1 bzw. Zs 101): Signal der Gruppe „Zusatzsignal für Hauptsignale (Zs)" des Signalbuches mit der Signalbedeutung: am Halt zeigenden Hauptsignal vorsichtig vorbeifahren. Signalaussehen: ein weißes Blinklicht (Zs 1) oder drei weiße Lichter in Form eines A (älterer, noch gebräuchlicher und gültiger Begriff Zs 101).

EuroCity-Verkehr: europäischer, grenzüberschreitender und mit dem → InterCity-Verkehr abgestimmter Expreßzugverkehr

EuroCity-Zug: als EC bezeichneter, mit Höchstkomfort ausgestatteter

Entprellschaltung
a) Zeitdiagramm einer Schaltspannung mit Prellerscheinungen,
b) Entprellung eines Schalters (z. B. eines Mikrotasters) mit RC-Glied (R = 4,7 bis 10 kΩ, C = 4,7 bis 22 nF),
c) Entprellschaltung eines Umschaltkontaktes mit Flip-Flop (R = 4,7 kΩ bei TTL-Gatter, 470 kΩ bei CMOS-Gatter),
d) Umschaltkontaktentprellung mit nichtnegierendem CMOS-Treiber (D = 1/6 4050, R = 470 kΩ)

Entstörung
a) von Kleinmotoren,
b) von Schaltkontakten ($C1$ = Scheibenkondensator 10 bis 47 nF/63 V, $L1$ = $L2$ = Kleindrossel 10 µH/1,5 A, $R1$ = 56 Ω/0,125 W, $C2$ = 47 bis 100 nF)

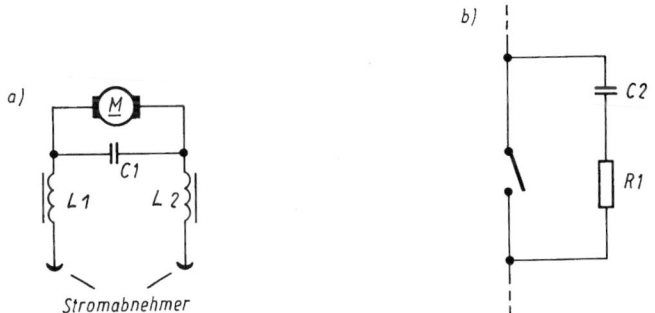

und Höchstgeschwindigkeit fahrender → Reisezug. → EuroCity-Verkehr

EW: Abk. für einfache → Weiche

Expreßgutwagen: zur Beförderung von Expreßgut vorgesehener, in Reise-, Gepäck-, Expreßgut- oder Schnellgüterzüge eingestellter → Güterwagen oder → Gepäckwagen. Die E. werden auf Bahnsteiggleisen oder Gepäckbahnsteigen der Personenbzw. Postbahnhöfe (nicht auf Güterbahnhöfen) behandelt.

F

Fahrdraht: Teil der → Fahrleitung zur Versorgung elektrischer Triebfahrzeuge mit Elektroenergie. Beim Vorbild kann der F. fest abgespannt sein; wegen der Ausdehnung bei Temperaturschwankungen sind dann kurze Aufhängungsabstände nötig. Bei beweglicher Aufhängung sind größere Abstände möglich. Um das Einlaufen von Rillen in den → Dachstromabnehmern zu verhindern, ist der F. im Zickzack gespannt. Bei der *Modellbahn* wird der F. oft aus Draht, z. B. Neusilber, Kupfer, Messing, gefertigt und bildet eine Einheit mit Hänger und Tragseil. Die Länge richtet sich nach der Nenngröße. Aufgehängt wird der F. an den Masten bzw. → Quertragwerken. Durch verschieden lange → Ausleger entsteht die → Zick-Zack-Führung. F. ist für alle Nenngrößen handelsüblich.

Fahrgeräusch: Geräusch, das durch Motor, Getriebe und Radsatz beim Befahren der Gleisanlage entsteht. → Fahrgeräuschdämpfung

Fahrgeräuschdämpfung: Maßnahme zur Verringerung der Geräusche beim Fahren von Modellfahrzeugen. Die F. geschieht durch das Verlegen der Gleise auf eine geräuschdämmende Unterlage wie Schaumstoff (Fa. Mößmer). Um eine F. zu erreichen, dürfen die Befestigungsschrauben oder Nägel nicht direkt vom Gleiskörper in die Anlagengrundplatte hineinführen, da sie sonst die Fahrgeräusche direkt auf die Anlagenplatte übertragen. Abb.

Fahrgestell: bauliche Einheit von → Laufwerk und → Rahmen der Schienenfahrzeuge. → Untergestell

Fahrleitung: → Fahrdraht mit oder ohne Längstragwerk einschließlich der Verankerungen. Der → Fahrstrom wird über die F. zugeführt. Eine als *Oberleitung* ausgeführte F. mit Längstragwerk wird als *Kettenwerk-F.* bezeichnet. Bei der *Modellbahn* ist die F. entsprechend dem Gleissystem (der Nenngröße) meist konfektioniert; die Eigenbau-F. entspricht bei sauberer Ausführung meist mehr dem Vorbild. Abb.

Fahrmotor: Elektromotor zum Antrieb von Eisenbahnfahrzeugen (→ elektrisches Triebfahrzeug). Bei der *Modellbahn* ist der F. das am meisten angewendete Antriebsaggregat für alle Arten von Triebfahrzeugen (auch → Dampflokomotiven). → Antriebsarten, → Motor

Fahrnennspannung: → Nennspannung

Fahrplan: schriftlich festgelegte Unterlage, aus der alle Abfahrts-, Durchfahrts- und Ankunftszeiten der von den Verkehrsmitteln berührten → Bahnhöfe, → Blockstellen oder → Haltepunkte hervorgehen. Die F. werden unterschieden in Reisezug-, Güterzug-, Regelzug- und Sonderzug-F.; ferner in Aushangfahrplan, → Bildfahr-

a) falsch !   *b) richtig !*

Anlagenplatte

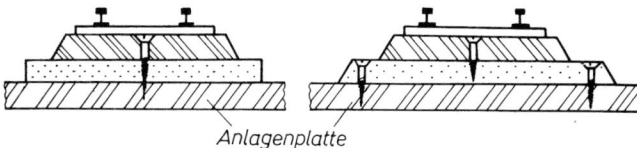

Fahrgeräuschdämpfung
schematische Darstellung

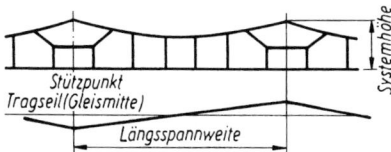

Fahrleitung

Stützpunkt
Tragseil(Gleismitte)
Systemhöhe
Längsspannweite

plan, → Buchfahrplan, → Strecken-fahrplan. Der Betrieb auf Modellbahn-anlagen kann auch einem → Modell-fahrplan folgen. → Modellzeit
Fahrpult: pultförmig gestaltetes → Fahrstromversorgungsgerät bzw. → Fahrstromregler, → Fahrstromsteller
Fahrregler: bei der *Modellbahn* Kurz-wort für → Fahrstromregler, → Fahr-stromsteller, → Fahrstromversor-gungsgerät
Fahrspannung: → Nennspannung
Fahrsperre, *automatische Zwangs-haltschaltung*: Maßnahme zur Siche-rung des Modellbahn-Zugbetriebes, bei der die → Fahrstromversorgung der Fahrzeuge bzw. Züge in Abhängig-keit von der Signal- oder Weichenstel-lung erfolgt. a) Die signalabhängige F. ist eine Schaltung, die das selbsttä-tige Anhalten eines Zuges vor dem haltzeigenden Signal bewirkt. Zu die-sem Zweck befindet sich vor dem Si-gnal ein → Abschaltgleis, das durch ei-nen vom Signalantrieb bzw. von der Signalsteuerung betätigten Kontakt zugeschaltet wird. Die Vorbeifahrt ei-nes in Gegenrichtung verkehrenden Fahrzeuges am ungültigen, haltzei-genden Signal ermöglicht eine den Kontakt überbrückende → Gleichrich-terdiode. Bei der Festlegung der Länge des Abschaltgleises ist der → Durchrutschweg zu beachten. b) Die weichenabhängige F. ist eine Siche-rungsschaltung, die eine Zugfahrt nur bei richtiger Weichenstellung zuläßt. Dabei kann die jeweilige Weiche di-rekt oder mittels einen von der Wei-chensteuerung beeinflußten Schalt-

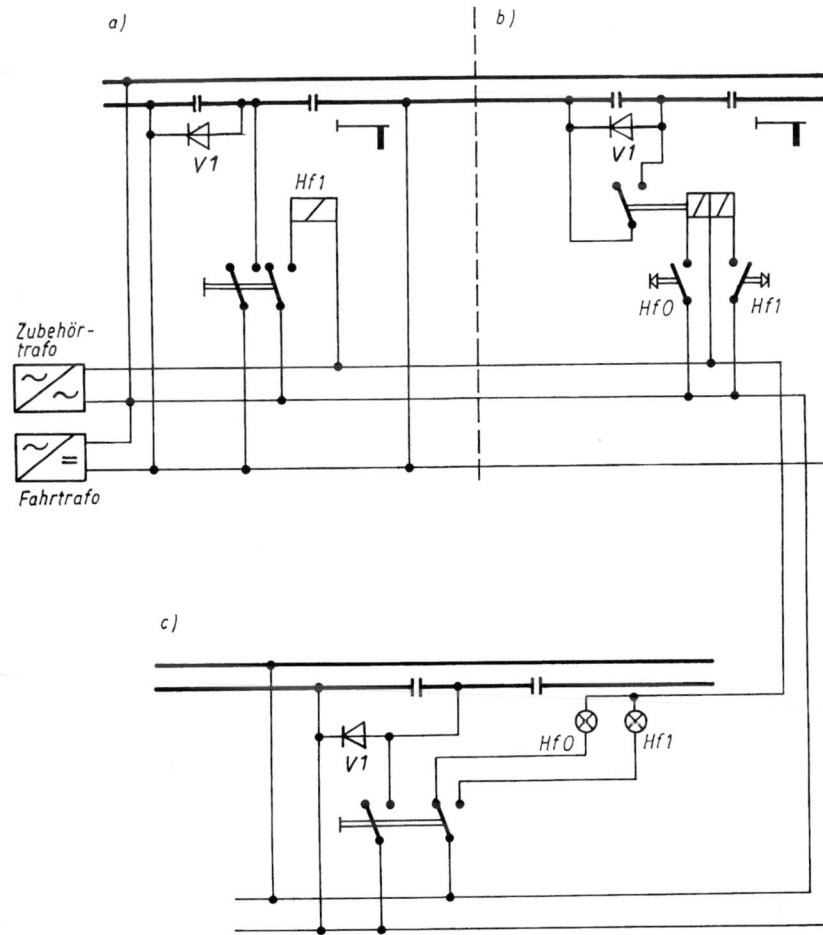

signalabhängige *Fahr-sperre*
a) für Dauerantrieb oder Impulsantrieb mit Endabschaltung, Beeinflussung des Fahrstromes mit Schaltkontakt, b) für Impulsantrieb, Bee-influssung des Fahrstro-mes mit Relaiskontakt, c) für Lichtsignale, Be-einflussung des Fahr-stromes mit Schaltkon-takt (V1 = 1- bis 3-A-Diode)

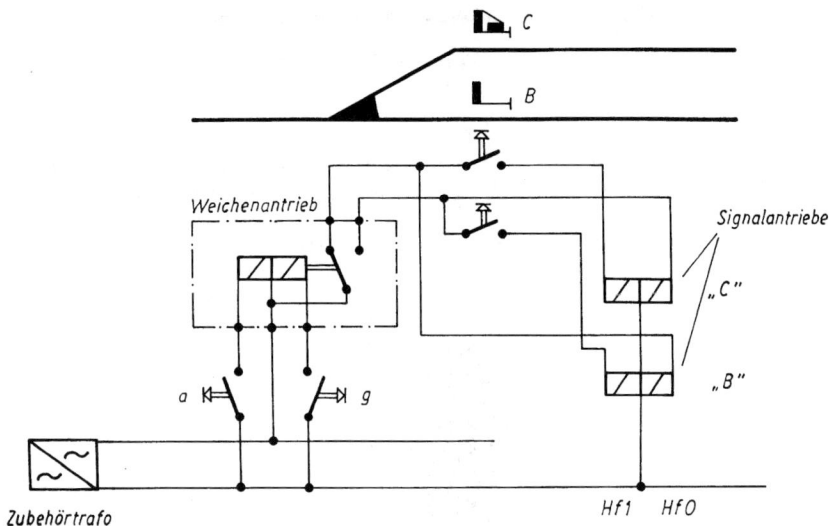

weichenabhängige
Fahrsperre
der Umschaltkontakt
des Weichenantriebes
blockiert die Signalan-
triebe (mit Endabschal-
tung) je nach Weichen-
stellung, der Fahr-
strom selbst wird mit
den Signalantrieben
beeinflußt.

kontakts den → Fahrstrom für den Zug schalten (→ Schaltweiche) bzw. indirekt mittels Verknüpfung mit einer signalabhängigen F. Im letzteren Fall kann das die Zugfahrt beeinflussende Signal erst einen Fahrtbegriff zeigen, wenn die zu befahrende Weiche oder Weichengruppe richtig gestellt ist (→ Fahrstraßensteuerung). Die weichenabhängige F. eignet sich für Ausfahrsignale in Gleisharfen. Abb.

Fahrstraße: festgelegter Fahrweg, der durch sicherungstechnische Maßnahmen (Weichen- und Signalstellen u. a.) gesichert ist. Auch auf Modellbahnanlagen können F. mit verschiedenen Schaltungslösungen simuliert werden. → Fahrstraßensteuerung, → Fahrstraßenfestlegung

Fahrstraßenfestlegung: Blockierungsmaßnahme zur Sicherung des Zugbetriebes, wodurch das willkürliche Ver

stellen einer bereits festgelegten → Fahrstraße während der Zugfahrt verhindert wird. Die F. wird in der Regel durch Zugeinwirkung aufgehoben, was auch auf der *Modellbahn* möglich ist. In einer vereinfachten Form wird ein Weichenfestlegeschalter benutzt, der in der Stellung aufgelöst alle zugehörenden Signale in die Haltstellung legt und die Betätigung der zugehörenden Weichen, ggf. unter Vorschaltung eines Weichengruppenschalters, erlaubt. In der Stellung festgelegt wird die Betätigung der Weichen blockiert und die der Signale freigegeben. Abb.

Fahrstraßenschaltung: im Sprachgebrauch benutzte Bezeichnung für → Fahrstraßensteuerung

Fahrstraßensteuerung: Steuerung, mit der die Weichen, die zu einer → Fahrstraße gehören, einschließlich

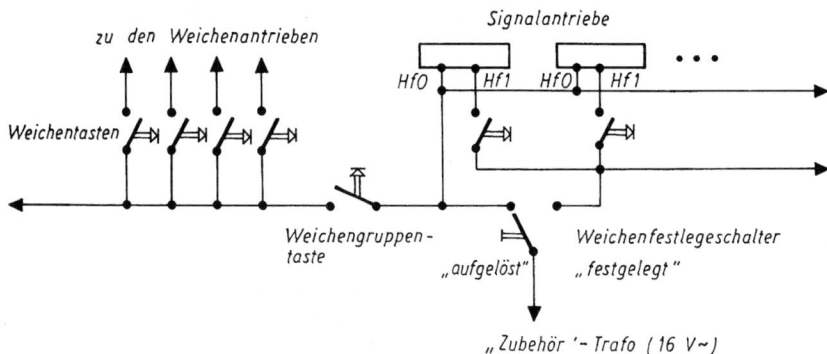

Fahrstraßenfestlegung
mit einem Weichen-
festlegeschalter

der zugehörenden Sicherungstechnik, gemeinsam beeinflußt werden. Im einfachsten Fall kann dies mit einem Schalter, dem Fahrstraßenschalter, geschehen. Beim Festlegen der Fahrstraße sind folgende Sicherungsmaßnahmen auszuführen: a) Schutz vor Flankenfahrten (entgegengesetzte Stellung feindlicher Weichen – Flankenschutz), b) Verhinderung weiterer Zugfahrten im Fahrstraßenbereich (z. B. durch Blockierung von der Fahrstraße benachbarten Ausfahrsignalen), c) →Fahrstraßenfestlegung. Danach darf das an der Fahrstraße befindliche Ausfahrsignal gestellt und die Fahrspannung zugeschaltet werden. Diese Maßnahmen können je nach technischer Ausstattung von Hand oder automatisch getätigt werden. Eine einfache Möglichkeit des Aufbaus von F. bieten Tastensätze mit Mehrfachkontakten. Jeder Fahrstraße wird eine Taste und jeder Weiche ein Kontakt zugeordnet. Die mechanische Abhängigkeit der Tasten untereinander verhindert die gleichzeitige Einstellung mehrerer Fahrstraßen. Eine Verringerung des Aufwandes ist mit einer Diodenmatrix möglich. Die Dioden koppeln die Weichen, die mehreren Fahrstraßen gemeinsam sind, verhindern aber, daß andere mitbetätigt werden. Die Matrix wird entsprechend der Fahrstraßentabelle bestückt, und zwar werden Dioden nur dort verwendet, wo eine Weiche mehrfach benötigt wird (lt. Tabelle W I u. W II). Die Dioden müssen dem Weichenantriebsstrom (Gleichstrom!) angepaßt sein. Abb. Tab.

Fahrstrom: der über die Schienen und/oder andere Leiter den Fahrzeugen zugeführte und vorzugsweise zum Fahren verwendete Betriebsstrom. Ein Teil des Stromes kann auch anderen Zwecken (Beleuchtung, Raucherzeugung usw.) dienen.

Fahrstromregler: umgangssprachliche, aber sachlich unrichtige Bezeichnung für → Fahrstromsteller. → Fahrtransformator, → Steuerung, → Regelung

Fahrstromsteller: technische Einrichtung bzw. Gerät zur Beeinflussung des → Fahrstromes. Entscheidendes Bauelement des F. sind → Stellwiderstand oder → Stelltransformator, auch wenn diese Elemente den Fahr-

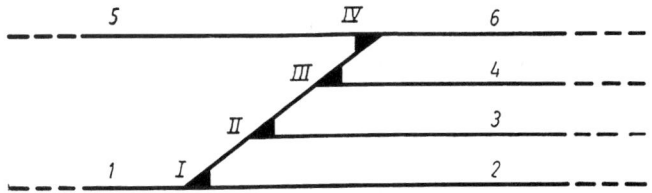

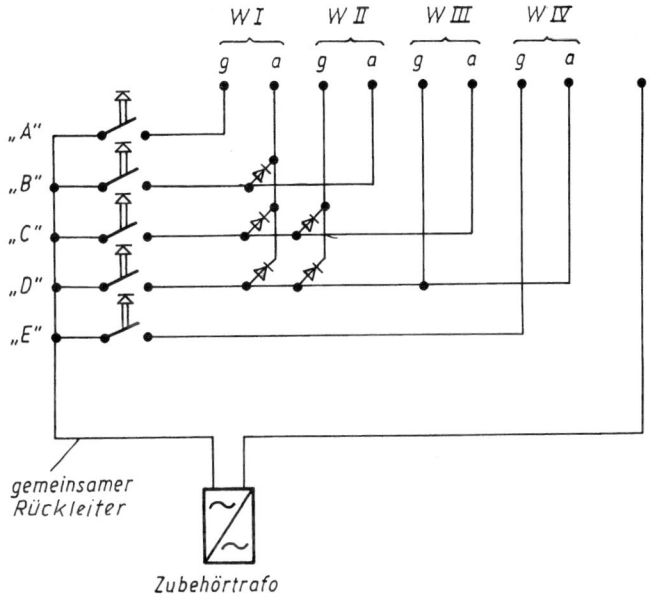

Beispiel einer *Fahrstraßensteuerung* mit Diodenmatrix

Bestimmung der Fahrstraßen

von/nach Gleis	Fahrstraße	Stellung	W I g a	W II g a	W III g a	W IV g a
1–2	A		×			
1–3	B			× ×		
1–4	C			× ×	×	
1–6	D			× ×	×	×
5–6	E					×

strom nicht direkt, sondern in Verbindung mit anderen Bauelementen, z. B. bei elektronischen F., verwendet werden. F. können analog oder digital arbeiten. Elektronische F. arbeiten meistens mit analoger Fahrspannungssteuerung oder → Pulsbreitensteuerung. Einige F. benutzen Stufenschalter, deren Schaltstellungen mit den Anzapfungen des → Transformators bzw. der betreffenden Wicklung verbunden sind. Hierbei handelt es sich um einen diskreten F., da die Fahrspannung nur in Stufen (feste Werte) verändert werden kann. Digitale F. sind immer diskret, d. h., sie haben eine beschränkte Zahl von Fahrstufen.

Fahrstromsteuerung: elektrische Einrichtung oder Gerät zur Beeinflussung des → Fahrstromes von Hand, automatisch oder unter Nutzung von → Fernsteuerungen (z. B. → digitale Mehrzugsteuerung). Die F. ist die elektrische Voraussetzung für die Beeinflussung der Geschwindigkeit von elektrisch betriebenen Modellbahnfahrzeugen (→ Modellbahn-Geschwindigkeitssteuerung) und grundlegender Bestandteil der → Modellbahn-Steuerung. Sie führt den Fahrzeugen elektrische Energie zu und ist gekoppelt mit der → Fahrtrichtungssteuerung. Entsprechend ihrer Aufgabe und der technischen Lösung werden F. mit unterschiedlichem Aufwand ausgeführt. Das Spektrum reicht vom einfachen handbetätigten Stellwiderstand bis zur komplexen digitalen Fahrzeug- und Fahrweg-Steuerung. Tab.

Übersicht zur Modellbahn-Fahrstromsteuerung

Einteilungs-merkmal	Bezeichnung		
Einspeisung	Gleis-abschnitt-fahrstrom-steuerung (direkt)	Gleis-abschalt-steuerung (A-Schaltung)	Gleis-zuschalt-steuerung (Z-Schaltung)
oder Stromart	Gleichstrom	Wechselstrom	überlagerter Gleich- und Wechselstrom
	Gleichstrom Fahrstrom-steuerung	Wechselstrom-Fahrstrom-steuerung	Puls-Fahrstrom-steuerung
oder Größe	Spannung	Zeit	Frequenz
	Fahrstrom-Spannungs-steuerung	Fahrstrom-Pulsbreiten-steuerung	Fahrstrom-Frequenz-steuerung
oder Veränderlich-keit der Spannung	fest	variabel	
	Festspan-nungssteu-erung	Spannungssteuerung mit	
		Stell-widerstand	Stell-transfor-mator	elektron. Stell-element (Transist.)
oder Eingriff	Hand	automatisch	
	Fahrstrom-handsteue-rung	automatische Fahrstrom-steuerung	
oder Signalart	analog	digital	
	analoge Fahrstrom-steuerung	digitale Fahrstrom-steuerung	
oder Übertragung drahtgebunden	direkt	überlagert	trägerfrequent
	s. oben „direkt"	Überlagerungs-fahrstrom-steuerung	trägerfrequente Fahrstrom-steuerung

Fahrstromsystem: kennzeichnet die Stromzuführung und Stromabnahme des Fahrzeuges. Die NEM 620 verwendet anstelle des Begriffes F. den Begriff →Speisesystem, was insofern zutrifft, als die Speisesysteme prinzipiell keinen Einfluß auf die Stromart haben. Nachfolgend werden die im Sprachgebrauch üblichen Begriffe erläutert. Bei allen F. erfolgen die Zu- und die Rückleitung des → Fahrstromes über die Fahrschienen, die → Fahrleitung oder über zusätzliche Leiter zwischen oder neben den Fahrschienen. Je nach Verwendung einzelner Leiter entstehen die verschiedenen Systeme, deren Bezeichnungen im Sprachgebrauch üblich sind. a) Zweischienen-Zweileiter-System: Beide Fahrschienen (1–2) sind gegeneinander isoliert und führen die → Fahrspannung. Das F. erfordert die Beachtung der Polung bei bestimmten Gleisfiguren (→ Wendeschleife, Gleisdreieck o. ä.) und Maßnahmen gegen Kurzschluß. b) Zweischienen-Dreileiter-System: Bei diesem System ist zusätzlich zu dem unter a) beschriebenen F. eine funktionstüchtige Fahrleitung (Oberleitung) als dritter Leiter (3) vorhanden. Dieses System bietet die Möglichkeit, zwei Züge (einer mit E-Lok) unabhängig zu steuern, wobei die in Fahrtrichtung linke Schiene als → gemeinsamer Rückleiter benutzt wird (Stromkreise 1–2 und 3–2), oder um eine andere Funktion (Zugbeleuchtung) zu betreiben. c) Dreischienen-Zweileiter-System: Die beiden elektrisch miteinander verbundenen Fahrschienen (0) bilden einen Leiter, während eine Schiene (4) in Gleismitte als zweiter Leiter wirkt (→ Punkt-

kontaktgleis). Ohne zusätzlichen Aufwand ist in dieser Form nur → Einzugbetrieb möglich. Einziger Vorteil: Für Wendeschleifen u. ä. Gleisfiguren sind keine zusätzlichen Schaltungsmaßnahmen erforderlich. d) Dreischienen-Dreileiter-System: Gegenüber c) sind die beiden Fahrschienen elektrisch voneinander getrennt, wodurch sich zwei getrennte Fahrstromkreise (1–4) und (2–4) auf dem gleichen Gleisstrang aufbauen lassen, die → Zweizugbetrieb ermöglichen (s. b)). e) Dreischienen-Dreileiter-System mit Oberleitung: Neben dem unter c) beschriebenen System steht bei diesem F. noch die Fahrleitung als zusätzlicher Leiter zur Verfügung. Ein Zweizugbetrieb ist analog zu b) möglich. f) Dreischienen-Vierleiter-System: Zur Fahrstromzuführung dienen die zwei Fahrschienen, die Mittelschiene gemäß d) und eine funktionstüchtige Oberleitung. Dieses F. erlaubt einen voneinander unabhängigen Dreizugbetrieb, wobei mindestens ein Triebfahrzeug eine E-Lok sein muß. Als gemeinsamer Rückleiter kann z. B. die Mittelschiene oder die Oberleitung dienen (bei Einsatz von drei E-Loks). An die Stelle der Oberleitung kann auch eine seitliche Stromschiene treten, welche gleiche F. ermöglicht, wie die Oberleitung. Abb., Tab.

fahrstromunabhängige Zugbeleuchtung: ermöglicht die von der → Fahrstromversorgung unabhängige Beleuchtung der Fahrzeugmodelle, so daß die Fahrzeuge (im Gegensatz zur Beleuchtung mit der Fahrspannung) ständig, auch im Stand, und gleichbleibend hell erleuchtet werden. *Aus-*

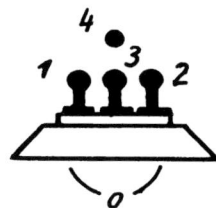

Fahrstromsysteme

Speisesysteme

Die NEM 620 gibt folgende handelsübliche Speisesysteme (F.) an:

Leiterkombination	Bezeichnung	Bemerkung
1–2	Zweischienenbetrieb	nach NEM 621
1–2, 2–3	asymmetrischer Oberleitungsbetrieb	nach NEM 621
1–4, 2–4	asymmetrischer Mittelleiterbetrieb	z. B. TRIX-EXPRESS
0–3	symmetrischer Oberleitungsbetrieb	z. B. MÄRKLIN H0
0–4	symmetrischer Mittelleiterbetrieb	z. B. MÄRKLIN H0
3–4	spez. symmetrischer Oberleitungsbetrieb	z. B. TRIX-EXPRESS

a)

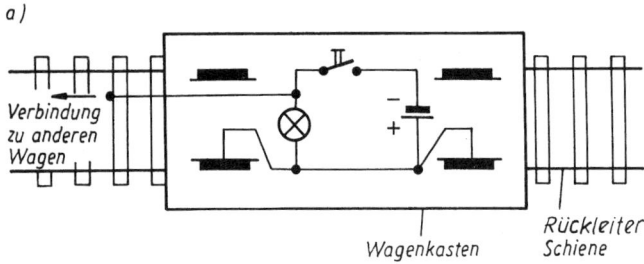

Verbindung zu anderen Wagen

Wagenkasten

Rückleiter Schiene

b)

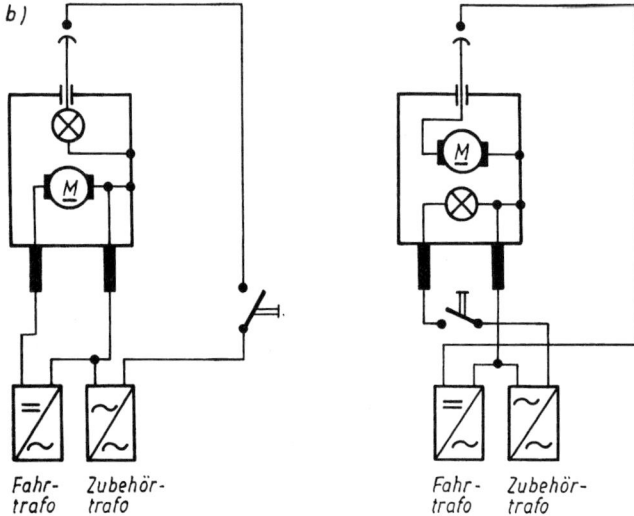

Fahr-trafo Zubehör-trafo

Fahr-trafo Zubehör-trafo

c) Lok Wagen

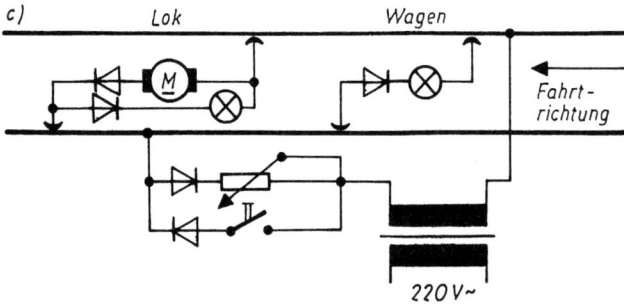

Fahrt-richtung

220 V~

fahrstromunabhängige Zugbeleuchtung a) durch im Fahrzeug installierte Batterien, b) unter Einsatz eines zusätzlichen Leiters, z. B. einer funktionsfähigen Oberleitung, c) fahrstromunabhängige Zugbeleuchtung mit Hilfe des Halbwellenbetriebes,

führungen: a) Die einfachste Variante ist ein zusätzlicher Leiter zur Einspeisung des Beleuchtungsstromes, geeignet ist dafür u. U. die Oberleitung (→ Fahrstromsystem). b) Eine ebenfalls einfache Variante (für kleine Fahrzeugparks) ist der Einbau von Trockenbatterien oder Kleinakkumulatoren in die Fahrzeuge. c) Nutzung der zweiten Halbwelle zur Beleuchtung bei Halbwellen-Fahrstromsteuerung (→ Mehrzugbetrieb) unter Verzicht auf

die 2. Fahrtrichtung. d) Auf Anlagen, deren Fahrzeuge mit konstanter Fahrspannung versorgt werden, z. B. bei automatischem Betrieb, wird eine f. Z. dadurch erzielt, daß die Beleuchtung nur vom außerhalb des Abschaltgleisabschnittes stehenden letzten Wagen des Zuges mit Strom versorgt wird. e) Eine der Fahrspannung überlagerte Wechselspannung höherer Frequenz (Niederfrequenz 10 kHz) speist die Beleuchtungselemente. Der niederfrequente Wechselstrom wird dem Fahrstrom überlagert und zu den Fahrzeugen übertragen. Die Ein- und die Auskopplung dieses Stromes erfolgen mit Koppelkondensatoren (→ Kondensator), deren Wechselstromwiderstand sehr klein gegen den der Beleuchtungselemente sein muß. Deshalb müssen ggf. auch → Elektrolytkondensatoren verwendet werden, wegen der gleichzeitig wirkenden Gleichspannung entgegengesetzt gepolt und in Reihe geschaltet. Für die Auskopplung in den Fahrzeugen reichen Kondensatoren mit kleinerer Kapazität aus. Trennstellen in den Gleisen müssen ebenfalls mit Koppelkondensatoren überbrückt werden. Zur Vermeidung eines Kurzschlusses der Wechselspannung im Fahrstromversorgungsgerät ist diesem eine Drosselspule (L 1) vorzuschalten. Sie hat für den niederfrequenten Strom einen hohen Widerstand und verhindert so seinen Abfluß in das Gleichstromversorgungsteil, in dem sich u. U. auch ein Ladekondensator für die Gleichspannung (C 1) befindet, der diese Wirkung vervielfacht. f) Bei digitalen und ähnlichen Mehrzugsteuerungen werden niederfrequente Wechselspannungen zur Steuerung der Triebfahrzeuge verwendet, so daß das Verfahren nach e) wegen der gegenseitigen Beeinflussung nicht angewendet werden kann. Dafür ist aber die direkte Entnahme eines Beleuchtungsstromes aus der Steuerung möglich, wodurch die elektronischen Steuerschaltungen aber zusätzlich belastet werden. Abb. **Fahrstromversorgung: 1.** Versorgung einer Modellbahnanlage mit dem zum Betrieb der Triebfahrzeuge erforderlichen Fahrstrom zur Beeinflussung der Geschwindigkeit und der Fahrtrichtung. Nach der Art der Übertragung des Fahrstromes von den Schienen oder anderen Leitern zu den Triebfahrzeug werden mehrere → Fahrstromsysteme, → Speisesysteme, unterschieden. → Fahrstromsteuerung. – **2.** Die F. der Herzstücke von Weichen geschieht meist nur durch die an der Backenschiene anliegende Weichenzunge. Mangelhafter Kontaktdruck und Verschmutzungen an den Kontaktstellen können zu Betriebsstörungen führen. Eine Schaltung mit Umschaltern ermöglicht die sichere F. des Herzstückes, wofür z. B. ein → Weichenantrieb mit Endlagenschaltern (zur Anzeige der Weichenstellung) oder der nachträgliche Anbau eines → Umschalters am Weichenantrieb erforderlich ist. Abb.

Fahrstromversorgungsgerät: elektrisches Gerät zur Erzeugung von Fahrströmen und anderen Betriebsspannungen zum Betrieb von Modelleisenbahnen. Zur Hauptbaugruppe gehören i. d. R. ein vom Stromnetz (220 V) gespeister → Transformator, meist ein → Stelltransformator, und ein → Gleichrichter. Außerdem ist mindestens noch ein → Überstromschutz vorhanden. → Fahrstromversorgung 1., → Fahrstromsteller

Fahrstromverteiler: Schaltbaugruppe, die bei der → Z-Schaltung verwendet wird und der Zuschaltung der → Fahrstromsteller bzw. → Fahrstromversorgungsgeräte zu den einzelnen Gleisabschnitten dient. Jedem Fahrstromsteller ist ein F. fest zugeordnet. Entsprechend seiner Funktion versorgt der F. gerade den Gleisabschnitt mit Fahrstrom, auf dem sich das dem Fahrstromsteller zugehörige Triebfahrzeug befindet. Vor Erreichen des nächsten Abschnittes muß der F. diesen dem Fahrstromsteller bereits zugeschaltet haben, nach dem Verlassen des Abschnittes trennt er ihn vom Fahrstromsteller. Im einfachsten Fall übernehmen zwei mit Steckern versehene flexible Leitungen die Aufgaben des F., mit denen jeweils zwei Gleisabschnitte gespeist werden können. Nachdem ein Abschnitt verlassen wurde, wird der betreffende Stecker gezogen und in den Anschluß des nächsten zu befahrenden Abschnitt gesteckt. → Zuschaltsteuerung

Fahrtrafo: umgangssprachliche Kurzform für → Fahrtransformator

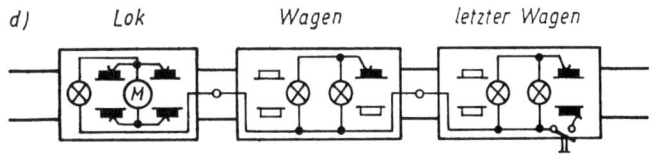

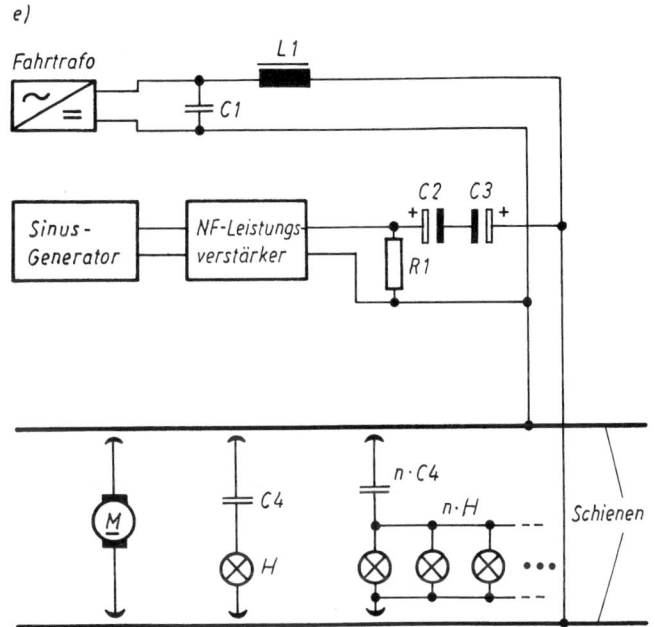

d) auf Anlagen mit konstanter Spannungsversorgung,
e) durch Überlagerung der Fahrspannung mit niederfrequenter (meist sinusförmiger) Wechselspannung (f ≤ 10 kHz). Richtwerte: $C1 = 1\ \mu F/100\ V$, $C2 = C3 = 22\ \mu F/40\ V$, $C4 = 0,22\ \mu F/100\ V$, $R1 = 1\ k\Omega/0,5\ W$, $L1 = 25\ mH$ mit $R_i < 1\ \Omega$)

Fahrstromversorgung Weiche mit Fahrstromversorgung der Weichenzungen und des Herzstückes durch vom Weichenantrieb betätigte Umschaltkontakte zur Verbesserung der Schalt- bzw. Kontaktsicherheit

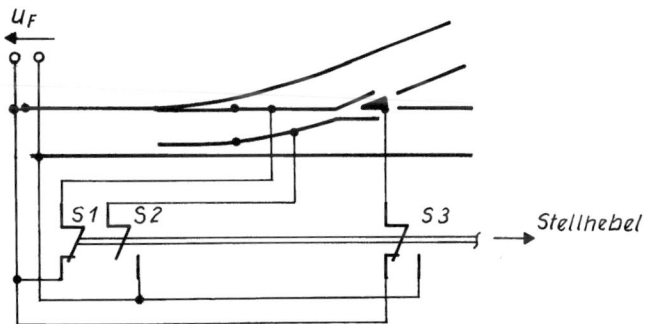

Fahrtransformator: umgangssprachliche Bezeichnung für ein → Fahrstromversorgungsgerät, dessen Hauptbauteil ein → Transformator zur Erzeugung der → Fahrspannung ist.

Fahrtrichtungssteuerung: Steuerung für Triebfahrzeugmodelle zur Beeinflussung der Fahrtrichtung. Je nach der Art der → Fahrstromsteuerung kann die Fahrtrichtung sehr einfach oder aufwendig beeinflußt werden. Z. B. wird bei Betrieb mit Gleichstrom nur die Stromrichtung umgepolt, bei Wechselstrombetrieb benutzt man zum Richtungswechsel ein Überspannungsschaltrelais, bei digitalen Mehrzugsteuerungen durch Aussendung eines Steuercodes.

Fahrwegelement: alle Bestandteile des Fahrweges, wie Gleise, Weichen, Signale, Fahrstraßen u.a.

Fahrwegprüfung: Tätigkeiten, die vor der Festlegung (Steuerung) eines neuen Fahrweges (→ Fahrwegsteuerung) ausgeführt werden. Dazu gehören die Prüfung des Besetztzustandes der betreffenden Gleisabschnitte sowie die Stellung der Weichen und Signale.

Fahrwegsteuerung: eine komplexe Steuerung, die die Beeinflussung von Signalen, Weichen, Weichenstraßen (→ Fahrstraßensteuerung) und alle fahr- und sicherungstechnischen Handlungen zusammenfaßt und veranlaßt. Sie bildet dabei wesentliche Vorbildfunktionen, wie Prüfen der Gleisbesetzung, Stellen und Verriegeln von Weichen, Signalen und Flankenschutzeinrichtungen nach. Aus Gründen der besseren Übersichtlichkeit werden zu Gleis/Blockabschnitten gehörende Steuerungen zu Unterbaugruppen der F., den → Gleisabschnittsteuerungen, zusammengefaßt. → Fahrstraßensteuerung, → Signalsteuerung, → Weichensteuerung

Fahrwegüberwachung: alle Maßnahmen , die den Betriebszustand der Bahnanlage erfassen (messen) und anzeigen. Der Anzeige dienen verschiedene Mittel, die komplexeste ist das → Gleisbild. Es widerspiegelt hauptsächlich den Besetztzustand der Gleise, die Stellung der Weichen und Signale u. a. Betriebszustände. Im Gleisbild sind Stellelemente zur Steuerung des Fahrweges (→ Fahrwegsteuerung) integriert. → Gleisbildstellpult

Fahrwerk: bauliche Einheit von → Rahmen, → Laufwerk und Antrieb der Triebfahrzeuge

Fahrzeugbeleuchtung: Beleuchtung für Nachtbetrieb. Triebfahrzeuge: → Spitzen- und/oder Schlußsignal. Wagen: Innenbeleuchtung und ggf. Schlußsignal durch Akkumulatorbatterie im Stand oder Generator bei Fahrbetrieb. Viele Modellfahrzeuge haben ein Spitzensignal, das mit der Fahrtrichtung wechselt; die Wagen sind oft mit Innenbeleuchtung ausgerüstet oder nachrüstbar. Die F. kann fahrstromabhängig oder -unabhägig sein. → automatischer Lichtwechsel, → fahrstromunabhängige Zugbeleuchtung

Fahrzeugdach: oberer, schützender Abschluß eines Fahrzeuges. Während Lokomotiven und Reisezugwagen der niedrigen Wagenklasse zunächst völlig ohne F. ausgerüstet waren, machten Form und Ausführung des F. verschiedene Entwicklungsstufen durch. Vom vollkommen ebenen ging man bald zum elliptischen oder flach gerundeten F., dem sog. Flachdach über. In bestimmten Regionen erhielt das Flachdach einen → Oberlichtaufbau (sog. Laternendach), was zwar eine einfache Entlüftung ermöglichte, aber hohe Unterhaltungskosten verursachte. Das aus Holz gefertigte Flachdach war mit einer Dachdecke aus imprägniertem Doppeldrell (fester Bezugsstoff) überklebt und wurde gelegentlich mit einem Bitumenanstrich versehen. Bei den Stahlbauwagen setzte sich das → Tonnendach mit seinen Vorzügen durch. Zur Herabsetzung des Luftwiderstands erhielten schnellfahrende Eisenbahnzüge F. mit aerodynamisch abgerundeten Dachenden. Beim *Selbstbau* ist eine Anfertigung von Flach- und Tonnendach relativ einfach. Je nach der Bauweise des → Wagenkastens kann das F. ebenfalls aus Pappe oder Blech hergestellt und auf den Wagenkasten bzw. das Führerhaus aufgeklebt oder -gelötet werden. Erhält das F. einen anderen Farbton als der Wagenkasten, ist es ratsam, das F. mit Dachspanten zu versehen und es als separates Bauteil zu fertigen. Gewindebohrungen oder eingelötete Bolzen sollten die Gesamtmontage des Fahrzeugs von der Unterseite des Rah-

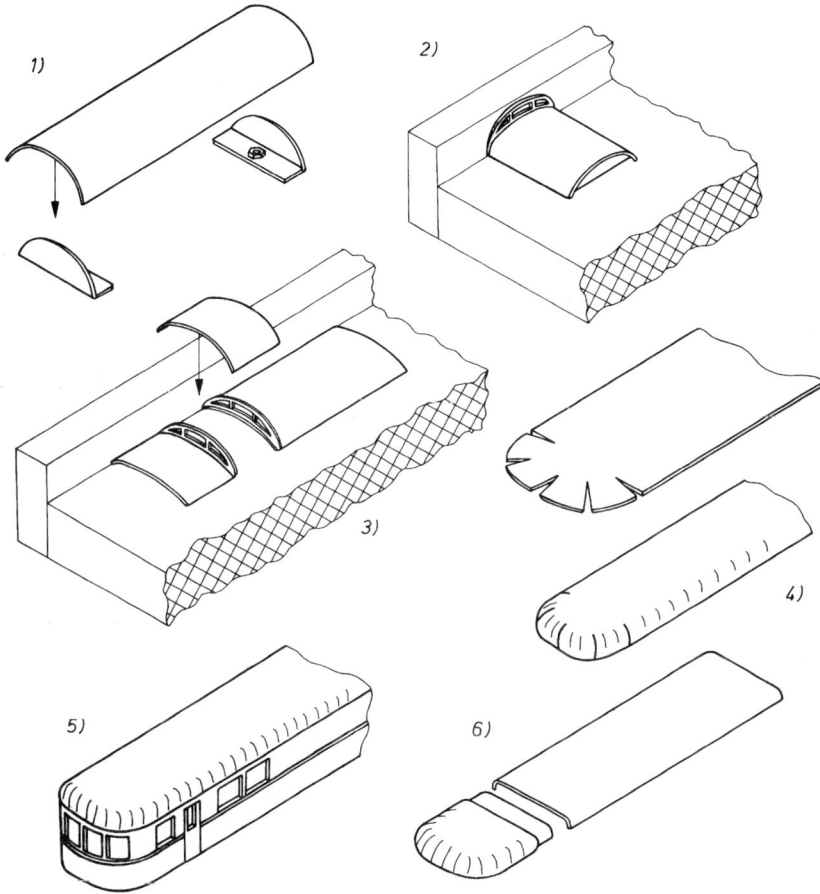

1) Tonnendach aus Blech mit Spanten vor dem Einlöten, 2) und 3) Hartgewebeplatte mit Anschlagleiste als gute Löthilfe, 4) abgerundetes Dachende aus Blech mit entsprechenden Einschnitten (vor und nach dem Formbiegen), 5) Dach mit gerundetem Ende aus Holz oder Hartgewebe, 6) kombinierte Dachkonstruktion aus Holz oder Hartgewebe und Blech zur Gewichtsersparnis

mens ermöglichen. Wird das F. nicht aus einem Stück gefertigt (z.B. bei Oberlichtaufbau oder Domaufbau bei Gepäckwagen) ist beim Zusammenbau eine ebene Unterlage (Glas- oder Hartgewebeplatte) zu benutzen. F. mit runden Enden können aus Kupferblech getrieben werden, oder sie werden aus Messingblech mit entsprechenden Einschnitten versehen und über ein Formstück (Hartholz) gebogen, stark verlötet und verputzt. Abgesehen von der → Gießharztechnik besteht auch die Möglichkeit, abgerundete F. aus Lindenholz oder Sperrholz herzustellen, wobei die Holzdicke der gesamten Dachhöhe entsprechen muß. Mehrmaliges Anstreichen mit Nitrolack und wiederholtes Überschleifen lassen die störende Holzmaserung bald nicht mehr erkennen. Abb.

Faltenbalgübergang; Übergangsbrücke älterer Drehgestell-Reisezug-

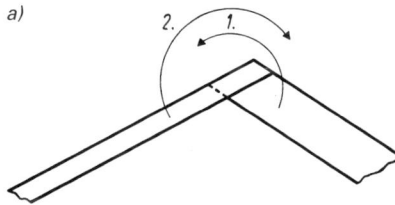

Faltenbalgübergang in gefalteter Papierbauweise: a) Herstellung, b) fertiger Faltenbalgübergang

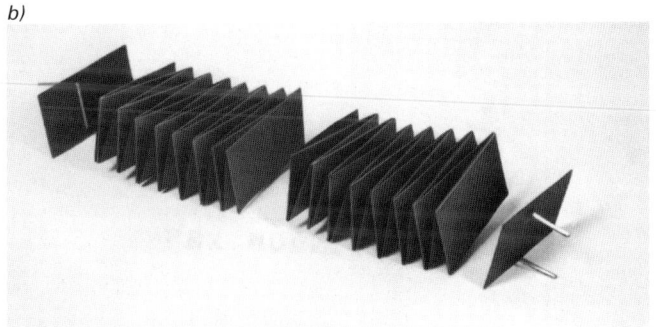

wagen, die mit Faltenbälgen aus Segeltuch geschlossen ist, um Reisende gegen Fahrtwind und Schmutz zu schützen. Die modernere und billigere Übergangsform ist die Gummiwulst (→ Gummiwulstübergang). Die einfachste Art des *Selbstbaus* von F. ist das abwechselnde Falten von zwei am Ende im rechten Winkel zusammengeklebten Papierstreifen (evtl. schwarzes Fotoschutzpapier), wobei die Breite des einen Streifens der Höhe, die des anderen der Breite des F. entsprechen muß. Die Befestigung am Fahrzeug geschieht durch Ankleben oder indem das Endstück aus Pappe, mit einer Drahtklammer versehen, an den F. angeklebt wird. Der F. läßt sich in zwei Hälften getrennt leichter herstellen und anbringen und kann beim Kuppeln der Fahrzeuge seitlich ineinandergeschoben werden. Abb.

Fangbügel: am Gleitbahnträger von

Dampfloks befestigte Sicherheitseinrichtung, um die vorderen Treibstangenenden bei Kreuzkopf- oder Stangenschäden aufzufangen. F. sind auch bei am Drehgestell angeordneten Generatoren befestigt, um bei evtl. Bruch die Gelenkwelle abzufangen. Abb.

Farbgebung: Bezeichnung für die gesamte farbliche Ausgestaltung der Modellbahnanlage und der Fahrzeugmodelle. Eine gute F. ist für das modellmäßige Aussehen wichtig. Für die F. der *Modellbahnlandschaft* verwendet man am besten wasserlösliche Farben; dabei ergeben weich ineinanderverlaufende Pastelltöne die beste Wirkung. *Fahrzeugmodelle* sollten mit Nitrolackfarben behandelt werden, wobei die Spritz- der Pinseltechnik vorzuziehen ist. Zur F. kann man auch Farben in Spraydosen benutzen.

Faßwagen: Güterwagen (→ Behälterwagen) mit Fässern zur Beförderung von flüssigen Gütern (z. B. Wein). Die Fässer sind nicht fest mit dem Fahrgestell verbunden. Abb.

Federaufhängung: Federgehänge (Federlaschen oder Federschaken), das die Blattfedern des Laufwerks mit den Federböcken verbindet. Dadurch wird der Längenausgleich ermöglicht, der bei der Durchbiegung der Feder infolge Be- oder Entlastung erforderlich ist. Beim *Selbstbau* werden Federbock und Federschake durch Imitation angedeutet, wobei der Federbock aus Blechstreifen, die Federschake aus Draht gebogen werden können, Befestigung (→ Kleben, → Löten) erfolgt am besten an den Enden der Blattfeder. Abb.

Fangbügel
einer Dampflokomotive in H0 (Piko)

Faßwagen
mit Weinfässern in H0
(Sachsenmodelle)

Federaufhängung eines Personenzugwagens in H0 (Selbstbau)

Federausgleichhebel: Hebel in Tragfedergruppen (vor allem bei Blattfedern) zum Ausgleich der unterschiedlichen Belastung der Tragfedern. Der F. fördert einen ruhigen Fahrzeuglauf, verringert die Entgleisungsgefahr und ist bei 3- oder 5achsigen Tendern sowie bei mehrachsigen Spezialfahrzeugen gebräuchlich. Beim *Selbstbau* wird der F. wie die übrigen Bauteile des → Laufwerks als starre Attrappe angebracht. Abb.

Federleiste: → Steckverbinder

Federweiche: besondere Bauform einer → Weiche, bei der die → Weichenzunge von einer Feder in einer Stellung festgehalten wird. Von der Spitze her kann die F. nur in einer Richtung befahren werden. Wird sie stumpf befahren, so wird sie bei der nicht festgelegten Stellung aufgefahren (→ Auffahren). Im Modellbahnbetrieb werden F. oft angewendet, um (z. B. in →verdeckten Abstellbahnhöfen) → Weichenantriebe einzusparen.

Feinmechaniköl: säurefreies Öl zur Pflege und Wartung von Werkzeugen und Triebfahrzeugen.

Feldbahn: Eisenbahn des nichtöffentlichen Verkehrs, die oft nur vorübergehenden Zwecken dient. F. sind grundsätzlich → Schmalspurbahnen. F. dienen auf Modellbahnanlagen zur Belebung von Baustellen, Sägewerken, Steinbrüchen u. ä.

Felsen: Teilstück eines Gebirges, das

Federausgleichhebel zwischen Tragfedergruppen eines 5achsigen Tenders in H0 (Liliput)

auf Grund seiner Entstehung aus den verschiedensten Materialien bestehen kann (Granit, Schiefer, Sandstein u. ä.). F. sind auf Modellbahnanlagen häufig bei der Gestaltung von Mittel- und Hochgebirgslandschaften anzutreffen. Werkstoffe für Modell-F. sind unterschiedlich, häufig finden Kork, Baumrinde oder → Schaumpolystyrol Anwendung. Schaumpolystyrol als Ausgangsmaterial muß erst entsprechend bearbeitet werden.

Fenster: Sicht- und Belüftungsöffnung in Eisenbahnfahrzeugen. Die älteren Abteilwagen hatten schmale F., die sich i. allg. nicht öffnen ließen; nur die F. der Seitentüren waren als Fall-F. ausgebildet und ließen sich mit Hilfe eines F.-gurtes öffnen, schließen und in bestimmten Höhen festlegen. Später ging man zu F. mit Metallrah-

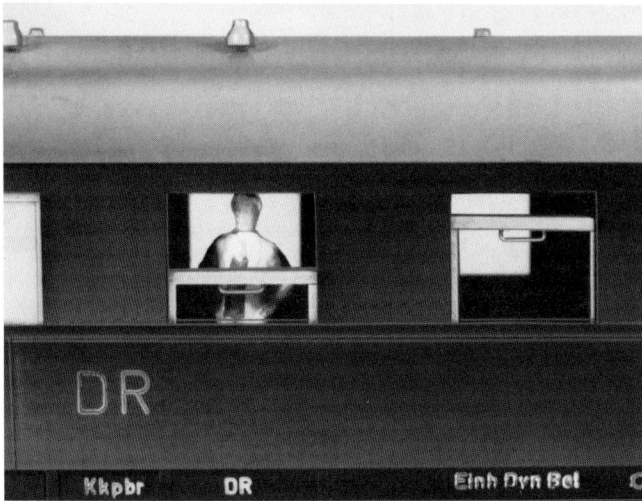

Fenster
mit Aluminiumrahmen (Alufolie) eines Reisezugwagens in H0 (Selbstbau)

Fenstergitter
1) Drahtbauweise, 2) Einkratztechnik 3) Fenstergitter eines Gepäckwagens in H0 (Selbstbau) (nach beschriebener Weise in Piacryll eingekratzt)

men über, mit deren Ausgleichsvorrichtung man das F. in jeder gewünschten Stellung festlegen konnte. F. der modernen Wagenbauarten sind geteilt, wobei der untere Teil in einem Rahmen aus Gummiprofilen fest eingebaut wird, der obere Teil nach innen aufgeklappt, mit Kurbel nach oben geschoben oder als Übersetz-F. nach unten herausgedrückt wird. Beim *Selbstbau* sollten F. mit nicht zu dünnem, klarem Material hinterlegt werden (Decelit, Piacryl o. ä., 0,5 bis 1,5 mm dick). Fensterrahmen lassen sich aus Papier oder Alufolie andeuten. Vereinzelt geöffnete Fenster verbessern den Gesamteindruck (nicht bei Anlagen mit Winterlandschaft).

Da F. i. allg. mit der Außenfläche der Fahrzeuge fast bündig abschließen, ist ein Hinterkleben der Scheiben nur bei dünnen Fahrzeugwänden (z. B. bei Blechbauweise) möglich. Bei dicken Fahrzeugwänden (z. B. bei → Frisur älterer Wagenmodelle), müssen F. einzeln zugeschnitten, durch Feilen genau eingepaßt und in die F.öffnung eingedrückt oder -geklebt werden. Abb.

Fenstergitter: Schutzgitter für Fenster, meist bei → Bahnpostwagen und → Gepäckwagen. Beim *Selbstbau* kann das F. aus dünnem Draht in Zickzackform gebogen und von hinten gegen die Fensteröffnung geklebt werden. Eine weitere Möglichkeit bietet das Einkratzen des Gittermusters auf der Rückseite der Fensterscheibe (Decelit, Piacryl u. ä., mindestens 0,5 mm dick). Um hierbei gleichmäßige Abstände von angenommen 0,5 mm zu erhalten, sollte man sich ein paar Anreißunterlagen aus Karton oder Blech (etwa 0,5 mm dick) herstellen. Als Kratzwerkzeug kann z. B. ein abgebrochener Bohrer o. ä. dienen, der längs mit einer Auflagefläche und vorn mit einer scharfen Spitze versehen wurde. Das F.muster entsteht, indem man die Fensterscheibe an einen Klotz anlegt und mit dem sog. Stichel einen Strich über den anderen einritzt. Das geschieht nach und nach durch Aufeinanderschichten der Unterlagen. Abb.

Fernsprechbude: kleine Bude, die zur Aufnahme des Streckenfernsprechers

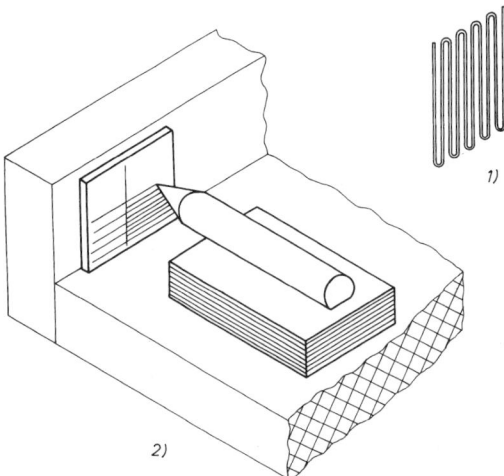
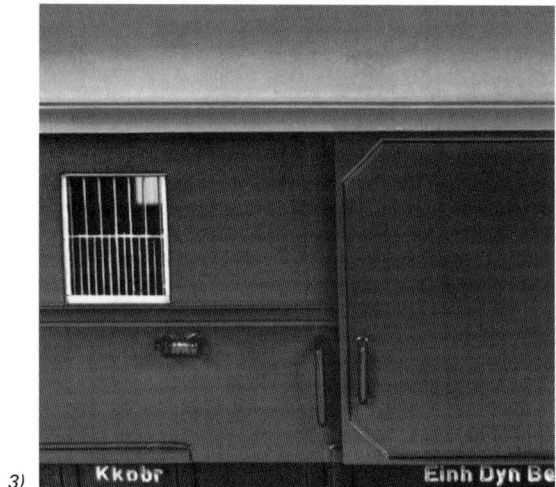

dient und in unmittelbarer Nähe von Hauptsignalen steht. Die F. dient zur Verständigung zwischen dem Zugpersonal und den benachbarten Betriebsstellen. Meist sind F. aus Wellblech oder Betonfertigteilen hergestellt und mit einem schwarzen F auf weißem Grund gekennzeichnet. F. sollten auf Modellbahnanlagen zur Vorbildtreue aufgestellt werden. Abb.

Fernsprechleitung: Leitung für viele Arten von Meldungen, z. B. im Rangier- oder Zugbetrieb. F. können in Kabelschächten liegen oder als Freileitung ausgeführt sein. Auf der *Modellbahn* lassen sich F. als Freileitung besonders augenfällig anlegen, wenn man dünnen Kupferdraht in Verbindung mit handelsüblichen Leitungsmasten verwendet.

Fernsteuerung: eine Steuerung, mit der zu steuernde Prozesse aus einer gewissen Entfernung beeinflußt werden können. Hierbei kann die Entfernung nur wenige Zentimeter betragen oder sehr groß sein. Bei der F. werden Steuersignale vom Ort der Einflußnahme zu dem ferngesteuerten Prozeß übertragen, wobei die Bezeichnung der F. oft nach dem benutzten Signalträger erfolgt, z. B. drahtgebundene, drahtlose, Funk-, Ultraschall- oder Infrarot-F. Bei der *Modellbahn* können alle Prozesse bzw. Funktionen ferngesteuert sein, der Ort der Einflußnahme ist das (Gleisbild-)Stellpult. Die digitalen Mehrzugsteuerungen der Modellbahn sind draht-(schienen-) gebunden. → Steuerung, → Modellbahnsteuerung

Fertiggleis: Gleis, das in verschiedenen Längen und Gleisradien in allen Nenngrößen, teilweise mit Bettungskörper, von der Modellbahnindustrie angeboten wird. Ein F. besteht aus dem Schwellenrost, den Schienenprofilen und den Schienenverbindern.

Feuerlöschfahrzeuge: zur Brandbekämpfung vorgesehene Eisenbahnfahrzeuge, die meist als Feuerlöschzug zusammengestellt sind. Ein Feuerlöschzug besteht aus mehreren mit Wasser gefüllten Tendern, Geräte- und Mannschaftswagen, die mit rotem Farbanstrich versehen sind. Der Einsatz erfolgt als → Hilfszug. Bei der *Modellbahn* können F. durch → Umbau oder → Frisur und entsprechende → Farbgebung aus Tendern und Wa-

gen älterer Bauart hergestellt und zum Feuerlöschzug zusammengestellt werden.

feuerlose Lokomotive: Dampfspeicher-Lokomotive für Betriebsbereiche (meist Werkbahnen), in denen eine gefeuerte Dampflok wegen Brand- und Explosionsgefahr nicht eingesetzt werden darf. Die Funktion des Dampfkessels übernimmt ein zylindrischer Behälter, der mit Dampf einer ortsfesten Kesselanlage aufgeladen wird. Die f. L. haben einen begrenzten Aktionsradius. *Selbstbau:* → Lokomotivgehäuse

Figuren: Nachbildung von Menschen und Tieren aus Plastwerkstoffen, die in allen Nenngrößen handelsüblich sind.

Fischwagen: gedeckter Güterwagen (→ Kühlwagen) mit einfacher Ausstattung, der zur Beförderung von Fischen diente. Der Wagenboden ging wannenförmig in die Seitenwände über, so daß Fische, in Kästen mit Brucheis vermischt, z. T. aber auch in loser Schüttung, transportiert werden konnten. F. trugen an den Seitenwänden die Aufschrift „Seefische" und durften nicht für andere Nahrungsmittel verwendet werden.

Flachdachwagen: Bezeichnung für Eisenbahnwagen älterer Bauart mit besonderer Dachform (→ Fahrzeugdach). Abb.

Flachkabel: → Kabelbaum

Flachmast: → Mast

Flachstecker: spezielle Form eines Steckers zur Übertragung von Strom. Die im Kfz-Wesen üblichen F. werden auch z. T. bei elektromechanischem Zubehör verwendet. → Steckverbinder

Flachsteckhülse: Bauteil zum Verbinden einzelner elektrischer Leitungen.

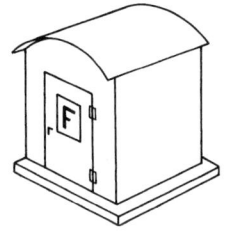

Fernsprechbude

Flachdachwagen

Eine solche Steckverbindung besteht aus F. und → Flachstecker. Es gibt mehrere Baugrößen, von denen die kleinere sich für die *Modellbahn* eignet. Einige Hersteller von → Zubehörartikeln verwenden F. zur Verbindung der Artikel mit den Zuleitungen. Als Flachstecker können auch die Lötfahnen an Lötösen benutzt werden. → Steckverbinder

Flachwagen: Güterwagenbauart, zu der alle → Rungenwagen, → Schienenwagen, → Holzwagen (→ Drehschemelwagen) und → Arbeitswagen zählen. F. werden allgemein auch als → Plattformwagen bezeichnet.

Flachwinkel: Hilfsmittel zum → Anreißen und Prüfen rechter Winkel (90°). F. bestehen aus Holz, Plastwerkstoff oder Metall und haben gleichdicke Schenkel.

Flankenfahrt: Zusammenstoß von Schienenfahrzeugen auf zusammenlaufenden oder sich kreuzenden Fahrwegen. → Schutzweiche

Flankenschutz: → Schutzweiche

Flexgleis: ein auf Plastschwellenband gefertigtes Gleis, mit dem man alle Gleisradien selbst biegen kann. Die Länge der in allen Nenngrößen handelsüblichen F. ist meist ca. 700 mm.

Fliehkraftkupplung: Verbindungselement zwischen Antriebsmotor und Getriebe bei Dieseltriebfahrzeugen. Bei der *Modellbahn* ist die F. ebenfalls für Dieseltriebfahrzeuge gut geeignet. Sie gewährleistet ein dieselmotorähnliches Geräusch bereits vor dem Anfahren, ferner ein weiches Anfahren und einen guten Auslauf beim Anhalten bzw. Abschalten des Fahrstroms. Die vier lose in den Bohrungen gelagerten Bolzen werden bei zunehmender Drehzahl immer stärker gegen den Außenmantel gedrückt bzw. geschleudert, bis das Außengehäuse die gleiche Drehzahl erreicht hat. Abb.

Fliehkraftkupplung
1 Motor, 2 Innengehäuse, 3 Bolzen, 4 Außengehäuse, 5 Lager, 6 Ritzel, 7 Kronenrad

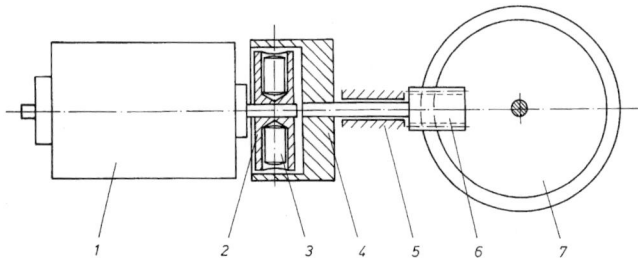

Flügelmauer, *Stützmauer:* seitlich an Tunnelportalen angebrachte Mauer, die zum Abfangen des unmittelbar vor dem Tunnelportal liegenden Berghangs dient. → Tunnel

Flügelmutter: Normteil aus Metall oder Plast zum schnellen Lösen und Befestigen von Verbindungen (z. B. Anlagenteile einer → transportablen Anlage).

Flügelschiene: abgeknickte, z. T. am Kopf und am Fuß einseitig bearbeitete, äußere Schiene des → Herzstücks. (s. dazu auch NEM 124 im Anhang)

Flußmittel: nichtmetallische Stoffe, die Oxidfilme auf der vorgereinigten Lötstelle beseitigen, ihre Neubildung während des Lötens verhindern und den Fluß des geschmolzenen Lotes fördern. F. und ihre *Anwendung* sind a) Lötwasser zum Löten von Zink, verzinkten Metallen und Blei; b) Lötfett für sonstige Buntmetalle, ihre Legierungen und Stahl; c) Kolophonium bzw. kolophoniumhaltige Lötmittel für Teile, die elektrischen Strom führen sollen (Leitungen, Kabel). Für den Modellbahnbau werden Lötfett und zum Verdrahten der Anlage kolophoniumhaltige Lötmittel verwendet.

Flutlicht: indirekte Beleuchtung, bei der das Licht von einer zentralen Quelle (Glühlampe) über ein oder mehrere Flutlichter (Glasstab, durchsichtiges Plast, → Lichtleitkabel o. ä.) an die gewünschte Stelle geleitet wird. Bei der *Modellbahn* wird die F. meist bei der → Beleuchtung von Fahrzeugen, → Lichtsignalen und kleinen → Gleisbildstellpulten (z. B. Kleinstanzeige der → Rückmeldung) angewendet.

Folie: dünner hautähnlicher Plastwerkstoff, der sehr leicht ist und sich zur staubsicheren Abdeckung von Modellbahnanlagen gut eignet.

Formsignal: → Signal, bei dem die Signalbedeutung durch die unterschiedliche Stellung von Signalflügeln und/oder Signalscheiben dargestellt wird. Gegenüber Lichtsignalen sind weniger Signalbedeutungen darstellbar. Bei der *Modellbahn* beleben F. nicht nur das Gesamtbild einer Anlage, sondern sie lassen auch auf ihrer Rückseite (wichtig für den an einem festen Standort stehenden „Lokführer") den Signalbegriff erkennen. Der *Selbst-*

bau von F. setzt die Beschaffung oder Herstellung von verschiedenen Blechprofilen (→ Abkanten) sowie gewisse feinmechanische Kenntnisse und Fertigkeiten voraus. Ist i. allg. kein Nachtfahrbetrieb vorgesehen, kann auf die Beleuchtung der kleinen Signallampen verzichtet werden, was nicht nur den Aufwand verringert, sondern auch das Gesamtbild verbessert. Abb.

Fotodiode: lichtempfindliches elektronisches Bauelement mit dem Aufbau einer Halbleiterdiode, das bei Lichteinfall a) wegen der Freisetzung von Ladungsträgern seinen Sperrschichtwiderstand verringert oder b) als Fotoelement eine Spannung erzeugt. F. werden für sichtbares und infrarotes Licht hergestellt. Bei der *Modellbahn* können F. in der 1. Betriebsart als Sensoren dienen, z. B. bei der Besetztmeldung, dem Erkennen bewegter Objekte oder in elektronischen Steuerschaltungen zur (→ potentialfreien) Trennung von Stromkreisen mittels → Optokoppler.

Fototransistor: lichtempfindliches elektronisches Bauelement mit dem Aufbau eines Transistors, dessen Emitter-Basis-Sperrschicht als → Fotodiode ausgeführt ist. Wegen der zusätzlichen Verstärkung ist ein F. lichtempfindlicher als eine Fotodiode, seine Aufgaben sind gleichartig. Der

Formsignale in vereinfachter Ausführung für den Selbstbau: 1) Gleissperrsignal, 2) Vorsignal, 3) Hauptsignal

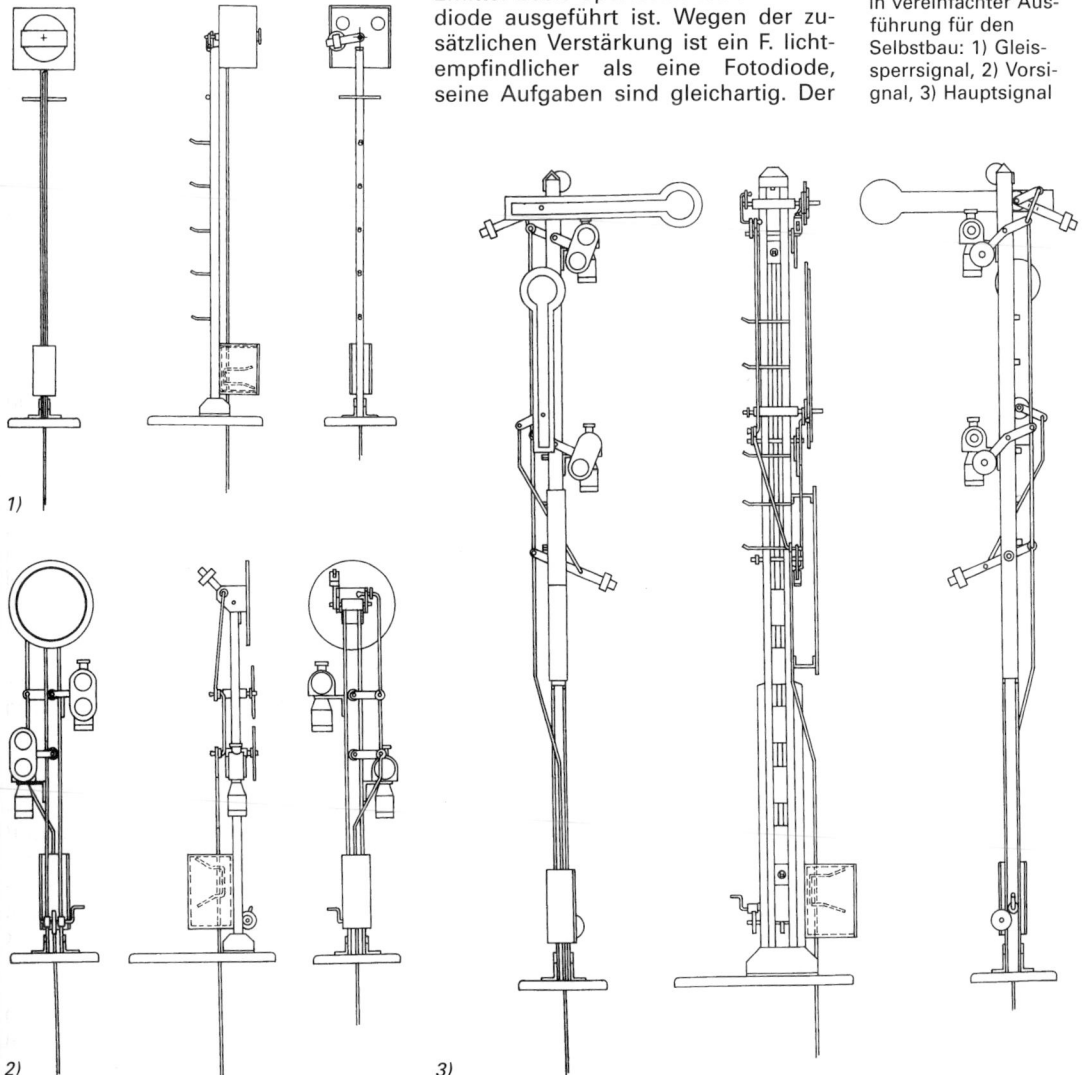

1)

2)   3)

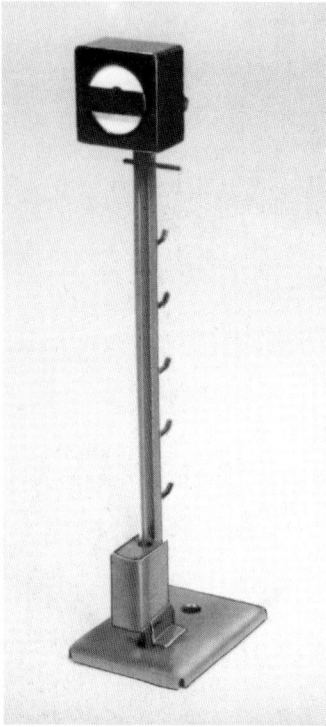

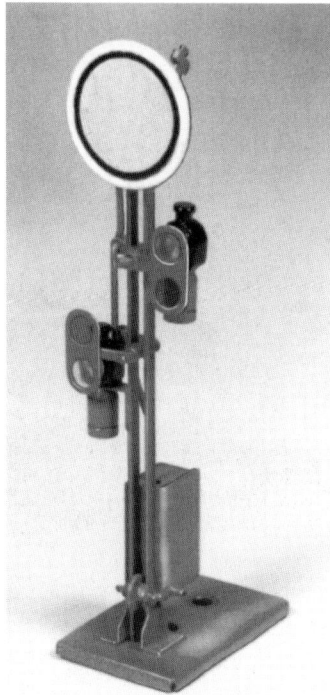

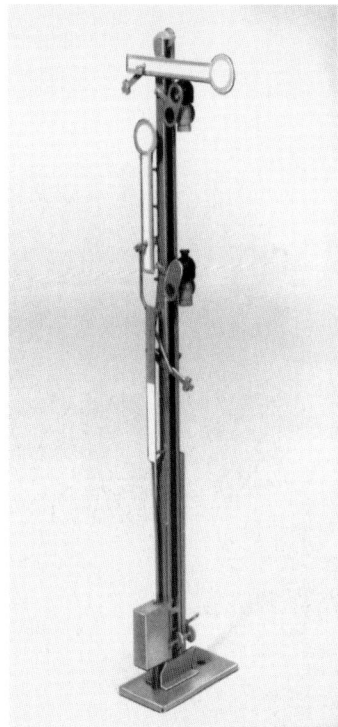

4)

4) nach dargestellter Zeichnung selbstgebaute *Formsignale* in H0

Einsatz als Fotoelement ist nicht vorgesehen. → Fotodiode

Fotowiderstand: lichtempfindliches elektronisches Bauelement mit meist polykristallinem Aufbau. Wird ähnlich einer → Fotodiode als Lichtsensor verwendet. → Fotodiode

Freiladegleis: Gleis auf → Güterbahnhöfen oder öffentlichen Ladestellen, an dem Güterwagen be- und entladen werden. Ein F. läßt sich auf jeder Modellbahnanlage einrichten.

Freilaufdiode, *Entladediode*: spezielle Anwendung der → Gleichrichterdiode zur Entladung mit Halbleiterbauelementen (→ Transistoren, → Schaltkreise) betriebener magnetischer Bauelemente (→ Magnetantriebe, → Relais usw.) und zur Unterdrückung die Halbleiter zerstörender Induktionsspannungen.

Freileitung: oberirdisch geführter Leitungsdraht zur Übertragung elektrischer Energie; für Lichtstromübertragung heute kaum noch anzutreffen, da durch Erdkabel abgelöst. F. wird von Masten aus Holz, Beton oder Stahl getragen, wobei die Leitungen an Isolatoren befestigt sind. Auf Mo-

dellbahnen sind F. beliebte Objekte, vor allem, wenn sie entlang der Strecke stehen. Wenn F. aus Kupferdraht bestehen, kann man Strom für Beleuchtungszwecke übertragen.

Frisur: Bezeichnung für Verbesserungs- und Verschönerungsarbeiten an handelsüblichen Fahrzeugmodellen zur Erhöhung der Originaltreue und unter Beibehaltung des ursprünglichen Fahrzeugtyps (z. B. Anbringen von → Griffstangen, → Bahnräumern, → Oberwagenscheibenhaltern, → Faltenbalgübergängen usw.). → Umbau, → Selbstbau

Führerhaus: Aufbau auf einer Dampflokomotive als Arbeitsplatz und Schutz des Lokpersonals (Lokführer, Heizer). Den gleichen Zweck wie das F. erfüllt der → Führerstand bei Diesel- und elektrischen Triebfahrzeugen. Bei der *Modellbahn* dient das F. vor allem bei → Tenderlokomotiven zur Unterbringung des → Fahrmotors. Beim *Selbstbau* sollte man auf eine tiefe Lage des Motors achten, um den Fensterdurchblick des F. zu gewährleisten. → Dampflokomotive, → Wagenkasten

Führerstand: Arbeitsplatz des Triebfahrzeugpersonals (Triebfahrzeugführer, Beimann) auf Diesel- oder elektrischen Triebfahrzeugen. Der F. ist stets überdacht und i. allg. geschlossen. Unterscheidung nach Mittel-F. (vorwiegend Rangierloks) und End-F. (vorwiegend Streckenloks), die durch Ziffern (früher mit V und H) gekennzeichnet sind.

Funkentstörung: → Entstörung

Fußgängerbrücke: auf größeren Bahnhöfen oft vorhandene Brücke, die den Reisenden die Möglichkeit gibt, von einem → Bahnsteig zum anderen zu gelangen. Eine F. kann mit oder ohne Überdachung ausgeführt sein; sie kann mehrere Gleise überspannen, wobei zu jedem Bahnsteig eine Treppe hinabführt. Abb.

Fußgängertunnel: Tunnel, durch den Reisende von einem → Bahnsteig zum anderen gelangen, ohne der Witterung ausgesetzt zu sein. F. sind im Modell einfach herstellbar, weil nur die Abgangstreppen der Bahnsteige nachgebildet werden müssen.

Fußgängerüberweg: Bezeichnung für den vorgeschriebenen Weg der Reisenden beim Übergang von einem Bahnsteig zum anderen. Auf kleinen Bahnhöfen bei Nebenbahnen wird als F. ein Bohlenweg vorgesehen. Im Modell sollte die Nachbildung derartiger F. nicht vernachlässigt werden.

Fußlasche: → Schienenlasche

Fußgängerbrücke

Ganzzug: Vom Absender gebildeter Durchgangsgüterzug, der geschlossen bis zum Empfänger verkehrt und deshalb meist nur aus Wagen einer Gattung, z. B. offenen Wagen, Silo-Wagen, Kesselwagen, besteht. Die

G

Gartenbahn
Selbstbaumodelle in
der Nenngröße IIm

Nachbildung eines G. sollte in den Modellbahnbetrieb einbezogen werden.

Gartenbahn: Modellbahn großer Spurweiten, die vorwiegend im Freien betrieben wird. Antrieb der Triebfahrzeuge sind handelsüblich; sie bestehen aus witterungsbeständigen Werkstoffen. Auch ein *Selbstbau* ist sehr gut möglich. Abb.

Gasbehälter: unter dem Wagenkasten von → Reisezugwagen älterer Bauart mitgeführter Gaskessel als Vorratsspeicher für die Gasbeleuchtung (etwa von 1871 bis 1924). Der Inhalt reichte für eine Brenndauer von etwa 30 Stunden. Beim *Selbstbau* kann der G. aus Aluminium, Hartholz oder Plast hergestellt (gedreht) und durch Kleben an der Unterseite des Rahmens befestigt werden. Eine Andeutung von Spannbändern erhöht die optische Wirkung. Abb.

Gasbehälterwagen: Spezialgüterwagen (→ Kesselwagen) zur Beförderung von gasförmigen Stoffen. Druckgaskesselwagen sind ggf. mit einem Sonnenschutzdach versehen. G. für flüssigen Sauerstoff fallen nicht unter die Gruppe der Druckkesselwagen.

Gattung: Element der Klassifizierung oder baulichen Gruppierung von Schienenfahrzeugen, Containern und anderen Transportmitteln. Fahrzeuge

der gleichen G. tragen auch gleiche → Gattungsbezeichnung.

Gattungsbezeichnung: Kennzeichnung für Transportmittel und -hilfsmittel. Die G. setzt sich bei Güterwagen aus → Gattungsbuchstaben und → Kennbuchstaben, bei Reisezugwagen aus → Hauptzeichen und Kennbuchstaben zusammen.

Gattungsbuchstabe: großer lateinischer Buchstabe zur Kennzeichnung von Aufbauten an Güterwagen und Behältern. Nach Vorschlag der UIC wurde eine Vereinheitlichung der G. für alle Mitgliedsländer eingeführt. Beispiel: *E* = offener Güterwagen, *G* = gedeckter Güterwagen, *H* = gedeckter Güterwagen in Sonderbauart, *I* = gedeckter Kühlwagen. Tab.

Gaze: → Drahtgaze

Gebäude: Bezeichnung für sämtliche Hochbauten. Man unterscheidet zwischen bahngebundenen G. wie → Empfangsgebäude, → Stellwerk und G., die Ortschaften bilden. Auf der Modellbahnanlage sollten G. gewählt werden, die zueinander passen und typisch für die gewählte Landschaft sind. G. sind in allen Nenngrößen in großer Auswahl handelsüblich.

gedeckter Güterwagen: → Güterwagen mit festen oder beweglichen Wänden und Dächern, die zur Beförderung von Gütern dienen, die unbedingt vor Nässe und sonstigen Witterungseinflüssen geschützt sein müssen. Zu den g. G. gehören auch → Mannschaftswagen, → Klappdeckelwagen, → Verschlagwagen sowie →Thermoswagen und → Kühlwagen. Die g. G. älterer Bauart sind meist → Flachdachwagen mit Bitumendachdecke, die der neueren Bauart haben → Tonnendach in Blechausführung. Abb.

Gasbehälter
1) mit angedrehten Spannbändern und zwischengeklebten Lagerböcken, 2) mit Spannbändern aus Blechstreifen

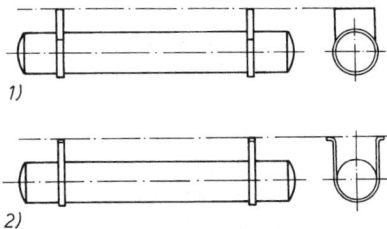

1)

2)

gedeckter Güterwagen mit Tonnendach in H0 (Piko)

Gattungsbuchstaben nach der UIC-Systematik

Gruppen-zeichen	Erläuterung
E	offener Güterwagen in Regelbauart, stirn- und seitenkippbar, 2- und mehrachsig
F	offener Wagen in Sonderbauart, 2- und mehrachsig
G	gedeckter Wagen in Regelbauart mit 8 Lüftungsöffnungen, 2- und 4achsig
H	gedeckter Wagen in Sonderbauart, 2- und mehrachsig
I	gedeckter Kühlwagen, 2- und mehrachsig
K	2achsige Flachwagen mit unabhängigen Achsen in Regelbauart mit beweglichen Banden und kurzen Rungen
L	Flachwagen mit unabhängigen Achsen in Sonderbauart, 2-, 3- und 4achsig
R	Drehgestell-Flachwagen in Regelbauart mit abklappbaren Stirnwänden und Rungen
S	Drehgestell-Flachwagen in Sonderbauart, 4- und 6achsig
O	2achsige gemischte offene Flachwagen in Regelbauart mit umklappbaren Bordwänden und Rungen
T	Wagen mit öffnungsfähigem Dach, 2- und mehrachsig
U	Sonderwagen, die nicht unter die Gattungen F, H, L, S oder Z fallen, 2- und mehrachsig
Z	Kesselwagen mit Behältern aus Metall, für den Transport von flüssigen oder gasförmigen Produkten, 2- und mehrachsig

Gefälle: → Neigung

Gegengewicht: an → Treibradsatz und → Kuppelradsatz von Lokomotiven zusätzlich angebrachte Masse zum Ausgleich der Kraftwirkungen hin- und hergehender Triebwerksmassen. Bei der *Modellbahn* spielt das G. fahrtechnisch keine Rolle, es sollte beim *Selbstbau* aber unbedingt berücksichtigt werden. Beim Fehlen geeigneter Treibräder kann ein entsprechend größeres G. aus Blech oder Pappe als Attrappe auf ein Kuppelrad aufgeklebt und vorbildgetreu angemalt bzw. nachbehandelt werden. Hierbei ist auch die versetzte Lage des G., beispielsweise bei Dreizylinder-Lokomotiven, zu beachten.

Gegenkurve: Gleisfigur, bei der aufeinanderfolgende Bogen einen entgegengesetzten Krümmungssinn haben. Um die Betriebssicherheit zu erhöhen, sollte bei der *Modellbahn* zwischen den einzelnen Bogen ein gerades Gleisstück eingefügt werden.

GEKO-Relais: → Relais

Geländegestaltung: naturgetreue Wiedergabe eines selbstgewählten Geländeausschnitts auf der Modellbahnanlage; von einer gelungenen G. hängt die optische Wirkung einer Modellbahnanlage auf den Betrachter ab. → Anlagengestaltung, → Anlagenbepflanzung. Abb. S. 82

Geländehaut: Bezeichnung der Geländedecke, die auf den Anlagenuntergrund aufgebracht wird. Die G. kann durch verschiedene Methoden hergestellt werden, beispielsweise mit → Drahtgaze, mit → Geländematten oder

Geländegestaltung einer im Bau befindlichen Modellbahnanlage

→ Modelliermasse mit Streumehl.
Geländematte: industriell gefertigte handelsübliche Matte aus Saug- und knüllfähigem Papier, auf die zur Imitation der natürlichen Vegetation eingefärbte kurze Kunstfaserhaare elektrostatisch aufgebracht werden. G. vermitteln den Eindruck natürlicher Wiesen, Felder, Heide- und Waldböden. Sie lassen sich gut formen, schneiden, reißen und → kleben und ergeben eine natürliche Landschaft. → Geländegestaltung
Geländeplastik: meist industriell hergestelltes vorgeformtes Geländeteil aus Folie, → Schaumpolystyrol u. ä., das z. B. Hügel, Straßen, Tunnel, Aufstellflächen für Gebäude umfaßt. Die Oberfläche ist meist farbbehandelt

und mit Geländematten oder Streumaterial dekoriert.
Geländeprofil: Profil des Geländes, das auf der Modellbahnanlage dargestellt werden soll, z. B. Hügellandschaft, Mittelgebirge, Hochgebirge oder Flachland mit Flußeinschnitten.
Gelenklokomotive: Dampflok mit geteiltem → Triebwerk, bei der nicht sämtliche gekuppelten Radsätze in einem Rahmen angeordnet werden können. Ein Triebwerk befindet sich meist im Hauptrahmen, ein weiteres in einem Drehgestell (Mallet-Lokomotive), oder unter dem Lokrahmen sind zwei Triebwerk-Drehgestelle angebracht (Meyer-Lokomotive). Bei G. der Bauart Garratt befinden sich auf dem vorderen Triebgestell der Was-

*Gelenklokomotive
1) Bauart Mallet, 2) Bauart Meyer, 3) Bauart Garratt*

serkasten, auf dem hinteren Triebgestell der Wasser- und der Kohlebehälter. Die inneren Enden der Triebgestelle nehmen Verbindungsrahmen auf, der den Dampfkessel mit Führerhaus trägt. Die G. gewährleisten eine gute → Bogenläufigkeit und sind oft speziell für bogenreiche oder mit begrenzter Achsfahrmasse befahrbare Strecken konstruiert worden. Bei der *Modellbahn* ist ein Einsatz von G. wegen der extrem kleinen → Gleisbögen besonders vorteilhaft. G. sind meist mit bestimmten landschaftlichen Gebieten und Zeitepochen verbunden. Abb.

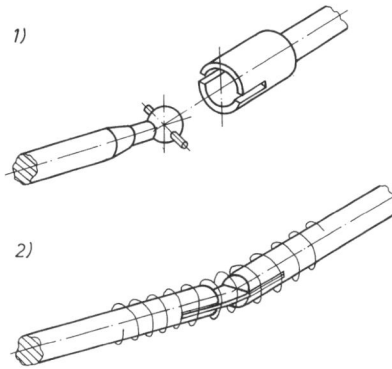

Gelenkwelle
1) mit Kugel und Mitnahmestift, 2) mit dünner biegsamer Federblechlamelle

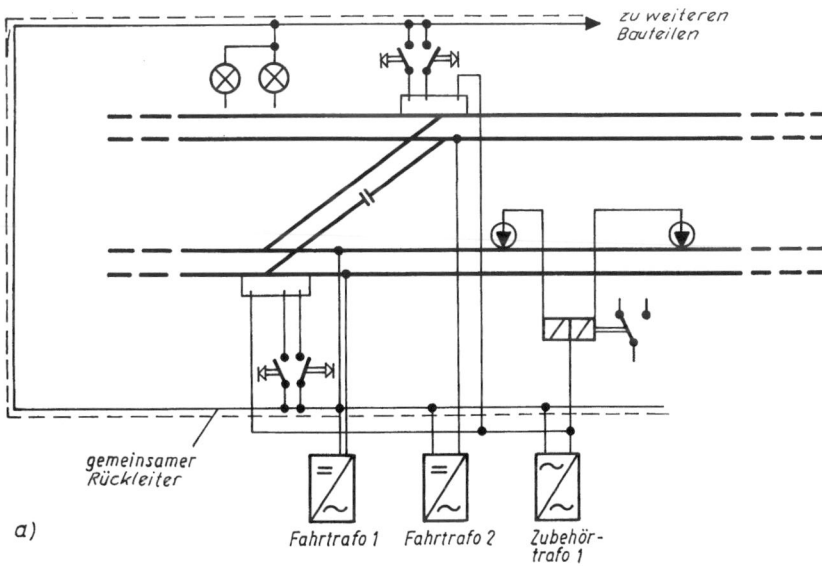

gemeinsamer Rückleiter:
a) Prinzipschaltung, b) Schaltungsbeispiel einer indirekten Parallelschaltung über die Glühlampe bei TT-Weichenantrieben mit Rückmeldung

Gelenkwelle: Bauelement zur gelenkigen Verbindung zweier Wellen zur Drehmomentenübertragung. Die G. ist bedeutendes Bauteil des → Kardanantriebs. Beim *Selbstbau* ist die Ausführung mit einem Mitnahmestift, der in einen entsprechenden Schlitz eingreift, oder bei geringer Beanspruchung und Beugung mit einer Federlamelle möglich, die mit einer dünnen Schraubenfeder umgeben und so gegen das Herausfallen gesichert ist. Abb.
Gelenkwellenantrieb: → Kardanantrieb
gemeinsamer Nulleiter: → gemeinsamer Rückleiter
gemeinsamer Rückleiter, *gemeinsamer Nulleiter, Masseleiter* (kurz

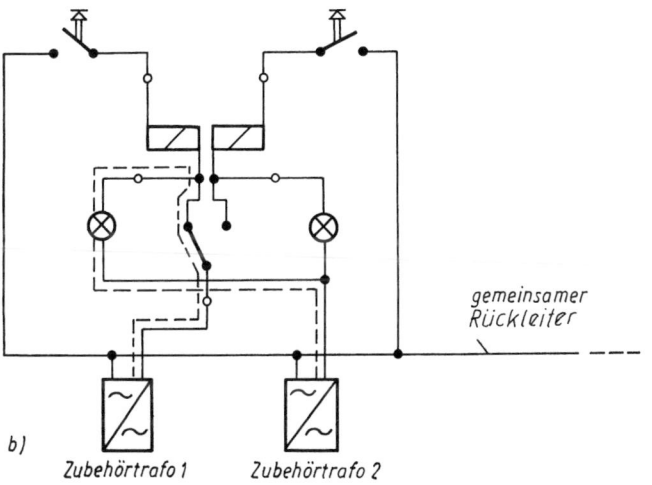

Masse), GND (engl. ground): 1polige Verbindung mehrerer Stromkreise zur Herstellung eines gemeinsamen Bezugspotentials bei gleichzeitiger Einsparung der einzelnen Rückleitungen. Die Bezeichnung Nulleiter sollte wegen der Verwechslungsgefahr mit dem in der Starkstromtechnik so bezeichneten Leiter mit anderer Funktion nicht benutzt werden. Einige Grundschaltungen, z. B. mit → Gleiskontakten, sind ohne g. R. nicht funktionsfähig. Häufig wird eine Schiene als durchgehender g. R. benutzt. Es empfiehlt sich aber, einen zusätzlichen Leiter parallel zur durchgehenden Schiene zu verlegen und ihn in gleichen Abständen mit ihr zu verbinden. Wegen der Überlagerung mehrerer Ströme in dem g. R. sollte sein Querschnitt zur Vermeidung zusätzlicher Spannungsverluste größer (1 oder 1,5 mm^2) gewählt werden. Voraussetzung für die Benutzung eines g. R. ist die Speisung aller Stromkreise aus voneinander galvanisch getrennten Transformatorwicklungen! Vor der Zusammenschaltung mehrerer Transformatorwicklungen, z. B. von zwei Zubehörtransformatoren (Abb. b), wird gewarnt, da je nach Phasenlage die Spannungen addiert (durch überhöhte Spannung entsteht LEBENSGEFAHR!) oder subtrahiert (Kurzschluß!) werden! Bei manchem Modellbahnzubehör bestehen interne Verbindungen, die zu unerwünschten indirekten Verbindungen von Transformatorwicklungen in Reihen- oder Parallelschaltung führen. Abb.

Gemeinschaftsanlage: Modellbahnanlage, die von mindestens zwei Modelleisenbahnern oder einer Arbeitsgemeinschaft meist als → transportable Anlage aufgebaut und betrieben wird. → Ausstellungsanlage

Generator: in der Elektrotechnik Maschine oder Gerät zur Erzeugung von elektrischen Spannungen bzw. Strömen. In der *Starkstromtechnik* Erzeugung von Gleich- und Wechselströmen zur Energieversorgung (G. sind Bestandteile von Fahrzeugen des Vorbildes), in der *Schwachstromtechnik* Bereitstellung von Wechselströmen beliebiger Frequenz und Form (Sinusform, Rechteckform usw.). Diese Ströme haben z. T. eine sehr komplizierte zusammengesetzte Struktur. Letztere G. bestehen prinzipiell aus → Oszillator, Aufbereitungs- und Leistungsstufe. Sie werden in der Modellbahntechnik auch in Steuer- und Meßeinrichtungen benötigt.

Gepäckbahnsteig: Reisenden nicht zugänglicher → Bahnsteig, der nur auf großen Personenbahnhöfen anzutreffen ist und ausschließlich zum Be- und Entladen von Reisegepäck und Expreßgut dient.

Gepäck- und Expreßgutzug, Abk. Gex: → Güterzug zur Beförderung von Reisegepäck, Expreß- und Postgut, der aus → Gepäckwagen, gedeckten Wagen, Post- und Containerwagen besteht. Da G. meist relativ kurz sind, können sie auch auf kleinen Modellbahnanlagen nachgebildet werden.

Gepäckwagen: Eisenbahnwagen zur Beförderung von Reisegepäck, Ex-

Gepäckwagen
Reisezug-Gepäckwagen der Einheitsbauart und Güterzug-Gepäckwagen der 50er Jahre in H0 (Selbstbau)

preßgut, Postsendungen u. ä. sowie sonstigen innerdienstlichen Briefsendungen und zur Unterbringung des Zugbegleitpersonals. Unterscheidung nach Reisezug-G. und Güterzug-G. Abb.

Gerätewagen: bahneigner Wagen mit Geräten zum Eingleisen von entgleisten Fahrzeugen und für Aufräumungsarbeiten nach Bahnbetriebsunfällen. Der G. ist meist in einen → Hilfszug eingestellt.

Geräuschdämmung: → Fahrgeräuschdämpfung

Geräuschelektronik: elektronische Schaltung, mit der die Geräusche des Vorbildes (z. B. Fahrgeräusche von Dampfloks, Läut- und Pfeifsignale usw.) z. T. originalgetreu auf Modellbahnanlagen nachgebildet werden.

geschlossene Anlagenform: weitverbreitete Anlagenform, bei der die nachgebildete Strecke in Form eines Rings bzw. Ovals angelegt ist. Beim Vorbild sind Ringstrecken nur sehr selten anzutreffen, auf Modellbahnanlagen dagegen herrscht i. allg. die g. A. als → Rechteckanlage vor, obwohl sie für eine → vorbildgetreue Anlagengestaltung am wenigsten geeignet ist. *Nachteile* der g. A.: a) Überschaubarkeit der gesamten Anlage (optische Trennung der einzelnen → Motive) ist sehr schwer, b) bei größeren Anlagen beachtliche Masse, c) erschwerte → Zugänglichkeit durch größere, über Reichweite hinausgehende Anlagentiefe, d) bei Ortsveränderungen schwieriger Transport, e) meist nicht vorbildgetreue → Streckenführung, die jedoch durch geschickte → Landschaftsgestaltung optisch gemildert werden kann. Gegensatz: → offene Anlagenform.

Geschwindigkeitsbeeinflussung: 1. anderer Begriff für → Geschwindigkeitssteuerung. – **2.** Elektrische oder elektronische Steuerung der Modellgeschwindigkeit unabhängig vom → Fahrstromsteller. Mit der G. können → Langsamfahrstellen, das Abbremsen und Anfahren an Blocksignalen, die Geschwindigkeitsreduzierung auf Steigungsstrecken u. v. a. modelliert werden. a) Eine einfache Schaltung zur Realisierung einer Langsamfahrstelle ist die Einschaltung eines → Widerstandes in den mit Trennstellen versehenen Gleisabschnitt. Die Größe des Widerstandes hängt von der gewünschten Wirkung und dem Motortyp des Triebfahrzeuges ab und wird experimentell ermittelt. b) Das abrupte Halten der Fahrzeuge an haltzeigenden Blocksignalen läßt sich durch den Einsatz von mindestens zwei Vorschaltwiderständen nach a) vermeiden. Zunächst wird die Geschwindigkeit bei Einfahrt in den Blockabschnitt durch den ersten Widerstand auf 2/3 und dann vor dem stromlosen Signalgleisabschnitt mit einem zweiten Widerstand auf 1/3 verringert. Mit Hilfe eines Schaltrelais (→ Relais 2.) werden die Widerstände in Fahrtstellung des Signals überbrückt, und die Fahrzeuge fahren mit unverminderter Geschwindigkeit am Signal vorbei. c) Elektronische Lösungen des langsamen Anfahrens und Anhaltens der Fahrzeuge nutzen die Auf- bzw. Entladung eines → Kondensators, wodurch sich eine stufenlose G. ergibt. → Halbwellenbetrieb, → Rangiergang. Abb.

Geschwindigkeitsregelung: eine höhere Form der Beeinflussung der Geschwindigkeit, bei der ihr Wert ständig einem vorgegebenen Sollwert angepaßt wird. Dies erfordert die fort-

Geschwindigkeitsbeeinflussung mit vorgeschalteten Widerständen: a) Langsamfahrstelle bzw. Geschwindigkeitsausgleich an Gefällestrecken, b) stufenweise Reduzierung der Fahrgeschwindigkeit vor dem Signal, das „Halt" zeigt

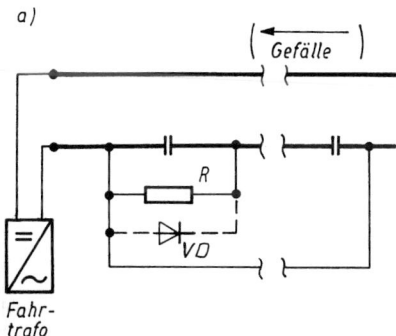

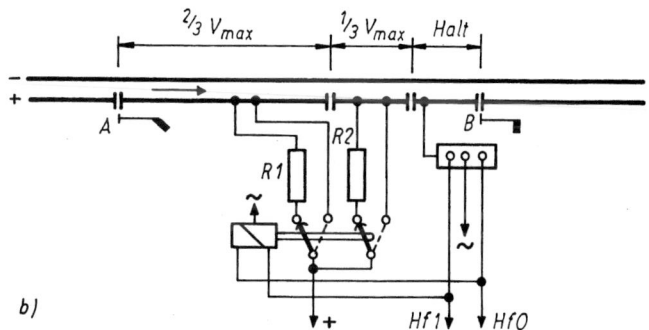

a)

Gefälle

R

VD

Fahr-trafo

b)

2/3 V_{max} 1/3 V_{max} Halt

A   R2   B

R1

Hf1   Hf0

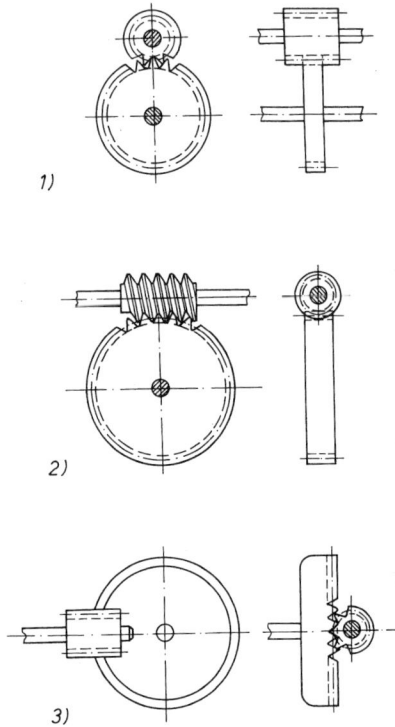

Getriebearten
1) Stirnradgetriebe,
2) Schneckengetriebe,
3) Kronenradgetriebe

→ Fahrstromsteuerung, → Geschwindigkeitssteller, → Fahrstromsteller

Geschwindigkeitssteller: Stelleinrichtung zur Beeinflussung der Geschwindigkeit. Bei der *Modellbahn* geschieht das fast ausnahmslos durch Beeinflussung des Fahrstromes. → Fahrstromsteller

Geschwindigkeitssteuerung: eine Steuerung zur Beeinflussung der Geschwindigkeit von Fahrzeugen. Bei der *Modellbahn* erfolgt dies wegen des elektromotorischen Antriebs fast ausnahms los über die Beeinflussung des Fahrstromes. → Fahrstromsteuerung, → Fahrstromsteller

Getriebeart: zur Übertragung und Wandlung von Kraftwirkungen, sowie zur Umformung von Bewegungen werden in Triebfahrzeugen unterschiedliche G. angewendet (z. B. mechanische, hydraulische). Bei der *Modellbahn* findet für Triebfahrzeuge fast ausschließlich das mechanische Getriebe Anwendung. Die bekanntesten mechanischen G. sind: → Stirnradgetriebe, → Schneckengetriebe oder → Kronenradgetriebe, die auch untereinander kombiniert sein können. Der *Selbstbau* von Triebfahrzeugen beginnt grundsätzlich mit der Konstruktion des Getriebes. Anhand der Hauptmaße und Umrißlinien des Fahrzeugs muß man den vorhandenen Platz für Fahrmotor und Getriebe bestimmen und die günstigste G. wählen. Abb.

laufende Messung der Geschwindigkeit, was gegenwärtig bei der *Modellbahn* nicht geschieht. Deshalb ist der Begriff G. im Zusammenhang mit der Modellbahn nicht korrekt. → Regelung, → Geschwindigkeitssteuerung,

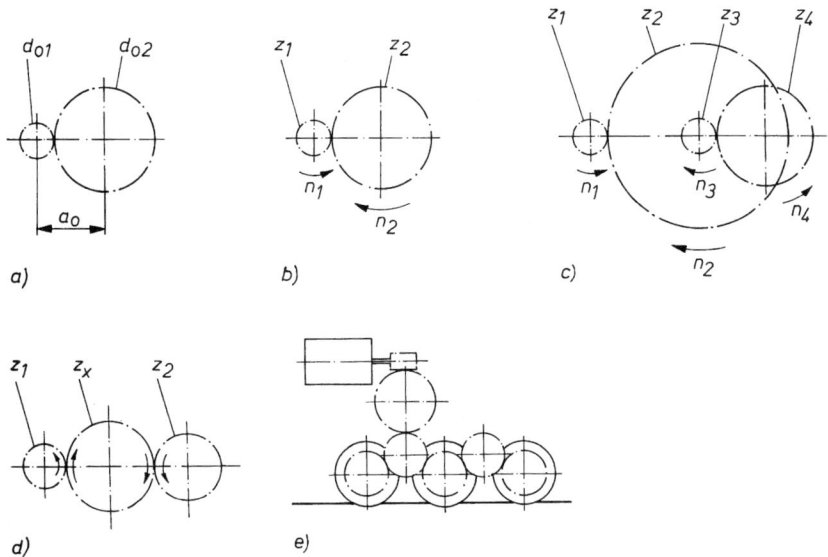

Getriebeberechnung
a) Achsabstand, b) Übersetzung, c) Doppelübersetzung, d) Übersetzung mit Zwischenrad, e) Getriebe mit Schneckenrad

Getriebeberechnung: Rechen- und Konstruktionsprozeß, um die errechnete → Modellgeschwindigkeit durch einen entsprechenden Getriebeaufbau zu erzielen. Beispiel: Besitzt das Vorbild eines Triebfahrzeuges einen Treibraddurchmesser von 1 000 mm, muß der Durchmesser der Treibräder in der Nenngröße H0 z. B. 1 000 : 87 = 11,5 mm betragen. Der Umfang des Rads wird nach der Formel $U = d \cdot \pi$ berechnet. U = 11,5 · 3,14 = 36,11 mm = 3,611 cm. Bei einer Modellgeschwindigkeit von beispielsweise 2 100 cm/min müssen sich die Räder in 1 min 2 100 : 3,611 = 582mal drehen. Liegt die Drehzahl des verwendeten → Motors bei 12 V Spannung z. B. bei 8 000/min, beträgt das Übersetzungsverhältnis 8 000 : 582 = 13,7:1, aufgerundet 14:1. Die Umwandlung dieses Verhältnisses zwischen Motor und Treibradsatz übernimmt ein Getriebe, in dem Zahnräder als Kraftübertragungselemente dienen, über deren wichtigste Werte, Maße und Berechnungen man sich vertraut machen sollte (→ Zahnrad). Weitere wichtige Faktoren der G. sind der → Achsabstand und die Übersetzung, die wie folgt berechnet werden: Der *Achsabstand* a_o zweier Zahnräder (Abb. a) wird nach den Formeln $a_0 = (d_{01} + d_{02})/2$ oder $a_0 = m(z_1 + z_2)/2$ berechnet. Beispiel: $m = 0,5$; $d_{01} = 4$; $d_{02} = 11$; $z_1 = 8$; $z_2 = 22$; $a_0 = (4 + 11)/2 = 7,5$ oder $a_0 = 0,5(8 + 22)/2 = 7,5$. Die Übersetzung i zweier Zahnräder (Abb. b) erfolgt nach der Formel $i = n_1/n_2$. Beispiel: $n_1 = 8\,000$/min; $z_1 = 8$; $z_2 = 22$; $n_2 = (n_1 \cdot z_1)/z_2$; $n_2 = (8\,000 \cdot 8)/22 = 2\,910$/min. Die Doppelübersetzung von vier Zahnrädern (Abb. c) wird nach der Formel $n_4 = (n_1 \cdot z_1 \cdot z_3)/(z_2 \cdot z_4)$ berechnet. Beispiel: $n_1 = 8\,000$/min; $z_1 = 8$; $z_2 = 40$; $z_3 = 8$; $z_4 = 22$; $n_4 = (8\,000 \cdot 8 \cdot 8)/(40 \cdot 22) = 582$/min. Die → Zwischenräder z_x werden nicht in die G. einbezogen. Sie werden zur Überbrückung eines größeren Achsabstandes benötigt und wenn die beiden Räder z_1 und z_2 gleichen Drehsinn besitzen sollen (Abb. d). Bei der G. von → Schneckengetrieben wird die Gangzahl der Schnecke als Zähnezahl eingesetzt. Eine eingängige Schnecke und ein Schneckenrad mit 14 Zähnen haben demnach ein Übersetzungsverhältnis von 14:1. Wird das Schneckenrad gleichzeitig als Zwischenrad benutzt, sind für die G. nur die Gangzahl der Schnecke und im dargestellten Beispiel die Zähnezahl des Zahnrades auf der Treibachse maßgebend (Abb. e). Abb.

Getriebeplatine: Platte zur Lagerung von Zahnradachsen, die meist paarweise angewendet wird und mit Distanzbolzen verbunden ist. Der *Selbstbau* erfolgt ebenfalls paarweise im zusammengeschraubten Zustand, um die erforderliche Gleichmäßigkeit zu erzielen. → Rahmenwange

Gewässer: Teiche, Flüsse, Bäche, die auf Modellbahnanlagen nachgebildet werden. Sie sollten durch gute Gestaltung zum Blickfang werden. Zur Nachbildung eines G. empfehlen sich eine Riffelglasplatte, Folie, farbloser Lack, Gießharz oder entsprechende Modellierpasten. Wichtig ist die Gestaltung des Untergrunds. Die tiefste Stelle eines G. wird am dunkelsten eingefärbt, und zu den Rändern hin werden die Farben immer heller. Auch die Ufer sollten sorgfältig gestaltet werden, wie z. B. Anlegestege, Schilfzonen, Badestrand. Abb.

Gießharztechnik: Technologie zur Herstellung von Einzelteilen aus Epoxidharz unter Verwendung von Gießformen und Silikon-Kautschuk. *Herstellung der Teile:* a) Anfertigen der Musterteile (Urform oder Urmodell); b) Herstellen der Gießformen; je nach Kompliziertheit die Teile offene oder geschlossene Form; c) Einbringen des Musterteils in die Form und Ausgießen mit Silikon-Kautschuk; d) nach dem Aushärten des Kautschuks Musterteil aus der Form herausnehmen, Angußtrichter und Steiger mit

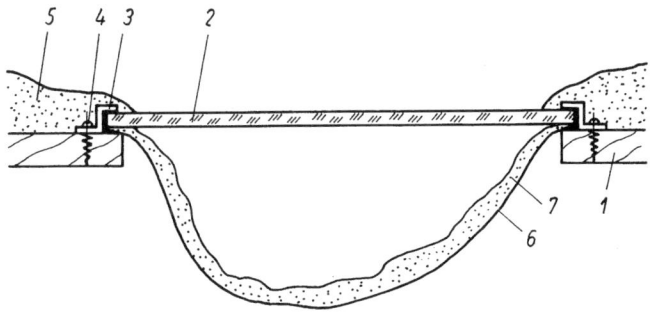

Gewässer schematische Darstellung (Querschnitt): 1 Anlagengrundplatte, 2 Profilglasscheibe oder Seefolie, 3 Zwischenlage (Gummi), 4 Halteblech mit Holzschraube, 5 modellierte Uferzone, 6 Seegrund, 7 modellierter Seegrund

dem Messer einarbeiten. e) Herstellen des Einzelteils durch Eingießen von Epoxidharz in die Form; f) nach Aushärten Entnahme des Einzelteils, Abtrennen von Anguß und Steiger. *Benötigte Materialien:* a) Formkasten aus Metall, Holz oder Plast; b) Glasplatte als Auflage für das Urmodell; c) Urmodell (z. B. vorhandenes Teil einer Lok, wie Zylinderblock); d) Silikon-Kautschuk, Vernetzer und Trennmittel; e) Epoxidharz für die Herstellung der Einzelteile. *Verarbeitungshinweise:* a) die fertige Form soll auf ca. 40 °C erhitzt werden, dann Trennmittel in die Konturen des herzustellenden Teils sprühen (Silikonspray); b) Epoxidharz mit dem Härter mischen (Mischungsverhältnis der Verpackung entnehmen), auf 35 bis 40 °C er-

Silikonkautschuk *Formkasten*

1) *Urform* *Unterlage*

Gußteil aus Gießharz

2)

1. Formkasten

3)

Anguß *Steiger*

2. Formkasten

1. Formkasten

4)

Gießharztechnik
1) offene Gießform, Herstellung der Gießform; 2) offene Gießform, Anfertigung des Gußteils; 3) geschlossene Gießform, Formunterteil; 4) geschlossene Gießform, Formunterteil mit aufgesetztem Oberteil

wärmen und in die Form gießen. Das Gemisch ist zähflüssig. Bei komplizierten Formen mit Hilfe eines kleinen Stöckchens von Hand Harz eindrükken, um Luftblaseneinschlüsse zu vermeiden; c) Teil aushärten lassen bei Zimmertemperatur etwa 8 Stunden, bei 100 °C etwa 1 Stunde; dann Teile entnehmen und weiter bearbeiten (spanlos oder spanabhebend); d) vor dem Lackieren Oberfläche → entfetten; e) mehr als 100 g Silikon-Kautschuk sollten nicht eingerührt werden, weil dann zu viel Reaktionswärme entsteht und das Gemisch ausschäumt und unbrauchbar wird; f) mit der Silikonform sind etwa 30 bis 40 Abgüsse möglich. Abb.

Glashaarpinsel: spezieller Pinsel zum Entfernen von Ausziehtusche auf Transparentzeichnungen. Mit G. kann man auch Oberflächen, z. B. von Lackresten, säubern und aufrauhen.

Gleichrichter: 1. Kurzwort für → Gleichrichterdiode. – **2.** Bezeichnung für eine aus einem oder mehreren Gleichrichterbauelementen bestehende Schaltung, mit der Wechselstrom in Gleichstrom gewandelt wird. → Gleichrichtung

Gleichrichterdiode: 2poliges elektronisches Bauelement mit Ventilwirkung, d. h., Strom fließt nur in einer Richtung, der Flußrichtung. In der entgegengesetzten Richtung, der Sperrichtung, gibt es keinen (nennenswerten) Stromfluß. Das Hauptanwendungsgebiet der G. ist deshalb die → Gleichrichtung von Wechselströmen. *Wichtige Kennwerte:* a) in Flußrichtung der Durchlaßstrom I_F und b) in Sperrichtung die Sperrspannung U_R. Bei sinusförmigen Spannungen bzw. Strömen (50 Hz) dürfen diese Werte überschritten werden und heißen dann Spitzendurchlaßstrom bzw. Spitzensperrspannung. Die G. werden heute fast ausschließlich aus Halbleitern hergestellt, wobei der Werkstoff Silizium dominiert. Außerdem gibt es Germanium- und Selengleichrichterbauelemente. Für jeden Werkstoff ist stets eine bestimmte Diffusionsspannung charakteristisch, bei Silizium z. B. 0,7 V. Abb.

Gleichrichtergleis: meist industriell gefertigtes Gleisjoch, das aus einem → Trenngleis und einer → Gleichrichterdiode besteht und für → Gleich-

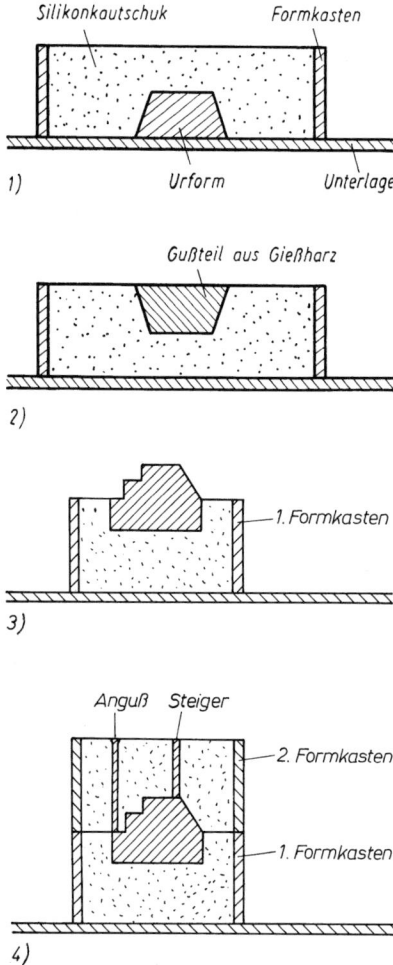

strombetrieb gedacht ist. Die Fahrstromversorgung des hinter der Trennstelle liegenden Gleisabschnittes geschieht über die Gleichrichterdiode und ist deshalb von der Richtung des Fahrstromes, d. h. von der Fahrtrichtung, abhängig. Das G. bewirkt deshalb, daß der beeinflußte Gleisabschnitt nur in einer Richtung befahren werden kann. Die G. werden für → Stumpfgleissicherungen, → Fahrsperren, → Wendeschleifenschaltungen u. a. verwendet. Sie können selbst angefertigt werden (zulässigen Durchlaßstrom der Diode beachten!).
Gleichrichtung: Methode zur Umwandlung von Wechsel- in Gleichstrom, vorzugsweise bei der Stromversorgung von elektrischen und elektronischen Geräten aus dem Wechselstromnetz. Die G. erfolgt entsprechend der jeweiligen Aufgabe mit bestimmten Grundschaltungen, die eine oder mehrere → Gleichrichterdioden enthalten. 1) *Einweggleichrichtung:* Bei Nutzung dieser Schaltung (Abb. a) wird eine der beiden sinusförmigen Halbwellen genutzt. Das Diagramm zeigt, daß das Fehlen der 2. Halbwelle zu einer pulsierenden Spannung führt, es entsteht eine pulsierende Spannung mit einem Gleichspannungs- (arithmetischer Mittelwert) und einem 50-Hz-Wechselspannungsanteil. Dieser Wechselspannungsanteil wird oft als Restwechselspannung oder Brummspannung bezeichnet. Die Einweg-G. findet für spezielle Fahrstromsteuerungen, → Halbwellenbetrieb, → Rangiergang, und für die Versorgung einfacher elektrischer Geräte mit geringen Anforderungen an die Unterdrückung der Brummspannung Anwendung. 2) *Zweiweggleichrichtung:* Wegen der geringen Ausnutzung der Energie bei der Einweg-G. wird die Zweiweg-G.

häufiger benutzt. Sie nutzt auch die nicht genutzte Halbwelle durch eine Umkehrschaltung. Es gibt zwei Grundschaltungen: a) *Mittelpunktsschaltung:* Mittels einer 2. Transformatorwicklung wird eine zur 1. Wechselspannung gegenphasige Spannung bereitgestellt. Beide Spannungen werden mittels zweier Einweg-G. gleichgerichtet (Abb. b). Das Diagramm zeigt, daß die Halbwelle der 2. Spannung die Lücke aus der 1. füllt. Nun ist der Gleichspannungsanteil größer und der Brummspannungsteil kleiner bei Verdopplung seiner Frequenz auf 100 Hz! b) *Brückenschaltung:* Bei dieser Schaltung (auch Graetz-Schaltung) wird der Strom der 2. Halbwelle auf einem 2. Weg durch den Verbraucher geschickt. Dieser liegt zu diesem Zweck in einer aus Gleichrichterdioden bestehenden → Brückenschaltung (Abb. c). Das Spannungsdiagramm ist das gleiche wie unter a). Die Brücken-G. benötigt zwar vier Gleichrichterdioden, aber nur eine Transformatorwicklung. Sie wird am häufigsten angewendet. Die Zweiweg-G. findet in den handelsüblichen → Netzanschluß- und Stromversorgungsgeräten der elektrischen und elektronischen Einrichtungen der *Modellbahn* Verwendung. Häufig wird dafür die pulsierende Gleichspannung zusätzlich geglättet und für elektronische Schaltungen ggf. stabilisiert (geregelt, → Spannungsregler). Die Glättung geschieht mit einem Ladekondensator (→ Kondensator), dessen Kapazität von der entnommenen Stromstärke und der gewünschten Glättung abhängt, und der durch seine Speicherwirkung die Schwankungen ausgleicht. Bei Modellbahnanwendungen beträgt seine Kapazität etwa 1 000 bis 5 000 µF. Dabei

Gleichrichterdiode prinzipieller Verlauf einer Halbleiterdiodenkennlinie: Die Diffusionsspannung U_D ist materialabhängig und beträgt bei Silizium etwa 0,7 V, bei Germanium 0,3 V und bei Galliumarsenid 1,2 V. Die Durchlaßkennlinie wird nach oben begrenzt durch den maximalen Stromfluß, die Sperrkennlinie durch die maximale Sperrspannung.

Gleichrichterdiode Selenplattengleichrichter, Selenblockgleichrichter, Siliziumblockgleichrichter (alles Brückenschaltung), Silizium-Leistungsdiode, Silizium-Universaldiode, zwei Bauformen (v. o. n. u.)

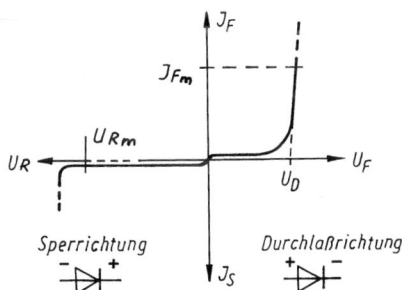

J_F
J_{F_m}
U_{R_m}
U_R
U_D
U_F
J_S

Sperrichtung

Durchlaßrichtung

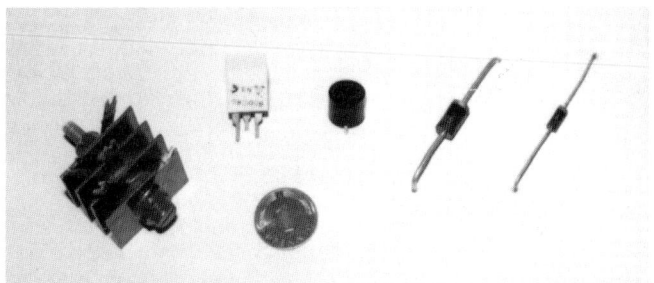

a)

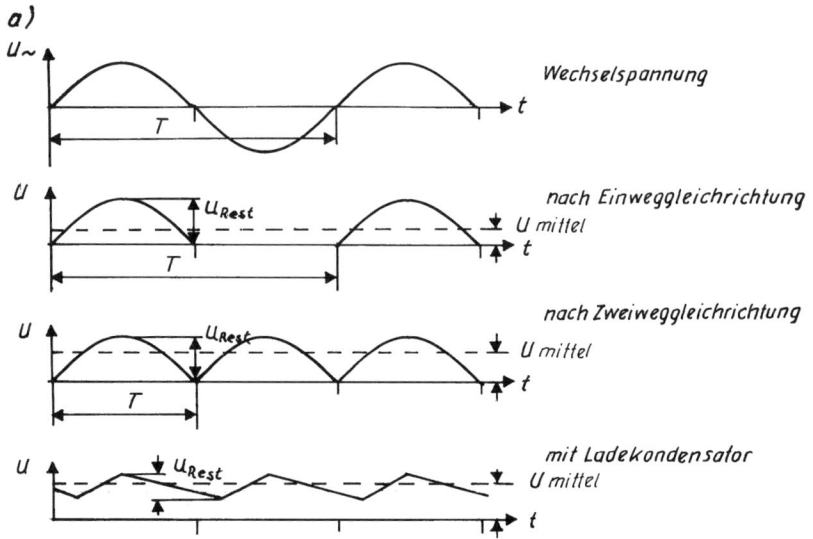

Gleichrichtung
a) Diagramme der Zeit-
verläufe der bei der
Gleichrichtung auftre-
tenden Spannungen,
b) Einweggleichrichter-
schaltung, c) Mittel-
punktsschaltung, d)
Brückenschaltung

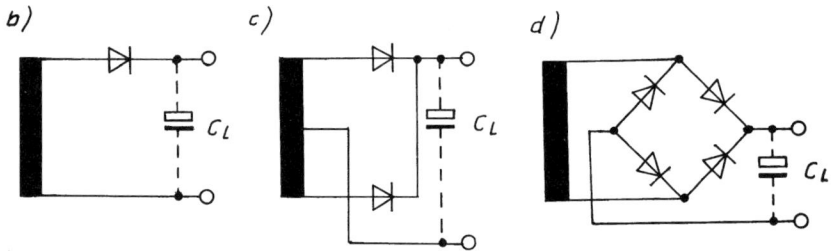

nimmt der Kondensator bei steigender Spannung hohe Impulsströme
auf, die die Gleichrichter entsprechend belasten. Die Gleichrichter
müssen deshalb auf diesen Strom
hin ausgelegt werden (Spitzendurchlaßstrom). Bei hohen Anforderungen
an die Konstanz der Gleichspannung
werden der G. elektronische Stabilisa-
torschaltungen nachgeschaltet. Handelsübliche →Fahrstromversorgungs-
geräte liefern pulsierende Gleichspannung.
Gleichspannung: → Spannung
Gleichstrombetrieb: Speisung eines
Verbrauchers mit Gleichstrom
(→Spannung). In der Modellbahntechnik wird der G. heute in beträchtli-
chem Umfang für die → Fahrstromversorgung der Fahrzeuge angewendet (NEM 630, 631, → Nennspannung).
Die Geschwindigkeitssteuerung geschieht häufig durch Änderung der
Fahrspannung. Bei Triebfahrzeug-Mo-
dellen mit → Permanentmagnetmotor

wird die Fahrtrichtung durch einfache
Umpolung der Fahrspannung gewechselt. Die Netzanschlußgeräte (→ Fahrstromsteller) für G. enthalten neben einem Stelltransformator und einem
Gleichrichter i. allg. einen Umpolschalter (Polwender).
Gleichstromumpolbetrieb: → Gleichstrombetrieb
Gleis: in → Bettung verlegte Fahrbahn für spurgebundene Schienenfahrzeuge, die aus → Schwellen, →
Schienen und den Befestigungsmit-
teln besteht und die Aufgabe hat, die
Fahrzeuge sicher zu führen. Im Modell werden G. handelsüblich in allen
Nenngrößen jeweils als geschlosse-
nes System angeboten. Für den
Selbstbau gibt es G. in Form von
Schwellenbändern und Schienenprofilen.
Gleisabschnittsteuerung: Unterbau-
gruppe der → Fahrwegsteuerung, die
alle zur Steuerung eines Zuges in einem Gleisabschnitt (Block) erforderli-

chen Steuerbaugruppen enthält. Im wesentlichen sind das: Signalsteuerung, signalabhängige Fahrstromsteuerung, Besetztgeber und Besetztauswertung. → Modellbahn-Steuerung. Abb.

Gleisabstand: horizontaler Abstand zwischen den Gleismitten zweier benachbarter Gleise. G. ist auf Grund gesetzlicher Bestimmungen vorgeschrieben (→ Lichtraumprofil). Bei der *Modellbahn* hängt der G. vom → Gleissystem ab. Er beträgt bei den Nenngrößen N 30 mm, TT 44 mm und H0 60 mm.

Gleisbau: Begriff für alle Arbeiten, die beim Vorbild am → Oberbau mittels Gleisbaumaschinen ausgeführt werden. Im Modellbahnbau wird anstelle des G. von der → Gleisbefestigung oder Gleismontage gesprochen.

Gleisbefestigung: Bezeichnung im Modellbahnbau für die Art des Festmachens von → Gleismaterial auf der → Anlagengrundplatte. Dazu dienen Nägel, Schrauben oder Splinte. Die

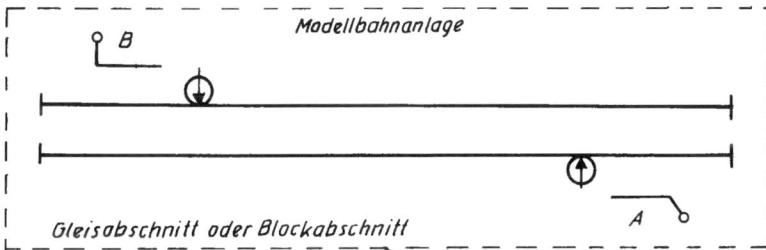

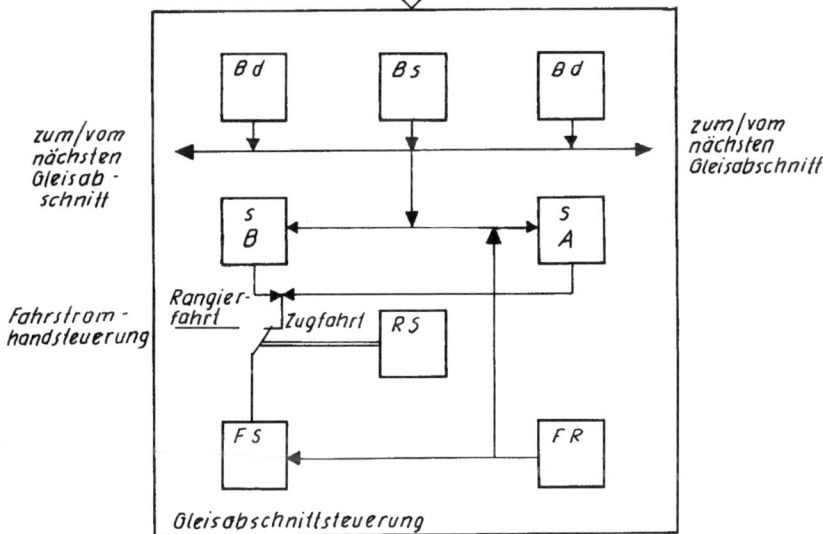

Gleisabschnittsteuerung
Blockschaltung einer Gleisabschnittsteuerung als Zwischenglied zwischen Anlage und zentraler Steuerung (Gleisbild-, Computersteuerung o. a.): B Besetztauswertung, s statisch, d dynamisch, S Signalsteuerung für Signal A und B, FS Fahrstromsteuerung, FR Fahrtrichtungssteuerung, RS Rangiersteuerung

G. ist in Verbindung mit dem Beschottern des Modellgleises auch durch Kleben möglich, was aber für evtl. Änderungen an der Gleisanlage ungünstig ist. → Weichen und → Kreuzungen sollen wegen möglicher Schäden prinzipiell nicht geklebt werden.

Gleisbesetztanzeige: → Besetztanzeige, → Besetztmeldung

Gleisbildstellpult: komplexe elektrische und/oder elektronische Einrichtung, bei der die Stell- und Anzeigeelemente in ähnlicher Weise angeordnet sind wie beim → Gleisbildstellwerk des Vorbildes. Der Raum unterhalb des Pultes bietet Platz für die zugehörenden elektrischen bzw. elektronischen Steuerbaugruppen und Stromversorgungsgeräte.

Gleisbildstellwerk: leicht bedienbares und übersichtliches elektrisches Stellwerk, bei dem Stelltasten und Anzeigeelemente in einem symbolischen → Gleisplan angeordnet sind. Dabei werden die Vorteile der Übersichtlichkeit durch Ausleuchtung der → Fahrstraßen, Rückmeldung der Stellung von → Weichen und →Signalen usw. genutzt. Im Modellbahnbau werden die Möglichkeiten des G. in einer meistens vereinfachten Form (→ Gleisbildstellpult) angewendet.

Gleisbildsteuerung: komplexe elektrische oder elektronische Steuerung, die die Eingaben (Stelltastenbetätigung) und Ausgaben (Anzeige) des → Gleisbildstellpultes verarbeitet und an Folgesteuerungen weitergibt bzw. von ihnen → Steuersignale annimmt und verarbeitet.

Gleisbogen: in einem bestimmten Bogen hergestelltes Gleis. Bei der *Modellbahn* sind je Nenngröße verschiedene Radien der Gleisbögen genormt und in den → NEM festgelegt.

Gleisdreieck
schematische Darstellung mit Angabe der feindlichen Polaritäten an der Trennstelle

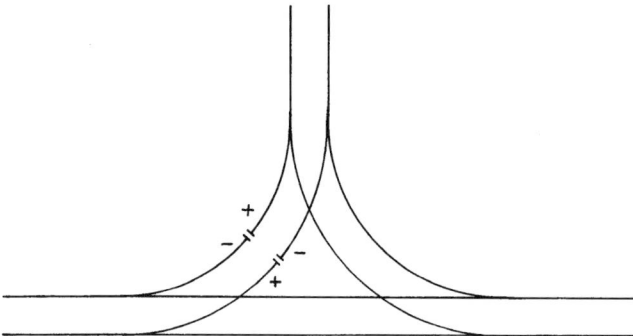

Gleisdreieck: Gleisfigur, bei der drei Gleise unter Verwendung von Weichen aus verschiedenen Richtungen mit direktem Übergang zusammengeführt werden. G. werden auch anstelle von → Drehscheiben benutzt, um Schlepptenderlokomotiven wenden zu können. Auf der Modellbahnanlage ist die elektrische Installation eines G. wegen der unterschiedlichen Polaritäten nicht einfach. Abb.

Gleisfiguren: verschiedene Darstellungsmöglichkeiten der Gleisanlage. Es werden drei Hauptgruppen unterschieden: a) die *geschlossene Gleisführung:* Gleisoval in verschiedenen Größen und Formen; b) die *offene Gleisführung:* Gleisstrecke, die von einem → Endbahnhof zum anderen führt; diese G. kommt dem Vorbild betriebsmäßig am nächsten; c) die *kombinierte Gleisführung:* Ausführung auf den meisten Modellbahnanlagen, bei der die Hauptstrecke als Oval ausgeführt ist und die von einem → Zwischenbahnhof abgehende Nebenstrecke zu einem Endbahnhof führt. Abb.

Gleisharfe: Gleisentwicklung, bei der an ein → Stammgleis mehrere, meist parallel verlaufende Gleise angeschlossen sind. Typisch für die G. ist die durchgehende Weichenstraße, von der die einzelnen Gleise abzweigen. Auf Modellbahnanlagen werden die vielen abzweigenden Gleise oft als → Abstellgleise benutzt.

Gleisjoch: in der Länge einer Regelschiene fertig montiertes Gleisstück. Bei der *Modellbahn* kann man die von der Industrie angebotenen Gleise ebenfalls als G. bezeichnen.

Gleiskraftrad: von Bahnmeistereien für Kontroll- und Inspektionszwecke verwendetes Nebenfahrzeug. Bei der *Modellbahn* wegen Schwierigkeiten bei der Unterbringung eines Antriebs kaum oder nur bei größeren Nenngrößen oder als Standmodell zur Bereicherung der Anlage anwendbar.

Gleiskraftwagen (SKL): meist 2achsiges Bahndiensttriebfahrzeug mit eigenem Antrieb zum Transport von Bau- und Reparaturmaterial. Bei entsprechender Einrichtung auch zur Beförderung von Gleisbauarbeitern und als Zugmittel für Gleisbaugeräte geeignet. Bei der *Modellbahn* kann der Antrieb des G. über einen sog. Gei-

1)

2)

3)

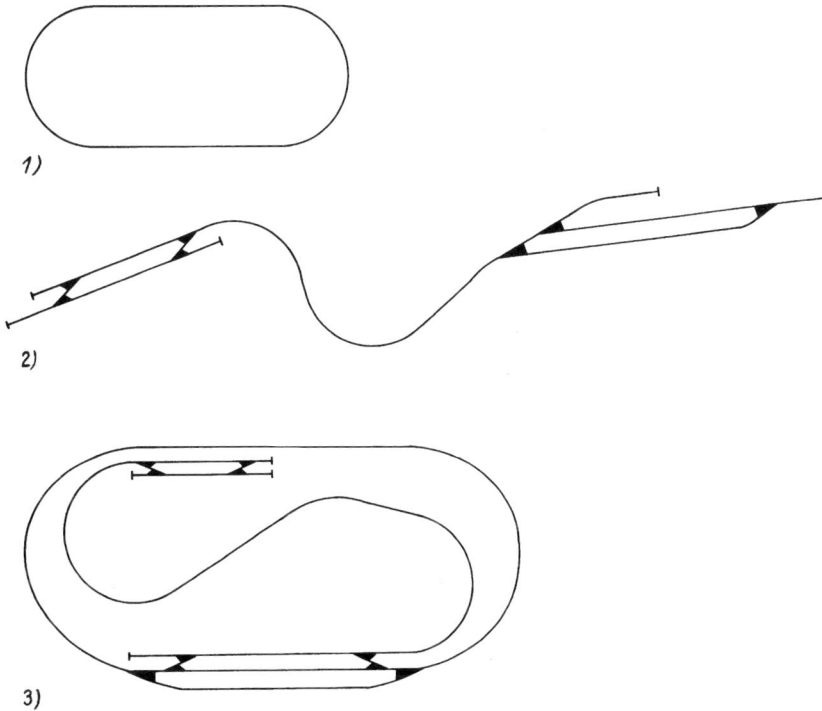

Gleisfiguren
1) geschlossene Gleis-
führung, 2) offene
Gleisführung, 3) kom-
binierte Gleisführung

sterwagen erfolgen bzw. bei Vergrößerung des Fahrerhauses oder beim
Verkleinern eines handelsüblichen
Antriebs im Fahrerhaus untergebracht werden. Aus Platzmangel wird
auch nur der Einbau eines einfachen
→ Schneckengetriebes möglich sein;
auch die → Schnecke muß deshalb
gelegentlich selbstgefertigt werden.
Abb.

Gleiskontakt, *Schaltgleis:* elektrischer → Schaltkontakt, der zwischen
den Schienen oder am Gleis montiert
ist und durch Fahrzeuge betätigt
wird. G. werden als → Besetztgeber
genutzt und zum Steuern verschiede-

ner Modellbahnfunktionen (→ Modellbahn-Steuerung) herangezogen. Die
Anwendung des G. ist besonders einfach bei Vorhandensein eines → gemeinsamen Rückleiters. Man unterscheidet den an einer Schiene
(Abb. a) montierten Gleiskontakt, der
durch den Spurkranz des darüberfah-
renden Rades mit der Fahrschiene
verbunden wird. Die zweite Form des
G. ist ein kurzes, elektrisch isoliertes
Schienenstück, das beim Befahren
mit der übrigen Schiene Kontakt bekommt und die Schaltwirkung auslöst. Diese Form heißt auch Schienenkontakt (Abb. b) und kann leicht

Gleiskraftwagen

a)

b)

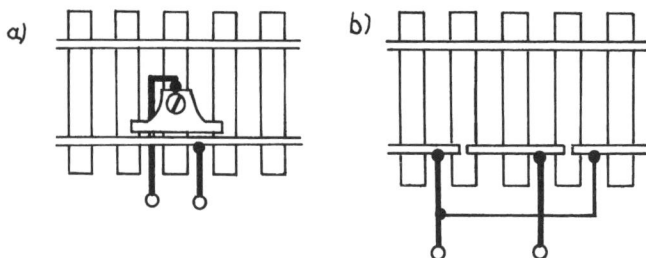

Gleiskontakt
a) als in den Gleiskörper montiertes Kontaktblech, b) in Form eines kurzen isolierten Schienenstückes (Schienenkontakt)

selbst angefertigt werden. Gute Justierung und ständiges Sauberhalten sind Grundvoraussetzung für das sichere Arbeiten der G. Abb.

Gleismaterial: Bezeichnung für Gleise der *Modellbahn*. G. wird in unterschiedlicher Ausführung und Qualität in allen Nenngrößen im Handel angeboten. Außerdem gehören zum G. → Weichen, → Kreuzungen, → Ausgleichgleise, → Anschlußgleise usw. Beim Aufbau einer Modellbahnanlage sollte im Interesse der Fahrsicherheit immer nur G. eines Fabrikats verwendet werden. Für den *Selbstbau* von G. gibt es im Fachhandel → Schienenprofile und → Schwellenbänder.

Gleisplan: grafische Darstellung von Gleisanlagen. Es werden Bahnhofs- und Streckengleispläne unterschieden. Im G. werden dargestellt: Verlauf der Gleisachsen, Bogenelemente, Gleislängen, Weichen, Signale, Empfangsgebäude, Stellwerke, Güterhallen, Bahnsteige, Ladestraßen, angrenzende Bebauung, Brücken usw. Im Modellbahnbau ist die Anfertigung eines G. bei jedem Anlagenentwurf unerläßlich, wobei von dem Anlagenmotiv, dem zur Verfügung stehenden Raum und der → Nenngröße auszugehen ist. Der G. ist verkleinert aufzuzeichnen (M 1:5; oder 1:10). Je genauer der G. ist, desto besser verläuft der anschließende Aufbau der Modellbahnanlage. → Gleisfiguren

Gleisschablone: Hilfsmittel zum Entwerfen von Gleisplänen. Die meist im Maßstab 1:10 gehaltene G. enthält alle Gleisstücke, Weichen, Kreuzungen eines bestimmten Gleissystems (Nenngröße).

Gleissperre: Sperreinrichtung ausschließlich in Nebengleisen; Flankenschutzeinrichtung, die eine Gefährdung von Zügen oder Rangierfahrten

durch andere Schienenfahrzeuge verhindern soll. In der gesperrten Stellung liegt ein Entgleisungsschuh auf der Schiene und bringt durch schräge Flächen ein darüberfahrendes Fahrzeug zum Entgleisen.

Gleissperrsignal: für Züge und Rangierabteilungen geltendes Signal. Es steht unmittelbar rechts neben dem Gleis. Signalbilder: Gsp 0 – Halt, schwarzer waagerechter Streifen auf weißer, runder Scheibe; Gsp 1 – Fahrverbot aufgehoben, nach rechts steigender schwarzer Streifen auf weißer, runder Scheibe.

Gleistrasse: Verlauf einer Eisenbahnstrecke unter Beachtung der topographischen Gegebenheiten und der Befriedigung der Verkehrsbedürfnisse. Bei der *Modellbahn* Verlauf der Strecken auf der Anlagengrundplatte, auf Gleisbrettchen bei Anwendung der → Rostbauweise oder mit Hilfe von untergelegten Distanzklötzern, um an Höhe zu gewinnen.

Gleisüberhöhung: Verlegung der Gleise im Gleisbogen, wobei die äußere Schiene höher als die innere verlegt ist, um den Fliehkräften beim Befahren des Gleisbogens entgegenzuwirken. Auf der Modellbahnanlage ist eine G. bei der Verlegung der Gleise mit kleinem Halbmesser zu empfehlen.

Gleisverlegung: feste Verlegung der Gleise auf der Anlage (→ Gleistrasse) nach dem → Gleisplan. Vor der G. sollte man den Bettungskörper mit Hilfe von Schottermatten, die über Papp- oder Filzstreifen geklebt werden, nachbilden. Eine weitere Möglichkeit ist das Einschottern der Gleise mit entsprechend gefärbtem Streumaterial oder feinstem Steinschotter.

Gleisverwindung: in Längsrichtung auftretende, gegenseitig unterschiedliche Höhenlage beider Schienen, die bei → Gleisüberhöhung zur Notwendigkeit wird.

Gleiswendel: kreisförmige Verlegung der Gleise, wobei innerhalb eines Kreises ein bestimmter Höhenunterschied überwunden wird. Der G. wird angewendet, um auf wenig Platz einen möglichst großen Höhenunterschied zu erreichen. Auf der Modellbahnanlage kann ein G. durch einen Berg verdeckt werden. Abb.

Gleitlager: Maschinenelement zur Stützung und Führung von Drehteilen (Wellen, Achsen), bei dem zwischen festem und beweglichem Teil ein Reibungswiderstand auftritt. Um diesen so gering wie möglich zu halten, müssen i. d. R. die G. mit → Schmiermittel (Öl) versorgt werden. Bei der *Modellbahn* werden als G. meist Lagerbuchsen aus verschleißfestem Plast oder → Sinterlager verwendet. Beim *Selbstbau* reichen als G. meist 1,5 bis 2 mm dicke → Rahmenwangen aus Messing für die direkte Aufnahme der Achsen und Wellen aus. Steht Material in dieser Dicke nicht zur Verfügung (oder bei größeren Nenngrößen), können Messingbuchsen mit entsprechenden Führungsschlitzen als G. im → Rahmen aufgenommen werden. Abb.

GND: Abkürzung für Grund (engl. ground). → gemeinsamer Rückleiter

Graetz-Schaltung: → Gleichrichtung

Grenzzeichen (Signal So 12): Signal der Gruppe „Sonstige Signale" des Signalbuchs mit der Signalbedeutung: Grenze bis zu der ein Gleis besetzt werden darf, ohne daß Bewegungen auf dem anderen Gleis behindert werden. Signalaussehen: rot-weißes niedriges Zeichen aus Porzellan. Es steht im Winkel zwischen den Gleisen. Auf einer Modellbahnanlage sollte zur Erhöhung der Vorbildtreue nicht auf die Nachbildung der G. verzichtet werden. Abb.

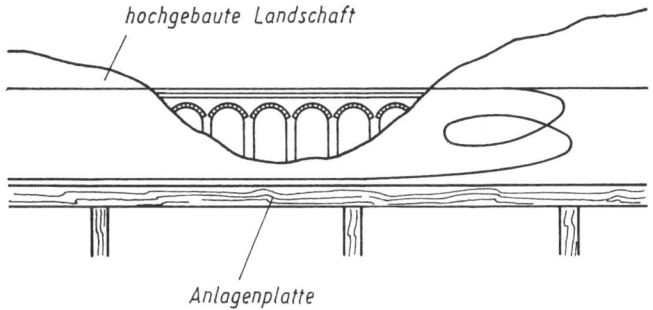

Griffstange, *Handstange:* an Fahrzeugen angebrachte Haltestange zum Festhalten auf- und absteigender Personen (z.B. Reisende, Rangierer). Der *Selbstbau* von G. erfolgt je nach Nenngröße in vereinfachter Form oder mit → Griffstangenhalter. Ein U-förmig gebogener Draht wird in eine entsprechende Bohrung gesteckt, mittels Zwischenlage auf einheitlichen Abstand zur Fahrzeugwand gebracht und von hinten verlötet, ggf. geklebt. Abb.

Griffstangenhalter: Halte- und Abstandselemente für die → Griffstange. Der *Selbstbau* kann nach Beispiel 1) mit Drahtschlaufe oder nach

hochgebaute Landschaft

Anlagenplatte

Gleiswendel
schematische Darstellung in einem Berg

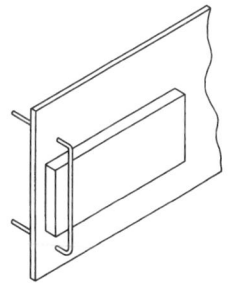

Griffstange
in vereinfachter Ausführung. Die Zwischenlage (Distanzstück) dient als Einbauhilfe

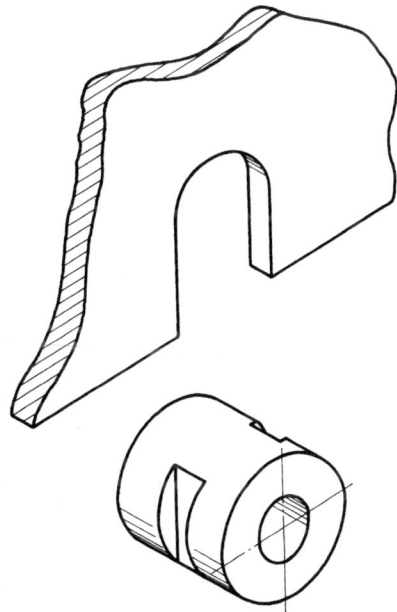

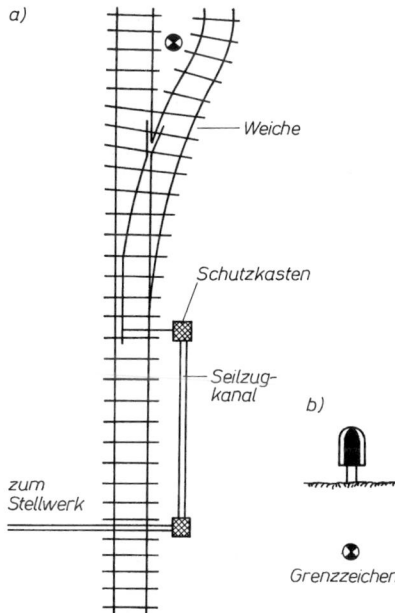

a)

Weiche

Schutzkasten

Seilzug-kanal

b)

zum Stellwerk

Grenzzeichen

Gleitlager
bei dünnwandigen Rahmenwangen verwendet man Lagerbuchsen als Gleitlager

Grenzzeichen
a) Aufstellung im Weichenbereich, b) Form

S. 97:
Viel Betrieb in einem Kopfbahnhof. Ausschnitt aus einer H0-Ausstellungsanlage der Fa. Fleischmann

Beispiel 2) erfolgen, wobei ein Drahtstück am Ende flach gedrückt und mit angerollter Öse versehen wird. Die Befestigung an der Fahrzeugwand erfolgt wie bei der → Griffstange. Abb.

Großanlage: Modellbahnanlage mit relativ großen Abmessungen zur Darstellung vorbildgetreuer Betriebsabläufe. Mit zunehmender Miniaturisierung der Modellfahrzeuge (H0, TT, N, Z; → Nenngrößen) ist es möglich, die Modellbahnanlagen kleiner zu halten bzw. auf gleichgroßer Grundfläche mehr zu zeigen, ohne die Anlage zu überladen.

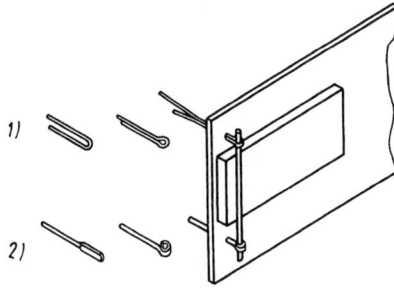

Griffstangenhalter
1) als Drahtschlaufe,
2) mit angerollter Öse

Gummiringantrieb
eines Drehgestells einer älteren Diesellokomotive in H0 (Piko)

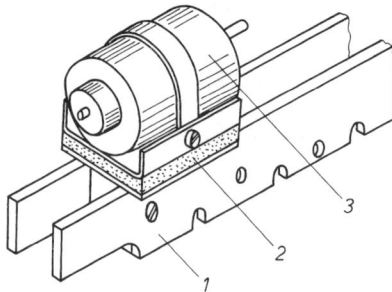

Gummisilentblock
1 Fahrzeugrahmen, 2 Kautschukschicht, 3 Fahrmotor

Gruppenausfahrsignal: für mehrere Gleise gültiges Ausfahrsignal, das bei Form- und Lichthauptsignalen (→ Hauptsignal) angewendet wird. Häufig wird jedes Gleis zusätzlich mit einem → Gleissperrsignal gesichert. Eine Ausfahrt wird freigegeben, wenn am G. ein Fahrtbegriff erscheint und gleichzeitig das Gleissperrsignal die Gleissperrung aufhebt oder die Aufsicht einen zweifelsfreien Abfahrauftrag mündlich oder mittels Befehlstab bzw. grünem Licht gibt.

Gummiachsfederung: Methode der Federung von Schienenfahrzeugen, bei der Gummi als Baustoff für Tragfedern Verwendung findet. Bei der *Modellbahn* ist die G. höchstens bei großen Nenngrößen zweckmäßig. Geeignet ist hierfür weicher Radiergummi.

Gummiringantrieb: bei der *Modellbahn* nur selten angewendeter getriebeloser Antrieb von Triebfahrzeugen, bei dem ein Gummiring das Drehmoment des Motors direkt auf die Treibachse überträgt. Die Motorwelle muß eine ausreichende Länge aufweisen, wenn der Antrieb ohne Rillenrad (Schnurrolle) direkt von ihr erfolgt. Der Treibradsatz muß mit einer von Rad zu Rad reichenden Antriebsbuchse versehen sein. Der G. gilt zwar als sehr einfache Antriebsart, erfüllt aber besonders bei Belastung nicht die Anforderungen, die man an ein Modelltriebfahrzeug stellt. Deshalb ist die einfache Lösung des G. höchstens für Kleinlokomotiven oder Triebwagen geeignet. Abb.

Gummisilentblock: zur Lagerung von → Drehgestellen und → Fahrmotoren bei Dieselloks und E-Loks verwendeter Lagerblock aus Gummi, der zwischen zwei Metallteilen einvulkanisiert ist und durch seine Schwingungsfähigkeit harte Stöße mildert. Auch bei der *Modellbahn* kann der G. angewendet werden, z. B., um bei den elektrisch angetriebenen Dampflokomotiven das störende Motorgeräusch zu mindern. Beim *Selbstbau* können hierzu zwei Blechplatten ($\leq 0,5$ mm Stärke) mit kalthärtendem Silikonkautschuk aufeinander geklebt werden. Dabei kann die eine Platte mit dem → Rahmen des Fahrzeugs verbunden und die andere mit entsprechenden Befestigungselementen

Teil einer H0-Ausstel-
lungsanlage

Imposante Brücken-
konstruktionen auf ei-
ner H0-Anlage

Schnelltriebwagen der SBB auf der Gotthard-bahn

Ein Güterzug mit einer Lok der BR 95 (Eigen-bau) befährt eine Strecke, die durch eine Stützmauer abge-fangen wird.

Bahnübergang auf einer H0-Anlage (Eigenbau)

Noch einmal die Gotthardbahn: der „Rote Pfeil" der SBB

Modelltreue im Detail auf einer H0-Heimanlage

Zum Nachtbetrieb gehört die Beleuchtung von Gebäuden

1.-Klasse-Schnellzug-
wagen der Epoche III
in der Nenngröße H0

Ein Wagen des Kar-
vendelexpreß „Mün-
chen–Innsbruck" in
der Nenngröße TT

Eilzugwagen in der Nenngröße TT

4achsiger Umbauwagen der DB aus den
60er und 70er Jahren in der Nenngröße
H0

Kessel- und Topfwagen (Eigenbau) in der
Nenngröße H0

Schiebedachwagen in
der Nenngröße H0

Teleskop-Haubenwa-
gen in der Nenngröße
H0

Niederflurwagen – das
Rückgrat der rollen-
den Landstraße – in
der Nenngröße H0

für den Motor versehen sein. Für eine ausreichende Dämpfwirkung sollte die Kautschukschicht mindestens 2 mm dick sein. Nach der vorgeschriebenen Aushärtezeit schneidet man die herausgedrückten Kautschukreste mit einer Rasierklinge ab. Wesentlich einfacher ist das direkte Aufkleben des Motors, was jedoch keine Demontage ermöglicht. Bei zu elastischer Lagerung des Motors ist evtl. der Einbau einer → Gelenkwelle zum Getriebe erforderlich. Abb.

Gummiwulstübergang: Übergangsbrücke zwischen Reisezugwagen. Die Stirnwände werden bis 150 mm hinter die Pufferstoßkante vorgezogen, die Abdichtung geschieht durch Gummiwülste. Vorteile gegenüber → Faltenbalgübergang: geringe Herstellungskosten, selbsttätige Abdichtung, Wegfall der Verbindungsarbeiten. Der *Selbstbau* von G. ist durch Verwendung von Plast-Isolierschlauch mit einem der Nenngröße entsprechenden Durchmesser möglich. Es werden drei Stücke zugeschnitten und an der Stirnwand des Wagens angeklebt.

Güterverkehr: Gesamtheit des Verkehrs von Gütern auf dem Schienenweg. Der G. reicht vom Transport von Stückgütern über Flüssigkeiten bis zu lebenden Tieren usw. Der G. wird mit → Containerzügen, gemischten Güterzügen, → Ganzzügen abgewickelt. Auf der Modellbahnanlage sollte der G. ein Hauptbestandteil sein.

Güterwagen: Eisenbahnwagen zur Beförderung von Gütern, nach Hauptmerkmalen eingeteilt in → gedeckte G., → offene G., geschlossene G.(z. B. → Behälterwagen), Spezial-G. und sonstige G. (z. B. → Bahnhofswagen, → Arbeitswagen usw.,→ Güterwagenbauart). Bei der *Modellbahn* erfreuen sich G. wegen der Rangiermöglichkeiten und der abwechslungsreichen Zugbildung besonderer Beliebtheit. Für Anschlußgleise und Güterbahnhöfe sind besonders geschlossene und gedeckte G. gut geeignet, da ihre Ladung unsichtbar bleibt und sie somit beispielsweise zum Entladen abgestellt und nach gewisser Zeit als entladen abgeholt werden können und umgekehrt.

Güterwagenbauart: Grundbezeichnung von Güterwagentypen, in der z. T. mehrer Wagengruppen zusammengefaßt sind. a) →*gedeckter Güterwagen*: außer normalen, für nässeempfindliche Güter zu verwendenden gedeckten Güterwagen auch alle → Mannschaftswagen, → Klappdeckelwagen, → Verschlagwagen, →Thermoswagen bzw. → Kühlwagen. b) →*offene Güterwagen*: alle i. allg. für witterungsunempfindliche Massengüter geeigneten offenen Güterwagen, → Kippwagen, offene → Selbstentladewagen. c) →*Flachwagen*: alle → Rungenwagen, → Schienenwagen, Holzwagen, (→ Drehschemelwagen) und →Arbeitswagen. d) →*Behälterwagen*: alle → Kesselwagen, → Topfwagen, → Faßwagen und Spezialbehälterwagen. e) →*Behältertragwagen*: alle Flachwagen, die zum Verladen mit abnehmbaren Behältern ausgerüstet sind.

Güterwagengattung: → Gattungsbezeichnung

Güterzug: Zug, der zur Beförderung von Gütern bestimmt ist und je nach Ladegut aus Güterwagen der verschiedensten Gattungen besteht. Man unterscheidet u. a. Frachten- und Leerwagenzüge; Eilgüterzüge, Containerzüge; Durchgangs-, Nah- und Übergabezüge; Post-, Expreßgut-, Vieh- und Arbeitszüge. Im internationalen Verkehr sind schnellfahrende G. (TEEM) eingesetzt. Auf der Modellbahnanlage sollten auch die verschiedensten G. verkehren, wobei die Länge der G. der Größe der Anlage, der Neigung und den Triebfahrzeugen entsprechen muß.

Güterzuglokomotive: → Lokomotive

Güterzuglokomotive BR 58 in H0 (Roco)

zur bevorzugten Beförderung von Güterzügen (Bezeichnung vorwiegend für Dampfloks, da Diesel- und E-Loks meist als Mehrzwecklokomotiven konstruiert sind). Hauptaggregate, wie Kessel, Triebwerk (Zylinder), Laufwerk (Achsfolge, Raddurchmesser), sind den Bedingungen des Güterzugdienstes (Beförderung schwerer Züge bei relativ kleinen Fahrgeschwindigkeiten) konstruktiv angepaßt. Äußeres Kennzeichen: kleiner Raddurchmesser, dafür mehrere Antriebsachsen. Abb.

H

Hafenbahn: → Eisenbahn des nichtöffentlichen Verkehrs, die Be- und Entladestellen eines Hafens mit dem Streckennetz der öffentlichen Eisenbahn verbindet und dem Umschlag von Gütern zwischen Wasser- und Schienenfahrzeugen dient. Da die H. sehr platzaufwendig ist, sollte sie nur auf Gemeinschaftsanlagen nachgebildet werden.

Haftmagnet: meist quaderförmiger oder zylindrischer → Permanentmagnet, der in der Bürotechnik an Dispositionstafeln verwendet wird. Im Modellbahnbau sind die H. gut geeignet als Auslösemagnete für Magnetsensoren, z. B. → Schutzgas-Rohr-Kontakte und → Hall-Sensoren als → Besetztgeber.

Haftreibung: allgemeine Reaktionskraft im Kräftegleichgewicht an einem in Ruhe befindlichen Körper (z. B. Eisenbahnfahrzeug). Die H. ist stets nur so groß, daß ein Fahrzeug unter dem Einfluß äußerer Kräfte in Ruhe verbleibt. Bei Überschreitung eines bestimmten Höchstwerts der H. tritt die Gleitreibung, z. B. beim Durchdrehen der Treibräder, ein.

Haftreibungszugkraft: im Triebfahrzeug verfügbare Zugkraft am Radumfang der → Treibradsätze und ggf. der → Kuppelradsätze bei voller Ausnutzung der → Haftreibung zwischen Rad und Schiene. Die H. hängt von der Gesamtlast des Triebfahrzeugs ab, die anteilig von Treib- bzw. Kuppelradsätzen auf die Schiene übertragen wird. Bei der *Modellbahn* reicht die H. meist nicht aus, da die Gesamtlast des Triebfahrzeugs wegen des Fehlens einer Achsfederung nicht auf alle Antriebsradsätze gleichmäßig übertragen wird. Deshalb ist eine Erhö-

hung der Gesamtlast durch → Ballastgewicht oder das Anbringen von → Haftreifen meist die einzige Möglichkeit, die H. zu erhöhen.

Haftreifen: Gummi- oder Plastreifen, der zur Erhöhung der → Haftreibungszugkraft bei Modelltriebfahrzeugen auf ein oder mehrere Antriebsradsätze aufgezogen wird. Die hierfür verwendeten Radsätze erhalten auf der Lauffläche eine entsprechend eingearbeitete Rille (Eindrehung), in der der H. möglichst stramm gehalten und gegen seitliches Herunterrutschen gesichert wird. Besonders beim Aufziehen eines Gummi-H. ist auf die gleichmäßige Verteilung des Gummimantels (erkennbar an gleichbleibender Reifenbreite) zu achten.

Halbleiterbauelement: elektronisches Festkörperbauelement auf der Basis von Halbleiterwerkstoffen, das die in Halbleitern und/oder an den Grenzschichten (pn-Übergang) unterschiedlich dotierter, d. h. unterschiedliche Ladungsträger enthaltender Halbleiterschichten auftretenden Effekte zur Beeinflussung (Steuerung) elektrischer Stromkreise oder Erzielung anderer Wirkungen (z. B. Lichtemission) ausnutzt. Die H. zeichnen sich durch Kleinheit, geringe Masse, kleiner Energiebedarf, sofortige Betriebsbereitschaft und hohe Zuverlässigkeit bzw. Lebensdauer aus. Wichtige H. für die *Modellbahn* sind → Dioden, → Gleichrichterdioden, → Lichtemitterdioden, → Schaltkreise, → Transistoren und → Thyristoren. Abb.

Halbmesser: Bezeichnung für den halben Kreisdurchmesser. → Gleisbogen

Halbweggleichrichtung: veraltete Bezeichnung für Einweggleichrichtung → Gleichrichtung

Halbwellenbetrieb: der Betrieb von elektrischen Verbrauchern mit durch → Gleichrichtung entstandenen, aus Sinushalbwellen bestehenden Spannungen bzw. Strömen. Meistens handelt es sich dabei um durch Einweggleichrichtung entstandene 50-Hz-Halbwellen (mit Pause!), seltener um aus Zweiweggleichrichtung entstandene 100-Hz-Halbwellen (ohne Pause!). Es gibt auch Anwendungen mit Übergang von der einen zur anderen Art, z. B. bei speziellen Schaltungen der → Fahrstromversorgung. Durch die Pause zwischen Halbwellen beim 50-Hz-H. wird den Verbrauchern weniger Energie zugeführt (niedriger Mittelwert), es bleibt aber die relativ große Amplitude. Diese verursacht im Antriebsmotor impulsartiges Rütteln, so daß er leichter Reibungen überwindet und mit langsamer Drehzahl anläuft (Anwendung als Anfahrschaltung). Mit zunehmender Geschwindigkeit geht die Fahrstromversorgung zum 100-Hz-H. über. Mit 50-Hz-H. kann auch zur Erhöhung der Lebensdauer von → Kleinglühlampen beigetragen werden. Abb.

Hall-Sensor: elektronisches → Halbleiterbauelement, das auf magnetische Felder reagiert und z. B. Schaltfunktionen auslöst. Der H. ist in der Modellbahntechnik gut als Besetztgeber geeignet. Im Vergleich mit → Schutzgas-Rohr-Kontakten (SRK) ist er vor allem beim Einsatz elektronischer Auswerteschaltungen günstiger als jener, da er ohne Kontaktstörungen arbeitet. Außerdem sind seine Abmessungen noch kleiner als die des SRK, so daß er sich unauffälliger im Gleis anbringen läßt.

Haltepunkt: Bahnanlage der freien Strecke ohne Weiche, wo Reisezüge planmäßig halten. → Haltepunkttafel

Haltepunkttafel (Signal So 9): Signal der Gruppe „Sonstige Signale (So)" des Signalbuches mit der Bedeutung: Ein Haltepunkt ist zu erwarten. Signalaussehen: waagerechte weiße Tafel mit drei schrägen schwarzen Strichen. Die H. wird bei Hauptbahnen im Bremswegabstand und bei Nebenbahnen 150 m vor dem Haltepunkt schräg zum Gleis aufgestellt.

Haltlichtanlage: Sicherungsanlage zur Absperrung des Straßenverkehrs vor einem → Wegübergang mit rotem Blinklicht. Vom Zug wird die H. über Schienenkontakte ein- und ausgeschaltet. Auf der Modellbahnanlage kann die H. mit Hilfe von → Kontaktgleisen und im Handel angebotenen Blinkgebern vorbildgerecht nachgestaltet werden.

Handbremse: in Eisenbahnfahrzeugen installierte, von Hand zu betätigende → Bremse (Fahrzeugbremse), mit der Tenderloks, Tender, E-Loks, Dieselloks, Triebwagen, Steuerwagen, Beiwagen, Reisezugwagen und 20 % der für den internationalen Verkehr zugelassenen Güterwagen ausgerüstet sein müssen. Die H. dient besonders der Sicherung stillstehender Fahrzeuge oder Züge. Bei der *Modellbahn* findet die H. keine funktionelle Anwendung, sondern wird nur in Form von Handkurbeln mit Bremsspindel oder Handrädern angedeutet. Beim *Selbstbau* kann die Handkurbel aus Kupferdraht gebogen werden

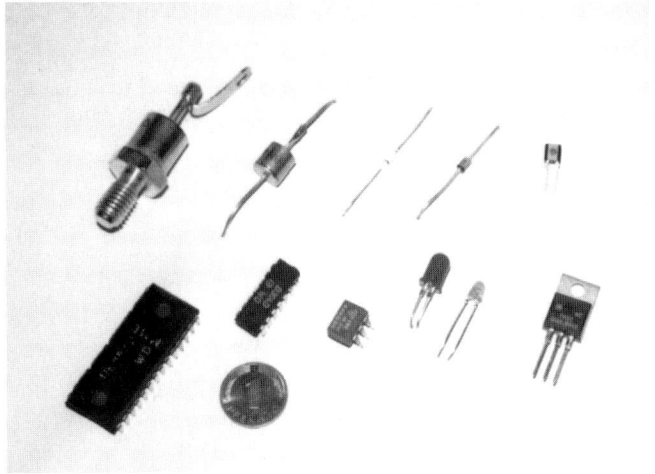

Halbleiterbauelement Gleichrichter, Z-Diode (oben links), Dioden (oben rechts), Schaltkreise, Lichtemitterdiode, Thyristor (untere Reihe v. l. n. r.)

Halbwellenbetrieb Zeitdiagramme a) reiner 50 Hz-Halbwellenbetrieb mit relativ großer Amplitude zum Anfahren, b) der Beschleunigung durch Zumischen der zweiten Halbwelle (Übergang zum 100 Hz-Halbwellenbetrieb), c) des Fahrbetriebs mit 100 Hz-Halbwellen

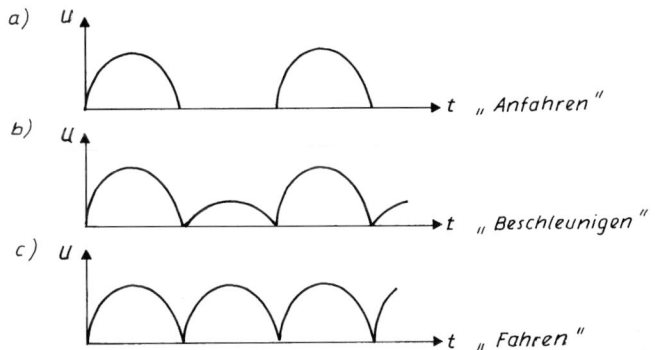

und die Nabe durch Breitdrücken mit einem Druckdorn gefertigt werden. Die Bremsspindel kann am unteren Ende mit einem dünnen Draht als Gewindeimitation umwickelt und schwach verlötet werden. Um die Bewegungsfreiheit der Zugvorrichtung (Kupplung) nicht zu beeinträchtigen, läßt man die Bremsspindel an der Unterkante der Pufferbohle in einer U-förmigen Verkleidung enden. Beim *Selbstbau* von Handrädern steckt man die zu Winkeln gebogenen Radspeichen in eine entsprechende Bohrung eines Hartgewebestücks (Lötvorrichtung), lötet die Speichen im Zentrum zusammen, kürzt sie auf die genaue Länge und lötet sie dann in der gleichen Vorrichtung in einen gebogenen Drahtring ein. Abb. (s. Abb. → Zementbehälterwagen)

Handstange: → Griffstange

Handsteuerung: eine Steuerung, bei der eine oder mehrere Funktionen von Hand betätigt werden. Die Beeinflussung des Fahrstromes bzw. der Geschwindigkeit der Fahrzeuge mittels eines → Fahrstromstellers ist eine Handsteuerung.

Handweiche: → Weiche, die von Hand durch Hebel, über Seilzüge usw. bedient wird und keinen elektromagnetischen Antrieb besitzt. H. eignen sich für den nachträglichen Einbau eines → Unterflurantriebs. Sie sind in allen Nenngrößen handelsüblich.

Hängeeisen: 1. Steuerungsteil in Heusinger-Steuerung. – **2.** Teil des → Bremsgestänges, an dem der → Bremsklotz befestigt ist. Beim *Selbstbau* kann das H. für Bremsklötze paarweise in U-Form gebogen und am Achshalter befestigt werden. (s. Abb. → Achshalter, → Laufwerk)

hängende Schlucht: Schlucht, die von der Anlagengrundplatte aus nach unten hin ausgeführt ist. Die h. S. sollte bis zur Anlagenkante reichen und mit einem Viadukt oder einer großen Bogenbrücke überspannt werden.

Härter: Bestandteil des Zweikomponentenklebers, der die Aushärtezeit je nach Anteil am Kleber beeinflußt.

Härtetemperatur: Temperatur, bei der ein Kleber aushärtet. Angaben über H. sind auf den Verkaufsverpackungen bzw. den beigefügten Prospekten enthalten. → Kleben

Hartfaserplatte: aus Holzfasern bestehender Schichtpreßstoff in Form einer brettähnlichen Platte, der in verschiedenen Abmessungen handelsüblich ist. H. lassen sich leicht bearbeiten und eignen sich in Verbindung mit einem Rahmen gut als Anlagengrundplatte.

Hartgewebe, Abk. *Hgw:* aus Gewebe bestehender Schichtpreßstoff. H. ist ein guter Isolierwerkstoff und auch als Lagerwerkstoff verwendbar. Er läßt sich gut bearbeiten (Sägen, Bohren, Gewindeschneiden). Für den Triebfahrzeugbau größerer Nenngrößen (z. B. Gartenbahnen) gut geeignet.

Hartpapier, Abk. *Hp:* Isolierwerkstoff, der sich gut bearbeiten läßt. Geeignet für Triebfahrzeugselbstbau als Trägerwerkstoff für die Aufnahme von Schleiferfedern verschiedener Potentiale.

Haubenwagen: → Teleskop-Haubenwagen

Hauptbahn: Eisenbahnstrecke von großer Bedeutung, die wichtige Punkte des Streckennetzes verbindet und die Hauptverkehrsströme bewältigt. Technische Ausrüstung und bauliche Gestaltung gestatten hohe Fahrgeschwindigkeiten und dichte Zugfolge. H. sind meist zwei- und mehrgleisig ausgeführt.

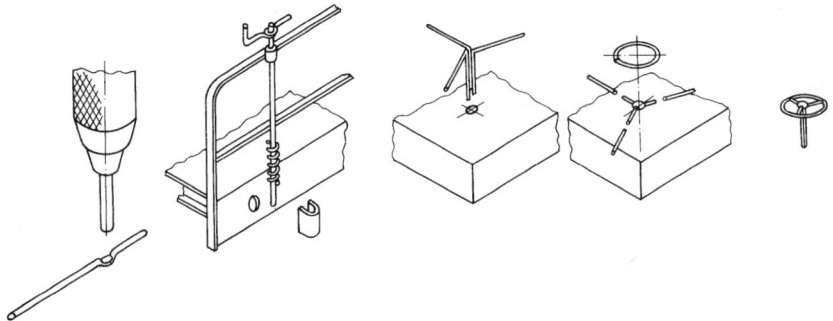

Handbremse
Selbstbauvorschlag
für Handkurbel und
Handrad

Hauptgleis: Gleis eines → Bahnhofes, das regelmäßig von Zügen befahren wird.

Hauptsignal: → Signal, das anzeigt, ob und mit welcher Geschwindigkeit der dahinterliegende Gleisabschnitt befahren darf. H. können als → Einfahrsignale, → Ausfahrsignale, → Blocksignale, → Zwischensignale und → Deckungssignale vor Gefahrenstellen auf freier Strecke angewendet werden. H. gelten für Züge und Rangierabteilungen (für letztere gelten gesonderte Bestimmungen). Die Grundstellung der H. ist bis auf Ausnahmen (z. B. bei Selbstblocksignalen) Halt. H. stehen i. d. R. rechts neben oder über dem zugehörigen Gleis. Für durchgehende Hauptgleise geltende H., die nicht rechts oder in der Mitte über dem Gleis stehen, werden durch eine → Schachbretttafel gekennzeichnet. Ausführung als Form-H. und Licht-H.: a) *Formhauptsignale (Hf)* sind ein-oder zweiflüglig und zeigen folgende Bedeutung an: *Hf0* Halt! (oberer Flügel waagerecht; nachts ein rotes Licht), *Hf1* Fahrt mit Höchstgeschwindigkeit (oberer Flügel zeigt unter einem Winkel von 45° nach rechts aufwärts; nachts ein grünes Licht), *Hf2* Fahrt mit Geschwindigkeitsbeschränkung auf 40 bzw. 60 km/h (beide Flügel zeigen unter einem Winkel von 45° nach rechts aufwärts; nachts ein grünes und ein gelbes Licht). b) *Lichthauptsignal (Hl)* besteht aus an einem Signalschirm angebrachten Lampen, die Tag und Nacht leuchten. Licht-H. können mit verschiedenen Signalbegriffen die einzuhaltende Fahrgeschwindigkeit wesentlich differenzierter als die Form-H. anzeigen. Sie können auch Signalbegriffe der Lichtvorsignale (→ Vorsignale) anzeigen. Bei der *Modellbahn* werden die Signalbegriffe bei den Formsignalen durch → Signalantriebe und bei den Lichtsignalen durch → Relais und Blinkgeber gesteuert. → zugbetätigte Signalrückstellung. → Sk-System.

Hauptsignalrückstellung: → Signalrückstellung

Hauptzeichen: großer lateinischer Buchstabe zur Kennzeichnung von → Reisezugwagen. Die internationalen Eisenbahnorganisationen OSShD und UIC haben eine einheitliche Wagenkennzeichnung vereinbart. Beispiel: *A* = Sitzwagen 1. Klasse, *B* = Sitzwagen 2. Klasse, *D* = Dienstwagen (früher Pw = Gepäckwagen), *WR* = Speisewagen (Wagon-Restaurant), *WL* = Schlafwagen (Wagon-Lit).

Hausbahnsteig: → Bahnsteig, der direkt am → Empfangsgebäude liegt und nur einseitig benutzbar ist. Für das Modell eines H. sind folgende Mindestbreiten anzuwenden: N 42 mm, TT 65 mm, H0 83 mm.

Heberleinbremse, *Seilzugbremse:* erste um das Jahr 1852 eingeführte „durchgehende" Bremse, da die Bremsen aller angeschlossenen Wagen von einer Hand bedient werden konnten. Ein über den ganzen Zug gespanntes Seil, das am letzten Wagen festgehakt und auf der Lokomotive oder im Gepäckwagen auf eine Seiltrommel aufgewickelt wurde, lief durch eine Kipphebeleinrichtung auf dem Dach jedes Wagens, die durch ein Verbindungsseil mit der Bremseinrichtung der einzelnen Wagen verbunden war. Beim Bremsen wurde das durchgehende Seil entspannt, wodurch über die Kipphebeleinrichtung und das Verbindungsseil das an der Bremseinrichtung jedes Wagens angebrachte Fallgewicht gesenkt wurde und somit eine Rolle gegen die Bremsscheibe drückte. Da diese fest mit der sich drehenden Achse verbunden war, setzte sich die Rolle in Bewegung, auf der sich die mit dem Bremsgestänge verbundene Kette aufrollte und das Bremsgestänge anzog. Reste der H. (Kipphebeleinrichtung, Führungsrollen) sind heute noch ganz vereinzelt bei abgestellten Schmalspurwagen zu finden. Beim *Selbstbau* kann man auf die Bremseinrichtung unter dem Wagen ggf. verzichten. Die Kipphebeleinrichtung und die Führungsrollen auf den Wagendächern und an der Dampflokomotive sollte man aber darstellen. Als durchgehendes Bremsseil kann man dünnen Gummifaden (Smokgummi o. ä.) verwenden.

Heimanlage: → Modellbahnanlage, die von einem oder mehreren Modelleisenbahnern zu Hause gebaut und betrieben wird. Die H. kann stationär oder transportabel sein. → Anlagenformen

Herzstück: Bauteil einer → Weiche, →

Herzstück
schematische Darstellung: einfache (1) und
doppelte Herzstücke
(2) an einer Kreuzung

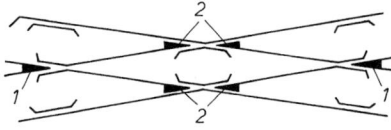

Kreuzung oder → Kreuzungsweiche,
das den störungsfreien Lauf der Räder
an den durchschnittenen Stellen der
sich kreuzenden Schienenstränge ermöglicht. Die H.spitze bildet den
Schnittpunkt des Stammgleises mit
dem → Zweiggleis (s. NEM 124 und
NEM 127 im Anhang). Abb.

Hgw: Abk. für → Hartgewebe

Hilfszug: Sonderzug zum Einsatz bei
außergewöhnlichen Vorkommnissen,
zur Rettung und ersten Versorgung
von Verunglückten sowie zur Räumung von Gleisen. Ein H. besteht aus
Arztwagen, Gerätewagen, technischen Sonderwagen und Hilfslokomotive(n). Bei der *Modellbahn* läßt sich
ein H. durch → Frisur älterer Wagen in
jeder Nenngröße zusammenstellen.

Hintereinanderschaltung: → Reihenschaltung

Hintergrund: → Hintergrundgestaltung, → Hintergrundkulisse

Hintergrundgestaltung: Gestaltung
der Modellbahnanlage in dem Teil, der
vom Hauptbetrachtungspunkt aus am
weitesten hinten liegt. Durch eine gute
H. kann die Wirkung einer Modellbahnanlage erheblich erhöht werden. Es ist
darauf zu achten, daß der Anlagenrand plastisch in den Hintergrund übergeht, d. h., Gelände, Wege, Straßen,
Bäche und Gebäude sind auf der → Hintergrundkulisse fortzuführen.

Hintergrundhäuser: Gebäude, die am
Anlagenrand, in unmittelbarer Nähe
der → Hintergrundkulisse stehen. Sie
sollten vom Maßstab her kleiner gewählt werden als die Nenngröße der
Modellbahn (z. B. bei H0 Aufstellung
von TT-Gebäuden). → Hintergrundgestaltung

Hintergrundkulisse: auf Papier oder
die Wand aufgemaltes Motiv einer
Landschaft zur → Hintergrundgestaltung. H. sind auch handelsüblich und
für alle Nenngrößen verwendbar. Sie
sollten wie Tapete auf einer → Hartfaserplatte aufgezogen werden. Abb.

Hochbauten: Sammelbegriff für alle
Gebäude, die dem Betrieb und Verkehr sowie der Verwaltung der Eisenbahn mittel- und unmittelbar dienen.
Zu den H. gehören z. B. → Empfangsgebäude, → Güterabfertigung, →
Stellwerk, → Lokomotivschuppen,
Wagenschuppen, Werkstattgebäude,
Sozialgebäude und Übernachtungs-

Hintergrundkulisse

gebäude, Wohngebäude für Eisenbahner sowie alle Verwaltungsgebäude der Eisenbahn. Abb.

Hochfreqenzbeleuchtung: umgangssprachlich genutzte, aber falsche Bezeichnung für die → fahrstromunabhängige Zugbeleuchtung mit niederfrequentem Wechselstrom ($f \leq 10$ kHz).

Hochgeschwindigkeitszug: im Jahr 1991 bei der DB in Dienst gestellter, als → ICE bezeichneter aerodynamischer, elektrischer → Schnelltriebzug für Höchstgeschwindigkeiten von anfangs 280 km/h, die später auf über 300 km/h erhöht werden sollen. Ein Zug besteht aus je einem Triebkopf an beiden Zugenden und bis zu 14 Mittelwagen. Der H. wird vom Triebfahrzeugführer nicht mehr im klassischen Sinne gefahren, da der Mensch bei so hohen Geschwindigkeiten nicht mehr in der Lage ist, Signalbilder so weit im voraus zu erkennen und wahrzunehmen. Ein Linienleiter übernimmt daher die permanente Information zwischen Zug und Kommandozentrale (Stellwerk). Der Führerstand ähnelt eher dem Cockpit eines Flugzeuges und ist mit zwei Bordcomputern ausgerüstet, die der Triebfahrzeugführer vornehmlich zu überwachen hat. Die Inneneinrichtung der Mittelwagen erinnert ebenfalls an das Innere eines Flugzeuges. Aufgrund extremer Druckwechsel bei Zugbegegnungen im Tunnel sind die Wagen druckdicht abgeschlossen und mit einer Klimaanlage versehen. Konvektionsheizkörper in den Seitenwänden und eine spezielle Fußbodenheizung sorgen im Winter für eine angenehme Temperierung des Wageninnern. Als seine Vorgänger können gewissermaßen der französische H. TGV (train á grande vitesse), der im Jahr 1981 bei der SNCF in Dienst gestellt wurde, sowie die Triebzüge BR 403/404 der DB, die später als Lufthansa Airport Express eingesetzt wurden, bezeichnet werden. Bei der *Modellbahn* ist der Einsatz eines H. vornehmlich nur auf Großanlagen angebracht. Abb. in Tafel S. 203

Hohlprofilschiene: Schiene für Modellbahnen, die industriell mit Bandmaterial (z. B. Weißband, Messingband) hergestellt wird. Die in allen Nenngrößen in konfektionierten Gleisstücken und in mehreren Ausführun-

Hochbauten
Wasserturm (Eigenbau) als typisches Beispiel eines Eisenbahnhochbaus

gen handelsüblichen H. sind kein Modellprofil. Abb.

Holzbauweise: Herstellung von Wagenkästen, Untergestellen und Gebäuden aus Holz. Dabei werden hauptsächlich → Sperrholz und → Balsaholz verwendet. Die H. ist für größere Nenngrößen (z. B. Gartenbahn) anwendbar.

Holzdübel: Befestigungs- oder Verbindungselement aus Holz, das zur Verbindung von Anlagenteilen geeignet ist. Ein H. besteht meist aus Hartholz und findet auch Verwendung zur Befestigung von Wandhaken u. ä. in Stein- und Betonwänden.

Holzkitt: aus Holzmehl und Lösungsmitteln bestehender teigförmiger Werkstoff, der nach dem Trocknen holzähnliche Eigenschaften aufweist. H. ist zum Ausbessern von Rissen, Löchern oder Unebenheiten geeignet.

Holzschwellen: Schienenunterstützungselement für Gleise und Weichen aus Holz. Je nach Holzart unterscheidet man Hart- (Eiche, Buche) und Weich-H. (Kiefer, Lärche). Bei Nor-

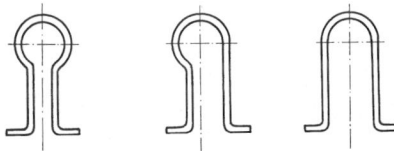

Hohlprofilschiene
mögliche Ausführungen

HO$_e$
Maria-Zeller-Bahn
(Roco) in HO$_e$

HO$_m$
Spreewaldbahn (Berliner TT-Bahnen, Zeuke GmbH) in HO$_m$

malspur (1 435 mm) sind die H. 2 400 bis 2 600 mm lang und 140 bis 160 mm hoch. Bei der *Modellbahn* sind H. nur bei größeren Spurweiten anzutreffen, sonst werden Schwellen aus Kunststoff mit feindetaillierter Holzmaserung angewendet.

Hp: Abk. **1.** für → Hartpapier und **2.** für → Haltepunkt.

H-Tafel (Signal So 8): Signal der Gruppe „Sonstige Signale (So)" des Signalbuchs mit der Bedeutung: Kennzeichnung des Halteplatzes der Zugspitze bei planmäßig haltenden Zügen. Signalaussehen: schwarzes Rechteck mit weißem H. Die H. steht rechts vom Gleis.

H0: Abkürzug für Halb-Null; genormte

→ Nenngröße im Maßstab 1:87 mit einer → Spurweite von 16,5 mm. Heute verbreitetste Nenngröße mit einem sehr großen Angebot an rollendem Material und Zubehör.

H0$_e$: Schmalspurbahn zur Nenngröße H0 mit einer Vorbildspurweite von 750 mm, umgerechnet auf H0=9 mm. H0$_e$-Schmalspurbahnen haben deutsche und ausländische Vorbilder (z. B. sächsische Schmalspurbahnen, österreichische Schmalspurbahnen) und sind handelsüblich.

H0$_m$: Schmalspurbahn zur Nenngröße H0 mit einer Vorbildspurweite von 1000 mm, umgerechnet auf H0=12 mm. Von verschiedenen Firmen im Angebot (z. B. Zeuke GmbH, Bemo).

IBW: Abk. für → Innenbogenweiche
IC: Abk. für → InterCity-Zug
ICE: Abk. für den → Höchstgeschwindigkeitszug Inter City Expreß. Während seiner Entwicklungsphase stand die Bezeichnung ICE für Inter City Experimental.
Impulskontakt: Form einer Kontaktschaltung, die einen Momentstromfluß (Schaltimpuls) verursacht. Die einfachste Form des I. ist ein Tastschalter, der nur für den Moment der Betätigung den Stromfluß zuläßt und ihn beim Loslassen unterbricht. Wegen der Prellerscheinungen an Tastschaltern sind sie beim Einsatz in elektronischen Schaltungen häufig mit → Entprellschaltungen versehen, um einwandfreie Schaltimpulse zu erzeugen. I. sind auch → Gleiskontakte, Schienenkontakte u. a.
Impulsschaltung: Methode der Stromversorgung von magnetischen Antrieben vieler Zubehörartikel (z. B. Weichen, Signale, Schranken, Entkuplungseinrichtungen). Bestimmte magnetische Antriebe erfordern zum Erreichen und Aufrechterhalten einer Betriebslage nur einen kurzen, aber kräftigen Stromstoß. Dauerstrom führt bei dieser Art Antriebe zur übermäßigen Erwärmung und zur Zerstörung. Deshalb werden diese Antriebe mittels → Impulskontakt (Taster, Schienenkontakt u. ä.) betätigt. Industriell hergestellte Antriebe werden zur Vermeidung der Überlastung häufig mit → Endabschaltung versehen. Antriebe, die diese Schutzvorrichtung nicht haben, können mit einer Schutzschaltung (in der Modellbahntechnik: I.) betrieben werden. Sie besteht aus einem Widerstand, der mit der oder den Antriebsspule(n) in Reihe liegt. Der Widerstand begrenzt bei Dauerstrom die Stromstärke auf einen ungefährlich niedrigen Wert. Parallel zu den Antriebspulen liegt ein Kondensator, der sich bei Stromunterbrechung auflädt und die gespeicherte Energie bei Betätigung einer Taste in Form eines kräftigen, aber kurzen Stromstoßes über die eingeschaltete Spule wieder abgibt. Für die Aufladung benötigt der Kondensator eine kleine Zeitspanne, die sich angenähert nach der Formel $t = 3 \cdot R \cdot C$ ergibt. Diese Zeit muß man abwarten, bis der nächste Antrieb geschaltet werden kann. Da die Schaltung nur mit Gleichstrom arbeitet, muß ihr ein → Gleichrichter vorgeschaltet werden. → Dauerstromschaltung. Abb.
indirekter Antrieb: versteckte Antriebsart für Modellfahrzeuge, die die Unterbringung eines eigenen Antriebs aus Raumgründen nicht gestatten. Verbreitetste Art des i. A. ist der Einbau in einen Eisenbahnwagen (sog. Geisterwagen), der die Fortbewegung durch gekuppelte → Kleinlokomotiven, Traktoren, schiebende Figuren usw. nur vortäuscht, in Wirklichkeit aber (vorbildwidrig) durch einen eigenen Antrieb bewegt wird. Auch bei der Nachbildung von historischen Modellbahnzügen, bei denen Loks und Tender die Unterbringung des Antriebs kaum ermöglichen, kann der i. A. angewendet werden. Eine weitere Möglichkeit des i. A. ist das Bewegen von verschiedenen Kleinstvehikeln (z. B. Feldbahnloren, Straßenfahrzeugen usw.) durch unterflur betriebene Mitnehmer. Hierzu können Stifte dienen, die durch Schlitze über die Anlagenplatte ragen und auf die die Fahrzeuge aufgesteckt werden. Das durch das Ausarbeiten des Schlitzes lose gewordene Mittelstück der Anlagenplatte, läßt sich geschickt durch Anbringen von Durchfahrten (Torbö-

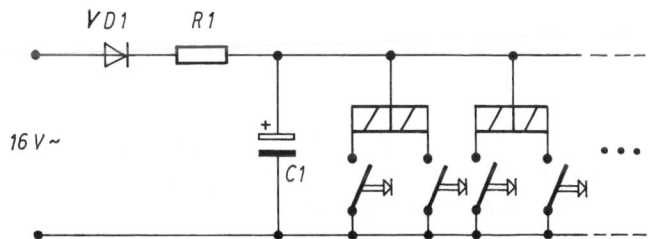

Impulsschaltung mittels RC-Glied ($V1$ = 3-A-Diode, $R1$ = 470 Ω/2W, $C1$ = 4700 µF/40 V)

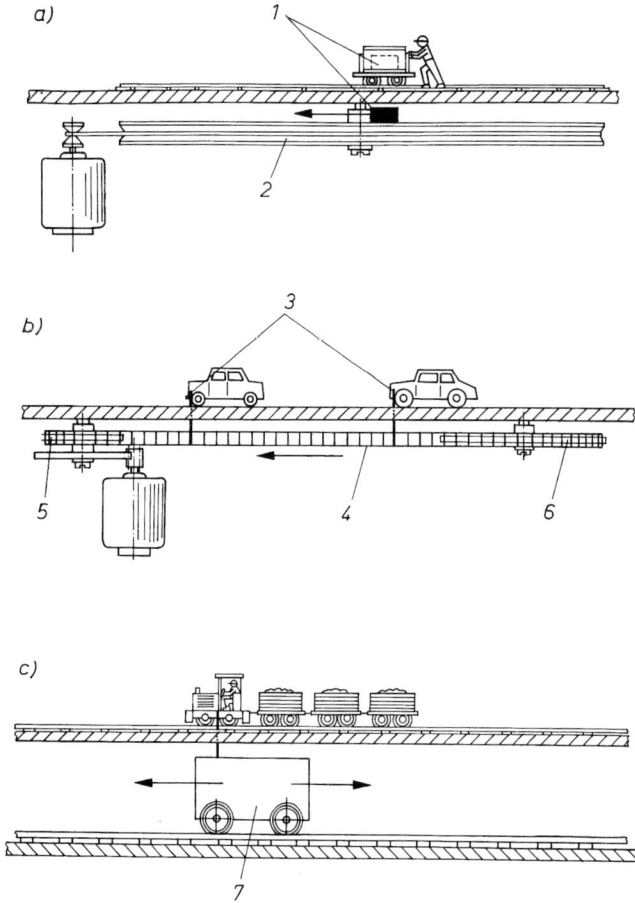

indirekter Antrieb
a) Scheibenantrieb mit Magnetmitnehmer; b) Kettenantrieb mit Stiftmitnehmer; c) Antrieb durch Triebfahrzeug auf unterirdischer Gleisanlage.
1 Permanentmagnete, 2 Antriebsscheibe, 3 Mitnahmestift, 4 Antriebskette, 5 Antriebskettenrad, 6 Umlenkrolle, 7 Unterflur-Triebfahrzeug;

gen, Brücken usw.) wieder verbinden, zumal man aus optischen Gründen sowieso nur einen Teil der Strecke sichtbar machen sollte. Will man den Schlitz für die Mitnahmestifte vermeiden, kann man auch → Permanentmagnete als Mitnehmer verwenden, wobei sich außer dem bewegenden Magnet ein zweiter, entsprechend polarisierter im jeweiligen Fahrzeug befinden muß. Bei einer einfachen kreisförmigen Streckenführung des zu bewegenden Objekts ist meist eine angetriebene Scheibe mit den Mitnehmern ausreichend (Abb. a). Bei Streckenführungen mit Radien und Zwischengeraden (auch Gegenkurven) kann als Träger der Mitnehmer auch ein Kettenantrieb dienen (Abb. b). Bei nicht in einem geschlossenen Kreis verkehrenden Kleinstmodellen bietet sich die Möglichkeit einer synchron verlaufenden

unterirdischen Gleisstrecke an, auf der ein ausrangiertes Triebfahrzeug (alte Lok, Triebdrehgestell o. ä.) beliebiger Nenngröße (von Hand oder automatisch gesteuert) gefahren werden kann und das – mit Mitnehmern ausgestattet – auf der Anlage beispielsweise einen schmalspurigen Feldbahnzug antreiben kann (Abb. c). Abb.

Industrieanschluß: Anschlußgleis, das der Verbindung zwischen der öffentlichen Eisenbahn und den Gleisen eines oder mehrerer Industriebetriebe dient. Die I. sollte auf jeder Modellbahnanlage vorhanden sein.

Industriegleis: nach einem bestimmten System je nach Nenngröße hergestelltes Gleis, das meist aus einem Plastschwellenkörper und Voll- oder Hohlprofilen besteht. Von den Modellbahnherstellern werden verschieden, gerade und gebogene Gleisstücke sowie Funktionsgleise, wie z. B. → Entkupplungsgleise, → Trenngleise, → Unterbrechergleise und → Anschlußgleise angeboten. Dabei sind die in den → NEM festgehaltenen technischen Parameter einzuhalten.

Industriemodell: von Modellbahnherstellern in Klein- und Großserie hergestellte Triebfahrzeuge und Wagen sowie Modelle von Gebäuden, Brücken, Signalen usw.

Infrarot-Fernsteuerung: drahtlose Methode zur → Fernsteuerung von Maschinen, Geräten und Anlagen, bei der *Modellbahn* zur Fernsteuerung von Fahrzeugen und Zubehör. Zur Übertragung der Steuerinformationen dient infrarotes Licht. Die Lichtstrahlung wird mit der systemspezifisch codierten Steuerinformation moduliert und ausgesendet (z. B. mittels Infrarot LED). Die Strahlung wird von einem Empfänger, der mit einem Infrarotlichtsensor (→ Fotodiode) ausgestattet ist, aufgenommen, decodiert und in Steuerschaltungen verarbeitet, so daß die gewünschten Steuerfunktionen ausgeführt werden. Nachteilig ist bei diesem System, daß zwischen Sender und Empfänger Direktsicht bestehen muß, damit der Informationsfluß nicht unterbrochen wird. Zum Beispiel müßte bei einer Tunneldurchfahrt die zuletzt übertragene Information gespeichert werden können, damit der gesteuerte Zug den Tunnel durchfährt. Industriell gefertigte I. für Modellbahnen sind bisher nicht bekannt.

Innenausstattung: →Inneneinrichtung

Innenbeleuchtung: → Beleuchtung von Fahrzeugen, → Beleuchtung von Gebäuden

Innenbogenweiche, Abk. *IBW:* Weiche mit zwei gebogenen Strängen und unterschiedlichen Gleisradien. I. bringt beim Einbau im Bahnhofsbereich besonders auf kleinen Modellbahnanlagen Platzgewinne im Bahnsteigbereich, da der Übergang von einem Gleis zum anderen bereits im Gleisbogen geschieht und die Nutzlänge der Bahnsteiggleise damit größer wird.

Inneneinrichtung: Nachbildung des Mobiliars und Inventars von Gebäuden, der Abteilwände, Sitzbänke (Gestühl) usw. in Wagen sowie der Führerstände und Fahrpulte in Triebfahrzeugen. Eine I. ist besonders bei Modellen mit Innenbeleuchtung erforderlich. Bei Reisezugwagen und z. T. im Führerhaus von Lokomotivmodellen wird die I. industriell eingebaut. Wagenmodelle, bei denen die I. fehlt, sollten durch deren Einbau verbessert werden (→ Frisur). Beim *Selbstbau* eignen sich als Material für Möbel, Abteilwände, Sitzbänke usw. dünnes Sperrholz, Furnierholz und Pappe. Plüschpolster lassen sich durch Velourpapier darstellen. Abb.

Inselbahnhof: → Bahnhof an Eisenbahnstrecken, bei dem das → Empfangsgebäude wie eine Insel von den Streckengleisen eingeschlossen wird.

Inselbahnsteig: → Bahnsteig, der von zwei Gleisen inselförmig eingeschlossen und dadurch von beiden Seiten benutzbar ist, anzutreffen auf mittleren und großen Bahnhöfen. Die Reisenden erreichen ihn über → Fußgängertunnel, Fußgängerbrücken oder → Fußgängerüberwege. Der in allen Nenngrößen handelsübliche I. ist die meist angewendete Bahnsteigform auf Modellbahnanlagen.

InterCity-Verkehr: Bezeichnung für Verkehrsverbindungen, die als ein weitgehend starres Netz langläufiger Schnellverbindungen aufgebaut sind (InterCity-Netz) und im regelmäßigen Rhythmus (meist 1-Stunden-Takt) die auf den Hauptlinien des Streckennetzes einer Eisenbahnverwaltung wichtigen und größeren Städte bedienen (Direktverbindungen). In den Kreuzungs- und Berührungspunkten der Strecken sind durch entsprechende Fahrplangestaltung wechselseitige Anschlüsse fast ohne Aufenthalt möglich (Umsteigeverbindungen). Züge des I. weisen einen hohen Reisekomfort auf (Klimatisierung, Bewirtschaftung, Zugpostfunk, Zugsekretariat), tragen einen markanten Zugnamen und bestehen meist aus Fahrzeugen mit einheitlicher ansprechender Farbgebung. → InterCity-Wagen

InterCity-Wagen: komfortabler → Schnellzugwagen, der, für Geschwindigkeiten von 200 km/h ausgelegt, als → Durchgangswagen mit Einzelabteilen und Seitengang oder als Großraumwagen im Flugzeugstil ausgeführt ist. Äußerlich haben I. eine einheitliche Farbgebung.

InterCity-Zug: als IC bezeichneter, mit Höchstkomfort ausgestatter und mit Höchstgeschwindigkeit fahrender → Reisezug. → InterCity-Verkehr, → Höchstgeschwindigkeitszug

Interface: Bezeichnung für das meist genormte Anschlußbild einer Steck- bzw. Kabelverbindung zwischen zwei elektrisch/elektronischen Geräten. Als I. werden aber auch Interface-Schaltungen bezeichnet, deren Aufgabe meist die Umwandlung und/oder Auswertung von Steuersignalen ist. Diese → Baugruppen sind i. d. R. zwischen der zentralen Steuerung und dem gesteuerten Prozeß angeordnet (s. Modellbahn-Steuerung in Abb. → Computersteuerung).

Inneneinrichtung eines Turmstellwerks

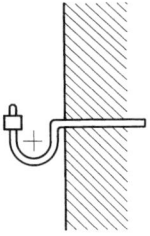

Isolator
Bauvorschlag an einer
Gebäudewand

nach der Herstellungs-
methode gefertigte
Isolatoren an einem
Telegrafenmast

InterRegio-Zug: → Schnellzug für den regionalen Inlandsverkehr mit hohem Reisekomfort und einheitlicher Farbgebung

Isolator: Halteelement aus isolierendem Material, vorwiegend keramischer Art (Elektroporzellan) für elektrische Leitungen. Beim *Selbstbau* lassen sich I. aus Plastisolierschlauch herstellen, indem Schlauchstückchen auf Draht stramm aufgeschoben und einschließlich des überstehenden Draht endes mit dickflüssiger weißer Farbe (evtl. mehrmals) gestrichen werden. Abb.

Isolierschienenverbinder: Schienenverbinder aus nichtleitendem Material (Plast). Er wird gegen den metallischen Schienenverbinder ausgetauscht, um ein → Abschaltgleis zu gestalten. → Trenngleis

J

Jacobs-Drehgestell: → Drehgestell, das die einander zugekehrten Enden zweier benachbarter Wagenkästen von Gelenkfahrzeugen aufnimmt. Wegen der doppelten Belastung ist ein J. oft 3achsig. Anwendung von J. meist bei mehrteiligen Wagenzügen (z. B. Schnelltriebwagen, Doppelstockzug). *Nachteil:* Wagen können bei Schaden o. ä. nicht getrennt werden. Bei der

Modellbahn führt ein 3achsiges J. gelegentlich zu Entgleisungen. Um diese zu verhindern und wegen einer guten → Bogenläufigkeit kann man die Spurkränze des mittleren Radsatzes entfernen (eine Lösung, die man anfangs auch beim Vorbild anwendete), oder man versieht den mittleren Radsatz → als bewegliche Achse mit zylindrischen → Achsschenkeln. Eine noch einfachere Lösung ist das starre Einkleben (→ Zweikomponentenkleber) des mittleren Radsatzes, den man an der Unterseite bis etwa 0,5 mm über SO durch Feilen abflacht. Abb.

Justierzange: Spezialzange zum → Biegen und Justieren von Kleinteilen. Federn, Drähten. Die J. ist ähnlich einer → Flachzange, hat jedoch schlankere Backen.

Jacobs-Drehgestell
mit schematisch dargestellter Funktionsweise und unten abgeflachtem, fest eingeklebtem mittlerem Radsatz

K

Kabelbaum: zweckmäßige Form der Verlegung mehrerer elektrischer Leitungen, die zu einem Bündel zusammengefaßt und mittels Zwirn o. ä. abgebunden werden. Da entsprechend den örtlichen Gegebenheiten Leitungen abzweigen bzw. einmünden, entsteht eine Baumstruktur, die in die Bezeichnung einging. K. werden flexibel mit → Schaltlitze oder festverlegt mit → Schaltdraht aufgebaut. Die einzelnen Leitungen eines K. beginnen oder enden auf → Lötösen, Klemm- oder → Steckverbindern. Wie beim → Bus gibt es i. d. R. beim K. auch standardisierte Bezeichnungen bzw. Festlegungen der Leitungen (auch im *Selbstbau* sollte es so sein). K. werden immer mehr durch Flachkabel ersetzt, bei denen die Leitungen parallel in einem flachen Band verlaufen. Sie sind in unterschiedlicher Leiterzahl und in Draht oder Litze lieferbar. Abb.

Kabelmesser: Spezialmesser, das zum Schneiden und Auftrennen von Kabeln und deren Ummantelungen dient.

Kabelschuh: Verbindungselement zum Herstellen lösbarer elektrischer Verbindungen. Am Fuß des K. wird der Draht festgeklemmt und angelötet. Der K. besitzt eine Bohrung, die der Aufnahme und damit der Befestigung des K. dient.

Kabinentender: vor allem bei den ÖBB und der DB verwendeter Schlepptender mit eingebautem Aufenthaltsraum für das Zugbegleitpersonal.

Kalkwagen: umgangssprachliche Bezeichnung für → Klappdeckelwagen.

Kammanlage: → Zungenanlage

Kardanantrieb: Antrieb mit gelenkiger Übertragung des Drehmoments (→ Gelenkwelle). Bei der *Modellbahn* wird der K. meist in Drehgestell-Lokomotiven angewendet, wobei der → Fahrmotor fest im Fahrzeugrahmen montiert ist und die Drehbewegung beidseitig über Gelenkwellen auf die Drehgestelle überträgt. In den Drehgestellen befinden sich meist kombinierte 2stufige → Stirnradgetriebe und → Schneckengetriebe. Abb.

Kastenbauweise: Modellbahnanlage, die in einem Kasten (z. B. Tischkasten) untergebracht ist und sich infolge der geringen Ausmaße des Kastens am besten für die Nenngrößen Z, N und evtl.

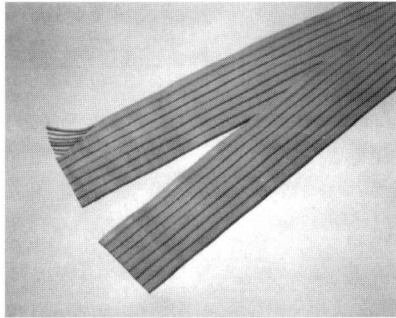

Flachkabel als Ersatz für gebundene *Kabelbäume*

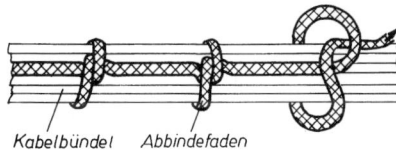

Kabelbündel *Abbindefaden*

Kabelbaum

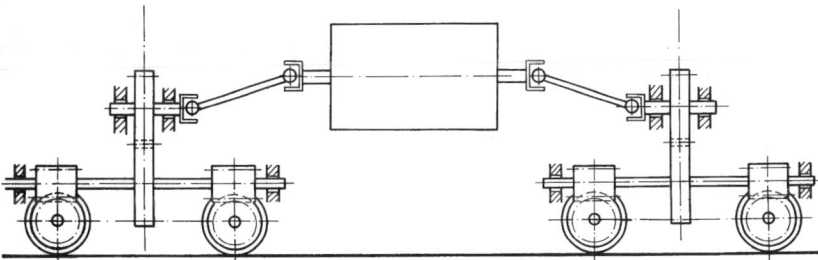

Kardanantrieb schematische Darstellung

TT eignet. Anlagen in K. zählen zu den → Kleinstanlagen.

Kegelrad: kegelförmiges → Zahnrad mit Evolventenverzahnung. Bei der *Modellbahn* findet das K. nur selten Anwendung und wird meist durch das → Kronenrad ersetzt.

Kegelradgetriebe: Winkelgetriebe, bei dem sich in einer Ebene zwei Getriebewellen schneiden, die bei entsprechender Form der → Kegelräder nicht unbedingt im Winkel von 90° zueinander liegen müssen. Bei der *Modellbahn* findet das K. nur selten Anwendung und wird meist durch das → Kronenradgetriebe ersetzt, wobei die axiale Belastung der Antriebswelle (meist Motorwelle) entfällt.

Kehrschleife: → Wendeschleife

Kehrschleifenschaltung: → Wendeschleifenschaltung

Kehrtunnel: beim Vorbild Gleisanlage zur Überwindung von Höhenunterschieden unter Verwendung einer → Wendeschleife, die in einem Gebirgstunnel verlegt ist. Auf Modellbahnanlagen sind ähnliche Gleisfiguren häufig.

Keilbahnhof: → Trennungsbahnhof mit keilförmiger Anordnung, wobei oft zwischen den zusammenlaufen-

den Strecken ein keilförmiger Bahnsteig ist. Bei der *Modellbahn* kann man den K. als Bahnhof für eine kombinierte Streckenführung verwenden, wobei die geschlossene Gleisführung die Hauptstrecke darstellt und eine Nebenbahn keilförmig abzweigt. Abb.

Kennbuchstabe: 1. bei der DB und der DR kleiner lateinischer Buchstabe zur Kennzeichnung besonderer Einrichtungen in Reisezugwagen bzw. besonderer Aufbauten, Lademechanismen usw. an Güterwagen und Behältern. Der K. steht bei Reisezugwagen immer in Verbindung mit dem → Hauptzeichen bzw. bei Güterwagen mit dem → Gattungsbuchstaben. Die Kombination von Hauptzeichen bzw. Gattungsbuchstaben und K. wird Gattungszeichen genannt. – **2.** → Stromlaufplan

Kessel: zylindrischer Behälter, der zum Transport von flüssigen oder gasförmigen Stoffen (→ Kesselwagen) oder zur Erzeugung von Dampf (Dampf-K.) zum Antrieb einer Dampfmaschine (Lokomotiv-K.) oder zu Heizzwecken, z. B. bei Diesellokomotiven (Heiz-K.), dient. Bei der *Modellbahn* besitzt der K. meist keine Funktion und wird oft bei Loks als Verkleidung des Getriebes und bei Wagen als Attrappe angebracht. Beim *Selbstbau* wird als K.mantel dünnwandiges Messingrohr bevorzugt. Steht dieses nicht zur Verfügung, kann etwa 0,3 mm dickes, „weiches" Messingblech über ein Stück Rundmaterial mit entsprechendem Durchmesser gerollt werden. Sollen die Stirnwände eine Wölbung erhalten (z. B. bei Kesselwagen), kann sie mit Hilfe einer großen Kugel o. ä. und einer mäßig elastischen Unterlage (Gummiplatte) in die zugeschnittenen Ronden eingedrückt werden. Um nach dem Zusammenlöten die Kanten außen gut abrunden zu können, muß innen eine ausreichend dicke Hohlkehle aus Zinnlot vorhanden sein. Deshalb sollte man vor dem Löten die späteren Lötstellen reichlich verzinnen, d. h.) der K.mantel und die Stirnwände werden innen mit dicken Zinnwülsten versehen. Das Zusammenlöten erfolgt dann von außen nur unter Zusatz von → Flußmittel, also ohne Zinnlot. Zum Wärmeaustausch beim Löten und zur anschließenden Reinigung sollte der K. an einer beliebigen Stelle mit einer Öffnung versehen sein. Abb.

Keilbahnhof
schematische Darstellung

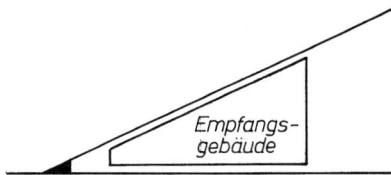

Empfangs-gebäude

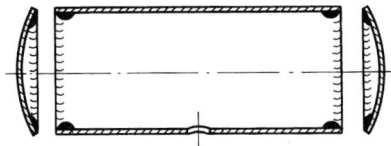

1)

Kessel
für Behälterwagen:
1) vor dem Zusammenbau mit Zinnlotwülsten, 2) nach dem Verlöten mit verrundeten Kanten

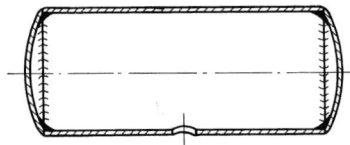

2)

*Kesselwagen
in genieteter Ausführung in H0 zum Transport von Säuren
(Selbstbau)*

Kesselwagen: → Behälterwagen zum Transport von flüssigen oder gasförmigen Stoffen. Der zylindrische Kessel liegt an beiden Enden auf Sattelstützen auf und ist mit dem Untergestell verschraubt. Abb.

Kettenantrieb: 1. Achsantrieb mit einer Antriebskette für Dieseltriebfahrzeuge oder Funktionsmodelle, der eine geräuscharme und schlupffreie Kraftübertragung bewirkt. Der K. ist wegen der begrenzten Leistung im Original nur bei → Kleinlokomotiven gebräuchlich. Bei der *Modellbahn* findet der K. für Triebfahrzeuge kaum Anwendung. – **2.** → indirekter Antrieb.

Kettenwerkfahrleitung: → Fahrleitung

Kiesbettung: Bettung für untergeordnete Eisenbahnstrecken, die von Fahrzeugen mit niedrigen Achsfahrmassen und geringen Geschwindigkeiten befahren werden. Anzutreffen bei Neben-, Schmalspur- und Lokalbahnen.

Kippschalter: → Schalter

Kippwagen: offener Spezialgüterwagen mit kippbarem Wagenkasten zum Transport von schweren Schüttgütern, wie Sand, Kies, Erz usw.

Klappanlage: Modellbahnanlage, die z. B. aus einem Schrank herausgeklappt wird. Dabei wird die K. zweckmäßig von unten nach oben geklappt, damit sie in eine zufriedenstellende Höhe schwenkt. Dadurch wird gleichzeitig die Schranktiefe verringert. Das

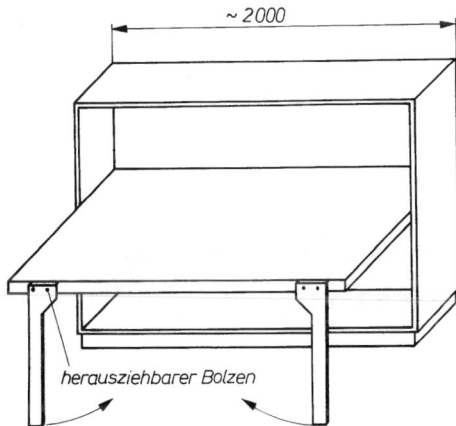

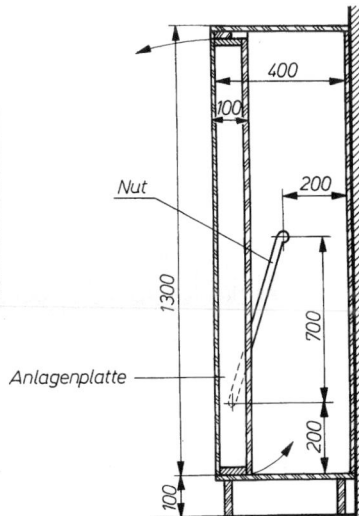

Klappanlage

ausgeklappte Anlagenbrett muß verwindungssteif sein und durch lösbar an der Platte befestigte Stützen zum Fußboden hin gehalten werden. Bei größerem Überhang der Platte wird empfohlen, den Klappschrank an der Wand zu befestigen, um ein Umstürzen zu verhindern. Die K. sollte nicht zu groß sein, damit sie von dem Bedienenden allein bewegt werden kann. Abb.

klappbare Teile: Anlagenteile der → offenen Anlagenform, die bei Betriebsruhe oder -unterbrechung den freien Zugang zu Fenstern oder Türen ermöglichen. Größere bzw. schwerere Anlagenteile können z. B. einfach herausgenommen werden. Wichtig ist ein paßgenauer Sitz beim Wiedereinhängen; die Zentrierung durch ein Winkelstück hat sich dabei bewährt. Kurze Streckenbretter können nach oben bzw. unten geklappt oder zur Seite geschwenkt werden. Dabei findet der → vorverlegte Drehpunkt Anwendung, um das Quetschen der Gleise beim Klappen zu vermeiden. Für die sichere elektrische Verbindung sorgen Vielfachstecker (→ Steckverbinder).

Klappbrücke: Brückenbauwerk mit beweglicher Fahrbahn. Geklappt wird um eine waagerechte Achse. Das Gegengewicht wird zur Verminderung der Antriebsleistung parallelogrammartig geführt oder starr an der K. angeordnet. K. werden bei Hafeneinfahrten oder zur Überbrückung von Kanälen angewendet, wenn große Durchlaßhöhen notwendig sind und der Bau von Auffahrrampen ausscheidet. Bei der *Modellbahn* kann man K. bei Hafenbahnen nachbilden.

Klappdeckelwagen: auch als Kalkwagen bezeichneter → gedeckter Güterwagen, der mit Klappen gegen Witterungseinflüsse nach oben abgedeckt ist. Der K. dient zum Transport von grob- oder feinkörnigem Gut. Zur Gruppe der K. zählen auch die abgedeckten → Selbstentladewagen. Abb.

Klarsichtbehälter: durchsichtiger, in verschiedenen Größen handelsüblicher Plastbehälter zum Aufbewahren von Werkzeug, Schrauben, Muttern, Bastelleien usw.

Klauenkupplung: 1. axiales Verbindungselement von zwei Wellen, bei dem Klauen in die Lücke des Gegenstücks eingreifen. – **2.** Bauform einer Modellbahn-Kupplung, bei der Klauen mittels Anlaufschräge ineinandergreifen. In Europa hat sich die K. in der Nenngröße N als Einheitskupplung durchgesetzt → automatische Kupplung).

Kleben: Technologie zur Herstellung unlösbarer Verbindungen mit Hilfe von Klebstoffen. Klebeverbindungen sind dauerhaft. Beim Lösen von Verbindungen werden die verbundenen Teile und der Kleber meist unbrauchbar. Vor dem K. sind die Klebeflächen von Rost, Staub, Farbe u. ä. zu säubern. Fettige Stellen sind mit Seifenlauge oder Entfetter zu entfetten. Als Klebeunterlage eignet sich gut eine Glasplatte. Die handelsüblichen Kleber sind auf den Zweck und den Werkstoff abgestimmt. Liegt der Gebrauchsbereich des Klebers nicht eindeutig fest, sollten Probeklebungen vorgenommen werden. Tab.

Kleinanlage: → Kofferanlage

Klappdeckelwagen

Handelsübliche Klebstoffe und Leime

Art des Klebers	Verwendungszweck
Dispersions- kleber	Holz, Papier, Pappe, Leder, Textilien, Polystyrolschaum- stoff, sowohl mit- als auch untereinander
Dextrinkleber	Papier, Pappe
Zellulosekle- ber, soge- nannter Viel- zweckkleber	Holz, Papier, Pappe, Texti- lien, Keramik, sowohl mit- als auch untereinander
Kontaktkleber	Gummi, Schaumgummi, Le- der, Textilien sowohl mit- und untereinander sowie auf Plastwerkstoffen, Me- tall, Glas, Holz, Papier, Pap- pe
Epoxidharz- kleber, Zwei- komponen- tenkleber	Stahl- und Nichteisenmetal- le, Glas, Porzellan, Stein- gut, Holz, Leder, Pappe, Pa- pier, Duroplaste mit- und untereinander
kalthärtende Silikon- Kautschuk- Einkompo- nentenpaste	Abdichtarbeiten, Alumini- um, Glas, Porzellan
Plastkleber	Polystyrol

Kleinglühlampe: Glühlampe für Schwachstrom mit besonders für den Modellbahnbau geeigneten kleinen Kolben- und Sockelabmessungen. Sie sind mit verschiedenen Steck- und Schraubsockeln handelsüblich und zur Beleuchtung in Fahrzeug- und Gebäudemodellen verwendbar. In neuerer Zeit werden die K. zuneh- mend durch → LED ersetzt. Eine besonders platzsparende Ausführung ist die Reiskornlampe, die nur aus dem Kolben und den herausge- führten zwei Drahtanschlüssen be- steht.

Kleinlokomotive: meist dieselmecha- nische Lokomotive, deren Zugkraft max. 110 kW (150 PS) und deren Fahr- geschwindigkeit max. 30 km/h be- trägt. Die K. wird meist nur im leich- ten Rangierdienst eingesetzt und i. allg. vom Rangierpersonal bedient. Bei der *Modellbahn* bereitet der Ein- bau eines eigenen Antriebs in K. je nach Nenngröße gewisse Schwierig- keiten, weshalb gelegentlich der →in- direkte Antrieb zur Anwendung kommt. Abb.

Kleinstanlage: Modellbahnanlage mit äußerst geringen Abmessungen, die man in Kastenbauweise im Tischka- sten oder im Tisch unter einer Glas- platte unterbringen bzw. auch als → Kofferanlage konzipieren kann. Ideal eignen sich für K. die Nenngrößen N und Z, evtl. noch TT.

Kleinwagen: auch als *Bahnmeisterwa- gen* bezeichnetes Nebenfahrzeug. K. wurden leicht gebaut und konnten so- mit auf freier Strecke (meist an Über- wegen) ohne Schwierigkeiten aus dem Gleis gehoben werden, um es für Zugfahrten freizugeben. K. wur- den in den 50er Jahren durch → Gleis- kraftwagen ersetzt und sind nur noch ganz vereinzelt anzutreffen. Bei der

Kleinlokomotive Kö II mit eingebautem Antrieb (Schnecken- stirnradgetriebe) in H0 (Selbstbau)

Kleinwagen
(Bahnmeisterwagen)
in H0 (Selbstbau)

Knickrahmen
einer Tenderlokomo-
tive BR 84 in H0
(Hruska)

Modellbahn können K. zum Beleben von Bahnhofsanlagen dienen. Ihr *Selbstbau* ist relativ einfach, da wie beim Vorbild ein beplankter Holzrahmen genügt. Als Radsätze sind die eines → Niederflurwagens der gleichen → Nenngröße gut geeignet. Zum Beladen eignen sich Holzschwellen, Schienenstücke, Werkzeuge oder Signalteile. Abb.

Klemmleiste Bauelement zur lösbaren Verbindung von elektrischen Kabeln bzw. Mehraderverbindungen, deren Hauptbestandteil eine Reihe von Doppelschraubklemmen ist, mit denen die Drahtenden untereinander verbunden werden. → Lüsterklemme

Knickrahmen: gelenkig miteinander verbundener Rahmen von Modelltriebfahrzeugen, der eine gute → Bogenläufigkeit auf relativ kleinen Gleisradien ermöglicht. Der K. ist besonders bei Modelltriebfahrzeugen erforderlich, deren Vorbild einen großen festen → Achsstand hat. Wegen der komplizierten Bauweise wird ein K. beim *Selbst-*

bau meist durch Einbau → beweglicher Achsen (→ Bogenläufigkeit) ersetzt. Abb.

Kobelschornstein: Sonderausführung eines Lokomotivschornsteins mit besonderem Funkenfänger. Der K. wurde bei Lokal- und Schmalspurlokomotiven verwendet, die mit Holz gefeuert und auf Strecken eingesetzt wurden, an denen die Brandgefahr durch Funkenflug sehr groß war. Modelle mit K. sind in den verschiedenen Nenngrößen handelsüblich.

Koder: → Coder

Kodierung: Verschlüsselung von Informationen, bei der *Modellbahn* von Steuerinformationen zur Anpassung an das Übertragungssystem oder aus anderen Gründen. Der bei der K. benutzte Schlüssel heißt Code, in der Steuerungstechnik wird häufig der → Binärcode verwendet. Gegengang: Dekodierung.

Kofferanlage: transportable Kleinanlage, bei der man durch Zusammenklappen die Anlagenfläche verkleinern kann und damit eine einfachere Unterbringungsmöglichkeit erhält. Ihre Größe ist durch ihre Masse begrenzt, und sie ist deshalb nur für die Nenngrößen Z oder N anwendbar. Abb.

Kohlebansen: bauliche Anlage in einem → Bahnbetriebswerk für Dampflokomotiven zur Vorratshaltung von Heizkohle. Der K. ist neben dem Zufahrtsgleis zum → Dampflokschuppen angeordnet. Seine Größe hängt vom

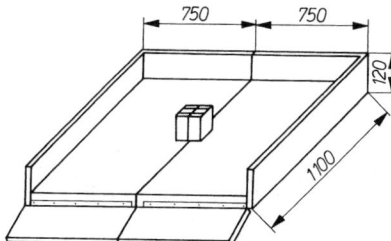

Kofferanlage
maximale Abmessungen einer Kofferanlage, die besonders für die Nenngrößen TT, N und Z geeignet ist.

täglichen Bedarf ab. In allen Nenngrößen sind Modelle unterschiedlichster Ausführungen handelsüblich. Abb.

Kohlekran: Hebezeug zur Beschickung von Dampflokomotiven mit Heizkohle. Die Größe des K. richtet sich nach der des → Kohlebansens. Im Modell ist ein K. in allen Nenngrößen (meist als Bestandteil des Kohlebansens) handelsüblich.

Kohlenstaubbehälterwagen: Spezialgüterwagen (→ Behälterwagen) mit zwei bis vier mit dem → Fahrgestell fest verbundenen Metallbehältern zur Beförderung von Kohlenstaub. Abb.

Kollektor, *Stromsammler:* **1.** andere Bezeichnung für → Kommutator – **2.** Bezeichnung für die Elektrode eines → Transistors, die die Aufgabe des Aufnehmens der aus dem Halbleiterkristall austretenden Ladungsträger hat. Schaltungssymbol: C

Kolophonium: chemisches Hilfsmittel zum Säubern der Lötkolbenspitze, das gleichzeitig zum besseren Fließen des Lötmittels vom → Lötkolben zu den zu verbindenden Metallteilen dient.

Kombizange: Universalzange in verschiedenen Größen mit Seitenschneider, die vielseitig verwendbar ist, z. B. zum Biegen von Blechen, Schneiden von Draht und Entfernen von Nägeln.

Kommutator, *Stromwender:* mechanisches Element zur periodischen Umschaltung eines Stromkreises auf verschiedene Zweige, das bei den für Modellbahnen üblichen → Motoren zur drehwinkelsynchronen Steuerung des Stromflusses durch die einzelnen Teilwicklungen des Rotors dient. Der K. besteht aus mehreren, auf den Umfang der Motorwelle gleichmäßig verteilten, gegeneinander isolierten Kupferlamellen (Stege, Segmente). Die Stromzuführung über die Lamellen zu den Rotorwicklungen geschieht mit auf dem K. gleitenden → Bürsten.

Kondensator: elektrisches Bauelement, das aus zwei durch einen Isolierstoff (Dielektrikum) getrennten, flä

Kohlebansen
Eigenbaumodell

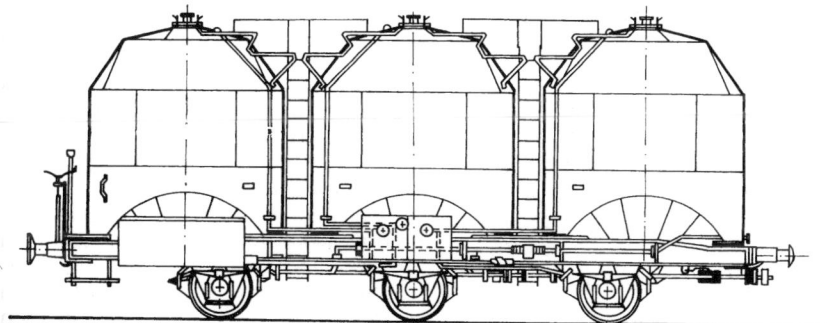

Kohlenstaubbehälterwagen

chenhaft ausgeprägten elektrischen Leitern besteht und elektrische Ladungen speichert. Die wichtigste Kenngröße des K. ist seine Kapazität, die in Farad (F) gemessen wird. Praktische Werte liegen zwischen 10^{-12} (pF) und 10^{-3} (mF) F. Bei Gleichspannung ($\rightarrow$ Spannung) weist der ideale K. einen unendlich großen $\rightarrow$ Widerstand auf (kein Stromfluß!), während bei Wechselspannung der Widerstand mit steigender Frequenz und/oder Kapazität abnimmt. Nach dem Dielektrikum unterscheidet man Elektrolyt-K. (Elko), Keramik-K., Kunstfolie-K., Metallpapier-K. (MP-K.) u. a. Elkos sind in der Regel gepolte Bauelemente, deren Einbau in die Schaltung entsprechend der aufgedruckten Polung vorzunehmen ist. Falschpolung führt zur Zerstörung der K. Elektrolyt-K. besitzen eine große Kapazität, zwischen 1 und 10 000 µF, eine besonders kleine Bauform haben die Tantal-Elkos. Eine weitere wichtige Kenngröße ist die Nennspannung. Sie ist die größte Gleichspannung oder der höchste Spitzenwert der Wechselspannung, die angelegt werden dürfen. Überschreitung dieses Wertes auf Dauer kann zum Durchschlag (Kurzschluß!) des K. führen. Bei Parallelschaltung mehrerer K. addieren sich deren Kapazitäten, bei Reihenschaltung werden ihre Kehrwerte zum Kehrwert der Gesamtkapazität zusammengefaßt. K. werden in der Modellbahntechnik z. B. als Lade- oder Siebkondensator in Stromversorgungsgeräten ($\rightarrow$ Gleichrichtung), zur Trennung von Wechselspannungen vom Gleichspannungsanteil ($\rightarrow$ fahrstromunabhängige Zugbeleuchtung), zur $\rightarrow$ Entstörung, zur Energiespeicherung ($\rightarrow$ Impulsschaltung, $\rightarrow$ Zeitschalter) benutzt.

Kontaktgleis: Gleis, das innerhalb eines Gleises auf einer Seite eine weitere Schiene oder Kontaktfeder besitzt. Beim Befahren durch ein Fahrzeug mit Metallrädern entsteht ein Berührungskontakt zwischen $\rightarrow$ Schienenprofil und Kontaktschiene bzw. -feder, so daß Schaltfunktionen elektromagnetischer Artikel (wie z. B. Signale, Weichen, Relais) ausgelöst werden können.

Kontaktöl: handelsübliches Spezialöl mit elektrisch leitenden Eigenschaften, das zur Verbesserung der Kontaktübertragung bei Relais, Gleisen usw. dient. Es ist nicht zum Ölen von Triebfahrzeugen (Kurzschlußgefahr) geeignet.

Kontaktschiene: Fahrschiene eines $\rightarrow$ Kontaktgleises, die im Zusammenwirken mit einem $\rightarrow$ Gleiskontakt der Auslösung beliebiger Schaltfunktionen auf der Modellbahnanlage dient. Beim Überfahren des Gleiskontaktes wird durch die Metallradsätze der Fahrzeuge eine Verbindung zur K. hergestellt. Die K. ist zur diesem Zweck mit dem $\rightarrow$ gemeinsamen Rückleiter verbunden bzw. ist ein Teil desselben.

Kontrollampe: meist $\rightarrow$ Kleinglühlampe, die zur optischen Signalisierung bestimmter Zustände der Modellbahn ($\rightarrow$ Besetztmeldung, Signalisierung von Weichen- und Signalstellungen) und ihrer technischen Ausrüstungen dient und im Gleisbildstellpult bzw. in den Bedienteilen der Geräte eingebaut ist. Unter Verwendung farbiger K. bzw. Vorsatz handelsüblicher Farblinsen kann die Erkenn- und Unterscheidbarkeit verschiedener Zustandsanzeigen verbessert werden. Die Helligkeit von Glühlampen ist i. allg. zu groß. Bei Herabsetzung der Betriebsspannung auf etwa 70 % ihres Nennwertes ist die Helligkeit angemessen, verringert sich die Stromaufnahme und ist die Lebensdauer der K. erhöht. Folgende Einsatzvarianten sind möglich: a) 16-V-Glühlampen aus separa-

Kontrollampe
a) Speisung von Kontrollampen mit Halbwellenstrom unter Ausnutzung beider Halbwellen, b) Schaltung zur Ansteuerung der LED eines Lichtsignals mit parallelgeschalteten Kontroll-LED im Gleisbild

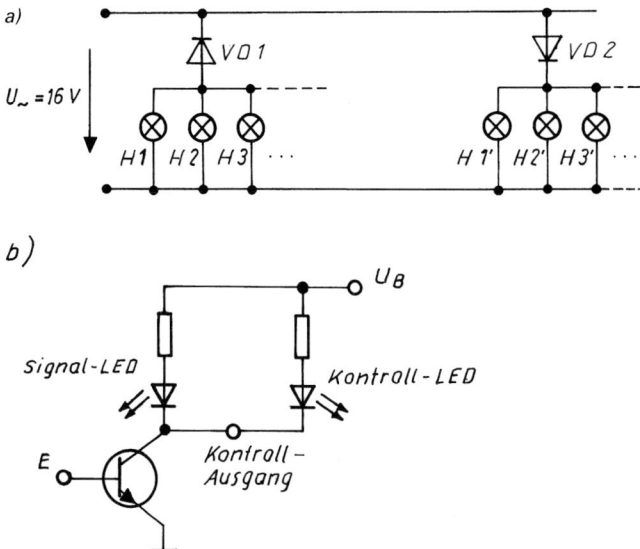

tem Transformator mit 10 bis 12 V, b) 24-V-Glühlampen aus 16-V-Zubehörtransformator, c) 16 V-Glühlampen mit → Halbwellenbetrieb vom Zubehörtransformator durch Einweggleichrichtung (→ Gleichrichtung) und d) 16-V-Glühlampen durch Reihenschaltung eines Vorwiderstandes (bei 16-V-/0,05-A-Lampen beträgt R ca. 150 Ω/0,25 W) gespeist. Wegen vieler Vorteile ist der Ersatz der K. durch → Lichtemitterdioden empfehlenswert. Die Ansteuerung der K. mit Treibertransistoren erfordert wegen ihres sehr niedrigen Kaltwiderstandes besondere Vorkehrungen zum Schutz der Transistoren. Abb.

Kopfbahnhof: Bahnhof, dessen Hauptgleise mit einem Prellbock abschließen. Das → Empfangsgebäude liegt oft quer vor den Gleisen. Ein K. ist von der Bauform betriebsungünstig, da viel Rangieraufwand notwendig ist. Bei der *Modellbahn* wird er oft in einfacher Ausführung mit wenig Gleisen als Abschluß einer Nebenbahnstrecke angewendet. Abb.

Kopflupe: optisches Hilfsmittel für Feinarbeiten (z. B. Beschriften von Fahrzeugen, Bemalen von Figuren usw.). *Vorteil* der K.: Da sie 2äugig angewendet wird, entsteht eine gleichmäßige Belastung beider Augen. Abb.

Kopframpe: → Laderampe, die quer vor dem Kopf eines Gleisstumpfs angeordnet ist. Ein Güterumschlag ist deshalb nur über die Stirnseiten der Wagen möglich. Die K. ist gut geeignet für die Be- und Entladung von Fahrzeugen. Die Höhe der K. richtet sich nach der Bodenhöhe der Güterwagen.

Korbbogen: geometrische Gleisfigur zum Übergang aus einem geraden in einen gebogenen Gleisabschnitt. Zum besseren Einlauf der Schienenfahrzeuge in den Gleisbogen beginnt der K. an der Geraden mit möglichst großem → Bogenhalbmesser und geht allmählich in einen kleineren über. Auf einer Modellbahnanlage ist die Anlage von K. sehr zu empfehlen. Abb.

Korkfelsen: Nachbildung von Felspartien aus Korkstücken, die sich gut mit → Farben, Streumaterial u. ä. bearbeiten lassen.

Korkschotter: aus Korkstücken durch Zermahlen hergestellter Schotter zum Einschottern der Gleise.

Kranwagen: zu den Bahndienstwagen

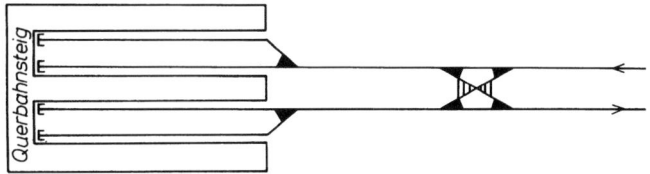

Kopfbahnhof
schematische Darstellung

Kopflupe

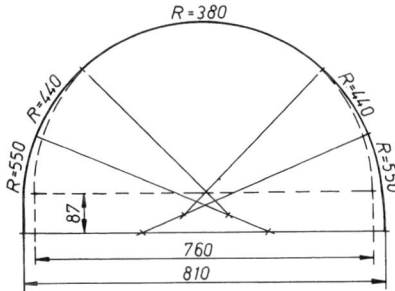

Korbbogen
Darstellung mit 3 verschiedenen Bogenhalbmessern

zählender Plattformwagen, auf dem ein Drehkran montiert ist. Der K. dient bahndienstlichen Zwecken, z. B. als Kran für einen Bahnhof ohne genügende stationäre Hebevorrichtungen oder bei Aufräumungsarbeiten nach Betriebsunfällen. Bei K. geringer Hebefähigkeit wird der Ausleger meist von Hand bedient, ansonsten wird er durch einen Dieselmotor angetrieben. Größere K. besitzen einen Eigenantrieb. Um ein Kippen zu verhindern, ist der K. mit seitlich ausfahrbaren Stützen versehen. Bei leichten Gleis- oder Streckenarbeiten wird ein Behelfs-K. eingesetzt, bei dem sich ein fahrbarer Straßenkran auf einem → Flachwagen befindet. Abb. S. 126

Kreuzen von Zügen: Vorgang im → Fahrbetrieb auf einer eingleisigen Strecke, bei dem sich zwei in entgegengesetzter Richtung fahrende Züge begegnen und mit Hilfe eines → Überholgleises einander ausweichen (Ausweichstelle). Soll an der Ausweichstelle kein gegenseitiger Wechsel der den Triebfahrzeugen zugeordneten →

10-t-*Kranwagen* und Behelfskranwagen in H0 (Dietzel/Piko)

Fahrstromsteller stattfinden, so muß die → Z-Schaltung angewendet werden. Zur Bedienungsvereinfachung sollten die Weichen durch die Züge betätigt werden (→ zugbetätigte Weichenstellung). Ein automatischer Betriebsablauf ist z. B. unter Einsatz von → Relais möglich. Abb.

Kreuztafel (Signal So 6): Signal der Gruppe „Sonstige Signale (So)" des Signalbuchs mit der Signalbedeutung: bei fehlendem → Vorsignal wird angezeigt, daß ein → Hauptsignal zu erwarten ist. Signalaussehen: weiße Sechseckscheibe mit liegendem schwarzem Kreuz an einem schwarz und weiß schräg gestreiften Pfahl. Die K. wird nur auf Nebenbahnen angewendet.

Kreuzung: Gleisüberschneidung ohne Verzweigungsmöglichkeiten. Gleisbau in konstruktiver Gestaltung ein selbstständiger Baukörper. K. mit der Möglichkeit von Fahrten zwischen den sich kreuzenden Gleisen heißen → Kreuzungsweichen. Bei der *Modellbahn* sind in jeder Nenngröße K. (auch mit unterschiedlichem Kreuzungswinkel) handelsüblich. K. mit großem K.winkel (H0 = 30°, TT = 45°) werden für den Bau von → doppelten Gleisverbindungen benötigt.

Kreuzungsbahnhof: 1. → Bahnanlage für Reise- und Güterverkehr als gemeinsamer → Bahnhof von zwei oder mehreren sich kreuzenden Strecken. Ausführungsmöglichkeiten: Streckengleise liegen in einer oder mehreren

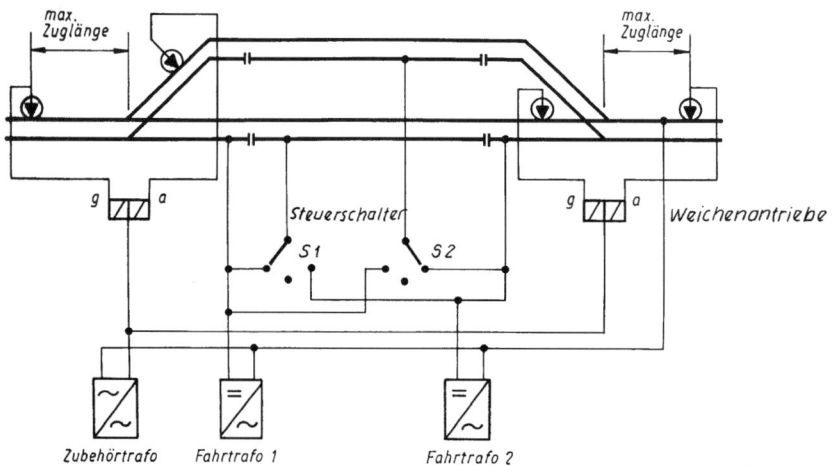

Kreuzen von Zügen einfache handbediente Schaltung

Ebenen. – 2. Zwischenbahnhof einer 1gleisigen Strecke, wo Züge kreuzen können. Auf der Modellbahnanlage werden K. oft nachgebildet.

Kronenrad: Zahnrad in Topfform, dessen an der offenen Planseite angebrachte, nach oben zeigende Verzahnung die Form einer Krone hat. → Kronenradgetriebe

Kronenradgetriebe: bei Modellbahntriebfahrzeugen angewendete Getriebeart, bei der sich in einer Ebene zwei Getriebewellen schneiden, die im Winkel von 90° zueinander liegen. Beim K. greift meist das → Ritzel des → Fahrmotors in das Kronenrad, von dessen Welle die weitere Kraftübertragung über → Stirnräder erfolgt. K. sind nicht selbsthemmend und gestatten somit einen günstigen Auslauf beim Anhalten.

Kugellager: → Wälzlager

Kühlwagen: gedeckter Spezialgüterwagen mit Kühlanlagen zum Transport leichtverderblicher Güter. K. haben doppelte Wände (Wärmeisolierung) und unterscheiden sich in a) *Wärmeschutzwagen* ohne fest eingebaute Kühleinrichtung; b) *Eis-K.* für Wasser und Trockeneis; c) *Tief-K.* und d) *Maschinen-K.* bzw. *Maschinenkühlzüge.* K. bieten auch gegen große Kälte Schutz.

Kunstbauten: Sammelbegriff für alle Ingenieurbauwerke, die zu den Bahnanlagen gehören. K. sind → Brücken, → Stützmauern, → Tunnel, Hangverbauten, Lawinenschutzeinrichtungen. Auf Modellbahnanlagen sollte auf K. nicht verzichtet werden, wenn sie für das → Anlagenmotiv notwendig sind. Auf eine genaue Nachbildung sollte geachtet werden, da K. immer einen besonderen Blickfang darstellen.

Kunstharz: synthetisch hergestelltes Harz, dessen Ausgangsprodukt Erdöl, Erdgas oder Kohle ist. Unterscheidung in Polyester- und Silikonharze: a) *Polyesterharze* für Boots-, Fahrzeug- und Flugzeugbau, Alkydharzlacke, Textilfasern; b) *Silikonharze* für Silikonlack, Putz- und Schmiermittel, Bauteile für die Elektroindustrie (hohe Temperaturbeständigkeit). → Gießharztechnik

Kunstharzkleber: → Kleben

Kunststoff: → Plastwerkstoffe

Kupfer: Buntmetall der Dichte 8,9 g/cm^3, das sehr leitfähig ist. K. ist in Form von Drähten und Kabeln handelsüblich und wird zum Wickeln von Spulen, Trafokernen, Rotoren, als Anschlußkabel für elektrische Geräte usw. verwendet. Wegen der guten Wärmeleitfähigkeit sind Lötkolbenspitzen ebenfalls aus K.

Kupferlackdraht: Wickeldraht für Spulenkörper, der aus Kupfer mit einer Lackisolierung besteht. Beim Wickeln kann ohne zusätzliche Isolation (kein Windungsschluß möglich) Lage auf Lage gewickelt werden. Außerdem läßt sich dünner K. auch gut für die Nachbildung von Freileitungen verwenden.

Kuppelachse: 1. Achswelle des → Kuppelradsatzes. – **2.** Umgangssprachliche Bezeichnung für → Kuppelradsatz

Kuppelantrieb: Antrieb von Triebfahrzeugen mit → Treibstangen und → Kuppelstangen (→ Stangenantrieb)

Kuppeln: Tätigkeit der Rangierer zur Herstellung einer festen Verbindung mittels → Kupplung zwischen Eisenbahnfahrzeugen. K. im Rangierdienst: Zusammenfassung aller Fahrzeuge, die zu einer Gruppe gehören und gleichzeitig bewegt werden sollen. K. bei der Zugbildung: Fahrzeuge sind in Zügen so fest zu kuppeln, daß die Pufferfedern im geraden Gleis leicht angespannt sind. Bei der *Modellbahn* → automatische Kupplung, → Kurzkupplung, → Puffer-an-Puffer-Fahren.

Kuppelradsatz: → Radsatz stangengetriebener Triebfahrzeuge, der aus Achswelle und Räderpaar mit Kurbeln besteht, in deren Nabe der → Kuppelzapfen eingepreßt ist. Der K. wird durch → Kuppelstangen vom → Treibradsatz (bzw. von der → Blindwelle) angetrieben. Zum Ausgleich der durch den Stangenmechanismus hervorgerufenen Zentrifugalkräfte erhalten die Räder des K. entsprechende → Gegengewichte. Die Anzahl der K. eines Triebfahrzeuges ist von der zulässigen Achsfahrmasse und der Größe der auszuübenen Zugkraft abhängig. *Selbstbau* → Radsatz

Kuppelstange: Verbindungs- und Kraftübertragungselement für → Kuppelradsätze stangengetriebener Triebfahrzeuge. Bei der *Modellbahn* erfolgt der Antrieb der Kuppelradsätze meist über → Stirnräder zwischen den → Rahmenwangen, weshalb die K. als Attrappe angebracht ist. Lediglich bei

Dampfloks mit →Triebtender dient die K. als funktionelles Verbindungs-, nicht aber als Kraftübertragungselement. *Selbstbau* → Treibstange

Kuppelzapfen: zylindrischer Zapfen zur Aufnahme der → Kuppelstange, der in die K.nabe der Kurbel am Radkörper des → Kuppelradsatzes eingepreßt ist. Bei der *Modellbahn* dient als K. meist eine → Ansatzschraube oder ein Plastspreizzapfen.

Kupplung: 1. Vorrichtung zur lösbaren Verbindung zweier drehbeweglicher Maschinenteile, meist zweier Wellenenden. – **2.** Vorrichtung zur lösbaren Verbindung von Eisenbahnfahrzeugen (→ Schrauben-K., → Mittelpuffer-K., → Kurz-K). Bei der *Modellbahn* sind die → Bügel-K. und die → Klauen-K. am verbreitetsten. Sie entsprechen im Prinzip der → Mittelpuffer-K. (→ automatische K.). Dem Vorbild näher kommende K.formen sind die → Kurz-K., die → Steif-K., und das → Puffer-an-Puffer-Fahren.

Kurswagen: Bezeichnung für einen → Reisezugwagen (oft → Schlafwagen oder → Liegewagen), der nicht über den gesamten gleichen Reiseweg geführt wird wie die Stammeinheit des Zuges. K., die am Anfang oder Schluß des Stammzuges laufen, gehen an geeigneten Unterwegsbahnhöfen von einem Zug auf den anderen über, wobei die Reisenden im K. verbleiben können. K. erhöhen den Reisekomfort, bedingen aber auch größeren rangiertechnischen Aufwand. Sie werden vor allem im internationalen Zugverkehr eingesetzt. Auf der Modellbahnanlage bietet der K.verkehr abwechslungsreiche Rangiermöglichkeiten.

Kurvenradius: → Gleisbogen

Kurvenüberhöhung: → Gleisüberhöhung

Kurzkupplung: vereinfachte Vorrichtung, mit deren Hilfe Eisenbahnfahrzeuge, die längere Zeit verbunden bleiben sollen (z. B. Viertelzüge der Berliner S-Bahn, Triebwageneinheiten, LeigEinheiten) und in kurzem Abstand miteinander gekuppelt werden. Bei der *Modellbahn* wendet man als K. neu entwickelte Modellbahnkupplungen an, die ein Kuppeln mit geringstem Pufferabstand ermöglichen. Diese vorbildnahe Kupplungsmethode ist auf verschiedene Weise möglich (z. B. Hebel- oder Kulissenaufhängung der Kupplungshalter, die sich dadurch zwangsläufig in der Geraden verkürzen und im Bogen verlängern). Um ein zu großes Kupplungsspiel zu vermeiden, wird hierzu grundsätzlich eine steif einrastende Klauenkupplung verwendet. Abb.

Kurzschluß: Zustand eines Stromkreises, bei dem die Spannung zwischen zwei Polen oder zwei anderen betriebsmäßig unter Spannung stehenden Teilen durch eine annähernd widerstandslose Verbindung Null wird. Während des K. steigt der Strom im betroffenen Stromkreis extrem an (Kurzschlußstrom), dessen Wert fast nur durch den Innenwiderstand der Stromquelle begrenzt wird. Unzulässig hohe Stromstärken führen zu thermischen Überlastungen und in der Folge zu Zerstörungen. Auf Modellbahnanlagen werden K. vor allem von entgleisenden Schienenfahrzeugen, durch Befahren falsch gestellter Weichen, Isolations- und Schaltfehler sowie liegengelassenes Werkzeug hervorgerufen. Zum Schutz vor Überlastung werden Überstromschutzschaltungen, z. B. Schmelzsicherungen, → elektronische Sicherung, verwendet. → Überstromschutz

Kurzkupplung
System-Beispiele, die ein puffernahes Kuppeln von Modellfahrzeugen ermöglichen

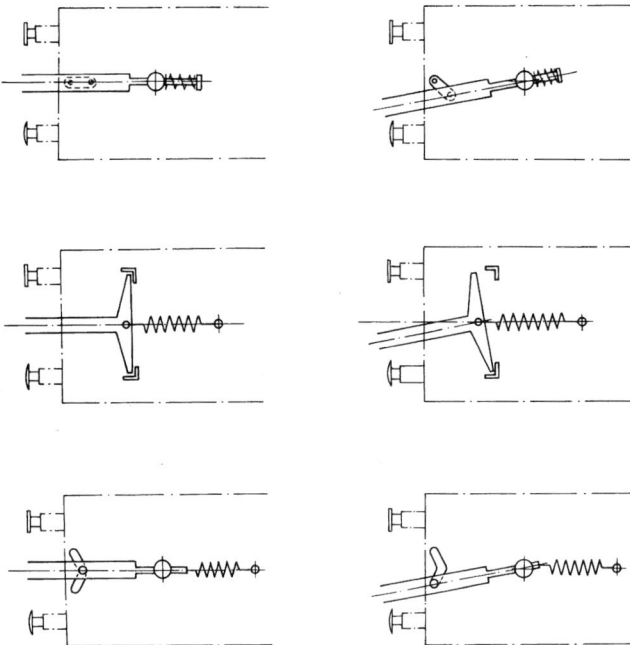

L

Lacke: Anstrichstoffe zur farblichen Behandlung von verschiedenen Werkstoffen. Je nach Herstellungsart werden → Nitrolacke, → Öllacke und →Alkydharzlacke unterschieden.

Ladegut: Sammelbezeichnung für alle → Stückgüter, → Schüttgüter und sonstige Güter, die auf Güterwagen verladen werden. Für die *Modellbahn* ist L. in allen Nenngrößen handelsüblich. Auch Selbstbau ist möglich.

Ladekondensator: spezielle Anwendung eines → Kondensators bei der → Gleichrichtung

Lademaß: 1. Begrenzungslinie, bis zu der ein → Güterwagen bei Stellung im geraden Gleis in Höhe und Breite beladen werden darf, um an allen Bauwerken und Signalen sicher vorbeifahren zu können. – **2.** Feste, als torähnliche Eisenkonstruktion ausgeführte Einrichtung *(Ladelehre)* zum Überprüfen der Einhaltung des L. (1). Das L. befindet sich auf Bahnhöfen und steht meist im Ladegleis. Zur Prüfung des L. (1) werden beladene Güterwagen langsam hindurchbewegt. Ein L. läßt sich im Modell leicht herstellen und im geraden Gleis aufstellen. Abb.

Ladestraße: an die Ladegleise heranoder an ihnen vorbeiführende Straße, auf der Straßenfahrzeuge Güter zu den Güterwagen bringen oder von ihnen abholen. Die Nachbildung einer L. sollte auf keiner Modellbahnanlage fehlen.

Lager: Maschinenelement zur Stützung und Führung meist drehbarer Maschinenteile (Wellen, Achsen usw.). Ausführungen: → Achslager, → Drucklager, → Gleitlager, → Wälzlager

Länderbauart: Bezeichnung für die Bauausführung von Schienenfahrzeugen bei den ehemaligen Ländereisenbahnen Deutschlands. Die L. unterscheiden sich z. T. erheblich voneinander, so hatten z. B. Reisezugwagen der süddeutschen Länderbahnen Flachoder Tonnendächer, während die norddeutschen vorwiegend Oberlichtdächer besaßen. Fahrzeuge der L. sind heute kaum noch in Betrieb bzw. nur noch in Traditions- oder Museumszügen anzutreffen. Im Modell sind Fahrzeuge in L., die in allen Nenngrößen im Handel angeboten werden, sehr gefragt.

Landschaftsbauweise: → Geländegestaltung

Landschaftsgestaltung: → Geländegestaltung

Langsamfahrschaltung: → Geschwindigkeitsbeeinflussung, → Rangiergang, → Halbwellenbetrieb, → Anfahrschaltung

Langsamfahrsignale (Lf-Signale): Signale des Signalbuches zur Ankündigung und/oder Kennzeichnung von Streckenabschnitten mit Geschwindigkeitsbegrenzung (Langsamfahrstellen). Folgende L. sind häufig anzutreffen und sollten auch auf Modellbahnanlagen vor Baustellen, Kurvenabschnitten, Tunneleinfahrten usw. nicht fehlen: a) *Lf 1* Langsamfahrankündigungsscheibe (dreieckige auf der Spitze stehende gelbe Scheibe mit schwarzer Kennzahl; nachts zwei gelbe nach links steigende Lichter, Scheibe beleuchtet), auf der die Kennzahl die zulässige Höchstgeschwindigkeit anzeigt (Kennzahl 1 = 10 km/h, 2 = 20 km/h bis 9 = 90 km/h; ist die Geschwindigkeit 100 km/h, entfällt die Kennzahl und sie wird direkt angezeigt); das Signal steht i. allg. im Bremswegabstand vor dem Signal Lf 2, b) *Lf 1/2* Langsamfahrbeginn-

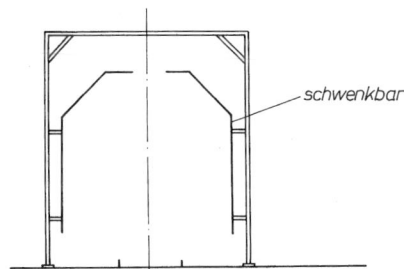

schwenkbar

Lademaß
schematischer Aufbau

scheibe (rechteckige gelbe Scheibe mit schwarzer Kennzahl); hinter dem an Bahnhofsgleisen (nicht an Durchgangsgleisen) stehenden Signal darf die angezeigte Geschwindigkeit nicht überschritten werden (Begrenzung durch Lf 3 möglich), c) *Lf 2* Anfangsscheibe (rechteckige gelbe Scheibe mit schwarzem A) steht am Anfang der durch Lf 1 angekündigten Langsamfahrstelle, d) *Lf 3* Endscheibe (rechteckige weiße Scheibe mit schwarzem E) steht am Ende der Langsamfahrstelle, e) *Lf 4* Geschwindigkeitstafel (dreieckige auf der Spitze stehende weiße Tafel mit schwarzer Geschwindigkeitszahl) zeigt Geschwindigkeitswechsel für Strecken- sowie durchgehende Hauptgleise eines Bahnhofs sowie Geschwindigkeitsbegrenzungen für das Befahren ungesicherter Bahnübergänge (nur auf Nebenbahnen) an und steht im Bremswegabstand vor dem Geschwindigkeitswechsel, f) *Lf 5* Eckentafel (rechteckige weiße Tafel mit schwarzen Ecken) steht vor ungesicherten Bahnübergängen auf Nebenstraßen an der Stelle, wo die durch Lf 4 angekündigte Geschwindigkeit gilt; zeigt Lf 4 die Zahl 0, so hat der Zug am Standort von Lf 5 zu halten.

Langsamfahrstelle, *La-Stelle:* Gleisabschnitt, der zeitweilig oder ständig nur mit verminderter Geschwindigkeit befahren werden darf. Die Kennzeichnung geschieht durch →Langsamfahrsignale. Auf Modellbahnanlagen lassen sich L. vorbildgerecht nachbilden. Die Fahrspannung und damit die Fahrgeschwindigkeit wird durch entspre-

chende elektronische Bausteine herabgemindert.

Langsamläufermotor, *Schwingankermotor, Oszillatormotor:* spezieller elektrischer Motor, dessen zwei Hauptelemente beim Betrieb relativ zueinander oszillierende Bewegungen ausführen. Wegen ihres einfachen und robusten Aufbaus werden überwiegend elektromagnetische Schwingankerantriebe eingesetzt, die als wesentliche Hauptelemente eine von Wechselstrom durchflossene Spule und einen aus ferromagnetischem Material bestehenden Anker besitzen. Durch das sich im Rhythmus des Wechselstroms ändernde Magnetfeld der Spule wird der Anker zu periodischen Schwingungen angeregt. L. arbeiten wartungsfrei und ohne Funkstörungen (→ Entstörung). Die verschiedenen Varianten der L. mit Drehzahlen zwischen 10 und 20 min^{-1} erlauben vielfältige Anwendungen auf Modellbahnanlagen. Sie ermöglichen langsames Öffnen bzw. Schließen von Schranken. Mit Hilfe einer vom Motor getriebenen Nockenscheibe wird das automatische Anhalten in den Endstellungen der Schranke durch Steuerkontakte erreicht. Unter Nutzung des gleichen Prinzips lassen sich elektromechanische → Zeitschalter, Blinkgeber, Effektlichtgeber u. a. aufbauen. Abb.

Langträger: wichtiges Bauteil des → Rahmens von Eisenbahnfahrzeugen. Ältere Fahrzeugbauarten haben je zwei äußere und innere L. aus gewalzten I- oder U-Profilen. Bei Leichtbaufahrzeugen, bei denen der → Wagenka-

Langsamläufermotor
a) Beispiel für den Einsatz eines Langsamläufermotors als Schrankenantrieb; b) Langsamläufermotor mit Nockenscheibe zur Betätigung von 3 Kontaktpaaren: Kontaktpaar 1 schließt und öffnet periodisch (Blinkgeber), Kontaktpaar 2 und Kontaktpaar 3 schließen zeitlich versetzt, öffnen gemeinsam wieder

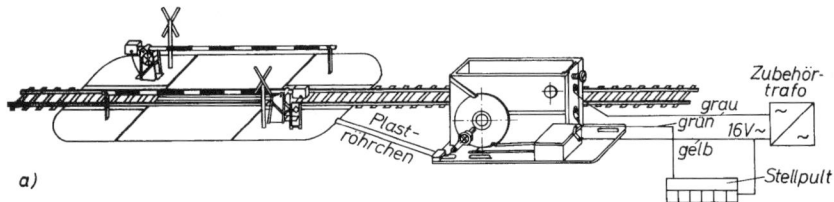

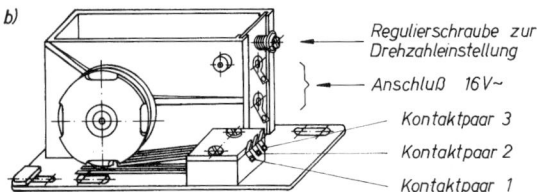

a)

b)

Regulierschraube zur Drehzahleinstellung

Anschluß 16 V~

Kontaktpaar 3
Kontaktpaar 2
Kontaktpaar 1

sten mittragend konstruiert ist, bestehen L. aus abgekanteten Blechprofilen. Beim *Selbstbau* werden L. durch → Abkanten von Feinblechstreifen (→ Rahmen) hergestellt.

L-Anlage: Variante der → offenen Anlagenform, bei der zwei oder mehrere Anlagenteile im Winkel an zwei Wän-

den oder frei im Raum stehend angeordnet werden. Die L. bietet auf relativ
kleiner Grundfläche sehr gute Gestaltungsmöglichkeiten. → Anlagenform.
Abb.

Latex-Bindemittel: handelsübliche,
milchig-weiße Emulsion, die sich gut
als Kleber von Papier, Pappe und
Schaumpolystyrol eignet und glasklar
abbindet. → Kleben, → Latex-Farbe

Latex-Farbe: Anstrichstoff mit in Wasser feinstverteilten Plastteilchen, die
sich nach dem Verdunsten des Was-
sers fest miteinander verbinden. Die in
vielen Farben handelsüblichen L. sind
untereinander und mit → Latex-Bindemittel mischbar und ergeben wasser-
unlösliche, frostempfindliche Anstri-
che. L. sind für die farbliche Ausgestaltung von Modellbahnanlagen gut geeignet und u. a. für → Schaumpolystyrol, Kork, → Holz, Gips, → Hartfaser-
platten, Glas usw. anwendbar.

Lattenrost: tragendes Element einer
in Rost- oder Rahmenbauweise (→ offene Anlagenform) ausgeführten Anlage.

Laufachse: nicht angetriebener → Radsatz bei Triebfahrzeugen zur Lastauf-
nahme und Verbesserung der Laufeigenschaft. Die L. ist nicht starr gelagert und kann sich in bestimmten
Grenzen drehen (lenken) und seitlich
verschieben. Bei der *Modellbahn* sind
L. wegen der kleinen Gleisradien
meist in einem Deichselgestell gelagert, um eine bessere → Bogenläufigkeit zu erzielen.

Laufdrehgestell: Drehgestell von
Triebfahrzeugen ohne angetriebene
→ Radsätze, insbesondere zur Verbesserung der Laufeigenschaften bei größeren Fahrgeschwindigkeiten. Bei der
Modellbahn werden die L. wegen der
kleinen Gleisradien vorbildwidrig in einem querliegenden Langloch (→ Bogenläufigkeit) oder als sog. Deichseldrehgestell gelagert.

Laufschild: auswechselbares Schild

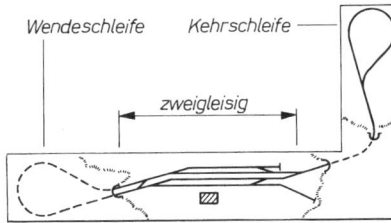

Wendeschleife   Kehrschleife

zweigleisig

L-Anlage

an → Reisezugwagen, das den Aus-
gangs- und Endbahnhof des Wagen-
laufs angibt. Bei Expreßzügen wird
auch dessen Name mit angegeben. An
gut detaillierten Wagenmodellen sollten L. nicht fehlen. Sie sind oft schon
aufgedruckt bzw. als Haftetikett beigelegt.

Laufwerk: Baugruppe an Schienenfahrzeugen, bestehend aus → Radsätzen mit Lagerung und Führung sowie
→ Tragfedern, über die sich das → Untergestell auf die Radsätze abstützt.
Selbstbau: → Achshalter, → Drehgestellrahmen, →Achslager, → Achslagergehäuse, → Tragfeder. Abb.

LED: Kurzbezeichnung für → Lichtemitterdiode

Lehranlage: Modellbahnanlage für
Lehr- und Unterrichtszwecke zur De-
monstration der verschiedensten Betriebsabläufe, die beim Vorbild auftreten. Bei L. wird meist auf eine Landschaftsgestaltung verzichtet.

Leichtverbrennungstriebwagen Abk.

Laufwerk
eines Selbstbau-Perso-
nenwagens im Roh-
bau (H0)

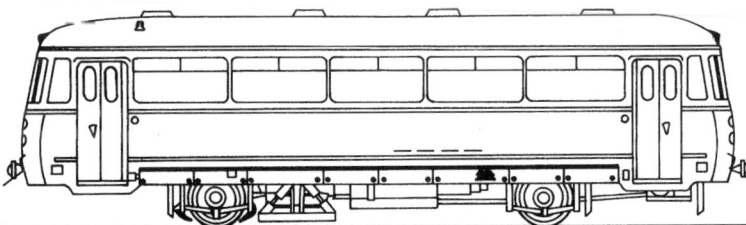

Leichtverbrennungs-
triebwagen

LVT: oft als Schienenomnibus bezeichneter → Triebwagen zur Personenbeförderung mit eigenem Antrieb durch Verbrennungsmotor (Dieselmotor). L. wurden für geringe Entfernungen und für den Nebenbahnverkehr entwikkelt, in Leichtbauweise gefertigt und können durch → Beiwagen und → Steuerwagen verstärkt werden. Abb.

Leig: Abk. für leichter Güterzug, der dem Stückgutverkehr dient und meist aus Leig-Einheiten (zwei kurzgekuppelte gedeckte Güterwagen mit einer Ladefläche von mindestens 26 m^2 je Wagen) mit max. 14 Achsen besteht. Ein L. hat Sammel- und Verteilerfunktion bei der Stückgutbeförderung.

Leiterkarte: → Leiterplatte

Leiterplatte, *Leiterkarte:* Trägerplatte für die Bauelemente elektronischer Schaltungen, die gleichzeitig die Leiterzüge zur Verbindung der Bauelemente untereinander entsprechend dem zugehörenden → Stromlaufplan enthält. L. werden aus kupferbeschichtetem Halbzeug hergestellt. Das Trägermaterial besteht aus etwa 0,8 bis 1,5 mm starkem, hochwertigem Isolationsmaterial (Hartpapier, glaseideverstärktes Kunstharz), auf das ein- oder beidseitig eine etwa 0,35 mm starke Kupferfolie aufgeklebt wird. Die Herstellung der Leiterzüge können Modelleisenbahner auf verschiedene Weise vornehmen. a) *Mechanisches Verfahren:* Mit Hilfe scharfer Ritz-, Fräs- oder Bohrwerkzeuge wird die überflüssige Cu-Folie abgetragen. Es lassen sich nur einfache Leitungsmuster mit geringer Genauigkeit herstellen. b) *Abdeckverfahren:* Das Leitungsmuster wird mit einem ätzfesten Lack (z. B. Nitrolack, unsensibilisierter Kopierlack, Nagellack) mit geeigneten Zeichengeräten (Pinsel, Zeichenfedern usw.) direkt auf das gesäuberte, oxid- und fettfreie Trägermaterial aufgezeichnet. Nach dem Trocknen des Lackes wird die nicht abgedeckte Kupferfolie weggeätzt (→ Ätztechnik). Weitere Möglichkeiten zum Auftragen der Leitungsmuster bieten vom Elektronikhandel angebotene Abreibefolien, die Leiterbildelemente (Lötaugen, Leiterzüge, vollständige Leiterbilder) enthalten, sowie Spezialstifte ähnlich Faserschreibern, mit denen sich das Leiterbild ätzfest auf das Basismaterial aufbringen läßt. Zum Ätzen eignen sich Salpetersäure, Ammoniumpersulfat und Eisen-III-Chlorid.

Vorsicht beim Umgang mit diesen Chemikalien! Die sich bildenden Dämpfe sind gesundheitsschädlich und deshalb ins Freie abzuleiten. Erwärmung und Bewegung des Ätzbades beschleunigen den Ätzvorgang. Anschließend werden die Lackschichten mit Lösungsmitteln oder durch mechanisches Bearbeiten entfernt. Die blanken Leiterzüge werden mit einem lötfähigen Schutzlack bedeckt. Das Verfahren eignet sich für Einzelexemplare. c) *Fotochemisches Verfahren:* Das Verfahren besitzt weitgehende Übereinstimmung zu b), jedoch wird die ätzfeste Lackschicht aus einer lichtempfindlichen Schicht, die auf das Basismaterial aufgetragen wird, hergestellt. Als direkte Ätzvorlage dient, je nach Lackart, ein Filmpositiv oder -negativ des herzustellenden Leitungsmusters. Nach Belichtung mit Ultraviolettlicht läßt sich das Leitungsmuster aus der Lackschicht freilegen und danach herausätzen. Dieses Verfahren eignet sich besonders für große Stückzahlen und hohe Anforderungen an die Genauigkeit. Die L. werden mit elektronischen Bauelementen bestückt, die mit ihren Anschlußdrähten durch die Bohrungen der Lötaugen gesteckt und verlötet werden. Um die Packungsdichte der Bauelemente zu erhöhen, setzt sich in neuerer Zeit die Oberflächenmontage (SMD-Technik) durch. Dabei werden die Bauelemente direkt auf die Leiteroberfläche aufgelötet. Bauelemente dieser Art heißen SMD-Bauelemente und sind besonders klein. Neben der höheren Packungsdichte ergibt sich auch der Vorteil, daß viele Bohrungen auf den L. wegfallen. Durch diese Technik konnten die Lokdecoder der → digitalen Mehrzugsteuerungen so klein gestaltet werden, daß sie selbst in Modelle der Nenngröße N passen. Die L. werden zur besseren Austauschbarkeit mit → Steckverbindern (indirekte Verbindung) ausgerüstet, teilweise bilden Leiterzüge den Steckverbinder, die Messerleiste, selbst (direkte Verbindung). Zur Erhöhung der Kontaktsicherheit werden diese Leiterzüge vergoldet. → Ätztechnik, → Module

Lenkachse, *Einstellachse:* → Laufwerk mit in Längsrichtung beweglichen Achsen, die bei Einfahrt in einen Gleisbogen durch die seitlichen Richtkräfte der Schiene selbsttätig in die neue Richtung gedrängt werden. Diese Schrägstellung der → Radsätze ist nur möglich, wenn zwischen dem → Achslagergehäuse und dem → Achshalter ein ausreichendes Spiel vorhanden ist. Bei Wagen mit größerem → Achsstand müssen die Achsen so gelagert sein, daß Gleisbögen von 150 m Halbmesser problemlos durchfahren werden können. Auch bei der *Modellbahn* gibt es die gleiche zwangsläufige Schrägstellung der Radsätze, weswegen man beim *Selbstbau* Radsätze mit zylindrischen → Achsschenkeln in Langlöchern, deren obere Laufflächen völlig riefenfrei sein müssen, lagern sollte. Bei Radsätzen mit → Spitzenlagerung kann das gesamte → Laufwerk (→ Achshalter) leicht drehbar am → Rahmen angebracht werden. Abb.

Leuchtdiode: andere Bezeichnung für → Lichtemitterdiode

Lf-Signal: → Langsamfahrsignal

Lichtemitterdiode, *Leuchtdiode, LED:* optoelektronisches Halbleiterbauelement, das bei Stromdurchgang elektromagnetische Strahlung im sichtbaren (Licht) oder infraroten (Infrarotlicht) optischen Bereich aussendet. Die L. stellt eine spezielle Bauform einer → Diode dar und wird in Flußrichtung (Durchlaßrichtung) betrieben. Je nach Typ wird rotes, gelbes, orangefarbenes, grünes und auch blaues Licht emittiert. Die Plastverkappung der L. ist zur Kontraststeigerung meist eingefärbt. Neben vielfältigen Baugrößen (Durchmesser zwischen 2 und 10 mm) sind auch Farbkombinationen (z. B. rot/grün, rot/gelb) im Handel. Das Licht ist einwellig, so daß Farbfiltervorsatz zur Farbbeeinflussung nicht möglich ist. Wegen des relativ schmalen Austrittwinkels des Lichtes ist das abgestrahlte Licht von der Seite schwer zu erkennen. Deshalb wird die Plastverkappung bei einigen Bauformen milchig gestaltet, um eine verbesserte Lichtstreuung zu erhalten. Wie jede Diode ist auch die L. unbedingt mit Vorwiderstand zu betreiben, direkter Anschluß an eine Spannungsquelle führt zur Zerstörung! Außerdem haben L. nur eine geringe Sperrspannung, in der Regel 5 V. Der zulässige Strom liegt bei den meisten Typen bei 20 mA, bei einigen leistungsfähigeren bei 50 mA. Gleichstrombetrieb ist direkt über den Vorwiderstand (s. Dimensionierungstabelle) möglich, bei Wechselstrombetrieb ist eine → Gleichrichterdiode zur

Sperrung der zweiten Stromrichtung zu benutzen. Wie die Abbildung zeigt, kann die Gleichrichterdiode in Reihen- oder Parallelschaltung zur L. liegen. L. können auf der Modellbahnanlage an verschiedenen Stellen als Austausch für → Kontrollampen verwendet werden, wobei ihre Eigenschaften, Klein-

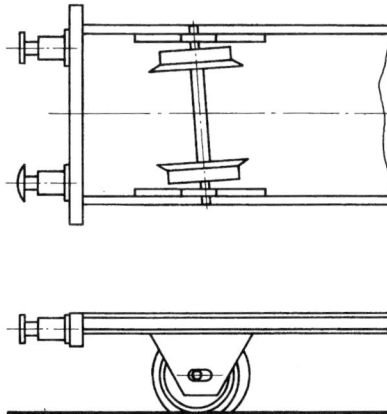

1)

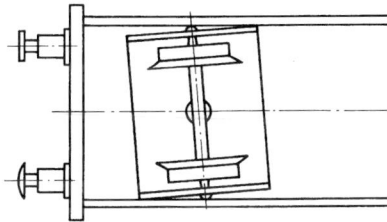

2)

Lenkachse
1) Radsatz mit zylindrischen Achsschenkeln in Langlöchern gelagert, 2) Radsatz mit Spitzenlagerung in drehbar angebrachtem Achshalter

Lichtemitterdiode
a) Grundschaltung einer LED mit Vorwiderstand (die Schaltung ist nur für Gleichspannung geeignet),
b) Grundschaltungen für Gleich- und Wechselspannungsbetrieb, für die Berechnung des Vorwiderstands R_v gilt die Beziehung $R_v = (U_B - U_D)/I_D$.
($U_D \approx 1,6$ V für rote LED, $U_D \approx 2,4$ V für orangefarbene, gelbe und grüne LED; VD1, VD3 bis VD5 = je nach gewünschter Farbe und Bauform, VD2 = Silizium-Universaldiode)

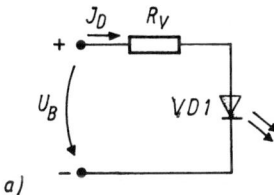

a)

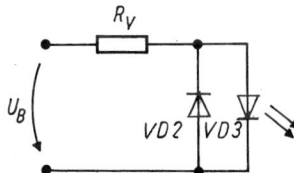

b)

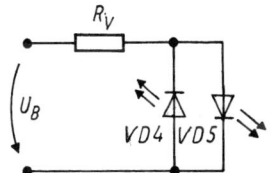

Dimensionierung des Vorwiderstandes von Lichtemitterdioden

Betriebs-spannung	LED rot		LED grün, gelb, orange	
U_b in V	R in Ω	P in W	R in Ω	P in W
5	240	0,125	180	0,125
9	510	0,25	430	0,125
12	680	0,25	650	0,25
16	1 000	0,25	910	0,25
20	1 200	0,5	1 200	0,5
24	1 500	0,5	1 500	0,5

heit, geringer Strombedarf und ihre hohe Lebensdauer, sehr vorteilhaft wirken. Es gibt auch L., denen eine Blinkschaltung integriert ist, so daß sie, nur mit einem Vorwiderstand versehen, von selbst blinken. Umfangreiche Blinkschaltungen können so entfallen. Infrarot-L. werden vorzugsweise in → Lichtschranken, → Optokopplern eingesetzt, bei der *Modellbahn* hauptsächlich in Steuerungen, auch als Besetztmelder. Abb., Tab.

lichter Raum: an allen Gleisen vorzusehender Raum, in den bauliche Anlagen oder Einrichtungen sowie feste oder lagernde Gegenstände nicht hineinragen dürfen. Ausgenommen davon sind Einrichtungen für die unmittelbare Beeinflussung der Fahrzeuge, z. B. Fahrleitungen. Der l. R. dient dem ungehinderten und gefahrlosen Bewegen der Fahr-

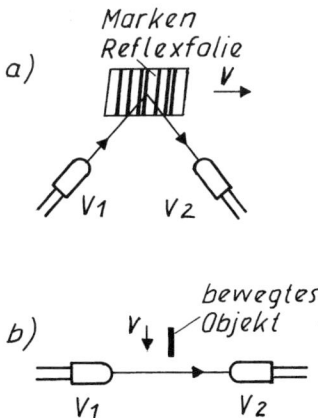

Lichtschranke: Funktionsprinzip a) einer Reflexlichtschranke, b) einer Durchlichtschranke

zeuge. Der l. R. ist im Normenwerk der → NEM (102, 103, 104) fixiert und gilt auch für die Hersteller von bahngebundenem Zubehör.

Lichthauptsignal: → Hauptsignal

Lichtleitkabel: Kabel, dessen Seele aus optisch sehr durchlässigem Glas oder Plast besteht. Tritt Licht in eine Stirnfläche der Faser ein, so kann es sie wegen der Totalreflexion an den Grenzschichten der Faser erst an der gegenüberliegenden Stirnfläche wieder verlassen. Die Lichtverluste sind für Licht bestimmter Wellenlänge äußerst gering, so daß eine Übertragung über viele Kilometer möglich wird. L. sind deshalb in der Nachrichtentechnik die Alternative zu metallischen Leitern. In der Modellbahntechnik sind vor allem die billigen Plast-L. interessant, da mit ihnen wegen ihrer Flexibilität („Licht um die Ecke leiten") viele Lichteffekte an Gebäude- und Fahrzeugmodellen möglich werden.

Lichtraumprofil: → Umgrenzung des lichten Raumes

Lichtschranke: eine Strahlschranke für sichtbares oder infrarotes Licht. Eine L. besteht aus einem Lichtsender (Glühlampe, → Lichtemitterdiode), der einen gebündelten Lichtstrahl aussendet, und einem Lichtsensor (→ Fotodiode, → Fototransistor) mit nachgeschaltetem Verstärker. L. können sowohl intensitäts-(Nachrichtentechnik) als auch unterbrechungsgesteuert sein. Im zweiten Fall wird ein Schaltverhalten erreicht (wichtig für digitale → Steuersignale). In der *Modellbahn* eignen sich L. für Positions- bzw. Besetztgeber. Hier bewähren sich Durchlicht- und Reflexlichtschranken. Passive L. nutzen das Raumlicht, das z. B. von einem Modellbahnfahrzeug abgedeckt werden kann. Ein weiterer Einsatzbereich sind die elektrisch/elektronischen Steuerungen, in denen gekapselte L., die → Optokoppler, Stromkreise → potentialfrei trennen. Wo der Einsatz sichtbaren Lichtes störend wirkt, wird Infrarotlicht eingesetzt. Abb.

Lichtsignal: → Hauptsignal

Lichtvorsignal: → Vorsignal

Lichtwechsel: → automatischer Lichtwechsel

Liegewagen: → Reisezugwagen mit zusätzlichen Einrichtungen (Liegen, Waschräume, Betreuerabteil) für Nachtfahrt. Im Gegensatz zu → Schlafwagen werden die Reisenden nicht nach Geschlecht getrennt. Die Liegen eignen sich nur für einfache Ruhestellungen; sie sind für die Tagesstellung hochklappbar.

Logikschaltung: → logische Schaltung

logische Schaltung, *Logikschaltung:* elektrische und/oder elektronische Schaltung, mit der logische Beziehungen zwischen elektrischen (i. allg. digitalen) → Steuersignalen realisiert werden. Die logischen Grundbeziehungen werden von der UND- (engl. AND), der ODER- (engl. OR) und der NICHT-Schaltung (engl. NOT) ausgeführt. Alle weiteren logischen Beziehungen entstehen durch Kombination dieser Grundschaltungen. Die UND-Beziehung bedeutet bei der *Modellbahn* z. B., daß für das Stellen des zweiten Flügels des Formhauptsignales das zu befahrende Gleis frei ist (frei = 1) UND die Einfahrweiche auf Abzweigung (Abzw. = 1) liegt. ODER kann heißen, daß ein Zug aus Personenwagen (Pw = 1) ODER Güterwagen (Gw = 1) ODER beiden Arten (Pw = 1, Gw = 1) bestehen kann. Und bei der leuchtenden roten Signallampe (Licht ein = 1) darf der Zug NICHT fahren (Fahrstrom aus = 0). a) *Elektrische l. S.* sind aus → Schaltkontakten bestehende Schaltungen. Sie werden entsprechend der logischen Beziehung in Reihen- und/oder Parallelschaltung kombiniert und von Hand oder mit → Relais betätigt. Viele ältere Steuerschaltungen der Modellbahntechnik nutzen logische Relaisschaltungen. b) *Elektronische l. S.* bestanden ursprünglich aus → Dioden (z. B. Diodenmatrix der → Fahrstraßensteuerung), → Transistoren u. a. Bauelementen, heute werden sie i. d. R. durch integrierte → Schaltkreise ersetzt. Die integrierten UND- und ODER-Schaltungen heißen Gatter, die NICHT-Schaltung Negator. Diese Grundschaltungen bilden die Hauptbestandteile selbst sehr komplizierter integrierter digitaler Steuerschaltkreise und sind damit beteiligt an allen Arten → elektronischer Steuerungen, z. B. in der Modellbahntechnik die → digitale Mehrzugsteuerung → Steuerung

Lok: Kurzform für → Lokomotive

Lokalbahn: Eisenbahn, deren Verkehrsaufkommen rein lokale Bedeutung hat und deshalb auch als Sekundärbahn bezeichnet wird. Eine L. kann normal- oder schmalspurig sein. Die in allen Nenngrößen handelsüblichen Lokomotiven eignen sich im Modell besonders gut für kleine Modellbahnanlagen.

Lokeinsatzstelle: → Triebfahrzeugeinsatzstelle

Lokomotive: fahrbare, an Gleise gebundene Kraftmaschine (→ Triebfahrzeug), deren Antrieb (→ Antriebsarten) aus interner oder externer Energiequelle (Dampf, Dieselöl bzw. elektr. Strom, → Fahrstrom) erfolgt und die der Beförderung von Eisenbahnwagen dient. Eine L. ist nicht für die Aufnahme von Nutz- bzw. Verkehrslasten (Güter bzw. Reisende) bestimmt.

Lokomotivgehäuse: behälterförmiger Aufbau von Modellbahntriebfahrzeugen aus Metalldruck- oder Kunststoffspritzguß, der meist zur Aufnahme und Verkleidung der Antriebsaggregate dient. Bei einem Dampflokmodell ist der Kessel ggf. nach unten geöffnet, um das gesamte L. leicht nach oben abheben zu können. Der *Selbstbau* von L. erfolgt meist in Metallbauweise (Messingblech), um eine hohe Gesamtlast des Triebfahrzeuges und somit eine ausreichende → Haftreibungszugkraft zu erzielen. Der Zusammenbau der L.-bauteile erfolgt durch → Löten, der Anbau der Kleinbauteile und Armaturen durch → Kleben mit → Zweikomponentenkleber. Ansonsten können die Hinweise unter folgenden Stichwörtern als Hilfe für den Selbstbau benutzt werden: → Wagenkasten, → Fahrzeugdach, → Kessel, → Trittleiter, → Trittstufe, → Griffstange.

Lokschuppen: schuppen- oder hallenartiges bahntypisches Gebäude des → Bahnbetriebswerkes zur Aufnahme abgestellter → Lokomotiven zum Schutz gegen Witterungseinflüsse, in dem auch kleinere Pflege- und Wartungsarbeiten ausgeführt werden können. Je nach Bauform unterscheidet man → Rechteckschuppen, → Halbrundschuppen, → Rundschuppen. Auf der Modellbahnanlage sind die in vielfältigen Ausführungen und in allen Nenngrößen handelsüblichen L. beliebte Objekte.

Lokverkehrsgleis: Gleisanlage, die für Lokomotivfahrten zwischen den Bahnhofsgleisen und dem → Bahnbetriebswerk bzw. der → Triebfahrzeugeinsatzstelle dient. Auf dem L. dürfen keine Fahrzeuge abgestellt werden.

Lösungsmittel Flüssigkeit, die Bestandteil aller Farben ist und zum Lösen alter Farbanstriche dient. Die L. sind in verschiedene Gefahrengruppen (Gesundheitsschädlichkeit und Feuergefährlichkeit) unterteilt.

Löten: Technologie, bei der mit Hilfe eines → Lötkolbens und eines Lots unter Wärmeeinwirkung Metallteile fest verbunden werden. Das L. ist ein wichtiger Arbeitsgang bei der Verdrahtung der Modellbahnanlage. Unterscheidung zwischen Hart- und Weich-L. Für Bastelzwecke wird das Weich-L. angewendet. Buntmetalle und ihre Legierungen sowie Stahl lassen sich meist leicht löten. Eine Ausnahme bildet Aluminium; hier sind spezielle Verfahren notwendig. Gute Lötverbindungen setzen metallisch reine Flächen voraus, d. h. Flächen, die nicht durch Sauerstoff der Luft oxydiert sind. Mit Lötmitteln (Lötwasser, Lötfett, Kolophonium) wird die Oxydation verhindert. *Arbeitsschritte:* a) Säubern der Lötstelle mit Feile, Drahtbürste, Schleifpapier o. ä.; b) Lötmittel auftragen, sofern kein kolophoniumhaltiger Lötdraht verwendet wird; c) elektrischen → Lötkolben erwärmen und Lötkolbenspitze an einem Salmiakstein säubern; d) Lötzinn (Stangen- oder Drahtform) auf die Kolbenspitze geben und diese solange auf die Lötstelle halten, bis das Lot zwischen die zu verbindenden Teile fließt; e) bis zum Erstarren (an der Verfärbung der Oberfläche zu erkennen) Teile ruhig halten. Das L. eignet sich auch zum Verzinnen abisolierter Draht- oder Litzenenden.

Lötfett: → Flußmittel beim → Löten

Lötkolben: elektrotechnisches Werkzeug zum Weichlöten mit einer Leistungsaufnahme von 25 bis 350 W je nach Verwendungszweck und Größe der zu verbindenden Teile. Für den Modellbahnbau sind L. mit 100 W ausreichend. Die L.spitzen sind auswechselbar.

Lötöse: elektrotechnisches Bauelement aus Messing- oder Kupferblech, das zur Befestigung von Drähten dient. Die Drahtenden werden an die Lötfahne der L. angelötet.

Lötpistole: elektrotechnisches Werkzeug mit zwei bügelförmig ausgebildeten Elektroden, deren vordere Enden zur Erwärmung der Lötstelle dienen. Zum Löten elektrischer Anschlüsse geeignet. Abb.

Lüfter: Aggregat zum Austausch der Luft für Kühlung und Luftverbesserung bei Triebfahrzeugen, Reisezugwagen und Kühlwagen. Bei Triebfahrzeugen sind L. meist Kreiselräder (L.räder) mit elektrischem, hydrostatischem oder mechanischem Antrieb (bei Kondenslok Abdampfturbine). Bei Wagen verwendet man meist → Luftsauger.

Luftsauger: Vorrichtung zum Absaugen verbrauchter Luft in Eisenbahnfahrzeugen, besonders in Fahrgasträumen von Triebwagen und Reisezugwagen sowie Führerständen und Kühlwagen. Der am L. vorbeiziehende Fahrtwind saugt die Luft an und erzeugt in Belüftungsräumen Unterdruck, wodurch zwangsläufig ein Luftwechsel stattfindet. Bei der *Modellbahn* werden L. als funktionslose Attrappen angebracht. Beim *Selbstbau* kann man bei der Nachbildung von L. der Bauart Wendler Kupferdraht verwenden, der gebogen, gefeilt und in Dachbohrungen eingeklebt wird. L. der Bauart Kukkuck werden gedreht (notfalls in laufender elektrischer Bohrmaschine gefeilt) und danach, möglichst noch vor dem Abtrennen vom Ausgangsmaterial, längs getrennt. L. der Bauart Flettner kann man herstellen, indem man ein S-förmig gebogenes Blechstückchen zwischen zwei Blechscheiben (→ Stanzen) lötet oder klebt. Je nach Nenngröße können diese auch beweglich angebracht werden, sofern sie sich annähernd über den Radsätzen 2achsiger Wagen befinden. Der Antrieb erfolgt durch ein auf einer Radsatzachse befestigtes Gummirad auf eine daraufliegende Antriebsscheibe (Friktionsantrieb). Abb.

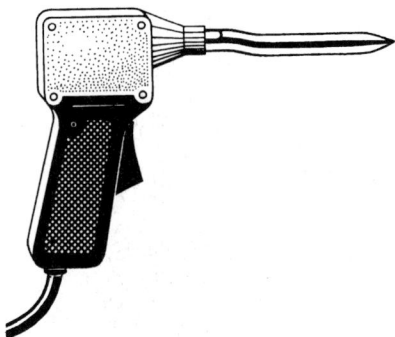

Lötpistole

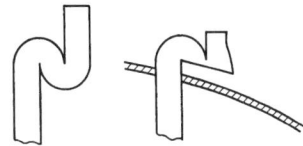

1)

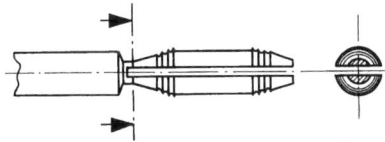

2)

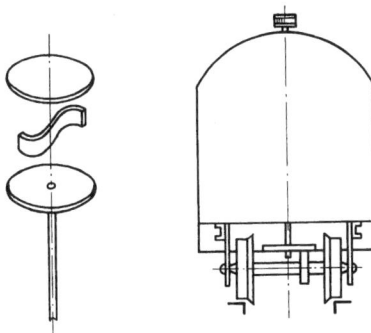

3)

Luftsauger
1) Bauart Wendler,
2) Bauart Kuckuck,
3) Bauart Flettner

Lumineszenzdiode: → Lichtemitter-diode

LüP: Abk. für Länge über Puffer

Lüsterklemme: zur Verbindung elektrischer Leitungen häufig eingesetzte Doppelschrauben-Klemme, wird meist mehrfach aneinander gereiht als → Klemmleiste. Es gibt auch steckbare Varianten. L. werden gern in der Modellbahntechnik verwendet.

Magnetantrieb, *Stellmagnet:* besteht aus einem Elektromagneten mit beweglichem Eisenkern, der durch Magnetkräfte zum Magneten hin bewegt wird. M. werden in → Steuerungen als mechanische Stellantriebe eingesetzt. In der Regel handelt es sich dabei um kleine Stellwege (Hub). Am häufigsten sind einfachwirkende Einspulensysteme, bei denen die Rückstellung in die Ausgangslage durch Federkraft oder Schwerkraft erfolgt. M. gibt es in unterschiedlichen Ausführungen, bekannt sind solche mit Klappanker (Relais) und Tauchkern (Weichenantrieb). Für mechanisch betätigte Einrichtungen der *Modellbahn* werden entsprechend angepaßte Bauformen angeboten, die wie bei Weichenantrieben auch zwei Antriebsspulen (doppeltwirkend) enthalten können. M. werden mit unterschiedlichen Betriebsarten verwendet (→ Impuls-, → Dauerstrom-schaltung). → Doppelspulenantrieb

Magnetartikel: Sammelbegriff für alle Zubehörartikel (Weichen, Signale, Entkuppler usw.), die mit elektromagnetischen Stellantrieben (→ Magnetantrieb) ausgestattet sind. Entsprechend ihrem inneren Aufbau unterscheidet man Impuls- und Dauerstromantriebe (→ Impuls-, →Dauerstromschaltung).

Magnetkontakt: durch magnetische Kräfte betätigter → Schaltkontakt. Die Kraftwirkung kann sowohl von Permanent- als auch von Elektromagneten ausgehen. → Relais, → Schutzgas-Rohr-Kontakt, → Hall-Sensor

Mallet-Lokomotive: → Gelenklokomotive

Manipermmotor: → Permanentmagnetmotor

Mannschaftswagen: 1. gedeckter Güterwagen, der mit zusätzlichen Einrichtungen (klappbare Liege- und Sitzeinrichtung, Aufstellmöglichkeit eines Heizofens, zusätzliche Stirnfenster) für Mannschaftstransporte (z.B. Militär-

M

gedeckter Güterwagen als *Mannschaftswagen* in H0 (Selbstbau)

Maschinenkühlwagen in H0 (Sachsenmodelle)

S. 139 unten links *Mehrschichtfertigung* (Paketfertigung)

S. 139 unten rechts *Mehrzugbetrieb* Zweizugbetrieb unter Anwendung des Halbwellenbetriebs (*V*1 bis *V*4 = 3-A-Siliziumdiode; Wert für *R*1 und *R*2 experimentell ermitteln)

Maschinenschraubstock

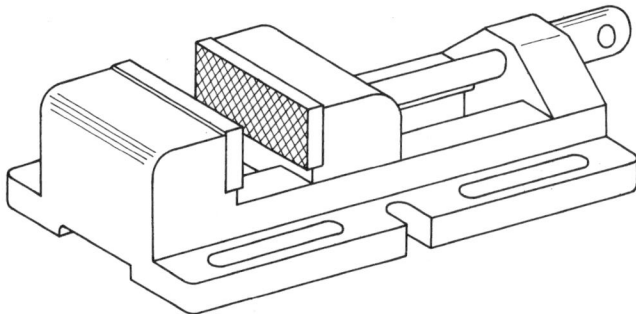

stock mit ebener Auflagefläche für Maschinentisch (ggf. mit Langlöchern zum Festspannen). Der M. dient zum Festhalten bzw. Spannen relativ kleiner Werkstücke beim Bohren und bei anderen Arbeiten und ist mit Prismen- oder geschliffenen Spannbacken ausgestattet. Abb.

Masse: Kurzwort für → Masseleiter. → gemeinsamer Rückleiter

Masseleiter, *Masse:* Bezeichnung für → gemeinsamen Rückleiter

Maßstab: in Zahlen ausgedrücktes Verhältnis zwischen dem Vorbild und dem Modell. Bei der *Modellbahn* bedeutet jeder M. eine bestimmte → Nenngröße: II 1:22,5; I 1:32; 0 1:45; S 1:64;

transporte) geeignet ist. − **2.** Eisenbahnwagen zur Unterbringung der Mannschaften von Arbeits-, Bau- und Hilfszügen; meist umgebaute ältere Reisezugwagen. Abb.

Maschinenkühlwagen: Spezialgüterwagen (→ Kühlwagen) mit maschinellen Kühleinrichtungen zum Transport von leichtverderblichen Gütern. M. werden meist in geschlossenen Maschinenkühlzügen (→ Ganzzug) befördert. Abb.

Maschinenschraubstock: → Schraub-

H0 1:87; TT 1:120; N 1:160; Z 1:220. → NEM

Mast: Tragkonstruktion für die Aufnahme von Frei-, Telefon- und Fahrleitungen bzw. Trossen der Seilbahnen. Für die Befestigung der → Fahrleitung werden Flach-, Rund- oder Turm-M. verwendet. *Flach-M.* sind aus Profilen zusammengeschweißt. *Rund-M.* bestehen aus Beton mit Aufnahmen für → Ausleger. *Turm-M.* sind aus Profilen zusammengeschweißt; sie werden hauptsächlich im Bahnhofsbereich aufgestellt, um die → Quertragwerke aufzunehmen. Für Strecken werden Flach- und Rund-M. eingesetzt. Abb.

Mastabstand: Abstand zwischen zwei Masten, der je nach Art der Strecke und der Geschwindigkeit unterschiedlich ist. Im Gleisbogen ist der M. geringer. Bei der Modellfahrleitung wird der M. durch das von den Herstellern angebotene System bestimmt.

Mehrschichtfertigung: mehrschichtiges Herstellungsverfahren gleichförmiger dünner Blechteile. Die M. ist beim Modellbau besonders vorteilhaft bei der Fertigung von Fahrzeugwänden mit einheitlichen Ausbrüchen oder Fenstern sowie von mehreren gleichförmigen kleinen Bauteilen, wie Steuerungsteile, Treibstangen, Kuppelstangen, Kupplungshaken usw. Entsprechend dicke Blechplatten werden mit mehreren Schrauben auf eine etwa 5 mm dicke Sperrholzplatte aufgeschraubt. Der genaue Anriß sollte auf weißem Papier erfolgen, das auf das Blechpaket (deshalb auch Paketfertigung genannt) aufgeklebt wird. Zum Ausschneiden benutzt man eine Laubsäge (Metallsägeblatt). Die Holzunterlage verhindert das Verbiegen und Federn der dünnen Bleche. Das Nachfeilen von Ausbrüchen sollte deshalb noch „im Paket" (also mit Holzunterlage) erfolgen. Auf diese Weise lassen sich auch Teile aus anderen dünnflächigen Materialien herstellen. Abb.

Mehrzugbetrieb: gleichzeitiger und voneinander unabhängiger Betrieb von zwei oder mehreren Zügen. Voraussetzung hierfür sind geeignete Fahrstromsteuerungen ($\rightarrow$ A-Schaltung, $\rightarrow$ Ü-Schaltung, $\rightarrow$ Z-Schaltung, $\rightarrow$ digitale Mehrzugsteuerung) und $\rightarrow$ Fahrstromsysteme. Bei Anwendung des $\rightarrow$ Halbwellenbetriebes ergibt sich eine besonders einfache Lösung. Nachteil: Kein Fahrrichtungswechsel möglich!

Messen: 1. Tätigkeit zum Ermitteln des Wertes einer physikalischen Größe, der Meßgröße, durch Vergleich mit einer Vergleichsgröße. Das Ergebnis der Messung ist immer das Produkt aus einem Zahlenwert und einer Maßeinheit. – **2.** Tätigkeit zur Feststellung der Abmessungen von Werkstücken mit Hilfe von Meßmitteln unterschiedlicher Genauigkeit. Meßmittel sind z. B. Meßschieber, Mikrometerschraube, Gliedermaßstab, Lineal. -**3.** Tätigkeit zum Feststellen der Werte elektrischer Größen ($\rightarrow$ Spannung, $\rightarrow$ Strom, $\rightarrow$ Widerstand, Frequenz, zeitlicher Verlauf). Als Meßmittel werden $\rightarrow$ Amperemeter, $\rightarrow$ Voltmeter (Die Kombination aus ihnen heißt $\rightarrow$ Vielfachmesser, weil verschiedene Meßbereiche vorhanden sind und verschiedene Größen gemessen werden können!) u. a. verwendet. Zur Messung zeitlicher Verläufe werden $\rightarrow$ Oszillographen benutzt.

Messerleiste: Bestandteil lösbarer Kabelverbindungen, $\rightarrow$ Steckverbinder

Messing: Legierung aus Kupfer und Zink mit einer Dichte von 8,5 g/cm³. M. ist als Blech, in Profilform oder als Rundmaterial handelsüblich und für den Modellbau besonders gut geeignet. M. läßt sich spanabhebend bearbeiten und löten, es ist ein guter elektrischer Leiter und kann als stromführender Werkstoff (z. B. als $\rightarrow$ Schiene) verwendet werden.

Meßschieber: Meßwerkzeug zum Messen von Längen an Werkstücken sowie von Durchmessern mit einer Meßgenauigkeit von ±0,1 mm, die für Bastelarbeiten vollkommen ausreichend ist. Abb. S. 140

Meßwagen: für das Versuchswesen der Eisenbahn gebauter Drehgestellwagen mit Geräten zum Messen und Registrieren fahrzeug- und streckentypischer Parameter. Bei der *Modellbahn* wird der M. im beschriebenen

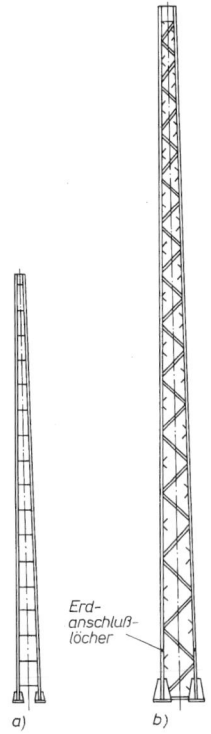

Mast
Ausführung für Fahrleitungen als Aufsetzmast: a) Flachmast, b) Turmmast

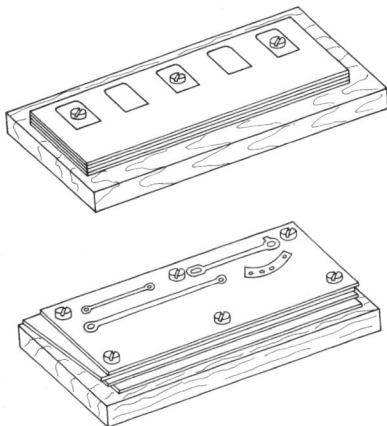

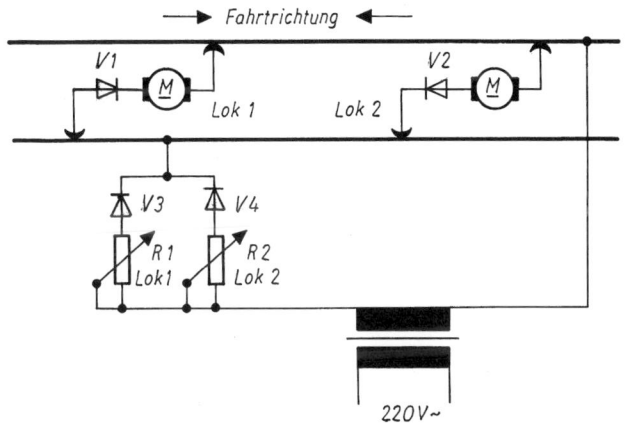

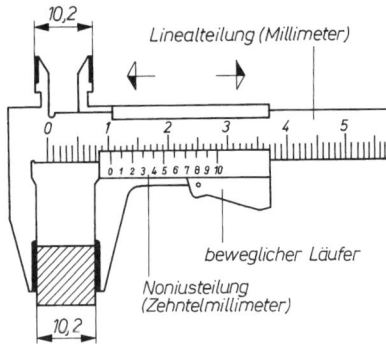

Meßschieber
schematische Darstellung mit Ablesebeispiel

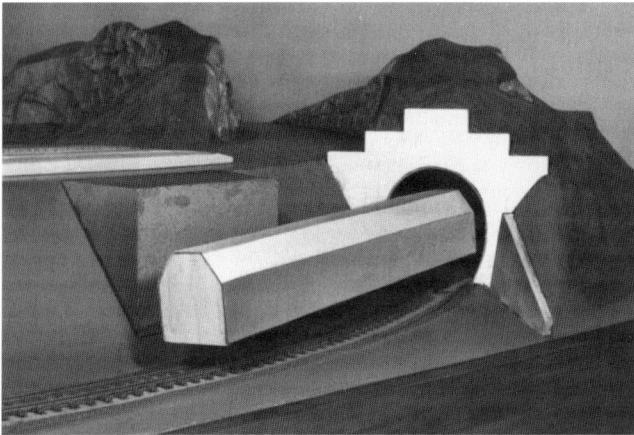

Meßwagen
zum Überprüfen des lichten Raums beim Bau einer Modellbahnanlage

Mikrotaster

„Begrenzung der Fahrzeuge" nach NEM 301 (s. Anhang) hergestellt ist. Die Länge und der → Achsstand richten sich nach den vorgesehenen Fahrzeugen. Abb.

Metallkleben: auch im Modellbahnbau angewendetes Verfahren, bei dem mittels Spezialkleber Metallteile unlösbar verbunden werden. Die Festigkeit derartiger Klebestellen steht den üblichen Methoden (Nieten, Schrauben, Löten, Schweißen) kaum nach. Entsprechende Kleber (→ Kleben) sind handelsüblich.

Mikrotaster: spezielle, relativ kleine Bauform von →Tastern, die mit besonders geringen Stellkräften betätigt werden. Sie werden meist zur präzisen Überwachung von mechanischen Bewegungen (z. B. Endstellungen) verwendet. Der eingebaute Kippmechanismus verhindert das Kontaktprellen ziemlich gut, so daß M. als Eingabeelemente zur Beeinflussung elektronischer Steuerbaugruppen verwendet werden können. In der Modellbahntechnik werden sie im → Gleisbildstellpult als Eingabeelement und als Endlagenschalter zur Rückmeldung der Weichenstellung verwendet. → Taster, → Momentschalter. Abb.

Milchkesselwagen: geschlossener Spezialgüterwagen (→ Behälterwagen) zum Transport von Frischmilch.

Mindestmaß: kleinstes noch vertretbares Maß, das beim Bau von Modellen angewendet werden kann, ohne daß die optische Wirkung oder die Funktion beeinträchtigt wird.

Mittelpufferkupplung: vereinigte → Zug- und Stoßeinrichtung bei Schienenfahrzeugen zur Erhöhung der Effektivität im Rangier- und Zugbetrieb und zur Senkung der Unfälle beim Kuppeln (Zugbildung). Bei der *Modellbahn* wird das Prinzip der M. (→ Bügelkupplung, → Klauenkupplung) bereits zwangsläufig angewendet, da die kleinen Gleisradien ein dem Vorbild entsprechendes Kuppeln (→ Schraubenkupplung) kaum ermöglichen.

Modellbahnanlage: Gesamteinheit der zum Betrieb und zur Ausgestaltung einer → Modellbahn erforderlichen Mittel ausschließlich der Modellbahnfahrzeuge. Zur M. gehören z. B. Grundplatte, Gleisanlage, → Signale,→ Geländegestaltung .

Modellbahnlandschaft: gesamte Ge-

Sinne nicht angewendet. Lediglich beim Aufbau einer Modellbahnanlage kann aber ein sog. M. zum Überprüfen des → lichten Raums dienen. Beim *Selbstbau* stellt man einen einfachen Wagenkasten her, dessen Grundplatte und Stirnwände aus Sperrholz bestehen, die mit Pappe beplankt werden. Zu beachten ist hierbei, daß der Querschnitt des Wagenkastens nach der

ländegestaltung der Modellbahnanlage mit Bäumen, Sträuchern, Straßen, Wegen, Flüssen usw. sowie der farblichen Behandlung.
Modellbahn-Steuerung: Oberbegriff für jede Art der Steuerung von Funktionen der Modellbahnen. Unter *Modellbahn-Funktionen* versteht man die Aufgaben oder Prozesse, die während des Betriebsablaufes der Modellbahn auftreten. Dabei besteht bei einem Teil eine gute Übereinstimmung zum Vorbild, andere treten nur bei der Modellbahn auf. Typisch ist aber, daß prinzipiell alle Modellbahn-Funktionen durch den Einsatz technischer Mittel gesteuert werden können. Sie können in folgende Gruppen eingeteilt werden: *Hauptfunktionen* sind für den Modellbahnbetrieb (Zugbetrieb) typisch. Die *Nebenfunktionen* ergänzen den Modellbahnbetrieb. *Meßfunktionen* dienen zur Überwachung und Prüfung des Modellbahnbetriebes. *Versorgungsfunktionen* ermöglichen den Betrieb der Steuerungen. Je nach dem Ausbau und der Komplexität der Steuerungen muß man M. auf unterschiedlichem Niveau (Steuerebene) unterscheiden. M. auf niedrigster Ebene wirken direkt auf Modellbahn-Funktionen (Fahrstrom-, Weichen-, Signalsteuerung usw.). Steuerungen höherer Ebene übernehmen übergeordnete Aufgaben und wirken meistens auf mehrere Steuerungen der niedrigen Ebene (Fahrweg-, Fahrstraßen-, Gleisbildsteuerung u. a.). Eine Steuerung der höchsten Ebene ist die Computer-Steuerung. → Steuerung. Tab.
Modelleisenbahn, *Modellbahn*: Bezeichnung für eine in einem bestimmten → Maßstab ausgeführte Nachbildung einer schienengebundenen Bahn.
Modellfahrplan: Fahrplan für den Betrieb auf einer Modellbahnanlage; meist auf der Basis einer → Modellzeit. Die einfachste Form des M. ist ein → Bildfahrplan. Bei der → offenen Gleisführung ist das Aufstellen eines M. relativ einfach, bei der → geschlossenen Gleisführung sollte man unbedingt einen verdeckten → Schattenbahnhof als Anfang und Ende einer Strecke benutzen.
Modellgeschwindigkeit: auf das Modellfahrzeug umgewandelte Geschwindigkeit des Vorbilds. Beispiel:

Modellbahn-Steuerung

Hauptfunktionen	Meßfunktionen
– Gleisbildsteuerung)** (zentrale Bedienung, Anzeige, Speicherung u. Auslösung der Steuerfunktionen)	– Fahrwegüberwachung u. Fahrwegprüfung)**
	– Stellung aufeinanderfolgender Signale
– Fahrwegsteuerung)*	– Fahrstraße
– Gleisabschnittsteuerung)*	– Fahrtrichtung
	– Betriebsart (Zugo. Rangierbetrieb)
– Fahrstromsteuerung	
– Fahrtrichtungssteuerung	
– Signalsteuerung	
– Signalbildsteuerung	– Besetztmeldung statisch und dynamisch
– Rangiersteuerung	
– Fahrstraßensteuerung)*	– Zugart
– Weichensteuerung	– Zugnummer

Nebenfunktionen	Versorgungsfunktionen
– Schrankensteuerung	– Stromversorgung (div. Betriebsspg.)
– Drehbühnensteuerung)*	
– Kransteuerung o. a.	

)**	hohe Steuerebene
)*	mittlere Steuerebene
ohne	niedrige Steuerebene

Das Triebfahrzeug des Vorbilds erreicht eine Höchstgeschwindigkeit von 110 km/h. Dieser Wert wird durch den Maßstab (z. B. bei Nenngröße H0 durch 87) geteilt. 110 : 87 = 1,26 Modell-km/h. Da dieser Wert wenig aussagekräftig ist und die M. in cm/min benötigt wird, muß der errechnete Wert zunächst mit 100 000 multipliziert und danach durch 60 geteilt werden: 1,26 · 100 000 = 126 000 cm/60 = 2 100 cm/min, durch weitere 60 geteilt, ergeben sich als dem Vorbild entsprechende M. 35 cm/s. → Getriebeberechnung
Modelliermasse: spachtelähnlicher und knetbarer Werkstoff zum Gestalten von Gelände oder auch von Modellteilen. M. kann nach dem Aushärten durch Feilen, Bohren oder mit Farbe bearbeitet werden.

Modelltreue: Ausdruck für die exakte Nachbildung des Vorbilds. Die M. umfaßt die Einhaltung der umgerechneten Vorbildmaße, die Nachbildung der äußeren Ansichten des Vorbilds, soweit erforderlich die Anbringung von Funktionsteilen (z. B. Klappen, Türen, Lüfter) sowie die vorbildgerechte Lakkierung und Beschriftung.

Modellzeit: Begriff für eine von der Normalzeit abweichende, für die *Modellbahn* vorgesehene Zeiteinteilung. Da bei der Modellbahn Fahrzeuge verkleinert, die Strecken entsprechend verkürzt und die Fahrgeschwindigkeiten ebenfalls den Verkleinerungsmaßstäben angepaßt sind, ist eine Raffung der Zeit erforderlich. Zur Aufstellung eines → Modellfahrplans ist eine M. unerläßlich. Der Betriebsablauf eines Tages kann dann je nach Maßstab in 2 bis 4 h nachgeahmt werden.

Modul: 1. Formelzeichen m: Nach Norm standardisierter Verhältniswert des → Zahnrads. Der M. ist das Verhältnis der Zahnteilung *(t)* zu π : m = t/π. – **2.** Bezeichnung für Bauteile oder Bauteilgruppen in vielfältigen technischen Anwendungsformen. Somit sind Modellbahnanlagen-Module Teilstücke, die sich in beliebiger Reihung zusammenfügen lassen. → Modulbauweise – **3.** In der Gerätetechnik benutzter Begriff für → Baugruppen und → Bausteine, die mittels geeigneter Verbindungselemente (z. B. → Steckverbinder und → Bus) zu einem System zusammengefügt werden (Modultechnik). Die Modultechnik wird besonders dort angewendet, wo a) viele M. mit gleichen Funktionen (Automatisierungstechnik) benötigt oder b) M. mit unterschiedlichen Funktionen zu einem System (Computertechnik) zusammengesetzt werden. M. können sowohl unvollständige Baugruppen als auch komplette Geräte sein. I. d. R. kommen die genannten Formen meist gemischt vor. Die Steuerungen der *Modellbahn* sollten auch in Modultechnik aufgebaut werden, weil diese Technik viele Vorteile für den Betrieb , die Wartung und die Reparatur besitzt. Die → digitalen Mehrzugsteuerungen werden in Modultechnik ausgeführt, da sie so am besten den jeweiligen Bedingungen der konkreten Modellbahnanlage angepaßt werden können.

Modulbauweise: nach dieser Art aufgebaute Modellbahnanlagen bestehen aus transportablen Anlagen-Teilstücken bestimmter Größe mit genormten Anschlußflächen, die sich beliebig kombinieren und zu betriebsfähigen Anlagen zusammensetzen lassen. Diese Austauschbarkeit von Anlagenteilen eines Systems ist das wesentliche Kennzeichen dieser Bauweise und unterscheidet sich damit deutlich von der bekannten zerlegbaren bzw. → offenen Anlagenform. Normen für Einzelheiten und Ausführungsformen befinden sich noch in Bearbeitung und sollen als NEM 910 bis 999 erscheinen.

Momentschalter, *Taster:* in der Elektrotechnik, auch Modellbahntechnik, häufig angewendetes Kontaktbauelement, mit dem bei Betätigung ein Stromkreis impulsartig geschlossen oder geöffnet wird. M. werden häufig zur Ansteuerung von Modellbahn-Zubehörartikeln (→ Magnetartikel) und zur Auslösung von Steuerfunktionen in elektrisch/elektronischen → Modellbahn-Steuerungen benutzt. → Mikrotaster, → Schalter

Momentschaltung: → Impulsschaltung

Motiv: → Anlagenmotiv

Motor: Maschine, die durch Energieumwandlung mechanische Energie zum Antrieb von Arbeitsmaschinen usw. erzeugt. Beim Elektromotor wird elektrischer Strom zur Energieumwandlung genutzt, wobei mittels magnetischer Anziehungs- und Abstoßungskräfte mechanische Energie entsteht. Ein Elektro-M. besteht im wesentlichen aus einem feststehenden (Stator, Ständer) und einem rotierenden Teil (Rotor, Läufer) – Ausnahme Linearmotor. Rotor und Stator tragen zur Erzielung eines guten Rundlaufes mehrfach geteilte Magnetspulen, zwischen denen bei Stromdurchgang die magnetischen Kraftwirkungen auftreten und so die Drehbewegung verursachen. Die Stromzuführung zum Rotor erfolgt mit → Bürsten und → Kommutatoren bzw. Schleifringen. Die Umkehrung der Stromrichtung in einem Stromkreis, Rotor oder Stator bewirkt Drehrichtungsumkehr. Bei der *Modellbahn* werden hauptsächlich Gleichstrom-M. mit Nennspannungen von 12 bis 16 V, bei größeren Nenngrößen (z. B. Gartenbahn) werden auch

24-V-M. verwendet. Im Stator der Modellbahn-Gleichstrom-M. werden vorzugsweise Dauermagnete eingesetzt. Das hat den Vorteil, daß durch Umkehr der Rotorstromrichtung sich auch die Drehrichtung bzw. die Fahrtrichtung umgekehrt. Eine Ausnahme bildet die Fa. MÄRKLIN, die in der Nenngröße H0 ein Wechselstromsystem mit entsprechenden M. entwickelt hat und vertreibt. Eine besondere Bauform des M. stellt der Glockenanker-M. dar. Hier sind die Rotorwicklungen in Glok-kenform gebracht worden und drehen sich in einem schmalen Luftspalt des Magneten. Da der Rotor ohne Eisen ausgestattet ist, ist nur eine geringe Masse zu bewegen. Dieser M. hat deshalb gute Betriebseigenschaften für präzise Stellantriebe und wird auch als Antriebs-M. für Modellbahnfahrzeuge verwendet. Dieser spezielle Motortyp ist in der Modellbahntechnik unter dem Herstellernamen Faulhaber-M. bekannt. → Permanentmagnet-Motor, → Langsamläufermotor

N

Nachspannlänge: zur Vermeidung eines großen Durchhangs der Fahrleitung infolge von Temperaturschwankungen wird der gesamte Fahrdraht in einzelne N. unterteilt. Sie betragen maximal 1 500 m und sollten auch auf der Modellbahnanlage, obwohl nicht funktionsbedingt, zur optischen Auflockerung nachgebildet werden.
Nachtbetrieb: vorbildgerechte Nachahmung des Betriebsdienstes bei Nacht im abgedunkelten Anlagenraum. Wichtig für einen naturgetreuen N. sind die vorschriftsmäßig ausgestatteten Triebfahrzeuge mit → Spitzenlicht und Zugschlußsignal. Reisezugwagen sollten → Innenbeleuchtung haben. Alle Hochbauten, Straßen, Plätze, Bahnsteige und Signale sind ebenfalls zu beleuchten. →Beleuchtung von Fahrzeugen, → Beleuchtung von Gebäuden
Nagelbohrer: Bohrer mit geknotetem Ringgriff, der zum Vorbohren oder Bohren einfacher Bohrungen in Holz dient und mit Durchmessern von 3 bis 10 mm handelsüblich ist.
Nahverkehrszug: Bezeichnung für ehemaligen → Personenzug. Als N. werden auch Vorortzüge bezeichnet, die meist als →Triebzug oder → Wendezug verkehren.
naturgetreu: → vorbildgetreu
Nebenbahn: Eisenbahnstrecke mit geringer verkehrlicher Bedeutung, die als Zubringer Aufgaben für → Hauptbahnen zu erfüllen hat und als Normal- oder Schmalspurbahn ausgeführt ist.

Auf der N. sind größere Neigungen und kleinere → Bogenhalbmesser zulässig. Die Sicherungs- und Fernmeldetechnik ist einfach. Da N. wenig Platz beanspruchen, werden sie gern auf (kleineren) Modellbahnanlagen dargestellt. Sie können dann vorbildgetreu und z. T. bis ins kleinste Detail nachgebildet werden, wobei natürlich auf Schnellzüge verzichtet werden muß.
Nebenbahnzug: heute als Regionalzug bezeichnet, der hauptsächlich auf → Nebenbahnen verkehrt. Die Triebfahrzeuge sind kleiner und leichter, da der → Oberbau leichter ist. Die i. d. R. nur aus wenigen Wagen bestehenden Reisezüge werden meist aus älteren Reisezugwagen, Umbau- oder Rekowagen gebildet. Oft sind auch → Schienenbusse im Einsatz.
Nebengleis: Gleis eines → Bahnhofs, das nicht zu den → Hauptgleisen zählt, also niemals von Zügen regelmäßig befahren wird. Zu den N. zählen Lade-, Abstell-, Schuppengleise u. ä.
Negator: Schaltung zur Umkehrung der Signalrichtung, → logische Schaltung
Neigung: Steigungsverhältnis *(s)*, das sich aus der Höhe *(h)* und der Länge der Strecke *(l)* nach der Formel $s = h/l$ ergibt. Bei der Eisenbahn wird die N. auf 1 000 m Streckenlänge bezogen. Bei der *Modellbahn* sollte die N. nicht zu groß gewählt werden. Bei 1 m Streckenlänge sind in den → Nenngrößen N und TT 40 mm und in der Nenngröße

H0 50 mm Höhenunterschied das Maximum. → Gleisbögen sollten keine N. erhalten.

Neigungsverhältnis: Höhenunterschied einer Eisenbahnstrecke, bezogen auf eine dazugehörige Basisstrecke. Bei der Bahn wird das N. in Promille oder als Streckenverhältnis angegeben. Bei der DB und der DR gelten folgende Grenzwerte: →Hauptbahnen 1 : 40 = 25 ‰; → Nebenbahnen 1 : 25 = 40 ‰. Strecken mit größerem N. werden als → Steilstrecken bezeichnet.

NEM: Abk. für **N**ormen **E**uropäischer **M**odelleisenbahnen. In den NEM sind alle wichtigen Funktionsmaße, Maßstäbe usw. für die europäischen Modellbahnen festgehalten. Sie werden für die Modellbahnindustrie als verbindliche Norm bzw. als Empfehlung vom internationalen Modellbahnverband (MOROP) herausgegeben und sollten auch vom Modelleisenbahner bei Selbstbauten berücksichtigt werden (s. Anhang).

Nenngröße: genormter Modellmaßstab, der das Größenverhältnis vom Modell zum Vorbild ausdrückt. Ausgangspunkt ist die Spurweite der Normalspur 1 435 mm. In der N. H0 ist beispielsweise das Modell 87mal kleiner als sein Vorbild. Bei der Wahl der N. für den Bau einer Modellbahnanlage ist die Platzfrage der entscheidende Faktor. So benötigt z. B. eine N-Anlage gegenüber einer H0-Anlage nur etwa ein Viertel der Fläche. → NEM, Abb., Tab.

Nenngrößen

Nenngröße	Spurweite in mm	Modellmaßstab
Z	6,5	1:220
N	9,0	1:160
TT	12,0	1:120
H0	16,5	1:87
0	32,0	1:45
I	45,0	1:32

Nennspannung, *Betriebsspannung:* → Spannung, für die ein elektrisches Gerät unter Normalbedingungen (Betriebsbedingungen) ausgelegt ist und auf die alle technischen Angaben (Stromaufnahme, Leistungsaufnahme, Toleranzangaben usw.) bezogen werden. a) *Fahrnennspannung:* → Spannung im Gleisnetz, bei der (nach NEM 602) die Triebfahrzeuge mit ihrer Nennlast die Höchstgeschwindigkeit einhalten, die der Höchstgeschwindigkeit des Vorbildes entspricht. Bei verschiedenen Fabrikaten, besonders älterer Fertigung, werden diese Forderungen nicht eingehalten. Die Fahr-N. sollte Gleichspannung sein (→ Gleichstrombetrieb, → Spannung). b) *Zubehörnennspannung:* Die N. für elektrisches Zubehör ist nach NEM 611 festgelegt. Sie gilt für alle ortsfesten Einrichtungen, wie Weichenantriebe, Signale, Beleuchtung u. a. Für elektromagnetische Antriebe sollte speziell bei → Dauerstromschaltungen Gleichspannung verwendet werden, da sie einen geräuschlosen Betrieb zuläßt (bei Wechselspannung 50 Hz treten Geräusche auf). Für → Impulsschaltung und Anlagenbeleuchtung wird i. allg. Wechselspannung angewendet. Entgegen der Norm ist das handelsübliche Zubehör für eine N. von 16 V ausgelegt. Ein Unterschreiten dieses Wertes kann die Funktionstüchtigkeit beeinträchtigen. Die Betriebsspannungen der Modellbahn müssen galvanisch von der Netzspannung getrennt sein und dürfen maximal 24 V betragen.

Netzanschlußgerät: elektrisches Gerät, das die Stromversorgung der elektrischen Geräte, hier speziell der Modellbahnanlage, aus dem Wechselstromnetz ermöglicht. Das N. enthält in der Regel einen → Transformator (kurz Trafo), der die Netzwechselspannung (220 V) auf den geforderten Wert (→ Nennspannung) herabsetzt und gleichzeitig die galvanische Trennung der Modellbahnanlage vom Wechselstromnetz vornimmt. Außerdem ist als → Überstromschutz mindestens eine → Sicherung vorhanden. Gebräuchliche N. der Modellbahn: a) N. mit einem Trafo, der nur eine Wechselspannung abgibt und zur Stromversorgung von Zubehör eingesetzt wird (Zubehörtrafo). b) N., das neben dem Transformator noch einen → Gleichrichter und einen Stufenschalter oder eine andere Stelleinrichtung enthält, um eine veränderliche Gleichspannung zu erzeugen. Dieses N. wird als → Fahrstromsteller (Fahrregler) der Triebfahrzeuge verwendet. c) Kombination von a) und b) unter Verwendung von zwei galvanisch getrennten Sekundärwicklungen. (Die Kombination mit nur einer Sekundärwicklung ist möglich, erlaubt aber nicht den Aufbau von Schaltungen mit → gemeinsamem Rückleiter wegen → Kurzschlusses). *N. dürfen nur von Fachleuten unter Verwendung geeigneter Transformatoren selbstgebaut werden!* Es ist auf die strenge Einhaltung aller sicherheitstechnischen Anforderungen, besonders der Einhaltung der → Schutzmaßnahme, zu achten. Das fertiggestellte Gerät muß vor dem Einsatz aus Sicherheitsgründen den vorgeschriebenen Prüfungen unterzogen werden. Vor der Verwendung von sog. *Spartrafos* muß gewarnt werden, da sie keine galvanische Trennung besitzen und deshalb bei Betrieb am Wechselstromnetz *LEBENSGEFAHR* besteht!

Neusilber: Legierung aus Kupfer, Zink und Nickel mit einer Dichte von 8,5 g/cm³, die sich mechanisch bearbeiten und löten läßt. Auf Grund seiner Eigenschaften (guter elektrischer Leiter, korrosionsbeständig) wird N. zur Herstellung von → Schienenprofilen verwendet. Für die Herstellung von Steuerungsteilen an Dampflokomotiven und Kleinprofilen ist N. ebenfalls gut geeignet.

Nichteisenmetall: → Buntmetall

NICHT-Schaltung: → Negator, → logische Schaltung

Niederflurwagen: Spezialgüterwagen für den Transport von Lastzügen. Wegen der Brücken- und Tunneldurchfahrten haben diese Wagen besonders tiefliegenden Wagenboden. Über Kopframpen fahren die Lastzüge auf die Wagen, werden mit sog. Rad-Vorlegern gesichert und können mit einem Teil eines Fahrzeugs auf einem N. stehen und mit dem Rest auf dem nächsten. An der Spitze und am Schluß des Zuges sind seitlich wegklappbare Kopfstützen angebracht, die die Puffer und die Kupplung tragen. Zwischen den N. befinden sich tiefliegende Steifkupplungen, über die die Lastzüge bei der Be- und Entladung hinwegfahren können. N. verkehren meist als → Ganzzüge.

Niet-Imitation: Die bei älteren Fahrzeugen und Stahlkonstruktionen zur Verbindung der Bauteile angebrachten Niete werden beim *Selbstbau* meist nur imitiert. Während bei größeren Nenngrößen kleine Niete in gebohrte Löcher eingesteckt und -geklebt werden, kann man diese sog. Nietköpfe bei kleinen Nenngrößen auch durch die → Ätztechnik oder mechanisch durch Herausdrücken des Materials erzeugen. Als Baumaterial der letztgenannten Fertigungsmethode eignet sich am besten 0,2 bis 0,5 mm dickes Messingblech, in das auf der Rückseite mit einem Drückstempel kegelförmige Vertiefungen eingedrückt werden, die auf der Vorderseite als halbrunde Erhöhungen erscheinen. Da die Eindrücke unter sanftem und gleichmäßigem Druck erfolgen müssen, ist als Druckerzeuger eine Handhebelpresse, ersatzweise eine → Tischbohr-

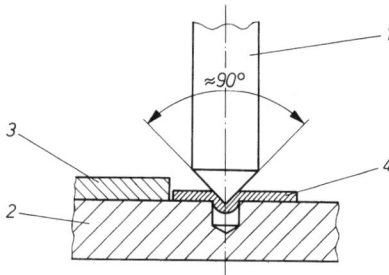

Niet-Imitation
1 Drückstempel, 2 Grundplatte, 3 Anschlagplatte, 4 Werkstück (Blechteil)

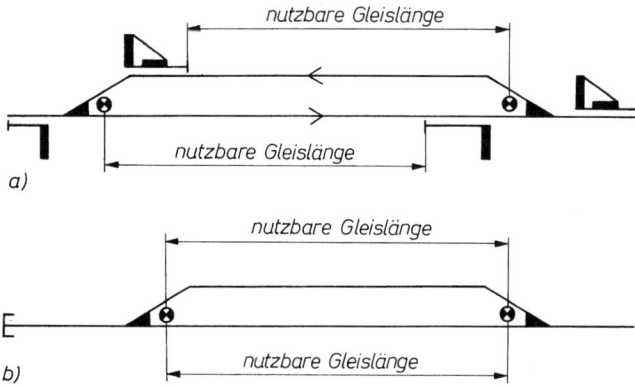

a)

b)

nutzbare Gleislänge
schematische Darstellung: a) Hauptgleise eines Bahnhofs, b) Nebengleise eines Bahnhofs

maschine zu benutzen. Der Bohrungsdurchmesser in der Grundplatte richtet sich nach dem gewünschten „imitierten" Nietkopfdurchmesser. Abb. (s. Abb. → Kesselwagen)

Nitrofarbe: in vielen Farben handelsüblicher Anstrichstoff auf Nitrozellulosebasis, der zur farblichen Behandlung der verschiedensten Werkstoffe dient. Da N. stark riechen und deren Dämpfe gesundheitsschädlich sind, sollten Lackierungen am offenen Fenster oder unter Abzügen vorgenommen werden. Schaumpolystyrol kann nicht mit N. bearbeitet werden, da das → Lösungsmittel den Werkstoff zerstört.

niveaugleicher Bahnübergang: Bahnübergang, bei dem Bahnkörper und Straße bzw. Weg auf gleichem Niveau liegen. Bei Hauptbahnen sind n. B. grundsätzlich mit → Schranken zu sichern. Auf Nebenbahnen kann man darauf verzichten, sofern von allen Seiten freie Sicht gewährleistet ist. → Wegübergang

Normalspur: → Regelspur

Normblatt: Blatt, das technische Parameter für den Bau und den Betrieb von Modellbahnen enthält. Die N. sind für Bastler und Industrie gleichermaßen verbindlich. → NEM

Normgleis: → Industriegleis

Nulleiter: → gemeinsamer Rückleiter

Nulleiterschaltung: → gemeinsamer Rückleiter

nutzbare Gleislänge: Länge eines Gleises in einem → Bahnhof, die mit Fahrzeugen besetzt werden darf, ohne daß der Betrieb auf den Nachbargleisen gefährdet wird. Bei → Hauptgleisen i. d. R. die Entfernung zwischen → Grenzzeichen bzw. der letzten im Einfahrweg gelegenen Weiche und der Stelle, an der die Zugspitze halten soll. Abb.

O

Oberbau: Teil des Bahnkörpers, der aus → Gleis und → Bettung gebildet wird. Gegensatz: → Unterbau

Oberleitung: → Fahrleitung

Oberleitungsrevisions-Triebwagen, Abk. **ORT:** Spezialfahrzeug für Instandsetzungsarbeiten an der → Fahrleitung. Abb.

Oberlichtaufbau: auch Laternendach genannter Dachaufbau auf Wagendächern älterer → Reisezugwagen, der längsseitig mit kleinen Fenstern und Entlüftungsluken versehen ist. Beim

Selbstbau kann zur Herstellung der fensterreichen Seitenwände des O. die →Ätztechnik oder die → Mehrschichtfertigung angewendet werden. Besteht die Möglichkeit des → Abkantens, kann die Seitenwand des O. mit der jeweiligen Dachhälfte zusammenhängend gefertigt und abgekantet werden, was den Zusammenbau vereinfacht und die Stabilität erhöht (→ Fahrzeugdach). Abb.

Oberwagenlaterne: Signallaterne zur Darstellung des →Regelschlußsignals

(Nachtzeichen), die nachts und auch bei schlechter Sicht angewendet wird. Ausführung: Steckbare Laterne, die nach hinten rot, nach vorn weiß leuchtet und mit flüssigem Brennstoff oder elektrisch durch Akkumulatoren betrieben wird. Bei der *Modellbahn* sind O. meist nicht abnehmbar, sondern fest am ständig als Schlußwagen fahrenden Wagen angebracht. Die O. wird dann meist indirekt beleuchtet (→ Beleuchtung von Fahrzeugen).

Oberwagenscheibe: Signalmittel zur Darstellung des → Regelschlußsignals (Tageszeichen). Ausführung: beiderseits rotweiße quadratische Scheibe. Die O. wird paarweise am letzten Fahrzeug eines Zugs rechts und links außen in gleicher Höhe steckbar angebracht. Beim *Selbstbau* kann die aus dünnem Blech geschnittene O. mit einer einfachen Spreizfederhalterung versehen werden, um ein unbeabsichtigtes Verdrehen oder Herausfallen aus dem O.halter zu verhindern. Ein reichlich langer, etwa 0,3 mm dicker Federstahldraht wird auf der Rückseite der O. angelötet und erst danach gebogen. Die beiden extra lang gehaltenen Drahtenden sollten erst nach der Farbgebung abgeschnitten werden. Beim Aufstecken der O. in den Halter wird die Spreizfeder zwischen zwei Fingern zusammengedrückt. Abb.

Oberwagenscheibenhalter: Vorrichtung zur steckbaren Aufnahme der → Oberwagenlaterne und der → Oberwagenscheibe. Bei der *Modellbahn* werden zwar O. angebracht, sie können aber meist wegen des Fehlens einer Öffnung zur Aufnahme des → Regelschlußsignals nicht verwendet werden. Beim *Selbstbau* kann der O. aus Kupferdraht hergestellt werden, wo-

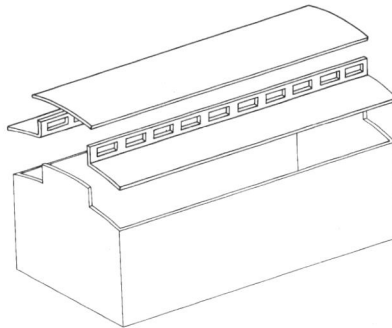

Oberlichtaufbau

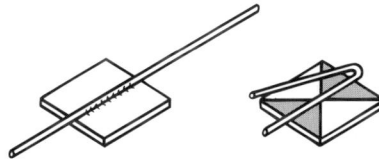

Oberwagenscheibe
in 2 Fertigungsstufen
dargestellte Oberwagenscheibe

Oberwagenscheibe
mit Oberwagenscheibenhalter, die an einem handelsüblichen Wagenmodell angebracht wurde (Frisur)

Darstellung von 2 Fertigungsstufen eines mit Biegedorn hergestellten Oberwagenscheibenhalters

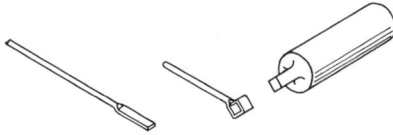

bei ein Ende des Drahts im Schraubstock o. ä. breitgedrückt, um einen entsprechenden Vierkantdorn gebogen und leicht verlötet wird. Die Befestigung am Fahrzeug erfolgt durch Einkleben oder -löten in eine Bohrung. Abb.

ODER-Schaltung: → logische Schaltung

offene Anlagenform: 1. in Rahmen- und Rostbauweise hergestellte Form einer Modellbahnanlage. Sie unterscheidet sich von der → Plattenbauweise dadurch, daß die Anlagenplatte entfällt, dafür aber der Rahmen durch mehrere Längs- und Queraussteifungen zu einem „Rost" zusammengebaut wird. Hierzu werden gewisse Kenntnisse der Holzbearbeitung benötigt, denn um eine ausreichende Stabilität zu erhalten, sollten alle Eckverbindungen gezinkt und die Aussteifungen gedübelt oder verschraubt werden. Die Gleise werden auf schmalen Brettchen entsprechend dem Gleisplan verlegt. Die Brettchen werden mit Stützleisten (→ Abstandsbrett, → Profilbrett) an den Längs- und Queraussteifungen

in entsprechender Höhe befestigt. Vorteile: gute Zugänglichkeit von unten, Gleisführung in verschiedenen Ebenen, geringere Fahrgeräusche und niedrigeres Eigengewicht der Anlage. (s. Abb. → Geländegestaltung) – **2.** Modellbahnanlagenform mit offener Gleisführung, Gegensatz zur geschlossenen Gleisführung, z. B. Gleisoval. Die o. A. wird dann angewendet, wenn Strecken des Vorbildes weitgehend original nachgebildet werden sollen. Für die Modellbahnanlage sollte man möglichst Anlagenteile auf der Grundlage eines Rastersystems verwenden, dessen Abmessungen ein Vielfaches von 400 mm betragen. Gebräuchliche Längen sind: 800, 1 200, 1 600, 2 000 und maximal 2 400 mm. Die Breiten der Anlagenteile können 400 (für gerade Streckenabschnitte), 800 (für gebogene Gleisabschnitte oder Bahnhofsanlagen) und maximal 1 200 mm (für Bahnhofsanlagen mit abzweigender Nebenbahn oder zur Darstellung von Ortschaftsteilen) betragen. Die Anlagenteile der o. A. werden i. d. R. immer in der gleichen Reihenfolge zusammengefügt, sie zählt deshalb nicht zur → Modulbauweise. Abb.

offener Güterwagen: → Güterwagenbauart mit verschieden hohen Bordwänden, die zur Beförderung aller nässeunempfindlichen Güter dienen.

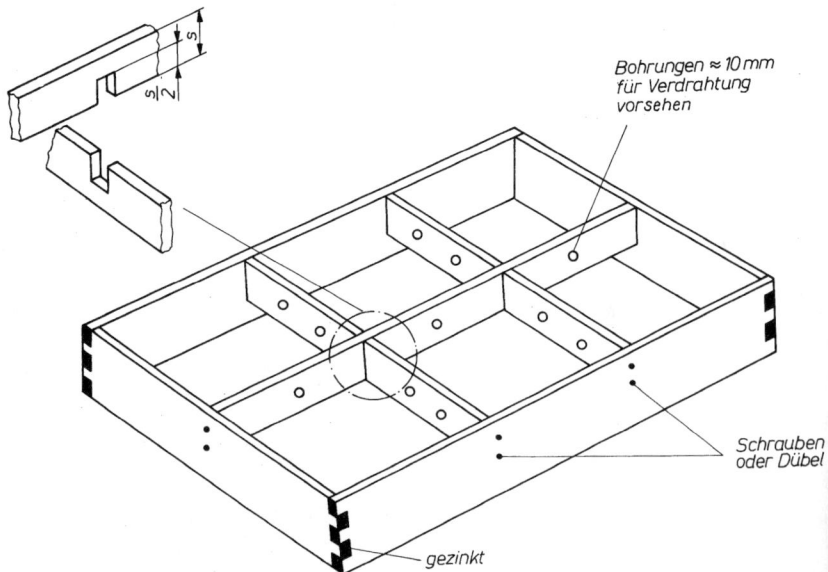

Bohrungen ≈ 10 mm für Verdrahtung vorsehen

Schrauben oder Dübel

gezinkt

offene Anlagenform Rahmenbauwerk

*offener Güterwagen
älterer Bauart in H0
(Selbstbau)*

Dazu zählen auch alle → Kippwagen, offenen → Selbstentladewagen und im weiteren Sinne alle → Flachwagen. Die o. G. älterer Bauart haben einen hölzernen Wagenkasten, die der neueren Bauart sind mit Blechwänden und -böden versehen. Abb.

Ölfarbe: in vielen Farben handelsüblicher Anstrichstoff, der aus Firnis, Farbpigmenten und Verdünnungsmittel besteht, in Vorstrich- und Lackfarben unterteilt wird und für alle Materialarten anwendbar ist. Zur Herstellung speziell gewünschter Farbtöne können Abtönpasten verwendet werden.

Optokoppler: optoelektronisches Bauelement, das eine nach außen geschlossene → Lichtschranke enthält und der galvanischen Trennung (Potentialtrennung, → potentialfrei) von Steuer- und Laststromkreisen – auch in der Modellbahntechnik – dient.

ORT: Abk. für → Oberleitungsrevisions-Triebwagen

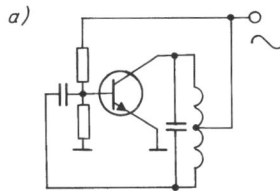

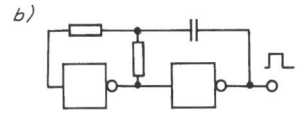

Ortsgüteranlage: Bahnanlage zum Umschlag von Gütern, zu der →Güterboden, → Kopframpen und Seitenrampen, → Ladestraße und Krananlagen gehören. Abb.

Oszillator: in der Elektrotechnik/Elektronik Schwingungserzeuger zur Erzeugung von Wechselspannungen unterschiedlicher Form und Frequenz. Es gibt vorwiegend Sinus- und Impuls-O., die für verschiedene Zwecke eingesetzt werden. Ein Anwendungsbeispiel aus der Modellbahntechnik ist der O. für die → Pulsbreitensteuerung (Rechteckform), ein anderes der für

Oszillator
Prinzipschaltung a) eines LC-Oszillators (induktive Dreipunktschaltung), b) eines RC-Impulsoszillators (astabiler Multivibrator mit CMOS-Gattern)

Ortsgüteranlage
mit regem Be- und Entladebetrieb

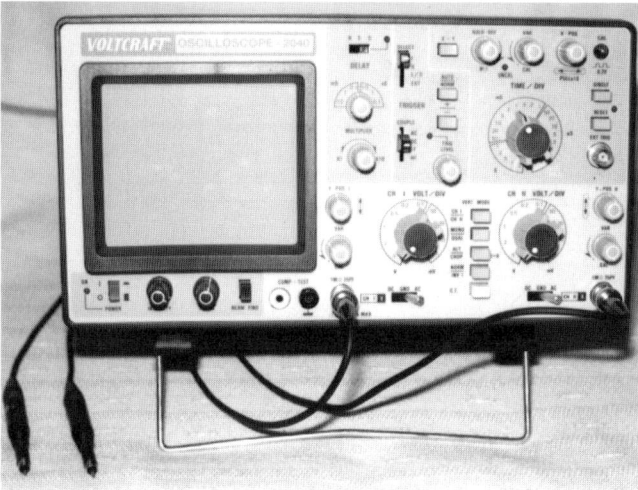

Zwei-Kanal-*Oszillo-graph*

die → fahrspannungsunabhängige Zugbeleuchtung (Sinusform). O.schaltungen werden mit aktiven elektronischen Bauelementen, wie → Transistoren oder → Schaltkreisen, ausgestattet. → Generator. Abb.

Oszillograph: komplexes elektronisches Meßgerät, mit dem elektrische Schwingungen, also Wechselspannungen, optisch abgebildet und gemessen werden können. In der Regel werden dafür Oszillographenröhren, eine besondere Bauform der Bildröhre, verwendet. Durch geeignete Meßeinrichtungen kann der O. auch zur Messung nichtelektrischer Größen eingesetzt werden. In der Modellbahntechnik ist mit dem Einsatz elektronischer Steuerungen zunehmend der Gebrauch des O. erforderlich. → Messen 3. Abb.

P

Paradestrecke: optisch besonders günstig angelegte Strecke der Modellbahnanlage, auf der man die Züge gut beobachten kann.

Parallelgleise: in der Modellbahntechnik ein gebogenes → Gleisjoch, dessen Radius so auf das gebogene Gleisjoch mit dem für das betreffende System vorgesehenen Normalradius abgestimmt ist, daß eine 2gleisige Strecke mit einwandfrei verlaufenden Bögen parallel verlegt werden kann.

Parallelschaltung: Schaltung elektrischer Verbraucher, die gemeinsam an den Klemmen der Spannungsquelle angeschlossen sind, so daß an allen die gleiche Spannung anliegt. Die Verbraucher liegen im *Nebenschluß*. Für Berechnungen gelten die Kirchhoffschen Gesetze und die daraus entwickelten Regeln: $I_1 + I_2 = I$; $I_1/I_2 = R_2/R_1$; $1/R = 1/R_1 + ...+ 1/R_n$; $R = R_1 \cdot R_2/(R_1 + R_2)$. Das Verhältnis der Zweigströme ist umgekehrt proportional den zugehörigen Zweigwiderständen. Der Gesamtstrom der P. ist die Summe aller Einzelströme. Die dritte und vierte Formel ermöglichen die Berechnung des Gesamtwiderstandes für mehrere und für zwei parallelgeschaltete Widerstände. Gegensatz: → Reihenschaltung. Abb.

Parallel-Schraubzwinge: Spannwerkzeug zum Festhalten und Klemmen von Werkstücken in der Feinmechanik bzw. im Modellbau. Die P. besteht aus zwei Spannbalken und zwei Schrauben. Während mit der mittig gelegenen Schraube der gewünschte Spannbereich eingestellt wird, erfolgt das Spannen mit der am Ende liegenden Schraube. Die P. bietet sich für den *Selbstbau* an, wobei der eine Vierkantbalken zwei Gewindebohrungen und der andere je eine Durchgangs- bzw. Grundbohrung erhält. Die angegebene Bemaßung stellt nur eine Verhältnishilfe dar ($D_1 = 2 \cdot D_2$; $L_1 = 8 \cdot D_1$;

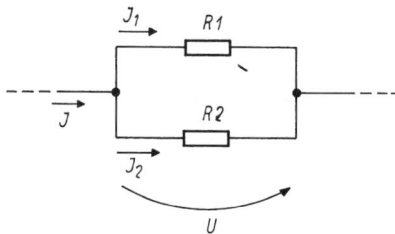

Parallelschaltung

$L_2 = 10 \cdot D_2$). Während bei der handelsüblichen P. Knebelschrauben zur Anwendung kommen, sind beim Selbstbau herkömmliche Sechskant- oder Zylinderschrauben ausreichend. Abb.

Paßgleis: → Ausgleichgleis

Paßstück: → Ausgleichgleis

Permanentmagnet: Dauermagnet, dessen Magnetfeld auf Dauer erhalten bleibt. P. werden aus speziellen Stahl- oder anderen Werkstofflegierungen und aus keramischen Materialien (Oxide) gefertigt, letztere heißen Ferrite. P. aus Ferriten lassen sich kostengünstig herstellen (Sinterkeramik) und erreichen hohe Magnetfeldstärken (kleine Bauform möglich), weshalb sie in den kleinen Elektromotoren der *Modellbahn* eingesetzt werden.

Permanentmagnetmotor: Elektromotor, dessen Feldspulen (meist im Stator enthalten, → Motor) durch einen → Permanentmagneten ersetzt wurden. Wegen des konstanten Magnetfeldes ist ein solcher Motor nur für → Gleichstrombetrieb geeignet. Auf Grund seines sehr einfachen Aufbaus wird der P. vorzugsweise als Klein- und Kleinstmotor hergestellt. Die Drehrichtung ändert sich durch Umpolung der angelegten Gleichspannung. Zwischen Drehzahl und angelegter Spannung besteht ein linearer Zusammenhang, d. h., eine Drehzahländerung ist durch proportionale Änderung der Betriebsspannung (nur bis zum Erreichen der Nennspannung!) des P. möglich.

Personenwagen: Eisenbahnwagen zur Beförderung von Personen. P. gehören zu → Reisezugwagen und werden nach → Sitzwagen, → Liegewagen, → Speisewagen → Schlafwa-

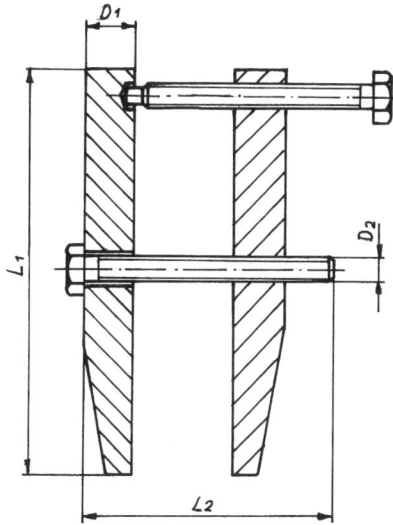

Parallel-Schraubzwinge

gen, Salonwagen und Zellenwagen unterschieden.

Personenzug: → Reisezug mit häufigen Verkehrshalten, der der Beförderung von Reisenden über mittlere Entfernungen dient, heute als Nahverkehrszug bezeichnet. Ein P. wird überwiegend aus → Personenwagen gebildet und befördert außerdem Gepäckwagen, Eilgutwagen und früher auch Bahnpostwagen.

Personenzugwagen: bis etwa 1930 speziell für den Personenzugdienst entwickelte 2- und 3achsige → Sitzwagen. Abb.

Pfeiftafel: Signal der Gruppe „Aufforderungssignale zum Pfeifen (Pf)" des Signalbuchs mit der Bedeutung: a) *Pf 1* Achtungssignal geben! Signalaussehen: weiße Tafel mit schwarzem P; das Signal steht unmittelbar vor Tunneleinfahrten und 200 m vor Gefahren-

Personenzugwagen der Einheitsbauart in H0 (Selbstbau)

stellen, b) *Pf 2* 2mal pfeifen!; Signal-aussehen: zwei weiße Tafeln mit je einem schwarzem P senkrecht übereinander; das Signal steht mindestens 100 m vor dem ungesicherten Bahnübergang. Auf vorbildgetreuen Modellbahnanlagen sollten P. nicht fehlen.

Pinzette: Hilfswerkzeug zum Festhalten kleiner und kleinster Teile, wie z. B. Schrauben, Stifte, Sechskantmuttern. P. gibt es in verschiedenen Ausführungen: Flach-P., spitzzulaufende P. und gekröpfte P.

Plakatfarbe: Anstrichstoff, der gut deckend, wasserverdünnbar und giftfrei ist und untereinander gemischt werden kann. P. ist in allen Grundfarben handelsüblich. P. eignet sich sehr gut für die farbliche Ausgestaltung der Modellbahnanlage.

Plast: → Plastwerkstoffe

Plastilinmasse, *Knete:* knet- und formbare Masse zum Modellieren, die in verschiedenen Farben und Qualitäten (z. T. im Backofen aushärtbar) handelsüblich ist. Im Modellbahnbau ist P. als Ausgangswerkstoff zur Herstellung einfacher Formwerkzeuge z. B. für Zinngußteile geeignet.

Plastkleber: → Kleben

Plastreifen, *Haftreifen:* dienen bei Modellbahntriebfahrzeugen der Erhöhung der Reibung zwischen Rad und Schiene und damit der Zugkrafterhöhung. P. werden in einer entsprechenden Nut in der Lauffläche der Treibräder von Triebfahrzeugen befestigt.

Plastwerkstoffe: nichtmetallische Werkstoffe, die aus Erdöl bestehen oder aus anorganischen Stoffen (z. B. Kalk, Kohle oder Silikone) vollsynthetisch hergestellt werden. Unterscheidung in Duroplaste und Thermoplaste: a) *Duroplaste* sind härtbare Plaste, die sich nach einmaliger Erstarrung nicht mehr erweichen lassen. b) *Thermoplaste* sind nicht härtbar und lassen sich nach dem Erstarren durch Erwärmen wieder in einen plastischen Zustand bringen und somit auch spanlos bearbeiten. Sie finden Anwendung in der Modellbahnindustrie bei der Herstellung von Serienmodellen, wie z. B. Triebfahrzeugen, Wagen, Gebäuden. Plastwerkstoffe können spanabhebend bearbeitet werden. Für die Modellherstellung werden meistens schlagzähe Polystyrole verwendet. Bastler bevorzugen häufig PVC (Polyvinylchlorid), das als PVC-hart und PVC-weich angeboten wird. PVC-hart wird in Form von Tafeln, Rohren, Profilen und PVC-weich als Schaumstoff, Folie, Kabelummantelung angeboten.

Plattenbauweise: am häufigsten angewendete → Anlagenform, die besonders für Heimanlagen geeignet ist. Es sind kein besonderen Kenntnisse in der Holzbearbeitung erforderlich. Anlagen in der P. bestehen im Prinzip aus einer Platte, die durch eine Unterkonstruktion verstärkt und damit verwindungssteif wird. *Nachteile:* Anlagen besitzen eine große Masse, so daß über eine bestimmte Anlagengröße nicht hinaus gegangen werden sollte; es fehlen Möglichkeiten, von unten an verdeckte Gleisanlagen zu gelangen; es können stärkere Fahrgeräusche durch Resonanzwirkung auftreten; eine Abhilfe schafft z. B. eine Filzunterlage. Abb.

Plattformwagen: international als → Flachwagen bezeichneter offener Güterwagen, der keine bzw. nur relativ niedrige Bordwände besitzt und z. T. mit stählernen oder hölzernen Rungen zur Beförderung von langen und schweren Gegenständen ausgerüstet ist.

Polung: Begriff zur Kennzeichnung des Anschlusses eines Verbrauchers an die Pole (Plus-, Minuspol) einer Spannungsquelle. Durch diese Maßnahme wird die Stromflußrichtung festgelegt oder bei gepolten Verbrauchern (z. B. → Elektrolytkondensator) der geforderte Betriebszustand er-

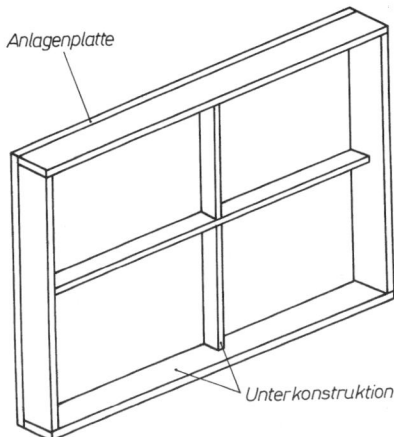

Anlagenplatte

Unterkonstruktion

Plattenbauweise

reicht. Die P. spielt in der Modellbahn-technik eine wichtige Rolle beim → Gleichstrombetrieb. Die Fahrtrich-tung, die sich aus der Drehrichtung des Motors ergibt, ist von der Strom-flußrichtung abhängig. Wegen der vie-len Vertauschungsmöglichkeiten (Mo-tor zu Stromabnehmern, Stromabneh-mer zum Gleis, Gleis zum Gleisan-schluß, Gleisanschluß zum Stromver-sorgungsgerät u. a.) legt NEM 620 eine Zuordnung fest. Beim → Zwei-schienenbetrieb (→ Fahrstromsy-steme) muß in Fahrtrichtung gesehen die rechte Schiene und bei Fahrlei-tungsbetrieb die Oberleitung positiv gepolt sein. Handelsübliche Modelle entsprechen diesen Forderungen, die auch beim *Selbstbau* zu beachten sind. Mit dieser Maßnahme wird ge-währleistet, daß alle Triebfahrzeuge bei gleicher P. die gleiche Fahrtrich-tung haben. Es empfiehlt sich, an der Einspeisungsstelle die Leitungen so zu polen, daß aus der Stellung des → Polwenders die Fahrtrichtung erkenn-bar wird.

Polwender: Schaltelement, das bei → Gleichstrombetrieb zur Fahrtrich-tungsänderung erforderlich ist. Bei handelsüblichen → Netzanschlußge-räten wird der Fahrstromsteller häufig mit dem Polwender, ein mit Nocken ge-steuerter zweifacher → Umschaltkon-takt, kombiniert. Dadurch ist Ein-Knopf-Betätigung möglich. Je nach Drehrichtung des Stellknopfes aus der Nullstellung heraus erfolgt die → Po-lung des Fahrstromes. Mit Hilfe eines zweipoligen Umschalters, z. B. eines entsprechenden Kippschalters, kann in einfacher Weise ein P. selbst herge-stellt werden. Bei → elektronischen Fahrstromstellern ist die Umpolung auch rein elektronisch ohne Umschal-ter möglich. Abb.

Polystyrol: → Plastwerkstoff

Post: → Hauptzeichen

Postwagen: → Bahnpostwagen

Postzug: schnellfahrender Zug aus → Postwagen bzw. → Containerwagen oder → Güterwagen zum Transport von Postgut. P. halten nur auf größe-ren, mit der Post vereinbarten Bahnhö-fen. Im Modell ist eine Nachbildung be-sonders auf kleineren Anlagen leicht möglich, da ein P. meist nur aus weni-gen Wagen und einem schnellfahren-den Triebfahrzeug besteht.

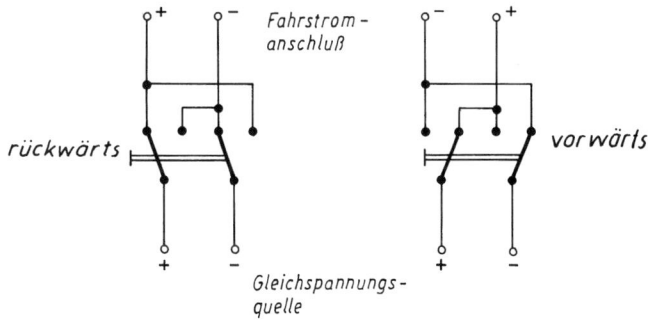

Polwender mit 2poligem Umschalter

Potential: Der Begriff beschreibt Kraft-zustände allgemein, in der Elektrotech-nik benutzt für den durch elektrische Ladungen hervorgerufenen Kraftzu-stand eines Raumpunktes (z. B. beliebi-ger Punkt in elektrischen Schaltun-gen). P. ist ein Maß für eine gegen an-dere Punkte, z. B. gegen Erde oder Masse, gemessene Spannung.

potentialfrei: ladungsfreier und damit spannungsfreier Zustand von elektri-schen Schaltungen untereinander. Wird besonders im Zusammenhang mit untereinander zu verbindenden elektronischen Schaltungen erwähnt, um ihre Ein- bzw. Ausgänge zu charak-terisieren. Bei Benutzung p. Ein- und Ausgänge wird das elektrische Steuer-signal übertragen, aber keine galvani-sche, also keine leitende Verbindung zwischen den Geräten bzw. Baugrup-pen hergestellt. Geeignete Bauele-mente für solche Schaltungen sind → Transformator und → Optokoppler. → Potential

Potentiometer: ursprünglich Bezeich-nung für einen Meßspannungsteiler, später übernommen für alle Anwen-dungen als veränderlicher Spannungs-teiler. → Stellwiderstand

Prägeplatte: handelsübliche Pappe oder → Plast, bei der eine Seite glatt und die andere mit Prägung versehen ist, wie Mauerziegel, Quader, Straßen-pflaster, Dachziegel, Schiefer. P. eig-nen sich für den *Selbstbau* von Gebäu-den, Straßen, Pfeilern, Steinbrücken, Viadukten usw. Sie lassen sich mit Plastkleber → kleben sowie durch Fei-len, → Bohren, → Sägen und Schnei-den bearbeiten.

Prellbock: Vorrichtung am Ende eines → Stumpfgleises, die ein Abrollen von Schienenfahrzeugen über das Glei-sende hinaus verhindert. P. gibt es in

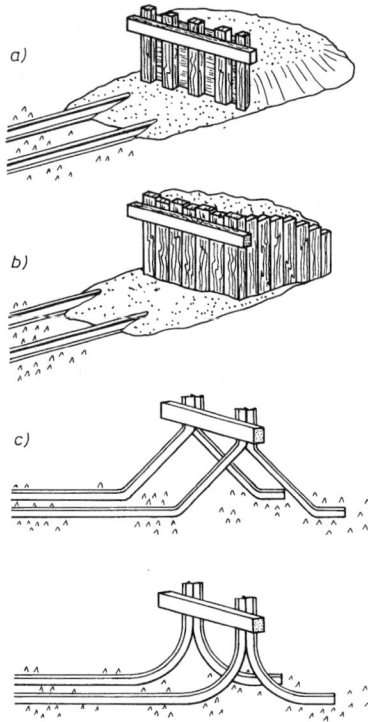

Prellbock
verschiedene Ausführungsarten: a) und b) einfacher Prellbock mit Erdaufschüttung und Bohlenbegrenzung, c) aus Schienenprofilen hergestellte Prellböcke

gen. P. werden aus Holz oder Hartfaser ausgesägt und auf der Grundplatte befestigt. Das P. richtet sich nach der gewünschten Geländeform. b) Zur Nachbildung der Bettung. Es werden Leisten oder Hartfaserstreifen entsprechend dem Trassenverlauf ausgeschnitten und an den Kanten abgeschrägt, so daß ein trapezförmiger Querschnitt entsteht. Abb.

Programmsteuerung: besondere Art einer Steuerung, bei der der zu beeinflussende Prozeß nach einem Programm abläuft. Auch die Steuerung der *Modellbahn* ist eine P., da der Zugbetrieb nach vorgegebenem Programm abläuft. → Steuerung

Prüflampe → Durchgangsprüfer

Puffer: paarweise an den Stirnseiten des → Untergestells der Schienenfahrzeuge mit → Schraubenkupplung angebrachte Stoßeinrichtung. Bauarten: → Stangen-P. und Hülsen-P. mit verschiedenen P.federn, die die Stöße elastisch dämpfen. Um ein einwandfreies Abwälzen sich berührender P.teller beim Bogenlauf zu garantieren, hatte der jeweils in Fahrtrichtung rechte P. einen gewölbten und der linke P. einen flachen P.teller. Neubau-

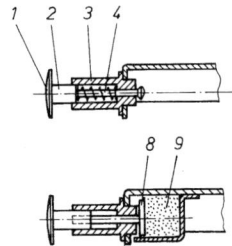

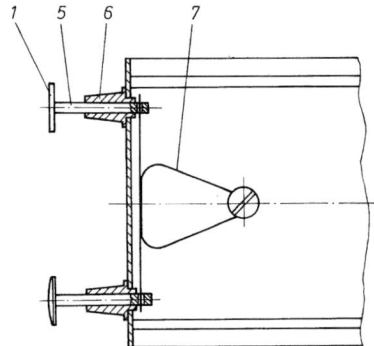

verschiedenen Ausführungen. Sie sind für den Modellbahnbau in allen Nenngrößen in den verschiedensten Ausführungen handelsüblich; ein *Selbstbau* ist leicht möglich. Abb.

Prellbocksicherung: → Stumpfgleissicherung

Primärwicklung: diejenige Wicklung des → Transformators, in die die zu transformierende Energie eingespeist wird. Die P. kann aus mehreren Teilwicklungen bestehen.

Profilbrett: Holzstück mit besonderem Querschnitt, das zum Aufbau einer → Modellbahnanlage verwendet wird. Anwendung: a) Zum Geländebau bei der Gestaltung von Hügeln und Ber-

Profilbrett

Puffer (rechts)
1 Pufferteller, 2 Stößel, 3 Hülse, 4 Schraubenfeder, 5 Stange, 6 Puffergehäuse, 7 Federstahldraht, 8 Druckteller, 9 Schaumgummi

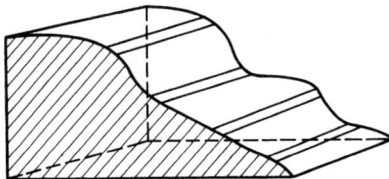

fahrzeuge haben auf beiden Seiten leicht gewölbte P.teller. Bei der *Modellbahn* sind die P. wegen der vorbildwidrigen Zug-und Stoßeinrichtung (→ Bügelkupplung, → Klauenkupplung) i. d. R. ohne Funktion und werden deshalb meist als starre Attrappe angebracht. Nur in besonderen Fällen, wenn z.B. ein →Puffer-an-Puffer-Fahren vorgesehen ist, müssen P. funktionsfähig und somit federnd ausgeführt sein. Beim *Selbstbau* können starre P. aus Messing oder Aluminium gedreht (evtl. in laufender elektrischer Bohrmaschine gefeilt) und in die entsprechenden Bohrungen am → Pufferträger eingelötet oder -geklebt werden. Nach den internationalen Wettbewerbsbestimmungen ist aber auch das Anbringen handelsüblicher P. an Selbstbaumodellen zugelassen. Federnde P. können je nach Nenngröße mit schwachen Schraubenfedern (z. B. von Fahrradventilen) oder dünnen Hebel- oder Drehfedern (Federstahldraht), evtl. auch mit Schaumgummipolster, hergestellt werden. Abb.

Puffer-an-Puffer-Fahren: vorbildgetreue Kupplungsmethode von Modellbahnfahrzeugen, die alle dem Vorbild entsprechenden Kriterien, wie Gleisradien, Übergangsbögen, Zwischengeraden bei Gegenbogen und Federpuffer, voraussetzt. Die ebenfalls dem Vorbild nachgebildete → Schraubenkupplung wird meist mit Hilfe einer Pinzette betätigt. Somit ist das P. nur mit relativ hohem Aufwand und erst von einer größeren Nenngröße an möglich. Ein puffernahes Kuppeln, wobei sich beim Bogenlauf die außenliegenden Puffer weiter entfernen (z. B. Kurzkupplung oder → Steifkupplung) zählt nicht zum P. Abb.

Pufferbohle: umgangssprachliche Bezeichnung für den → Pufferträger. Der Begriff P. stammt aus der Gründungszeit der Eisenbahn, als der gesamte Fahrzeugrahmen aus Holz gefertigt war.

Pufferfeder: meist als Kegel- oder Ringfeder ausgebildetes, elastisches und formveränderungsfähiges Bauteil des → Puffers, das die Rangierstöße dämpft und einen ruhigen Lauf der Fahrzeuge gewährleistet. Bei der *Modellbahn* werden die Puffer nur in besonderen Fällen mit P. versehen.

Pufferhülse: zylindrischer Hohlkörper mit Flansch zur Aufnahme und Führung des Pufferstößels mit Pufferteller. Beim *Selbstbau* wird die P. nur benötigt, wenn der → Puffer federnd sein soll.

Puffermittenabstand: aus der → Spurweite abgeleitetes Maß für den Abstand der Längsmittellinien eines Pufferpaars. Für Normalspurfahrzeuge (1 435 mm) beträgt der P. 1 750 ± 10 mm.

Pufferstand: Höhe der Puffermitte über SO, die 1 065 mm nicht über- und bei beladenem Fahrzeug 940 mm nicht unterschreiten darf, um →Überpufferungen zu vermeiden.

Pufferträger: stirnseitige Querverbindung des → Rahmens von Eisenbahnfahrzeugen, die gleichzeitig zur Aufnahme der → Puffer dient. Bei den → Einheitslokomotiven ist der P. ein U-förmig gebogenes Blech, das relativ leicht auswechselbar mit dem Rahmen verbunden ist. Beim *Selbstbau* erhält der P. Bohrungen zur Aufnahme der Puffer.

Pulsbreitensteuerung: bei elektronischen → Fahrstromstellern angewendetes Stromsteuerverfahren, bei dem der Fahrgleichstrom (Fahrgleichspannung) in näherungsweise Rechteckimpulse zerlegt wird. Das Verhältnis Impulsbreite zu Impulspause bestimmt den Mittelwert des Stromes (Span-

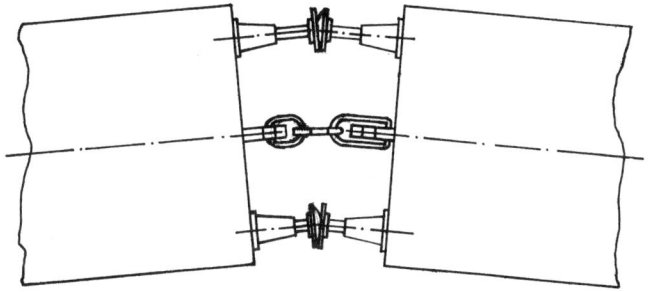

Puffer-an-Puffer-Fahren schematische Darstellung

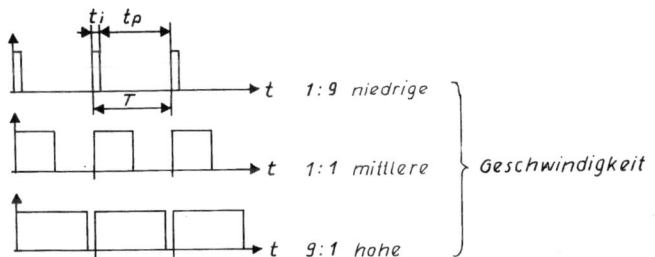

Pulsbreitensteuerung drei Diagramme mit verschiedenen Impuls/Pause-Verhältnissen für verschiedene Geschwindigkeiten

t_i t_p

T

t 1:9 *niedrige*

t 1:1 *mittlere*   } *Geschwindigkeit*

t 9:1 *hohe*

nung) und dadurch die Drehzahl. Die relativ große Impulsamplitude verursacht auch bei kleinen Drehzahlen ausreichend große Drehmomente. Wegen der Übereinstimmung der Impulsbreite mit der Dauer der Impulse heißt diese Art der Stromsteuerung auch Pulsdauersteuerung. Die bei diesem Verfahren angewendete Frequenz liegt optimal zwischen 30 und 120 Hz und wird durch einen → Generator erzeugt. Einige Verfahren verwenden für → Zugbetrieb eine höhere, für → Rangierbetrieb (→ Rangiergang) eine niedrigere Frequenz, z. B. 100 und 50 Hz. Abb.

Pulsdauersteuerung: → Pulsbreitensteuerung

Punktkontaktgleis: Mittelleitergleis, dessen Mittelleiter zur Verringerung der Sichtbarkeit durch Punktkontaktreihen ersetzt wurde. Der eigentliche Mittelleiter befindet sich unter dem Schwellenrost. Zur Stromabnahme wird ein skiförmiger Schleifer benutzt, der immer mehrere Punktkontakte mit der Form von Ziernagelköpfen berührt. Das P. wird in der Nenngröße H0 von der Fa. MÄRKLIN vertrieben.

PVAc-Kaltleim: ein auf Latexbasis hergestellter, handelsüblicher Kaltleim, der mit Wasser verdünnbar, aber nicht wasserlöslich ist. Er ist verwendbar zum Kleben von Holz, Pappe, Papier und → Schaumpolystyrol. → Kleben

PVC: → Plastwerkstoffe

Q

Querbahnsteig: besondere Form eines → Bahnsteigs, der quer zur Gleisachse liegt und bei großen → Kopfbahnhöfen (dort Abb.) die einzelnen Bahnsteige miteinander verbindet.

Querschneider: Werkzeug zum Schneiden von Drähten. Ein Q. hat einen ähnlichen Aufbau wie eine Kneifzange, ist jedoch kleiner. Er ist ein unentbehrliches Werkzeug beim Verdrahten.

Querträger: 1. Querverbindung im Rahmen von Eisenbahnfahrzeugen. – **2.** Bauteil im → Drehgestell, das → Rahmenwangen miteinander verbindet. Der Q. vergrößert die Steifigkeit der genannten Fahrzeugbauelemente. *Selbstbau:* → Rahmen, →Drehgestellrahmen

Quertragwerk: Einrichtung zur Aufhängung der → Fahrleitung im Bahnhofsbereich bei drei und mehr Gleisen. Die erforderlichen Maste werden links und rechts des Gleiskörpers aufgestellt. Bei der *Modellbahn* sind Quertragwerke zur Überspannung von Bahnhöfen in allen Nenngrößen handelsüblich. Abb.

Quertragwerk Regelausführung (Prinzip): 1 Quertragseil, 2 Hängeseil, 3 oberes Richtseil, 4 unteres Richtseil, 5 Beiseil, 6 Fahrdrahtaufhänger, 7 Fahrdraht, 8 Isolator z. T. mit Federung, 9 Isolator

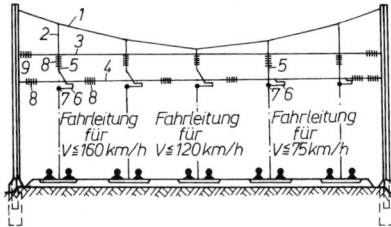

Fahrleitung für V≤160 km/h   Fahrleitung für V≤120 km/h   Fahrleitung für V≤75 km/h

R

Radialachse: Radsatz, der sich infolge der Beweglichkeit im → Laufwerk radial zur Krümmung des Gleisbogens einzustellen vermag.→ Lenkachse

Radisolation: in der Modellbahntechnik angewendete elektrische Isolation zwischen Radkranz und Achse zur Vermeidung von → Kurzschlüssen bei Zweileiter-Gleisen. Die R. kann ein- oder beidseitig als Isolierbuchse zwischen Radstern und Achse oder als Isolierring zwischen Radreifen und Radstern eingebracht werden. Bei Plast-radsätzen bewirkt in der Regel der Rad-stern oder die Radscheibe die R.

Radius: → Halbmesser

Radreifen: auf Radkörper aufge-schrumpfter und mit Sprengring gesi-cherter Reifen aus Stahl mit Lauffläche und → Spurkranz. Bei der *Modellbahn* besteht der R. meist aus Metall, der Radkörper aus Plast, wodurch gleich-zeitig eine elektrische Isolierung zur Achse erfolgt. Für besondere Zwecke (z. B. Wagenbeleuchtung) wird ein R. einschließlich des Radkörpers aus Me-tall gefertigt und unisoliert auf die Achse gepreßt. → Radreifenprofil, → Radsatz

Radreifenprofil: festgelegte Form der Lauffläche und des Spurkranzes bei → Radreifen. Bei der *Modellbahn* ist das R. in NEM 311 (s. Anhang) standardi-siert.

Radsatz: kraftschlüssige Verbindung zwischen → Achse und zwei Eisen-bahnrädern. Unbedingte Betriebssi-cherheit und ruhiger Lauf der Fahr-zeuge erfordern eine einwandfreie Be-schaffenheit der R. Bei der *Modell-bahn* ist der R. in NEM 310, NEM 313 und NEM 314 (s. Anhang) standardi-siert. Je nach dem Schienensystem ist der R. beidseitig, einseitig oder gar nicht isoliert. Der *Selbstbau* ist nur in besonderen Fällen erforderlich, da die Verwendung handelsüblicher R. auch für internationale Wettbewerbsmo-delle zugelassen ist.

Radschleifer: Stromabnehmer an Mo-dellbahn-Triebfahrzeugen, der als fe-dernder Schleifer den → Fahrstrom vom → Radreifen aufnimmt und über-trägt. Als R. ist dünnes Federmessing zu bevorzugen, da Federstahldraht bei Überlastung (z. B. → Kurzschluß) aus-glühen kann und somit unbrauchbar wird. Um keinen Bremseffekt zu erzie-len, sollte der R. ausreichend lang sein und keine zu große Federvorspan-nung aufweisen. Um Staubansatz zwi-schen Rad und R. zu vermeiden, ist ein kurzes Abwinkeln des R. an der Schleif-stelle anzuraten, damit er nur mit schmaler Kante am Rand anliegt und sich somit selbst reinigt. Abb.

Radstern: Radkörper der Speichenrä-der (z. B. bei Wagenradsätzen alter Bauart sowie bei Lauf-, Treib- oder Kup-pelradsätzen), bestehend aus Rad-nabe, Speichen und Unterreifen, auf

den der → Radreifen aufgeschrumpft wird. Bei Triebfahrzeugen mit → Stan-genantrieb sind zusätzlich → Gegenge-wichte im R. eingegossen. Bei der *Mo-dellbahn* besteht der R. meist aus Plast, wobei die Nabe mit einer Mes-singbuchse verstärkt ist. Beim *Selbst-bau* von Triebfahrzeugen stehen mit-unter die gewünschten Raddurchmes-ser nicht zur Verfügung. In solchen Fäl-len kann man den R. von einem etwas größeren Rad auf der Drehmaschine verkleinern und in einen entsprechend gedrehten Radreifen einkleben. Ver-kleinerungen nach dieser Methode sind natürlich maßlich begrenzt.

Rahmen: Hauptbauteil des → Fahrge-stells von Triebfahrzeugen und des Un-tergestells von Wagen, an dem die Zug- und Stoßeinrichtung befestigt ist. Der R. trägt die Aufbauten des Fahr-zeugs, bei Dampfloks den Lokomotiv-kessel und das → Triebwerk, und stützt sich über → Tragfedern elastisch auf dem → Laufwerk ab. Die Stabilität des R. gewährleisten R.verbindungen, wie → Querträger, → Pufferträger, Kopf-stücke, Mittellangträger, Diagonalstre-ben usw., bei langen R. für Wagen au-ßerdem Versteifungen der →Langträ-ger mit → Sprengwerken. Bei der *Mo-dellbahn* hat meist nur der Lok-R. eine funktionelle Bedeutung. Der Wagen-R. ist an der Unterseite des Wagenka-stens nur angedeutet, z. T. jedoch recht gut nachgebildet. Beim *Selbst-bau* wird der Lok-R. aus → Rahmen-wangen hergestellt, die durch R.ver-bindungsstücke miteinander ver-schraubt werden, wobei Verbindungs-stücke (Messingklötzchen oder -buch-sen) mit Gewindebohrungen verse-hen werden. Als Schrauben werden → Senkschrauben verwendet. Der Wa-gen-R. wird in Blechbauweise bzw. mit Blechprofilen hergestellt. Je nach Nenngröße und Zweck des Modellfahr-zeugs kann der R. wesentlich verein-facht werden.→ Langträger, Mittelträ-ger und Diagonalstreben, die an den Enden mit den → Pufferträgern verlö-tet werden, reichen meist schon aus. An der Oberseite der Pufferträger kön-nen sich die Befestigungsbohrungen für den → Wagenkasten befinden. Ist ein Modellfahrzeug nur für reinen Fahr-betrieb vorgesehen, kann man auf die Darstellung des R. verzichten. Puffer-träger und Wagenkastenboden wer-

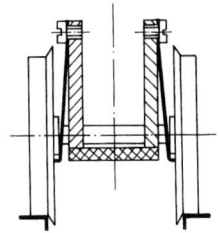

Radschleifer

1)

2)

3)

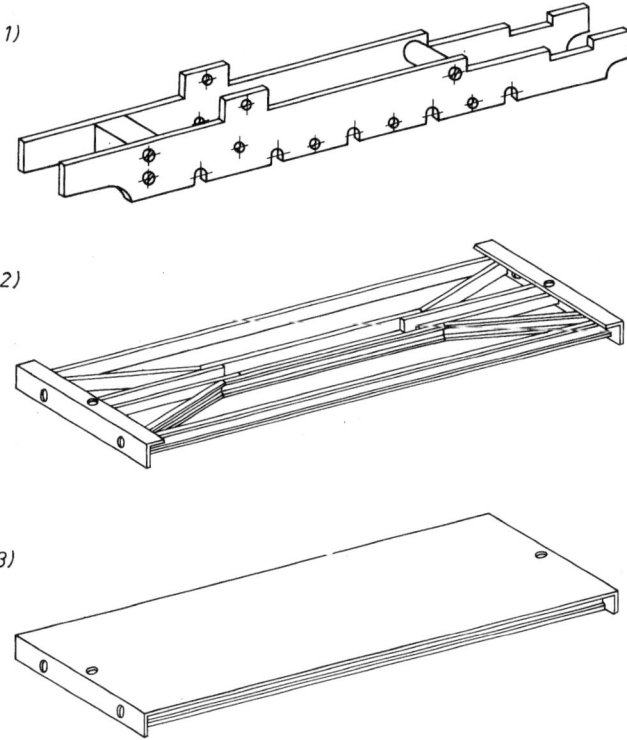

Rahmen
1) Lokrahmen, 2) Rahmen für 2achsigen Wagen (vereinfacht), 3) Wagenkastenboden mit Pufferbohlen und äußeren Langträgern (einfachste Wagenrahmenform)

den dann aus einem Stück hergestellt (→ Abkanten) und nur mit äußeren Langträgern verstärkt. Der Raum zwischen den Langträgern kann für die Unterbringung und Befestigung der U-förmigen → Achshalter dienen. Abb.

Rahmenbauart: konstruktive Ausführung von → Rahmen für Eisenbahnfahrzeuge. Abb.

Rahmenbauwerk: → offene Anlagenform

Rahmenplatine: → Rahmenwange

Rahmensteifigkeit: Festigkeit des → Rahmens gegen Durchbiegung und Verwindung. Bei Wagenrahmen wird die R. durch → Sprengwerke erhöht.

Rahmenwangen: platinenartige Rahmenplatte zur Aufnahme des → Laufwerks und ggf. des → Getriebes (z. B. bei Lokrahmen oder Drehgestellrahmen). Beim *Selbstbau* werden R. paarweise gefertigt, wobei die → Mehrschichtfertigung angewendet werden kann. Da i. d. R. Lok-R. aus dickerem Messingblech hergestellt werden, kann eine zusätzliche Holzunterlage (wie bei Mehrschichtfertigung vorgeschlagen) entfallen. Jedoch ist ein vorheriges Verbinden der Blechplatten durch Schrauben oder Löten unbedingt erforderlich. Erst wenn der komplette Zuschnitt, alle Bohrungen und ein Nachfeilen der Konturen erfolgten, dürfen R. voneinander getrennt werden (s. Abb. → Rahmen, → Drehgestellrahmen).

Rangierbahnhof: in Knotenpunkten des Eisenbahnverkehrs gelegener größerer → Bahnhof mit Gleisgruppen zur → Zugauflösung und → Zugbildung. *Arten:* Flachbahnhof, Gefällebahnhof, 1- oder 2seitiger R. Wichtige *Teile* des R.: → Einfahrgruppe, → Ablaufberg, → Ausfahrgruppe. Ein vorbildgetreuer

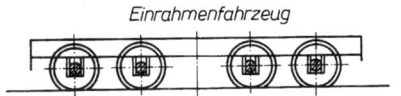

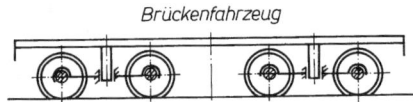

Einrahmenfahrzeug

Brückenfahrzeug

Gliederfahrzeug

Gelenkfahrzeug

Rahmenbauart

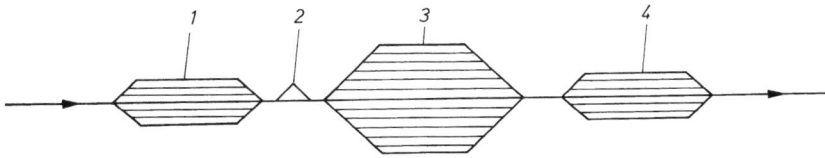

Rangierbahnhof schematische Darstellung: 1 Einfahrgruppe, 2 Ablaufberg, 3 Richtungsgruppe, 4 Ausfahrgruppe

R. ist im Modell wegen des sehr großen Platzbedarfs selten. Abb.

Rangierbetrieb: Sammelbegriff für alle Handlungen, die der → Zugauflösung und → Zugbildung dienen. Dazu gehören: Bewegen und Aufhalten der Wagen, Bedienen der Weichen und Gleissperren, Kuppeln und Entkuppeln der Fahrzeuge und Sicherung stillstehender Wagen gegen unbeabsichtigte Bewegung. Auf der Modellbahnanlage ist die Nachbildung des R. sehr beliebt.

Rangieren: Bewegung von Fahrzeugen innerhalb der → Bahnhöfe und → Anschlußbahnen sowie auf Baugleisen, sofern diese keine Zugfahrt ist. → Rangierbetrieb

Rangiergang: in Anlehnung an das Vorbild in der Modellbahntechnik angewendete Umschaltung der → Fahrstromversorgung, die das fast ruckfreie Anfahren und die Ausführung von Rangiermanövern mit der entsprechenden Modellgeschwindigkeit erlaubt. Im R. erfolgt die Stromversorgung der Triebfahrzeuge im → Halbwellenbetrieb (50-Hz-Halbwellenstrom, → Gleichrichtung). Die im Verhältnis zum Mittelwert der Gleichspannung relativ großen Amplituden entwickeln in den Triebfahrzeug-Motoren auch bei niedrigen Drehzahlen ausreichende Drehmomente. Bei handelsüblichen → Fahrstromstellern (Transformator mit Gleichrichter) kann der R. durch Einbau eines einpoligen → Schalters nachgerüstet werden. Durch Öffnen des Schalters erfolgt der Übergang in den 50-Hz-Halbwellenbetrieb. Der Spannungssprung dabei kann vermieden werden, wenn anstelle des Schalters ein → Stellwiderstand verwendet wird. Der Widerstandswert liegt zwischen 20 und 100 Ω und hängt von den eingesetzten Triebfahrzeugen ab. Elektronische Fahrstromsteller arbeiten meistens mit → Pulsbreitensteuerung, bei ihnen wird der R. bei kleinen Impulsbreiten ohne zusätzliche Maßnahme, ggf. auch durch Fre-

Gleichrichter *Polwender* *Ausgang*

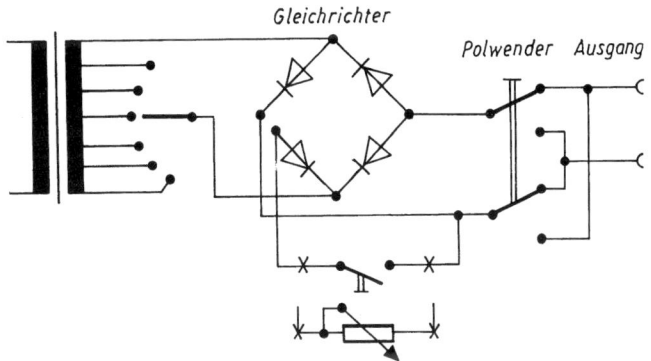

quenzwechsel erreicht. Abb.

Rangierlokomotive: → Triebfahrzeug, das speziell für den → Rangierbetrieb auf → Bahnhöfen und → Anschlußstellen entwickelt und konstruktiv ausgelegt ist. *Besonderheit:* Dampf-R. mit extrem kleinen → Radsätzen, Diesel-R. mit →Rangiergang. Abb.

Rangiersignale, Ra-Signale: Signale der Gruppe „Signale für den Rangierdienst (Ra)", die im Regelfall für alle mit dem Rangierdienst im Zusammenhang stehende Bewegungen gelten. Für die vorbildgetreue Gestaltung von Modellbahnanlagen sind die folgen-

Schaltungsbeispiel für die Nachrüstung des Rangiergangs mit 50-Hz-Halbwellen bei einem handelsüblichen Fahrtrafo

Rangierlokomotive BR 80 in H0 (Roco)

den sichtbaren R. ausreichend: a) Ra 6 bis Ra 8 (→ Abdrücksignale), b) Ra 10 Rangierhalttafel (oben halbkreisförmige weiße Tafel mit schwarzem Rand, über die hinaus in ein Einfahrgleis nicht rangiert werden darf), c) Ra 11 Rangierhaltsignal (Ra 11a gelbes W. mit schwarzem Rand, wird nur in Verbindung mit Ra 12 angewendet; Ra 11b weißes W. mit schwarzem Rand; ein Wärter erteilt akustisch oder optisch einen Fahrauftrag), d) Ra 12 Rangierfahrtsignal (zwei weiße Lichter nach rechts steigend, die am Signal Ra 11a oder an allen haltzeigenden → Hauptsignalen eine Rangierfahrt erlauben).

Rangiersteuerung: Teilprozeß der Modellbahnsteuerung, der die Ausführung von Rangiermanövern erlaubt. Die R. ist sowohl von Hand als auch automatisch möglich. R. werden erst bei umfangreichen Modellbahnsteuerungen, bei denen zwischen → Zugbetrieb und → Rangierbetrieb unterschieden wird, notwendig. → Rangiergang

Raucherzeuger: Vorrichtung zur Erzeugung eines rauch- oder dampfähnlichen Effekts, die in Dampflokmodellen oder Gebäuden eingebaut werden kann. Dabei wird ein spezielles Dampföl in einem durch eine Heizspirale beheizten Zylinder verdampft.

Raumbedarf: zum Aufbau einer Modellbahnanlage benötigte Fläche eines Raumes, die von der → Nenngröße und dem → Anlagenmotiv abhängig ist.

Rechteckanlage: zur → geschlossenen Anlagenform gehörende und verbreitetste Modellbahnanlagenform, die aber für vorbildgetreue Anlagengestaltung am wenigsten geeignet ist. *Nachteile:* mangelhafte Überschaubarkeit der gesamten Anlage, fehlende optische Trennung von einzelnen Motiven, sehr kleine Gleisradien bei kleinen und erschwerte → Zugänglichkeit bei großen Anlagen. → Anlagenform.

Rechteckschuppen: Fahrzeugschuppen mit einem rechteckigen Grundriß, der zum Unterstellen von Triebfahrzeugen dient. Je nach Größe gelangt man in den R. über Weichen oder eine Schiebebühne. In allen Nenngrößen handelsüblich.

Reed-Kontakt: → Schutzgas-Rohr-Kontakt

Reed-Relais: → Relais

Regelschlußsignal (Signal Zg 3): Signal der Gruppe „Signale an Zügen und Kleinwagen (Zg)" des Signalbuchs, mit dem die Kennzeichnung des Zugschlusses erfolgt. Signalaussehen als a) Tageszeichen: am letzten Fahrzeug in gleicher Höhe zwei viereckige, von vorn und hinten sichtbare rot-weiße Scheiben und b) Nachtzeichen: am letzten Fahrzeug in gleicher Höhe zwei von vorn sichtbare weiße und von hinten sichtbare rote Lichter (Oberwagenlaternen) bzw. bei luftgebremsten Reisezügen nur zwei nach hinten sichtbare rote Lichter.

Regelspitzensignal (Signal Zg 1): Signal der Gruppe „Signale an Zügen und Kleinwagen (Zg)" des Signalbuchs, mit dem die Kennzeichnung der Spitze von Zügen erfolgt. Signalaussehen: drei weiße Lichter in Form eines A (Dreilichtspitzensignal).

Regelspur: ist die in Europa am häufigsten verwendete Spurweite mit 1 435 mm. Von der R. werden alle Modellspurweiten abgeleitet, z. B. H0 = 1 435 : 87 = 16,5 mm.

Regeltrafo: → Stelltransformator

Regelung: höchstentwickelte Form einer Steuerung, bei der die zu beeinflussende Größe fortwährend *gemessen*, *verglichen* und *gestellt* wird. Fortwährend im Sinne des Regelprozesses heißt, daß die Teilprozesse Messen, Vergleichen und Stellen genügend oft vollzogen werden. Der Meßvorgang liefert ein Meßsignal, das mit einem als Sollwert wirkenden, auf andere Weise bereitgestellten Steuersignal verglichen wird (Soll-Istwert-Vergleich). Aus dem Vergleich entsteht das Stellsignal, das auf die zu beeinflussende Größe wirkt. Da bei einer R. ein kreisförmiger Informationsfluß vorhanden ist, spricht man auch von dem *Regelkreis.* Im Prinzip lassen sich alle Prozeßgrößen (auch die der *Modellbahn*) regeln, allerdings mit unterschiedlichem Aufwand. Die Modellbahngeschwindigkeit zu messen, ist gegenwärtig nur mit großem elektronischem Aufwand möglich und wird aus diesem Grunde nicht getan. Deshalb kann man sachlich richtig nicht von Geschwindigkeitsregelung sprechen, es ist aber eine → Geschwindigkeitssteuerung. Selbst die Bezeichnung als Handregelung ist hier nicht angebracht, da wohl kaum ein Modelleisenbahner die

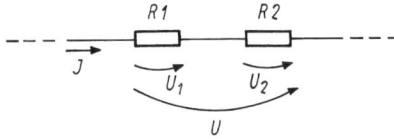

Reihenschaltung

Fahrzeuggeschwindigkeit fortwährend (mit den Augen) mißt, den Wert (im Kopf) mit dem (in seiner Vorstellung vorhandenen) Sollwert vergleicht und den → Fahrstromsteller entsprechend betätigt.

Regelwiderstand: → Stellwiderstand

Reibungsgewicht: → Reibungsmasse

Reibungsmasse: Gesamtmasse eines Triebfahrzeuges (Summe der Achsfahrmasse aller angetriebenen Radsätze), die über → Treibradsätze und → Kuppelradsätze auf Schienen übertragen wird. Die R. bestimmt die Größe der auf die Schienen übertragbaren Zugkraft. Bei der *Modellbahn* reicht die R. oft nicht aus, was zu unzureichender → Haftreibungszugkraft führt. Deshalb wird die R. durch → Ballastgewichte oder → Haftreifen erhöht.

Reibungszugkraft: → Haftreibungszugkraft

Reihenschaltung, *Serienschaltung, Hintereinanderschaltung:* Zusammenschaltung elektrischer Verbraucher in der Weise, daß der Eingang eines Verbrauchers mit dem Ausgang des anderen verbunden ist. Alle Verbraucher werden vom gleichen Strom durchflossen. Für Berechnungen gelten die Kirchhoffschen Gesetze und daraus entwickelte Regeln: $U_1 + U_2 = U$; $U_1/U_2 = R_1/R_2$; $U_1/U = R_1/(R_1 + R_2)$; $R = R_1 + R_2$ Die Summe der Teilspannungen ist gleich der Gesamtspannung. Zwei Teilspannungen verhalten sich wie die zugehörenden Widerstände, das gilt auch für eine Teilspannung und die Gesamtspannung. Der Gesamtwiderstand ergibt sich aus der Summe der Teilwiderstände. Eine Unterbrechung in einem Verbraucher unterbricht den Strom in der ganzen Schaltung. Die in der Abbildung dargestellte Schaltung wird auch als Spannungsteiler bezeichnet, da aus der größeren Gesamtspannung (*U*) kleinere Teilspannungen (U_1, U_2) erzeugt werden. Mit → Stellwiderständen werden variable Spannungsteiler aufgebaut (Abb. b), die auch in → Fahrstromstellern verwendet werden. Zu Beleuchtungszwecken werden bei der *Modellbahn* Reihenschaltungen mit Glühlampen eingesetzt. Gegensatz: Parallelschaltung. Abb.

Reiseverkehr: alle Bewegungen auf dem Streckennetz der Eisenbahn, die der Beförderung von Reisenden dienen. Der R. bildet auf der Modellbahnanlage meistens einen Schwerpunkt, da die verschiedensten → Reisezugwagenarten eingesetzt werden können.

Reisezug: aus → Reisezugwagen bestehende und dem öffentlichen Personenverkehr dienende Beförderungseinheit der Eisenbahn. R. werden eingeteilt entsprechend der Reisegeschwindigkeit, dem Reisekomfort und den Unterwegshalten in verschiedene Zuggattungen. Es gibt Intercity-Expreßzüge, Intercity-, Eurocity-, Schnell-, Interregio-, Eil- und Nahverkehrszüge. In R. werden zur Betreuung der Reisenden → Speisewagen, → Schlafwagen, → Liegewagen oder Sa-

Reisezug

lonwagen eingeordnet. Auf Grund des großen Angebots an Reisezugwagen in allen Nenngrößen lassen sich die verschiedensten Reisezugarten auf der Modellbahnanlage einsetzen. Abb.

Reisezugwagen: Eisenbahnwagen, der im → Reisezug eingesetzt wird und überwiegend zur Beförderung von Reisenden und Kleingut bestimmt ist. → Reisezugwagenarten

Reisezugwagenarten: Eisenbahnwagen, die in Personenwagen (Sitz-, Liege-, Schlaf-, Speise-, Salon- und Zellenwagen), in kombinierte Wagen (z. B. Sitz-/Gepäckwagen) und in Kleingutwagen (Gepäck- und Postwagen) eingeteilt werden. Eine weitere Einteilung erfolgt nach normalem (2. Klasse) und erhöhtem Komfort (1. Klasse) und nach der Beförderungsart normal (Personenzugwagen) und schnell (Eil-, Schnell- und Expreßzugwagen), wozu auch →InterCity-Wagen zählen. Nach wagentechnischen Gesichtspunkten unterscheidet man noch Einetagenwagen und Zweietagenwagen (Doppelstockwagen) sowie 2-, 3- und 4achsige Reisezugwagen.

Rekowagen: umgangssprachliche Bezeichnung für rekonstruierte Reisezug-, Gepäck- und Postwagen der DR. Grundsätzliche Einteilung in Gruppen: a) 2- und 3achsige R.: aus etwa 12 verschiedenen Wagentypen entstand ein einheitlicher Typ eines R. Mit Rücksicht auf einheitliche Wagenlängen wurden u. a. die Rahmen verändert (z. T. durch Anschäftung der Langträger). Hölzerne Wagenkästen wurden durch geschweißte stählerne ersetzt. Laufwerke wurden überarbeitet, blieben im wesentlichen aber unverändert. b) 4achsige R.: Es wurden einheitliche Rahmen, Laufwerke und Bremsen eingebaut; diese R. erhielten Wagenkästen mit freitragenden Seiten-

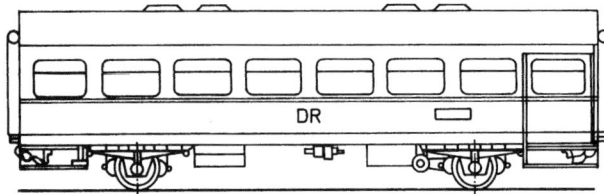

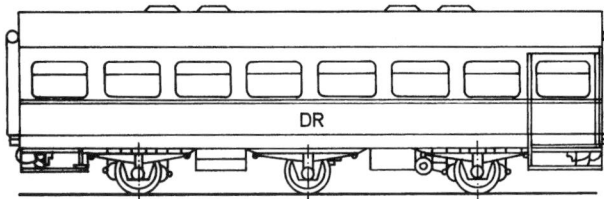

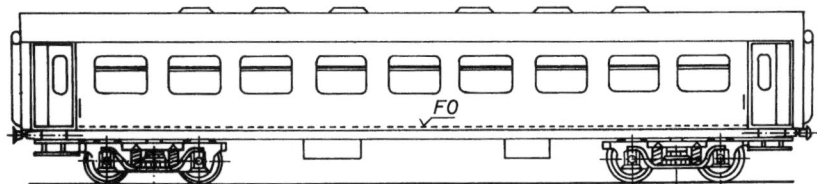

Rekowagen
1) 2achsiger Rekowagen, 2) 3achsiger Rekowagen, 3) 4achsiger Rekowagen mit Drehgestellen

wänden und Drehfalttüren sowie eine neue Innenausrüstung. →Umbauwagen. Abb.

Relais: elektromagnetisches Bauelement, das bei Erregung durch einen Steuerstrom eine Schaltfunktion ausführt. Die magnetische Kraftwirkung bewegt einen als Hebel ausgebildeten Anker, der auf → Schaltkontakte wirkt (→ Arbeitskontakt, → Ruhekontakt, → Umschaltkontakt). Schaltkontakte werden meist in Gruppen zu Kontaktsätzen zusammengefaßt und gemeinsam betätigt. Die Rückstellung erfolgt bei Fortfall der magnetischen Kraftwirkung durch Federkraft. Neben dieser eigentlichen Funktion werden R. auf Modellbahnanlagen auch als Antriebe von Zubehörartikeln (Weichen, Signale) eingesetzt. Wichtige Kenngrö-

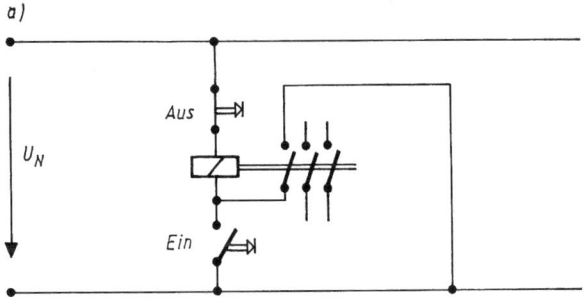

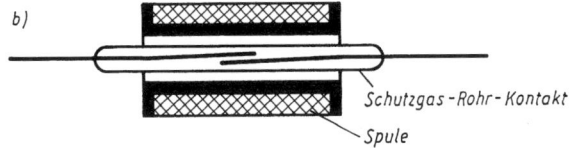

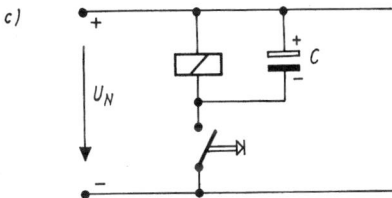

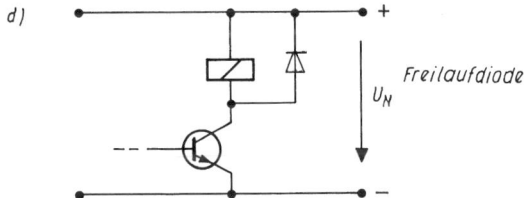

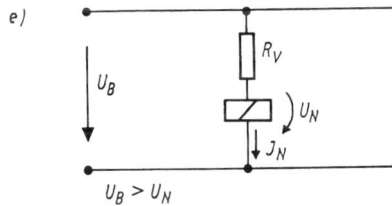

ßen des R. sind: a) → Nennspannung, b) Wicklungswiderstand R_N (Ohmscher → Widerstand der Wicklung), c) Kontaktbelastbarkeit (max. zulässiger Strom bei Nennspannung des Kontaktes), ist von Kontaktwerkstoff, -fläche und -abstand abhängig. *Relaistypen:* 1) Unterscheidung nach der Stromart: *Gleich- und Wechselstrom-R.*, Wech-

Relais
a) Selbsthalteschaltung, b) prinzipieller Aufbau eines Reedrelais, c) Schaltung zur Ein- und Ausschaltverzögerung, d) Schaltung zur Dämpfung von Induktionsspitzen mit Freilaufdiode, e) Betrieb eines Relais mit Reihenwiderstand; es gelten die Beziehungen $R_V = (U_B - U_N)/I_N$, $R_P = U_N/(I_B - I_N)$, $P_{RV} = (U_B - U_N) \cdot I_N$ (mit U_B = Betriebsspannung, U_N = Nennspannung des Relais, I_B = Betriebsstrom, I_N = Nennstrom des Relais; P_{RV} = Verlustleistung im Vorwiderstand) f) innere Schaltung eines Schaltrelais (Piko)

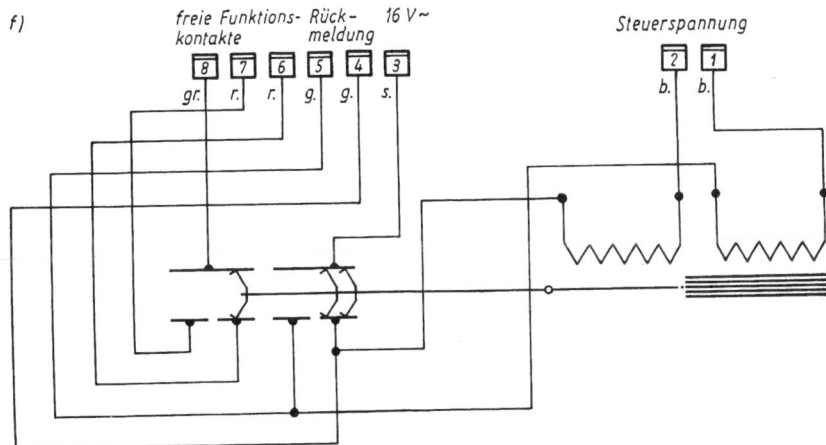

selstrom-R. haben aus Blechen geschichtete Eisenkerne zur Vermeidung von Wirbelströmen. Sie werden vorzugsweise in der Starkstromtechnik eingesetzt. Gleichstrom-R. dagegen finden vorwiegend in der Nachrichten- und Steuerungstechnik Verwendung. 2) Unterscheidung nach Konstruktionsmerkmalen: Es gibt Rund- und Flach-R. Die Bezeichnungen sind auf die Ausführung der Magnetspulen in runder oder flacher Form zurückzuführen. Beide haben größere Abmessungen und entwickeln entsprechende Kräfte, weshalb sie von Modelleisenbahnern auch als Weichen- oder Signalantriebe verwendet werden. Weitere Bauformen sind Klein- und Miniatur-R., die zum Teil gasdicht gekapselt sind. Besonders kleine Ausführungen sind nicht größer als → Schaltkreise und passen in das gleiche Anschlußraster. Viele R.-Typen sind mit Stecksockel ausgerüstet, wozu es die passenden Fassungen gibt. Eine Sonderbauart ist das Reed-R. Es besteht aus einem Schutzgas-Rohr-Kontakt, der von einer Magnetspule umgeben ist (Abb. a). Bei Stromdurchgang schließen die Magnetkräfte den Kontakt. Es gibt nicht nur Arbeits- sondern auch Umschaltkontakte. 3) Unterscheidung nach Sonderfunktionen: a) Polarisierte R. reagieren infolge einer Vormagnetisierung mit → Permanentmagnet auf die Richtung des Erregerstromes. b) Verzögerte R. wurden im Aufbau so verändert, daß sie eine Anzugs- und/oder Abfallverzögerung besitzen. c) Bei Zeit-R. kann die Einschaltdauer beeinflußt werden. d) Schalt-R. können in zwei Grundstellungen geschaltet werden. Sie enthalten meist zwei Erregerwicklungen (in der Modellbahntechnik → Doppelspulenantrieb mit → Endabschaltung). 4) Nutzung besonderer Effekte: a) Bimetall-R. sind eine Form der Zeit-R. und enthalten einen Bimetallkontakt, der durch eine Heizwicklung erwärmt wird. Durch Veränderung des Kontaktabstandes ist die Schaltzeit in großen Bereichen einstellbar (1 bis 300 s). Die Abfallzeit hängt von der Abkühlgeschwindigkeit ab. b) Elektronische R. sind speziell angefertigte Komplettschaltungen, die als Schaltelement einen → Thyristor oder → Triacs enthalten und vorwiegend Wechselstrom-

verbraucher schalten. In der Regel werden diese Schaltungen mittels → Optokoppler → potentialfrei betrieben. Einige Schaltungstips: a) Die Selbsthalteschaltung dient zur Ein- bzw. Ausschaltung eines R. auf Dauer, neben einem Ein- und einem Aus-Taster (→ Taster) wird auch ein → Arbeitskontakt des R. als Hilfskontakt benötigt (Abb. b). Der Hilfskontakt hält nach Betätigung des Ein-Tasters den Strom durch die Relaisspule solange aufrecht, bis der Aus-Taster ihn unterbricht und das R. abfällt. b) Ein- und Ausschaltverzögerung erhält man auch durch die Parallelschaltung eines Kondensators zum R. Die erreichbare Verzögerung ist vom Wicklungswiderstand und von der Kapazität des → Kondensators abhängig (Richtwert 50 bis 1 000 μF) (Abb. c). c) Die R.-Ansteuerung durch Transistor ist problematisch, da bei der Abschaltung der R.-Spule die in ihrem Magnetfeld gespeicherte Energie entladen werden muß und zu Selbstinduktionsspannungsspitzen (Abreißfunke, Abschaltfunke) führt. Diese Spannungsspitzen können die Sperrschicht des Transistors durchschlagen und ihn zerstören. Deshalb wird der Relaisspule eine → Gleichrichterdiode in Sperrichtung zur Betriebsspannung parallelgeschaltet (Abb. d). Im Abschaltmoment fließt der Entladestrom durch die Diode und macht die Spannungsspitze unschädlich. Die Diode selbst wird nicht überlastet, da der Wicklungswiderstand den Strom begrenzt. Die Entladediode wird in der Technik als Freilaufdiode bezeichnet. Sie muß bei allen Spulen, die mit Halbleiterbauelementen geschaltet werden, vorgesehen werden. d) Bei Abweichungen der Betriebsspannung von der Nennspannung nach oben können Vorwiderstände zugeschaltet werden. Ihre Bemessung folgt dem Ohmschen Gesetz: $R_V = (U_B - U_N)/I_N$. Da im Dauerbetrieb Nennspannung und -strom nicht überschritten werden dürfen und die Lösung mit dem Vorwiderstand nicht immer günstig ist, besteht auch die Möglichkeit des Umwickelns des R. Dazu ist die Kenntnis der Windungszahl w und des Anzugstromes I_N notwendig, das Produkt aus beiden $I_N \cdot w$ muß beim Umwickeln konstant bleiben. Unter der Voraussetzung des konstanten Wickelraumes gelten

dann folgende Formeln:
$I_{N1}/I_{N2} = w_2/w_1$; $\quad U_{N1}/U_{N2} = w_1/w_2$;
$(d_1/d_2)^2 = w_1/w_2$; $\quad R_{N1}/R_{N2} = (w_1/w_2)^2$
(mit R_N Wicklungswiderstand und d Drahtdurchmesser). Abb.

Relief: → Geländeprofil

Richtungsgleis: Gleis eines → Rangierbahnhofs, in dem Wagen für eine bestimmte Zugbildungsrichtung gesammelt werden. Auf kleineren Bahnhöfen ist das R. meist auch das → Ausfahrgleis. Die Anzahl der R. wird durch Zahl und Aufkommen der Zugbildungsrichtungen bestimmt.

Richtungsgruppe: Gruppe von → Richtungsgleisen in einem → Rangierbahnhof.

Riffelblech: Blech mit erhabenem, meist rhombenförmigem Rippenmuster, das als rutschsichere Trittfläche für → Umlauf, → Trittstufen u. ä. sowie als Abdeckung von Weichenschalt- und Seilumlenkkästen usw. dient. Bei der *Modellbahn* kann je nach Nenngröße durch Andeutung des R. die optische Wirkung erhöht werden. Beim *Selbstbau* kann das Rhombenmuster a) mit einer scharfen Reißnadel (möglichst mit Hilfe einer Zeichenmaschine) in Messing- oder Aluminiumblechstücke eingeritzt werden, woraus danach Trittstufen oder Umlaufbleche zugeschnitten werden können. Man kann aber auch b) mit einer Flachfeile, die einen feinen und sauberen Kreuzhieb besitzt, das Rhombenmuster in dünne Kupfer- oder Alufolie einprägen. Hierzu wird die Folie zwischen einer Gummiplatte als Gegenlage und der Feile in einem Schraubstock fest zusammengepreßt. Danach wird die geprägte Folie auf ihr endgültiges

Maß geschnitten und auf Umlauf, Trittstufe o. ä. aufgeklebt. c) Herstellung von R. ist auch mit Hilfe der → Ätztechnik möglich.

Ringlokschuppen: → Lokschuppen

Ringschuppen: → Lokschuppen

Ringstrecke: → geschlossene ringförmige Streckenführung, die meist zu einem Oval ausgebildet ist. Die R. ist eine auf → Modellbahnanlagen häufig angewendete Linienführung, die meist einen → Durchgangsbahnhof hat.

Ritzel: Zahnrad mit geringer Zähnezahl (z. B. am → Fahrmotor), das zum Antrieb eines größeren Zahnrades oder Kronenrades dient.

Rollbock: schmalspuriges 2achsiges Laufwerk mit Drehschemel und Tragklauen zur Aufnahme von Normalspurradsätzen. R. werden paarweise zur Beförderung von normalspurigen Güterwagen auf → Schmalspurbahnen benutzt. Da die R. nur durch die aufgebockten Wagen miteinander verbunden sind, ergeben sich bei der Beförderung Einschränkungen in Masse und Länge. R. werden deshalb durch → Rollwagen ersetzt.

rollende Landstraße: besondere Form der Beförderung von Lastzügen und deren Fahrer durch die Eisenbahn. Es werden spezielle 8achsige Niederflurwagen, die die Lastzüge während der Fahrt transportieren, verwendet. Für die LKW-Fahrer befindet sich hinter der Zuglok ein Liegewagen. Im Modell wird die rollende Landstraße von der Firma Fleischmann in den Nenngrößen H0 und N angeboten.

Rollenlager: → Wälzlager

Rollwagen: schmalspuriges Eisen-

Rollwagen

Rungenwagen
mit Holz- und Stahlrungen in H0 (Piko)

Rutschkupplung
1 Seiltrommel, 2 Zahnrad (lose), 3 Schraubenfeder, 4 Stellring

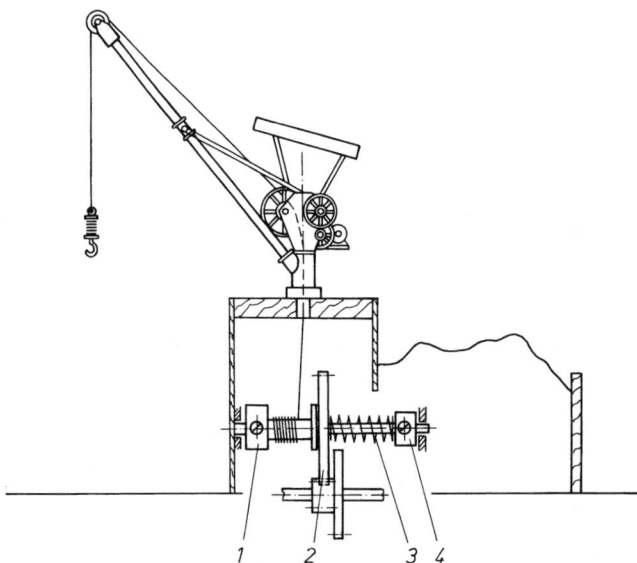

bahnfahrzeug, das normalspurige Güterwagen aufnimmt und eine durchgehende Beförderung dieser Wagen nach und von Bahnhöfen der Schmalspurbahn ermöglicht. Normalspurfahrzeuge werden durch Sicherungselemente auf der Fahrbühne des R. fest verankert. Abb.

Rostbauweise: → offene Anlagenform

Rückleiter: → gemeinsamer Rückleiter

Rückmeldekontakt: → Rückmeldung

Rückmeldung: eine Form (z. B. optisch, akustisch) der Signalisierung des Zustandes einer Steuerfunktion, bei der *Modellbahn* der Weichenstellung, der Signalstellung, des Besetztzustandes usw. Die R. wird von den Modelleisenbahnern mit dem → Gleisbildstellpult sinnvoll durch Nachbildung des Gleisplanes zu einem anschaulichen Ganzen optisch gestaltet.

Zur Erleichterung der R. werden bei handelsüblichen elektromechanischen Zubehörartikeln (→ Magnetartikel) von vielen Herstellern Rückmeldekontakte vorgesehen, die beim Ändern der Funktion mitgeschaltet werden. R. ist besonders wichtig bei verdeckten Anlagenteilen, da sie nicht direkt eingesehen werden können. Als Rückmeldeelelemente wurden meist farbige oder farbig verkappte Kleinglühlampen (→ Kontrollampe) eingesetzt. Gegenwärtig setzen sich aber zunehmend → Lichtemitterdioden (LED) durch.

Ruhekontakt, *Öffner:* Kontakt an Schaltgeräten (z. B. → Schalter, → Relais), der in Ruhestellung (Relais abgefallen) den Stromkreis schließt und ihn bei seiner Betätigung (Relais angezogen) öffnet. → Arbeitskontakt, → Umschaltkontakt

Rundschuppen: schuppenartiger Hochbau der Eisenbahn in → Bahnbetriebswerken zum Unterstellen von Fahrzeugen. Der R. ist die älteste Bauform eines Schuppens. Er überspannt alle um eine → Drehscheibe angeordneten Fahrzeugstände mit einem Kuppelbau. → Lokschuppen.

Rungenwagen: offener Güterwagen (→ Flachwagen) mit niedrigen abnehmbaren bzw. umklappbaren Stirn- und Seitenwänden und hölzernen oder stählernen Rungen, vor allem zum Transport von Fahrzeugen, landwirtschaftlichen Maschinen und sonstigen sperrigen Gütern. Abb.

Rutschkupplung: Bauteil der mechanischen Leistungsübertragung, dessen maximal übertragbares Drehmoment vom → Reibwert, von dynamischen Kräften oder von Kraftfeldern abhängt. Bei Überschreitung des maximal übertragbaren Moments wird die Übertragung des Drehmoments durch Rutschen unterbunden. Bei der *Modellbahn* wird die R. im Triebfahrzeugbau kaum, dafür aber häufiger bei Funktionszubehörmodellen angewendet. Trotz vieler Anwendungsmöglichkeiten sei hier nur auf die Sicherung eines Kranseils hingewiesen. Das auf der Welle „lose" sitzende Zahnrad wird mit einem Stellring und einer Feder gegen die ebene Stirnfläche der Seiltrommel gedrückt. Zieht man versehentlich den Kranhaken gegen die Laufrolle des Auslegers, zerreißt nicht das „Seil", das meist nur ein dünner Faden ist, sondern das Zahnrad rutscht und unterbricht somit die Mitnahme der Seiltrommel. Durch Verstellen des Stellrings läßt sich das gewünschte Drehmoment einstellen. Abb.

S

Sattelwagen: → Selbstentladewagen
S-Bahn: Kurzbezeichnung für überwiegend elektrisch betriebene Stadtschnellbahn. Der Fahrstrom wird dem Triebfahrzeug über eine → Fahrleitung oder eine seitlich angebrachte Stromschiene zugeführt. S. verkehren meist nach einem starren Fahrplan. Als S-Bahn-Züge können speziell entwickelte Triebwagenzüge oder aus normalen Reisezug- oder Doppelstockwagen bestehende lokbespannte Züge eingesetzt werden, die z. T. auf einem eigenen Gleiskörper verkehren.
Schablone: Hilfsmittel zum Zeichnen oder Schreiben. Bei der *Modellbahn* werden vor allem Schrift- und → Abdeckschablonen angewendet.
Schachbrettafel (Signal So 2): Signal der Gruppe „Sonstige Signale (So)" des Signalbuchs mit der Bedeutung, daß das Hauptsignal nicht unmittelbar rechts neben oder über dem Gleis steht. Signalaussehen: rechteckige, schachbrettartig schwarz-weiß gemusterte Tafel, die rechts neben dem Gleis in Höhe des Hauptsignals steht.
Schaltbild: → Stromlaufplan
Schaltdraht: Draht, der für Schaltleitungen verwendet wird und in Rollen mit Lackisolierschicht oder farbiger Kunststoffisolierung handelsüblich ist. Bedeutung der Farben bei der *Modellbahn: schwarz* = → gemeinsamer Rückleiter; alle Leitungen von einem Pol des Bahnanschlusses des Fahrtrafos zur rechten Fahrschiene; *blau* = Bahnleitung; alle Leitungen vom anderen Pol des Bahnanschlusses zur linken Fahrschiene; *gelb* = Rückleiter; alle Leitungen, die vom Zubehöranschluß des Netzgeräts ohne Unterbrechung zu den entsprechenden Rückleiterklemmen oder Anschlüssen der elektromagnetischen Zubehörteile führen; zugleich erstes → Potential für Beleuchtungskörper; *grün* = Wirkungsleitung; Leitungen über Schalter oder Tasten zu Weichen, → Entkupplungsschienen, Signalen, → Relais; *braun* = Rückmeldeleitung; von Zubehörleitung zu Beleuchtungskörpern mit oder ohne Zwischenschaltung von Schaltern oder →Tastern. S. ist geeignet für eine starre Verlegung innerhalb der Modellbahnanlage. Wegen der Bruchgefahr an Biegestellen sollte für bewegliche Leitungen → Schaltlitze verwendet werden.
Schalter: elektromechanisches Schaltgerät, bei dessen Betätigung (vorwiegend von Hand) ein oder mehrere Stromkreise ein-, aus- oder umgeschaltet werden. Die S. verbleiben in der neuen Schaltstellung und beeinflussen den (die) Stromkreis(e) dauernd (→ Dauerstrombetrieb). Es werden ein- und mehrpolige S. unterschieden. Bei letzteren befinden sich mehrere voneinander isolierte → Schaltkontakte (→ Arbeits-, → Ruhe-, → Umschaltkontakt) in einem Gehäuse, die von einem gemeinsamen mechanischen Antrieb gleichzeitig betätigt werden. Nach der Bewegungsart des Antriebsmechanismus werden *Kipp-, Dreh-, Schiebe-* und *Druckschalter* unterschieden. Bei allen Bauformen wird ein Mechanismus von einer Feder gespannt und gehalten. Dadurch wird der Schalter in der jeweiligen Stellung verriegelt. Bei Kipp- und Schiebeschal-

tern ist die gewählte Stellung leicht zu erkennen. Ggf. ist es bei diesen S. möglich, auf die → Rückmeldung der vom Schalter beeinflußten Steuerfunktion zu verzichten. Wichtige Kenngrößen der S. sind max. Schaltspannung und max. Schaltstrom.

Schaltkontakt: elektromechanisches Bauelement, dessen geformte Metallstücke (oft mit veredelter Oberfläche oder wegen Abbrandgefahr aus Wolfram bestehend) einen elektrischen Stromkreis schließen. Die S. werden meist als Berührungs- oder Schleifkontakt ausgeführt. Die S. sind wesentliches Bauteil von → Schaltern, → Tastern, → Relais usw. Nach der Arbeitsweise werden → Arbeits-, → Ruhe- und → Umschaltkontakte unterschieden. Die S. führen beim Öffnen (evtl. auch beim Schließen) unter Strom zu Funken- bzw. Lichtbogenerscheinungen (Kontaktfeuer), deren Ursache in Induktionswirkungen der angeschlossenen Schaltung liegt. Diese Lichtbogen führen zu elektromagnetischen Störfeldern und stören z. B. den Rundfunkempfang (→ Entstörung). Eine weitere Erscheinung an Kontakten ist das Kontaktprellen, das besonders wirksam beim Schließen des S. ist. Es hat seine Ursache in der Elastizität der Betätigungselemente des S., was dazu führt, daß der S. im Moment der Berührung prellt. Dadurch berühren sich die Kontaktstücke mehrfach und unterbrechen bzw. schließen den Strom mehrmals. Diese Erscheinung stört häufig elektronische Steuerschaltungen und muß deshalb unterdrückt werden. Dies geschieht elektronisch mit → Entprellschaltungen.

Schaltkontaktsatz: mechanische Verbindung mehrerer voneinander isolierter →Schaltkontakte zu einem Bauelement. S. werden häufig an → Relais oder anderen Schaltgeräten eingesetzt, mit denen eine Mehrfachschaltwirkung erzielt werden soll. Dabei werden alle Schaltkontaktarten zweckmäßig kombiniert. →Arbeits-, → Ruhe- und → Umschaltkontakt, → Schalter, →Taster

Schaltkreis, *integrierter Schaltkreis (engl. integrated circuit), IS, IC:* elektronisches Festkörperbauelement, das mit mikroelektronischen Verfahren hergestellt wird und eine komplexe elektronische Schaltung, bestehend aus einer großen Zahl (10^2 bis 10^6) von Halbleiterbauelementen (→ Transistoren, → Dioden usw.), enthält. Jeder S. erfüllt entsprechend seiner internen Schaltung bestimmte Aufgaben, die z. T. völlig neu sind und mit bisherigen Mitteln nicht lösbar waren. S. haben wegen ihrer geringen Baugröße, ihres geringen Energiebedarfes, ihrer hohen Zuverlässigkeit und ihrer geringen Anschaffungskosten alle Bereiche der Elektronik innerhalb weniger Jahrzehnte erheblich beeinflußt und entwickelt. Ohne die S. wären die Fortschritte in der Nachrichtentechnik, der Datenverarbeitung, der Automatisierungstechnik und vielen anderen Bereichen nicht möglich. Auch in der Modellbahntechnik sind → digitale und → Computer-Steuerung nur durch die Entwicklung der S. möglich geworden. S. werden in *analoge* und *digitale* S. unterteilt. Analoge S. (auch lineare S. genannt) verarbeiten analoge Signale, deren Werte sich innerhalb von Minimal- und Maximalwert beliebig ändern können. Haupteinsatzgebiete sind die Nachrichtentechnik, die Audio- und die Videotechnik sowie die Meßtechnik. Bei digitalen S. besitzen alle Stufen Schaltverhalten und und unterscheiden nur zwei Signalpegel (hoch und niedrig, engl. high und low). Logikschaltungen, die einen wesentlichen Teil der digitalen S. bilden, werten die Signalpegel aus und veranlassen die Auslösung weiterer Funktionen. Ein entscheidender Schritt war die Entwicklung der Mikroprozessoren, mit denen sich selbsttätig arbeitende Steuerungen gestalten lassen. Haupteinsatzgebiet der digitalen S. sind die Datenverarbeitungstechnik und die Automatisierungstechnik. Da die S. viele neue Funktionen möglich machen, werden sie in allen Bereichen der Technik eingesetzt, auch in der Modellbahntechnik, deren Steuerungen ebenfalls einen hohen Grad der Automatisierung verlangen. Nach der Herstellungstechnologie der S. werden S.familien unterschieden. Hauptvertreter sind die TTL-S., denen durch die stromsparenden und in einem größeren Betriebsspannungsbereich einsetzbaren CMOS-S. erhebliche Konkurrenz erwächst. → Analogbetrieb, → analoge Steuerung, → Digitalbetrieb, → digitale Steuerung, → digitale

Mehrzugsteuerung, → logische Schaltung

Schaltlitze: handelsübliche Litze zum Verdrahten der Modellbahnanlage. Die S. besteht aus mehreren einzelnen, sehr dünnen Kupferdrähten, die miteinander verdrillt und von einer farbigen Gewebe- oder Kunststoffhülle umgeben sind. *Bedeutung der Farben:* → Schaltdraht. → Kabelbaum

Schaltmotor, *Stellmotor:* Elektromotor, der mit einem Getriebe einen → Schalter betätigt oder eine Schaltfunktion ausführt, z. B. das Stellen von Weichen und Signalen. Bei der *Modellbahn* werden S. nur bei größeren Nenngrößen eingesetzt. Der S. kann auch mehrere → Schaltkontakte gleichzeitig oder nacheinander (Nokkenschalter) betätigen. Mit einem Nokkenschalter können mehrere Steuerfunktionen nacheinander oder gleichzeitig ausgelöst werden. Dadurch ist es möglich, ein ganzes Programm ablaufen zu lassen. Der S. kann über ein → Schaltrelais (→ Relais) durch einen Taster oder einen → Gleiskontakt gestartet und durch den letzten Nocken wieder gestoppt werden. Diese Form der elektromechanischen Steuerung wird zunehmend durch elektronische Steuerungen (→ digitale Steuerung, → Computersteuerung) ersetzt.

Schaltrelais: → Relais

Schaltweiche: Nutzung einer handelsüblichen Modellbahnweiche zur → Fahrstromversorgung von Gleisabschnitten durch die Weichenzungen. Zu diesem Zweck werden die Weichen elektrisch umgeschaltet (Abb. a). Dadurch wird der Fahrstrom immer in den Gleisabschnitt geleitet, der wegen der Weichenstellung auch befahren wird. S. eignen sich besonders gut für → Abstell- und → Stumpfgleise (Abb. b). S. in Kreuzungsgleisen müssen immer parallel gestellt werden. Neben dem Wegfall der für → Abschaltgleise erforderlichen Schalter ergibt sich eine Bedienungsvereinfachung. Die Funktion der S. als *weichenabhängige Fahrsperre* (→ Fahrsperre 2.) erhöht die Betriebssicherheit auf der Modellbahnanlage. Der Wegfall der → Trenngleise bei Verwendung der S. wirkt sich günstig auf die Gleisplangestaltung aus. S. werden z. T. industriell hergestellt. Bei Eigenbauschaltweichen sollten → Schaltkontaktsätze die

Umschaltung des Fahrstromes anstelle der Weichenzungen vornehmen (Abb. c), da die Kontaktgabe der Weichenzungen auf Dauer durch Verschleiß und Verschmutzung nicht gegeben ist. Abb.

Schaltzeichen: → Stromlaufplan

Scharnier: Verbindungselement für die drehbare Befestigung von Teilen, das in verschiedenen Ausführungen und Größen handelsüblich ist. Es findet zwischen zwei Anlagenteilen oder zwischen Anlage und den Klappfüßen Anwendung.

Schattenbahnhof: verdeckt angeordneter → Bahnhof auf einer Modellbahnanlage zum Abstellen von kompletten Zuggarnituren, um den → Fahrbetrieb abwechslungsreicher zu gestalten. Da der S. vom Bediener der Anlage oft nicht einsehbar ist, empfiehlt sich eine selbsttätige Überwachung der Weichenstellungen und Gleisbesetzungen durch → Rückmeldung. → Besetztmeldung

Schaumpolystyrol: weißer, sehr leichter → Plastwerkstoff, der zum Verpak-

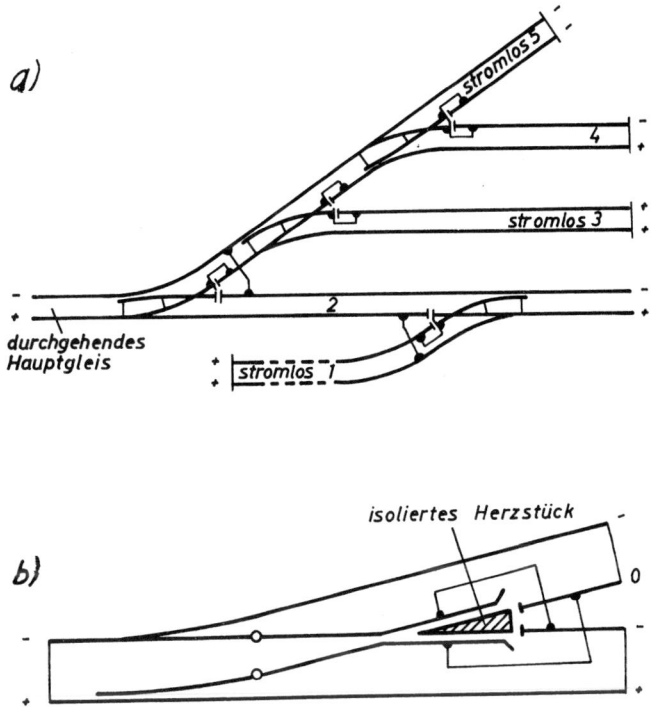

Schaltweiche
a) Beispiel einer Weichenstraße mit Stromversorgung durch Schaltweichen, b) Schaltung der Schaltweiche

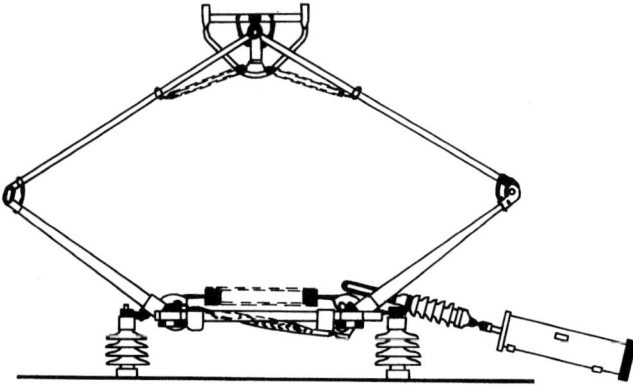

Scherenstromabneh-mer

Schiebebühne
Eigenbau vor kleinem
Rechteckschuppen

ken der verschiedensten Geräte oder zur Wärmeisolierung (z. B. bei Kühlschränken) dient. S. ist deshalb für den Modellbahnbau sehr gut geeignet und läßt sich mit dem → Lötkolben leicht bearbeiten. Man kann aus S. Geländeteile (z. B. Felsen) anfertigen und diese anschließend mit → Plakatfarben oder →Latexfarben behandeln. Achtung! Keine Nitrofarben verwenden. S. läßt sich sehr gut mit → PVAc-Kaltleim kleben.

Schaumstoffbettung: geräuschdämmende Schotternachbildung aus Weichschaum. Die Gleise müssen auf S. sehr sorgfältig verlegt werden, damit keine Unebenheiten entstehen. S. wird in allen Nenngrößen vom Handel angeboten.

Schaumstoffelsen: → Schaumpolystyrol

Schemelwagen: → Drehschemelwagen

Scherenstromabnehmer: scherenförmiger → Stromabnehmer auf elektrischen Triebfahrzeugen zur Entnahme des Fahrstroms aus der Fahrleitung. Abb. (s. Abb. → Dachleitung)

Schiebebühne: brückenförmige Stahlkonstruktion, die meist in einer Grube quer zur Gleisachse verschoben werden kann und auf der Oberseite mit Fahrschienen versehen ist. Die zum Umsetzen von Schienenfahrzeugen von einem auf ein anderes parallel dazu verlaufendes Gleis dienende S. ist meist vor → Rechteckschuppen mit mehreren Gleisen anzutreffen; sie ist platzsparender als eine → Drehscheibe. Abb.

Schiebedachwagen: Universal-Güterwagen mit öffnungsfähigem Dach, wodurch eine Beladung von oben ermöglicht wird. Das Schiebedach besteht meist aus zwei oder mehreren Teilen und wird in der Längsrichtung des Wagens verschoben, so daß allerdings nie die gesamte Dachfläche offen ist. Da S. meist über große Seitenwandtüren verfügen, können sie ggf. als → gedeckte Güterwagen für nässeempfindliche Güter verwendet werden. → Schwenkdachwagen. Abb. in Tafel Güterwagen

Schiebelokomotive, Abk. **Schlz:** Lok zum Nachschieben (Erhöhung der Zugkraft) am Schluß eines Zugs, der vorn mit einer → Zuglokomotive bespannt ist. S. kann gekuppelt bis zum nächsten Bahnhof am Zug bleiben oder ungekuppelt von der freien Strecke zurückkehren. Neben dem Schlußsignal am letzten Wagen des Zugs erhält die S. ein vereinfachtes Schlußsignal (→ Schlußscheibe). Nicht als S., sondern als Schlußlokomotive (Abk. Slz) gilt ein Triebfahrzeug, das aus anderen Gründen (z. B. zur Einsparung einer Lokleerfahrt) an den Schluß eines Zuges gekuppelt wird. Bei der *Modellbahn* ist der Einsatz von S. wegen der unterschiedlichen Fahreigenschaften der Triebfahrzeuge nur bedingt möglich, z. B. wenn die Zuglok und die S. ohne → Haftreifen ausgerüstet sind und die S. geringfügig langsamer fährt als die Zuglok, um Zugstauchung zu vermeiden.

Schiebetür: Seitenwandtür bei gedeckten Güterwagen, gelegentlich auch bei Reisezugwagen. S. lassen sich parallel zur Fahrzeugachse profilfrei verschieben. Sie laufen oben mit Rollen auf Laufschienen, an der Unterseite erfolgt nur eine Führung. Bei der *Modellbahn* ist das Anbringen von funktionsfähigen S. nicht unbedingt erforderlich, da ein Beladevorgang an gedeckten Güterwagen kaum erfolgt. Beim *Selbstbau* können Güterwagen-S. leicht angebracht werden. Die Führung kann oben und unten in U-Profilschienen erfolgen. Bei Fahrzeugen mit aufmontiertem Dach kann die Aufhängung der S. auf der Seitenwand erfolgen, wobei der umgebogene innenliegende Teil der S. ihr Abheben verhindert. Abb.

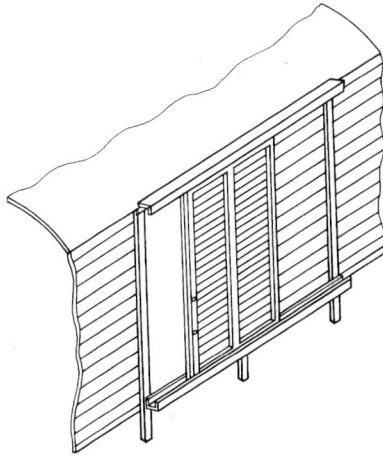

Schiebewandwagen: gedeckter Güterwagen, dessen Seitenwände verschiebbar angebracht sind und der sich somit leicht und bequem seitlich be- und entladen läßt. Um dem Wagenkasten die erforderliche Stabilität zu geben, sind die Stirnwände mit besonders starken und markanten Eckstreben versehen. Abb.

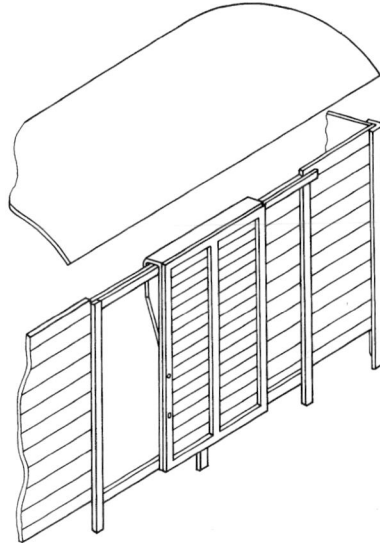

Schiene: Hauptbestandteil des Eisenbahnoberbaus, der unmittelbare Fahrbahn, Spurführungselement und Tragkörper der Schienenfahrzeuge ist. Beim Vorbild besteht die S. aus hochwertigem gewalztem Stahl mit hoher Zugfestigkeit. Bei der *Modellbahn* bestehen die S. aus gut leitfähigen Werkstoffen, wie z. B. → Neusilber, → Messing. Die Werkstoffoberflächen dürfen nicht korrodieren, da sonst keine einwandfreie Funktion der Triebfahr-

Anbringungsmöglichkeiten einer funktionsfähigen *Schiebetür* an einem Güterwagen

Schiebewandwagen

zeuge gewährleistet ist. Hauptsächlich werden S. mit Modellprofil (→ Schienenprofil) hergestellt, es ist aber auch ein Hohlprofil möglich. Handelsüblich sind S. als Meterware oder als komplettes → Gleis in den verschiedensten Systemen und Spurweiten.

Schienenbus: → Leichtverbrennungstriebwagen

Schienenkontakt: Form des → Gleiskontaktes, bei der ein Stück einer der beiden Schienen mittels Trennstellen elektrisch isoliert ist und beim Befahren durch das Rad mit der übrigen Schiene Kontakt bekommt und so die Schaltwirkung (→ Impulskontakt) auslöst. Der S. kann selbst angefertigt werden. Gute Justierung und häufiges Sauberhalten sind Grundvoraussetzung für das sichere Arbeiten des S.

Schienenkopf: → Schienenprofil

Schienenkopfabrundung: → Schienenprofil

Schienenkreis: Kreis, der aus gebogenen Gleisen gleicher Radien gebildet wird. Für jede Nenngröße werden gebogene Gleise verschiedener Radien angeboten. Meist ergeben 8 oder 16 Gleise einen S. Beim *Selbstbau* werden Gleisradien nach eigenem Ermessen ausgewählt.

Schienenlasche: Verbindungselement zwischen den einzelnen → Schienen. Die S. verbindet die Schienen form- und kraftschlüssig und stellt gleichzeitig den Kontakt für die Übertragung des Fahrstroms her.

Schienenoberkante, Abk. **SO:** höchste Linie auf der Lauffläche eines → Schienenkopfs in Längsrichtung einer → Schiene. Die S. ist ein sehr wichtiges Bezugsmaß bei der Bemessung von Durchfahrtshöhen an Bauwerken, wie z. B. → Tunnel, →Brücken, Signalbrükken, Fahrdraht (Fahrdrahthöhe).

Schienenomnibus: →Leichtverbrennungstriebwagen

Schienenprofil: geometrische Festlegung des Schienenquerschnitts. Das S. wird von Schienenkopf, -steg, und -fuß bestimmt und in *Modell-* und *Hohlprofil* unterschieden. Aus Funktionsgründen weichen Modellprofile der üblichen Nenngrößen von den Verkleinerungsmaßstäben ab. S.höhen sind für die Nenngrößen N und TT 2 mm sowie für H0 2,5 mm. Die Fußbreite beträgt bei diesen Nenngrößen 2 mm. Hohlprofile entsprechen in der Höhe den Modellprofilen, weichen aber im Schienenquerschnitt wesentlich vom Vorbild ab. Sie sind aus Bandmaterial oder Blech hergestellt (s. NEM 120 im Anhang). Abb., Tab.

Schienenräumer: → Bahnräumer

Schienenreinigung: Beseitigung von Staub, Fett, Öl auf → Schienen einer Modellbahn. Die für einen sicheren Fahrbetrieb sehr wichtige S. ist manuell oder mit speziellen Schienenreinigungsfahrzeugen möglich. Empfehlenswert ist die S. mit Spiritus und einem nicht fusselnden Lappen. Achtung! Keine Nitroverdünnung verwenden, da sie das Schwellenmaterial aus Plast auflöst.

Schienenreinigungsfahrzeug: bei der *Modellbahn* mit besonderer Einrichtung ausgestattetes Schienenfahrzeug, das die Staub- und Schmutzschicht von den Fahrschienen entfernt und somit einen störungsfreien Modellbahnbetrieb (gute Stromabnahme) ermöglicht. Ein mit einer nicht feuergefährlichen Reinigungsflüssigkeit getränktes Polsterkissen wird unter einem Fahrzeug angebracht und unter leichtem Federdruck oder durch Eigenmasse auf dem Gleis bewegt. I. d. R. werden die Schienen als gesonderter „Arbeitsgang" gereinigt, d. h. außerhalb des eigentlichen Modellbahnbetriebs. Lediglich im Ausstellungsbetrieb können zu S. umgebaute Wagen oder handelsübliche S. in Zügen mitgeführt werden, die die Reini-

Schienenprofil
a) Modellprofil, b) Hohlprofil, fehlende Maße siehe Anhang NEM 120

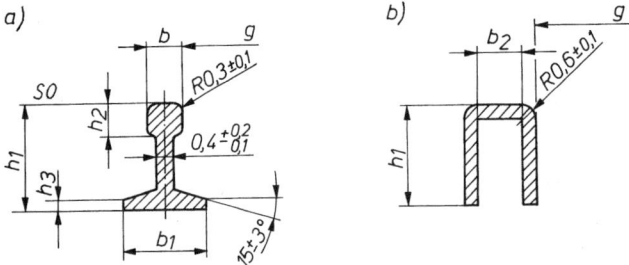

a)

b)

Schienenprofilabmessungen

Nenn-größe	b	b₁	b₂	h₁	h₂	h₃	g
	Maße in mm						
N	0,8	2,2	0,75	2,0	0,6	0,3	9,0
TT	0,8	2,2	0,75	2,0	0,6	0,3	12,0
H0	1,0	2,2	1,2	2,5	0,75	0,3	16,5

Maßabweichungen (Toleranzen) s. Anlage NEM 120

einfaches Schienenreinigungsfahrzeug (Selbstbau)

gungsflüssigkeit aus einem Behälter (z. B. Kesselwagen) tropfenweise auf entsprechende Reinigungselemente abgeben. Beim *Selbstbau* wird man meist auf ältere „ausgemusterte" Fahrzeuge zurückgreifen und diese zu einem S. umbauen. Abb.

Schienenstoß: Lücke zwischen zwei mittels → Schienenverbindern oder → Schienenlaschen zusammengesteckten Schienen. Der S. sollte so klein wie möglich sein, um Entgleisungen der Fahrzeuge zu vermeiden.

Schienenverbinder: Verbindungselement zwischen zwei Hohlprofilschienen, das die formschlüssige Verbindung bildet und gleichzeitig die Fahrspannung leitet. Die Verbindungsstellen zwischen zwei → Gleisen sollten deshalb sehr kontaktsicher ausgeführt sein. Notfalls sind Schienenprofile mit einer → Flachzange leicht zusammenzudrücken.

Schienenwagen: Güterwagen (→ Flachwagen) ohne Seitenwände mit niedrigen stählernen Rungen zur Beförderung von Beton- bzw. Stahlträgern, Schienen, Rohren, Baumstämmen u. ä. Das Untergestell von S. ist meist durch ein → Sprengwerk verstärkt. Beim *Selbstbau* ist der S. ein beliebtes Anfängermodell, da komplizierte Aufbauten entfallen.

Schlackenaufzug: Aufzug, mit dem die aus den Aschkästen und Rosten der Dampflokomotiven entfernte Schlacke aus der → Schlackengrube in spezielle → Schlackenwagen befördert wird.

Schlackengrube: Grube, in die die Schlacke der Dampflokomotiven mit Hilfe von Schürhaken hineingeworfen wird.

Schlackenwagen: offener Dienstgüterwagen für den Transport von Verbrennungsrückständen, die bei Dampfloks

und stationären Heiz- bzw. Kraftwerken anfallen. Mit Rücksicht auf den Brandschutz bestehen die Wagenwände von S. entweder aus Metall oder sie sind mit Blech ausgekleidet.

Schlafwagen: → Reisezugwagen mit eingebauten Schlafgelegenheiten und mit eigenen Wascheinrichtungen. → Liegewagen

Schleifbügel: → Stromabnehmer → Wippe

Schleifer: Bauelement bei der *Modellbahn* zur Stromübertragung von der Schiene zum Fahrzeug. Der S. gleitet unter leichtem Federdruck (Blatt-, Dreh- oder Schraubenfeder) auf der Fahr- und/oder Stromschiene und findet noch häufig Anwendung beim → Dreischienen-System. Beim → Zweischienen-System wurde der S. durch den → Radschleifer verdrängt. Abb.

Schleiffeder: → Radschleifer

Schleifklotz: einfaches Hilfsmittel beim Schleifen oder Entgraten von Holzteilen. Ein handgroßer Holzklotz (auch aus Kork oder Filz) wird mit → Schleif- oder Schmirgelpapier umspannt und gewährleistet so ein gleichmäßiges Entgraten und schützt außerdem vor Verletzungen durch Holzsplitter.

Schleifpapier: einseitig mit unterschiedlich stark gekörnter Schleifauflage versehenes Spezialpapier zur Werkstoffbearbeitung (Beseitigung

Schleifer
1) Rollenschleifer, 2) Gleitschleifer (Schleifschuh), 3) Pilzschleifer

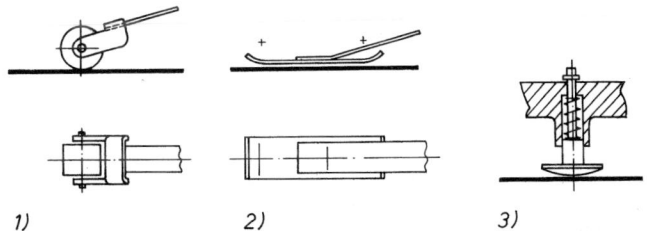

1)   *2)*   *3)*

*Schlepptenderlokomo-
tive*
BR 41 in H0 (Piko)

von Splittern und Unebenheiten auf Holz und Holzwerkstoffen). Grobes S. dient zum Entgraten, feines S. zum Schlichten und zur Schienenreinigung. S. wird auch zum Aufrauhen von Oberflächen an Bauteilen, die anschließend geklebt werden, verwendet. S. mit feinster Körnung kann auch zur Nachbildung von Pappdächern verwendet werden.

Schleppachse: umgangssprachliche Bezeichnung für die hintere → Laufachse einer → Dampflokomotive

Schlepptender-Lokomotive: → Dampflokomotive mit gekuppeltem → Tender zur Aufnahme der Betriebsstoffe. Der Zwischenraum zwischen Lok und Tender ist mit der → Tenderbrücke abgedeckt. Die S. ermöglicht gegenüber der → Tenderlokomotive die Mitnahme größerer Vorräte und besitzt somit einen größeren Aktionsradius. *Nachteil:* auf Endbahnhöfen ist i. d. R. ein Drehen der S. erforderlich (→ Drehscheibe). Bei der *Modellbahn* setzt sich immer häufiger der → Triebtender bei S. durch, was zwar vorbildwidrig ist, aber eine sehr gute Nachbildung des Fahrwerks der Lok, einen freien Durchblick zwischen Rahmen und Kessel sowie eine Inneneinrichtung des Führerhauses ermöglicht. Auch beim *Selbstbau* ist der Triebtender zu empfehlen, da die Herstellung des Getriebes unkomplizierter ist und infolge der relativ kleinen Radsätze des Tenders ein günstigeres Überset-

zungsverhältnis besteht (→ Dampflokomotive). Abb.

Schlußscheibe: Tageszeichen des vereinfachten Schlußsignals eines Zugs. Beim *Selbstbau* schneidet man eine runde Scheibe aus (→ Stanzen) und lötet einen entsprechend starken Kupferdraht auf der Rückseite auf. Nach dem Biegen des Drahts zu einem Haken entsprechend dem Durchmesser des Pufferstößels und nach der Grundfarbgebung wird die Vorderseite der S. mit signalroter Farbe gestrichen. Auf die noch feuchte Farbe wird mit einer Pinzette eine kleine weiße Papierscheibe aufgelegt. Die S. wird dann mit dem Haken am → Puffer eingehängt. Abb.

Schmalspurbahn: Eisenbahn mit kleinerer → Spurweite als → Normalspur. S. werden wegen ihrer geringen baulichen und sicherungstechnischen Anforderungen als → Nebenbahnen oder Industriebahnen gebaut. Die üblichen Spurweiten sind 600, 750, 900 und 1 000 mm. Viele S. sind heute wegen Unwirtschaftlichkeit stillgelegt. Einige (z. B. Selketalbahn, Harzquer- und Brockenbahn) bleiben als Touristenattraktion bzw. als Museumsbahnen erhalten. Im Modell können die z. T. handelsüblichen S. als Ergänzung einer normalspurigen Modellbahn oder auch allein dargestellt werden. → H0$_e$, → H0$_m$. Abb.

Schmiermittel: öl- oder fetthaltiger Hilfswerkstoff zum Schützen und Pflegen von Werkzeugen, zur Unterstützung bei spanabhebenden Bearbeitungen sowie zur Verminderung von Reibungen bei rotierenden Wellen. Für Triebfahrzeuge sollten nur harz- und säurefreie Öle in ganz geringen Mengen verwendet werden.

Darstellung von 3 Fertigungsstufen zur Herstellung einer *Schlußscheibe*

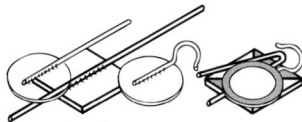

Schmalspurbahn
Maria Zeller Bahn der
Fa. Roco (Nenngröße
H0e)

Schnecke: schraubenförmiges Maschinen- und Antriebselement auf einer drehbar gelagerten Achse mit trapezförmigem Gewinde. Die S. bildet mit dem → Schneckenrad das → Schneckengetriebe. Beim *Selbstbau* kann zur Herstellung einer S. ersatzweise ein passender Draht (Messing) mit entsprechender Steigung um eine Buchse oder direkt auf die Antriebswelle gewickelt und festgeklebt oder -gelötet werden. Um die Welle zu schonen (z. B. Ankerwelle beim Motor), kann die S. auch um einen etwas dünneren Dorn gewickelt (→ Schraubenfeder) und dann stramm auf die Antriebswelle aufgeschoben werden. Eine selbst gewickelte S. ist besonders empfehlenswert, wenn ihr Durchmesser extrem klein sein soll (z. B. bei → Gleiskraftwagen). Abb. (s. Abb. → Getriebearten)

Schneckengetriebe: raumsparende, aber auch selbsthemmende Getriebebauart für *Modellbahntriebfahrzeuge*. Das S. wird verwendet, wenn sich An- und Abtriebsachsen in zwei verschiedenen Ebenen kreuzen und wenn man in einer Übersetzungsstufe eine große Drehzahländerung erreichen will. Der Motor, auf dessen Welle sich die → Schnecke befindet, liegt in der Fahrzeuglängsachse (ggf. auch geneigt oder senkrecht) und treibt das → Schneckenrad an. Befindet sich das Schneckenrad direkt auf der → Treibachse, wird das Drehmoment auf andere Radsätze meist durch → Kuppelstangen übertragen. Abb.

Schneckenrad: → Zahnrad mit einer der Steigung der → Schnecke entsprechenden Verzahnung. Das S. bildet mit der Schnecke das → Schneckengetriebe (→ Getriebearten). Beim *Selbstbau* kann u. U. ein normales Zahnrad (→ Stirnrad) verwendet werden, nachdem die Verzahnung nachgefeilt oder der Achsabstand geringfügig vergrößert wurde.

Schneckenstirnradgetriebe: kombi-

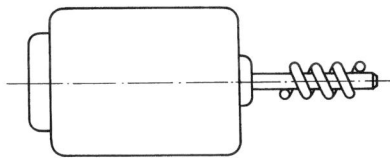

aus Draht gewickelte Behelfsausführung einer *Schnecke*

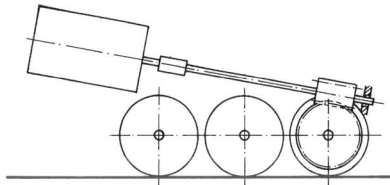

Schneckengetriebe

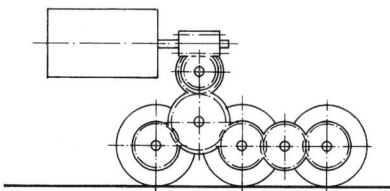

Schneckenstirnradgetriebe

*Schneepflug
in H0 (Liliput)*

nierte und am meisten angewendete Getriebebauart für *Modelltriebfahrzeuge*. Das S. setzt sich aus → Schnekkengetriebe und → Stirnradgetriebe zusammen und ermöglicht durch → Zwischenräder den Antrieb mehrerer oder aller Radsätze. Abb.

Schneepflug: Eisenbahnfahrzeug zur Schneebeseitigung, wobei der Schnee beidseitig nach außen weggedrückt wird. Bei der *Modellbahn* dient ein S. meist nur zur Belebung und zur vorbildgetreuen Nachbildung eines Bw o. ä. Beim *Selbstbau* können ähnlich wie beim Vorbild ausgediente Tender oder Fahrwerke von Dampflokomotiven mit einer Räumvorrichtung versehen werden. Abb.

Schneepflugtafel (Signal So 7): Signal der Gruppe „Sonstige Signale (So)" des Signalbuches mit der Bedeutung: *So 7a* „Pflugschar heben" (vor Bahnübergängen, erhöhten Bahnsteigen der Haltepunkte und Schaltkontakten) und *So 7b* „Pflugschar senken". Signalaussehen: weiße Pfeilspitze mit schwarzem Rand, die bei So 7 a nach oben und bei So 7 b nach unten zeigt.

Schneeräumer: am Triebfahrzeug meist zusätzlich angebrachte Bleche zum Wegschieben relativ geringer, für Zugfahrten jedoch hinderlicher Schneemassen.

Schneeschleuder: Eisenbahnfahrzeug zur Beseitigung von großen Schneemassen aus dem Gleisbereich. S. haben an der Stirnseite ein großes Schaufelrad, das den Schnee in weitem Bogen vom Bahnkörper fortschleudert.

Schnelltriebwagen: als → Schnellzug verkehrender Diesel- oder elektrischer → Triebwagen. Die geringe Eigen-

masse und aerodynamische Form ermöglichen eine hohe Anfahrbeschleunigung und Fahrgeschwindigkeit. S. verkehrten in den 30er Jahren im Städteschnellverkehr zwischen vielen Großstädten und wiesen einen hohen Reisekomfort auf. Nach dem Krieg wurden neue Typen von S. gebaut und als Trans Europa Expreß (TEE) eingesetzt. Wegen des begrenzten Platzangebots wurden S. immer häufiger durch lokbespannte Züge ersetzt. Erst durch die Entwicklung und den Einsatz von → Hochgeschwindigkeitszügen hat der S. wieder an Bedeutung gewonnen. Abb. in Tafel S. 208

Schnellzug: ein aus → Schnellzugwagen bestehender → Reisezug, der mit hoher Geschwindigkeit auf längeren Strecken verkehrt (→ Hauptbahn). Er hält planmäßig nur auf wichtigen Unterwegsbahnhöfen und führt → Speisewagen oder auch → Liege- und Schlafwagen mit. → InterCity-Verkehr. Im Modell lassen sich in allen Nenngrößen S. nachbilden, da ein umfangreiches Angebot an S.wagen handelsüblich ist.

Schnellzugwagen: zur Personenbeförderung in → Schnellzügen eingestellter → Sitzwagen (→ Reisezugwagen); i. allg. 4achsiger → Durchgangswagen mit Seitengang und → Gummiwulstübergang (früher → Faltenbalgübergang). Abb.

Schornstein: Bauteil, das zur → Rauchkammer einer Dampflokomotive gehört und mit einem Flansch auf dem Rauchkammermantel befestigt ist. Der S. dient zur Ableitung von Rauch und Verbrennungsgasen ins Freie.

Schotter: Bettungsmaterial aus gebrochenem Naturstein, das auf das Planum des Bahnkörpers aufgebracht wird und die Eisenbahnschwellen aufnimmt (→ Gleisverlegung). Bei der *Modellbahn* empfiehlt es sich, ebenfalls die Gleise in S. zu legen, um eine bessere optische Wirkung zu erzielen. Möglichkeiten des Schotters: Man verwendet vom Handel angebotenen *Steinschotter* oder *Korkgries* sowie Schottermatten. Sehr wichtig ist dabei die unbedingte Haftung des S., damit keine Schäden an Triebfahrzeugen auftreten können, da durch den Sog lose Teile in Motoren und Getriebe gelangen können.

Schotterbett: → Bettungskörper mit → Schotter als Bettungsmaterial

Schotterwagen: offener Güterwagen (→ Selbstentladewagen) zum Transport von Schotter, der bei Langsamfahrt eine dosierte Entladung über der Gleisbaustelle und dadurch ein gleichmäßiges Verteilen des Schotters ermöglicht. S. sind meist als → Baudienstwagen im Einsatz. Abb.

Schrankanlage: Anlagenform, die vielfältige Ausführungsarten ermöglicht. S. können z. B. ähnlich wie ein Klappbett aufgebaut werden. Für den Betriebszustand wird die S. aus dem Schrankgestell herausgeklappt. Die Schranktiefe muß so bemessen werden, daß Anlagenrahmen und die höchste Anlagenerhebung hineingeklappt werden können. Größer als 1,3 m x 2 m sollten S. nicht sein, damit sie noch von einer Person bewegt werden können. Wichtig ist, daß eine feste Verankerung mit der Zimmerwand vorhanden ist.

Schranke: Einrichtung zur Sicherung von → Bahnübergängen, die während einer Zugfahrt den Straßenverkehr sperrt. S. bestehen aus dem rot-weiß gestrichenen Schrankenbaum, dem Schrankenbock, in der der Schrankenbaum nach oben drehbar gelagert ist und (bei einer Vollschranke) dem Aufschlagpfosten. Die Schrankenbäume werden mechanisch oder elektrisch angetrieben und stehen auf beiden Seiten des Bahnkörpers. Je nach Breite der zu sichernden Straße gibt es einschlägige (je ein Schrankenbaum auf jeder Seite des Bahnkörpers) und doppelschlägige (je zwei Schrankenbäume auf jeder Seite) S. Die die ganze Straßenbreite sperrende S. bezeichnet man als Vollschranke und die nur eine Seite sperrenden als Halbschranke. Die in allen Nenngrößen handelsüblichen S. werden über →

Schnellzugwagen aus 3 verschiedenen Herstellungsepochen in H0: Bauart der 20er Jahre mit Faltenbalgübergang, Bauart der 40er Jahre mit Faltenbalgübergang und vorgezogenen Seitenwänden, Bauart der 60er Jahre mit vorgezogenen Stirnwänden und Gummiwulstübergang (Liliput/Liliput/Sachsenmodelle)

Schotterwagen

Gleiskontakte oder vom Stellpult aus betätigt. Bei der Darstellung von Hauptbahnen sollte man auf S. nicht verzichten.

Schraubenfeder: zylindrisch oder konisch gewickelte Stahlfeder mit rundem oder quadratischem Querschnitt, die in Schienenfahrzeugen z. B. als →Tragfeder (→ Laufwerk) Anwendung findet. Bei der *Modellbahn* gibt es die S. funktionell z. B. als Puffer-, Bürsten- und Kontaktfeder oder als starre Attrappe zur Darstellung der Tragfeder an Drehgestellen. Zum *Selbstbau* funktionsfähiger S. benötigt man einen Schraubstock, zwei Holzbacken und einen Wickeldorn. Ein dünner Federstahldraht wird in den Schlitz des kurbelförmig gebogenen Wickeldorns eingeführt und unter Druck (je größer der Druck, um so strammer die S. bzw. geringer die Rückfederung des Drahtes) zwischen zwei Holzbacken im Schraubstock auf den Dorn aufgewickelt, wobei die Schrägstellung des Drahts die Steigung der S. bestimmt. In ähnlicher Weise, jedoch mit geringem Druck oder nur von Hand, können S.-Attrappen gewickelt werden, wofür jedoch kein federnder, sondern ein weicher Messing- oder Kupferdraht verwendet wird. Die Windungsenden werden nach dem Wickeln bis etwa 3/4 einer Windung mit einer Feile auf einem Dorn abgeflacht. Sollen S. längs halbiert werden, um sie auf Rahmen- oder Drehgestellwangen aufzukleben, werden die Windungen leicht miteinander verlötet und die S. auf einem Holz-, Alu- oder Hartgewebedorn mit einer Laubsäge getrennt. Abb.

Schraubenkupplung: Zugeinrichtung zum → Kuppeln von Eisenbahnfahrzeugen, die im Prinzip bis in die Gründungszeit der Eisenbahn zurückreicht. Die S. kann nur von Hand bedient werden. Der Kupplungsbügel wird in den Zughaken des zu kuppelnden Fahrzeugs eingehängt und die Kupplungsspindel mit dem Schwengel angezogen, bis sich die → Puffer federnd berühren. Bei der *Modellbahn* wird die S. nur bei größeren Nenngrößen vorbildgerecht angewendet, vor allem dann, wenn ein → Puffer-an-Puffer-Fahren angestrebt wird. Vereinzelt findet auch ein *Selbstbau* von Kupplungen statt, die der S. im Aussehen ähneln, durch die Ausführung des Kupplungs-

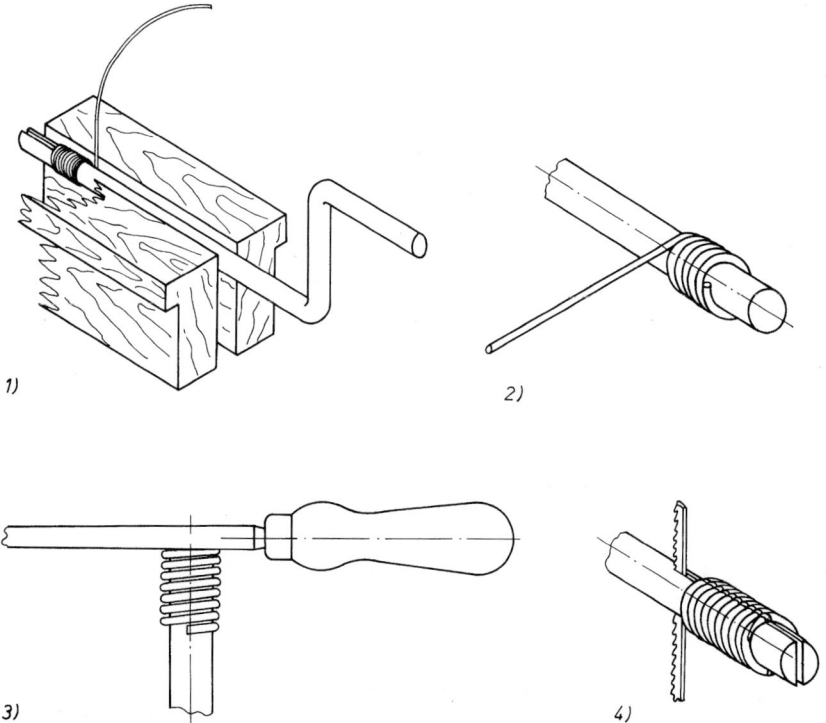

Schraubenfeder
1) Wickelmethode für Federstahldraht, 2) Wicklung einer Feder-Attrappe aus weichem Draht, 3) Abflachen der Federenden, 4) Längsteilung einer Federattrappe zum Aufkleben als Tragfeder auf die Rahmenwange

1)

2)

3)

4)

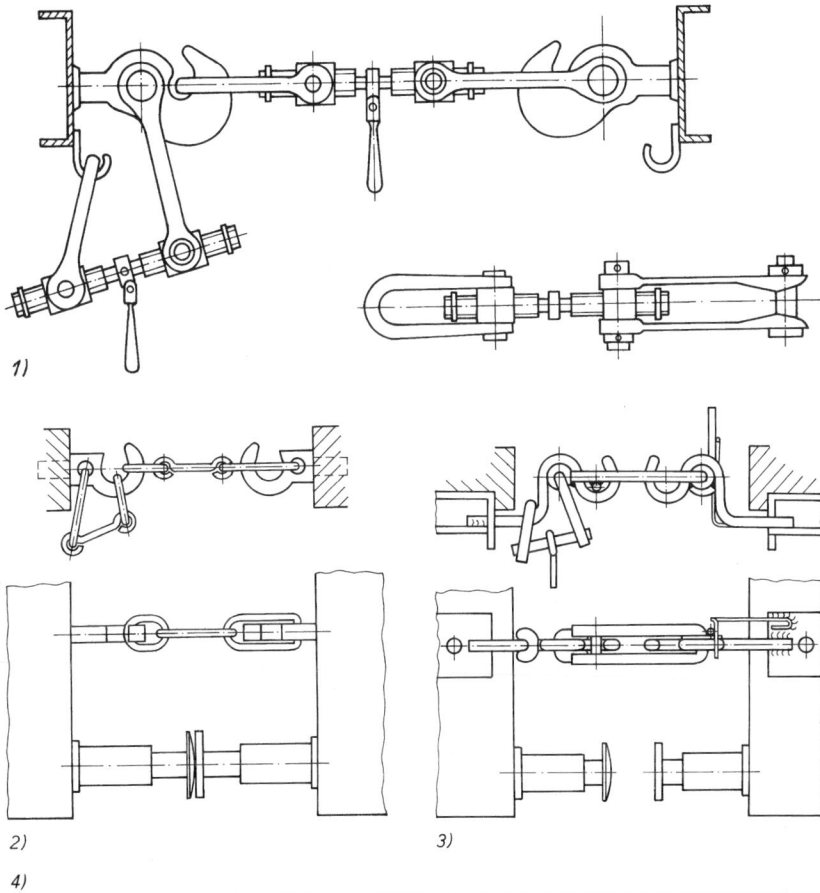

Schraubenkupplung
1) Originaldarstellung des Vorbilds, 2) vereinfachte Ausführung einer Schraubenkupplung zum Puffer-an-Puffer-Fahren, 3) aus Draht gefertigte, der Schraubenkupplung ähnelnde, unsymmetrische Bügelkupplung, 4) Kupplungsvorgang einer Selbstbau-Drahtkupplung (das Anheben des Kupplungsbügels erfolgt mittels Schwenkhebel)

bügels am Ende aber doch gleichzeitig eine → Stoßeinrichtung darstellen. Kupplungen dieser oder ähnlicher Art sind, bedingt durch die steife, knickfreie Verbindung, zwar relativ betriebssicher und ermöglichen einen sehr geringen Pufferabstand, schließen aber ein Puffer-an-Puffer-Fahren aus. Abb.

Schraubensicherung: Sicherung gegen unbeabsichtigtes Lösen von Schrauben. Bei der *Modellbahn* ist eine mechanische S. (z. B. Federring, Zahnscheibe, Federscheibe) meist nicht erforderlich und somit eine Lacksicherung ausreichend. Beim *Selbstbau* kann man den Schraubenkopf, die Mutter oder das hervorstehende Gewinde (alles fettfrei!) mit Siegellack (notfalls auch mit Farbe) betupfen.

Schraubstock: Spannwerkzeug zum Festhalten von Werkstücken bei der Bearbeitung, das meist mit der Werkbank fest verbunden oder als Maschinen-S. ausgebildet ist. Kleinere Ausführungen haben Bügel zum An- und Abschrauben. Für den Modellbahnbau sollten weiche Backen (z. B. Aluminium) verwendet werden, um die Oberflächen der einzuspannenden Werkstücke nicht zu beschädigen. Gebräuchlichste Ausführung ist der Parallel-S. mit verschiedenen Backenlängen.

Schraubzwinge: Spannwerkzeug zum Festhalten und Zusammenpressen von Werkstücken während der Bearbeitung, z. B. beim →Löten, → Kleben, → Bohren. Die S. besteht aus Gleitschiene und Armen, Spindel und beweglicher Kugeldruckplatte, wodurch verschiedene Spannweiten möglich sind.

Schultafellack: Lackfarbe auf Alkydharz- oder Ölbasis, die nach dem Trocknen keinen Oberflächenglanz aufweist. S. eignet sich gut zum Lackieren von Dampflokomotiven.

Schutzabschnitt: Gleisabschnitt hinter einem → Einfahrsignal oder → Blocksignal, in dem Züge in der Regel nicht gefährdet sind, obwohl sie das → Hauptsignal bei Haltstellung überfahren haben. Bei der *Modellbahn* genügt als S. die Länge des längsten auf der Anlage verkehrenden Triebfahrzeugs.

Schutzgas-Rohr-Kontakt, *Reed-Kontakt (Abk. SRK):* Zwei aus ferromagnetischem Material gefertigte Kontaktfedern sind in einem zylindrischen, mit chemisch inaktivem Gas gefüllten Glaskörper eingeschmolzen (Abb. a). Wirkt ein magnetischer Fluß in Längsrichtung der Federn, so ziehen sich diese unabhängig von der Flußrichtung gegenseitig an, und der Kontakt schließt sich schlagartig (Arbeitskontakt). Es gibt auch Ausführungen mit Umschaltkontakt. Ein S. kann anstelle der → Gleiskontakte als → Besetztgeber verwendet werden. Die Betätigung ist sowohl mit → Permanent- als auch mit Elektromagneten (→ Relais) möglich. Die vor Verschmutzung und Korrosion geschützten Kontakte arbeiten sicher und zuverlässig, auch nach längeren Betriebspausen. Sie sind wartungsfrei und werden berührungslos betätigt. Der Einsatz der S. in Steuerstromkreisen ermöglicht die galvanische Trennung von Steuer- und Fahrstromkreis (→ potentialfreier Betrieb, kein → gemeinsamer Rückleiter, Abb. b). Nachteilig sind ggf. die höheren Anschaffungskosten und die genaue Justierung von S. und Auslösemagnet. Werden elektronische Steuerschaltungen durch die S. beeinflußt, so sind → Entprellschaltungen vorzusehen, da wegen des Kontaktprellens solche Schaltungen mehrfach ausgelöst werden können, was zu Fehlschaltungen der Steuerung führt. *Einbau:* Der S. wird möglichst unter dem Schwellenband des Gleises befestigt, um den optischen Eindruck nicht zu stören. Ein entsprechend kräftiger Permanentmagnet wird am Fahrzeugboden angebracht, um bei Vorbeifahrt den Kontakt auszulösen (Abb. b). Falls

Schutzgas-Rohr-Kontakt
a) prinzipieller Aufbau eines SRK, b) Kombination eines SRK mit einem herkömmlichen Gleiskontakt, c) fahrtrichtungsabhängige Ansteuerung eines SRK mittels Elektromagneten (*V*1, *V*2 = 1- bis 3-A-Siliziumdiode)

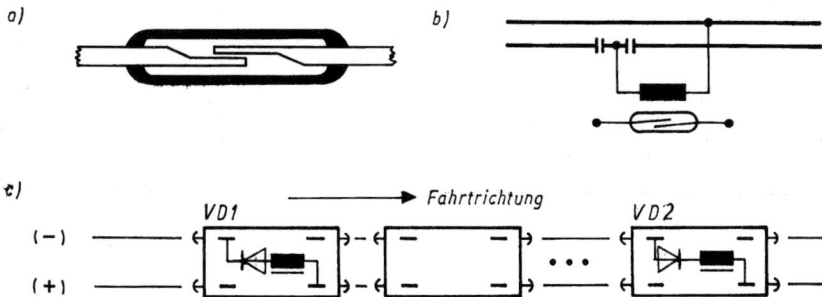

die Magnete unsymmetrisch angebracht werden, ist die Auslösung immer nur durch die Zugspitze möglich. Die Auslösung durch Magnetspulen zeigt Abb. c. Auch hier erfolgt sie in Abhängigkeit von der Zugspitze, wenn die Elektromagnete durch den Einbau von → Gleichrichterdioden fahrtrichtungsabhängig arbeiten. Eine weitere Anwendung ist die Kombination eines Gleiskontaktes mit einem S. Hier empfiehlt sich der Einsatz eines industriellen Reed-Relais (→ Relais). Es kann aber auch ein zum S. passender Spulenköper mit etwa 5000 Windungen Kupferlackdraht CuL 0,08 mm bewickelt werden. Die Kombination beider Bauelemente sorgt für eine hohe Sicherheit der Schaltfunktion (Abb. d). Außerdem kann der S. abseits der Schaltstelle montiert und muß nicht justiert werden. Beim Gebrauch ist darauf zu achten, daß die zulässigen Schaltströme nicht überschritten werden, da die Überlastung die Kontaktfedern zerstört. Die gebräuchlichen S. sind → Arbeitskontakte. Falls ein → Ruhekontakt benötigt wird, sollte ein Schutzgas-Rohr-Umschaltkontakt genutzt werden. Seine Ruhestellung wird mit der Wirkung des Magneten in die Arbeitsposition umgeschaltet. Zwei unterschiedliche Schaltwirkungen an einem Punkt lassen sich durch Längs- und Querstellung zweier S. und dazu passend wirkende Schaltmagnete erreichen. Abb.

Schutzhaltesignale, Sh-Signale: Signale zur Abriegelung eines Gleises oder zur Herstellung eines Haltsignals für Züge, Rangierfahrten und Kleinwagen im Gefahrenfall. Auf Modellbahnanlagen können folgende Signale Anwendung finden: a) *Sh 2* Wärterhaltsignal (rechteckige rote Scheibe mit weißem Rand oder weiß-rot-weiße Flagge als Tageszeichen bzw. ein rotes Licht als Nachtzeichen) mit der Bedeutung „Halt!" b) *Sh 3* Haltvorscheibe (runde gelbe Scheibe mit schwarzem Ring und weißem Rand als Tageszeichen bzw. ein gelbes Licht als Nachtzeichen) mit der Bedeutung „Haltscheibe erwarten!"

Schutzmaßnahme: elektrotechnische Maßnahme zur Vermeidung von elektrischen Unfällen durch Berührung von lebensgefährliche Spannung führenden metallischen Teilen in oder an elektrischen Anlagen, Geräten oder Einrichtungen. Bei Berührung spannungführender Teile schließt der Mensch einen Stromkreis, die dadurch möglichen Ströme gefährden ihn durch die Wirkung auf das Nervensystem (Schmerz, Krämpfe, Herzrhythmusstörungen, Tod). Außerdem führt der elektrische Strom zu Zellzerstörungen (Verbrennungen, Verkohlung). Wegen des Anschlusses der *Modellbahn* an das Stromversorgungsnetz sind die S. auch beim Betrieb von Modellbahnanlagen zu beachten! Die verschiedenen S. gliedern sich in zwei Hauptarten: a) Maßnahmen *zur Verhinderung der Berührung* von gefährliche Spannung führenden Teilen. Zwei davon werden auch bei der Modellbahn angewendet, die *Schutzisolation*, die aus einer sicheren Umhüllung der spannungführenden Teile mit Isolierwerkstoffen besteht (z. B. beim → *Fahrtrafo*), und die *Schutzkleinspannung*, die ungefährliche kleine Spannungen unter 42 V benutzt (z. B. Betriebsspannungen für Fahrzeuge und andere Einrichtungen der Modellbahnanlage). b) Maßnahmen *zur Verhinderung des Bestehenbleibens* von im Fehlerfall auftretenden gefährlichen Spannungen an betriebsmäßig nicht unter Spannung stehenden Geräte- und Anlagenteilen. Ein solcher Fehler tritt meistens durch Zerstörung der Isolation spannungführender Teile auf, wodurch z. B. metallische Gehäuse oder Transformatorkerne plötzlich Spannung führen. S. dieser Art werden im Stromversorgungsnetz angewendet und sind bekannt z. B. unter den Bezeichnungen *Nullung, Schutzerdung, Fehlerstromschutzschaltung*. Sie beruhen alle darauf, daß bei Fehlerspannung der fehlerhafte elektrische Stromkreis sehr schnell abgeschaltet wird (innerhalb von Zehntelsekunden bis zu einigen Sekunden). Größere Stromversorgungsanlagen der *Modellbahn* müssen mit solchen Maßnahmen versehen sein. Für die Errichtung, den Betrieb und die Prüfung bzw. Überwachung der S. gibt es strenge Vorschriften. S. dürfen nur von autorisierten Fachleuten errichtet und geprüft werden!

Schutzschiene: neben der Fahrschiene zusätzlich verlegte Schiene. a) S. als Entgleisungsschutz und zur Bogenaussteifung in Gleisen der Normalspurbahnen mit einem Krümmungsradius $R = 250$ m, in denen der Schmalspurbahnen mit einem Krümmungsradius $R = 100$ m. Die S. liegt jeweils am Innenstrang des Bogens. b) S. als Schutz auf Bauwerken, deren konstruktive Ausbildung nicht ausreicht, entgleiste Fahrzeuge vor einem Absturz zu bewahren, bzw. unter Brücken und Stellwerken, deren Stützen durch entgleiste Fahrzeuge beschädigt werden können.

Schutzstrecke: neutraler Abschnitt der → Fahrleitung oder der Stromschiene, der verhindert, daß aneinanderreichende Unterwerksbereiche über die Stromabnehmer von Triebfahrzeugen elektrisch verbunden werden.

Schutzwagen: 1. offener Güterwagen (meist → Flachwagen), der aus Sicherheitsgründen einem Güterwagen, dessen Ladung das Kopfstück des Wagens unzulässig überragt, beizugeben und mit diesem zu kuppeln ist (z. B. Kranschutzwagen). – **2.** Fahrzeuge, die zwischen Wagen mit leicht entzündbarer Ladung und Dampflokomotiven, Heizwagen, Triebwagen mit Feuerung oder mit Öfen beheizten Wagen einzustellen sind.

Schutzweiche: → Weiche, die → Zugfahrten vor Flankengefährdung durch feindliche Zugfahrten, der unbeabsichtigten Bewegung von Zugteilen oder ablaufenden Wagen schützt, indem sie eine gefährdende Fahrt von der eingestellten → Fahrstraße in ein anderes Gleis, das an einem → Prellbock endet, ableitet. Im Modell sollte die Nachbildung von S. nicht vernachlässigt werden.

Schwelle: Schienenunterstützungselement, das der festen Auflagerung der einzelnen Schienen und Fixierung ihrer Lage zueinander, der Spurhaltung sowie der flächenhaften Kraftübertragung dient. Die S. besteht aus Holz, Beton oder Stahl. Bei der *Modellbahn* gibt es einzelne S. kaum, sondern fast ausschließlich in Form von → Schwellenbändern.

Schwellenband: ein Kunststoffband mit Schwellen- und Kleineisennachbildung, in die das → Schienenprofil eingeführt wird. Bei industriell gefertigten Gleisen wird das S. komplett mit Schienen angeboten.

Schwellenrost: Kunststoffschwellenband, das industriell hergestellt wird und zur Aufnahme der → Schienenprofile dient. → Schwellenband

Schwenkdachwagen: Universal-Güterwagen mit öffnungsfähigem Dach, wodurch eine Beladung von oben ermöglicht wird. Das Schwenkdach wird zum Be- und Entladen komplett nach einer Seite geschwenkt oder zwei Dachhälften nach je einer Fahrzeugseite. Dadurch ist die gesamte Dachfläche öffnungsfähig. Schiebetüren ermöglichen den Einsatz von S. auch als normale → gedeckte Güterwagen. → Schiebedachwagen. Abb.

Schwingmetallpuffer: → Gummisilentblock

Schwungmasse: Speicher von rotierender Bewegungsenergie zur Glättung pulsierender Drehmomente. Bei der *Modellbahn* dient ein genau rundlaufendes, möglichst auf der Antriebswelle des → Fahrmotors fest angebrachtes Gewicht (→ Schwungrad) einem gleichmäßigen Lauf des Triebfahrzeuges (auch bei kurzer Fahrstrom-

Schwenkdachwagen

unterbrechung) sowie einem guten Auslauf des Fahrzeugs beim Anhalten. S. können mit einer entsprechenden Getriebeübersetzung auch in Güterwagen eingebaut werden, wenn diese z. B. vorbildnah ablaufen sollen (→ Ablaufberg). Die S. verleiht dem Wagen zunächst eine geringe Anlaufgeschwindigkeit und danach einen langen Auslauf. Wagen mit S. sind nicht für den Zugverkehr geeignet. Abb.

Schwungrad: rad- oder scheibenförmige → Schwungmasse

Seilbahn: → Drahtseilbahn

Seilzugbremse: → Heberleinbremse

Seitenrampe: seitlich eines → Ladegleises gelegene Rampe zur Be- und Entladung von Eisenbahnwagen. Die Höhe einer S. beträgt beim Vorbild 1 100 mm über → Schienenoberkante und 1 200 mm über Straßenoberkante.

Seitenschneider: zangenähnliches Werkzeug mit zwei seitlich angeordneten Schneiden, die zum Schneiden von Drähten, Litzen usw. dienen.

Sekundärwicklung: Wicklung des → Transformators, der die transformierte Spannung entnommen wird.

Selbstbau: Begriff für die komplette Anfertigung von Eisenbahnmodellen (Fahrzeuge und Zubehör). Nach den Bedingungen des internationalen Modelleisenbahn-Wettbewerbs dürfen beim S. lediglich handelsübliche Motoren, Radsätze, Stromabnehmer, Zahnräder, Puffer und Kupplungen verwendet werden (→ Frisur, → Umbau). Grundlage für den S. ist eine genaue maßstäbliche Übersichtszeichnung des Objekts mit möglichst allen vier Seitenansichten und der Draufsicht. Fotos vom „Vorbild" in mehreren Ansichten sowie einige technische Anga-

kugelgelagerte *Schwungmasse* zum Antrieb eines Modellfahrzeugs

ben (z. B. Treibraddurchmesser, LüP, Achsstand usw.) sind meist ausreichende Hilfen bei der Anfertigung der Übersichtszeichnung. Um einen genauen Maßstab bei Gebäuden und anderen Bauwerken zu ermitteln, ist oftmals das Messen eines bestimmten Abschnitts (z. B. Fenster o. ä.) ausreichend, wonach dann alle weiteren Maße vom Foto übernommen und umgerechnet werden können. S. wird oft angewendet, wenn bestimmte, im Handel nicht erhältliche Modelle erwünscht sind, meistens aber aus Liebe zum Hobby oder aus Freude an der Freizeitgestaltung.

Selbstbaugleis: im Eigenbau hergestelltes Gleis, wobei einzelne Holzschwellen ausgelegt und darauf die → Schienenprofile befestigt werden, wodurch das Gleis individuell hergestellt werden kann. Diese Methode ist aber sehr aufwendig. Deshalb ist die Verwendung von → Schwellenbändern rationeller.

Selbstentladewagen

a)

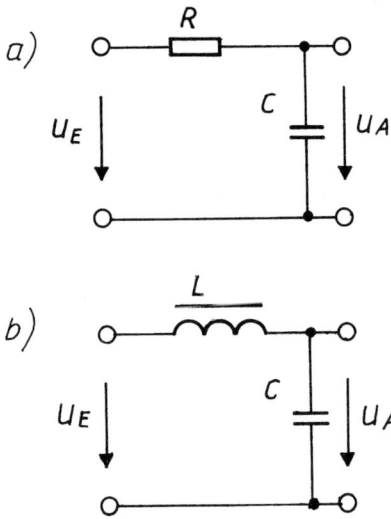

U_E R C U_A

b)

L

U_E C U_A

Siebglied
a) LC Siebglied (Siebfaktor S = U_a/U_e = $(2\pi f)^2 LC$) b) RC Siebglied (Siebfaktor S = $2\pi f RC$)

Selbstblockung: → automatischer Streckenblock

Selbstentladewagen: Spezialgüterwagen mit sattelförmigem Wagenboden oder mit Trichtern. Das Ladegut (Schüttgut) rutscht nach Öffnen von Seiten- oder Bodenklappen infolge der Schwerkraft heraus. S. gibt es in offener (z. B. → Schotterwagen) und abgedeckter Ausführung (z. B. → Klappdeckelwagen). Abb. S. 183

selbsttätige Kupplung: → Zug- und Stoßeinrichtung, die meist als → Mittelpufferkupplung Schienenfahrzeuge selbsttätig verbindet. Bei der *Modellbahn* sind Kupplungen ebenfalls als s. K. ausgeführt, sofern nicht die → Schraubenkupplung nachgebildet und angewendet wird. → automatische Kupplung

Selengleichrichter: → Gleichrichter, bei dessen Herstellung der Halbleiter Selen benutzt wird. Trotz seiner relativen Unempfindlichkeit gegen kurzzeitige Überlastungen wird der S. durch die effektiveren Siliziumgleichrichter abgelöst. → Gleichrichterdiode, → Gleichrichtung

Serienschaltung: → Reihenschaltung

Sicherung: Bauelement zum → Überstromschutz

Siebdrossel: → Siebglied

Siebglied: elektrische Filterschaltung zur Verminderung bzw. Unterdrückung von Restwechselspannungen, die bei der → Gleichrichtung entstehen. Man unterscheidet RC- und LC-Siebglieder. Die Filterwirkung hängt von der Bauelementedimensionierung ab. Die Bauelemente werden Siebdrossel, Siebwiderstand, Siebkondensator genannt. Abb.

Siebkondensator: → Siebglied

Siebwiderstand: → Siebglied

verschiedene *Signale* auf einem kleinen Anlagenteil: Schutzhaltesignal, Langsamfahrsignal, Vorsignaltafel, Formvorsignal, 2flügliges Formhauptsignal (v. l. n. r.)

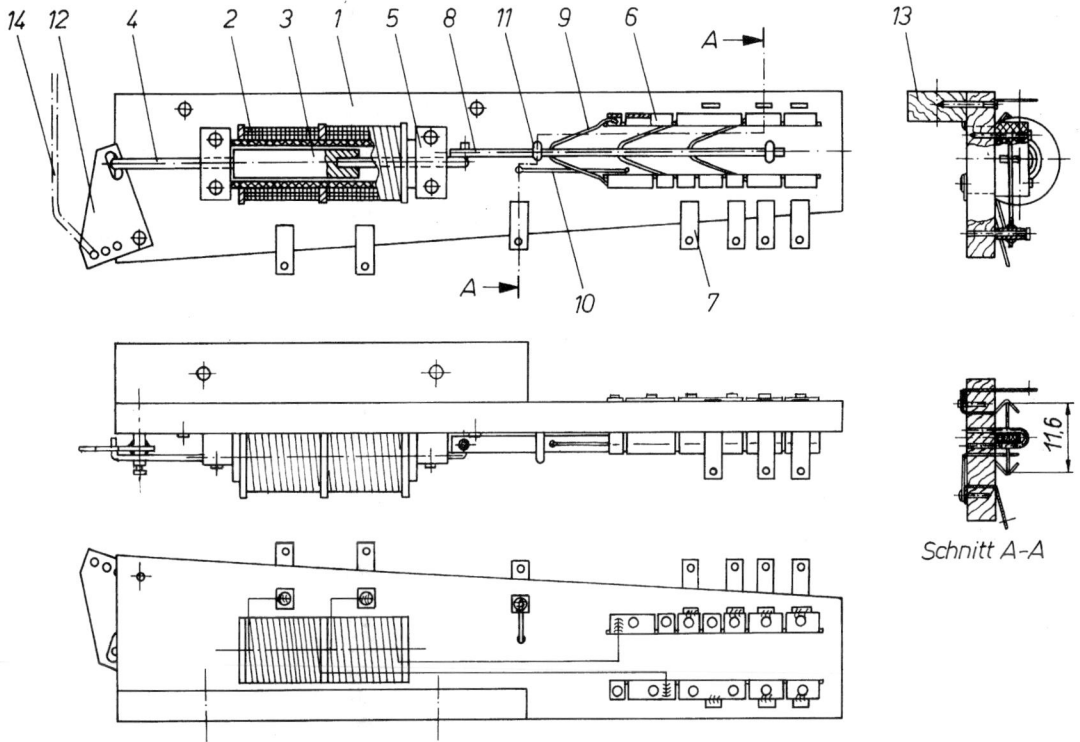

Schnitt A–A

Signal: 1. allgemein: Träger von Informationen, besteht stets aus einem physikalischen Medium (z. B. Licht, Schall, elektrischer Strom) und ist immer eine Zeitfunktion, d. h., das S. ist zeitabhängig. Das S. besitzt einen Parameter (Kennwert), der die Information trägt (Informationsparameter). Informationsparameter in der Akustik sind Lautstärke und Tonfrequenz, in der Optik Helligkeit und Farbe, in der Elektrik Amplitude, Frequenz, Dauer und Phase (zeitliche Zuordnung). – **2.** optisches, akustisches oder elektrisches Zeichen, das der Gewährleistung der Sicherheit im Eisenbahnbetrieb dient. Je nach Konstruktion und Anwendung werden u. a. unterschieden: → Formsignale, → Lichtsignale, → Hauptsignale, → Vorsignale und S. für den Rangierbetrieb. Abb. – **3.** Träger von Steuerinformationen → Steuersignal.

Signalabhängigkeit: Sicherung der Fahrstraßen, so daß in einem besetzten Abschnitt oder bei falscher Weichenstellung im Regelbetrieb kein Zug fahren kann. Bei automatischem Fahrbetrieb auf Modellbahnanlagen wird so verfahren, daß die Züge ihren Fahrweg mit Hilfe von Kontaktgleisen selbst steuern und gleichzeitig die Fahrstraße sichern.

Signalantrieb: Übertragungseinrichtung der Stellbewegung mit Drahtzügen für Formsignale oder der Elektroenergie mit Relais für Lichtsignale. Bei der *Modellbahn* schalten elektromechanische Antriebe die Formsignale, ggf. aber auch den → Fahrstrom vor haltzeigendem Signal ab (→ Zugbeeinflussung) und bei fahrtzeigendem Signal wieder zu. Lichtsignale werden meist ohne Antrieb angeboten. Zur Zugbeeinflussung werden → Relais benutzt. Bei der Modellbahn findet hauptsächlich der Doppelspulen-Magnetantrieb Anwendung, bei dem die jeweilige Endstellung des Antriebs einer Signalstellung entspricht. Wird keine → Rückmeldung oder → Abhängigkeit verlangt, kann auch der Einspulen-Magnetantrieb verwendet werden, bei dem die Rückstellung durch eine Feder oder die Eigenmasse des Eisenkerns erfolgt. Ein *Selbstbau* von S. ist relativ einfach, da man grundsätz-

Selbstbauvorschlag für einen *Signalantrieb* mit 2 zusätzlichen Schaltkontakten: 1 Grundplatte, 2 Doppelmagnetspule, 3 Kern, 4 Schubstangen, 5 Lagerbock, 6 Kontaktbahnen, 7 Lötfahnen, 8 Schubleiste, 9 Schleiffeder, 10 Kontaktfeder, 11 Schubleistenführung, 12 Stellwinkel, 13 Anbauleiste, 14 Stellstange des Formsignals

lich den → Unterflurantrieb wählen wird und somit auf das Äußere keinen Wert legen muß. Als Grundplatte kann Sperrholz ebenso dienen wie Hartgewebe oder Hartpapier. Der Spulenkörper kann aus Pappe gefertigt werden und vor sowie nach dem Wickeln mit einem Alleskleber bestrichen oder getränkt werden. Zum Wickeln (etwa 500 Wicklungen → Kupferlackdraht mit 0,2 mm Durchmesser je Spulenhälfte) kann man die im Schraubstock eingespannte Handbohrmaschine benutzen. Der Eisenkern, der nicht unbedingt im Spulengehäuse, sondern auch mit Hilfe zweier eingelöteter Schubstangen (Drahtdurchmesser 1 mm) in zwei Lagerböcken (Hartpapier o. ä.) geführt sein kann (geringerer mechanischer Widerstand) und normalerweise aus Weicheisen besteht, kann aus einem „weichgeglühten" Stahlstift gefertigt werden. Die Kontaktbahnen und die Lötfahnen sollten aus Messingblech (etwa 0,3 mm dick) gebogen und in die Schlitze der Grundplatte eingedrückt, umgebogen und durch Kleben oder Nageln fixiert werden. Die Schleiffedern (Federstahldraht mit 0,3 mm Durchmesser), die durch Bohrungen in der Schubleiste (Hartpapier o. ä.) aufgenommen werden, sollten eine möglichst geringe Federvorspannung erhalten. Gleiches gilt auch für die Kontaktfeder, die auf der Rückseite mit der unmittelbar angrenzenden Lötfahne verlötet ist und mit der ersten Schleiffeder in jeder Stellung des S. Kontakt haben muß. Als Schubleistenführung können zwei Drahtbügel dienen, die in die Grundplatte eingedrückt oder -geklebt werden. Die Verdrahtung und das Verlöten der Kontaktbahnen mit den Lötfahnen erfolgen auf der Rückseite der Grundplatte. Sie werden abschlie-

ßend mit einem Alleskleber überstrichen. Mit einer Anbauleiste wird der S. an der Unterseite der Anlagenplatte montiert. Der Stellwinkel, dem als Lager eine Blechhülse eingelötet wird, überträgt die Schubbewegung über eine Stellstange zum → Formsignal. Der S. muß sich leicht bewegen lassen, weshalb ein relativ reichliches Spiel zwischen den beweglichen Bauteilen notwendig ist. Abb. (s. Abb. → Weichenantrieb)

Signalausleger: über das Gleis ragende, einseitig gestützte Tragkonstruktion zur Aufnahme von → Formsignalen oder → Lichtsignalen, die bei ungünstigen örtlichen Verhältnissen angewendet wird.

Signalbildsteuerung: vorzugsweise mit elektronischen Mitteln realisierte Modellbahnsteuerung von → Lichtsignalen, deren Signalbilder in Abhängigkeit von den betrieblichen Bedingungen (Weichenstellung, Besetztzustand vorausliegender Blockabschnitte usw.) in dem zu befahrenden Fahrweg beeinflußt werden. Ist ein Bestandteil der → Signalsteuerung.

Signalbrücke: Brückenkonstruktion, die meist mehrere Gleise überspannt. Am Geländer sind Form- oder Lichtsignale über den Gleisen angebracht.

Signalflügel: Einrichtung an → Formhauptsignalen und teilweise Formvorsignalen (Zusatzflügel), die aus Blech besteht und das entsprechende Signalbild anzeigt. S. sind drehbar am → Signalmast angebracht.

Signalkombinationssystem (Sk-System): ist ein weiterentwickeltes Signalsystem der DB, das 1992 eingeführt worden ist. Der Grund sind die höheren Geschwindigkeiten und die damit nicht mehr ausreichenden Bremswegabstände von 1 000 m. Das S. hat nur noch 7 Signalbegriffe gegenüber 30 des bisherigen Systems. Neben den drei „normalen" Signalbegriffen Halt (ein rotes Licht), Fahrt (ein grünes Licht) und Fahrt, Halt erwarten (ein gelbes Licht), gibt es noch die Signalbegriffe „Halt für Zug- und Rangierfahrten" (zwei rote Lichter), „Zughalt, Rangierverbot aufgehoben" (zwei schräg ansteigende weiße Lichter), das Vorsichtssignal Zs 7 (ein weißes Licht) sowie für den Geschwindigkeitswechsel das Signal Zs 3 bzw. Zs 3v. Abb.

Signallampe: Spezialglühlampe zur

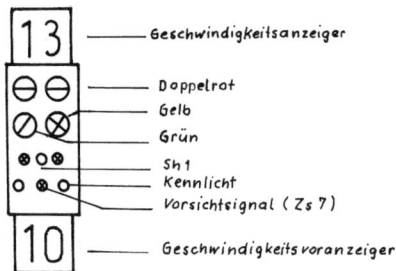

Signalkombinationssystem

13 — Geschwindigkeitsanzeiger
⊖ ⊖ — Doppelrot
⊘ ⊗ — Gelb
— Grün
● ○ — Sh1
○ ● ○ — Kennlicht
— Vorsichtsignal (Zs 7)
10 — Geschwindigkeitsvoranzeiger

Darstellung der Signalbilder. Die S. bei → Formsignalen brennen nur beim Nachtbetrieb; bei Lichtsignalen brennen sie je nach Signalbild ständig in den Farben weiß, rot, orange, gelb oder grün.

Signalmast: Träger der Signaleinrichtungen (→ Signalflügel, → Signallampe und Signalschirm). Bei → Formsignalen werden Gittermasten in verschiedenen Größen je nach den örtlichen Gegebenheiten (Sicht für Triebfahrzeugführer) aufgestellt. → Lichtsignale sind meist auf Betonmasten montiert.

Signalrückstellung: Steuervorgang beim Vorbild, der vom Stellwerk aus nach dem Passieren des Zuges am Signal von Hand oder automatisch ausgelöst wird und das Signal in der Regel in die Haltstellung bringt. Bei der *Modellbahn* kann dieser Vorgang von Hand am → Stellpult oder automatisch z. B. mit einem → Gleiskontakt nachvollzogen werden. → zugbediente Signalrückstellung

Signalschalter: → Gleisbildstellpult

Signalscheibe: rechteckige oder kreisförmige Tafel zur Darstellung verschiedener Signalbegriffe bei Formvorsignalen, Langsamfahrsignalen, Haltescheiben und Fahrtregelungssignalen.

Signalspannwerk: → Spannwerk

Signalsteuerung: Steuerung von Modellbahnsignalen, mit deren Hilfe Form- oder Lichtsignale entsprechend den betrieblichen Bedingungen im Fahrweg vorbildgerecht beeinflußt werden. Die S. besteht aus zwei Teilsteuerungen, der Steuerung für die Grundstellungen (Fahr- bzw. Haltauftrag) und der Steuerung für die in Fahrtstellung möglichen verschiedenen Signalbilder (→ Signalbildsteuerung). Letztere umfaßt auch Zusatz- und Rangiersignale, die ggf. an die Haltstellung des Hauptsignales gebunden sind (Zs 1, Ra 12). Abb.

Silentblock: → Gummisilentblock

Silikonkautschuk: Werkstoff, der zur Herstellung von Gießformen verwendet werden kann. → Gießharztechnik

Sinterlager: aus Metallpulver unter Wärmebehandlung gepreßtes Bauteil (meist Lagerbuchse). Der Vorteil von Sinterteilen liegt in der großen Maßgenauigkeit, wodurch eine weitere Bearbeitung entfällt. Außerdem sind Sin-

terteile sehr porenreich und können deshalb leicht mit anderen Stoffen getränkt werden (z. B. mit Öl zur Verwendung als selbstschmierendes → Gleitlager). Bei der *Modellbahn* findet ein S. meist für die Lagerung der Motorwelle Anwendung.

Sitzwagen: → Personenwagen, der als Einzelabteil- oder Großraumwagen eingerichtet und mit Sitzen zur Beförderung von Personen versehen ist. S. werden nach 1. oder 2. Klassse oder kombiniert zwischen 1. und 2. Klasse oder kombiniert 2. und Gepäckabteil bzw. 2. Klasse und Büfettabteil unterteilt. Ein S. wird je nach Bauart, Ausstattung und Platzangebot als → Personenzugwagen, → Eilzugwagen oder → Schnellzugwagen eingesetzt. → Reisezugwagenarten

Skelettbauweise: Methode zur → Geländegestaltung, bei der aus geeignetem Material (z. B. → Drahtgaze) ein Skelett geformt wird, das der gewünschten Geländeform entspricht. Darüber wird die Geländehaut (z. B. aus → Geländematten) angebracht. Die S. ist massesparend und deshalb für transportable Anlagen besonders geeignet.

Sk-System: → Signalkombinationssystem

S-Kurve: → Gegenkurve

SMD-Technik: neuere Methode der Montage (Oberflächenmontage) elektronischer Bauelemente auf → Leiterplatten, erlaubt höhere Bauelementedichten und kleinere Leiterplattenabmessungen.

SO: Abkürzung für → Schienenoberkante

Spannbetonbrücke: Brücke, die aus Beton und vorgespannten Eisenarmie-

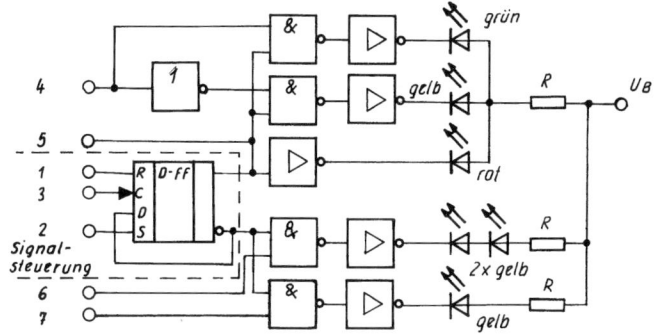

Signalsteuerung
Schaltprinzip unter Einbeziehung der zugehörenden Signalbildsteuerung für ein Lichtsignal mit drei Signallampen, Rangiersignal und Ersatzsignal. Steuersignalbedeutung: 1 Setzeingang für den Haltbegriff, 2 Setzeingang für den Fahrtbegriff, 3 Takteingang für den Wechsel zwischen Fahrt- und Haltbegriff, 4 Steuereingang für die Beeinflussung der Signalbilder gelb/grün in Abhängigkeit vom folgenden (Block)Signal, 5 Steuerausgang für die Beeinflussung der Signalbilder gelb/grün beim vorherigen (Block)Signal, 6 Steuereingang des Rangiersignals, 7 Steuereingang des Ersatzsignals (Blinktakt). (D-Flip-FLop, Gatter, Treiber aus einer Schaltkreisfamilie wählen, TTL- oder CMOS-Technik. Der Steuerpegel und seine Richtung hängen teilweise von der verwendeten Schaltkreisfamilie oder den Typen ab.)

rungen hergestellt wird. Dabei werden die Armierungen eingeschalt und mit Beton ausgegossen.

Spannlack: spezieller Lack für den Flugmodellbau, der sich auch hervorragend zum Einschottern von Gleisen eignet. *Arbeitsfolge:* Gleise befestigen, mit handelsüblichem Kork- oder Steinschotter einschottern, mit farblosem S. übergießen, die → Schienenköpfe vorsichtig mit einem Lappen abwischen. Das so behandelte Gleis etwa 24 Stunden trocknen lassen. Hierbei muß sehr präzise gearbeitet werden, da nach dem Abbinden des S. keine Korrektur mehr möglich ist. Vorsicht bei Weichen.

Spannung, *Formelzeichen* **U, u:** Potentialdifferenz zwischen zwei elektrisch geladenen Punkten. Die Ladungsunterschiede können unterschiedliche Ursachen haben, z. B. Reibung (Reibungselektrizität), Ladungstrennung in chemischen Spannungsquellen, Induktion. Die S. ist die Ursache des elektrischen → Stromes in einem geschlossenen Stromkreis. Wichtige Arten der S. sind *Gleich-* und *Wechsel-* S. Gleichspannung ist gekennzeichnet durch Konstanz über lange Zeit. Unter den Wechselspannungen sind die periodi-

schen die bedeutendsten, und darunter die sinusförmigen. Sinusförmige Wechsel-S. werden im Stromversorgungsnetz verwendet. Wichtige Kenngrößen der Wechsel-S. sind: a) *Frequenz f* – Anzahl der Perioden je Zeiteinheit (Maßeinheit Hz = $1/s$), b) *Amplitude, Scheitelwert* – Größtwert der sich ändernden Wechsel-S., Formelzeichen U_m. Bei sinusförmigen Wechsel-S. gibt es als praktischen Meßwert den *Effektivwert*, Formelzeichen U. Dieser ist der Wert einer Wechsel-S., bei dem die gleiche Wärmemenge entsteht wie bei einer gleichgroßen Gleich-S. Eine Beziehung mit guter sehr Näherung besteht zwischen Amplitude und Effektivwert: $U_m = 1,414 \cdot U$; $U = 0,707 \cdot U_m$; Bei sinusförmigem Wechselspannungen wird immer der Effektivwert zur Angabe der S. benutzt. Die Netzspannung 220 V hat einen Scheitelwert von 311 V, die Zubehörspannung 16 V hat einen von 22,6 V. Sinusförmige Wechsel-S. lassen sich auf einfache Weise mit → Transformatoren auf andere Werte umformen, auf höhere S. hochtransformieren, auf niedrigere S. heruntertransformieren. Auch die Zubehör-S. der *Modellbahn* wird aus dem Wechselstromnetz durch Transformation gewonnen. Zum Betrieb der Modellbahn erforderliche Gleich-S. werden aus heruntertransformierten Wechsel-S. durch nachfolgende → Gleichrichtung gewonnen. Da nach der Gleichrichtung noch Restwechselspannungen („Brummspannung") vorhanden sind, muß, wenn ihre Absenkung mit Hilfe von → Ladekondensator und → Siebglied nicht ausreicht, durch besondere Spannungsregelschaltungen (→ Spannungsregler) eine reine Gleich-S. gebildet werden. Das trifft z. B. zu für Gleich-S., mit denen → Schaltkreise betrieben werden. Gleich-S. selbst können nicht direkt transformiert werden, nur über den Weg der Wechselrichtung. In einigen Anwendungsfällen werden auch Trockenbatterien und Akkumulatoren als Gleichspannungsquellen verwendet. Bei Fahrzeugen hat sich vorwiegend der Betrieb mit Gleich-S. durchgesetzt, während viele Zubehörartikel mit Wechsel-S. (→ Nennspannung) betrieben werden. Die zum Betrieb von Verbrauchern erforderlichen S. (*Be-*

Spannung
Gleichspannungen: a) ideale Gleichspannung, b) Gleichspannung durch Einweggleichrichtung aus Wechselspannung gewonnen, c) Gleichspannung durch Zweiweggleichrichtung aus Wechselspannung gewonnen, d) mit einer Restwechselspannung (Brummspannung) überlagerte Gleichspannung, e) sinusförmige Wechselspannung mit den wichtigsten Kennwerten

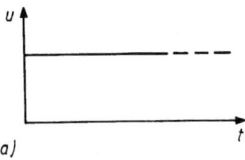

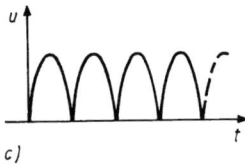

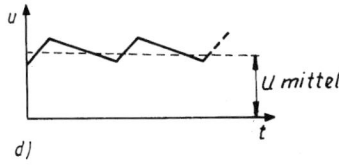

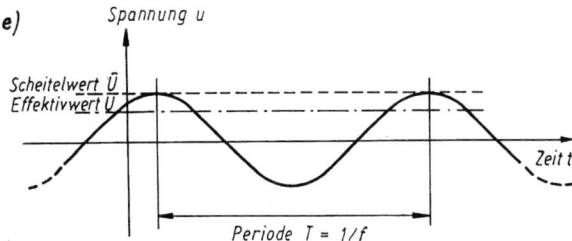

triebsspannung) werden fast ausschließlich aus → Netzanschlußgeräten (meist Einzelgerät) oder aus Stromversorgungsbaugruppen (meist Bestandteil von Geräten) bereitgestellt. Achtung: *Spannungen über 42 V sind lebensgefährlich! Abb.*

Spannungsmesser: → Voltmeter, → Vielfachmesser

Spannungsprüfer, *Prüflampe:* **1.** einfaches Hilfsmittel zur Fehlersuche in elektrischen Anlagen. Durch das Antasten auszuwählender Meßpunkte in der Verdrahtung kann mit Hilfe des S. festgestellt werden, ob der betreffende Schaltungsteil → Spannung führt. Ist das nicht der Fall, so muß ein Fehler (Unterbrechung, → Kurzschluß) zwischen der Spannungsquelle und den Meßpunkten liegen. Die einfachste Form des S. ist die Prüflampe. Sie besteht aus einer Glühlampe mit Fassung, an der passende Meßleitungen (→ Schaltlitze) befestigt werden. Für *Modellbahnanlagen* empfiehlt sich eine Kleinglühlampe mit 18 bis 24 V Betriebsspannung. Eine verbesserte Variante dieser Schaltung besteht aus zwei parallelgeschalteten Glühlampen, in deren Zweige jeweils eine → Gleichrichterdiode entgegengesetzt gepolt eingeschaltet ist. Entsprechend der Polung der geprüften Spannungsquelle leuchtet die eine oder die andere Glühlampe (Abb. a). Manche Prüfstromkreise können mit Lampenströmen von ca. 50 bis 100 mA nicht belastet werden, oder die geprüfte Spannung ist zu klein. Die Glühlampen leuchten dann nur schwach oder gar nicht. Für solche Fälle zeigt Abb. b eine Schaltung, die, mit → Transistoren und → Lichtemitterdioden bestückt, im Bereich von 4 bis 30 V arbeitet und durch unterschiedliche Farben die Polung anzeigt. – **2.** Handelsübliches Hilfsmittel zur Prüfung z. B. von Netzsteckdosen auf Vorhandensein der Netzspannung. Wird meist in Stift- oder Schraubendreherform ausgeführt. Wesentlicher Bestandteil ist eine Glimmlampe, eine Form der Gasentladungslampen. Sie glimmt bei vorhandener Netzwechselspannung (220 V!). *Achtung! Die Gebrauchsvorschriften beachten, Lebensgefahr! Abb.*

Spannungsregler: meist elektronische Schaltung, Bauelement oder Gerät zur Erzeugung einer geregelten, d. h. hochkonstanten Spannung, die einer idealen Gleichspannung entspricht. Man unterscheidet Festspannungsregler und S. mit variabler Ausgangsspannung. S. sollen Spannungsschwankungen, die durch unterschiedliche Strombelastungen und durch Netzspannungsschwankungen hervorgerufen werden, ausgleichen. Während S. früher i. d. R. als Baugruppen ausgeführt wurden, werden sie jetzt als integrierte → Schaltkreise geliefert. Es gibt sie für viele Spannungsbereiche (z. B. 5 bis 24 V) und für unterschiedliche Lastströme (z. B. 100 mA bis 100 A). Integrierte S. werden zusätzlich mit Schutzeinrichtungen gegen Überstrom (→ Überstromschutz), Übertemperatur und → Kurzschluß versehen, so daß Überstromschutzeinrichtungen (→ elektronische Sicherung) zumindest teilweise entfallen können. S. werden auch für den Betrieb elektronischer Steuerungen der

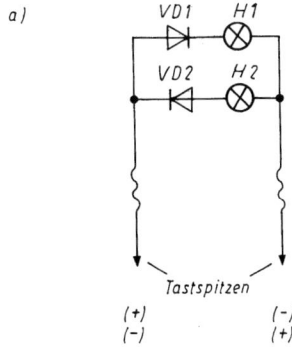

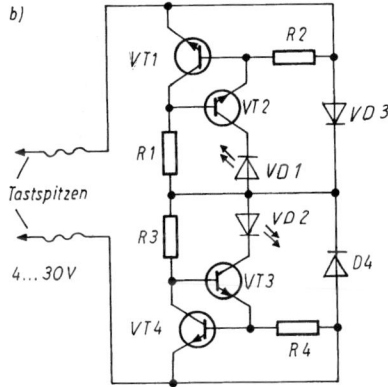

Spannungsprüfer
a) einfache Schaltung mit 2 Glühlampen (H 1 = H 2 = Glühlampe 16V/0,05A; VD1, VD2 = 1-A-Siliziumdiode), b) Schaltung mit 2 Lichtemitterdioden und einem großen Speisespannungsbereich (R1 = R3 = 8,2 kΩ/0,125W, R2 = R4 = 33 Ω/0,125W, VD1 = rote LED, VD2 = grüne LED, VD3 = D4 = Silizium-Universaldiode, VT1 bis VT4 = 500-mW-Siliziumtransistor)

vorbildgetreue *Spann-
werke* in H0 (Selbst-
bau)

Modellbahntechnik eingesetzt. → Regelung, → Steuerung

Spannwerk: Vorrichtung zum Spannen von Drahtzügen mechanisch betätigter Weichen und Signale mit einem
Ballastgewicht. Das S. befindet sich innerhalb eines Drahtzugs, der den Be-
dienungshebel im Stellwerksraum mit
dem jeweiligen Antrieb verbindet. S.
dienen dem Ausgleich von Längenän-
derungen bei Temperaturschwankungen und Drahtbrüchen. Im Modell sind
sie funktionslos und dienen nur zur
Ausschmückung der Anlage. In den
Nenngrößen N und H0 sind S. handelsüblich. Abb.

Spanplatte: Platten aus feinen Holzspä-
nen, die mit Leim verbunden und unter hohem Druck zusammengepreßt
werden. Die wegen ihrer großen Eigenmasse für größere Anlagen nicht zu
empfehlenden S. sind in verschiedenen Abmessungen handelsüblich.

Speicherlokomotive: → feuerlose Lokomotive

Speichertriebwagen: elektrischer →
Triebwagen, der seine Energie aus einer Akkumulatorenbatterie erhält, die
mit billigem Nachtstrom aufgeladen
wird. Der Einsatz von S. war deshalb
sehr wirtschaftlich, er besaß jedoch einen relativ begrenzten Aktionsradius.
Abb.

Speisesystem: Art der Stromeinspei-
sung in Modellbahnfahrzeuge. → Fahrstromsysteme

Speisewagen: → Reisezugwagen zur
Versorgung der Reisenden mit Speisen und Getränken. Ein S. ist als Großraumwagen im Durchgangsprinzip gebaut und enthält neben dem Speise- einen Küchen- und Anrichteraum sowie
ein Abteil für Bedienungspersonal.
Abb.

Sperrholz: vergüteter Holzwerkstoff in
Plattenform, der durch das kreuzweise
Verkleben mehrerer Furnierlagen entsteht. S. wird in Platten in verschiedenen Stärken hergestellt. Für den Anla-
genbau reichen normalerweise 4 bis
6 mm dicke Platten aus. Anwendung:
→ Plattenbauweise

Spitzbohrer: Schneidwerkzeug für die
Holzbearbeitung (Vorstechen von Löchern). Der S. besteht aus einem runden Hartholzgriff mit eingenieteter An-
gel, die an der Vorderseite eine Spitze
aufweist.

Spitzenlagerung: nach NEM 314 (s.
Anhang) standardisierte Achslagerung
von Radsätzen an Modellbahnfahrzeugen. Bei der S. sind die → Achsschenkel als Spitzkegel ausgeführt, die in
den kegelförmigen → Achslagern
leicht und wartungsfrei laufen (Punktberührung). *Selbstbau:* → Achslager

Speichertriebwagen

Spitzensignal: → Regelspitzensignal
Spitzkehre: besondere Form der Trassierung einer Eisenbahnstrecke, bei der die Bahn zur Überwindung von Höhenunterschieden in einem → Stumpfgleis endet und danach in einem abzweigenden Gleis weiter ansteigt bzw. abfällt. Nachteile: Bei lokbespannten Zügen ist das Umsetzen der Lok notwendig. Abb.

Splitt: kleingemahlene Steine, die als Schotter für große Nenngrößen verwendet werden können.

Spray: mit Hilfe von → Spraydosen zerstäubte Flüssigkeiten (Fette, Öle, Farben). Mit S.-Farben können Modellfahrzeuge lackiert werden.

Spraydose: mit einer Zerstäuberdüse ausgerüstetes Druckgefäß aus Metall, das Farben, Fette oder Öle und ein Treibmittel zum Zerstäuben enthält.

Spreizdübel: Befestigungselement aus Kunststoff, das in verschiedenen Durchmessern und Längen handelsüblich ist. Arbeitsschritte: Kernloch bohren, S. einschlagen und die zu befestigenden Gegenstände (z. B. Klappschrank, Anlagenteile) mittels Holzschrauben festschrauben.

Sprelacart: Kunstharzschichtpreßstoff mit veredelter Oberfläche, der zum Beplanken von Holzwerkstoffen benutzt wird. S.-Platten sind etwa 1,5 mm dick und zeichnen sich durch große Widerstandsfähigkeit aus. Sie sind sehr hart und temperaturbeständig bis zu 80 °C bei Dauereinwirkung. S.-Platten werden in verschiedenen Farben und Dekors angeboten. Sie können von der Unterseite her spanabhebend bearbeitet werden. S. ist für den Bau der Deckplatte von Gleisbildstellwerken gut geeignet.

Sprengwerk: aus Rund- oder Winkelstahl an den → Langträgern angebrachte Verstärkung. Das S. erhöht die

→ Rahmensteifigkeit und verhindert ein Durchbiegen der Langträger. Beim *Selbstbau* werden S. aus Draht, Flach- oder Winkelprofilen hergestellt. (s. Abb. → Klappdeckelwagen, → Mannschaftswagen, → Schienenwagen)

Spritzpistole: meist elektrisch angetriebenes, ohne Luftdruck, mit Schwingankermotor und Hochdruckpumpe arbeitendes Lackiergerät. Für den Modellbahnbau eignen sich kleinere Typen. Beim Lackieren von Modellen sollte man erst die jeweilige Farbe testen.

Spurerweiterung: Vergrößerung des Grundmaßes der → Spurweite eines Gleises, die vorgeschrieben sein oder als Folge des Betriebes auftreten kann. In Bogengleisen mit kleinen Radien ist eine S. notwendig, damit ein Zwängen von Fahrzeugen ausgeschlossen wird. Modellgleise haben keine S.

Spurkranz: an der Innenseite des Radreifens liegende erhöhte Wulst bei Eisenbahnrädern, die das Rad auf der Schiene führt und ein Abgleiten verhindert. Bei der Modelleisenbahn sind Maße der S. in den NEM 311 (s. Anhang) enthalten.

Speisewagen
unterschiedlicher Bauart in H0: Bauart der 20er Jahre mit Faltenbalgübergang, Bauart der 60er Jahre mit Gummiwulstübergang (Liliput/Sachsenmodelle)

Spitzkehre
schematische Darstellung

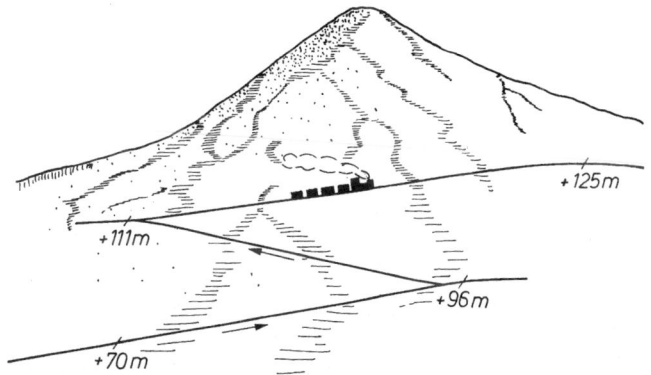

Spurkranzausrundung: Ausrundung zwischen Lauffläche eines Rades und Spurkranz, die für einen sicheren Betrieb der Räder, vor allem in Gleisbögen und über Weichen, wichtig ist.
Spurlehre: Meßlehre zum Messen der → Spurweite; sie ist nur bei Selbstbaugleisen notwendig. Beiblatt 1 zu NEM 310/311
Spurverengung: bei der *Modellbahn* nicht vorhandene Unterschreitung der vorgeschriebenen → Spurweite
Spurwechselanlage: technische Anlage auf Spurwechselbahnhöfen, die den Übergang von Eisenbahnfahrzeugen unterschiedlicher → Spurweiten ermöglicht. a) Auswechseln der Radsätze oder Drehgestelle mit Hilfe einer Krananlage, b) Umspuranlage, auf der das Spurmaß der Radsätze mit auf den Achsen verschiebbaren Rädern verändert wird.
Spurweite: kleinstes Maß zwischen den Schienenköpfen eines → Gleises, das bei → Normalspurbahnen 0 bis 14 mm und bei → Schmalspurbahnen 0 bis 10 mm unter der → Schienenoberkante gemessen wird. Das Grundmaß beträgt bei Normalspur 1435 mm. Bei der *Modellbahn* betragen die S. in den einzelnen → Nenngrößen Z 6,5 mm; N 9 mm; TT 12 mm; H0 16,5 mm; 0 32 mm; I 45 mm (s. NEM 310 im Anhang). Abb.

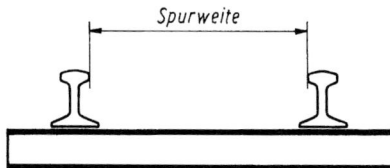

Spurweite

Spurweite

SRK: Abkürzung für → Schutzgas-Rohr-Kontakt
Stahllineal: bis etwa 500 mm langes, häufig mit Millimetereinteilung versehenes Werkzeug. Es wird hauptsächlich zur exakten Führung des Messers bei Schneidarbeiten in Pappe, Plast usw. angewendet, dient auch für Anreißarbeiten auf Blech.
Stahlmaß: meist 2 m langes Meßwerkzeug mit Millimetereinteilung. Das S. besteht aus einem biegsamen Stahlband, das durch eine Feder selbsttätig in ein Metall- oder Plastgehäuse zurückgeführt werden kann.
Stallungswagen: gedeckter Güterwagen mit Begleitabteil zum Transport von (Renn-) Pferden.
Stammgleis: gerades Gleis einer → Weiche.
Standard: verbindliche Norm. → NEM
Standmodell: Modellfahrzeug ohne Antrieb, das nur Ausstellungszwecken dient.
Stangenantrieb: hauptsächlich bei Dampfloks, z. T. auch bei kleineren Dieselloks und älteren E Loks angewendete Antriebsform. Von der Antriebsmaschine wird die Kraft zur Bewegung der Räder über die → Treibstange auf den → Treibradsatz oder die → Blindwelle übertragen. Um möglichst die gesamte Fahrzeuglast auszunutzen, werden zusätzlich → Kuppelradsätze über → Kuppelstangen angetrieben. Wegen der großen hin- und hergehenden Massen ist der S. für hohe Geschwindigkeiten ungeeignet.
Stangenpuffer: Vorläufer des heute allgemein verwendeten Hülsenpuffers. Die zu labile Bauart machte besonders infolge der Einführung verstärkter Bremsen die Ablösung des S. erforderlich. *Selbstbau* → Puffer
Stanzen: zur Umformtechnik zählende spanlose Bearbeitungsart. Die Formgebung erfolgt im kalten Zustand mit Hilfe einer Umformmaschine (z. B. Presse) durch Druck auf den Werkstoff. Ausgangswerkstoff ist i. allg. Blech. Obwohl das S. Spezialmaschinen und -werkzeuge voraussetzt, kann man es beim *Selbstbau* stark vereinfacht und bedingt anwenden. Als einfachste Art des Stanzwerkzeugs sind eine Schnittplatte und ein Lochstempel im wesentlichen ausreichend. Als Druckerzeuger kann eine Handpresse oder notfalls eine Tischbohrmaschine (Netzstecker ziehen!) dienen, auf derem Tisch die Schnittplatte festgespannt wird. In der Schnittplatte befinden sich eine oder mehrere Bohrungen verschiedener Durchmesser. Die Bohrungen müssen genau rund, zylindrisch und scharfkantig sein. Als Lochstempel kann auch der Schaft des jeweiligen Spiralbohrers dienen, dessen hintere Stirnfläche sauber plangeschliffen sein muß. Der Durchmesser des Lochstempels sollte max. 0,1 mm kleiner als die Bohrung sein (Gratbildung). Sollen Löcher in kleine Blechteile gestanzt werden, ist ein Abstreifer erforderlich, der das

Teil ohne Deformierung vom Stempel abstreift. Der Lochdurchmesser für den Abstreifer kann i. d. R. etwas größer sein. Sollte er aber bei schlechter Stempelführung der Maschine als Führungsplatte fungieren, muß er das gleiche Maß wie die Bohrung der Schnittplatte erhalten. Die Zwischenlage zwischen Schnittplatte und Abstreifer kann gleichzeitig als Anschlagschiene dienen, um Löcher im gleichen Abstand zu einer Bauteilkante zu stanzen. Natürlich gestattet dieses vereinfachte Werkzeug nur das Stanzen runder Öffnungen und runder Scheiben sowie dünner Bleche (etwa 0,2 bis 0,4 mm). Solange das Werkzeug ungehärtet angewendet wird, ist auch die Stanzzeit begrenzt. Obwohl ein Stanzwerkzeug zum S. kompletter Fenster, Kupplungshaken u. ä. im Prinzip ähnlich aufgebaut ist, ist dessen Herstellung weit komplizierter und dürfte nicht mehr als einfaches Hilfsmittel zu bezeichnen sein. Aber auch mit dem beschriebenen Werkzeug lassen sich Langlöcher oder Öffnungen beliebiger Form ausstanzen, d. h., nach dem S. des ersten Lochs wird das Blechteil um etwa den Halbmesser des Stempels weitergeschoben und so Loch in Loch gestanzt, was fachlich als „nibbeln" bezeichnet wird. Je nach dem Verwendungszweck muß die leicht wellige Schnittkante nachgefeilt werden. Abb.

Starrahmen: → Rahmenbauart für Einrahmenfahrzeuge. Beim S. sind Achslager starr aufgenommen und deshalb nachteilig für kleinere → Bogenhalbmesser. *Selbstbau:* → Bogenläufigkeit

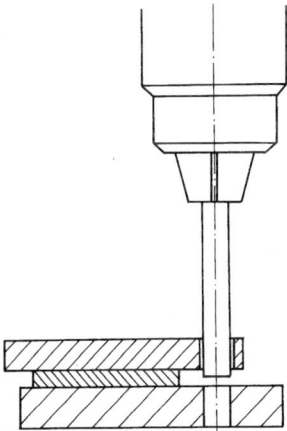

1)

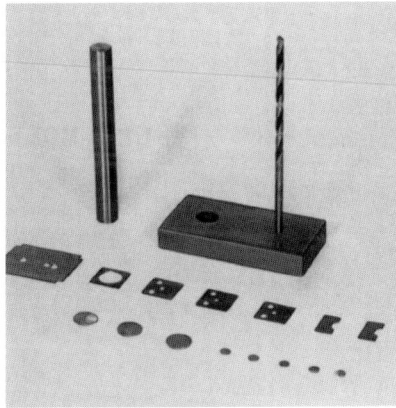

Stanzen
Schnittplatte mit Lochstempeln und diversen Stanzteilen

einfaches Lochwerkzeug beim *Stanzen*

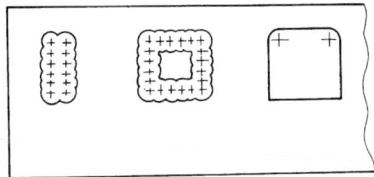

2)

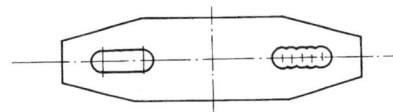

3)

Stanzen (links)
1) Behelfs-Lochwerkzeug, 2) mit Lochwerkzeug stückweise ausgestanzte Fensteröffnung (rechts nachgefeilt), 3) ausgestanzte Langlöcher eines Achshalters (links nachgefeilt)

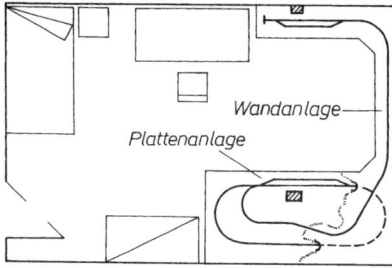

Wandanlage
Plattenanlage

stationäre Anlage

stationäre Anlage: Anlagenform, die meist als Plattenanlage aufgebaut wird und je nach Nenngröße eine bestimmte Größe aufweist. Auf einer Plattenanlage wird häufig die geschlossene Gleisführung dargestellt. Eine Abwandlung der s. A. ist eine Wandanlage, die man am günstigsten in einem Hobby-Raum aufbauen kann. Als Gleisführung eignet sich die offene, die dem Vorbild am nächsten kommt. Man kann auch beide Varianten kombinieren, indem von einer Plattenanlage Anlagenteile an der Wand entlang zu einem Endbahnhof geführt werden. Abb.

Staubschutz: Der S. sollte leicht sein, damit Beschädigungen an Anlagenteilen ausgeschlossen werden. Gut geeignet sind Folien. Abb.

Stechbeitel: Werkzeug für die Holzbearbeitung, dient zum Stemmen, Zinken, Nuten, Abfasen usw.

Steckverbinder: zweiteiliges elektromechanisches Bauelement, mit dem durch Stecken die Verbindung und durch Ziehen die Trennung einer An-

Staubschutz
aufsteckbare Bügel, auf die die Staubschutzfolien aufgelegt werden

zahl elektrischer Leitungen möglich ist. Steckverbinder werden meist in runder oder Leistenform hergestellt. Ein Teil enthält Steckerelemente, der zweite Buchsenelemente. Die Steckerelemente haben meist Messer- oder Stiftform, die Buchsen sind federnd ausgeführt. Daher werden die Steckteile häufig als *Steckerleiste* oder *Messerleiste*, die Buchsenteile als *Buchsenleiste* oder *Federleiste* bezeichnet. S. haben eine unterschiedlich große Zahl von Verbindungen, besonders groß ist ihre Zahl in der Computertechnik und in der Automatisierungstechnik (2-, 3- bis 9-, 10-, 12-, 15-, 25- bis 90fach und mehr). Die S. werden, um Leitungsvertauschungen zu vermeiden, entweder asymmetrisch ausgeführt oder erhalten Führungsstifte bzw. -nasen, die in entsprechende Ausnehmungen passen. Zur Erhöhung und Erhaltung der Kontaktsicherheit über lange Zeit werden die Oberflächen der Kontaktteile veredelt (galvanische Beschichtung mit Gold, Silber u. a.). S. werden hauptsächlich für die Mehrfachverbindung von elektrischen Geräten und für die geräteinterne Verbindung von Baugruppen (→ Bus, Bussysteme) verwendet. Deshalb werden einige Steckverbindungen für die direkte Montage auf → Leiterplatten angefertigt, auch werden Leiterzüge als Steckelemente verwendet. Bei Steckverbindungen von Geräten mittels Kabel werden die S. in Gehäuse montiert, die zur Sicherung der Verbindung meist mechanische Arre-

tierungseinrichtungen besitzen (Verriegelung, Rastung). S. werden in genormten Bauformen hergestellt, und für bestimmte Anwendungen werden Anschlußschemata (Interface) festgelegt. Bei der *Modellbahn* finden zunehmend, besonders für den Anschluß von → Zubehörartikeln, Flach-S. Verwendung (→ Flachsteckhülse). → Klemmleisten, → Lüsterklemme. Abb.

Steifkupplung: zur Erhöhung der Betriebssicherheit bei der *Modellbahn* angewendete starre Fahrzeugverbindung (kein Einknicken und Aufklettern der Kupplungen). Da ein Trennen der Fahrzeuge nur unter erhöhtem Aufwand möglich ist, werden S. meist zum Kuppeln kompletter Zugeinheiten (Reisezug- und Güterzug-Stammeinheiten, Wendezüge) angewendet. Beim *Selbstbau* ist eine Verbindungslasche, die auf den geringsten Pufferabstand abgestimmt sein soll, die einfachste Bauform. Der Gesamteindruck kann wesentlich erhöht werden, wenn eine aus Draht gebogene und gelötete Schraubenkupplung imitiert wird. Die Schlauchverbindungen, die ebenfalls aus Draht hergestellt sein sollten, können als Stabilisator dienen. Durch die Einführung der → Kurzkupplung ist diese Kupplungsart nur noch bedingt anzuwenden. Abb. (s. Abb. → Durchgangswagen)

Steigung, Kurzzeichen **s:** verzögernd wirkende → Neigung

Steilrampe: Steigungsstrecke mit einer → Neigung von 40 bis 65 ‰. Der Betrieb auf S. unterliegt besonderen Bestimmungen. Früher wurden S. überwiegend im Zahnradbetrieb befahren (→ Zahnradbahn). Heute sind Triebfahrzeuge stärker, so daß S. meist als Adhäsionsbahnen betrieben werden können. Auf Modellbahnanlagen sind Neigungsstrecken oft als S. angelegt, da der Platz für normale Neigungen fehlt. Zu beachten sind die Zugkräfte der Triebfahrzeuge.

Steilstrecke: → Steilrampe

Stellmagnet: → Magnetantrieb, → Stellmotor

Stellmotor: in der Automatisierungstechnik verwendeter Antrieb (Elektromotor, Magnetantrieb, usw.) zur Verstellung einer zu beeinflussenden Größe, z. B. Weg, Hub, Winkel. Das Öffnen und Schließen einer Modellbahnschranke erfolgt mit einem S. S. kön-

nen jede Form der Energiewandlung nutzen. Deshalb gibt es nicht nur elektrische, sondern auch pneumatische oder hydraulische S. (beim Vorbild: Bremszylinder, pneumatischer Türschließer u. v. a. m.). → Schaltmotor

Stellpult: pult- oder tischförmige Anordnung a) von Stell- und Anzeigeein-

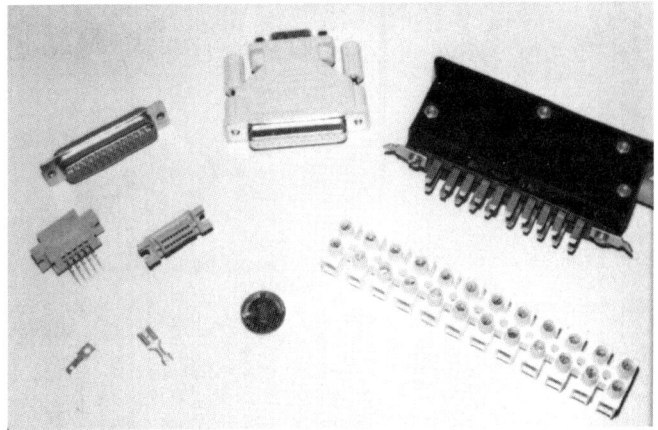

Steckverbinder unterschiedlicher Form, Klemmleisten und Flachsteckverbinder

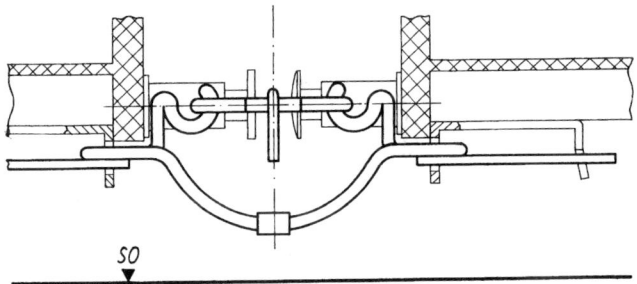

Steifkupplung aus Draht gefertigt

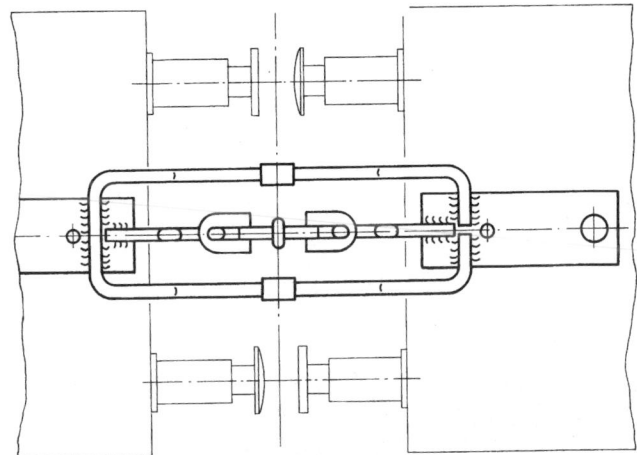

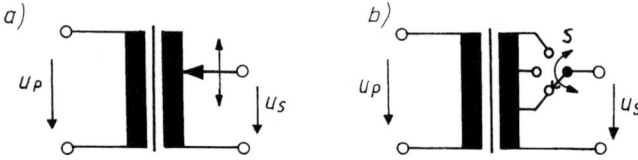

Stelltransformator
a) mit kontinuierlich,
b) mit stufig änderbarer Sekundärspannung

richtungen von Steuerungen oder b) von Geräten und Baugruppen, an denen sich Stell- und Anzeigeeinrichtungen befinden. → Gleisbildstellpult → Fahrpult

Stelltransformator: spezieller → Transformator, dessen Sekundärwicklung so gestaltet ist, daß die Sekundärspannung verändert werden kann. *Bauformen:* a) Bei dem S. mit kontinuierlich veränderlicher Spannung wird die auf der Außenseite blanke Sekundärwicklung mit einem mechanisch verstellbaren Schleifstück (→ Schleiffeder, Schleifkohle) berührt. Die Verstellung des Schleifstückes bewirkt eine Änderung der abgegriffenen Spannung. Je nach Art der Verstellung unterscheidet man Schiebe- und Dreh-S. Diese Bauform wird auch in einigen → Fahrstromversorgungsgeräten verwendet. b) Bei dem Stufen-S. besitzt die Sekundärwicklung eine genügend große Anzahl Anzapfungen, von denen jede in aufsteigender Folge mit einem Kontakt eines Stufenschalters verbunden ist. Mit der Betätigung des Schalters wird die Sekundärspannung in Stufen verändert. Auch diese Form wird in

den handelsüblichen Geräten der Modellbahnindustrie verwendet. Sie kann auch im *Selbstbau* hergestellt werden, was bei der ersten Bauform sehr schwierig ist. *Achtung! Vor der Verwendung von sogenannten Spar-S. muß gewarnt werden!* Spar-S. besitzen nur eine Wicklung, die Primärwicklung. Bei diesen Transformatoren werden die Teilspannungen auf der Primärwicklung abgegriffen, so daß keine galvanische Trennung von der Netzspannung 220 V vorhanden ist und *Lebensgefahr* besteht. Abb.

Stellwerk: Gebäude, in dem Bedieneinrichtungen für Weichen, Gleissperren, Signale und Blockeinrichtungen eines bestimmten Bereichs untergebracht sind. Im Gegensatz zu den S. arten des Vorbilds versteht man bei der *Modellbahn* die äußere Gebäudeform; man unterscheidet Reiter-, Pilz- und Brückenstellwerk. Abb.

Stellwiderstand: elektromechanisches Bauelement, dessen Widerstandswert einmalig oder mehrmals nach Bedarf verändert werden kann. *Bauformen:* 1) *Unterscheidung nach dem Material:* a) Der Draht-S. besteht aus einem meist Keramikkörper, auf den der Widerstand als Draht aufgewickelt ist. b) Der Schicht-S. besteht aus einem isolierenden Trägermaterial (Hartpapier, Keramik), auf das die Widerstandsschicht (Kohle oder Metall) aufgedampft oder als Paste aufgetragen wird. 2) *Unterscheidung nach der Betätigung:* a) Kontinuierlich veränderliche S. besitzen eine mechanische Vorrichtung, mit der das Schleifstück (→ Schleiffeder oder Schleifkohle) auf der Widerstandswicklung bzw. -schicht entlang bewegt wird. Dabei werden Dreh- oder Schiebe-S. unterschieden. b) Bei einmalig einstellbaren S. in der Drahtausführung befindet sich auf dem Widerstandskörper eine Abgriffschelle, mit der der geforderte Widerstand eingestellt wird. Die Schelle wird nach der Einstellung festgelegt. Einmalig einstellbare Schicht-S. haben in der Regel einen vereinfachten mechanischen, z. T. offenen Aufbau mit Schleifstück. Sie werden einmalig oder selten gestellt und heißen deshalb Einstellregler oder Einsteller. 3) *Unterscheidung nach der Leistung:* Die S. müssen bei ihrem Be-

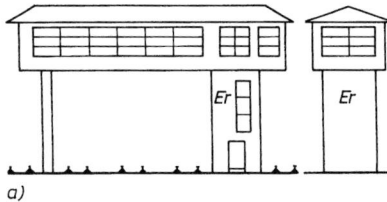

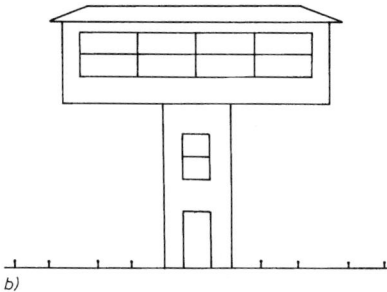

Stellwerk
Bauformen (schematische Darstellung):
a) Brückenstellwerk,
b) Pilzstellwerk

trieb immer eine bestimmte Leistung aufnehmen, die in Wärme umgewandelt wird und über die Umgebung abgeleitet werden muß. Ihre Baugröße richtet sich deshalb nach der zulässigen Leistungsaufnahme. Es gibt sie mit Leistungen im Bereich von Zehnteln bis einigen hundert Watt. Bei Leistungen >2 W werden Drahtwiderstände eingesetzt. 4) *Unterscheidung nach der Aufgabe:* S. werden in zwei Grundschaltungen eingesetzt: a) Die Spannungsteiler-Schaltung, auch *Potentiometer-Schaltung,* wird dazu genutzt, um eine beliebige Spannung aus einer vorgegebenen bzw. vorhandenen Spannung einzustellen (Abb. a). b) Die Vorwiderstandsschaltung wird genutzt, um einen vorgegebenen Strom einzustellen (Abb. b). Indirekt kann so auch eine Spannung eingestellt werden. Abb.

Steuercomputer: → Computersteuerung

Steuersignal: Träger von Informationen in → Steuerungen und besteht aus einem physikalischen Medium (Strom, Licht, Schall, Druck u. a.) mit einem Parameter (Amplitude, Frequenz usw.), dessen Werte entsprechend der zu übermittelnden Information veränderbar sind. Auf Grund ihrer hervorragenden Möglichkeiten zur Verarbeitung und Übertragung (→ Steuersignalübertragung) gibt es vorwiegend elektrische S. Bestehen S. aus anderen Trägermedien (Energieformen), so werden sie in elektrische Signale gewandelt, dann verarbeitet und erst am Ort der Beeinflussung eines Prozesses in die erforderliche Energieform umgewandelt. In der Automatisierungstechnik sind S. hauptsächlich analog oder digital. Während bei analogen S. die Werte des Informationsparameters innerhalb vorgegebener Grenzen (Maximal- und Minimalwert) jederzeit beliebig geändert werden können, sind digi-

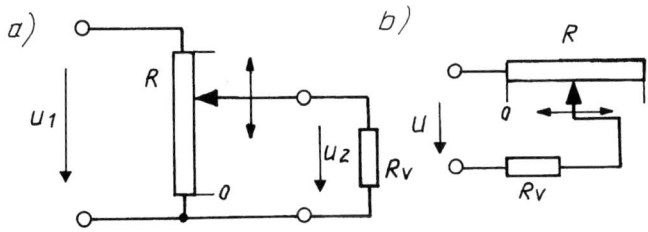

tale S. durch zwei Kennzeichen charakterisiert: a) *beschränkter Wertevorrat:* Digitale Steuersignale sind diskret, d. h., sie können nur bestimmte Werte innerhalb eines Wertebereichs annehmen. Die am häufigsten verwendeten digitalen S. benutzen nur zwei Werte (binäre Signale). b) *Kodierung:* Das digitale Signal entsteht aus dem diskreten, wenn den diskreten Werten der Signale Bedeutungen, Zeichen, Symbole, Codes, z. B. den binären Werten „0 und 1" die Bedeutungen „ein und aus" oder „ja und nein", zugeordnet werden. Die Einheit zweier solcher Bedeutungen (Inhalte) bildet die Informationseinheit → Bit. Die Gruppierung von mehreren binären Werten ergibt

Stellwiderstand
a) als Spannungsteiler mit kontiniuierlich veränderlichem Abgriff, b) als kontinuierlich veränderlicher Vorwiderstand

*Draht*stellwiderstand mit einstellbarem Abgriff, Drahtdrehwiderstand, Schichtdrehwiderstand, Schichtschiebewiderstand und Einstellwiderstand

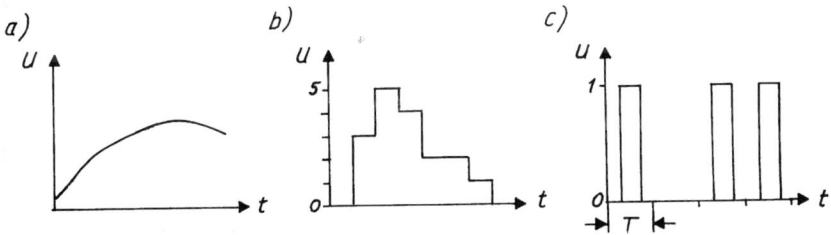

Steuersignal:
a) analoges, b) diskretes und c) digitales Steuersignal (T = Taktzeit)

zusätzliche Bedeutungen. Mit vier binären Werten (4 Bit) können $2^4 = 16$ Bedeutungen, z. B. alle 10 Ziffern (Dezimalzahlen!) und weitere sechs Zeichen mit Zifferncharakter (zusammen 16 Ziffern = Hexadezimalzahlen), dargestellt werden. Bei digitalen Modellbahnsteuerungen werden u. a. so die Fahrstufen 0/16 bis 16/16 gesteuert. → analoge Steuerung, → digitale Steuerung, → digitale Mehrzugsteuerung, → Bit, → Byte. Abb.

Steuersignalübertragung: mit Drahtleitungen oder drahtlos mit Hilfe elektromagnetischer Wellen (einschl. Lichtwellen). Für kurze Entfernungen werden vornehmlich Drahtleitungen (= Steuerleitungen) benutzt, wobei die Steuersignale direkt vom Sender zum Empfänger geleitet werden. Für größere Entfernungen oder Sonderfälle werden die Steuersignale auf Trägerschwingungen moduliert und auf Leitungen oder drahtlos übertragen. In der Automatisierungstechnik besteht häufig wegen der Komplexität des gesteuerten Prozesses die Aufgabe, gleichzeitig mehrere Steuersignale zu übertragen. Dabei haben sich zwei Arten der Übertragung bewährt, die parallele und die serielle S. Die erstere Art nutzt mehrere parallele Leitungen, von denen jede jeweils ein Steuersignal überträgt. Die Zahl der Leitungen ist gleich der Zahl der Steuersignale. Dadurch läßt sich dieses Verfahren nur für kleine Entfernungen anwenden, ist aber besonderers einfach. Die serielle S. nutzt i. d. R. nur eine Zweidrahtleitung. Sollen über diese Leitung mehrere Steuersignale übertragen werden, so müssen sie zeitlich ineinander verschachtelt und nacheinander übertragen werden. Dies erfordert erheblich mehr elektronischen Aufwand und stellt höhere Anforderungen an dessen Betriebssicherheit, hat aber den Vorteil, nur zwei Leitungen zu benötigen. Dabei ist es erforder-

lich, daß Sender und Empfänger die gleichen technischen Verfahren (Protokoll) nutzen, damit sie sich gegenseitig verstehen. Entscheidend ist hierbei der Zeittakt (kurz Takt), für dessen Dauer jeweils ein Steuersignal übertragen wird. Dieses Verfahren bewährt sich besonders bei der Übertragung digitaler Steuersignale. Bei der *Modellbahn* werden die Steuersignale (→ digitale Mehrzugsteuerung) ebenfalls seriell übertragen, wobei zumindest teilweise die beiden Schienen als Leiter benutzt werden. Erschwerend im Vergleich zu anderen Bereichen der Automatisierungstechnik ist hierbei, daß über eben diese Schienen auch die Energie zur Bewegung der Fahrzeuge (→ Fahrstrom) übertragen wird. Deshalb dient hier die Energie des Steuersignals auch zum Fahren (ggf. auch der Zugbeleuchtung usw.), und es muß mit entsprechend großer Leistung durch Leistungsverstärker (→ Booster) erzeugt werden. → Steuersignal, → Digitalbetrieb. Abb.

Steuerung: 1. Oberbegriff aus der Automatisierungstechnik: S. ist die zielgerichtete Beeinflussung von Prozeßgrößen. Es werden Hand- und automatische Steuerungen, → Fern-, Programm-, → analoge und → digitale S. u. a. unterschieden. → Modellbahn-Steuerung. – **2.** Einrichtung, die bei Dampflokomotiven zur Regulierung des Dampfein- und -auslasses in den bzw. aus dem Dampfzylinder dient. Öffnungs- und Schließvorgänge erfolgen im bestimmten Rhythmus und sind der arbeitenden Dampfmaschine angepaßt, indem sie den Ein- und Auslaß selbst steuert. Ferner läßt sich durch Betätigung der Umstelleinrichtung die Vorwärts- und Rückwärtsfahrt bestimmen. Die bekannteste und verbreitetste S. ist die Heusinger-S.(Abb. Triebwerk), die schon im vorigen Jahrhundert die bis dahin verbreitete Allan-S. allmählich ablöste. Bei der *Modellbahn* ist die S. bei Dampflokomotiven i. d. R. ohne Funktion; sie wird aber oft bis ins Feinste nachgebildet. Beim *Selbstbau* sollten S.teile nach dem Prinzip der → Mehrschichtfertigung hergestellt werden. Als Material eignet sich hartes Messing- oder Neusilberblech. Da als Verbindungselemente solch kleine Niete kaum zur Verfügung stehen werden, kann man

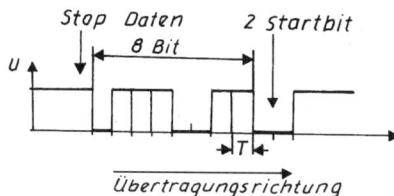

Steuersignalübertragung
Diagramm der seriellen Steuersignalübertragung mit einem Datenbyte einschließlich Start- und Stopbits

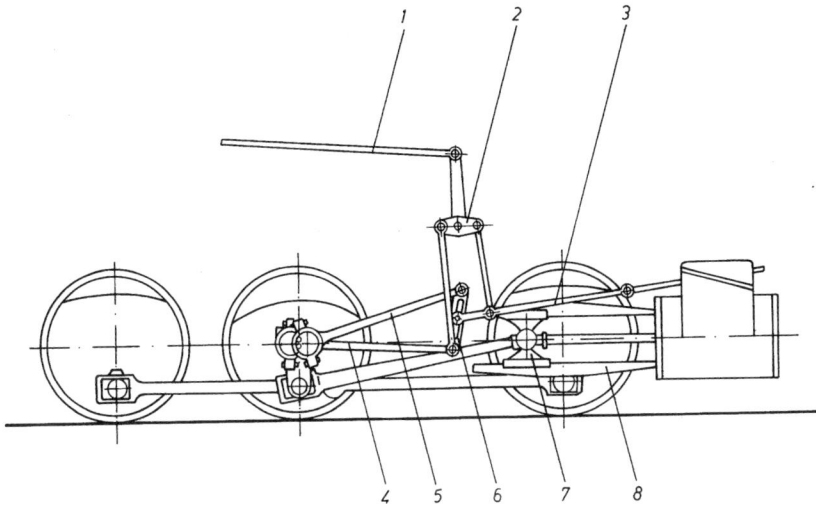

Steuerung
Kulissen- oder Exzentersteuerung (Allan-Trick-Steuerung): 1 Steuerstange, 2 doppelarmige Aufwerfhebel, 3 Schieberschubstange, 4 Exzenterstange, 5 Exzenterstange, 6 Kulisse, 7 zweischieniger Kreuzkopf, 8 zweischienige Gleitbahn

auch sehr kleine Nägel verwenden, deren Köpfe in der laufenden elektrischen Bohrmaschine noch kleiner und etwas ballig (Halbrundkopf) gefeilt werden können. Da ein Anstauchen bzw. Breitnieten des hinteren Nagelendes aus Materialgründen nicht möglich ist, sollte der Nagel im jeweils hinten liegenden Bauteil vorsichtig eingeklebt werden. Es besteht aber auch die Möglichkeit, als Gelenkverbindungen Kupferdraht zu verwenden, der im jeweils vorn liegenden Bauteil eingelötet wird. Danach drückt man das nach hinten überstehende Ende beim Einbau breit. Zu beachten ist, daß grundsätzlich alle Gelenkverbindungen einer S. leicht beweglich sind. Abb.

Steuerwagen: mit Steuerstand, Regelspitzen-, Regelschlußsignal usw. ausgestatteter und an der Spitze des Zugs fahrender Eisenbahnwagen zur Personenbeförderung. In Verbindung mit →Triebwagen und → Beiwagen sind S. in der äußeren Form und Farbe meist dem Triebwagenzug angepaßt. S. finden auch bei → Wendezügen zur (direkten oder indirekten) Steuerung der schiebenden Lokomotive, die über eine besondere Steuerleitung erfolgt, Verwendung.

Stichsäge: meist elektrisch angetriebene oder als Zusatzgerät von elektrischen Handbohrmaschinen erhältliche Säge für die Holz- und Metallbearbeitung. Die S. erlaubt je nach Werkstoffart unterschiedliche Schnittiefen und eignet sich für Konturenschnitte und Durchbrüche .

Stirnrad: gebräuchlichste Form des → Zahnrads, bei der sich die Zähne an den Stirnflanken befinden. Bei der *Modellbahn* sind S. zur Geräuschminderung meist aus Plast gefertigt und dienen hauptsächlich als Getriebeelement zum Bau von Lokomotiven und anderen Funktionsmodellen. Anwendung: → Getriebearten, → Getriebeberechnung

Stirnradgetriebe: einfache Getriebebauart, bei der alle Wellen parallel zueinander liegen. Fahrtechnisch ist das S. für die *Modellbahn* gut geeignet, da es nicht selbsthemmend ist und somit beim Anhalten des Triebfahrzeugs einen guten Auslauf ermöglicht. Wegen der Querlage aller Getriebewellen setzt das S. eine kurze Bauform des → Fahrmotors voraus, was bei der Beschaffung, speziell bei kleineren Nenngrößen, Schwierigkeiten bereiten kann. Aus diesem Grund finden meist → Kronenradgetriebe oder → Schnekkenstirnradgetriebe Anwendung. Abb.

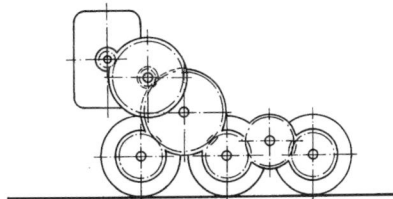

Stirnradgetriebe

Stoppweiche: spezielle Weiche, bei der nur jeweils derjenige Gleisstrang Fahrstrom erhält, den die Weichenstellung anzeigt. Mit dieser in allen Nenngrößen als → Handweiche oder elektrische Weiche handelsüblichen S. spart man Schaltmittel ein. → Schaltweiche

Stoßeinrichtung: an beiden Enden der Eisenbahnfahrzeuge angebrachte Vorrichtung zur elastischen Aufnahme von Stößen während der Fahrt. Bei Triebfahrzeugen dient die S. beim Rangieren auch zur Abgabe von Stößen. Die S. besteht meist aus → Pufferträger und → Puffer und ist lediglich bei einer → Mittelpufferkupplung mit der → Zugeinrichtung vereinigt.

Straße: planmäßig angelegter und befestigter Verkehrsweg, der dem Straßenverkehr dient. Auf der Modellbahnanlage lassen sich S. leicht verwirklichen und sollten deshalb nicht fehlen. S. kann man mit Hilfe der vom Handel angebotenen Straßenpflasterselbstklebebänder in allen Nenngrößen nachbilden. Die modellmäßige Wirkung läßt sich erhöhen, wenn die Wölbung von Landstraßen oder die Bordsteinkanten innerhalb von Ortschaften nachgebildet werden.

Straßenbahn: elektrisch betriebene Bahn des öffentlichen Verkehrs, die meist innerhalb einer Straße verlegt ist und dem städtischen Nahverkehr dient. Bei stark befahrenen Straßen sowie bei Überlandbahnen erhält die S. einen eigenen Bahnkörper. Der Fahrstrom wird einer vereinfachten → Fahrleitung entnommen. Auf Modellbahnanlagen dient die S. oft als Ergänzung der Anlage; es können aber auch „reine" S.-Anlagen aufgebaut werden. In den Nenngrößen N und H0 sind S. handelsüblich.

Straßenbelag: Oberfläche der Straßen. Unterscheidung des S. in Pflastersteine, Teer, Bitumen, Beton u. ä. Auf der Modellbahnanlage ist die Nachbildung des S. einfach. In allen Nenngrößen sind S. der verschiedensten Ausführungen aus selbstklebenden Folien handelsüblich. → Straße

Sträucher: handelsüblicher Ausschmückungsgegenstand zur → Geländegestaltung, der aus verschiedenen Materialien, wie z. B. Islandmoos, Deko-Fasern bestehen kann. Individuell hergestellte S. sollten den handelsüblichen vorgezogen werden. → Bäume

Streckenbrett: Streckenführung der *Modellbahn* auf einem Brett als Anlagenerweiterung entlang der Zimmerwand oder als Zwischenstück zur Verbindung zweier Modellbahnanlagen. S. dienen auch als Darstellung der freien Strecke, wenn auf der eigentlichen Grundplatte der Modellbahnanlage sich nur der → Bahnhof mit seinen Anlagen befindet.

Streckenführung: Verlauf einer Eisenbahnstrecke unter Beachtung der topographischen Gegebenheiten und der Befriedigung der Verkehrsbedürfnisse. → Gleistrasse, → Gleisfiguren

Streckengang: vom Vorbild übernommener Begriff in der Modellbahntechnik für die → Fahrstromversorgung von Zügen, speziell Rangiereinheiten. Bei bestimmten → Fahrstromsteuerungen benutzt der S. aus Zweiweggleichrichtung (→ Gleichrichtung) gewonnenen 100-Hz-Halbwellengleichstrom, dagegen der → Rangiergang 50-Hz-Halbwellengleichstrom. Elektronische → Fahrstromsteller mit → Pulsbreitensteuerung verwenden für den S. größere Impulsbreiten.

Streckengleichrichter: → Gleichrichtergleis

Streichen: Es werden hauptsächlich die mit Wasser verdünnbaren → Plakatfarben oder → Latexfarben verwendet, die sich auch miteinander mischen lassen.

Strom, *Stromstärke,* Kurzzeichen: **I, i:** gerichtete Bewegung elektrischer Ladungen, Grundgröße der Elektrotechnik. Man unterscheidet Elektronen- und Ionenströme, erstere bestehen nur aus negativen Ladungen, letztere aus negativen oder positiven. Elektronenströme treten in metallischen und Halbleitern auf, – die p-Leitung in Halbleitern ist auch auf Elektronenbewegungen zurückzuführen –, Ionenströme in Flüssigkeiten und Gasen. Außerdem gibt es alle Ladungsträgerarten im Vakuum. In Abhängigkeit vom zeitlichen Verlauf unterscheidet man *Gleich-* und *Wechselströme.* Weitere Unterscheidung und Merkmale gleichen denen der elektrischen → Spannung.

Stromabnahmefeder: → Radschleifer

Stromabnehmer: 1. Ein elektromechanisches Bauelement, das die Stromab-

Schnellzuglokomotive der BR 01 in der Nenngröße TT

Güterzugtenderlokomotive der BR 94 in der Nenngröße H0

Elektrolokomotive
E 94 in der Nenngröße
TT

S. 203:
Ein Schienenbus der
Reihe 5081 der ÖBB in
der Nenngröße H0

Elektrolokomotive
E 44 in der Nenngröße
H0

Der ICE – InterCityEx-
preß in der Nenngrö-
ße H0

Die Diesellokomotive
V 188 in der Nenngrö-
ße H0

Eine Schnellzugloko-
motive der BR 01^5 auf
der Drehscheibe
(Nenngröße H0)

Eine Diesellokomotive der BR V 100 (heute BR 201) an einer Besandungsanlage (Nenngröße H0)

Besandungsanlage in einem kleinen Bw (Eigenbau) in der Nenngröße H0

Ein sächsischer Personenzug auf einer H0-Klubanlage

Oldtimer-Zug in der Nenngröße TT (Eigenbau)

Begegnung eines Schnellzuges und eines Güterzuges

Auch ein „Zug", wenn auch nur ein Bauzug

Ein Nahverkehrszug bei einem Unterwegs-halt (Nenngröße H0)

Ein Schnelltriebwagen der Bauart „Ham-burg" bei der Ausfahrt

Kennbuchstaben für Stromlaufpläne

Kenn-buch-stabe	Symbolgruppen
A	Baugruppen, Teilbaugruppen
B	Umsetzer von nichtelektrischen in elektrische Größen und umge-kehrt (Geber, Thermoelemente)
C	Kondensatoren
D	binäre Elemente, Verzögerungs- und Speichereinrichtungen
E	Verschiedenes (Lüfter und Ein-richtungen, die an anderer Stelle dieser Aufstellung nicht aufge-führt sind)
F	Schutzeinrichtungen (Sicherun-gen, Schutzrelais)
G	Generatoren, Stromversorgungen
H	Meldeeinrichtungen (optische und akustische Meldegeräte)
K	Relais, Schütze
L	Induktivitäten (Drosselspulen)
M	Motoren
N	Verstärker, Regler
P	Meßgeräte, Prüfeinrichtungen (Impulsgeber, Uhren)
Q	Starkstromschaltgeräte (Lei-stungsschalter, Trennschalter)
R	Widerstände
S	Schalter, Wähler
T	Transformatoren (Spannungs-wandler, Stromwandler)
U	Modulatoren, Umsetzer in ande-re elektrische Größen
V	Röhren, Halbleiter (Dioden, Tran-sistoren)
W	Übertragungswege (Leitungen), Hohlleiter, Antennen
X	Klemmen, Stecker, Steckdosen
Y	elektrisch betätigte mechanische Einrichtungen
Z	Abschlüsse, Gabelübertrager, Fil-ter, Entzerrer, Begrenzer

nahme zwischen einem beweglichen elektrischen Verbraucher (elektr. Fahrzeug, Kran- oder Förderanlage) und einer Stromleitung bzw. -schiene sichert. Bei der *Modellbahn* werden → Radschleifer, Schienenschleifer, → Dachstromabnehmer verwendet. – **2.** Bauelement bei elektr. Triebfahrzeugen zur Entnahme des → Fahrstroms aus der → Fahrleitung. Der S. soll eine gut leitende Verbindung mit dem Fahrzeug herstellen und sichere und lichtbogenfreie Stromentnahme bei allen zugelassenen Fahrdrahtlagen und Fahrgeschwindigkeiten ermöglichen. Von den verschiedenen Bauformen ist der → Scherenstromabnehmer am meisten verbreitet, wird aber immer mehr durch → Einholmstromabnehmer ersetzt. Bei der *Modellbahn* werden alle derzeit industriell hergestellten E-Loks mit funktionsfähigen S. angeboten. Ein *Selbstbau* erfolgt nur in besonderen Fällen, da die Verwendung handelsüblicher S. auch für internationale Wettbewerbsmodelle zugelassen ist (s. NEM 202 Anhang).

Stromlaufplan, *Schaltbild:* zeichnerische Darstellung einer elektrischen oder elektronischen Schaltung, die deren Funktionsweise durch Auflösung in einzelne Stromwege beschreibt. Im S. sind alle Bauelemente, Anschlüsse, Verbindungsleitungen u. a. enthalten. Ergänzt werden in S. Spannungs-, Strom- und andere Angaben. Für die Fehlersuche sind die Bauelemente mit Kurzzeichen bezeichnet und außerdem durchnumeriert. Für S. werden genormte Schaltzeichen verwendet. Weitere Darstellungsmittel elektrisch-elektronischer Schaltungen sind der *Wirkschaltplan* oder *Blockschaltplan*, der das Zusammenwirken verschiedener Baugruppen zeigt, und der *Bauschaltplan*, in dem die geometrische Anordnung der Bauelemente dargestellt wird. Alle genannten Hilfsmittel sind auch in der Modellbahntechnik erforderlich. Abb., Tab.

Stromlinienverkleidung: Verkleidung an schnellfahrenden Triebfahrzeugen zur Verminderung des Luftwiderstandes. In den 30er Jahren war die S. auch

Stromlaufplan wichtige Schaltzeichen der Elektrotechnik/Elektronik unter Berücksichtigung der Anwendung bei Modellbahnanlagen

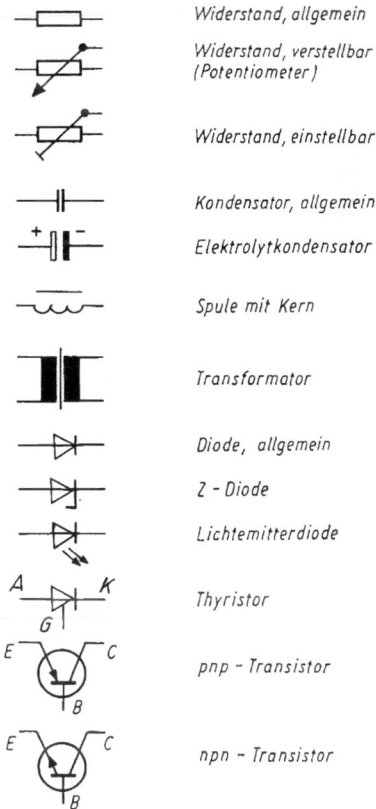

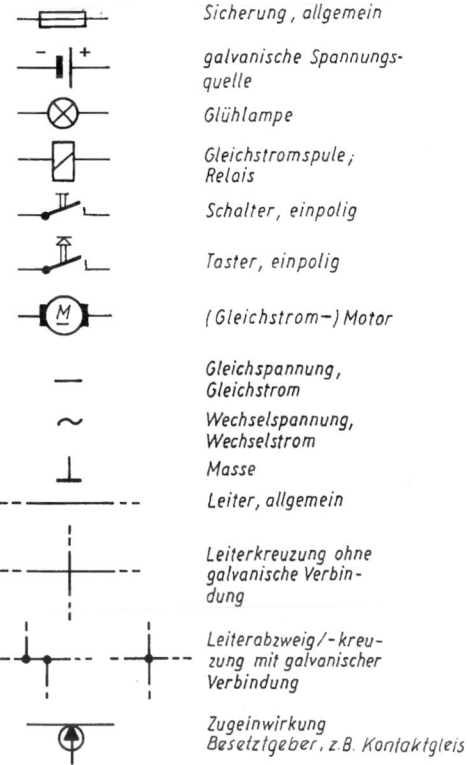

Widerstand, allgemein	Sicherung, allgemein
Widerstand, verstellbar (Potentiometer)	galvanische Spannungsquelle
Widerstand, einstellbar	Glühlampe
Kondensator, allgemein	Gleichstromspule; Relais
Elektrolytkondensator	Schalter, einpolig
Spule mit Kern	Taster, einpolig
Transformator	(Gleichstrom–) Motor
Diode, allgemein	Gleichspannung, Gleichstrom
Z - Diode	Wechselspannung, Wechselstrom
Lichtemitterdiode	Masse
Thyristor	Leiter, allgemein
pnp - Transistor	Leiterkreuzung ohne galvanische Verbindung
npn - Transistor	Leiterabzweig/-kreuzung mit galvanischer Verbindung
	Zugeinwirkung Besetztgeber, z.B. Kontaktgleis

Schnellzuglokomotive
BR 03 mit *Stromlinien-
verkleidung* in H0
(Fleischmann)

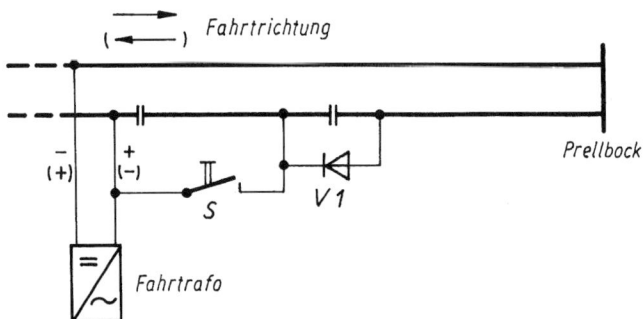

Fahrtrichtung

Prellbock

S

V1

Fahrtrafo

*Stumpfgleissicherung
in Kombination mit ei-
nem abschaltbaren
Gleis* (*V*1 = 1- bis
3-A-Siliziumdiode)

Stützmauer
1) Darstellung an ei-
nem Tunnelportal; 2)
Arten von Stützmau-
ern: a) Fußmauer, b)
Futtermauer, c) Ab-
fangmauer

1)

bei Dampflokomotiven üblich. Heute
werden beim Fahrzeugbau auch bei
Wagen glatte Außenwände angestrebt, um den Luftwiderstand niedrig
zu halten und damit Energie einzusparen. Abb.

Strommesser: → Amperemeter, →
Vielfachmesser

Stromstärke: → Strom

Stumpfgleis: nur einseitig an andere
Gleise angebundenes, meist kurzes
Gleis mit Abschluß durch einen →
Prellbock. S. werden oft als → Einfahr-
gleise und → Ausfahrgleise auf →
Kopfbahnhöfen verwendet. Bei der

Modellbahn werden S. häufig zur
Platzausnutzung eingebaut und dienen u. a. als → Ladegleis, → Abstellgleis für Wagen oder Triebfahrzeuge.
Um ein ungewolltes Auffahren auf
den Prellbock zu verhindern, (→
Stumpfgleissicherung), sollte man zur
Sicherung → Gleichrichter einbauen.
→ abschaltbares Gleis

Stumpfgleissicherung: Maßnahme
zur Verhinderung des Auffahrens auf
den → Prellbock eines → Stumpfgleises, indem nach der Einfahrt automatisch der Halt bewirkt wird. Zu diesem
Zweck versieht man das Stumpfgleis
in entsprechendem Abstand vom Gleis-
ende mit einem → Trenngleis. Die
Trennstelle wird mit einer → Gleichrichterdiode (Gleichrichtergleis) überbrückt. Die Diode wird so gepolt, daß
sie die der Fahrtrichtung zum Glei-
sende entsprechende Stromrichtung

2)

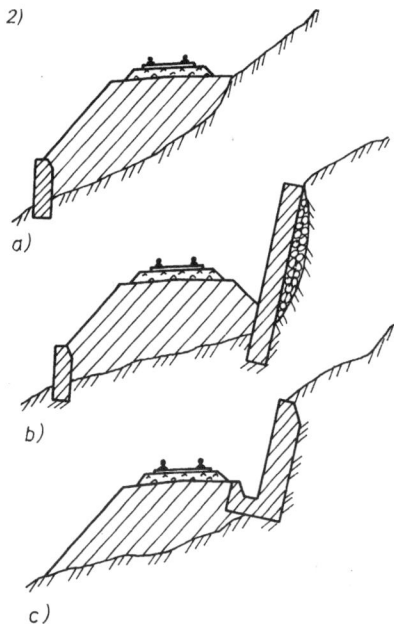

a)

b)

c)

sperrt. Die → Fahrstromversorgung wird dadurch hinter der Trennstelle unterbrochen. Beim Ausfahren werden die Fahrtrichtung und die Stromrichtung gewechselt (Diode nun in Flußrichtung gepolt). Nachteilig wirkt das abrupte Stehenbleiben. Deshalb sind die S. besonders an den Stellen günstig, wo dieser Nachteil nicht auffällt, vor allem in verdeckten Bahnhöfen oder in Lokschuppen. Für das stromlose Abstellen von Triebfahrzeugen sollte die S. mit einem → Abschaltgleis kombiniert werden. Auch der Einsatz von → Schaltweichen ist möglich. Die Gleichrichterdioden müssen für den maximal fließenden Strom ausgelegt werden (1 bis 3 A-Dioden). Abb.

Stützmauer: aus Naturstein, Kunststein oder Beton errichtete Mauer zur Verringerung oder Einsparung der Böschungsbreite bei beengtem Raum sowie bei Schluchten und → Einschnitten. S. sind oft in Verbindung mit Tunneleinfahrten anzutreffen. Auf der Modellbahnanlage sind S. aus → Prägeplatten, die eine Mauerwerkimitation aufweisen, herstellbar. Abb.

T

Tastenpult, *Tastenschaltpult:* meist industriell gefertigtes elektrisches Schaltgerät für Modellbahnanlagen, das mehrere pultförmig angeordnete → Taster bzw. Tastschalter enthält. T. werden hauptsächlich zur Betätigung von Modellbahnzubehör, vorwiegend → Magnetartikel mit → Impulsschaltung (Signale, Weichen, Schranken u. a.) benutzt. Einige Tastensysteme können durch unterschiedliche Betätigung sowohl als → Momentschalter (→ Impulskontakt) als auch als → Schalter (→ Dauerstromkontakt) verwendet werden. Solche T. eignen sich deshalb auch zum Schalten von → Dauerstromantrieben, von → Lichtsignalen, von → Beleuchtung und als Schalter in → Abschaltgleisen (→ A-Schaltung). Die T. sind i. allg. durch → Steckverbinder anreihbar gestaltet. Sie werden bei kleinen und mittleren Anlagen eingesetzt, um → Stellpulte ohne Gleisbild (→ Gleisbildstellpult) aufzubauen.

Taster, *Tastschalter:* handbetätigtes elektromechanisches Schaltgerät, mit dem ein oder mehrere Stromkreise ein-, aus- oder umgeschaltet werden. Im Gegensatz zum → Schalter kehrt der T. nach der Betätigung selbsttätig durch Federkraft in seine Ruhestellung zurück. Das Betätigungselement hat oft die Form eines Stößels, der zur Betätigung Druck erfordert. Daher die Bezeichnung *Drucktaster.* Die Betätigungselemente können aber auch die Form einer Wippe oder Klappe (→ Tastenpult) haben. T. werden zur Betätigung von Zubehörartikeln mit → Impulsschaltung verwendet, weil der Strom impulsartig nur für die Dauer der Betätigung fließt. Bei *Leucht-T.* enthält das Tasteelement eine → Kleinglühlampe oder eine → LED, um den Schaltzustand des betätigten Bauteils zurückzumelden. Eine besonders geringe Betätigungskraft erfordert der → Mikro-T. Seine Schaltmechanik ist mit einem Sprungkontakt ausgerüstet. Die Prellerscheinungen dieses T. sind so gering, daß elektronische Schaltungen mit ihm direkt gesteuert werden können. Ggf. muß dem Kontakt ein keramischer Kondensator von etwa 5 bis 10 nF parallelgeschaltet werden. → Schalter

Tastschalter: → Taster

Teilkreisdurchmesser: → Zahnrad

Teleskop-Haubenwagen: Spezial-Güterwagen, der als Sonderbauart zur Gattung der Flachwagen zählt. Abdeckhauben, die sich teleskopartig in sich verschieben lassen, ermöglichen ein ungehindertes Be- und Entladen sowie den Transport nässeempfindlicher Großraum- und Schwerlastgüter. Konstruktionsbedingt ist allerdings immer nur jeweils die halbe Ladefläche öffnungsfähig. Abb. in Tafel Güterwagen

Tender: von → Dampflokomotiven mitgeführter Vorratsbehälter für Brennstoffe und Kesselspeisewasser. Bei der → Schlepptenderlokomotive wird

Tenderdrehgestelle an Dampflokomotiven der BR 45 und BR 38 in H0 (Liliput)

der T. als Schlepp-T. auf eigenem Fahrgestell mit der Dampflok gekuppelt, bei der → Tenderlokomotive ist er auf der Dampflok selbst untergebracht.

Tenderantrieb: → Triebtender

Tenderbrücke: mit Gelenken an der Schlepptenderlok befestigte Klappe aus → Riffelblech, die den Zwischenraum zwischen Lok und Schlepptender abdeckt.

Tenderdrehgestell: bei Dampfloks vorherrschendes → Laufwerk (→ Drehgestell) für Schlepptender, das für eine bessere → Bogenläufigkeit und günstigere Bedingungen bei der Rückwärtsfahrt sorgt. Die älteste Form eines T. ist das Fachwerkdrehgestell, bei einem 5achsigen Schlepptender werden starre Achsen und ein T. kombiniert. Abb.

Tenderlokomotive: → Dampflokomotive, bei der sämtliche Vorratsbehälter auf der Lok untergebracht sind. Die Konstruktion des Fahrwerks von T. gestattet in beiden Fahrtrichtungen Höchstgeschwindigkeit und gleiche Laufeigenschaften, wodurch ein Einsatz auch ohne → Drehscheibe möglich ist. Das Führerhaus ist allseitig geschlossen, wobei der Kohlekasten meist den hinteren Abschluß bildet. *Selbstbau* → Dampflokomotive. Abb.

Tfz: Abk. für → Triebfahrzeug

Thema: ein Hauptpunkt bei der Planung einer Modellbahnanlage. Bei der T.wahl wird festgelegt, welche Betriebsform des Vorbildes nachgestaltet werden soll: eine 1gleisige Nebenbahn, eine 2gleisige Hauptstrecke, eine Hafenbahn o. ä. → Motiv

Thermoswagen: gedeckter Güterwagen mit Spezialeinrichtung für den Wärmeschutz der Güter, wird i. allg. als → Kühlwagen bezeichnet.

Thyristor: 3poliges Halbleiterbauelement mit Vierschichtstruktur. Auf Grund der Schichtfolge handelt es sich um eine → Reihenschaltung von drei → Gleichrichterdioden, von denen die mittlere entgegen den äußeren gepolt ist. Dadurch fließt im Grundzustand kein Strom durch das Bauelement. Die

Tenderlokomotive BR 93 in H0 (Roco)

mittlere Sperrschicht ist durch eine Steuerelektrode (engl. gate – Tor) zugänglich. Werden in diese Elektrode positive Ladungsträger injiziert, dann wird diese Sperrschicht schlagartig leitend, und es fließt Strom durch den T. Da Stromfluß nur in positiver Stromrichtung (Anode positiv, Katode negativ) möglich ist, wird der T. auch als *gesteuerter* oder *steuerbarer Gleichrichter* bezeichnet. Im Gegensatz zum Transistor ist keine weitere Beeinflussung des Stromes durch die Steuerelektrode möglich. Nach dem Einschalten bleibt der Stromfluß beliebig lange erhalten, auch wenn in die Steuerelektrode keine Ladungsträger mehr eingespeist werden. Das Einschalten des T. wird deshalb in der Praxis mit einem kurzen Stromimpuls hervorgerufen, dessen Dauer nur wenige Mikrosekunden betragen muß. Wegen der Ähnlichkeit mit den Vorgängen bei den älteren Gasentladungsröhren nennt man den Steuerimpuls auch Zündimpuls. Das Abschalten des T. ist nur möglich, wenn der Strom durch ihn unter einen bestimmten Wert, den Haltestrom, absinkt. Bei Betrieb mit → Gleichspannung benötigt man dazu eine Hilfsschaltung, die Löschschaltung, die selbst mit einem T. arbeiten kann. Bei Wechselstrombetrieb (→ Wechselspannung) mit sinusförmigem Verlauf wird bei jedem negativen Nulldurchgang (Wechsel der Spannung von + nach –, Abb. a) selbsttätig gelöscht. Auch bei aus sinusförmigen Halbwellen bestehender pulsierender Gleichspannung (→ Gleichrichtung) funktioniert die Abschaltung, falls sich keine größeren Kondensatoren mit Ladefunktion (→ Ladekondensator) im Stromkreis befinden. Bei Betrieb mit sinusförmigen Halbwellen läßt sich die Steuerung des T. zwischen 50 und 100 Hz umschalten. Dadurch kann auf einfache Weise zwischen Rangierbetrieb (mit 50 Hz, → Rangiergang) und Zugbetrieb (mit 100 Hz, → Streckengang) gewechselt werden (Abb. b, c). Infolge der zeitlichen Verschiebung des Zündimpulses relativ zur Sinushalbwelle (Phasenverschiebung) kann die Stromflußdauer durch den mit dem T. in Reihe geschalteten Verbraucher (bei der Modellbahn der Fahrzeugmotor, Abb. d) beeinflußt werden. Diese Form der → Pulsbreitensteue-

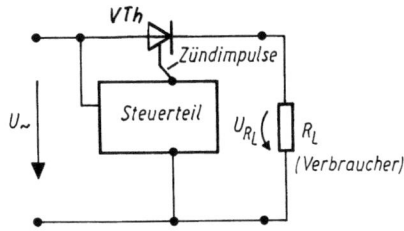

a)

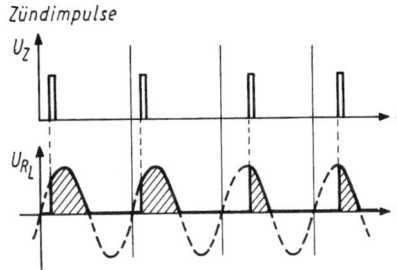

b)

Prinzip der Phasenanschnittsteuerung mit einem *Thyristor.* a) Schaltung b) Diagramm

rung wird auch *Phasenanschnittsteuerung* genannt. Mit der Variation der Pulsbreite wird unterschiedlich viel Energie (zwischen Null und Maximum) in den Motor eingespeist, so daß er mit einer der Pulsbreite entsprechenden Drehzahl läuft. Die relativ große Impulsamplitude führt wie bei der Pulsbreitensteuerung zu stärkerem Rütteln des Motorrotors und damit zur besseren Überwindung der Lagerreibung. Wegen der steilen Schaltimpulse des T. kann es zu Funkstörungen kommen, denen durch entsprechende → Entstörung begegnet werden muß. Reiner Wechselstrombetrieb mit Wechselstromverbrauchern ist mit dem T. nur möglich, wenn man ihn in eine Gleichrichterbrückenschaltung (→ Gleichrichtung) legt. Eine andere Möglichkeit bietet die Nutzung eines *Triacs*, eines 5schichtigen Halbleiterbauelements, das die Steuerung beider Halbwellen der Wechselspannung ermöglicht. Die wesentlichen Grenzwerte des T. entsprechen denen der → Gleichrichterdiode. Sonderausführungen des T. sind auch abschaltbar. Abb.

Tiefladewagen: Spezialgüterwagen mit vertiefter Ladefläche zwischen den Drehgestellen für den Transport besonders schwerer Güter. Bei der *Modell-*

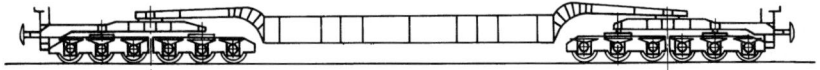

Tiefladewagen

bahn ist ein Einsatz von T. trotz extremer Fahrzeuglänge und der relativ kleinen Bogenhalbmesser der Gleise technisch zwar möglich, vom Aussehen her aber nur bei großen Gleishalbmessern ratsam. Abb.

Tischlerplatte: etwa 15 bis 20 mm starke Holzplatte. T. sind mit → Verbundplatten vergleichbar, haben jedoch keine gitter- oder wabenförmigen Mittellagen. Da sie schwer sind, sollten sie nur für stationäre Anlagen verwendet werden.

Tonnendach: tonnenförmig gewölbtes Dach von → Reisezugwagen und → gedeckten Güterwagen. Anfangs

bei Güterwagen aus Holz gefertigt und mit Bitumendecke, später mit Blech überzogen, wurde das T. bald völlig aus Stahl- oder Aluminiumblech hergestellt. *Selbstbau:* → Fahrzeugdach

Topfwagen: Güterwagen (→ Behälterwagen) mit Steinguttöpfen, die nicht fest mit dem Fahrgestell verbunden sind. T. dient zur Beförderung von metallzerstörenden Säuren und Laugen. Beim *Selbstbau* können Töpfe mit einem Formdrehmeißel aus rotbraunem PVC (dadurch kein Farbanstrich notwendig) gedreht werden. Abb.

Topfzeit: Verarbeitungszeit eines Klebers. → Kleben

Topfwagen

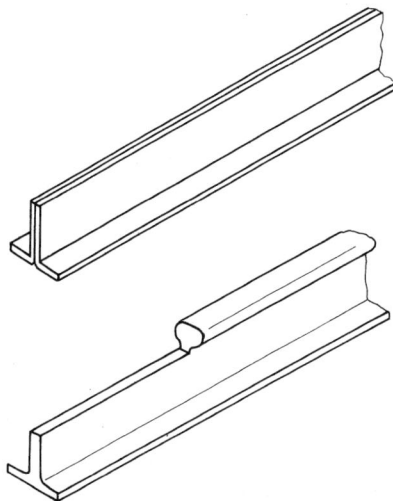

T-Profil
durch Zusammenlöten von 2 L-Profilen oder durch Abfeilen von Schienenprofil hergestellt

T-Profil: als Träger oder Strebe verwendete Stahlschiene mit T-förmigem Querschnitt. Beim *Selbstbau* können T. durch Zusammenlöten oder -kleben zweier L-Profile aus Blech oder durch Abfeilen des Schienenkopfes eines Schienenprofils hergestellt werden. Abb.

Trafo: Kurzform für → Transformator

Tragfeder: Maschinenbauteil, das bei Eisenbahnfahrzeugen → Laufwerk und → Rahmen elastisch verbindet. Als T. werden artrein oder kombiniert meist Blatt-, Schrauben-, Gummi- oder Luftfedern angewendet. *Selbstbau:* → Blattfeder, → Schraubenfeder, → Gummiachsfederung

Tragseil: Seil (beim Vorbild aus Stahl, Stahlaluminium oder Bronze), das mit Hilfe von Hängern bei einem → Quertragwerk die Fahrleitungen und Richtseile, bei einer → Kettenwerkfahrleitung den → Fahrdraht trägt. T. führt zugleich einen Teil des → Fahrstroms.

Transformator, Abk. *Trafo:* elektrisches Gerät aus der Gruppe der ruhenden Maschinen (ohne bewegte Teile) zur Umformung (Transformation) von Wechselspannungen und -strömen unter Ausnutzung der elektromagnetischen Induktion. Dabei fließt die Energie von der Primär- zur Sekundärseite. Ein T. besteht im Prinzip aus zwei (elektrisch getrennten) Spulen, die durch einen Eisenkern miteinander magnetisch gekoppelt sind. Wird an die Primärspule (Spule 1) eine Wechselspannung angelegt, so erzeugt der durch sie fließende Strom im Eisenkern ein sich zeitlich änderndes Magnetfeld. Der Magnetfluß durchsetzt den ganzen Kern und somit auch die Sekundärspule (Spule 2). Entsprechend dem Induktionsgesetz induziert er nun in Spule 2 eine → Spannung, deren Größe vom Verhältnis der Windungszahlen abhängt. Ohne Berücksichtigung etwaiger Verluste im T. gilt die Beziehung $U_1/U_2 = w_1/w_2$, d. h., daß die Transformation der Spannungen den Windungszahlen proportional ist. Für die Ströme gilt die umgekehrte Beziehung. Bei der *Modellbahn* werden sekundärseitig niedrige Spannungen verwendet, deshalb ist das Windungszahlenverhältnis groß. Treibt die Sekundärspannung einen Strom durch einen Verbraucher, so erzeugt er selbst auch ein Magnetfeld, das sich dem ursprünglichen entgegengesetzt überlagert. Es entsteht eine Rückwirkung auf die Primärspule in Form einer Ergänzung der sekundärseitig entnommenen Energie durch Ansteigen des Primärstromes. Verluste im T. entstehen a) durch die Wicklungswiderstände, b) durch Verluste im Eisenkern. Die ersteren beeinflußt man durch günstige Drahtquerschnitte, die letzteren durch den richtigen Werkstoff und durch Schichtung des Eisenkernes aus dünnen, voneinander elektrisch isolierten Blechen (z. B. Dynamoblech). Es gibt viele Bauformen der T., bedingt durch die jeweilige Anwendung. Bei T. zur Stromversorgung werden häufig M-, E/I-, U/I-, L/L-Kernformen eingesetzt, in neuerer Zeit aus Bandmaterial gewickelte Kerne, deren

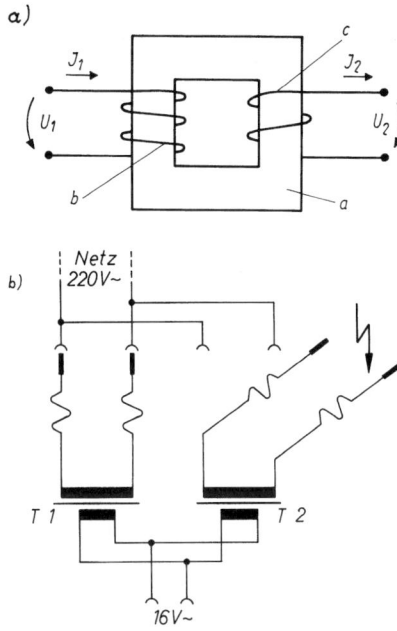

Transformator
a) prinzipieller Aufbau und Wirkungsweise des Transformators (a Eisenkern, b Primärspule, c Sekundärspule); es gilt $U_1/U_2 = I_2/I_1 = w_1/w_2$, b) bei Parallelschaltung der Sekundärseiten zweier Transformatoren können lebensgefährliche Spannungen entstehen!

Verluste besonders gering sind. Die Übereinstimmung des zeitlichen Verlaufes der Sekundärspannung mit der Primärspannung ist nur bei sinusförmigem Wechselstrom gegeben, bei anderen Verläufen weicht er deutlich ab. Die Hauptanwendung der T. liegt in der Stromversorgung. Sekundärseitig kann die übertragene Energie auf mehrere Sekundärwicklungen aufgeteilt werden. Dadurch können in Stromversorgungsgeräten mehrere gleiche oder verschiedene, elektrisch getrennte Betriebsspannungen erzeugt werden. Unterschiedlich große oder abgestufte Spannungen sind auch durch Anzapfungen einer Sekundärwicklung möglich (→ Fahrstromsteller). Die Isolation der Primär- von der Sekundärseite sorgt zugleich für die Trennung vom Stromversorgungsnetz (Schutzfunktion des T.! → Schutzmaßnahmen). Sogenannte *Spartransformatoren*, die nur eine Primärwicklung mit Anzapfungen besitzen, dürfen wegen der fehlenden Trennung von der Netzspannung aus Sicherheitsgründen bei der *Modellbahn* nicht verwendet werden (Lebensgefahr!). Für den Bau, die Prüfung und den Betrieb von T. bestehen strenge Sicherheitsvorschriften. Deshalb wird vom *Selbstbau* abgeraten, oder er ist

a)

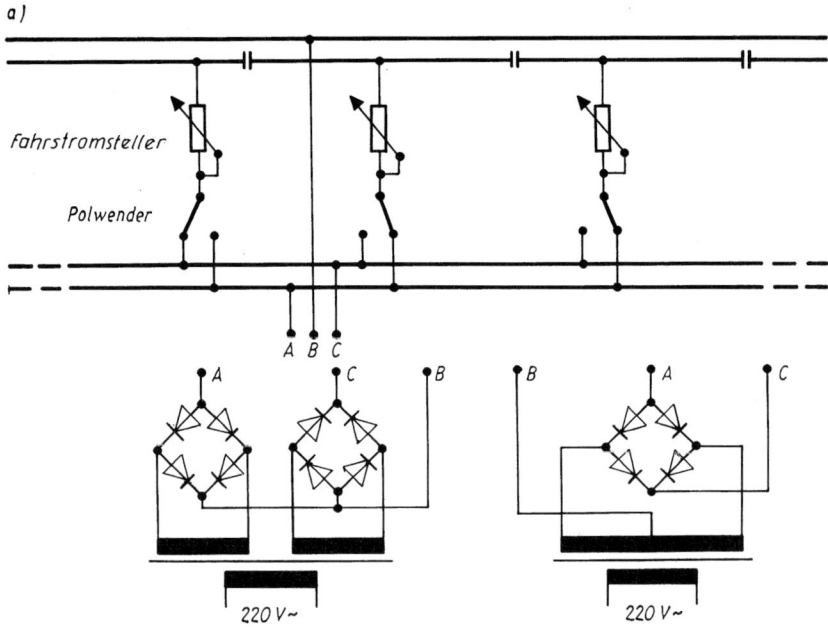

Transformator-Spar-schaltung
a) Schaltung mit gemeinsamem Rückleiter (wahlweise vorwärts/rückwärts mit einer der beiden Gleichspannungen), b) Schaltung mit mehreren veränderlichen Vorwiderständen an einer Gleichspannung („Heine"-Schaltung), c) Halbwellenbetrieb mit überlagerter Wechselspannung, d) Schaltung mit konstanter Fahrspannung an den Gleisabschnitten der freien Strecke (Streckenfahrschaltung), R nach Erfordernis wählen

Sache von Fachleuten. Der Handel bietet für die Modellbahn genügend Auswahl von T. In der Regel sind sie für die Netzspannung 220 V und eine der Größe entsprechenden Leistung ausgelegt. Sie besitzen eine oder mehrere Sekundärwicklungen, deren Spannungs- und Stromwerte angegeben sind. Die Reihen- bzw. Parallelschaltung von Sekundärwicklungen *eines* T.(!) zur Spannungs- oder Stromerhöhung ist möglich (Drahtstärke und Wickelsinn beachten, bei falschem Wickelsinn Kurzschluß!). Diese Maßnahme muß bei Verwendung *mehrerer* T. vermieden werden, da lebensgefährliche Spannungen auftreten können. Abb. **Transformator-Sparschaltung:** spezielle Schaltung zur → Fahrstromversorgung der Modellbahnanlage mit dem Ziel, die Zahl der Fahrtransformatoren (→ Fahrstromversorgungsgerät) bei → Mehrzugbetrieb zu verringern. Durch Verwendung eines entsprechend dimensionierten → Transformators und/oder besonderer Schaltungen der → Fahrstromsteller lassen sich mit einem Netzanschlußgerät mehrere Züge unabhängig voneinander steuern. a) *Nulleiterschaltung (besser Masseleiterschaltung):* Eine Mittelpunktsschaltung (→ Gleichrichtung) sorgt für zwei gegen den gemeinsa-

men Rückleiter symmetrische Spannungen. Die eine ist demnach positiv, die andere negativ gegen den Rückleiter. Durch Auswahl einer der beiden Spannungen mittels einpoliger Umpolschalter erfolgt die Steuerung der Fahrtrichtung, durch Beeinflussung mit Stellwiderständen die Steuerung der Fahrströme (Abb. a). Die Schaltung benötigt nur einseitige Trennstellen für die einzelnen Blockabschnitte im Gleis (Beachte, bei entgegengesetzter Polung liegt die doppelte Fahrspannung ca. 24 V über der Trennstelle!). Die durchgehende Schiene dient als Rückleiter. b) HEINE-*Schaltung:* Abb. b zeigt, daß ein gemeinsamer Transformator mit Gleichrichter-Brükkenschaltung (→ Gleichrichtung) verwendet wird. Die Stromversorgung der doppelt getrennten Gleis-/Blockabschnitte erfolgt durch Stellwiderstände und doppelpolige Umpolschalter. Bei dieser Schaltung können die Stellwiderstände durch elektronische → Fahrstromsteller ersetzt werden, weil der Fahrstrom, wie in der Schaltung, durch sie i. allg. nur in einer Richtung fließt. Ein → gemeinsamer Rückleiter ist bei dieser Schaltungsvariante am Gleis nicht vorhanden. Ihre Anwendung verspricht aber in Richtung zunehmender Automatisierungstechnik

b)

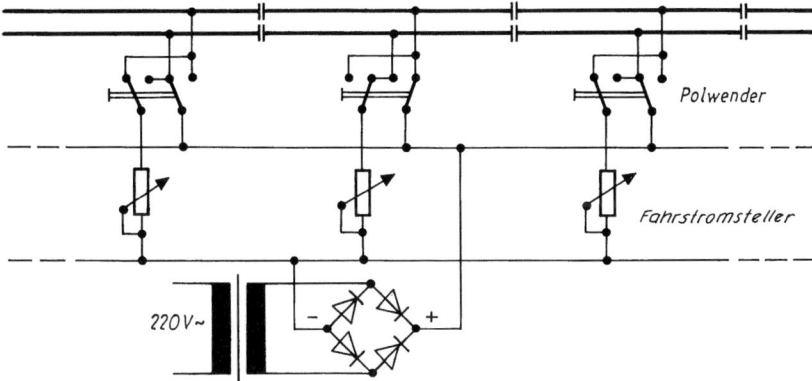

Polwender

Fahrstromsteller

220 V~ − +

c)

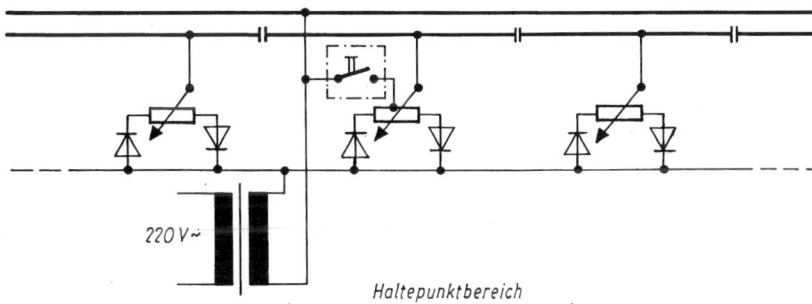

220 V~

Haltepunktbereich

d)

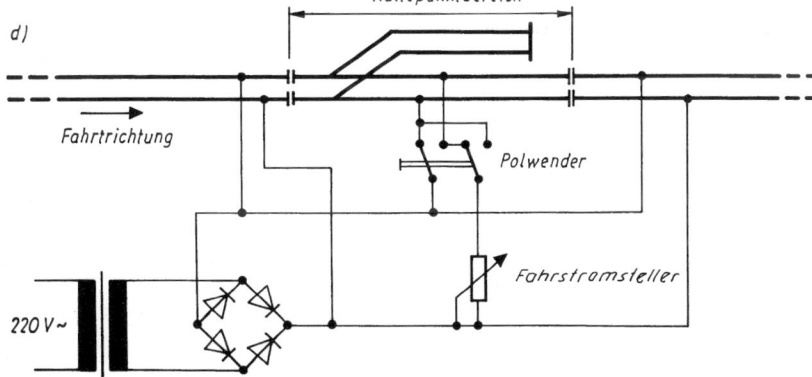

Fahrtrichtung

Polwender

Fahrstromsteller

220 V~

die besten Lösungen. c) *50-Hz-Halb-wellenbetrieb mit überlagerter Wech-selspannung:* Der Fahrstrom wird mit einem Stellwiderstand in Kombina-tion mit zwei entgegengesetzt arbei-tenden Einweggleichrichtern beein-flußt (Abb. c). Durch den Verbraucher (Triebfahrzeugmotor) fließt immer ein Wechselstrom, bestehend aus der Überlagerung der entgegengerichte-ten beiden Halbwellen. Mit dem Stell-widerstand kann das Gleichgewicht zwischen beiden verändert werden, so daß entweder die positive oder die negative Halbwelle überwiegt und da-durch Fahrstrom und Fahrtrichtung be-einflußt werden. In der Mittelstellung heben sich beide Halbwellen auf, und das Fahrzeug steht (nicht stromlos!). Ein Umpolschalter ist nicht vorhan-den, die Gleis-/Blockabschnitte wer-den einpolig getrennt. Es ist zu beach-ten, daß die Motoren ständig mit Wechselstrom belastet werden, wo-durch evtl. Auswirkungen (Erwär-mung, Entmagnetisierung) auftreten können. Falls der Stellwiderstand eine Mittelanzapfung besitzt, kann mit einem Schalter auf reinen Halbwellenbetrieb umgeschaltet werden (→ Rangiergang, → Streckengang). d) *Streckenfahrschaltung:* Hierbei werden die Abschnitte der freien Strecke zwischen den → Bahnhöfen, → Haltepunkten u. a. mit einer konstanten, der gewünschten Geschwindigkeit angepaßten Fahrspannung versorgt. Die genannten Betriebsstellen werden dagegen mit den üblichen → Fahrstromstellern betrieben (Abb. d). Die Gleis / Blockabschnitte müssen doppelpolig getrennt werden. Die elektrischen Bauelemente werden entsprechend dem Strombedarf dimensioniert. Wegen des häufig unterschiedlichen Strombedarfs der Triebfahrzeuge ist eine Optimierung besonders der Stellwiderstände erforderlich. Bei Anwendung der T. erfolgt die Fahrstromversorgung der gesamten Modellbahnanlage mit der → Ü- oder → Z-Schaltung. Abb.

Transistor: dreischichtiges elektronisches Halbleiterbauelement mit Verstärkerwirkung. Das wichtigste Halbleitermaterial ist Silizium, es gibt aber auch T. aus Germanium oder dem Mischmaterial Galliumarsenid. Die drei Schichten des T. besitzen Elektroden, elektrische Anschlüsse, meist in Form von Drähten, aber auch bandartig oder flächig. Die Bezeichnung der Elektroden ist → Emitter (E), → Basis (B), → Kollektor (C). Entsprechend der Schichtfolge unterscheidet man npn- und pnp-T. Unter den Silizium-T. ist die erste Art vorherrschend. Für den Anwender von T. ist die Kenntnis der Schichtfolge deswegen wichtig, weil von ihr die Polarität der Betriebsspannung abhängt. Beim npn-T. ist der Kollektor gegenüber dem Emitter positiv zu polen, beim pnp-T. negativ. Die Lei-

stungsfähigkeit ist ein weiteres Merkmal. Leistungs-T. gibt es heute bis zu mehreren hundert Watt. Aus der Leistungsfähigkeit und dem Einsatzzweck ergeben sich verschiedene Bauformen. *Wichtige Grenzwerte* der T.: maximal zulässige Werte a) der Kollektor-Emitter-Spannung U_{CE0}, b) des Kollektorstroms I_{Cmax}, c) der Gesamtverlustleistung P_{tot}, d) der Kristalltemperatur T_i. Da die Kristalltemperatur nicht überschritten werden darf, ist die T.leistung von der Kühlung abhängig. Treten unter den Betriebsbedingungen der T. Grenzbelastungen auf, so werden kleinen T. Kühlsterne aufgesetzt, den größeren Leistungs-T. Kühlkörper. Sie besitzen dazu Montagelöcher oder -gewinde. Überschreitungen der zulässigen Kristalltemperatur können den T. zerstören! Die innere Funktion eines Transistors stellt man sich als Anti-Reihenschaltung zweier Dioden vor. Die Emitter-Basis-Diode wird in Durchlaß-, die Basis-Kollektor-Diode in Sperrichtung betrieben. Ein an der Basis beeinflußter kleiner Steuerstrom startet einen kräftigen Strom im Emitter, der auf Grund der sehr kleinen Breite der Basisschicht (ca. 10 μm) in die Kollektorschicht übergeht. Das Verhältnis von Kollektor- und Basisstrom wird als *Stromverstärkungsfaktor* β bezeichnet und ist ein wichtiger Kennwert des T. Er ist exemplar- und typabhängig und schwankt z. B. in der am häufigsten angewendeten Emitter-Grundschaltung zwischen 10- und 1 000fach. Hersteller liefern T. deshalb in Stromverstärkungsgruppen A bis F. Als Einzel-T. (diskret) werden sie in allen denkbaren elektronischen Schaltungen als Verstärker oder Schalter (digitale Technik) eingesetzt. In großer Zahl (bis millionenfach) bilden sie aber auch den Hauptbestandteil integrierter → Schaltkreise. Auch in der *Modellbahn* gibt es viele Anwendungen als Verstärker, veränderlicher Widerstand oder Schalter. Abb.

transportable Anlage: Anlagenform, die als Kasten- oder Kofferanlage aufgebaut wird. Durch Zusammenklappen kann man die Fläche verkleinern. Man erhält dadurch eine bessere Unterbringungsmöglichkeit und einen guten Staubschutz. Da die Größe der t. A. von der Masse begrenzt wird, eignen sich solche Anlagen nur für die

Silizium-Transistoren Leistungstransistoren im Metall- und Plastgehäuse, Transistoren verschiedener Bauform

kleineren Nenngrößen. Größere Ausstellungsanlagen, die aus mehreren → Plattenanlagen bestehen, werden ebenso zu den t. A. gerechnet. Die Gesamtanlage kann je nach Konzept in Rechteck-, L-Form oder U-Form aufgebaut werden. Wichtig bei diesen t. A. ist die sichere elektrische und mechanische Verbindung der einzelnen Platten.

Trapeztafel (Signal So 5): Signal der Gruppe „Sonstige Signale (So)" des Signalbuchs, das die Stelle kennzeichnet, an der bestimmte Züge vor der Einfahrt zu halten haben. Signalaussehen: weiße Trapeztafel mit schwarzem Rand an einem schwarz und weiß schräg gestreiften Pfahl. Die T. wird nur bei Nebenbahnen (bes. bei Schmalspurbahnen) angewendet.

Trassenbrett: dient zur Aufnahme der Gleise und des Unterbaus beim Bau der Modellbahnanlage. → Abstandsbrett, → Anlagengestaltung

Treibachse: 1. Achswelle des → Treibradsatzes. – **2.** umgangssprachliche Bezeichnung für den → Treibradsatz.

Treibradsatz: → Radsatz stangengetriebener → Lokomotiven, bestehend aus Achswelle und Räderpaar mit Kurbeln, in deren Nabe der Treibzapfen eingepreßt ist. Der T. wird durch die →Treibstange der Kolbendampfmaschine über die Kolbenstange und den Kreuzkopf oder durch eine → Blindwelle angetrieben. Zum Ausgleich der durch den Stangenmechanismus hervorgerufenen Zentrifugalkräfte sind die Räder des T. mit → Gegengewichten versehen. *Selbstbau:* → Radsatz, → Gegengewicht

Treibstange: stabförmiges, meist in Doppel-T-Profil ausgebildetes Kraftübertragungselement für den → Treibradsatz stangengetriebener Triebfahrzeuge. Bei der *Modellbahn* arbeitet die T. meist entgegengesetzt, d. h., der Treibradsatz (der i. allg. durch ein Zahnradgetriebe angetrieben wird) betätigt über die T. Kreuzkopf und Kolbenstange, ggf. auch die → Blindwelle. Beim *Selbstbau* kann man zur Herstellung von T. die → Mehrschichtfertigung anwenden, wofür sich als Material hartes Messing- oder Neusilberblech eignet. Bei profilierten T. ist die → Ätztechnik vorzuziehen, oder man lötet an beiden Kanten der in Mehrschichtfertigung hergestellten T. ei-

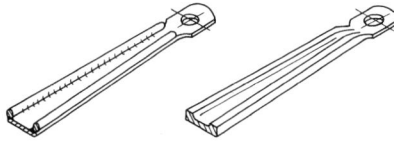

Treibstange
Darstellung von 2 Fertigungsstufen

nen Messingdraht auf, den man anschließend fast bis zur Hälfte gleichmäßig abfeilt. Die Übergänge an den Enden werden verputzt. Abb.

Trennen: Zerteilen von Werkstoffen, Werkstücken, Bauteilen mit Hilfe von Werkzeugen. Als Trennwerkzeuge kann man Sägen, Beißzangen, Messer u. ä. verwenden.

Trenngleis: in allen Nenngrößen handelsübliches Gleisstück, bei dem ein Schienenprofil getrennt ist. Das T. dient in Verbindung mit einem → Unterbrechergleis zur Herstellung eines stromlosen Gleisabschnittes (z. B. vor einem Signal). Die gleiche Wirkung läßt sich erzielen, wenn bei normalen Gleisen der stromführende Schienenverbinder einseitig entfernt und durch einen Isolierschienenverbinder ersetzt wird.

Trennmittel: Mittel, das zum Trennen von in Formen hergestellten Werkstükken oder Teilen dient und ein Haften in den Formkonturen beim Auswerfen der Teile verhindert. T. sind meist graphit- oder fetthaltig. → Gießharztechnik, → Plastwerkstoff

Trennstrecke: stromlose Strecke vor dem haltzeigenden → Hauptsignal auf einer Modellbahnanlage. Die T. wird durch je ein → Trenngleis und → Unterbrechergleis begrenzt und soll so lang sein, daß das längste auf der Modellbahnanlage verkehrende Triebfahrzeug sicher zum Halten kommt.

Trichterkupplung: vereinfachte → Mittelpufferkupplung, deren trichterförmige Kupplungsköpfe mit Zugeisen und Steckbolzen verbunden werden. Die T. findet Anwendung u. a. bei →

Trichterkupplung
eines Gleiskraftwagens in H0 (Bausatz aus Marienberg)

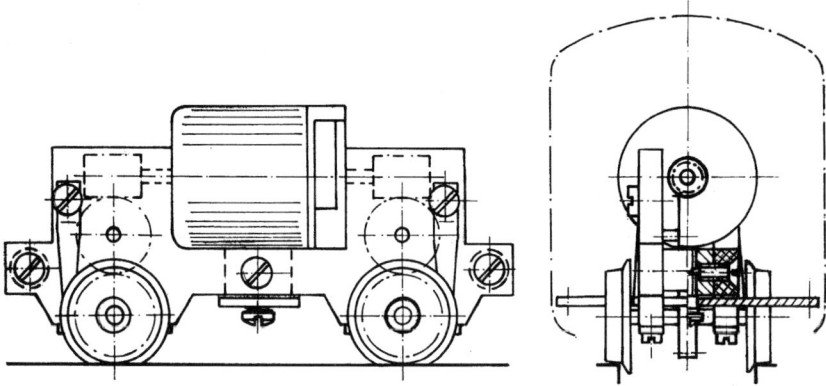

Triebdrehgestell
mit Topfmotor und
zweiseitigem Schnek-
kenstirnradgetriebe

Straßenbahnen, → Schmalspurbahnen sowie bei normalspurigen →
Gleiskraftwagen. Abb.
Triebdrehgestell: in Triebfahrzeugen
befindliches → Drehgestell, dessen →
Radsätze angetrieben werden. Das T.
ist als Fahrwerk moderner Diesel- und
E-Loks mit Allachs- oder Einzelachsantrieb versehen. Bei der *Modellbahn* ist
das T. die besonders bei Diesel- und
E-Loks häufig angewendete Antriebsform. Entgegen dem → Kardanantrieb
wird bei dem T. meist nur ein Drehgestell angetrieben (→ Zweimotorenantrieb), wobei die → Haftreibungszugkraft durch → Haftreifen erhöht werden und ein nichtgetriebenes Drehgestell zur Stromabnahme dienen kann.
Beim *Selbstbau* kann das T. aus zwei
→ Getriebeplatinen (Messing oder

Hartgewebe) bestehen, die durch
Schrauben und Distanzbuchsen verbunden sind, und die Achsen der →
Schneckenräder sowie die Radsätze
mit den → Stirnrädern aufnehmen.
Ähnlich wie beim → Rahmen für →
Dampflokomotiven werden die Radsätze in nach unten geöffneten Bohrungen (Schlitze) aufgenommen, die
durch Anschrauben eines Steges ver-
schlossen werden. Der → Fahrmotor,
der mit einer doppelseitigen Antriebswelle und zwei eingängigen → Schnek-
ken versehen sein muß, kann einge-
klemmt, geklebt oder durch Blechbü-
gel befestigt werden. Sind die Getriebeplatinen (→ Rahmenwangen) aus
Hartgewebe gefertigt, ist auch das Anbringen der → Radschleifer zwecks
Stromabnahme völlig problemlos, da

Triebfahrzeugeinsatz-
stelle
Gebäude der Loklei-
tung in H0 (Selbstbau)

die Schleifer direkt an den Platinen befestigt werden können. Ein Stegblech, das mit einer → Ansatzschraube drehbar am unteren Distanzstück des T. und an den Langträgern des Fahrzeugrahmens befestigt ist, dient gleichzeitig als Lenklager und Befestigungselement des T. Abb.

Triebfahrzeug, Abk. **Tfz:** Eisenbahnfahrzeug mit Kraftmaschine zum Befördern von Zügen und Rangierabteilungen (→ Lokomotive, → Rangierlokomotive) oder als selbstständige Einheit zum Befördern von Personen und Gepäck (→ Triebwagen). Nach der *Traktionsart* werden unterschieden: a) Dampf-T. (→ Dampflokomotive, Dampftriebwagen), b) Diesel-T. (→ Diesellokomotive, → Verbrennungstriebwagen) und c) elektrisches T. (→ elektrische Lokomotive, elektrischer Triebwagen, → Speichertriebwagen).

Triebfahrzeugeinsatzstelle, *Lokeinsatzstelle:* Dienststelle der DR für den Einsatz und die betriebliche Behandlung von Triebfahrzeugen. Die T. ist Außenstelle eines → Bahnbetriebswerks. Bei der *Modellbahn* sollten T. anstelle von Bahnbetriebswerken aufgebaut werden, da sie weniger Raum beanspruchen. Abb.

Triebtender: → Schlepptender mit angetriebenen Radsätzen. Der T. wurde bei der DRG als 1B2' T16 Abdampf-T. bei der Dampflok 38 3255 angewendet, wobei ein Hilfstriebwerk durch eine Turbine unter Nutzung des Abdampfs angetrieben wurde. Der T. blieb beim Vorbild ein Kuriosum und

diente nur als Zusatzantrieb. Bei der *Modellbahn* wird ein T. meist als Hauptantrieb der Lok, seltener als Zusatzantrieb (→ Zweimotorenantrieb), seit Jahren erfolgreich angewendet. *Vorteile:* Die günstige Ausnutzung des relativ großen Hohlraums des Tenders zur Unterbringung des Getriebes und des Ballastgewichts, das günstigere Übersetzungsverhältnis des Getriebes wegen der relativ kleinen Radsatzdurchmesser sowie die Vereinfachung des Getriebes durch die Verwendung eines starren Rahmens (selbst bei Drehgestelltendern starr angebrachte Drehgestellblenden) und durch den Wegfall des Antriebes in der Lok machen eine vorbildgetreue Nachbildung des Fahrwerks und Führerhauses möglich. *Selbstbau:* → Triebdrehgestell, → Bogenläufigkeit, →Ballastgewicht, → Wagenkasten, → Achslagerblende, → Blattfeder, → Schraubenfeder

Triebwagen: zu den → Triebfahrzeugen zählendes ein- oder mehrteiliges Eisenbahnfahrzeug mit eigener Antriebsmaschine, das der Personen- und Gepäckbeförderung dient. Je nach Traktionsart wird nach Diesel- und Elektro-T. unterschieden. Die in allen Nenngrößen handelsüblichen T. sind als Nahverkehrs-, Eil-, Schnell- oder Expreß-T. auf Modellbahnanlagen universell einsetzbar.

Triebwagenzug: meist aus → Triebwagen, → Beiwagen und → Steuerwagen zusammengesetzter Zugverband.

Triebwerk: bauliche Einheit von An-

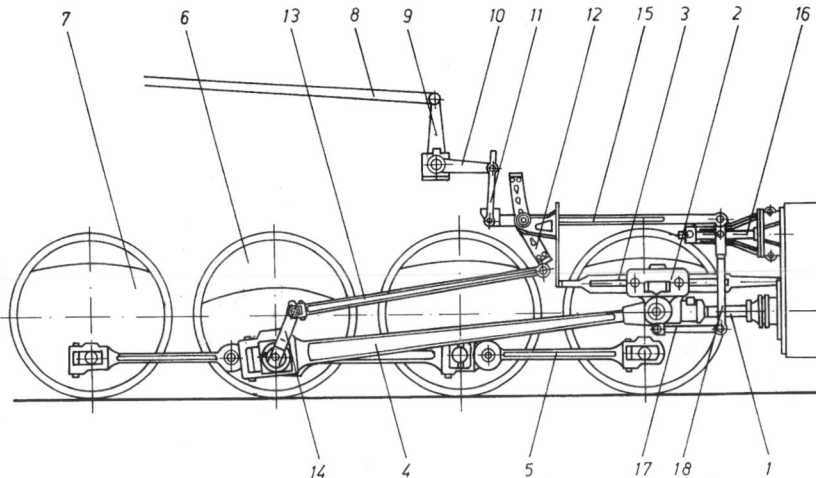

Triebwerk einer Dampflokomotive mit Schwingensteuerung (Heusinger-Steuerung): 1 Kolbenstange, 2 Kreuzkopf, 3 Gleitbahn, 4 Treibstange, 5 Kuppelstange, 6 Treibradsatz, 7 Kuppelradsatz, 8 Steuerstange, 9 Steuerstangenhebel, 10 Aufwerfhebel, 11 Hängeeisen, 12 Schwinge, 13 Schwingenstange, 14 Schwingenkurbel (Gegenkurbel),15 Schieberschubstange, 16 Kolbenschieber, 17 Lenkerstange, 18 Voreilhebel

triebsmaschinen. a) Bei Dampfloks: Dampfmaschine (Zylinderblock und Steuerung) und Mechanismus zur Übertragung der Zugkraft auf den Treibradsatz und die Kuppelradsätze. b) Bei stangengetriebenen Diesel- und E-Loks: Fahrmotor, Blindwelle (Blindwellenstangenantrieb) Trieb- und Kuppelradsatz. Bei der *Modellbahn* wird i. d. R. entgegen dem Vorbild als T. der jeweilige Antrieb (→ Fahrmotor, → Getriebe, Antriebsradsätze) bezeichnet, der sich z. B. bei einer Schlepptenderlok mit Tenderantrieb im → Triebtender befindet. Abb.

Trittleiter
Darstellung 2 verschiedener Selbstbauvarianten

Trittstufe
Darstellung von 3 Fertigungsstufen

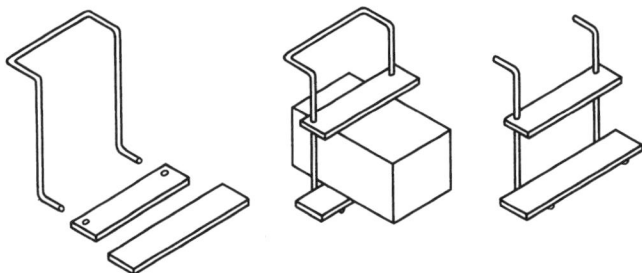

Triebzug: Bezeichnung für einen mehrteiligen → Triebwagen
Trittbrett: umgangssprachliche Bezeichnung für → Trittstufe.
Trittleiter: an → Behälterwagen, → Klappdeckelwagen und Stirnwänden älterer → Reisezugwagen fest angebrachte Sprossenleiter zum Erreichen der Füll- und Ladeeinrichtungen (bei älteren Reisezugwagen zum Füllen der Wasserbehälter und Anbringen des Regelschlußsignals). Beim *Selbstbau* kann die T. aus Blech gefertigt (→ Mehrschichtfertigung, → Ätztechnik) und durch Abkanten geformt bzw. versteift werden. Eine vorbildgerechtere Lösung ist das Bohren zweier Blechstreifen, die zuvor aneinandergelötet, nach dem Bohren wieder getrennt und danach mit Hilfe einer Zwischenlage mit Drahtsprossen zusammengelötet werden. Während die überstehenden Sprossen außen entfernt und sauber überfeilt werden, können die oberen und unteren nach hinten gebogen werden und der Befestigung am Fahrzeug dienen. Abb. (s. Abb. → Kesselwagen).
Trittstufe: Trittfläche zum gefahrlosen Ein- und Aussteigen der Reisenden, bestand bei Reisezugwagen älterer Bauart aus Holzbrettern (Trittbrett) und war mit Rund- oder Profilstahl am Rahmen der Fahrzeuge befestigt. T. sind bei Fahrzeugen modernerer Bauart als Gitterroste ausgeführt und bei Reisezugwagen meist in einem Trittkasten untergebracht, der bei geschlossener Wagentür von innen abgedeckt wird. Beim *Selbstbau* ist die Fertigung eines Trittkastens relativ einfach, weswegen nur der Hinweis über die Herstellung von T. älterer Bauart folgt. Aus Draht wird ein Bügel in entsprechende Form gebogen, und die Trittbleche werden eingefügt, wobei das obere mit zwei Bohrungen versehen sein sollte. Dann werden die Bügel mit den Blechen verlötet, wobei zwischen die Bleche eine Zwischenlage gelegt werden kann, um die Stufenabstände zu vereinheitlichen. Erst dann wird der Bügel getrennt und mit den beiden Drahtenden in die Bohrungen am → Langträger eingelötet oder -geklebt. Abb. (s. Abb. → Laufwerk)
Tunnel: Bauwerk in Form einer künstlichen, schwach geneigten Röhre, durch die der Verkehrsweg unter-

a)

b)

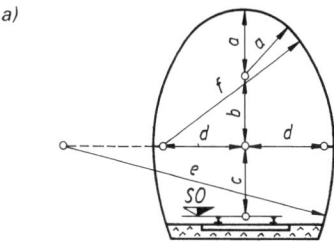

Spur	a	b	c	d	e	f
1435	1800	1900	1900	2500	7500	4730
H0	20,7	21,8	21,8	28,7	86,2	54,4
TT	15,0	15,8	15,8	20,8	62,5	45,4
N	11,2	11,9	11,9	15,6	46,9	29,6

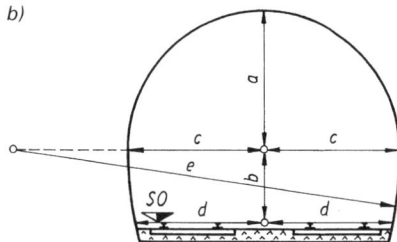

Spur	a	b	c	d	e
1435	4100	2000	4125	3960	12000
H0	47,1	22,9	47,4	45,5	137,9
TT	34,2	16,7	34,4	33,0	100,0
N	25,6	12,5	25,8	24,8	75,0

Tunnel
Funktionsmaße für den Selbstbau: a) 1gleisiger Tunnel für Dampf- und Dieselbetrieb, b) 2gleisiger Tunnel für Dampf- und Dieselbetrieb, c) 2gleisiger Tunnel für E-Lok-Betrieb

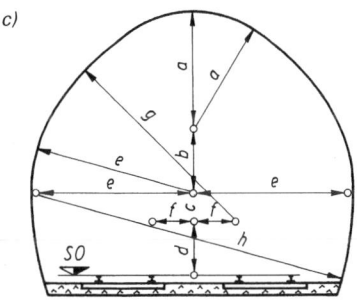

c)

Spur	a	b	c	d	e	f	g	h
1435	3270	1750	710	1550	4600	1230	6020	9000
H0	37,6	20,1	8,2	17,8	52,9	14,1	69,2	103,4
TT	27,2	14,6	5,9	12,9	38,5	10,3	50,1	75,0
N	20,4	10,9	4,4	9,7	28,8	7,5	37,5	56,3

irdisch weitergeführt wird. T. werden notwendig zur Überwindung natürlicher Hindernisse, z. B. von Gebirgen. Auf Modellbahnanlagen werden T. oft angewendet, um Strecken, die sich in der Ferne verlaufen, anzudeuten oder Schattenbahnhöfe unterzubringen. Die T.-öffnungen sind unterschiedlich bei a) 1gleisiger Strecke ohne → Fahrleitung; b) 1gleisiger Fahrstrecke mit Fahrleitung; c) 2gleisiger Strecke ohne Fahrleitung; d) 2gleisiger Strecke mit Fahrleitung. Die Nachbildung der → Tunnelröhre aus Pappe ist leicht möglich. Abb.

Tunneloberleitung: Sonderfahrleitung, die je nach örtlicher Gegebenheit verschieden ausgeführt sein kann. Für die *Modellbahn* eignet sich

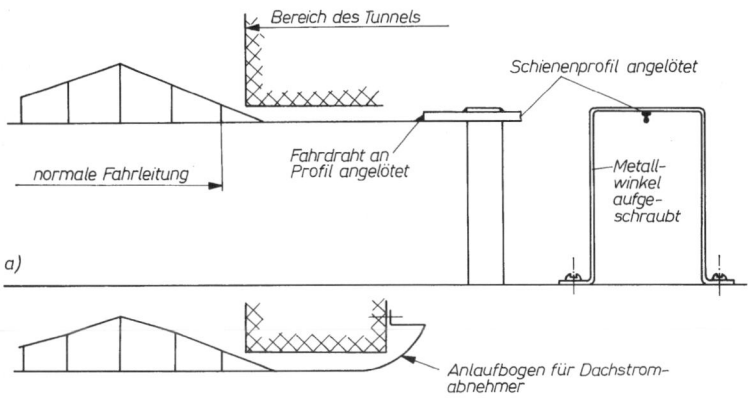

a)

b)

Tunneloberleitung
a) funktionsfähige Oberleitung im Tunnelbereich, b) Atrappe einer Tunneloberleitung, die im Tunnel endet

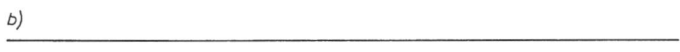

die Ausführung ohne Tragseil im Tunnelbereich bei echtem Oberleitungsbetrieb. Die T. kann vereinfacht (Abb. a) aufgebaut werden. Bei Verwendung der Oberleitung als Attrappe sollte diese etwa 10 bis 15 cm hinter dem Tunnelportal enden, wobei der → Fahrdraht bogenförmig nach oben geführt wird. Er ermöglicht ein ruckfreies Aufgleiten der → Dachstromabnehmer der Triebfahrzeuge. Abb.

Tunnelportal: meist gemauertes Bauwerk am Tunnelmund, das die → Tunnelröhre nach außen abschließt. In allen Nenngrößen in den verschiedensten Ausführungen handelsüblich. → Tunnel

Tunnelröhre: röhrenförmiges Bauwerk zur Unterfahrung von Hindernissen im Gelände. Bei festem, gut gelagertem Gestein wird in den meisten Fällen auf eine Ausmauerung der T. verzichtet. → Tunnel

Turmmast: → Mast

U

U-Anlage: Variante der → offenen Anlagenform, die in U-Form an drei Wänden als → An-der-Wand-entlang-Anlage oder frei im Raum stehend aufgestellt werden kann. Die U. bietet gute Möglichkeiten für eine vorbildgetreue Streckenführung und eine realistische → Landschaftsgestaltung . → Anlagenform

Überführung: Kreuzung eines Hauptverkehrsweges mit einem Nebenverkehrsweg in verschiedenen Ebenen. Der Nebenverkehrsweg Fußweg wird beispielsweise mit einer Ü. über den Hauptverkehrsweg Eisenbahn hinweggeführt.

Übergangsbogen: aus fahrdynamischen Gründen zwischen einem geraden und einem gebogenen Gleisstück bzw. zwischen zwei Kreisbögen unterschiedlicher Radien angeordneter Bogen. → Korbbogen

Übergangssteuerung, *Ü-Schaltung:* erweiterte Form der → Abschaltsteuerung. Die gesamte Gleisanlage wird in mehrere Abschaltbereiche mit je einem fest zugeordneten → Fahrstromversorgungsgerät (→ Fahrtrafo) unterteilt. Gleisverbindungen ermöglichen einen beliebigen Übergang der Züge von einem Abschaltbereich zum anderen. Je nach Anzahl der Fahrstrombereiche ist ein gleichzeitiger, unabhängiger → Mehrzugbetrieb möglich. In den Gleisverbindungen zwischen den Abschaltbereichen ist eine einpolige Trennstelle erforderlich (Abb. a). Während der Fahrt von einem Stromkreis zum anderen müssen deren → Fahrspannungen und → Polung übereinstimmen (gleiche Stellung der Stellknöpfe), da es entweder zu Geschwindigkeitssprüngen oder zur Überstromauslösung (→ Kurzschluß) kommt. Es empfiehlt sich, die Polung an der Trennstelle zu überwachen und optisch anzuzeigen. Eine einfache Lösung zeigt die Abb. Eine 24-V-Glühlampe überbrückt die Trennstelle und leuchtet bei größeren Spannungsunterschieden auf. Die Schaltung in Abb. b ermöglicht eine höhere Empfindlichkeit mit einem → Relais (Anzug bei ca. 2 V, kurzzeitige Überspannungsverträglichkeit 24 V). Die Verkettung über Weichenschalter oder → Taster läßt das Relais nur bei der Übergangsfahrt ansprechen. Der Einsatz elektronischer Trennstellenüberwachung ist ebenfalls möglich. Gleisverbindungen zwischen den Abschaltbereichen werden zweckmäßigerweise in Bahnhofsbereichen angeordnet (Abb. c). → Zuschaltsteuerung. Abb.

Überhang: bei Eisenbahnfahrzeugen der Abstand von der Mitte des äußeren Radsatzes bzw. Drehzapfens (bei Drehgestellen) bis zur nächstliegenden Vorderkante des Puffertellers bzw. Kuppelkopfs (bei Mittelpufferkupplung). Bei der *Modellbahn* wirkt ein großer Ü. bei der Fahrt auf kleinen Gleishalbmessern durch das weite Ausschlagen der Fahrzeugenden aus der Gleismitte vorbildwidrig. Deshalb sollte auf Gleisanlagen mit kleinen Bogenhalbmessern der Einsatz von langen Fahrzeugen mit großem Ü. (z. B. Schnellzugwagen) vermieden werden.

a)

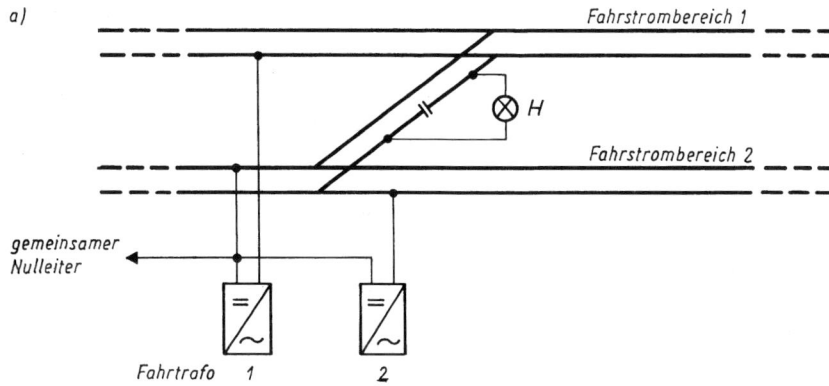

Fahrstrombereich 1

H

Fahrstrombereich 2

gemeinsamer
Nulleiter

Fahrtrafo   1   2

b)

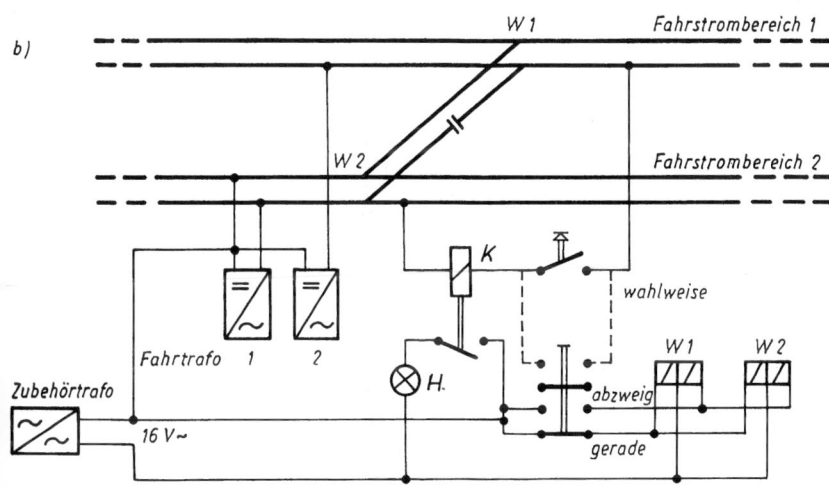

W 1   Fahrstrombereich 1

W 2   Fahrstrombereich 2

K

wahlweise

Fahrtrafo   1   2

Zubehörtrafo

16 V~

H.

abzweig

W 1   W 2

gerade

c)

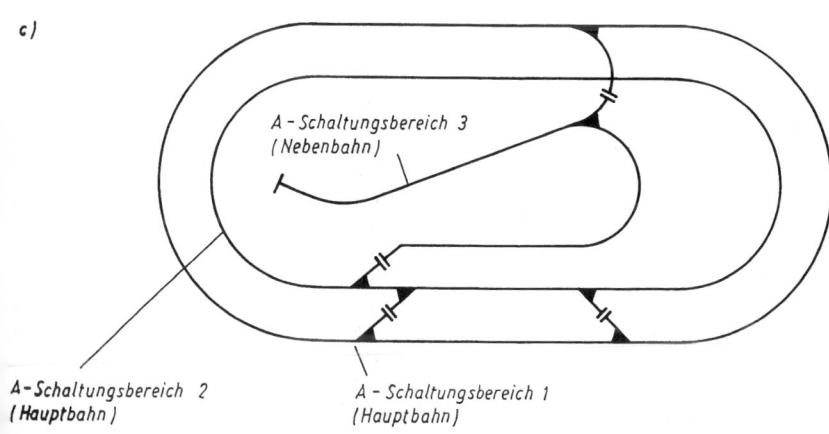

A - Schaltungsbereich 3
(Nebenbahn)

A - Schaltungsbereich 2
(Hauptbahn)

A - Schaltungsbereich 1
(Hauptbahn)

Übergangssteuerung
a) optische Hilfe bei
Übergangsfahrten (H
= 24-V-Glühlampe), b)
optische Hilfe bei
Übergangsfahrten mit
größerer Empfindlich-
keit (Endabschaltung
nicht eingezeichnet; H
= 16-V-Glühlampe, K =
Relais mit einer Emp-
findlichkeit ≦ 2 V), c)
Beispiel für eine Auf-
teilung der A-Schal-
tungsbereiche

Überholungsgleis: → Hauptgleis eines
→ Bahnhofs, das für Überholungen
vorgesehen und sicherungstechnisch
entsprechend ausgerüstet ist. Ein Ü.
ist so ausgelegt, daß der zu überho-
lende Zug vorbeifahren kann.
Überpufferung: Unregelmäßigkeit im
Rangierbetrieb, die durch Auffahren ei-

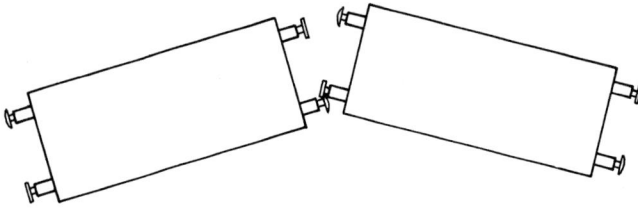

Überpufferung

nes Fahrzeugs mit unzulässig hoher Geschwindigkeit auf ein anderes eintritt und durch die Stellung der Fahrzeuge im Gleisbogen begünstigt wird. Bei der *Modellbahn* tritt die Ü. wegen der Verwendung zu kleiner Gleishalbmesser i. d. R. immer auf, sogar bei vorsichtigem Schieben der Fahrzeuge, wenn die Kupplungen nicht eingekuppelt sind und somit im Gleisbogen seitlich wegdrücken oder wenn z. B. bei einer → Schlepptenderlok vorn nur eine Kuppelhaken-Imitation (→ Endkupplung) vorhanden ist. Bei Verwendung der → Steifkupplung tritt eine Ü. nicht auf, beim Puffer-an-Puffer-Fahren nur aus gleichen Gründen wie beim Vorbild. Abb.

Überstromschutz
Schaltung mit elektronischer Auslösung durch einen Thyristor. Das mit Vorwiderstand betriebene Relais schaltet nach dem Start die Betriebsspannung, hier die Fahrspannung, durch. Bei Überschreitung eines bestimmten Stromwertes wird der Spannungsabfall an $R_ü$ zu hoch und löst den Thyristor aus. Dieser schließt das Relais kurz, wodurch es abfällt und den Fahrstrom unterbricht. (Eine zeitliche Verzögerung gegen kurze Überstromimpulse während der Fahrt kann mit C bestimmt werden.) Eine Nothalttaste führt zum vorzeitigen Abschalten bei Gefahrensituationen. Diese Schaltung ist besonders günstig für Fahrstromkreise, da Dauerkurzschlüsse durch entgleiste Fahrzeuge kaum Schaden anrichten können. Durch zusätzliche Dioden-Eingänge können weitere Stromkreise überwacht werden. ($R1$ = Relaiswiderstand, $R2$ = 4,7 kΩ, $R3$ = 1 bis 10 kΩ, C = 47 bis 100 µF, Vth = 3-A-Thyristor, VD = Universaldiode, K = 6-V-Relais)

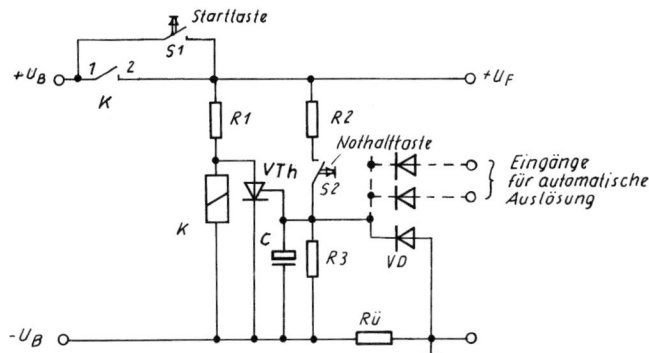

Übersetzungsverhältnis: Verhältnis der Drehzahlen zweier Wellen zueinander. Bei der *Modellbahn* ist das Ü. i. allg. das Verhältnis der Drehzahlen des → Fahrmotors zur → Treibachse (→ Getriebeberechnung).

Überstromschutz: elektrotechnische Maßnahme gegen übermäßige Stromstärken in Stromkreisen, die wesentlich größer sind als die zulässigen Nenn- oder Betriebsstromstärken. Übermäßige Stromstärken entstehen durch → Kurzschluß oder durch Dauerüberlastung und rufen in den betroffenen Bauteilen thermische Schäden (z. B. Ausglühen von → Schleiffedern) oder gar Brände hervor. Der landläufige Ausdruck für den Ü. ist *Sicherung*, von denen es mehrere Arten gibt: a) *Schmelzsicherungen* besitzen einen dünnen Draht, der bei großer Stromstärke infolge der Wärmeentwicklung schmilzt und den überlasteten Stromkreis unterbricht. Die Wiederinbetriebnahme ist erst nach Auswechslung des *Schmelzeinsatzes* und Beseitigung der Überstromursache möglich. Entsprechend den technischen Erfordernissen gibt es Ausführungen für verschiedene Nennstromstärken und Betriebsspannungen. Wegen der unterschiedlichen Ansprechzeiten gibt es flinke und träge Schmelzeinsätze. Zum Schutz elektronischer Schaltungen sollten flinke Schmelzeinsätze Verwendung finden. b) *Leitungsschutzschalter (Sicherungsautomaten)* bestehen aus einem Leistungsschaltkontakt, der bei allen Überströmen magnetisch und/oder thermisch ausgelöst wird und so den überlasteten Stromkreis unterbricht. Zur Wiederinbetriebsetzung wird der Schalter erneut von Hand oder ferngesteuert geschlossen und verriegelt. Auch hier gibt es viele, dem jeweiligen Zweck angepaßte Ausführungen. c) → *elektronische Sicherungen* sind elektronische Stromüberwachungsschaltungen, die wegen ihrer extrem kurzen Ansprechzeit (Mikrosekunden!) besonders zum Schutz elektronischer Schaltungen oder anderer empfindlicher elektrischer Einrichtungen verwendet werden und den Laststrom entweder unterbrechen oder auf einen unschädlichen Wert senken. Integrierten Leistungsschaltkreisen (→ Spannungsregler, Leistungsverstärker) werden elektronische Überstromschutzschaltungen eingebaut. Abb.

Uhrenöl: säure- und harzfreies Spezialöl; gebräuchlichstes → Schmiermittel für Triebfahrzeuge und andere mechanisch bewegte Metallteile.

Umbau: Bezeichnung für Veränderungen an handelsüblichen Fahrzeugmodellen, wenn daraus ein grundsätzlich anderer Fahrzeugtyp entsteht. Ein U. bietet unter Verwendung handelsüblicher Bauteile die Möglichkeit, mit relativ geringem Aufwand Fahrzeuge zu schaffen, die im Handel nicht erhältlich sind. Oft ist ein U. mit Kürzen oder Verlängern und somit Zersägen von einem oder zwei Fahrzeug-Plastgehäusen verbunden, wobei auf grobe Verzahnung und gute Kühlung des Sägeblattes zu achten ist. Die Klebeflächen müssen sauber zueinander passen und werden vor dem Kleben mit Kleber oder Lösungsmittel (Aceton, Nitro) vorgeweicht und danach auf möglichst glatter Unterlage (z. B. Glasplatte) aneinandergepreßt. Herausgequollenes Material wird nach dem Aushärten durch Schleifen oder Feilen entfernt. → Frisur, → Selbstbau

Umbauwagen: Bezeichnung für rekonstruierte Reisezugwagen ehemaliger Länderbauarten. Nach dem 2. Weltkrieg baute die DB unter Verwendung von Untergestellen alter, nicht mehr zeitgerechter Personenwagen in einem großangelegten Umbauprogramm eine große Zahl neuer Wagen auf. Dabei wurden alle Fahrgestelle vereinheitlicht und auf gleiche Länge gebracht. U. wurden anfangs im Eil- und Personenzugverkehr, später im Nah- oder Vorortverkehr eingesetzt. → Rekowagen. Abb. in Tafel S. 103

Umfahrgleis: Nebengleis auf Kopfbahnhöfen, das hauptsächlich zum Umsetzen der Lok von einem Zugende zum anderen dient. Ein U. darf nicht als → Abstellgleis genutzt werden.

Umgrenzung des lichten Raumes: Raum über dem Gleis, in den keine Bauwerke, wie z. B. Signalbrücken, Brücken, hineinragen dürfen. Im Gleisbogen ist die U., bedingt durch den Überhang der Fahrzeuge, entsprechend größer. → lichter Raum (s. auch NEM 301)

Umlauf: bei Triebfahrzeugen meist beidseitig angebrachter Laufsteg zur

Wartung der Kesselarmaturen der → Dampflokomotiven oder der Maschinenanlage der → Diesellokomotiven. Als Laufflächen des U. dienen meist → Riffelblech oder Gitterroste.

Umschalter: → Schalter, → Schaltkontakt

Umschaltkontakt, *Wechsler:* Kontakt an Schaltgeräten (z. B. → Schalter, → Relais), der in Ruhestellung (Relais abgefallen) einen (ersten) Stromkreis und in Arbeitsstellung (Relais angezogen) einen anderen (zweiten) schließt. Der U. kann auch aus einem → Ruhekontakt und aus einem → Arbeitskontakt zusammengeschaltet werden.

UND-Schaltung: → logische Schaltungen

Unterbau: 1. Teil des Bahnkörpers, der den → Oberbau trägt. Er gleicht Unebenheiten aus und überträgt die aus dem Oberbau kommenden Kräfte in den gewachsenen Boden. Zum U. gehört alles, was zur Herstellung und Sicherung des Bahnkörpers dient, wie z. B. → Bahndamm, → Einschnitt, → Kunstbauten. Im Modellbahnbau wird der U. ebenso bezeichnet, da er wie beim Vorbild nachgebildet wird. – **2.** In der Modellbahntechnik Bezeichnung für alle Elemente, die die Modellbahnanlage tragen, z. B. Böcke, → Grundplatten, → Lattenroste, Leistenrahmen.

Unterbrechergleis: Gleisstück, bei dem ein Schienenstück getrennt ist. An den beiden Profilstücken ist je eine Anschlußklemme zur Einspeisung des Fahrstromes vorhanden. Ein U. findet in Verbindung mit einem → Trenngleis, z. B. bei einem stromlosen Gleisabschnitt vor dem Signal, Anwendung. Zeigt das Signal Halt, ist der Fahrstrom abgeschaltet (→ Fahrsperre). Bei einem Fahrtbegriff wird der Fahrstrom wieder zugeschaltet. → Zugbeeinflussung

Unterflurantrieb: Verlegung des → Weichenantriebes unterhalb der Anlagengrundplatte. In allen Nenngrößen sind die Weichenantriebe so ausgelegt, daß sie auch als U. verwendet werden können. Der Stellmechanismus der entsprechenden Weiche wird dann direkt oder mit Hilfe sogenannter Adapter mit dem Antrieb verbunden. Eingebaut wird der U. nach Festlegung der Gleise. An den entsprechenden Stellen der Grundplatte werden

Löcher gebohrt, damit Antrieb und Weiche verbunden werden können. Dadurch entsteht ein besserer und vorbildgerechter Eindruck von der Gleisanlage. U. werden auch für → Formsignale und → Schranken verwendet.

Unterführung: Kreuzung eines Hauptverkehrsweges mit einem Nebenverkehrsweg in zwei Ebenen, z. B. einer → Hauptstrecke mit einer → Schmalspurbahn. → Überführung

Untergestell: → Rahmen des Eisenbahnwagens mit → Zug- und Stoßeinrichtung. Bei Wagen älterer Bauart besitzt das U. i. allg. zwei äußere → Langträger mit Kopfstücken (→ Pufferträger), die durch mittlere Langträger, → Querträger, Diagonalstreben und Knotenbleche und ggf. durch → Sprengwerke versteift sind. Bei Drehgestellwagen sind zusätzliche Querträger zur Aufnahme der → Drehzapfen nötig. Moderne U. werden vorwiegend in Leichtbauweise (Verwendung von Leichtbauprofilen) hergestellt, da der Wagenkasten zum Tragen mit herangezogen wird.

Untergrundbehandlung beim Lackieren: unerläßliche Reinigung (Entfetten) der Bauteile oder Modelle vor der Farbgebung. Bei Blechteilen wird mit Lösungsmitteln gereinigt, evtl. mit handelsüblichem Fleckenwasser. Bei der U. von Plastteilen oder auch bei kombinierten Blech-Plastteilen ist nur eine Reinigung mit Benzin oder Spiritus ratsam (vorherige Lösungsprobe an Abfallteilen !).

Ü-Schaltung: → Kurzbezeichnung für → Übergangsteuerung

V

Ventilzelle: → Gleichrichter

Verbandsbauart: nach Zeichnungen und Vorschriften (Musterblätter) des ehemaligen Deutschen Staatswagenverbands (1910) konstruierte Güterwagenbauart.

Verbrennungstriebwagen: → Triebfahrzeug zur Beförderung von Personen oder Gepäck mit eigenem Antrieb durch Verbrennungsmotor (Dieselmotor). Die Leistungsübertragung vom Verbrennungsmotor zu den Antriebsachsen erfolgt durch ein mechanisches Schaltgetriebe, ein hydraulisches Getriebe oder durch Generator und Elektromotor. → Diesellokomotive, → Schnelltriebwagen. → Leichtverbrennungstriebwagen

Verbundplatte: Platte, die aus einer Mittellage mit beiderseitiger Beplankung besteht. Als Mittellage dienen Stäbe aus Vollholz oder Werkstoffe mit Hohlräumen in Gitter- oder Wabenform. Als Deckschichten dienen Furniere, Furnierplatten, Faser- oder Kunststoffplatten. V. eignen sich als Grundplatten für kleinere Anlagenteile.

Verdrahten: Verlegen und Anschließen von elektrischen Leitungen einer Modellbahnanlage. Wichtig ist, daß das V. einem vorher erarbeiteten → Schaltplan folgt. Grundsätzlich sollte jedes Schaltelement sofort nach dem Verlegen der Leitungen auf seine Funktion geprüft werden. Man erleichtert sich dadurch eine eventuelle Fehlersuche. Zum V. benutzt man → Schaltdraht oder → Schaltlitze. Ein von der Anlage getrenntes Schaltpult wird mit ihr durch → Steckverbinder (Federleisten, Messerleisten) verbunden. Die einzelnen Drähte werden unmittelbar hinter den Schaltelementen durch die Anlagengrundplatte geführt. Mehrere Drähte werden zu → Kabelbäumen gebunden und zum → Stellpult bzw. den Steckverbindern geführt. Alle Rückleiter sollten zunächst zu einer Verteilerleiste geführt werden und von dort als eine Leitung mit vergrößertem Querschnitt zum Stellpult.

Verdünner: Flüssigkeit zum Verdünnen von Farben. Übliche V. sind a) Ölfarben-V. auf Terpentinbasis für Ölfarben, b) Nitro-V. für Nitrofarben, c) Wasser für Latex- und Plakatfarben.

Verschiebebahnhof: heute nicht mehr gebräuchliche Bezeichnung für einen → Rangierbahnhof

Verschlagwagen: gedeckter Güterwagen, meist mit Zwischenböden, zur Beförderung von lebenden Kleintieren

(Schweine, Geflügel). Die Stirn- und die Seitenwände bestehen aus Latten, damit für gute Durchlüftung gesorgt ist. V. werden z. T. auch als Gatter- oder Kleintierwagen bezeichnet. Abb.

Verstärker: Bezeichnung für eine technische Einrichtung, mit der das Energieniveau einer physikalisch-technischen Größe erhöht wird kann. In der Elektrotechnik/Elektronik werden V. häufig verwendet, um Spannung, Strom und/oder Leistung zu verstärken. →Transistor

Verzinken: Oberflächenbehandlung zum Schutz von Metalloberflächen gegen Korrosion.

Verzinnen: Oberflächenbehandlung, um abisolierte Draht- und Litzenenden besser lötfähig zu machen. Zum V. benutzt man Lötzinn oder Lötdraht, indem die abisolierten Enden in flüssiges Zinn getaucht werden oder das Zinn mit dem → Lötkolben aufgetragen wird.

Viadukt: Brückenbauwerk zur Überwindung von Schluchten und tiefen Tälern, das sich auf Modellbahnanlagen mit Mittelgebirgscharakter gut darstellen läßt. In allen Nenngrößen in verschiedenen Ausführungen handelsüblich. Abb.

Vibrationsmotor: → Langsamläufermotor

Vielfachmesser: elektrisches Meßgerät zum universellen Gebrauch. I. allg. werden im V. untereinander abgestufte Meßbereiche für die Messung von Spannungen, Strömen und Widerständen vorgesehen. Spannungs- und Strommeßbereiche sind für Gleich- und Wechselstrom vorhanden. Man unterscheidet analoge V. (mit Zeigermeßwerk) und digitale (mit Zifferanzeige), die mit Hilfe spezieller → Schaltkreise und eingebauter Batterie arbeiten. Letztere besitzen z. T. zusätzliche

Verschlagwagen
durch zusätzliche Anbringung von selbstgebauten gebrauchsfähigen Oberwagenscheibenhaltern und Oberwagenscheiben gilt dieser Wagen als „Frisur"

Viadukt

digitaler *Vielfachmesser*

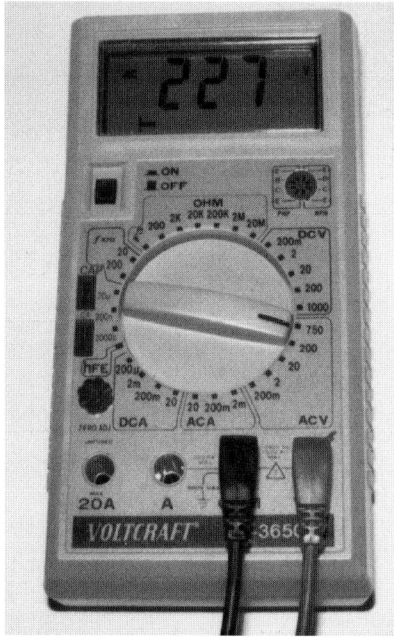

Voltmeter
a) prinzipieller Anschluß eines Voltmeters an das Meßobjekt, b) Meßbereichserweiterung an einem Voltmeter; der Vorwiderstand $R_V = (U_B - U_i)/I_i = (n_u - 1) \cdot R_i$; $P_{RV} = (U_B - U_i)^2 \cdot /R_V$ errechnen (mit U_i = Spannung am Instrument bei Vollausschlag, I_i = Strom durch das Instrument bei Vollausschlag, R_i = U_i/I_i = Innenwiderstand des Instruments, $n_u = U_B/U_i$, U_B = zu messende Spannung bei Vollausschlag, P_{RV} = Verlustleistung im Vorwiderstand), c) Symbole auf dem Skalenblatt eines Meßinstruments

Meßbereiche für Frequenz, Kapazität und Induktivität sowie für die Prüfung von → Transistoren und Dioden. Falls keine besondere Durchgangsprüfung (→ Durchgangsprüfer) vorgesehen ist, kann bei allen Gerätetypen die Widerstandsmessung zur Durchgangsprüfung benutzt werden. Bei einigen neueren Typen sind mit Hilfe spezieller Anzeigedisplays sogar oszillographische Messungen möglich. → Voltmeter, → Amperemeter. Abb.

Vitrinenmodell: Schau- oder Sammlermodell, das in einem Schaukasten (verglaster Wandschrank o. ä.) zum Betrachten aufgestellt ist. Ein V. dient meist der technischen Information oder historischen Darstellungen. Bei einer Modellbahnausstellung kann durch V. auch der technische Stand der Modellbahnindustrie oder der Modelleisenbahnbauer (→ Selbstbau, → Umbau, → Frisur) demonstriert werden. Nach den Bedingungen des internationalen Modelleisenbahn-Wettbewerbs wird bei V. nicht die Funktionstüchtigkeit gewertet.

Vollrad: Rad, das in massiver Bauweise hergestellt ist (auch Scheibenrad genannt)

Vollweggleichrichtung: ältere Bezeichnung für Zweiweggleichrichtung (→ Gleichrichtung)

Voltmeter, *Spannungsmesser:* elektrisches Meßgerät zur Messung der elektrischen → Spannung. Die Spannung wird grundsätzlich in → Parallelschaltung zu dem Meßobjekt gemessen, an dem die zu messende Spannung anliegt (Abb. a). Der Innenwiderstand des V. muß möglichst groß sein (ideal unendlich groß), um den infolge des Nebenschlusses entstehenden Meßfehler klein zu halten. Ein 100fach größerer Wert, bezogen auf den Innenwiderstand des Meßobjektes, ist meist ausreichend. Analoge V. enthalten häufig *Drehspulmeßgeräte*, die den arithmetischen Mittelwert des Meßwertes anzeigen. Deshalb können mit ihnen di-

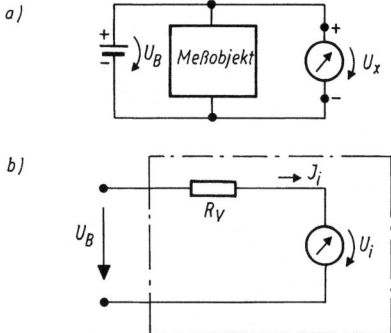

c)
—	Gleichstrom
~	Wechselstrom
≃	Gleich- und Wechselstrom
⊥	senkrechte
⌐	waagerechte } Gebrauchslage
∩	Drehspulmeßgerät
	Dreheisenmeßgerät
▶	eingebauter Gleichrichter
☆2	Prüfspannung in kV (Bsp.: 2kV)
1,5	Genauigkeitsklasse in % vom Meßbereichsendwert

a)

b)

rekt nur Gleichspannungen gemessen werden. Die Messung von Wechselspannungen erfordert die Vorschaltung von Meßgleichrichtern. Dadurch verringern sich der Innenwiderstand und die Meßgenauigkeit des V. trotz der in letzter Zeit benutzten elektronischen Hilsmittel. Auch wird der Skalenverlauf nichtlinear, die Skala selbst ist bei Wechselspannungen in *Effektivwerten* geeicht, die nur(!) für sinusförmige Wechselspannugen (i. allg. Netzfrequenz 50 Hz) gilt. Je nach Ausstattung des Meßgerätes können solche Spannungen auch bei Frequenzen bis 10 bzw. 100 kHz gemessen werden. Nichtsinusförmige Spannungen werden je nach Abweichung von der Sinusform mit mehr oder weniger großem Fehler gemessen. Besonders als Schalttafelmeßgeräte werden *Dreheisenmeßgeräte* verwendet, die aber einen mehr als 1000mal größeren Energiebedarf als Drehspulmeßgeräte haben. Dreheisenmeßgeräte messen Effektivwerte, deshalb können mit ihnen Gleich- und Wechselspannungen direkt gemessen werden, sie haben aber nichtlineare (quadratische) Skaleneinteilungen. Durch Vorschalten von Widerständen kann der Meßbereich eines V. beeinflußt werden (Abb. b). Die Genauigkeitsklasse eines V. ist der Skala mit weiteren Angaben aufgedruckt. V. werden durch den Einsatz elektronischer Bauelemente zunehmend als digitale Meßgeräte gebaut. Bei der Messung von Spannungen mit Zeigermeßgeräten ist zu beachten, das die größte relative Meßgenauigkeit nur bei Anzeigen im letzten Drittel der Skala erreicht werden kann. Für den universellen Gebrauch werden deshalb V. mit umschaltbaren Meßbereichen ausgerüstet (→ Vielfachmesser). → Amperemeter. Abb.

vorbildgetreu: Eigenschaft eines Modells, das in allen Einzelheiten dem Vorbild unter Einhaltung des → Maßstabs entspricht.

Vorentkupplung: besondere Art des Entkuppelns von Modellbahnfahrzeugen. Beim Überfahren eines ortsfesten → Entkupplungsgleises wird die V. ausgelöst. Dabei werden die Fahrzeuge noch nicht getrennt. Dies geschieht erst, wenn die Fahrzeuge wieder in Bewegung versetzt werden. Die V. ermöglicht somit das Abstellen von Fahrzeu-

gen an jeder Stelle der Modellbahnanlage. Kupplungen mit V. sind konstruktiv aufwendiger und relativ teuer. Sie sind serienmäßig z. B. bei Fahrzeugen der Fa. Märklin eingesetzt.

Vorführanlage: Modellbahnanlage, die für Ausstellungen oder Demonstrationen meist von Arbeitsgemeinschaften aufgebaut wird. Der Betriebsablauf ist fast immer teil- oder vollautomatisch. V. sind immer → transportable Anlagen.

Vorführstrecke: Strecke, die für Demonstrationszwecke angelegt ist. Auf V. werden z. B. die Laufeigenschaften von Triebfahrzeugen und Wagen geprüft, bevor sie auf der Modellbahnanlage eingesetzt werden. V. sind auch in Modellbahnfachgeschäften vorhanden.

Vorsignal: Signal, das den jeweiligen Signalbegriff des zugehörigen → Hauptsignals ankündigt und im Bremswegabstand vor dem Hauptsignal steht. V. stehen i. d. R. rechts neben oder über dem zugehörigen Gleis und werden durch eine → Vorsignaltafel gekennzeichnet sowie durch → Vorsignalbaken angekündigt. Ausführung als Form-V. und Licht-V.: a) *Formvorsignale (Vf)* bestehen aus einer runden gelben Scheibe mit schwarzem Ring und weißem Rand, die schwenkbar an einem Mast angebracht ist (ggf. weißer, mit rotem Rand versehener und zwischen vertikaler und 45° nach rechts abfallender Lage pfeilförmiger Zusatzflügel und nachts beleuchteten Signallaternen). Sie zeigen folgende Bedeutung an: *Vf 0* „Halt erwarten!" (Scheibe und ggf. vorhandener Zusatzflügel stehen senkrecht; nachts ein gelbes Licht). *Vf 1* „Fahrt mit Höchstgeschwindigkeit erwarten" (Scheibe liegt waagerecht, Zusatzflügel steht senkrecht; nachts ein grünes Licht), *Vf 1/2* „Fahrt mit Höchstgeschwindigkeit oder Fahrt mit Geschwindigkeitsbegrenzung auf 40 bzw. 60 km/h erwarten" (Scheibe liegt waagerecht, Zusatzflügel nicht vorhanden; nachts ein grünes Licht). *Vf 2* „Fahrt mit Geschwindigkeitsbegrenzung auf 40 bzw. 60 km/h erwarten" (runde Scheibe steht senkrecht, Zusatzflügel zeigt mit Spitze nach rechts abwärts; nachts ein grünes und nach rechts steigend ein gelbes Licht). b) *Lichtvorsignale (Hl)* bestehen aus an einem Signalschirm angebrachten Lampen, die Tag und Nacht leuchten und folgende Bedeutung anzeigen können. *Hl 1* „Fahrt mit Höchstgeschwindigkeit erwarten" (1 grünes Licht). *Hl 4* „Fahrt von Höchstgeschwindigkeit auf 100 km/h verringern" (ein gelbes Blinklicht). *Hl 7* „Fahrt von Höchstgeschwindigkeit auf 40 bzw. 60 km/h verringern" (ein gelbes Blinklicht). *Hl 10* „Halt erwarten!" (ein gelbes Licht). An den in allen → Nenngrößen für die *Modellbahn* handelsüblichen Licht-V. lassen sich in Verbindung mit Blinkgebern und → Relais alle genannten Signalbegriffe darstellen. Die V. besitzen keine → Zugbeeinflussung; sie sind mit den → Hauptsignalen gekoppelt.

Vorsignalabstand: Abstand zwischen → Vorsignal und → Hauptsignal, der mindestens so groß sein muß, daß der schnellste auf der Strecke verkehrende Zug zum Halten kommt. Auf der Modellbahnanlage sollte der V. mindestens eine Zuglänge betragen, ansonsten kann ganz auf Vorsignale verzichtet werden.

Vorsignalbaken (Signal So 4): Signal der Gruppe „Sonstige Signale (So)" des Signalbuchs mit der Bedeutung: ein einzeln stehendes Vorsignal ist zu erwarten. Signalaussehen: i. d. R. drei aufeinanderfolgende weiße Tafeln mit nach rechts ansteigenden schwarzen Streifen, deren Anzahl in Fahrtrichtung abnimmt. V. stehen rechts neben dem Gleis; die erste Bake steht 100 m vor dem Vorsignal und trägt einen Streifen, die anderen Baken stehen im Abstand von je 75 m voneinander entfernt und tragen zwei bzw. drei Streifen.

Vorsignaltafel (Signal So 3): Signal der Gruppe „Sonstige Signale (So)" des Signalbuchs, das den Standort eines → Vorsignals kennzeichnet. Folgende V. sollten auf *Modellbahnanlagen* nicht fehlen: a) *So 3a* zur Kennzeichnung des Standorts eines Licht- oder eines 2begriffigen Formvorsignals (schwarz geänderte weiße Tafel mit zwei übereinanderstehenden schwarzen Winkeln, deren Spitzen sich berühren), b) *So 3b* zur Kennzeichnung des Standorts eines 3begriffigen Formvorsignals (Signalaussehen wie unter a), aber darüber zusätzlich dreieckige, schwarz geänderte, weiße Tafeln mit schwarzem Punkt).

Vorspannlokomotive: zusätzlich gekuppeltes Triebfahrzeug an der Spitze eines Zugs, das meist zur Erhöhung der Zugkraft, gelegentlich auch zur Vermeidung einer Lokleerfahrt dient. Das Personal der V. ist für die Signalbeobachtung und Bremsbedienung verantwortlich. Bei der *Modellbahn* ist der Einsatz von V. nur bedingt möglich. Voraussetzung ist eine gleiche Fahrgeschwindigkeit beider Triebfahrzeuge. Fährt die V. geringfügig schneller als die → Zuglokomotive und hat sie keine → Haftreifen, ist ein Vorspann möglich. Ein Zugverkehr mit V. auf automatisch betriebenen Modellbahnanlagen (mit stromlosen Gleisabschnitten) ist nur dann möglich, wenn die Stromabnahme nur von einem der beiden Triebfahrzeuge erfolgt oder wenn deren Stromkreise miteinander verbunden sind.

vorverlegter Drehpunkt: konstruktive Maßnahme beim Bau von langen Fahrzeugen, damit bei der Fahrt durch kleine Gleisbögen die → Umgrenzung des lichten Raums nicht überschritten wird.

VT: nicht mehr gebräuchliche Abkürzung für einen Verbrennungstriebwagen

W

Wagengruppe: 1. Bezeichnung für Güterwagen, die annähernd die gleichen Aufbauten und Einrichtungen besitzen. Güterwagen der gleichen W. tragen das gleiche → Gruppenzeichen. Eine W. besteht aus mehreren → Wagengattungen, die sich durch bestimmte Merkmale z. B. → Ladelänge, → Ladefähigkeit unterscheiden. **2.** Anzahl von Güterwagen, die aus betriebsdienstlichen Gründen während der Zugförderung als homogene Einheit behandelt werden.

Wagenkasten: Hauptteil der → Aufbau-

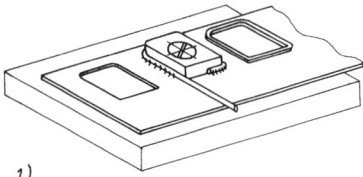

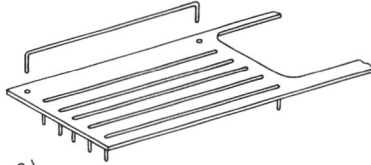

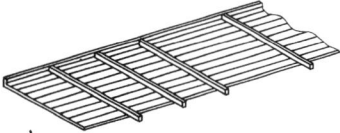

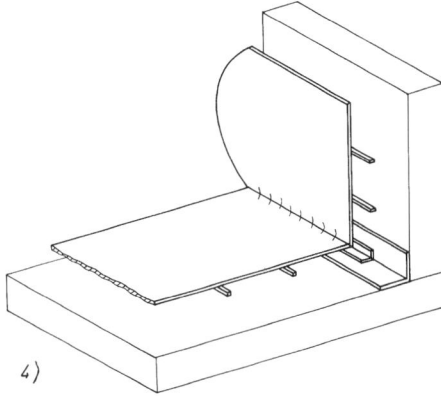

Wagenkasten
1) erhöhte Fensterrahmen entstehen, indem man weichen Draht um ein dem Fenster angepaßtes, möglichst auf einer Hartgewebeplatte aufgeschraubtes Formstück legt, ihn auf der Fahrzeugwand auflötet und danach abflacht, 2) Verstärkungssicken können aus Draht aufgelötet werden, 3) Wagenkastensäulen werden aufgelötet oder geklebt, 4) Hilfsvorrichtung zum rechtwinkligen Zusammenlöten der Wandteile

ten von Schienenfahrzeugen. Je nach Verwendungszweck und Konstruktionsprinzip unterscheidet man: a) den aufgesetzten W.: bei älteren Reisezug- und Güterwagen vorwiegend in Holzbauweise und auf → Rahmen aufgebaut; b) den mittragenden W.: → Untergestell und W. sind zu einem Konstruktionselement in Stahlbauweise oder freitragender Bauweise verbunden, bei der Bodenwanne, Dach und Seitenwände als freitragende Elemente zu einer Röhre mit großer Steifigkeit verbunden sind. Bei der *Modellbahn* werden aus fertigungstechnischen Gründen meist W., Dach und Bodenteil getrennt hergestellt und durch Rast-, Schraub- oder Steckverbindung zusammengefügt. Aus Gründen der Stabilität wird der W. auch oft mit dem Dach in einem Stück gefertigt und auf das Bodenteil aufgesetzt. Beim *Selbstbau* kann man das gleiche Aufbauprinzip anwenden. Vorausgesetzt, daß es sich nicht um ein Anschauungs- oder Demonstrationsmodell handelt, bei dem das Konstruktionsprinzip des Vorbilds unbedingt eingehalten sein muß, wird man W., → Fahrzeugdach und → Rahmen mit dem W.boden getrennt herstellen. Diese Bauweise erleichtert den Einbau einer → Inneneinrichtung und durch die getrennten Bauteile auch die → Farbgebung. Als Material für den W. kann Pappe, → Sperr-

holz, → Hartpapier (→ Leiterplatte) oder Blech (vorzugsweise Messing) verwendet werden. Bei größeren Nenngrößen kann man sich bei der Materialwahl an das Vorbild anlehnen, indem man Holzwände aus Sperrholz und Stahlsäulen oder -streben aus Blechprofilen herstellt. Zuerst werden die Stirn- und Seitenwände (evtl. gleich mehrerer Fahrzeuge) zugeschnitten. Fenster, Bohrungen und andere Durchbrüche oder Außenkonturen (z. B. Dachrundungen bei Stirnwänden) lassen sich einheitlich nach dem Prinzip der → Mehrschichtfertigung herausarbeiten. Einzelne, mit der Gegenwand nicht übereinstimmende Fenster (z. B. bei → Gepäckwa-

Selbstbau-*Wagenkasten* im Rohbau (Blechbauweise) mit Dach und Fahrgestell

Wälzlager
Bestandteile 1) Außen-
ring, 2) Innenring, 3)
Wälzkörper (Kugel), 4)
Wälzkörperkranz (Kä-
fig)

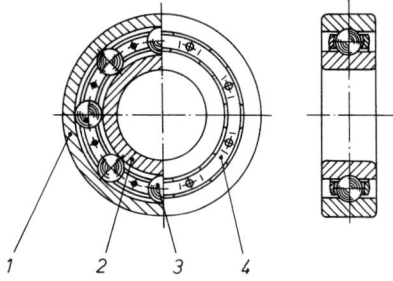

Wannentender
der Dampflokomotive
BR 52 in H0 (Liliput);
man beachte die
selbstgefertigte
"Schlußscheibe" am
rechten hinteren Puffer

gen), können bei der Blechbauweise auch ausgestanzt werden (→ Stanzen). Erhöhte Fensterrahmen (z. B. beim Lokfenster) können durch Auflöten von Kupferdraht um das Fenster entstehen. Der Draht wird danach um etwa die Hälfte des Durchmessers herunter- bzw. flachgefeilt. Bretterfugen lassen sich mit einer scharfen Reißnadel ins Material einritzen. Ein Eindrükken von Verstärkungssicken (z. B. bei modernen Kühlwagen) führt leicht zu Materialverwerfungen (Spannungen), so daß diese wie die → Griffstangen hergestellt werden können, wobei jedoch der eingesteckte Draht auf der ganzen Länge mit der Wagenwand verlötet wird und die Drahtenden auf der Rückseite entfernt und abgefeilt werden. Für diese Arbeitsgänge kann auch die → Ätztechnik angewendet werden. Seiten- und Stirnwandsäulen sowie Quer- und Diagonalstreben können aus Blechstreifen oder -profilen aufgelötet oder -geklebt werden. Ecksäulen (L-Profil) werden erst beim Zusammenbau des W. angebracht, was möglichst mit Hilfe einer Lötvorrichtung (zwei rechtwinklig miteinander verschraubte Hartgewebeplatten) geschehen sollte. Hat das Vorbild des W.

keine äußeren Ecksäulen, sollte man beim Zusammenbau der Wände die Verbindungsstellen von innen mit einem L-Profil verstärken. Abschließend erfolgt je nach Fahrzeugtyp das Anbringen der → Griffstangen, → Oberwagenscheibenhalter, → Binderinge, → Trittleitern usw. Abb.

Wagennummer: → Anschrift an Eisenbahnwagen zur Identifizierung des Wagens. Die W. ist Bestandteil der einheitlichen Wagenkennzeichnung.

Wagenübergabestelle: die Stelle des Anschlußgleises, an der die Wagen von der Staatsbahn durch den Anlieger, z. B. Betrieb, Handelseinrichtung übernommen bzw. wieder übergeben werden. Die W. wird durch einen Pfahl mit halbrunder weißer Scheibe, schwarzem Rand und der Aufschrift „Wüst" gekennzeichnet.

wahlweise Stromabnahme: Begriff der Modellbahntechnik für die Möglichkeit, bei E-Lok-Modellen den Fahrstrom entweder aus den → Schienen oder mit dem → Dachstromabnehmer aus der → Fahrleitung und nur einer Schiene zu entnehmen. Die Umschaltung erfolgt mit einem Hebel oder Dachaufbauten des Modells.

Wälzlager: wartungsfreies Maschinenelement zur Lagerung von drehbaren Maschinenbauteilen (z. B. Wellen, Achsen usw.), das dem → Gleitlager durch seinen leichten Lauf (rollende Reibung) weit überlegen ist. Zwischen Außen- und Innenring laufen in Rollbahnen die Wälzkörper [Kugeln beim Kugellager und Axial-Rillenkugellager (Drucklager), Rollen beim Rollenlager und Nadeln beim Nadellager], die durch einen Wälzlagerkranz (Käfig) auf Abstand gehalten werden. *Nachteile*: Stoßempfindlichkeit und relativ

große Lageraußendurchmesser. Bei der *Modellbahn* kommen W. bedingt und nur bei größeren Nenngrößen zum Einbau, da der kleinste Außendurchmesser von Kugellagern i. allg. 10 mm beträgt. Bei kleinen Nenngrößen wird man sich meist mit der Lagerung der Hauptantriebswelle mit W. begnügen müssen, was besonders dann vorteilhaft ist, wenn die Hauptantriebswelle mit einer → Schwungmasse versehen ist. Abb.

Wandanlage: → stationäre Anlage

Wannentender: Schlepptender, bei dem der Wasserkasten aus einem oben abgeflachten Blechzylinder (Wanne) besteht. Wegen der selbsttragenden Leichtbauweise (deshalb auch Leichtbautender genannt) besitzt der W. keinen → Rahmen. Die Verbindung zum völlig geschlossenen → Führerhaus erfolgt durch einen runden Faltenbalg. I. d. R. war der W. mit Dampflokomotiven der BR 42 und der BR 52 gekuppelt. Abb.

Warnanstrich: → Gefahrenanstrich

Wartegleis: meist kurzes Stumpfgleis an den Enden von → Bahnsteigen zum Aufstellen von Fahrzeugen, Kurs- oder Verstärkungswagen u. ä. Die für den Lokwechsel vorgesehenen Triebfahrzeuge warten auf dem W. in der Nähe der Betriebsgleise auf ihren Zug.

Wartesignal: → Rangiersignal

wartungsfreies Lager: → Sinterlager, → Wälzlager

Wasserimitation: Nachbildung von Wasseroberflächen auf der Modellbahnanlage. Möglichkeiten der W.: Folie, Riffelglas, Gießharz. → Gewässer

Wasserkran: technische Vorrichtung zur Versorgung von Dampflokomotiven mit Speisewasser. Der an den Lokbehandlungsgleisen und z. T. auf Bahnsteigen stehende W. besteht aus einem Standrohr, an dessen Spitze ein seitlich schwenkbarer Ausleger angebracht ist, der zur Wassernahme über die Einfüllöffnungen der Lokomotive geschwenkt wird. W. sind in allen Nenngrößen handelsüblich. Abb.

Wasserturm: bahneigenes Bauwerk zur Aufnahme eines Wasserbehälters für die Speisung der → Wasserkräne. Als Modell sind W. in allen Nenngrößen handelsüblich.

Wasserwaage: Prüfwerkzeug zum Ermitteln der Waagerechten und der Senkrechten. Die W. besteht aus einem allseitig parallelen Hartholz- oder Metallkörper, der zwei zylindrische Glasröhrchen (Libellen) mit Alkohol oder Ätherfüllung besitzt. In den Libellen zeigen zwei Eichstriche den erforderlichen Stand der Luftblase an.

Wechselspannung: → Spannung

Wege: befestigte oder unbefestigte Verkehrswege, die hauptsächlich von Fußgängern benutzt werden. W. sollten bei der Gestaltung der Modellbahnanlage nicht vergessen werden. *Selbstbau:* Der Verlauf eines W. wird mit Leim eingestrichen und mit feinem Sand bestreut. Unregelmäßige Ränder und Breite des W. erhöhen die Wirkung. → Geländegestaltung

Wegübergang, *Bahnübergang:* Kreuzung zwischen Eisenbahngleis und Straße in gleicher Höhe. W. bilden einen besonderen Gefahrenpunkt und müssen deshalb durch Sicherungsanlagen geschützt werden. Die Art der Anlage richtet sich nach der Art der Bahn (Haupt- oder Nebenbahn). Bei Hauptbahnen und bei starkem Straßenverkehr ist der W. durch Vollschranken oder durch (z. B. automatische) Halbschranken zu schützen. Bei allen übrigen W. sind → Haltlichtanlagen ausreichend. Für Modellbahnen werden W. mit und ohne Schrankenanlage im Handel in allen Nenngrößen angeboten.

Wasserkran

Weiche
Bestandteile

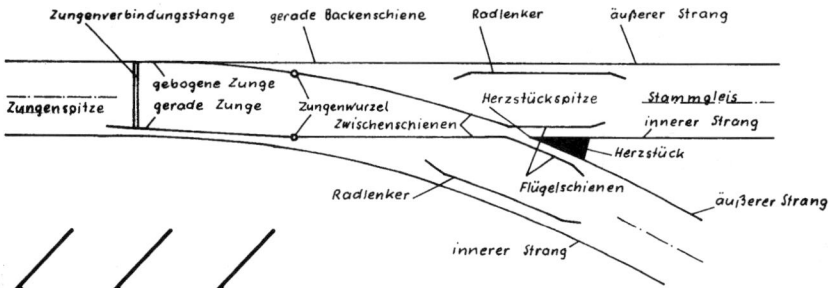

a)

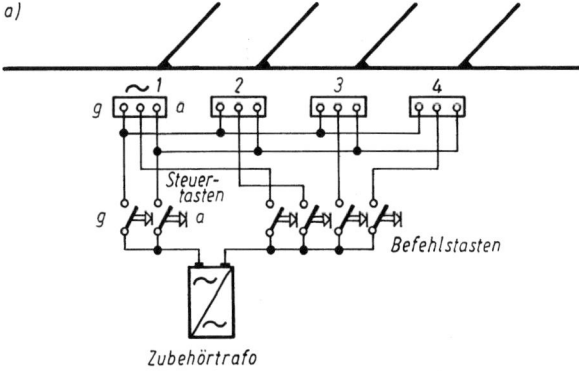

*Steuer-
tasten*

Befehlstasten

Zubehörtrafo

b)

Weichen: Gleisverbindungen, durch die Züge ohne Unterbrechung der Fortbewegung von einem Gleis in ein anderes wechseln können. Werden in allen Nenngrößen in den verschiedensten → W.Formen angeboten. Abb. **Weichenanschlußsparschaltung:** spe-

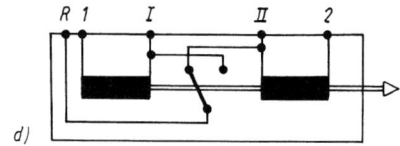

d)

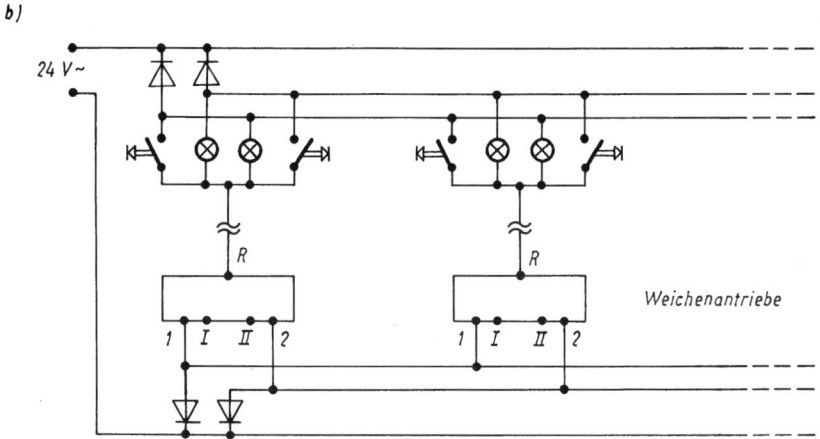

*Weichenanschlußspar-
schaltung*
a) Schaltung zur Einsparung von Tastern,
b) Schaltung zur Reduzierung der Anzahl der benötigten Verbindungsleitungen, c) Schaltung zur Reduzierung der Anzahl der benötigten Verbindungsleitungen mit zusätzlicher Möglichkeit der Ansteuerung über Gleiskontakte, d) Innenschaltung der Antriebe

c)

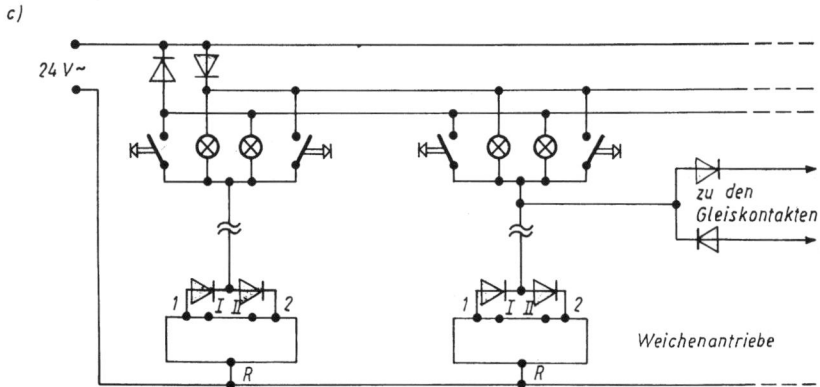

zielle Schaltung der Modellbahntechnik zur Ansteuerung von Weichen (auch Formsignalen) mit dem Ziel, den Aufwand an Schaltmitteln (Schalter, Verbindungsleitungen) z. T. erheblich zu reduzieren. Die Anzahl der benötigten Schalter läßt sich stark vermindern, wenn die Anschlüsse aller Weichen für die Stellungen „gerade" und „abzweigend" jeweils parallelgeschaltet und an je eine gemeinsame Steuertaste geführt werden (Abb. a). In den Rückleiter jeder Weiche wird die Befehlstaste geschaltet. Zum Stellen einer Weiche müssen die zugehörige Befehlstaste und die der gewünschten Stellung entsprechende Steuertaste gleichzeitig betätigt werden. Die Zahl der Verbindungsleitungen wird durch → Gleichrichterdioden verringert, mit deren Hilfe die Halbwellen der Wechselspannung zum richtungsabhängigen Stellen der Weichen benutzt werden (Abb. b). Für diese Schaltungsvariante ist nur eine Verbindungsleitung außer dem → gemeinsamen Rückleiter für Steuerung und Rückmeldung der Weichenstellung erforderlich. Da die → Weichenantriebe in dieser Schaltung mit 50-Hz-Halbwellenbetrieb arbeiten, gibt es bei schwergängigen Weichen Schaltunsicherheiten. Die Betriebsspannung sollte deswegen auf 24 V erhöht werden. Abb. c zeigt die in dieser Schaltung mögliche zusätzliche Beeinflussung der Weichenstellung durch den Zug mittels Gleiskontakten. Die Dioden müssen neben dem Strom für die Magnetantriebe auch den ständig fließenden Lampenstrom liefern und sollten für mindestens 1 A Belastbarkeit ausgewählt werden. Für die W. werden Weichenantriebe mit → Endabschaltung benötigt (Abb. d). → Fahrstraßensteuerung. Abb.

Weichenantrieb: an einer fernbedienten → Weiche angebrachter Teil der Umstellvorrichtung. Bei der *Modellbahn* findet hauptsächlich der Doppelspulen-Magnetantrieb Anwendung, der mit 16 V Wechselspannung betrieben wird, und bel dem dle jewellige Endstellung des Antriebs einer bestimmten Weichenstellung entspricht. Aus funktionstechnischen Gründen besitzt der W. relativ große Außenmaße und stört besonders bei kleinen Nenngrößen den Gesamteindruck einer Modellbahnanlage. Beim *Selbstbau*

sollte man deshalb den W. als Unterflurantrieb ausführen. Als Magnetantrieb aufgebaut, liegt er flach unter der Anlagenplatte und sollte möglichst die Weichenzungen in beiden Schaltrichtungen federnd andrücken. Das ist durch eine Kulissenschaltung möglich, die durch eine Schräge an der Schubstange den vorn mit einem federnden Stahldraht verlängerten Schalthebel zwangsläufig betätigt und eine selbsttätige Rückstellung verhindert. Die überstehende Schubstange kann gleichzeitig das Drehen der Weichenlaterne (Weichensignal) übernehmen. Zusätzlich angebrachte Kontaktbahnen können neben verschiedenen Abhängigkeitsschaltungen auch zur si-

Weichenantrieb
1) Doppelspulenmagnetantrieb (mechanischer Aufbau), 2) Doppelspulenmagnetantrieb (elektrischer Aufbau), 3) motorischer Antrieb

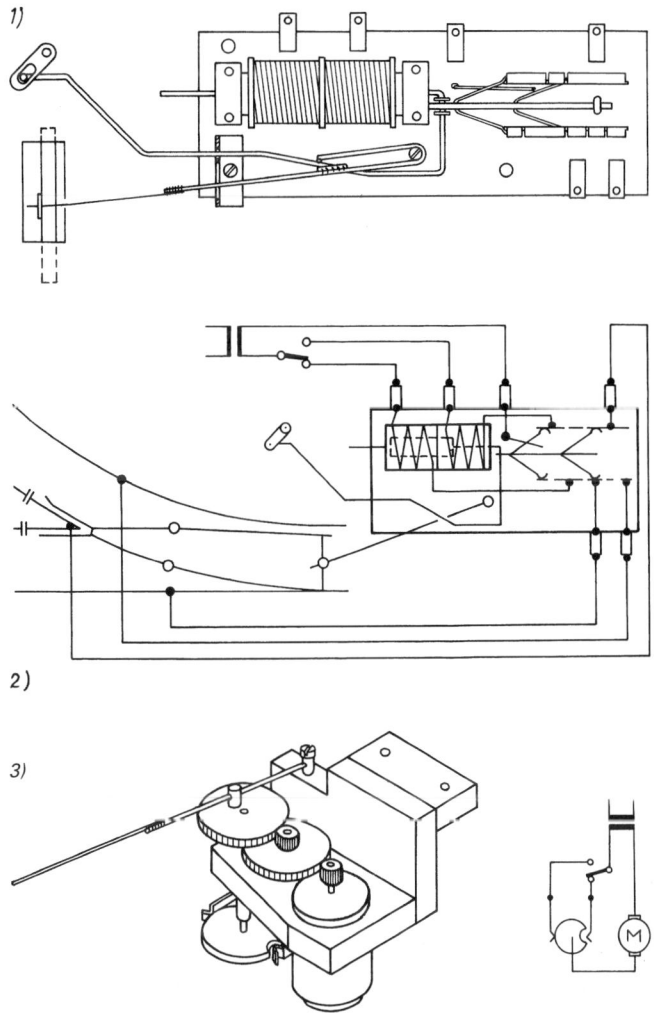

a) b) c)

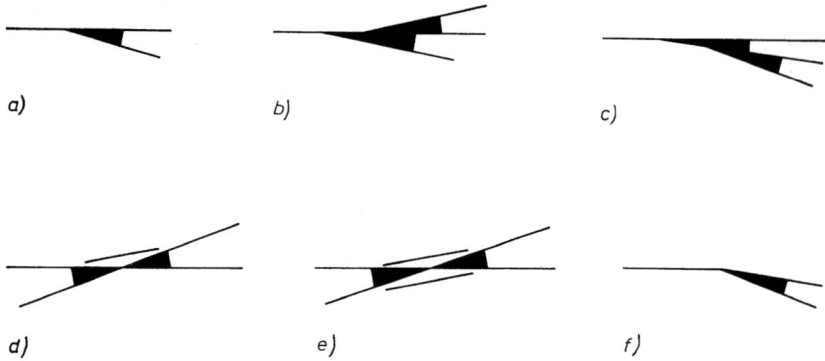

Weichenformen
a) einfache Weiche, b) 2seitige Doppelweiche, c) 1seitige Doppelweiche, d) einfache Kreuzungsweiche, e) doppelte Kreuzungsweiche, f) Innenbogenweiche

d) e) f)

cheren Fahrstromversorgung des → Herzstücks der Weiche verwendet werden. *Selbstbau* eines Magnet-W.: → Signalantrieb. Ähnlich wie beim Vorbild kann auch ein Elektromotor den W. betätigen. Während der Schalthebel mit einer Stellfeder durch einen Exzenter (ähnlich wie bei der Kulissenschaltung) betätigt wird, kann eine Kontaktscheibe mit entsprechender Ausarbeitung und zwei Kontaktfedern jeweils nur eine halbe Umdrehung des großen Zahnrads und somit des Exzenters ermöglichen. Um das Getriebe einfach aufbauen zu können, sollte man den Stellmotor nur mit halber Spannung speisen. Abb.

Weichenformen: Bezeichnung einer Weiche nach Art und Form als einfache Weichen (EW), einseitige und zweiseitige Doppelweichen (DW), einfache Kreuzungsweichen (EKW), doppelte Kreuzungsweichen (DKW) und Bogenweichen (BW). Bei der *Modellbahn* sind fast alle W. des Vorbilds zu finden. Abb.

Weichenlaterne: → Weichensignale
Weichensignale (Wn-Signale): Gruppe von Signalen des Signalbuchs, die dem Triebfahrzeug-, Rangier- und Stellwerkspersonal anzeigen, für welchen Fahrweg die → Weiche gestellt ist. Signalmittel: schwarzer, innen beleuchteter Kasten (Weichenlaterne) oder Scheibensignal mit verschiedenen weißen Figuren. W. können entfallen, wenn sich die Weiche in einer signalabhängigen Fahrstraße befindet.

Weichensteuerung: Steuerung zur Beeinflussung der Stellung von Weichen. Die Steuerung kann sich der üblichen (→ Weichensparschaltung) oder elektronischer bzw. automatischer Mit-

tel bedienen. Die Art der zu den Weichen gehörenden → Weichenantriebe hat Einfluß auf die Ausführung der Steuerung. Hauptsächlich werden Doppelspulenantriebe verwendet. Dazu benötigt man zwei Steuerleitungen mit den dazu gehörenden Schaltelementen. Bei Einspulensystemen ist nur eine Steuerleitung nötig. Auch die Verwendung von Antrieben mit oder ohne Endabschaltung ist zu berücksichtigen, genauso wie Impuls- und Dauerstrombetrieb. → Fahrstraßensteuerung

Weichenstraße: Aneinanderreihung mehrerer → Weichen innerhalb eines → Bahnhofs zur Gleisentwicklung. Auf Modellbahnanlagen wirkt die W. optisch besser, wenn die → Weichenantriebe unterflur angebracht werden.

Weichenwinkel: Winkel zwischen geradem (Stamm-) und abzweigendem Gleis. Beim Vorbild ist der W. je nach den betriebstechnischen Anforderungen sehr unterschiedlich; für hohe Fahrgeschwindigkeiten werden Weichen mit kleinem W. eingesetzt. Bei der *Modellbahn* beträgt der W. je nach Nenngröße und Gleissystem zwischen 7,5° und 30°.

Wendeschleife: Gleisanordnung, bei der sich an → Stammgleis und → Zweiggleis einer einfachen → Weiche ein geschlossener Gleisbogen anschließt. Eine W. dient zum Wenden von Fahrzeugen um 180° und kommt nur auf Modellbahnanlagen vor. → Wendeschleifenschaltung

Wendeschleifenschaltung: spezielle Schaltung der Modellbahntechnik zur → Fahrstromversorgung von → Wendeschleifen beim → Zweischienen-Zweileiter-System. Bedingt durch die Umkehrfunktion der Wendeschleife

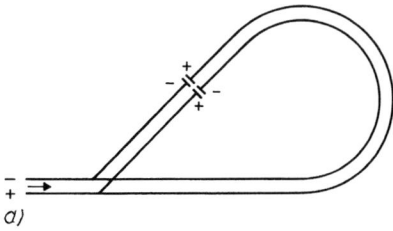

fährt er aus der Wendeschleife wieder heraus. Dem u. U. nachteiligen, funktionsbedingten Halt des Zuges in der Wendeschleife steht als Vorteil die ständige Übereinstimmung der Fahrtrichtung mit der Stellung des Fahrstromstellers gegenüber. Soll die W. automatisch arbeiten, so muß der Polwender von einer Steuerung beeinflußt werden, was mit Hilfe des Schaltrelais 2 (Abb. b) geschieht. Beim Überfahren des ersten Gleiskontaktes im Wendebogen wird die Fahrspannung der übrigen Gleisanlage umgepolt. Es ist zu beachten, daß die Lage des gemeinsamen Rückleiters funktionsbedingt zwischen den beiden Fahrschienen wechselt. Das Relais K 2 kann bei Verwendung eines → Schutzgas-Rohr-Kontaktes entfallen, der SRK tritt an die Stelle des Arbeitskontaktes von K 2. Mit dem zweiten Gleiskontakt wird die Weiche geschaltet. Mit einem Taster wird der ursprüngliche Zustand wiederhergestellt. Abb.

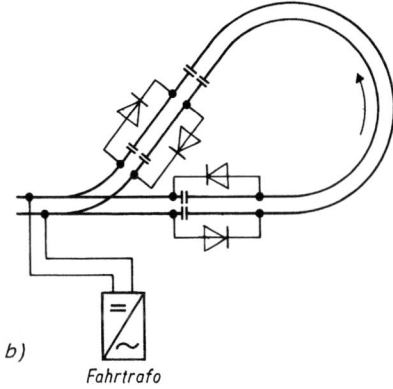

Fahrtrafo

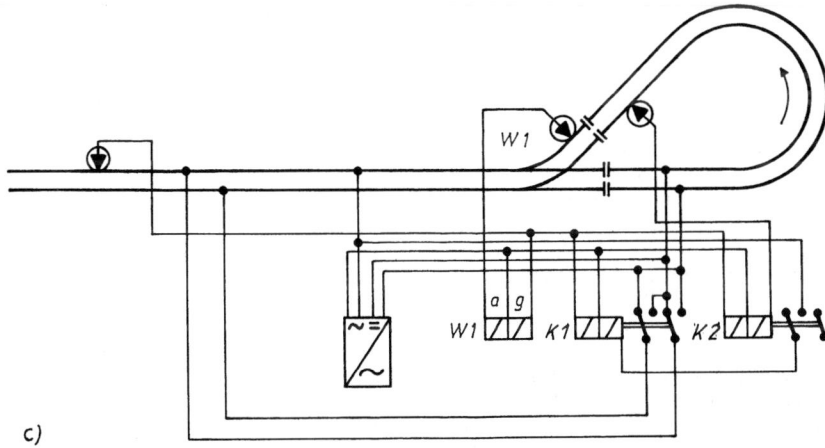

Wendeschleifenschaltung
a) Polaritäten in einer Wendeschleife, b) schalterlose Wendeschleifenschaltung mit Dioden, c) automatische Wendeschleifenschaltung

treffen an ihrer Weiche entgegengesetzte Pole aufeinander und verursachen ohne Gegenmaßnahmen einen → Kurzschluß (Abb. a). Eine W. ist deshalb für alle → Fahrstromsysteme notwendig, deren Schienen gegeneinander Spannung führen. Eine einfache W. arbeitet mit vier Gleichrichterdioden (Abb. b). Ein über den geraden Gleisstrang fahrender Zug kommt nach Überfahren der zweiten Trennstelle zum Stehen. Durch Umpolung der Fahrspannung am → Polwender

Wendezug: → Reisezug, vorwiegend im Berufs- und Nahverkehr, bei dem das Triebfahrzeug unabhängig von der Fahrtrichtung immer am gleichen Ende des Reisezugs verbleibt. Befindet sich das Triebfahrzeug am Schluß des Zuges, wird es von einem → Steuerwagen ferngesteuert. Die Modellbahnindustrie bietet in allen Nenngrößen Wagen an, die für den W.-Betrieb einsetzbar sind.
Werkanschluß: → Industrieanschluß
Werklok: Lokomotiven aller Traktions-

arten und → Spurweiten in Werkbahnen. Einsatz der W. auf Gleisen der DB und der DR wird durch besondere Bestimmungen geregelt.

Werkzeugaufbewahrung: in der Nähe des Arbeitsplatzes an der Wand angebrachte Holz- oder Spanplatte zur Aufbewahrung der Werkzeuge. An Nägeln oder Haken werden die Werkzeuge aufgehängt. Abb.

Werkzeugkasten: transportabler Kasten verschiedener Größe, der zur staubfreien Aufbewahrung der Werkzeuge dient.

Widerlager: mit der Stütz- oder Flügelmauer verbundenes Mauerwerk, in dessen Oberseite die Auflagersteine (früher aus Granit z. B.) eingemauert sind. Auf ihnen befinden sich die → Brückenlager. Moderne W.-Konstruktionen werden aus Spann- oder Stahlbeton hergestellt und besitzen zur Aufnahme der Brückenlager durchgehende Auflagerbänke aus hochwertigem Beton. Abb.

Widerstand, *Formelzeichen* **R: 1.** Jeder elektrische Leiter setzt dem elektrischen Strom ein Hemmnis entgegen, das als Widerstand wird. Zur Überwindung des W. geht dem Stromkreis Energie verloren, die stets in Wärme umgesetzt wird. Der Energieverlust äußert sich als Spanungsabfall am W. Er ist vom Material abhängig, vergrößert sich proportional zur Länge des Leiters und verringert sich umgekehrt proportional zu seinem Querschnitt. Der Wert des W. ist dem Quotienten aus Spannungsabfall und fließendem Strom proportional. Diese Beziehung wird als *Ohmsches Gesetz* bezeichnet: $R = U/I$. Die Abhängigkeit des W. von der Länge und dem Querschnitt ist bei der *Modellbahn* wegen der z. T. beträchtlichen Längen besonders bei Stromversorgungsleitungen zu beachten (um Spannungsabfälle klein zu halten, größeren Querschnitt wählen!). In einer Reihenschaltung addieren sich die W.werte $R = R1 + R2 + ...$), in der Parallelschaltung addieren sich die Kehrwerte der W.werte ($1/R = 1/R1 + 1/R2 + ...$). – **2.** Bauelement, das in elektrischen Schaltungen der Einstellung bestimmter Strom- und Spannungswerte dient. Ein W. wird durch seinen Wert (R in Ω) und die zulässige Verlustleistung (P in W) charakterisiert. Die Verlustleistung führt zur Erwärmung des W. und wird bei normalen Temperaturen an die Umgebungsluft abgegeben. Für die in einer Schaltung gegebenen Betriebsbedingungen müssen R und P entsprechend gewählt werden. Man unterscheidet zwei wichtige Bauformen des W.: a) Der *Drahtwiderstand* besteht aus auf einen Keramikkörper gewickelten Widerstandsdraht. Er wird für größere Verlustleistungen (ab

Werkzeugaufbewahrung

0,5 W) eingesetzt und ist häufig gegen Oxydation bei höheren Temperaturen einzementiert. b) Der *Schichtwiderstand* besteht aus auf einem Keramikkörper aufgedampfte Kohle- oder Metallschichten. Dadurch sind besonders kleine Bauformen möglich, allerdings bei kleinen Verlustleistungen (ab 1/20 W). W. mit fest vorgegebenem Wert werden auch *Fest*-W. genannt. Ist der W.wert in einem bestimmten Bereich willkürlich einstellbar, so wird er *verstellbar, einstellbar* oder *veränderlich* bezeichnet. Veränderliche W. gibt es in beiden Bauformen. → Stellwiderstand, → Potentiometer

Windleitblech: beidseitig neben der Rauchkammer der Dampflok angebrachte Bleche, die eine Luftströmung längs des Dampflokkessels hervorrufen, wodurch Dampf und Rauch weggedrückt werden und so die Sicht des Lokpersonals nicht behindert wird. Während früher große W. angebracht waren, erhielten neu- und umgebaute Dampfloks schmale W. der Bauart Witte (Wittebleche). Beim *Selbstbau* werden W. aus Blech gefertigt und mit angelöteten Draht- oder Blechprofilstreben in entsprechende Bohrungen am Lokkessel eingeklebt. W. mit Verstärkungsrahmen kann man herstellen, indem man die → Ätztechnik anwendet oder das W. innerhalb einer winkelförmigen Lötvorrichtung gegen einen angemessenen dicken Kupferdraht drückt und beides miteinander verlötet. Ein Herumbiegen des Drahtes ist erst nach dem Anlöten einer Seite notwendig. Abb.

Winkelanlage: → L-Anlage

Widerlager
links festes, rechts bewegliches Widerlager

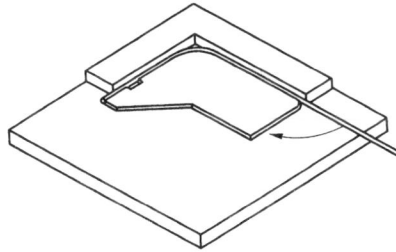

Windleitblech
Hilfsvorrichtung zum Löten eines Verstärkungsrahmens

Wippe: Bauteil des → Dachstromabnehmers elektrischer Triebfahrzeuge, das beweglich gelagert ist, damit das an der W. angebrachte Schleifstück ständig und sicher an die → Fahrleitung gedrückt wird. An Modell-E-Loks sind die W. nachgebildet und z. T. funktionstüchtig.

Zähnezahl: → Zahnrad

Zahnrad: mit Zähnen versehene Radscheibe zur schlupffreien Übertragung von Drehbewegungen und -kräften. Arten: a) Stirn-Z. (für parallele Achsen) mit Gerad-, Schräg- oder Pfeilverzahnung, b) Kegel-Z. (für winklig zueinander verlaufende Achsen). Wichtigste Maße und Werte des Z.: der → Modul *(m)*, der Kopfkreisdurchmesser

(d_k) und der Teilkreisdurchmesser (d_o). Wegen der Verbindung der Teilung $(t = m \cdot \pi)$ mit Modul m und π ergeben sich bei der Berechnung des Teilkreisdurchmessers aus Modul mal Zähnezahl *(z)* Zahlen mit wenigen Nachkommastellen. Es lassen sich immer nur Z. mit gleichem Modul paarweise einsetzen. Da die bildliche Darstellung von Z. (Evolventenkurven

Z

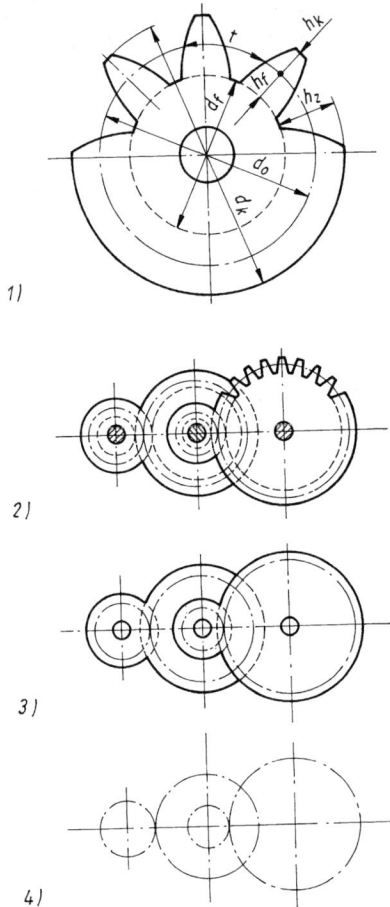

Zahnrad
1) Einzelheiten und Werte, 2) bildliche Darstellung, 3) vereinfachte Darstellung, 4) sinnbildliche Darstellung

usw.) recht zeitraubend ist, benutzt man auf Zeichnungen vereinfachte Darstellungen oder nur Sinnbilder. Bei der *Modellbahn* und beim *Selbstbau* werden meist Z. mit den Modulen 0,4; 0,5 oder 0,6 benutzt. Anstelle von Kegel-Z. werden zur Überwindung winklig verlaufender Achsen häufig → Kronenradgetriebe oder → Schneckengetriebe verwendet. Z. aus Plast werden bevorzugt, da sie einen verschleiß- und geräuscharmen Lauf des Getriebes ermöglichen. Die wichtigsten *Berechnungen* am Z. sind: a) Teilkreisdurchmesser: $d_o = m \cdot z$, b) Kopfkreisdurchmesser: $d_k = d_o + 2m = m \cdot (z + 2)$, c) Fußkreisdurchmesser: $d_f = d_o - (2 \cdot 1,1666 \cdot m)$, d) Zahntiefe (Frästiefe): $H_z = 2,166 \cdot m = 13/6 \cdot m$, e) Kopfhöhe: $h_k = m$, f) Fußhöhe: $h_f = 1,166 \cdot m$. Beispiel: $m = 0,5$; $z = 22$; $d_o = 0,5 \cdot 22 = 11$ mm; $d_k = 11 + (2 \cdot 0,5) = 12$ mm. Abb.

Zahnradbahn: → Eisenbahn, zur Überwindung sehr großer Höhenunterschiede. Bei derartigen Steigungen (100 bis 480 ‰) ist der Reibungsbetrieb nicht mehr möglich. Deshalb wird die Fortbewegungskraft zwischen Triebfahrzeug und Fahrbahn von einem Antriebszahnrad des Triebfahrzeuges auf eine → Zahnstange zwischen den Fahrschienen übertragen. Z. werden im Modell von der Fa. Fleischmann in den Nenngrößen H0 und N angeboten. Abb.

Zahnradbahn
auf einer Messeanlage der Fa. Fleischmann

Zahnradeingriff: Eingreifen eines Zahnes des einen → Zahnrades in die Lücke zwischen zwei Zähnen des anderen Zahnrades, wobei durch den → Achsabstand der beiden Zahnräder das Zahnspiel festgelegt und so das Abrollen der beiden Teilkreisdurchmesser aufeinander abgestimmt wird bzw. davon abhängt. Deshalb ist die Einhaltung des genauen Achsabstandes unbedingt erforderlich.

Zahnradlokomotive: → Triebfahrzeug einer → Zahnradbahn mit speziellen Zahnrädern, die in eine Zahnstange zwischen den Schienen eingreifen.

Zahnstange: bei → Zahnradbahnen meist mittig zwischen den Schienen angeordnete stangenförmige Schiene mit Zähnen oder Sprossen zum Eingriff eines großen Zahnrades. Bauarten: a) Leiterstangen System Riggenbach, System Strub; b) Stufenstangen System Abt; c) liegende Stufenstangen System Locher.

Zapfenlagerung: nach NEM 313 (s. Anlage) standardisierte Achslagerung von Radsätzen an Modellbahnfahrzeugen. Bei der Z. sind die → Achsschenkel als zylindrische Zapfen ausgeführt und kommen besonders bei größeren Nenngrößen zur Anwendung. *Selbstbau:* → Achslager

Z-Diode: Silizium-Diode mit besonderem Durchbruchverhalten in Sperrichtung, die Bezeichnung stammt von der Z-förmigen Kennlinie. Bei Erreichen eines charakteristischen Spannungswertes (*Z-Spannung* U_Z) verliert die Z. ihre Sperrwirkung und wird niederohmig. Es ist ein starker Stromanstieg bei fast konstanter Z-Spannung möglich. Die Z. benötigt deshalb eine externe Strombegrenzung durch z. B. → Reihenschaltung mit einem Widerstand, andernfalls wird die → Diode zerstört. In Durchlaßrichtung verhält sich die Z. wie eine gewöhnliche → Gleichrichterdiode. Sie wird zur Stabilisierung von Spannungen, als Referenzdiode (Lieferant besonders konstanter Vergleichsspannungen), als Impulsbegrenzer, als Überlastungs-(Überspannungs)schutz für Meßgeräte u. a. verwendet. In der *Modellbahntechnik* wird die Z. vorwiegend als Spannungsstabilisator zur Bereitstellung stabiler Betriebsspannungen eingesetzt, dabei sind die üblichen Schwankungen der Netzspannung

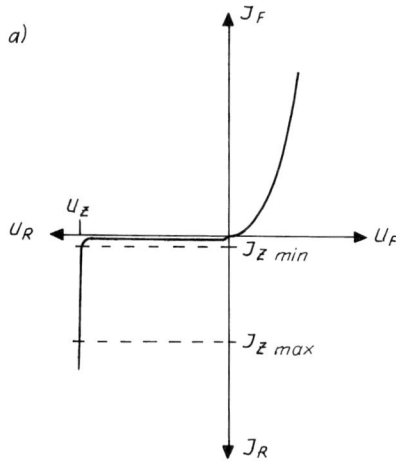

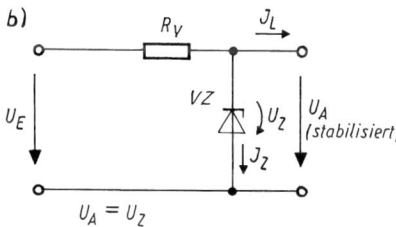

Z-Diode
a) Kennlinie der Z-Diode, b) Grundschaltung zur Spannungsstabilisation mittels Z-Diode; es gelten die Beziehungen (U_{Emin} - U_Z)/(I_{Zmin} + I_{Lmax}) $\geqq R_v$ $\geqq$ (U_{Emax} -U_Z)/[(P_{Vmax}/U_Z) + I_{Lmin}]; P_{RV}= (U_{Emax} - U_Z)^2/R_V(mit U_E = Eingangsspannung, U_Z = Z-Spannung, I_Z = Strom durch die Z-Diode (Minimalwert entsprechend Datenblatt), P_{Vmax} = maximal zulässigen Verlustleistung der Z-Diode entsprechend Datenblatt, I_L = Laststrom, P_{RV} = maximale Verlustleistung im Vorwiderstand)

von +10 und -20 % zu berücksichtigen. Die Dioden werden als normale (Verlustleistung P einige 100 mW) und Leistungs-Z. (P einige Watt) hergestellt. Entsprechend ihrer Belastung ist ggf. die Anbringung von Kühlkörpern erforderlich. Die Z-Spannungen sind abgestuft und liegen zwischen 4 und 200 V. Abb.

Zeitschalter: elektromechanisches oder elektronisches Schaltgerät, das zur zeitabhängigen (verzögernden) Steuerung beliebiger elektrischer Stromkreise dient. Dabei ist sowohl eine Einschalt- als auch eine Ausschaltverzögerung möglich. Häufig werden auf Modellbahnanlagen Zeitrelais (→ Relais) zur Beeinflussung des Zugbetriebes eingesetzt. Einfache elektronische Z. nutzen den Auf- und Entladevorgang von Kondensatoren zur Zeitverzögerung. Eine Transistorschaltung steuert ein → Relais, mit dessen Kontaktsatz beliebige Verbraucher geschaltet werden. Kurzzeitiges Schließen der Taste lädt den Kondensator auf und läßt das Relais anziehen. Es bleibt in dieser Stellung, bis der Kondensator sich wieder entladen hat. Die

Schaltung eines elektronischen *Zeitschalters* (*R*1 = 1kΩ, *R*2 = 1MΩ, *R*3 = 10kΩ, *R*4 = 4,7kΩ, *R*5 = 1kΩ, alle *R* 0,125 W, *C*1 = 100 bis 1000 µF/25V (je nach gewünschter Zeitverzögerung), *C*2 = 100 µF/25V, VD1 = Silizium-Universaldiode, VT1 = VT2 = 500-mW-Siliziumtransistor, K1 = 12-V-Relais mit Wicklungswiderstand ≧ 200 Ω)

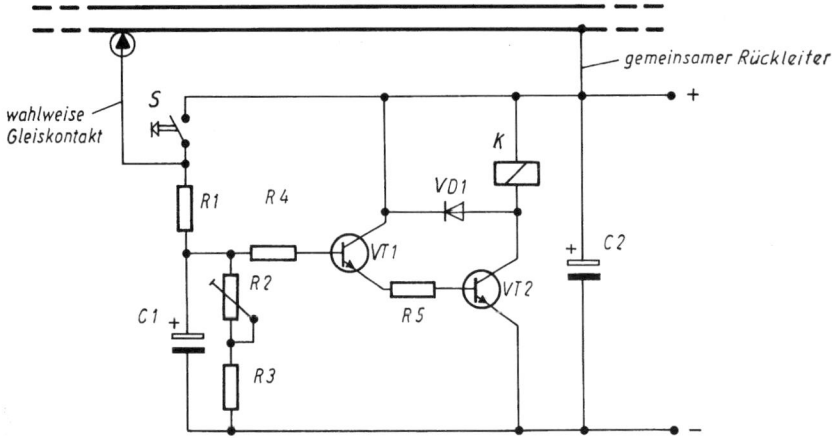

Entladezeit läßt sich mit R 2 in Grenzen beeinflussen. Je nach Dimensionierung der Bauelemente lassen sich Verzögerungszeiten von mehreren Minuten erreichen. Die Zeiten sind von den Bauelementetoleranzen abhängig und streuen z. T. beträchtlich. Sehr einfache Lösungen ergeben sich durch Nutzung spezieller → Schaltkreise. → Zugwarteautomatik. Abb.

Zementbehälterwagen: geschlossener Spezialgüterwagen (→ Behälterwagen), der zur Beförderung von Zement in loser Schüttung vorgesehen ist und durch Druckluft (Zementdruckluftgemisch) entladen wird. Z. besteht aus zwei bis fünf Metallbehältern, die mit dem → Fahrgestell fest verbunden sind. Abb.

zerlegbare Anlage: Variante der → transportablen Anlage, die sich zum Transportieren und Lagern leicht in zwei oder mehrere Teile trennen und ohne großen Arbeits- bzw. Zeitaufwand wieder zusammenfügen läßt. Bei → Großanlagen und → Ausstellungsanlagen sind z. A. unumgänglich. Grundbedingung für z. A. ist die → Rahmenbauweise, da die Anlagenteile verwindungssteif sein müssen. Beim → Anlagenentwurf ist bereits zu beachten, daß auf Trennstellen keine Weichen vorgesehen werden und daß die Anzahl der zu trennenden Gleise gering gehalten wird. Die mechanische Verbindung der Anlagenteile erfolgt durch Steckschrauben mit Flügelmuttern, die elektrische durch Vielfachstecker (→ Steckverbinder).

Zick-Zack-Führung: seitliche Verschiebung des → Fahrdrahts von der Gleislängenachse, um eine gleichmäßige

Zementbehälterwagen

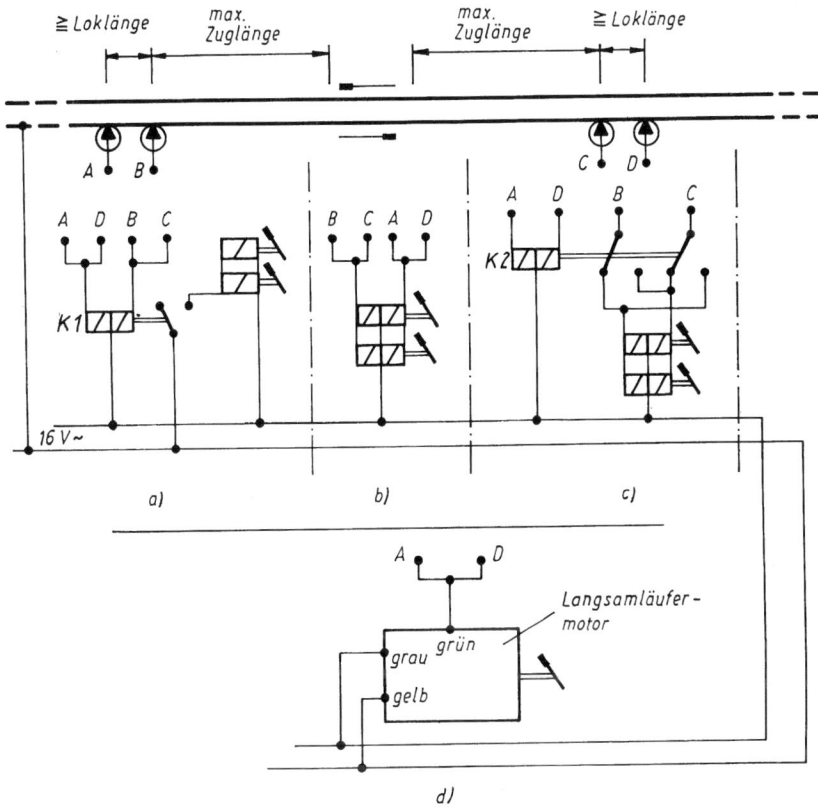

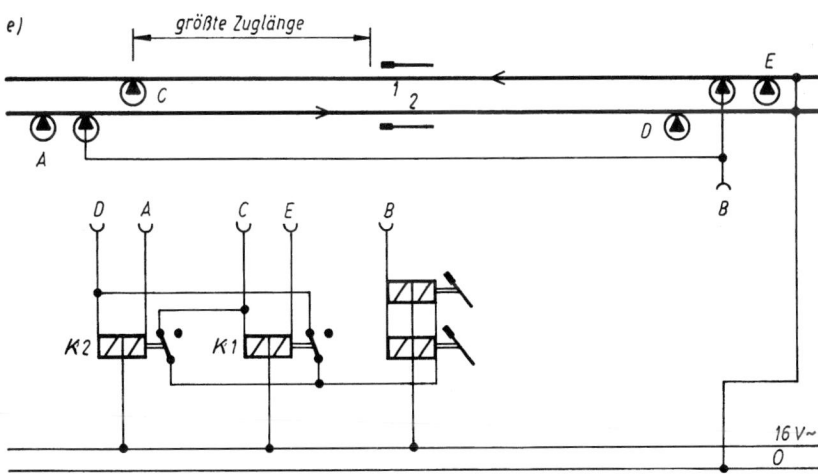

zugbetätigte Schrankenanlage an a) bis d) 1gleisigen und e) 2gleisigen Strecken unter Nutzung verschiedener Schrankenantriebe: a) Dauerstromschaltung, b) Impulsschaltung, c) Impulsschaltung und uneingeschränkte Verwendung von Wagen mit Metallradsätzen, d) Langsamläufermotoren

Abnutzung der Schleifstücke des → Dachstromabnehmers zu gewährleisten. Deshalb werden die → Masten abwechselnd mit kurzen und langen → Auslegern aufgestellt.

Zinnlot: Hilfswerkstoff zum Weichlöten, der als Lötdraht und Stangen vom Handel angeboten wird. → Löten

Zink: Symbol Zn: chemisches Element mit einer Dichte von 7,0 kg/dm³; bläulich-weißglänzendes Schwermetall, das sich gießen und walzen läßt. Verwendung bei der *Modellbahn:* → Gehäuseteile für Triebfahrzeuge, Klein- und Zubehörteile wie z. B. Pumpen, Puffer, Kessel, Ventile

Zinn: Symbol Sn: chemisches Element mit einer Dichte von 7,2 kg/dm³; silberweißes, sehr geschmeidiges Metall, das sich zu Folie walzen, zu Drähten ziehen und gießen läßt. Verwendung: zum Verzinnen von Drähten, Herstellung von Legierungen, z. B. Bronze, Lötzinn, als Lagermetall.

Z-Schaltung: → Zuschaltsteuerung

Zubehör: Sammelbegriff für sämtliche Gegenstände, die zur Ausgestaltung einer Modellbahnanlage gehören. Ausnahmen: Fahrzeuge, Gleisanlagen und Fahrstromversorgungsgeräte bzw. -anlagen.

Zubehörspannung: → Nennspannung

Zugänglichkeit: ungehinderte Erreichbarkeit aller Anlagenteile für die Instandhaltung, Pflege, Wartung sowie Behebung von Störungen. Möglichkeiten der Z.: a) schmale Anlagenbreite; b) freie Anordnug der Anlage im Raum (dadurch von allen Seiten erreichbar); c) abnehmbare Geländeteile (z. B. Berge, Häuserzeilen); d) stabile Anlagenausführung, die das Betreten zuläßt.

Zugarten: → Güterzug, → Reisezug

Zugbeeinflussung: Begriff für alle äußeren Einwirkungen mechanischer, elektrischer, elektromagnetischer und optischer Art auf den fahrenden Zug. Bei der *Modellbahn* wird die Z. mit → Abschaltgleisen, Relais, Signalen mit Z. und anderen Mitteln erreicht. Die → digitale Mehrzugsteuerung ist eine Form der Z.

zugbediente Schrankenanlage: → zugbetätigte Schrankenanlage

zugbediente Signalrückstellung: → zugbetätigte Signalrückstellung

zugbediente Weichenstellung: → zugbetätigte Weichenstellung

zugbetätigte Schrankenanlage, *zugbediente Schrankenanlage:* → Schrankenanlage, die durch den fahrenden Zug mit einem Geber (→ Besetztgeber, z. B. → Gleiskontakte) betätigt wird. Die einfachste Schaltung für eine in beiden Richtungen befahrene eingleisige Strecke läßt sich unter Verwendung von Schranken mit → Impulsschaltung aufbauen (Abb.). Wagen

mit Metallradsätzen können bei dieser Variante nicht eingesetzt werden, da sie Fehlschaltungen verursachen. Abhilfe schaffen das zusätzlich eingefügte Schaltrelais (→ Relais) mit zwei Umschaltkontakten, → Schutzgas-Rohr-Kontakte oder andere elektronische Lösungen anstelle der Gleiskontakte. Beim Einsatz der z. S. an zweigleisigen Strecken muß beachtet werden, daß sich zwei Züge im Schrankenbereich begegnen können. Die Schranken dürfen sich jedoch erst dann wieder öffnen, wenn der letzte Zug den Schrankenbereich verlassen (Abb. e). Bei der dargestellten Schaltung ist die ungehinderte Verwendung von Wagen mit Metallradsätzen möglich. Schrankenantriebe mit Langsamläufermotoren ermöglichen eine einfache Schaltung, da nur eine kurzer Impuls den Schließvorgang einleitet. Mit einem zweiten Impuls öffnet sich die Schranke wieder. Auch hier kann ein → SRK die u. U. möglichen Fehlschaltungen durch Metallradsätze verhindern. Abb. S. 245

zugbetätigte Signalrückstellung, *zugbediente Signalrückstellung:* →Signalsteuerung, die das selbsttätige Rückstellen eines Hauptsignals in seine Haltstellung nach oder während der Vorbeifahrt des Zuges bewirkt. Die z. S. vereinfacht die Bedienung und verhindert bei einer mit dem Signal gekoppelten → Fahrsperre auch Auffahrunfälle. Die Signalrückstellung wird vom Triebfahrzeug mittels eines Gebers (→ Besetztgeber, z. B. Gleiskontakt) ausgelöst, der sich je nach betrieblichen Gegebenheiten etwa eine Lok- bis zu einer Zuglänge hinter dem Signal befindet. Beim Einsatz von → Lichtsignalen wird ein Schaltrelais (→ Relais) oder eine elektronische Steuerung benötigt. → Fahrsperre. Abb.

zugbetätigte Weichenstellung, *zugbediente Weichenstellung:* selbsttätige → Weichensteuerung, bei der mit Hilfe von Gebern (→ Besetztgeber, z. B. Gleiskontakt) die richtige Weichenstellung vom Triebfahrzeug bewirkt wird. Die z. W. vereinfacht die Bedienung und erhöht die Betriebssicherheit. Die Schaltung kann prinzipiell für alle Weichen angewendet werden, bei Spitzbefahrung ist sie jedoch nur in einer Richtung möglich, da mit Gleiskontakten keine Fahrtrichtung ausgewählt wer-

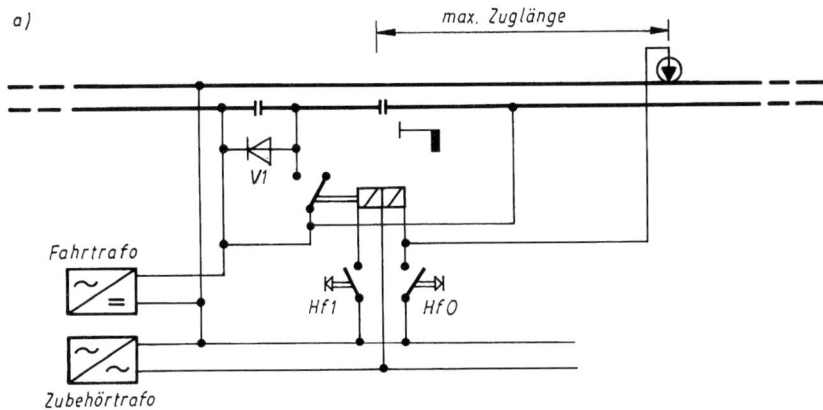

a)

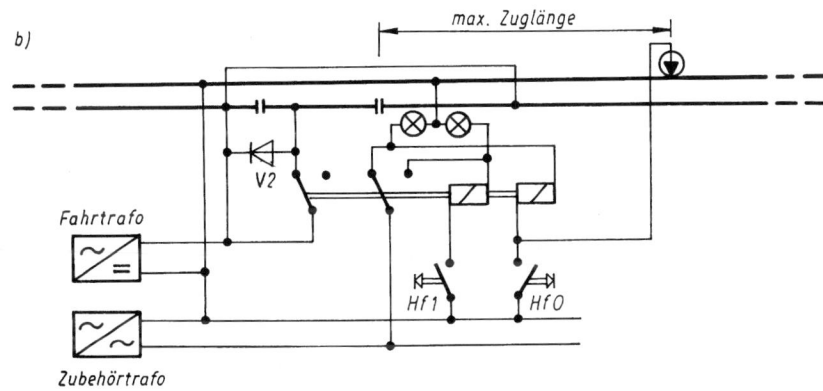

b)

zugbetätigte Signal-rückstellung a) für Signale mit Impulsan-trieb, b) für Lichtsignale (*V1* = *V2* = 1- bis 3-A-Diode)

den kann. Bei einem anderen Prinzip, der Abgabe eines besonderen Steuersignals (→ Zugkennung), wird auch die Fahrtrichtungssteuerung durch entsprechend präparierte Fahrzeuge ermöglicht (erprobt ist z. B. die Kombination → Permanentmagnet am Zug und → SRK bzw. → Hall-Sensor am Gleis). Damit ist der Betrieb von Zügen mit automatischer Fahrtrichtungswahl gegeben. In dem Gleiszweig, dessen Richtung durch den Geber gesteuert wird, muß ein Weichenrückstellkontakt vorgesehen werden, damit nach der Zugdurchfahrt die Weiche wieder in die Grundstellung zurückfällt. Sein Abstand zur Weiche muß größer als die maximale Zuglänge sein. Bei Benutzung von SRK muß berücksichtigt werden, daß sie im Normalfall den kräftigen Weichenantriebsstrom nicht schalten können, deshalb ist z. B. ein Schaltrelais (→ Relais) zwischen Schaltkontakt und Weichenantrieb zu schalten. Die z. W. eignet sich

auch für Weichen in Gleisharfen. → Fahrstraßensteuerung. Abb.

Zugbildung: Zusammenstellung von Reisezug- und Güterwagen zu einem Zug durch den Rangierdienst. Nach der Z. werden die Züge mit einem Triebfahrzeug bespannt. Bei der Z. müssen die Funktionen der jeweiligen Züge (→ Reisezug, → Güterzug) berücksichtigt werden.

Zughaken: aus der Entstehungszeit

zugbetätigte Weichenstellung
a abzweigende Weichenstellung, g gerade Weichenstellung

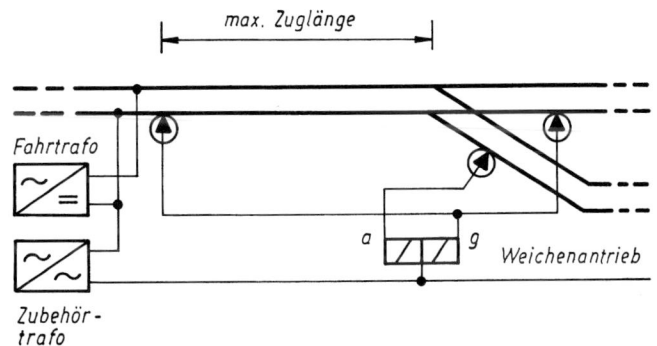

der Eisenbahn stammendes, geschmiedetes Hauptbauteil der → Schraubenkupplung. Die zwei Z. eines Wagens sind am → Pufferträger mit seitlichem Spiel angebracht und miteinander durch eine → Zugstange verbunden. Bei der *Modellbahn:* → Schraubenkupplung, → Endkupplung
Zugkennung: Steuersignal, das vom Zug passiv oder aktiv abgegeben wird und seiner Identifizierung zur Auslösung einer Steuerfunktion und/oder der Anzeige dient. In der Regel besitzt das Triebfahrzeug oder auch der Zug ein Merkmal (z. B. → Permanentmagnet, Strichcode), das von einem geeigneten Sensor (→ SRK oder → Hall-Sensor, Reflexlichtschranke) erkannt werden kann. Je nach den technischen Mitteln kann die Z. entweder nur einfache Steuerfunktionen bewirken, z. B. den Fahrweg beeinflussen (→ zugbetätigte Weichenstellung), oder umfangreichere Informationen (Zugart, Zugnummer, Zugrichtung) einem Steuercomputer übermitteln. Die Z. kann im → Gleisbildstellpult oder anderswo angezeigt werden. Passiv ist die Z. dann, wenn keine zusätzliche Energie vom Triebfahrzeug aufgewendet werden muß, aktiv ist sie bei Energieeinsatz.
Zugkraft: → Haftreibungszugkraft
Zugkreuzung: bei eingleisigem Betrieb das Begegnen zweier in entgegengesetzter Richtung fahrender Züge. Bei der stehenden Z. muß der Gegenzug im Kreuzungsbahnhof zum Halten gekommen sein, ehe der andere an- oder durchfahren darf. Bei der fliegenden Z. braucht kein Zug anzuhalten. Voraussetzung ist ein ausreichend langes Kreuzungsgleis.
Zuglokomotive: planmäßig zur Zugförderung eingesetzte → Lokomotive. → Vorspannlokomotive, → Schiebelokomotive
Zugstange: bei den meisten Reisezug- und Güterwagen vorhandene, durchgehende Verbindungsstange, an deren Enden jeweils der → Zughaken befestigt ist. Lediglich bei Spezialfahrzeugen (z. B. → Lokomotiven, → Tiefladewagen, → Doppelstockwagen) werden geteilte Z. mittels Kegelfeder an besonders verstärkten Querträgern angebracht, die die Zugkraft auf die verstärkten → Langträger übertragen.
Zug- und Stoßeinrichtung: am → Rahmen von Eisenbahnfahrzeugen befestigte, federnd arbeitende Baugruppe zur Übertragung der Zugkraft bzw. zur Aufnahme von Stoßkräften. Die bauliche Vereinigung von Z. ist die → Mittelpufferkupplung. Bei einigen elektrischen Lokomotiven wird die Z. am Drehgestellrahmen befestigt.
Zugwarteautomatik: elektrische oder elektronische Steuerung der Modellbahntechnik zur Realisierung eines vollautomatisch gesteuerten Aufenthaltes eines Zuges an einer Betriebs-

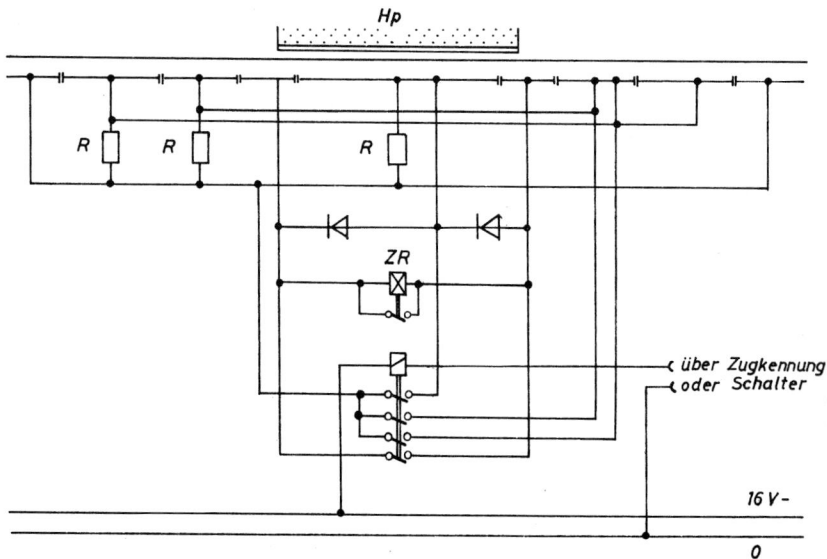

Zugwarteautomatik
Schaltung mit Zeitrelais für Zweirichtungsverkehr

stelle, z. B. einem → Haltepunkt. Ein in der jeweiligen Betriebsstelle ankommender Zug hält selbsttätig und wegen der abgestuften Widerstände verzögert an. Nach Ablauf der meist grob einstellbaren Verzögerungszeit schaltet die Steuerung die Fahrspannung wieder zu, und der Zug setzt seine Fahrt fort. Eine Z. läßt sich relativ einfach mit einem *Zeitrelais* ZR (→ Relais) aufbauen. Mit den beiden → Gleichrichterdioden vom 1 A-Typ wird erreicht, daß das Triebfahrzeug jeweils am Bahnsteigende anhält. Die erreichbaren Haltezeiten differieren etwas in Abhängigkeit vom Triebfahrzeug-Typ. Ein weiteres Relais mit mehreren → Schaltkontakten erlaubt die Überbrückung der Steuerung, um bestimmten Zügen die Durchfahrt ohne Halt zu ermöglichen. Das Relais kann mit einem Taster oder über eine → Zugkennung ausgelöst werden. Eine andere Variante der Z. nutzt als Kernstück einen elektronischen → Zeitschalter, der durch einen vor dem einpolig getrennten Halteabschnitt angebrachten Geber (→ Besetztgeber, z. B. → Gleiskontakt) ausgelöst wird. Weitere zusätzliche Relaiskontakte können zur Steuerung von Signalen u. ä. dienen. Abb.

Zugwechselmagazin: Vorrichtung mit einem Gleis, die der Aufnahme einer kompletten Zuggarnitur dient. Vorteilhaft bei Modellbahnanlagen, auf denen aus Platzgründen kein verdeckter Abstellbahnhof eingerichtet werden kann. Z. wird an ein Gleis, das stumpf am Anlagenrand endet, angesteckt oder in ein durchgehendes Gleis eingefügt und ermöglicht so einen schnellen Wechsel ganzer Züge.

Zungenanlage: Variante der → offenen Anlagenform in Zungen- oder Kammform. *Vorteile:* a) durch räumliches Aufteilen der → Modellbahnanlage in mehrere Zungen (Anlagenteilstücke) wird eine Überladung vermieden, b) gute → Zugänglichkeit von allen Seiten, c) es besteht die Möglichkeit, auf jeder Zunge ein anderes → Motiv darzustellen. → Anlagenform

Zusatzflügel: → Vorsignal

Zusatzsignale (Zs-Signale) für Hauptsignale: Gruppe von Signalen des Signalbuchs, durch die Hauptsignale ergänzt sein können und weitere Informationen an das Triebfahrzeug-Personal übertragen werden. Folgende Z.

können u. a. an Modellbahnsignalen zur Erhöhung der Vorbildwirkung Anwendung finden: a) *Zs 1* (→ Ersatzsignal), b) *Zs 2* M-Tafel (weiße Tafel mit rotem Rand und rotem M in Schreibschrift) mit der Bedeutung, daß am haltzeigenden Hauptsignal auf mündlichen oder fernmündlichen Auftrag vorsichtig vorbeigefahren werden kann, c) *Zs 3* Rautentafel (rechteckige, schwarze Tafel mit weißen Rauten) mit der Bedeutung: das haltzeigende Hauptsignal gilt nicht für Rangierabteilungen, d) *Zs 4* Richtungsanzeiger (weißleuchtender Buchstabe), der die Richtung der Fahrstraße anzeigt.

Zuschaltsteuerung, *Z-Schaltung:* zweite wichtige Methode der automatischen oder handbetätigten Steuerung der → Fahrstromversorgung der Modellbahnanlage. Im Gegensatz zur → Abschaltsteuerung wird die Anlage in Stromversorgungsbereiche eingeteilt, die mit dem für den modellgetreuen Fahrbetrieb notwendigen Gleis- bzw. Blockabschnitten übereinstimmen sollten. Die → Fahrstromversorgungsgeräte (Fahrtrafo) werden nicht ständig mit den Gleisabschnitten verbunden, sondern den Triebfahrzeugen zugeordnet. Mit einer Auswahlsteuerung, im einfachen Fall z. B. mit einem als Wahlschalter eingesetzten Stufenschalter, wird der → Fahrstromsteller jeweils dem Gleisabschnitt *zugeschaltet*, in dem sich das Triebfahrzeug befindet, dem er zugeordnet ist. Der Bediener hat dadurch die Möglichkeit, sein Triebfahrzeug mit *einem* Fahrstromsteller über die ganze Anlage zu fahren. I. d. R. werden die Gleisabschnitte nur einpolig getrennt, die zweite Schiene wird als → gemeinsamer Rückleiter verwendet. Zur Vermeidung von → Kurzschlüssen (wegen der einpoligen Verbindung!) muß gesichert sein, daß immer nur ein Stromversorgungsgerät den Gleisabschnitt versorgt. Abb. a zeigt die einfachste Ausführung der Z., bei der die *Einsteckermethode* angewendet wird. Dazu wird jeder Fahrstromsteller mit zwei einpoligen flexiblen Verbindungsleitungen, deren freie Enden geeignete Stecker (z. B. Bananenstecker) tragen, ausgestattet. Die einpoligen Anschlüsse der Gleisabschnitte werden an geeignete Buchsen gelegt, die ggf. entsprechend dem

Gleisbild oder im Gleisbild angeordnet werden. Der so gebildete → Fahrstromverteiler wird nun so bedient, daß die Gleisabschnitte entsprechend der Fahrtrichtung durch Umstecken der Leitungen mit dem zum Triebfahrzeug gehörenden Fahrstromsteller verbunden werden, und zwar jeweils der, in dem sich das Triebfahrzeug befindet, und der, der als nächster erreicht wird. Abb. b zeigt die Möglichkeit, die Gleisabschnitte mit einem Stufenschalter anzuwählen, die Bedienung erfolgt nach dem oben beschriebenen Prinzip. Die Automatisierung bereitet unter Verwendung passender Steuerelektronik keine unüberwindlichen Probleme. Die Z. eignet sich für mittlere und große Anlagen und ermöglicht einen → Mehrzugbetrieb. Die Zahl der gleichzeitig möglichen Zugfahrten wird von der Anzahl der Fahrstromsteller und Gleisabschnitte bestimmt. Durch digitale Steuerungen bzw. Mehrzugsteuerungen wird die Z. auf eine neue Stufe gehoben. Abb.

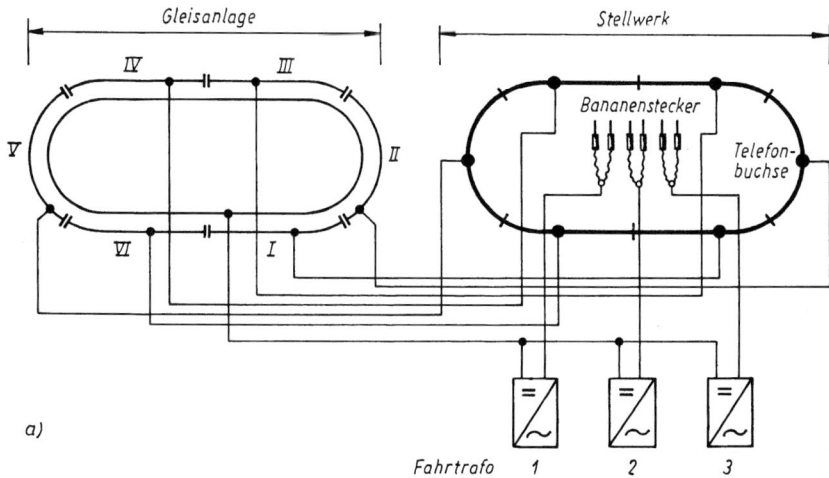

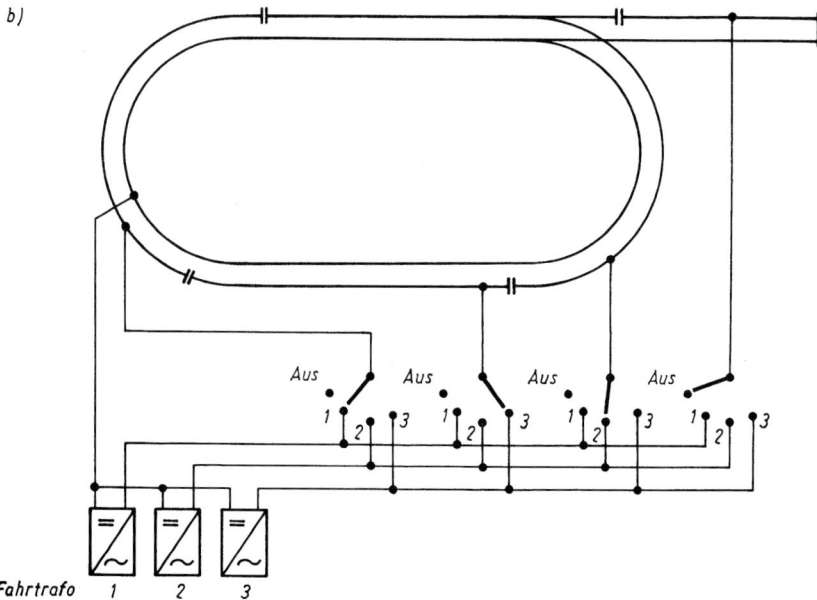

Zuschaltsteuerung
a) Einfachsteckermethode (Prinzipschaltung), b) mit Hilfe von Stufenschaltern

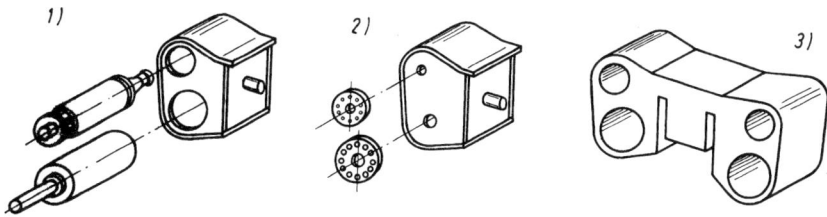

Zwangshaltschaltung: → Fahrsperre

Zweikomponentenkleber: Spezialkleber auf Epoxydharzbasis, der aus einer Harz- und einer Härtekomponente besteht. Beide werden in einem bestimmten Verhältnis miteinander gemischt. Z. ist ein kalthärtender, füllstoffhaltiger, lösungsmittelfreier Klebstoff für Metalle, Glas, Keramik, Porzellan, Holz und Duroplast, der hohe Belastungen aushält. Er härtet zu einem unlöslichen Formstoff aus, der mechanisch bearbeitet werden kann. Bei der *Modellbahn* eignet er sich gut für den Selbstbau von Fahrzeugen aus Metall, besonders dann, wenn Löten nicht möglich ist. → Kleben

Zweimotorenantrieb: Spezialform des → Stangenantriebs älterer elektrischer Lokomotiven, bei der die gesamte Antriebsleistung auf zwei → Fahrmotoren aufgeteilt ist. Bei der *Modellbahn* findet der Z. zur Erhöhung der Zugkraft Anwendung, wozu meist zwei → Triebdrehgestelle, ggf. auch Lok- und Tenderantrieb dienen. Beim Befahren von stromlosen Gleisabschnitten (z. B. bei automatischem Fahrbetrieb), bei getrennter Stromabnahme beider Antriebe oder auch beim Ausfall eines Motors macht sich der Z. nachteilig bemerkbar, was sich bei → Haftreifen negativer auswirkt, da die Bremswirkung des stehenden Antriebs der Zugkraft des „laufenden" Antriebs gleichkommt.

Zweischienen-Dreileiter-System: → Fahrstromsystem

Zweischienen-Zweileiter-System: → Fahrstromsystem

Zweiweggleichrichtung: → Gleichrichtung

Zweizugbetrieb: → Mehrzugbetrieb

Zwerggleis: ein kurzes → Stumpfgleis

Zwergsignal: besonders niedriges Signal, das auf Grund der Sichtverhältnisse am Aufstellort einen kleinen oder gar keinen → Signalmast hat.

Zwischenbahnsteig: zwischen zwei Gleisen liegender → Bahnsteig mit einseitiger Benutzung, der nur durch Überschreiten eines Gleises auf einem Überweg erreichbar ist. Der Z. ist veraltet. Wird der Z. benutzt, darf das nicht besetzte Gleis nicht befahren werden. Auf der Modellbahnanlage ist ein Z. bei Nebenbahnmotiven angebracht.

Zwischenrad: → Zahnrad, das zur Änderung der Drehrichtung oder der Übersetzung oder zur Überbrückung einer größeren Entfernung zwischen einem Antriebszahnrad und einer angetriebenen Welle in einem Getriebe eingebaut ist.

Zylinderblock: Bauteil der → Dampflokomotive, das Dampfzylinder und Schieberkasten enthält und beidseitig mit Paßschrauben an dem → Rahmen der Lok befestigt ist. Bei Loks mit drei oder mehr Zylindern wird das Mittelteil des Z. als Verbindung der → Rahmenwangen genutzt. Beim *Selbstbau* kann man den Z. ebenfalls getrennt herstellen und von innen mit den Rahmenwangen verschrauben oder als doppelseitigen Z. ausführen und als Querverbindung des Rahmens verwenden. Für den Grundkörper kann die Blechbauweise Anwendung finden, bei der die Stirnbleche, die nach der → Mehrschichtfertigung zugeschnitten werden können, mit den Mantelblechen verlötet werden. Wenn entsprechende Werkzeuge oder Maschinen zur Verfügung stehen, kann der Z. auch aus Vollmaterial hergestellt werden, was die → Haftreibungszugkraft der Lok günstig beeinflußt. Schieberkasten (oben) und Zylinder können als Drehteil gefertigt und in entsprechende Bohrungen eingeklebt werden. Man kann aber auch Blechscheiben → stanzen, mit einer ringförmigen → Niet-Imitation versehen und beidseitig auf den Z. aufkleben. Abb.

Normen Europäischer Modellbahnen **Einführung in die NEM**	**NEM** **001** Seite 1/2

Dokumentation   **Ausgabe 1983**

1. Entstehung der Normen

Die Erzeugnisse der bedeutenden europäischen Modellbahn – Hersteller unterschieden sich früher aus entwicklungsgeschichtlichen Gründen in vielerlei Hinsicht. Dies war so lange kein besonderer Nachteil, wie jede Firma ein komplettes Sortiment für den Aufbau einer Modellbahnanlage anbot. Aus Konkurrenzgründen war die Industrie daher auch nicht an einer Vereinheitlichung interessiert.

Mit der Ausbreitung des Modellbahnwesens nach 1950 entstanden eine Reihe Betriebe, die Fahrzeuge, Gleismaterial und anderes Zubehör oder Bauteile auf den Markt brachten. Die fehlende Einheitlichkeit in Baugröße, Spurweite, Stromsystem, Kupplungssystem, Gleis- und Radsatzabmessungen machte sich jetzt sehr nachteilig bemerkbar. Die inzwischen gegründeten nationalen Verbände der Modelleisenbahnfreunde schlossen sich daher 1954 zum Verband MOROP zusammen (zunächst "Verband der Modelleisenbahner Europas", später erweitert zum "Verband der Modelleisenbahner und Eisenbahnfreunde Europas"). Wichtigstes Ziel des Verbandes ist die Ausarbeitung von "Normen Europäischer Modellbahnen (NEM)". Mit dieser Aufgabe wurde der "Technische Ausschuß" des MOROP betraut, der durch Ergänzung und Revision das Normenwerk ständig dem Entwicklungsstand der Modellbahntechnik anpaßt.

2. Theoretische Grundlagen der NEM

Nach Gründung des MOROP wurden in kurzer Zeit die wichtigsten Normen für Maßstäbe, Nenngrößen, Gleis- und Radsatzabmessungen, elektrische Ausrüstung u. a. aufgestellt. Hierbei konnte man teilweise auf Vorarbeiten zurückgreifen, die von einigen nationalen Verbänden, z. B. dem Verband Deutscher Modell-Eisenbahn-Clubs (MONO-Normen) und den später im Deutschen Modelleisenbahn-Verband der DDR zusammengeschlossenen Arbeitsgemeinschaften (NORMAT-Normen) geleistet wurden. Außerdem hat man bestehende Normen, z. B. die amerikanischen NMRA und die britischen BRMSB, ausgewertet. Es zeigte sich jedoch, daß diese rein empirisch entstanden waren und in den einzelnen Spurweiten unterschiedliche Bedingungen für die einheitliche Beziehung zwischen Betriebssicherheit und relativer Vergrößerung von Rad und Schiene aufwiesen. Im übrigen berücksichtigten sie nicht die besonderen Merkmale der Eisenbahnen des europäischen Kontinents.

Man entwickelte deshalb ein Diagramm im doppeltlogarithmischen System mit den Werten der Proportion als Ordinate und der Spurweite als Abszisse (s. Abb. 1), in dem die Verkleinerungsmaßstäbe als gerade Linie erscheinen. Während der "Grundmaßstab" (GM) aus dem Verhältnis Modellspurweite zu Regelspurweite berechnet wurde, gab es für bestimmte Bauteile "Sondermaßstäbe". Diese betrafen insbesondere solche Bauteile, die aus Sicherheits- oder anderen Gründen gegenüber dem Grundmaßstab mit abnehmender Nenngröße relativ größer gestaltet werden mußten; dazu zählen vor allem Radbreiten und Schienen (SM 1) sowie Spurkränze (SM 2). Ein zum optischen Ausgleich der relativ größeren Fahrgestellbreite aufgeführter "Sondermaßstab 3" für Fahrzeugaufbauten fand früher bei einigen H0-Bahn-Herstellern Anwendung, hat heute aber nur noch für Nenngröße 0 einige Bedeutung (M 1 : 43,5).

NEM 001   Seite 2/2

Ausgabe 1983

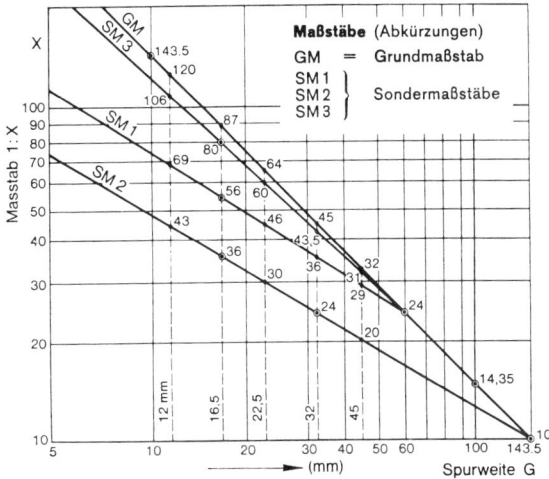

Maßstäbe (Abkürzungen)
GM = Grundmaßstab
SM 1
SM 2 } Sondermaßstäbe
SM 3

Abb. 1

Die nach diesen Grundsätzen erarbeiteten und geordneten Modellbahn-Normen ergeben relativ gleiche Funktionsverhältnisse mit entsprechender Betriebssicherheit in allen Nenngrößen. Die Abmessungen der Funktionsteile wurden so gewählt, daß sowohl den Belangen der Modellbahner als auch den Bedingungen der industriellen Modellbahn-Produzenten entsprochen werden konnte. Den zunächst in die Norm aufgenommenen Nenngrößen I, 0, S, H0 und TT folgten später die Nenngrößen N und Z.

3. Aufbau und Weiterentwicklung der NEM

Nach zwei Jahrzehnten ergab sich die Notwendigkeit, die bestehenden Normen zu überprüfen und den fortentwickelten technischen Möglichkeiten industrieller Fertigung anzupassen. Hierbei behielt man das bewährte Prinzip des Maßstabdiagramms bei, gab jedoch die strenge Zuordnung zu den aufgeführten Sondermaßstäben auf, um spezielle Besonderheiten besser berücksichtigen zu können.

Soweit möglich, wurde eine Übereinstimmung mit den ebenfalls weiterentwickelten NMRA angestrebt. Insbesondere wurde das neue System übernommen, anstelle bestimmter Maß- und Toleranzangaben die Maße weitgehend nur noch mit ihrem Maximum oder Minimum festzulegen. Hierdurch hat der Modellbauer die Möglichkeit, einzelne Funktionsteile (z. B. die Spurkranzhöhe) noch maßstäblicher zu gestalten, ohne daß die Betriebssicherheit beeinträchtigt wird.

Die Revision hatte außerdem zur Folge, daß zwischen "Verbindlichen Normen" und "Empfehlungen" unterschieden wird. Erstere müssen aus Gründen der Funktionssicherheit unbedingt eingehalten werden. Bei Empfehlungen hingegen handelt es sich entweder um Maßvorgaben, deren Einhaltung des optischen Eindrucks wegen oder aus anderen Gründen angeraten erscheint, oder aber um Hilfsmittel für Planung und Bau von Fahrzeugen und Modellbahnanlagen. Als dritte Kategorie wurden 1981 "Dokumentationen" aufgenommen, deren Aufgabe es ist, Arbeitsanleitungen, Übersichten usw. zu vermitteln.

Auf einigen Gebieten konnte noch keine zufriedenstellende Normung erzielt werden, weil unterschiedliche industrielle Entwicklungen eine Anpassung bisher nicht erlaubten. Dies betrifft vor allem die verschiedenen Kupplungssysteme bei einigen Nenngrößen. Die künftige Aufgabe des "Technischen Ausschusses" wird sein, diese Lücken in der Normung zu schließen und darüber hinaus insbesondere durch Erweiterung der Kategorie "Dokumentationen" dem Modellbahner leicht verständliche Hilfsmittel zum Bau und Betrieb von Eisenbahnmodellen anzubieten.

| Normen Europäischer Modellbahnen
Ordnung für die Ausarbeitung von
Normen Europäischer Modellbahnen (NEM) | **NEM**
002 |

Dokumentation   Ausgabe 1982

1. Normen Europäischer Modellbahnen (NEM) bestehen aus
   - Verbindlichen Normen,
   - Empfehlungen,
   - Dokumentationen.

   Vorschläge, Vorentwürfe und Entwürfe sind Stufen der Vorbereitung für NEM.

2. **"Verbindliche Normen"** sind insgesamt verbindlich oder enthalten verbindliche Festlegungen. Sie haben das Ziel, einen funktionssicheren und weitgehend vorbildgerechten Betrieb auf Modellbahnanlagen zu garantieren.

   Erzeugnisse dürfen nicht als den NEM entsprechend bezeichnet werden, wenn sie Abweichungen von den verbindlichen Festlegungen aufweisen.

3. **"Empfehlungen"** sind nicht verbindlich. Sie enthalten Ratschläge mit den Zielen, eine große Annäherung der Modelle an das Vorbild zu erreichen, die Austauschbarkeit von Teilen zu gewährleisten oder gewisse Funktionen zu ermöglichen.

4. **"Dokumentationen"** enthalten Regelungen, Zusammenstellungen, Übersichten, Arbeitsanleitungen, Meßmethoden oder ähnliches.

5. **Vorschläge** für Normen können von der Leitung des TA oder den Mitgliedsverbänden des MOROP in deutscher oder französischer Sprache vorgelegt werden. Vorschläge von Vereinen, Arbeitsgemeinschaften, Beratern des TA oder anderen Einzelpersonen sind über den jeweiligen Ländervertreter oder – sofern keine Ländervertretung im TA besteht – beim Sekretär des TA einzureichen. Nach Prüfung werden sie dem Leiter des TA übergeben, der ihre Behandlung auf die Tagesordnung der nächsten Beratung setzt. Die Beratungen finden in der Regel zweimal jährlich statt.

   Der Leiter des TA stellt den Vorschlag vor. Nach Beratung entscheiden die stimmberechtigten Mitglieder des TA über die Annahme. Bei Annahme des Vorschlags bestellt der Leiter einen Bearbeiter für die Aufstellung eines Vorentwurfs. Der Bearbeiter kann weitere Mitarbeiter hinzuziehen. Nach Möglichkeit soll sowohl die deutsche als auch die französische Sprachgruppe vertreten sein.

6. Der Bearbeiter legt dem Leiter des TA den **Vorentwurf** so rechtzeitig vor, daß er den stimmberechtigten Mitgliedern spätestens 4 Wochen vor der nächsten Beratung in der jeweiligen Sprache (deutsch oder französisch) zugestellt werden kann.

7. Der TA berät über den Vorentwurf und faßt gegebenenfalls Beschluß über einen Entwurf. Der **Entwurf** soll nach Form und Inhalt bereits weitgehend der endgültigen Norm entsprechen und nur noch geringfügige Änderungen erwarten lassen.

   Der Entwurf wird je nach seiner Bedeutung solchen Institutionen (z. B. Modellbahnindustrie, Verbände, Presse) und Einzelpersonen zur Kenntnis gegeben, denen ein Mitspracherecht gewährt wird. Ihnen soll ein Zeitraum von 4 Wochen zur Stellungnahme eingeräumt werden. Außerdem wird der Entwurf allen stimmberechtigten Mitgliedern und ständigen Beratern ebenso rechtzeitig zugestellt.

8. Die Einsprüche werden im TA beraten. Für die **Verabschiedung des Entwurfs** als Norm ist eine Zweidrittelmehrheit der anwesenden stimmberechtigten Mitglieder erforderlich. Danach wird der verabschiedete Entwurf der Delegiertenversammlung des MOROP zur **Inkraftsetzung** vorgelegt. Eventuelle Gegenmeinungen von TA-Mitgliedern sind der Delegiertenversammlung mitzuteilen.

   Der Präsident des MOROP kann von der Delegiertenversammlung ermächtigt werden, noch ausstehende Fragen mit dem Leiter des TA zu klären und den Entwurf daraufhin in Kraft zu setzen.

   Bei Ablehnung des verabschiedeten Entwurfs kann die Delegiertenversammlung den TA mit der Neubearbeitung beauftragen.

9. Nach Inkraftsetzung der Norm wird sie durch Hinweis in "MOROP-Inform" und je nach allgemeinem Interesse durch **Veröffentlichung** in der Fachpresse bekanntgegeben.

   Der **Vertrieb** der in Kraft gesetzten Normen ist in NEM 003 geregelt.

Normen Europäischer Modellbahnen	**NEM**
# Maßstäbe, Nenngrößen, Spurweiten	# 010

Verbindliche Norm	Maße in mm	Ausgabe 1987

1. Diese Norm regelt die Aufteilung und Bezeichnung der Maßstäbe und Spurweiten von Modelleisenbahnen.

2. Der **Verkleinerungsmaßstab** von Modellbahn-Anlagen und -Fahrzeugen wird durch den Begriff **"Nenngröße"** ausgedruckt. Die Nenngröße wird mit Buchstaben bzw. römischen Ziffern bezeichnet (Tabelle 1).

   Die zahlreichen beim Vorbild vorhandenen **Spurweiten** werden für die Nachbildung im Modell zu vier Gruppen zusammengefaßt. Die Nenngrößen-Bezeichnung ohne Zusatzbuchstabe bezieht sich auf die Vorbildspurweiten > 1250, während bei Schmalspurbahnen mit Vorbildspurweiten < 1250 der Nenngrößen-Bezeichnung die Zusatzbuchstaben **m, e** oder **i** hinzugefügt werden. Für diese kombinierte Nenngrößen- und Spurweiten-Bezeichnung wird im deutschen Sprachgebrauch der Begriff **"Spur"** verwendet.

   Beispiele: *Nachbildung einer Normalspurbahn im Maßstab 1 : 87:*
   Nenngröße H0 ("H-Null"),   Spur H0 (Spurweite 16,5)

   Nachbildung einer Meterspurbahn im Maßstab 1 : 45:
   Nenngröße 0 ("Null"),   Spur 0m (Spurweite 22,5)

Tabelle 1

Maßstab [1][2]	Modell-meter	Nenngröße	Modellspurweite für abzubildende Spurweiten			
			1250 bis 1700	850 bis < 1250	650 bis < 850	400 bis < 650
1 : 220	4,5	Z	6,5	-	-	-
1 : 160	6,3	N	9	6,5	-	-
1 : 120	8,3	TT	12	9	6,5	-
1 : 87	11,5	H0	16,5	12	9	6,5
1 : 64	15,6	S	22,5	16,5	12	9
1 : 45 [3]	22,2	0	32	22,5	16,5	12
1 : 32	31,3	I	45	32	22,5	16,5
1 : 22,5	44,4	II	64	45	32	22,5
1 : 16	62,5	III	89	64	45	32
1 : 11	90,9	IV	127	89	64	45
1 : 8	125,0	V	184	127	89	64
1 : 5,5	181,8	VI	260	184	127	89
Zusatzbuchstabe zur Nenngröße:			-	m	e	i

Anmerkungen: [1] Einzelne Funktionsteile können vom Maßstab nach besonderen Festlegungen abweichen, die Gegenstand der einzelnen Norm-blätter sind.

[2] Bei Breitspurbahnen (Vorbildspurweite > 1435) kann der Maßstab vom Verhältnis der Spurweiten ausgehend berechnet werden. Das gilt insbesondere für Nenngrößen > I.

[3] In einigen Ländern wird auch der Maßstab 1 : 43,5 angewendet. Ein Modellmeter beträgt dabei 23,0 mm.

3. Die in Tabelle 1 genannten Spurweiten entsprechen folgenden früher in Zoll angegebenen Werten:

mm	32	45	64	89	127	184	260
Zoll	1 1/4	1 3/4	2 1/2	3 1/2	5	7 1/4	10 1/4

4. Neben den in Tabelle 1 aufgeführten Spurweiten werden hauptsächlich für Ausstellungsmodelle auch die Spurweiten 72 und 144 für die Nachbildung von Normalspurfahrzeugen verwendet, die den Dezi-malmaßstäben 1 : 20 bzw. 1 : 10 entsprechen.

5. Die in Tabelle 1 aufgeführten Nenngrößen-Bezeichnungen sind großenteils nicht mit den früher ver-wendeten identisch. Außerdem wurde früher verschiedentlich nicht das lichte Maß der Spurweite gemessen, sondern der Abstand der Schienenmitten.

   Die Nenngröße H0 wurde bis 1950 mit 00 bezeichnet. Heute ist 00 die in Großbritannien gebräuch-liche Bezeichnung für den Maßstab 1 : 76 (Spurweite jedoch 16,5).

   Die früher mit Nenngröße II bezeichnete Spurweite 51, Maßstab 1 : 27, ist nicht mehr gebräuchlich.

6. In angelsächsischen Ländern wird der Maßstab auch im Verhältnis "mm je Fuß" angegeben. So bezeichnet beispielsweise

   3,5 mm scale den Maßstab 1 : 87
   4   mm scale den Maßstab 1 : 76
   7   mm scale den Maßstab 1 : 43,5 .

7. Zur Auswertung von Zeichnungen, die in einem anderen als dem gewünschten Modellmaßstab gefertigt sind, sind die Maße der Zeichnung mit dem Verhältnis der Maßstäbe zu multiplizieren.

   Beispiel: Zeichnung M 1 : 45   Umrechnungsfaktor $= \dfrac{45}{87} = 0{,}517$
   Modell   M 1 : 87

Normen Europäischer Modellbahnen	NEM
# Umgrenzung des lichten Raumes ## bei gerader Gleisführung	# 102

Verbindliche Norm	Maße in mm	Ausgabe 1979

Diese Norm bestimmt bei Nachbildung von Regel- und Breitspurbahnen [1]) das Umgrenzungsprofil, in das kein fester Gegenstand hineinragen darf [2]), um ein berührungsfreies Verkehren von Fahrzeugen nach NEM 301 zu gewährleisten.

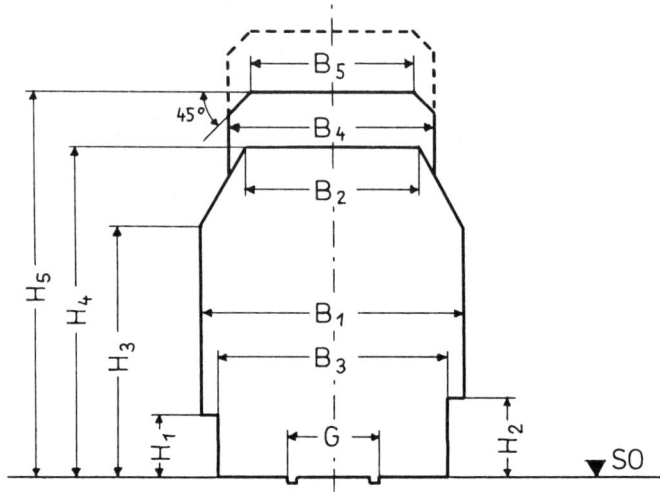

Maßtabelle

Nenn- größe	G	B_1	B_2	B_3	H_1	H_2 [3])	H_3	H_4	bei Fahrleitungsbetrieb [4])		
									B_4	B_5	H_5 [5])
Z	6,5	20	14	18	4	6	18	24	16	13	27
N	9,0	27	18	25	6	8	25	33	22	18	37
TT	12,0	36	24	32	8	10	33	43	28	22	48
H0	16,5	48	32	42	11	14	45	59	38	30	65
S	22,5	66	44	57	15	19	60	78	50	38	87
0	32,0	94	63	82	21	27	85	109	68	52	120
I	45,0	130	87	114	30	38	118	150	93	71	165

HO B₁ : 1.9"   H₄: 2.3"

Anmerkungen

[1]) Für Breitspurfahrzeuge wird nach NEM 010 die Regelspurweite G zugrundegelegt.

[2]) Funktionselemente und Seitenschienen für Stromspeisung dürfen in den unteren Teil hineinragen.

[3]) Nur für Güterrampengleise.

[4]) Bezüglich Fahrleitungsbetrieb siehe NEM 201 und 202.

[5]) Das Maß H₅ gibt die Begrenzung des lichten Raumes bei tiefster Fahrdrahtlage an. Der Fahrdraht und seine Halterung dürfen in den oberen Teil hineinragen.

Normen Europäischer Modellbahnen	**NEM**
Umgrenzung des lichten Raumes	**103**
bei Gleisführung im Bogen	Seite 1/2

Verbindliche Norm	**Maße in mm**	**Ausgabe 1985**

Im Bereich von Gleisbögen ist die Umgrenzung des lichten Raumes nach NEM 102 außer dem Bereich des Stromabnehmers zur Bogen-Außenseite und Bogen-Innenseite hin jeweils um das Maß E in Abhängigkeit vom Bogenradius und dem zu verwendenden rollenden Material zu erweitern.

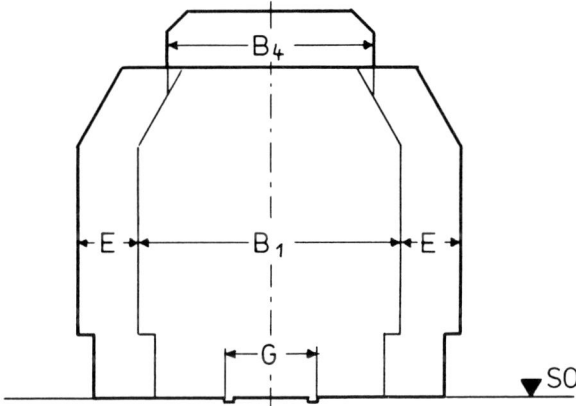

Für die Erweiterung ist der seitliche Ausschlag der Fahrzeuge bestimmend. Den größten seitlichen Ausschlag weisen Drehgestellwagen zur Bogen-Innenseite hin auf. Die Länge des jeweils eingesetzten Drehgestellwagens ist somit ausschlaggebend für die Größe des Maßes E.

Die Drehgestellwagen werden zu diesem Zweck in drei Gruppen unterteilt:

Wagengruppe A
mit bis zu 20,0 m Kastenlänge und 14,0 m Drehzapfenabstand, $65'$ $(9'' / 230\,mm)$

Wagengruppe B
mit bis zu 24,2 m Kastenlänge und 17,2 m Drehzapfenabstand, $80'$ $(10.95'' / 278\,mm)$

Wagengruppe C
mit bis zu 27,2 m Kastenlänge und 19,5 m Drehzapfenabstand. $90'$ $(12.3'' / 313\,mm)$

Anmerkung:
Verkürzte Modelle der Wagengruppe C (z.B. bei Nenngröße H0 im Längenmaßstab 1:100) sind ggf. der Wagengruppe B zuzuordnen.

Die **Grenzmaße für die Wagenkastenlänge** entsprechen folgenden Modellmaßen:

Nenngröße ⟶	Z	N	TT	H0	S	0	I
Wagengruppe A	91	125	167	230	313	460	625
Wagengruppe B	110	151	202	278	378	556	756
Wagengruppe C	124	170	227	313	425	625	850

Die Maße für die Erweiterung E sind der Tabelle auf Seite 2 zu entnehmen. Der Wert für die Wagengruppe A soll nach Möglichkeit nicht unterschritten werden, auch wenn keine Drehgestellfahrzeuge vorhanden sind.

NEM 103 Seite 2/2

Maße in mm — Ausgabe 1985

Maßtabelle für E

Nenngröße →	Z			N			TT			H0			S			0			I		
Radius des Gleisbogens	Wagengruppen																				
	A	B	C	A	B	C	A	B	C	A	B	C	A	B	C	A	B	C	A	B	C
175	2	3	5	4	/	/	/	/	/	/	/	/	/	/	/	/	/	/	/	/	/
200	2	3	4	4	6	/	/	/	/	/	/	/	/	/	/	/	/	/	/	/	/
225	2	2	4	3	5	7	/	/	/	/	/	/	/	/	/	/	/	/	/	/	/
250	1	2	3	3	5	6	6	/	/	/	/	/	/	/	/	/	/	/	/	/	/
275	1	2	3	3	4	6	5	8	/	/	/	/	/	/	/	/	/	/	/	/	/
300	1	2	3	2	4	5	5	7	10	/	/	/	/	/	/	/	/	/	/	/	/
325	1	1	2	2	3	5	4	6	9	9	/	/	/	/	/	/	/	/	/	/	/
350	1	1	2	2	3	4	4	6	8	8	12	/	/	/	/	/	/	/	/	/	/
400	0	1	2	1	2	4	3	5	7	7	11	14	/	/	/	/	/	/	/	/	/
450	0	1	1	1	2	3	3	4	6	6	9	12	12	/	/	/	/	/	/	/	/
500	0	0	1	1	1	3	2	4	5	5	8	11	10	16	/	/	/	/	/	/	/
550	0	0	1	0	1	2	2	3	4	4	7	10	9	14	19	/	/	/	/	/	/
600	0	0	1	0	1	2	1	3	4	4	6	9	8	13	17	19	/	/	/	/	/
700	0	0	0	0	0	2	1	2	3	3	5	7	7	11	15	16	25	/	/	/	/
800	0	0	0	0	0	1	0	2	3	3	4	6	6	9	13	14	22	29	/	/	/
900	0	0	0	0	0	1	0	1	2	2	3	5	5	8	11	12	19	25	23	/	/
1000	0	0	0	0	0	0	0	1	2	2	3	4	4	7	9	10	17	22	20	31	/
1200	0	0	0	0	0	0	0	0	1	1	2	3	3	5	7	8	14	18	16	25	34
1400	0	0	0	0	0	0	0	0	1	1	2	2	2	4	6	7	11	15	13	21	28
1600	0	0	0	0	0	0	0	0	1	0	1	2	2	3	5	6	9	13	11	18	24
1800	0	0	0	0	0	0	0	0	0	0	1	1	1	2	4	5	8	11	9	15	21
2000	0	0	0	0	0	0	0	0	0	0	0	1	1	2	3	4	7	9	7	13	18
2500	0	0	0	0	0	0	0	0	0	0	0	0	0	1	2	3	5	7	5	10	13
3000	0	0	0	0	0	0	0	0	0	0	0	0	0	1	1	2	3	5	3	7	10

In der Übergangszone zum Gleisbogen ist die Erweiterung der Umgrenzung des lichten Raumes der Skizze entsprechend vorzusehen.

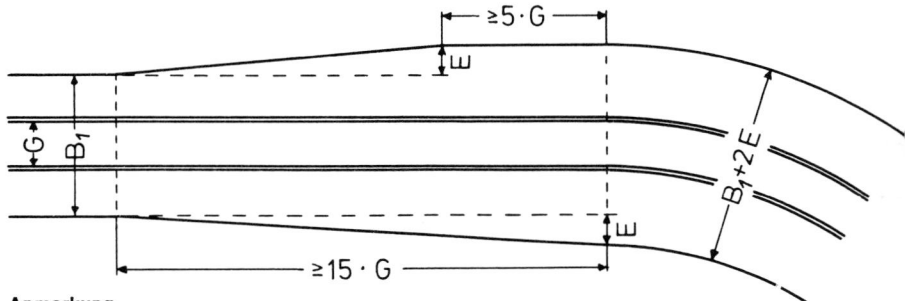

Anmerkung

Gleisabstände im Bogen sind nach NEM 112 zu bemessen.

Normen Europäischer Modellbahnen # Profillehre für Nenngröße HO	**Beiblatt 1** zu **NEM** **102 / 103**

Ausgabe 1984

1. Zweck

Mit Hilfe einer Profillehre läßt sich die Einhaltung des lichten Raumes sowohl in der Geraden als auch im Gleisbogen überprüfen.

2. Form und Ausführung der Lehre

Die Profillehre besteht aus zwei seitlich gegeneinander verschiebbaren Scheiben, die dem Umgrenzungsprofil nach NEM 102 ohne den Raum für Fahrleitungsbetrieb entsprechen. Sie werden durch eine Rändelschraube zusammengehalten.

Die eine der beiden Scheiben besitzt zwei Zapfen zur Arretierung auf dem Gleis. An der oberen Abschrägung ist in Form zweier Kerben das Maß B_4 für Fahrleitungsbetrieb markiert.

Die zweite verschiebbare Scheibe enthält an beiden Außenseiten eine Skala zum Ablesen des Wertes E nach NEM 103.

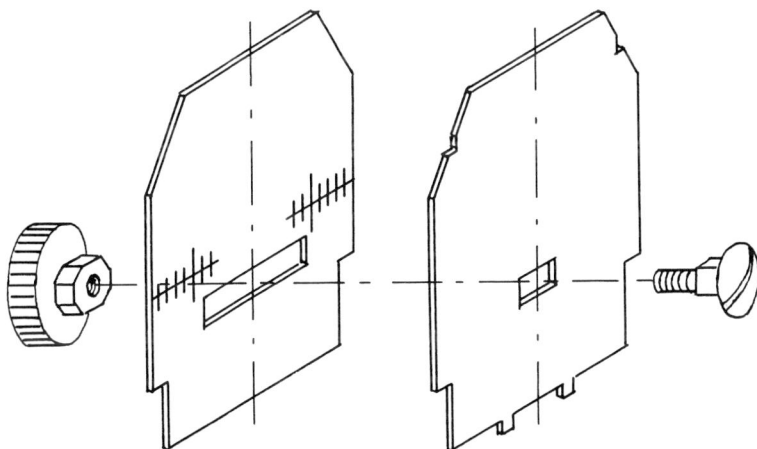

Der Profillehre wird vom Hersteller eine Gebrauchsanleitung beigegeben, aus der die wichtigsten Daten nach NEM 102/103 ersichtlich sind.

Die Lehre wird von der Firma

Sommerfeldt
Friedhofstraße 42
D-7321 Hattenhofen

hergestellt und kann unter der Bestell-Nummer 100 über den Modellbahn-Fachhandel bezogen werden.

Normen Europäischer Modellbahnen	NEM
Umgrenzung des lichten Raumes	**104**
bei Schmalspurbahnen	

Empfehlung Maße in mm Ausgabe 1980

Diese Norm bestimmt bei Nachbildung von Schmalspurbahnen mit Spurweiten zwischen 650 und 1250 mm[1]) das Umgrenzungsprofil, in das kein fester Gegenstand hineinragen darf, um ein berührungsfreies Verkehren der Fahrzeuge zu gewährleisten.

Bei elektrischen Bahnen mit Oberleitungsbetrieb ist das Lichtraumprofil entsprechend den Erfordernissen zu erweitern.

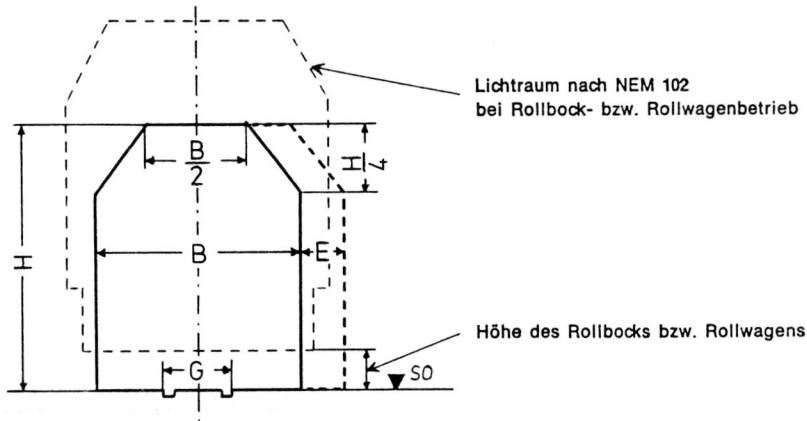

Lichtraum nach NEM 102
bei Rollbock- bzw. Rollwagenbetrieb

Höhe des Rollbocks bzw. Rollwagens

Maßtabellen

Nenngröße	Spurweite	H	B
Nm	6,5	26	22
TTm	9,0	34	28
H0m	12,0	48	38
Sm	16,5	64	52
0m	22,5	90	74
Im	32,0	126	104
II m	45,0	178	146

Nenngröße	Spurweite	H	B
TTe	6,5	32	26
H0e	9,0	46	36
Se	12,0	60	50
0e	16,5	86	70
Ie	22,5	120	98
II e	32,0	170	138

Die Breitenmaße des Lichtraumprofils gelten nur für gerade Gleisführung.

Im Bereich von Gleisbögen ist das Lichtraumprofil zur Bogen-Außenseite und Bogen-Innenseite hin in Abhängigkeit vom Bogenradius und dem verwendeten rollenden Material jeweils um das Maß E zu erweitern.

Das Maß E kann durch Versuche ermittelt oder durch folgende Formel errechnet werden:

Es bedeuten:
E = Erweiterung des Lichtraumprofils
R = Radius des Gleisbogens
A = fester Radstand bzw. Drehzapfenabstand des längsten Fahrzeuges

$$E = R - \sqrt{R^2 - \left(\frac{A}{2}\right)^2}$$

Anmerkung
[1]) Siehe NEM 010, Zusatzzeichen ,,m'' und ,,e''.

Normen Europäischer Modellbahnen	**NEM**
# Tunnelprofile für Normalspurbahnen	**105** Seite 1/3

Empfehlung   Ausgabe 1987

1 Allgemeines

Die in dieser Norm enthaltenen Empfehlungen dienen als Konstruktionshilfe für die Bemessung des Tunnelprofils. Sie führen besonders in schwierigen Fällen, wie sie beispielsweise durch engen Bogenradius oder großen Gleisabstand gegeben sein können, zu einem den jeweiligen Erfordernissen genau angepaßten Profil.

Vorzugsweise sollte man Tunneleingänge in die Gerade oder in solche Gleisbogen legen, bei denen eine Erweiterung des lichten Raumes nach NEM 103 nicht oder kaum erforderlich ist, um optisch zu groß wirkende Tunnelöffnungen zu vermeiden.
Die Tunnelwand sollte zumindest im einsehbaren Bereich des Tunneleingangs nachgebildet werden.

Die Größe des Tunnelprofils wird bestimmt durch
- die Betriebsart (mit oder ohne Oberleitung),
- den Bogenradius,
- die Länge der eingesetzten Fahrzeuge,
- den Gleisabstand bei mehrgleisigen Strecken.

Zur Ermittlung der Maße werden folgende Normen herangezogen:
NEM 102 - Umgrenzung des lichten Raumes bei gerader Gleisführung,
NEM 103 - Umgrenzung des lichten Raumes bei Gleisführung im Bogen,
NEM 112 - Gleisabstände.

Beim Rechtecktunnel werden zwischen Tunnelwand und Umgrenzung des lichten Raumes schmale Seitenräume berücksichtigt, wie sie bei neueren Tunneln des Vorbilds als Sicherheitsraum oder für Einbauten üblich sind.
Beim Gewölbetunnel ergeben sich diese Seitenräume durch die Wölbung.
Es empfiehlt sich, bei elektrischem Betrieb die Oberleitung auf die nach NEM 201 zulässige tiefste Lage abzusenken.
Die Profile für Rechtecktunnel sind auch für Brückendurchfahrten anwendbar.
Die dargestellten Tunnelprofile berücksichtigen eventuelle Überhöhungen im Gleisbogen nach NEM 114.

2 Darstellung
2.1 Rechtecktunnel

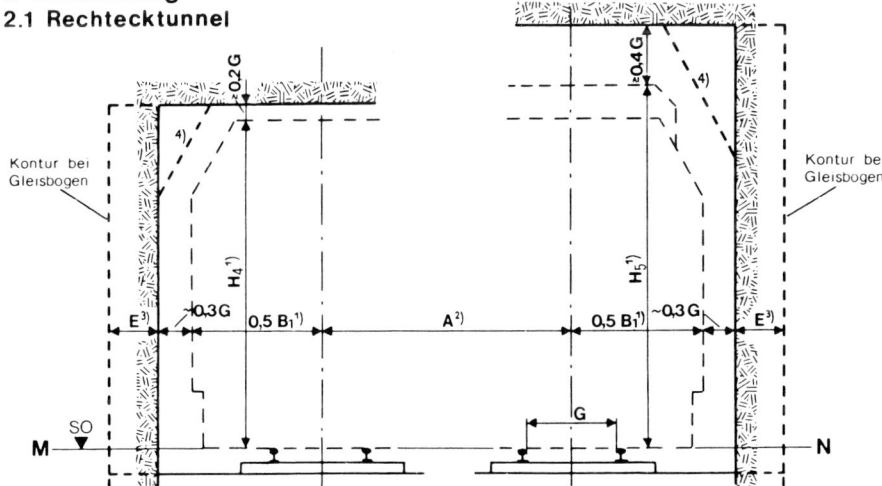

Anmerkungen:
[1]) Maße B_1, H_4 und H_5 der Umgrenzung des lichten Raumes nach NEM 102.
[2]) Gleisabstand A nach NEM 112.
[3]) Erweiterung E nach NEM 103.
[4]) Die Tunnelwand kann im oberen Bereich abgeschrägt werden.

Konstruktion

1. Die Tunnelhöhe setzt sich aus den in der Zeichnung dargestellten Maßen zusammen.

2. Dei Tunnelbreite ergibt sich aus dem Breitenmaß B_1 (bei mehrgleisigen Tunneln unter Berücksichtigung der Gleisabstände nach NEM 112) sowie den beiderseitigen Seitenräumen 0,3 G.

   Bei Bogengleisen ist die so ermittelte Tunnelbreite beiderseits noch um das Maß E (NEM 103) zu erweitern.

2.3 Zweigleisiger Gewölbetunnel

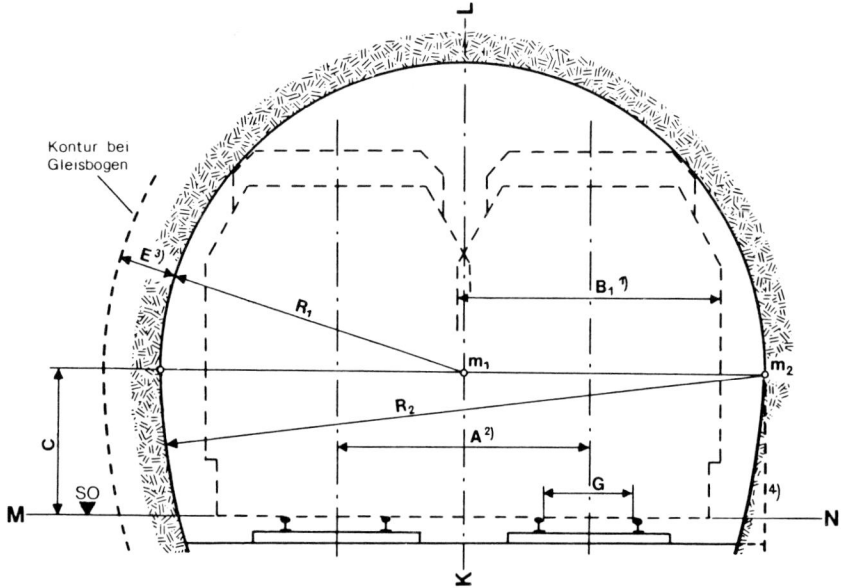

Anmerkungen:

[1] Maß B_1 der Umgrenzung des lichten Raumes nach NEM 102.
[2] Gleisabstand A nach NEM 112.
[3] Erweiterung E nach NEM 103.
[4] Die Tunnelwand kann im unteren Bereich auch senkrecht ausgeführt werden.

Konstruktion

1. Tunnelachse K - L und Horizontale über Schienenoberkante (SO) M - N aufzeichnen, Gleisabstand A nach NEM 112 ermitteln.

2. Punkt m_1 auf der Tunnelachse bestimmen und Horizontale durch m_1 aufzeichnen.

   Maßtabelle für den Wert C:

   beim Tunnel ohne Oberleitung: $C = 1,5 G$ bei geraden Gleisen,
   $C = 1,7 G$ bei Bogengleisen,
   beim Tunnel mit Oberleitung: $C = 1,8 G$ bei geraden Gleisen,
   $C = 1,7 G$ bei Bogengleisen.

3. Bei geraden Gleisen: Kreisbogen mit Radius $R_1 = 0,5 A + 0,6 B_1$ um Punkt m_1 zeichnen (ergibt Tunnelwand oberhalb der Horizontalen durch m_1).

   Bei Bogengleisen ist R_1 um das Maß E (NEM 103) zu vergrößern.

   Beispiel für H0: Bogenradius (Innengleis) 700, $A = 52$, $B_1 = 48$, $E = 7$ mm
   $R_1 = 0,5 A + 0,6 B_1 + E = 26 + 29 + 7 = 62$ mm

4. Kreisbogen mit Radius $R_2 = 2 R_1$ um Punkt m_2 zeichnen (ergibt Tunnelwand unterhalb der Horizontalen durch m_1).

   Zur Darstellung der gegenüberliegenden Tunnelwand ist spiegelbildlich zu verfahren.

NEM 105 Seite 2/3

Ausgabe 1987

2.2 Eingleisiger Gewölbetunnel

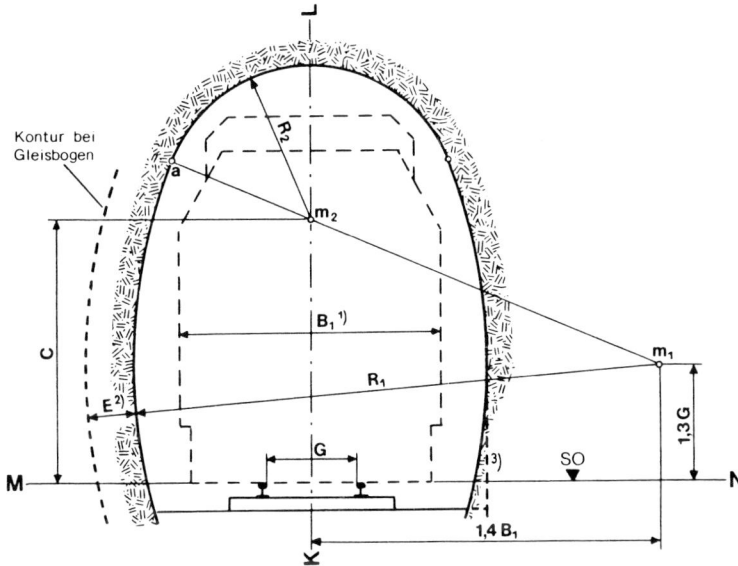

Anmerkungen:

[1] Maß B_1 der Umgrenzung des lichten Raumes nach NEM 102.

[2] Erweiterung E nach NEM 103.

[3] Die Tunnelwand kann im unteren Bereich auch senkrecht ausgeführt werden.

Konstruktion

1. Tunnelachse K - L und Horizontale über Schienenoberkante (SO) M - N aufzeichnen.

2. Punkte m_1 und m_2 nach Abbildung bestimmen.

   Maßtabelle für den Wert C:

beim Tunnel ohne Oberleitung:	$C = 2,2\ G$
beim Tunnel mit Oberleitung:	$C = 2,8\ G$ bei geradem Gleis,
	$C = 2,3\ G$ beim Bogengleis.

3. Bei geradem Gleis: Kreisbogen mit Radius $R_1 = 2\ B_1$ um den Punkt m_1 zeichnen (ergibt Tunnelwand im unteren Bereich bis zum Punkt a).

   Beim Bogengleis ist R_1 um das Maß E (NEM 103) zu vergrößern.

   Beispiel für H0: Bogenradius 700, $B_1 = 48$, $E = 7$ mm

   $$R_1 = 2\ B_1 + E = 96 + 7 = 103\ mm$$

4. Zur Darstellung der gegenüberliegenden Tunnelwand ist spiegelbildlich nach Punkt 2 und 3 zu verfahren.

5. Kreisbogen mit Radius R_2 (= Strecke m_2 - a) um den Punkt m_2 zeichnen (ergibt Tunnelwand im oberen Bereich).

Normen Europäischer Modellbahnen	NEM
# Kleinste Bogenradien	**111**

Empfehlung   Ausgabe 1989

1   Zweck

Eine maßstäbliche Umrechnung von Vorbildmaßen, wie sie beispielsweise im Fahrzeug-Modellbau üblich ist, kann bei der Linienführung von Gleisen auf Modellbahnanlagen in der Regel nicht angewandt werden. Besonders auffällig tritt die überproportionale Verkleinerung der Bogenradien in Erscheinung.

Eine Begrenzung der Bogenradius-Reduzierung ist sowohl zur optischen Wahrung einer gewissen Wirklichkeitstreue als auch wegen mechanischer Zwänge des Fahrzeuglaufs erforderlich. Demgegenüber spielen die beim Vorbild bedeutsamen kinematischen Einflüsse einer Zugfahrt im Gleisbogen beim Modell keine wesentliche Rolle, insbesondere nicht, wenn Übergangsbogen nach NEM 113 verlegt sind.

Bei den Festlegungen dieser Norm sind allein die mechanischen Bedingungen des Bogenlaufs maßgebend, während subjektive Eindrücke der Wirklichkeitstreue außer Betracht bleiben.

2   Abhängigkeiten zwischen Fahrzeug und Bogenradius

2.1 Fahrzeuge mit festem Achsstand

Bei Fahrzeugen mit nicht radial einstellbaren Endachsen ist der Anlaufwinkel α des Rades gegen die Schiene maßgebend (siehe Abb.). Er darf nicht größer als 12° sein.

Zur Verminderung des Reibungswiderstandes und zur Erhöhung der Sicherheit gegen Entgleisung ist es ratsam, die in der Tabelle empfohlenen kleinsten Bogenradien nicht zu unterschreiten.

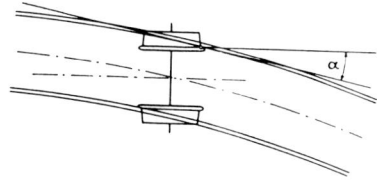

2.2 Fahrzeuge mit Drehgestellen

Bei Fahrzeugen mit Drehgestellen begrenzen im allgemeinen die Befestigungsart und der seitliche Ausschlag der Kupplungen den Verdrehungsbereich der Drehgestelle.

Die Einhaltung der empfohlenen kleinsten Bogenradien gemäß Tabelle führt auch bei Fahrzeugen mit Drehgestellen zu einem befriedigenden Bogenlauf.

3   Kleinste Bogenradien

Aufgrund vorgenannter Zusammenhänge ergeben sich in Abhängigkeit von Gleisart und Wagengruppe (NEM 103) folgende zulässige und empfohlene kleinste Bogenradien (G = Spurweite nach NEM 310):

	Normalspur-Wagengruppe			Schmalspur
	A	B	C	
zulässiger kleinster Bogenradius	22 G	25 G	30 G	15 G
empfohlener kleinster Bogenradius				
- für Nebengleise in Bahnhöfen	25 G	30 G	35 G	20 G
- für Hauptgleise auf Nebenbahnen	30 G	35 G	40 G	25 G
- für Hauptgleise auf Hauptbahnen	35 G	40 G	45 G	30 G

HO: B: 16.2, 19.5", 22.7" 26"

(x25) (x30) (x 35) (x40)

Normen Europäischer Modellbahnen	**NEM**
# Gleisabstände	# 112

Empfehlung	Maße in mm	Ausgabe 1985

1. Dieses Normblatt dient als Hilfsmittel
— zur Bestimmung des Mindestgleisabstandes im Bogen aufgrund der Länge vorhandener Fahrzeuge,
— zur Prüfung, ob Fahrzeuge bestimmter Länge auf Gleisanlagen, deren Gleisabstände im Bogen bekannt sind, eingesetzt werden können.

2. Die Abstände **gerader** Regelspurgleise — gemessen von Gleismitte zu Gleismitte — sollen die in der Tabelle dargestellten Werte nach Möglichkeit nicht unterschreiten.

	Z	N	TT	H0	S	0	I
Auf freier Strecke	19	25	34	46	63	89	125
In Bahnhöfen	21	28	38	52	71	103	141

(handschriftlich am Rand: HO 1.8" 2.0")

3. Im **Bogen** muß der Gleisabstand vergrößert werden. Die anzuwendenden Mindestgleisabstände sind der folgenden Tabelle zu entnehmen, die jeweils nach den Wagengruppen A, B und C entsprechend **NEM 103** untergliedert ist.   Das für die Wagengruppe A angegebene Maß soll nach Möglichkeit nicht unterschritten werden, auch wenn keine Drehgestellfahrzeuge vorhanden sind.

Der angegebene Gleisabstand muß bereits am Bogenanfang in voller Höhe vorhanden sein.

Tabelle der Gleisabstände

(handschriftlich am Rand: HO/B)

Nenngröße→	Z			N			TT			H0			S			0			I		
Radius des inneren Gleisbogens	Wagengruppen																			
	A	B	C	A	B	C	A	B	C	A	B	C	A	B	C	A	B	C	A	B	C
175	21	23	25	31	/	/	/	/	/	/	/	/	/	/	/	/	/	/	/	/	/
200	20	22	24	30	33	/	/	/	/	/	/	/	/	/	/	/	/	/	/	/	/
225	19	21	23	29	32	35	/	/	/	/	/	/	/	/	/	/	/	/	/	/	/
250	19	20	22	28	31	33	40	/	/	/	/	/	/	/	/	/	/	/	/	/	/
275	19	20	21	27	30	32	39	44	/	/	/	/	/	/	/	/	/	/	/	/	/
300	19	19	21	27	29	31	38	42	46	/	/	/	/	/	/	/	/	/	/	/	/
325	19	19	20	26	28	30	37	41	45	57	/	/	/	/	/	/	/	/	/	/	/
350	19	19	20	26	28	29	36	40	43	55	62	/	/	/	/	/	/	/	/	/	/
400	19	19	19	25	27	28	35	38	41	53	59	64	/	/	/	/	/	/	/	/	/
450	19	19	19	25	26	27	34	37	40	51	57	61	76	/	/	/	/	/	/	/	/
500	19	19	19	25	25	26	34	36	38	50	55	59	74	83	/	/	/	/	/	/	/
550	19	19	19	25	25	26	34	35	37	49	53	57	72	80	88	/	/	/	/	/	/
600	19	19	19	25	25	26	34	34	36	48	52	55	70	78	84	116	/	/	/	/	/
700	19	19	19	25	25	25	34	34	35	46	50	52	67	74	80	110	125	/	/	/	/
800	19	19	19	25	25	25	34	34	34	46	48	50	65	71	76	106	119	130	/	/	/
900	19	19	19	25	25	25	34	34	34	46	47	48	64	68	73	103	114	123	154	/	/
1000	19	19	19	25	25	25	34	34	34	46	46	47	63	66	70	100	110	118	149	166	/
1200	19	19	19	25	25	25	34	34	34	46	46	46	63	64	67	96	104	111	142	155	169
1400	19	19	19	25	25	25	34	34	34	46	46	46	63	63	64	93	99	105	136	147	159
1600	19	19	19	25	25	25	34	34	34	46	46	46	63	63	63	91	96	101	132	141	151
1800	19	19	19	25	25	25	34	34	34	46	46	46	63	63	63	89	93	98	129	137	145
2000	19	19	19	25	25	25	34	34	34	46	46	46	63	63	63	89	91	95	126	133	140
2500	19	19	19	25	25	25	34	34	34	46	46	46	63	63	63	89	89	90	125	126	132
3000	19	19	19	25	25	25	34	34	34	46	46	46	63	63	63	89	89	89	125	125	126

(handschriftliche Randnotizen: 2.25" 2.08")

Normen Europäischer Modellbahnen	**NEM**
# Übergangsbogen	**113** Seite 1/3

Empfehlung	Maße in mm	Ausgabe 1987

1. Zweck und Begriff

Der unmittelbare Anschluß eines Kreisbogens an eine Gerade oder an einen Gegenbogen bewirkt bei der Durchfahrt von Fahrzeugen

- einen seitlichen Ruck durch die plötzliche Richtungsänderung sowie
- eine gegenseitige Verschiebung benachbarter Fahrzeugenden.

Um diese störenden Erscheinungen zu mindern, empfiehlt es sich, auf der freien Strecke und in den Durchfahrgleisen der Bahnhöfe Übergangsbogen (ÜB) einzuschalten.

Der ÜB ist eine Kurve mit sich stetig veränderndem Radius, der sich beim Übergang aus der Geraden von unendlich bis auf den Radius des anschließenden Kreisbogens vermindert.

Besonders vorteilhaft sind ÜB bei Kreisbogen mit kleinem Radius, während man bei Bogenradien > 60 G [1]) auf ÜB verzichten kann.

2. Darstellung

Je eine Hälfte des ÜB ersetzt eine entsprechende Länge der Geraden und des Kreisbogens.

Für den Anschluß des ÜB an die Gerade und den Kreisbogen wird

- entweder die Gerade parallel um den Wert f verschoben (Abb. 1)
- oder der Radius des Kreisbogens um den Wert f verkleinert (Abb. 2).

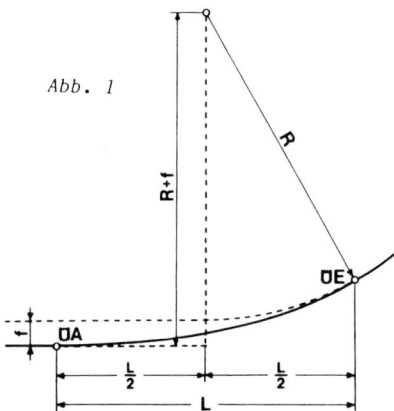

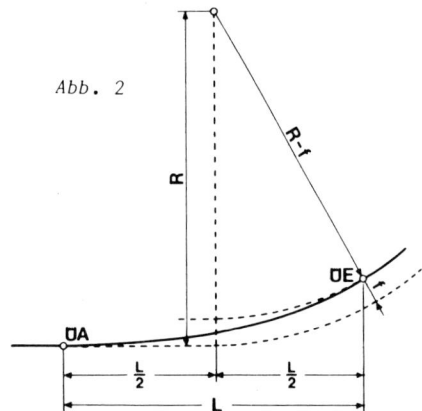

Abb. 1

Abb. 2

Gegenbogen mit ÜB können ohne Zwischengerade aneinander anschließen.

Wird eine Überhöhung im Gleisbogen vorgesehen, ist NEM 114 zu beachten.

Anmerkung: [1]) *G = Spurweite*

NEM 113   Seite 2/3

Ausgabe 1987

3. Abmessungen

Als Kennwerte für den ÜB gelten nach Abb. 3 die Abmessungen
    L = Länge des ÜB,
    f = Verschiebung der Geraden bzw. Reduzierung des Radius.

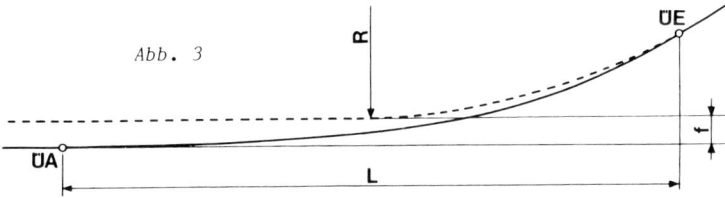

Abb. 3

Um die zu einem bestimmten Kreisbogen mit Radius R passende Kombination der Werte L und f zu bestimmen, werden zwei Methoden zur Wahl gestellt:

3.1 Anwendung empfohlener Werte

Bei dieser Methode wird für jede Spurweite ein konstanter Wert f nach Tabelle 1 festgelegt.

Tabelle 1

Spurweite G	6,5	9	12	16,5	22,5	32	45
Wert f	3	4	6	9	13	18	25

HO : 0.35"

Die ÜB-Länge kann errechnet werden nach der Formel

$$L = \sqrt{f \cdot 24\,R}$$

oder läßt sich für ausgewählte Bogenradien der Tabelle 2 entnehmen:

Tabelle 2

G \ R	150	175	200	250	300	350	400	500	600	700	800	1000	1200	1400	1600	2000
6,5	100	110	120	135	145	160										
9		130	140	155	170	185	195	220								
12				190	210	225	240	270	295	320						
16,5						275	295	330	360	390	415	465				
22,5								395	430	465	500	560	610	660		
32										550	590	655	720	780	830	930
45												775	850	915	980	1095

HO: 18" → 12.4"   22" → 13.8"

3.2 Anwendung beliebiger ÜB-Längen

Die ÜB-Länge L kann unabhängig vom Bogenradius unter folgenden Bedingungen frei gewählt werden:
- L soll kleiner als R sein, möglichst < 0,8 R,
- L soll mindestens der Länge des längsten verkehrenden Fahrzeuges entsprechen.

Der Wert f ist in Abhängigkeit vom Verhältnis L : R nach Tabelle 3 zu errechnen.

Tabelle 3

L/R	< 0,6	0,6 - 0,8	> 0,8 (vermeiden)
f	$\dfrac{L^2}{24\,R}$	$\dfrac{L^2}{23\,R}$	$\dfrac{L^2}{22\,R}$

4. Ausführung [2])

Nachdem die Werte **L** und **f** bestimmt sind, können die Endpunkte ÜA und ÜE des ÜB markiert werden, indem

- man eine Parallele zur Geraden in ihrer endgültigen Lage im Abstand der Endordinate y_E = 4 f zeichnet, deren Schnittpunkt mit dem Kreisbogen den Punkt ÜE ergibt (Abb. 4),
- die ÜB-Länge L auf der Geraden in ihrer endgültigen Lage, ausgehend von der Senkrechten zum Punkt ÜE, abgemessen und damit der Punkt ÜA ermittelt wird.

Für die Darstellung des ÜB kann zwischen zwei Ausführungsverfahren gewählt werden:

4.1 Konstruktion über Zwischenpunkte

Die Zwischenordinaten **y_i** werden als Teile der Endordinate y_E nach Tabelle 4 errechnet.

Abb. 4

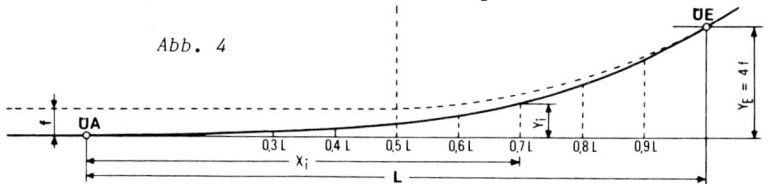

Tabelle 4

x_i	0	0,3 L	0,4 L	0,5 L	0,6 L	0,7 L	0,8 L	0,9 L	1,0 L
y_i	0	0,03 y_E	0,06 y_E	0,125 $y_E = \frac{f}{2}$	0,21 y_E	0,33 y_E	0,49 y_E	0,72 y_E	1,0 y_E = 4 f

Beispiele:

Gegeben: Spurweite: G = 16,5   und   Bogenradius : R = 600

Methode 3.1	*Methode 3.2*
Wert **f** lt. Tabelle 1: f = 9	Gewählte ÜB-Länge: L = 0,7 R = 420
ÜB-Länge lt. Tabelle 2: L = 360	Wert **f** lt. Tabelle 3: $f = \frac{L^2}{23 \cdot R} \approx 13$
Endordinate: y_E = 4 f = 36	Endordinate: y_E = 4 f = 52
Zwischenordinaten: Bei x_i = 0,7 L ist y_i = 0,33 y_E (Tabelle 4), folglich: 0,33·36 ≈ 12 usw.	0,33·52 ≈ 17 usw.

Anmerkung: Für kleine Spurweiten genügt im allgemeinen die Markierung der Zwischenpunkte 0,3 / 0,5 / 0,7 L.

4.2 Anwendung eines biegsamen Stabes

Der ÜB kann anhand eines nach Abb. 5 angefertigten biegsamen Stabes aufgezeichnet werden. Am geeignetsten ist ein elastischer, stets in seine Ausgangslage zurückfedernder rechteckiger Metallstab mit den ungefähren Abmessungen des Schienenprofils.

Ein Ende des Stabes wird mittels einer Platte versteift, die zugleich zur Befestigung auf der Unterlage dient.

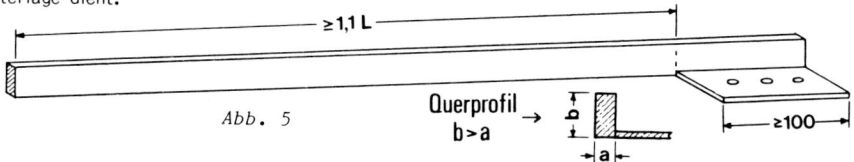

Abb. 5

Querprofil → b > a

Am Punkt ÜE wird der Stab tangential an den Kreisbogen angelegt und die Platte wird in dieser Lage auf der Unterlage befestigt. Durch Biegen wird der Stab an den Punkt ÜA herangeführt und dient damit als Kurvenlineal zum Aufzeichnen des ÜB (Abb. 6).

Ist der Kreismittelpunkt unbekannt, so kann die Tangente mit Hilfe des Punktes **K** ermittelt werden.

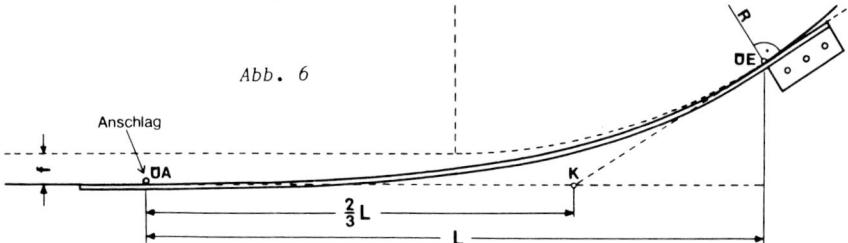

Abb. 6

Anschlag

$\frac{2}{3}$ L

Anmerkung: [2]) *Da sich der Modellbahner im allgemeinen auf die Anwendung einiger ausgewählter Bogenradien beschränken wird, empfiehlt es sich, hierfür nach einem der vorbeschriebenen Verfahren Schablonen für die benötigten ÜB herzustellen.*

Normen Europäischer Modellbahnen	**NEM**
# Überhöhung im Gleisbogen	# 114

Empfehlung	**Maße in mm**	Ausgabe 1983

1. Zweck und Begriff

Die Überhöhung dient beim Vorbild der Fahrsicherheit der Fahrzeuge im Bogen, indem die durch den Bogenlauf hervorgerufene Seitenbeschleunigung durch die erhöhte Lage der äußeren Schiene um das Maß h gegenüber der inneren Schiene ganz oder teilweise kompensiert wird (Abb. 1).

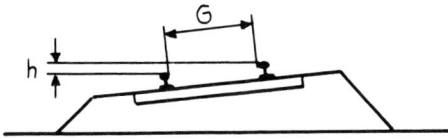

Abb. 1

Im Modellbahnbetrieb ist eine Überhöhung aus fahrdynamischen Gründen nicht notwendig; sie erhöht sogar die Gefahr des Kippens einzelner Fahrzeuge nach innen.

Deswegen soll eine aus optischen Gründen angewandte Überhöhung den Wert $\frac{G}{15}$ nicht überschreiten. Empfohlen wird:

G	6,5	9	12	16,5	22,5	32	45
h_{max}	0,4	0,6	0,8	1	1,5	2	3

2. Darstellung

Im Gleisbogen wird für die innere Schiene die Ebene bzw. Neigung des geraden Gleises beibehalten, während die äußere Schiene um das Maß h gegenüber dem Niveau der inneren Schiene erhöht wird.

Gleisbogen mit Überhöhung sollen mit Übergangsbogen (siehe NEM 113) erstellt werden; die Länge der Überhöhungsrampe soll der Länge des Übergangsbogens entsprechen. Der Anstieg zur Überhöhung wird gleichmäßig über die Länge des Übergangsbogens verteilt (Abb. 2).

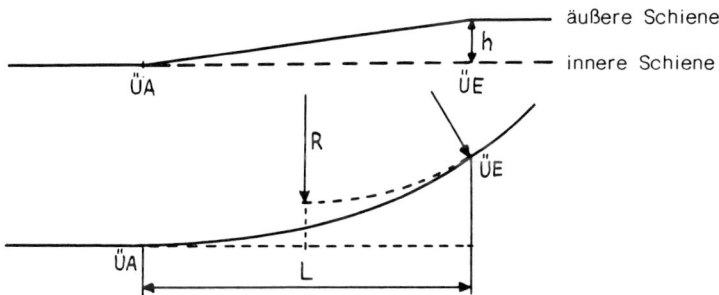

Abb. 2

	Normen Europäischer Modellbahnen	NEM
MOROP	**Schienenprofile und -laschen**	**120**
		Seite 1 von 1

Empfehlung	Maße in mm	Ausgabe 1993
		(ersetzt Ausgabe 1980)

Schienenprofile

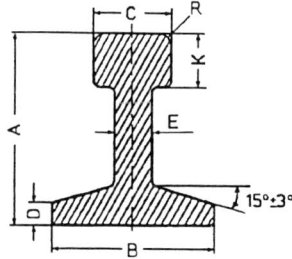

Maßtabelle

Benennung	A	B	C	D_{max}	E	K	R_{max}	Code	Vorzugsweise für Nenngröße[7]		
1)	1)	2)	2)		2)	2)		3)	4)	5)	6)
Profil 50	5,0 +0,3	4,5	2,3	0,6	1,2	1,3	0,4	208	I		
Profil 42	4,2 +0,3	3,8	1,9	0,5	1,0	1,1	0,35	172		I	Im/e
Profil 35	3,5 +0,3	3,2	1,6	0,4	0,8	0,9	0,3	148	0	0m	Ie
Profil 30	3,0 +0,2	2,7	1,3	0,35	0,7	0,8	0,25	125		0	0m/e, Ii
Profil 25	2,5 +0,2	2,2	1,1	0,3	0,6	0,6	0,2	100	S; H0	Sm	0e
Profil 20	2,0 +0,2	1,8	0,9	0,25	0,5	0,55	0,2	83	H0, TT	S, H0m	Sm/e, 0i
Profil 18	1,8 +0,1	1,6	0,8	0,25	0,4	0,5	0,15	70	TT, N	H0, TTm	H0m/e, Si
Profil 14	1,4 +0,1	1,3	0,7	0,2	0,4	0,4	0,15	55	N, Z	TT, N, Nm	TTm/e, H0i
Profil 10	1,0 +0,1	0,9	0,5	0,2	0,3	0,35	0,1	40	Z	Z	Nm

Anmerkungen
1) Das Profil wird mit einer Zahl bezeichnet, die das Zehnfache der Nennhöhe in Spalte A in mm ausdrückt.
2) Empfohlene Richtmaße
3) Vergleichbar mit dem NMRA-Profil Code ... nach RP 15.1
4) bei der Nachbildung moderner Hauptbahnen
5) bei der Nachbildung von Hauptbahnen früherer Epochen und Nebenbahnen sowie Schmalspurbahnen der Epochen IV und V
6) bei der Nachbildung sonstiger Schmalspurbahnen
7) Sind für eine Nenngröße mehrere Profile genannt, ist bei Neuentwicklungen das jeweils kleinere Profil anzustreben
Bei der Schienenbefestigung ist das Maß H nach NEM 310 zu beachten!

Schienenlaschen
Schienenlaschen können verschiedene Formen haben; die Abbildung zeigt ein Ausführungsbeispiel.

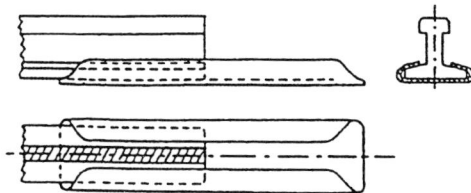

Die Laschen müssen eine sichere mechanische und erforderlichenfalls elektrische Verbindung gewährleisten und den Sicherheitsanforderungen entsprechen.
Die Länge der Laschen soll etwa das Vierfache der Schienenhöhe betragen.
Befestigte Laschen sind jeweils an der linken Schiene (von der Mitte des Gleisstückes aus gesehen) anzubringen.

Normen Europäischer Modellbahnen	**NEM**
# Zahnradbahnen	**121**
	Seite 1/2

Empfehlung	Maße in mm	Ausgabe 1990

1 Zweck

Die Norm enthält Festlegungen der für einen funktionsfähigen Zahnradbetrieb maßgebenden Nennwerte. ISO-Normen für Evolventen-Verzahnungen wurden hierbei zwecks Verwendung handelsüblicher Werkzeuge berücksichtigt.

2 Bauformen des Vorbilds

2.1 System Riggenbach

Leiterzahnstange mit eingeschweißten oder eingenieteten Zähnen.
Zahnteilung = 100 mm.

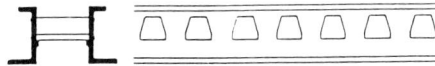

2.2 System Strub

Zahnstange aus Keilkopfschiene hergestellt.
Zahnteilung = 100 mm.

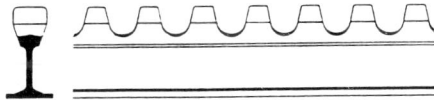

2.3 System Von Roll

Einlamellige Zahnstange mit bis zu 120 mm Lamellenbreite.
Zahnteilung = 100 mm.

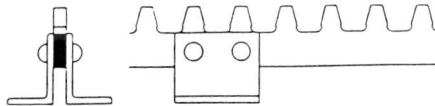

2.4 System Abt

Zweilamellige Zahnstange mit bis zu 35 mm Lamellenbreite.
Zahnteilung = 120 mm.　Beide Lamellen sind um 60 mm gegeneinander versetzt.

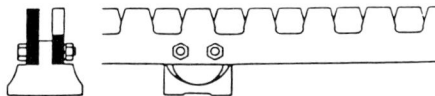

2.5 Übrige Systeme

Die Bauform **Klose** weicht nur in konstruktiven Details vom System Riggenbach ab.

Die Systeme **Marsh** (Leiterzahnstange mit runden Zahnstegen) und **Locher** (horizontal angeordnete zweilamellige Zahnstange mit 85 mm Teilung) bleiben in dieser Norm unberücksichtigt.

3 Höhenlage der Zahnstangen

Bei gemischtem Betrieb Adhäsion/Zahnrad muß wegen des Befahrens von Weichen der Kopfkreis des Zahnrads über der Schienenoberkante (SO) liegen. Die Höhenlage ist bei den Vorbildbahnen selbst bei gleichen Grundsystemen unterschiedlich, so daß ein Fahrzeugaustausch in vielen Fällen nicht möglich ist.

Bei reinen Zahnradbahnen kommt eine tiefere Lage vor, die jedoch komplizierte Weichenkonstruktionen erfordert.

Abgesehen von der ggf. unterschiedlichen Höhenlage der Zahnstange sind die Systeme Riggenbach, Strub und Von Roll grundsätzlich kompatibel.

4 Begriffe

Teilkreis   tk   theoretischer Wälzkreis zwischen zwei Zahnrädern bzw. zwischen Zahnrad und Zahnstange.

Teilung   t   Abstand zwischen zwei Zahnmitten auf dem Teilkreis bzw. der Teillinie gemessen.

Modul $m = \dfrac{t}{\pi}$ (π = 3,1416)

Kopfhöhe $h_k = m$

Fußhöhe $h_f = 1{,}166 \cdot m$

Zahnhöhe $h = h_f + h_k = 2{,}166 \cdot m$

Zähnezahl   z

Teilkreis-Durchmesser $d_o = z \cdot m$

Kopfkreis-Durchmesser $d_k = (z + 2) \cdot m$

Abstand Teillinie - SO   a

Zahnbreite des Rades   b

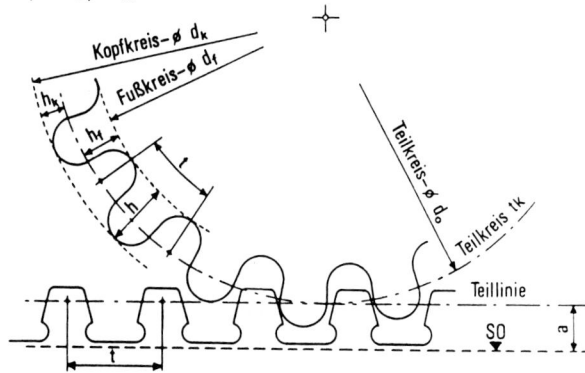

5 Nachbildung im Modell

Die Zahnstangen werden im Modell mit dem Vorbildsystem, ergänzt mit dem Maß der Teilung, bezeichnet:
- t 100   Riggenbach / Strub / Von Roll
- t 120   Abt

Im Gegensatz zum Vorbild wird zwecks freizügigem Fahrzeugaustausch der Abstand Teillinie - SO festgelegt.

Maßtabelle

Nenngröße	m		a	b
	t 100	t 120		max
H0	0,4	0,4	0,6	0,9
S	0,5	0,6	0,75	1,2
0	0,7	0,8	1,1	1,7
I	1	1,25	1,5	2,5
II	1,5	1,75	2,15	3,5
III	2	2,5	3	5
IV	3	3,5	4,35	7,25
V	4	5	6	10
VI	6	7	8,75	14,5

Hinweis für Nenngröße N und TT:

Für den sicheren Betrieb einer Zahnradbahn ist ein Modul ≥ 0,4 erforderlich; eine einigermaßen maßstäbliche Zahnstange ist nicht realisierbar. Im Bedarfsfall sind die Werte der Nenngröße H0 anzuwenden.

Normen Europäischer Modellbahnen	
Querschnitt des Bahnkörpers **für Normalspurbahnen**	**NEM** **122**
Empfehlung　　　　Maße in mm	Ausgabe 1989

1. Diese Norm enthält Richtmaße für den Querschnitt des Bahnkörpers bei der Nachbildung von Normalspurbahnen. Unter Bahnkörper im Sinne dieser Norm sind Unterbau und Oberbau in eisenbahntechnischem Sinne zu verstehen.

2. Die Abbildung zeigt den Regelquerschnitt einer eingleisigen Strecke bei gerader Gleisführung. Bei der Darstellung besonderer Geländeformen, z. B. Felsböschungen oder Stützmauern, kann vom dargestellten Querschnitt des Unterbaus abgewichen werden.

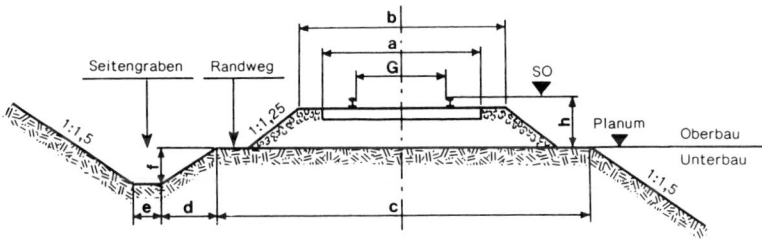

Maßtabelle

Nenngröße	Spurweite G	a ¹⁾	b	c	d	e	f	h
Z	6,5	12	16	28	3	2	2	4
N	9	16	22	38	5	3	3	6
TT	12	22	28	50	7	4	5	8
H0	16,5	30	38	70	9	5	6	10
S	22,5	40	52	94	13	7	9	12
0	32	58	76	134	18	9	12	16
I	45	82	106	188	26	12	17	22

Anmerkung ¹): Gilt nur für die Nachbildung von Holzschwellen.

3. Bei mehrgleisigen Strecken (Gleisabstände siehe NEM 112) kann ein durchgehendes Schotterbett hergestellt werden. Bei nebeneinanderliegenden Bahnhofsgleisen kann ein Zwischenweg (Rangiererweg) in Höhe der Schwellenoberkante vorgesehen werden.

4. Bezüglich der Überhöhung im Gleisbogen siehe NEM 114.

5. Im Randweg können Signale, Oberleitungsmaste usw. aufgestellt werden, doch ist die Freihaltung des lichten Raumes nach NEM 102 und 103 zu beachten.

<table>
<tr><td colspan="2">Normen Europäischer Modellbahnen
Querschnitt des Bahnkörpers
für Schmalspurbahnen</td><td>**NEM**
123</td></tr>
</table>

| Empfehlung | Maße in mm | Ausgabe 1991 |

1. Diese Norm enthält Richtmaße für den Querschnitt des Bahnkörpers von Schmalspurbahnen. Unter Bahnkörper im Sinne dieser Norm sind Unterbau und Oberbau in eisenbahntechnischem Sinne zu verstehen.

2. Die Abbildung zeigt den Regelquerschnitt einer eingleisigen Strecke bei gerader Gleisführung. Bei der Darstellung besonderer Geländeformen, z. B. Felsböschungen oder Stützmauern, kann vom dargestellten Querschnitt des Unterbaus abgewichen werden; das Maß "c" soll auch in diesen Fällen eingehalten werden.

Anmerkung: 1) *Bei modernem Unterbau ist anstelle eines Entwässerungsgrabens eine unterirdische Sickerleitung vorhanden.*

Maßtabelle "m"

Nenngröße	Spurweite G	a	b	c	k	f	h 2)
Nm	6,5	12	14	26	2	1,5	4
TTm	9	15	18	35	3	2,5	5
H0m	12	21	25	48	4	3	6
Sm	16,5	28	34	66	5	3,5	8
0m	22,5	40	49	94	7	5	11
Im	32	56	69	132	9	6	16
IIm	45	80	98	188	13	9	22

Anmerkung: 2) *Bei der Nachbildung alter Bahnen mit leichtem Oberbau ist die Oberbauhöhe 2/3 h.*

Maßtabelle "e"

Nenngröße	Spurweite G	a	b	c	k	f	h
TTe	6,5	12,5	16	25	3	2,5	3,5
H0e	9	17	22	35	4	3	4,5
Se	12	23,5	30	48	5	3,5	5,5
0e	16,5	33	42	68	7	5	7
Ie	22,5	47	60	96	9	6	10
IIe	32	67	85	136	13	9	14
IIIe	45	94	120	194	19	12	20

Maßtabelle "i" 3)

Nenngröße	Spurweite G	a	b	c	k	f	h 4)
H0i	6,5	15	20	35	4	3	-
Si	9	20	27	47	5	3,5	-
0i	12	29	38	67	7	5	-
Ii	16,5	41	53	94	9	6	-
II i	22,5	58	76	133	13	9	-
III i	32	81	106	188	19	12	-

Anmerkungen: 3) *Die Maßtabelle "i" gilt nicht für reine Feldbahnen.*

4) *Keine Maßangabe, da beim Vorbild das Schotterbett meist ohne Absatz in den Unterbau übergeht.*

3. Wenn Gleisbögen mit Überhöhung ausgeführt werden, ist NEM 114 zu beachten.

4. Bei der Aufstellung von Signalen, Oberleitungsmasten usw. im Randweg ist die Freihaltung des lichten Raumes nach NEM 104 zu beachten.

	Normen Europäischer Modellbahnen	**NEM**
	Weichen und Kreuzungen	**124**
MOROP	**mit festen Herzstücken**	Seite 1 von 1

Verbindliche Norm	**Ausgabe 1994**
	(ersetzt Ausgabe 1984)

1. Herzstückbereich

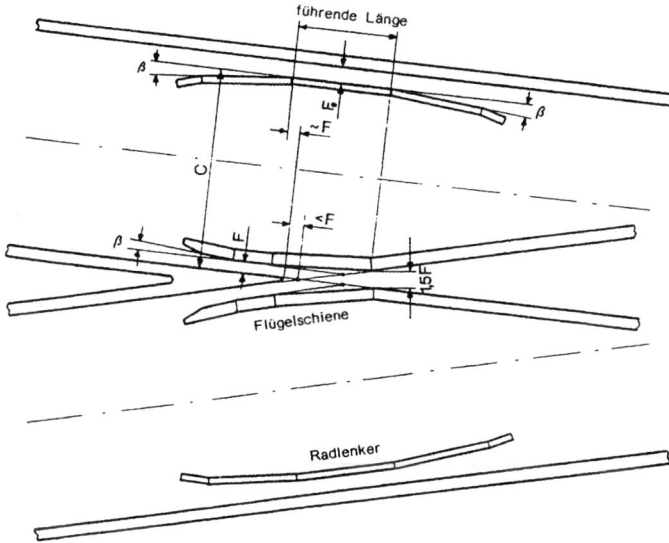

2. Zungenbereich

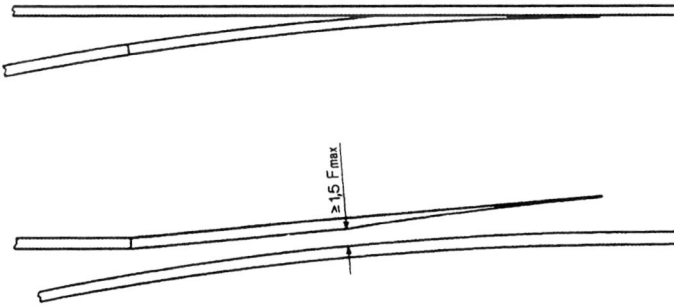

3. Erläuterungen

1. Die Maße C, F und F_0 sind NEM 310 zu entnehmen.

2. Die Radlenker müssen sicherstellen, daß das innere Rad bis über die tatsächliche Herzstückspitze hinaus geführt wird. Für die Einlaufbereiche - Radlenker, Flügelschiene - gilt für β ein Richtwert von 5°. Bei flachen Weichenneigungen können Vorbildmaße angestrebt werden; dabei darf jedoch der verhältnismäßig stark schräg stehende Radsatz langer Fahrzeuge nicht klemmen.

3. Die Radlenker dürfen nicht über die Schienenoberkante hinausragen.

Normen Europäischer Modellbahnen

Feste Doppelherzstücke gerader Kreuzungen

NEM 127

Verbindliche Norm   **Maße in mm**   Ausgabe 1980

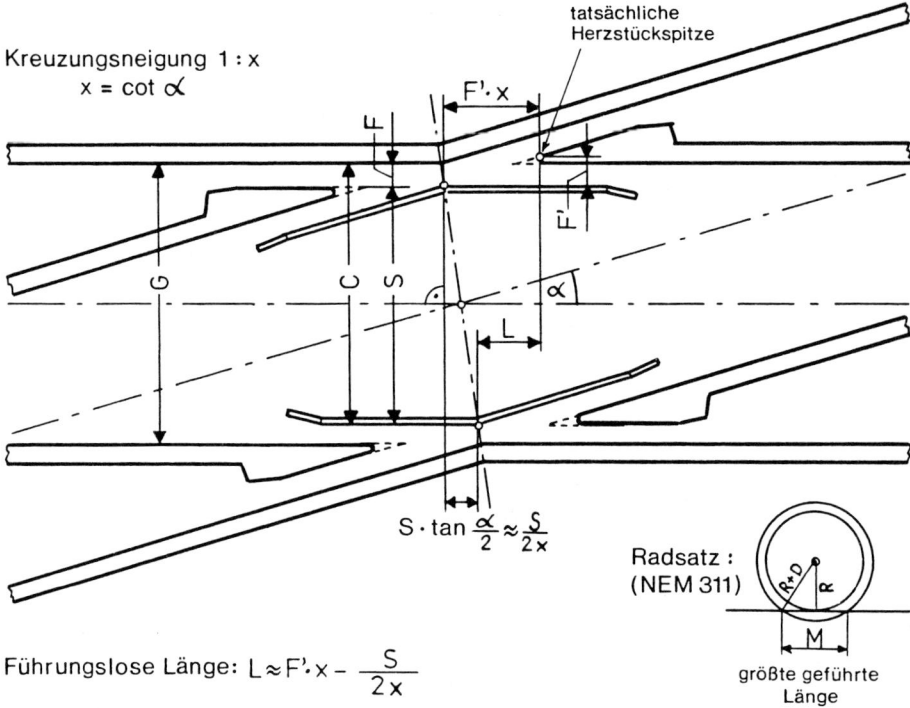

Kreuzungsneigung 1 : x
$x = \cot \alpha$

tatsächliche Herzstückspitze

$S \cdot \tan \frac{\alpha}{2} \approx \frac{S}{2x}$

Radsatz : (NEM 311)

größte geführte Länge

Führungslose Länge: $L \approx F' \cdot x - \dfrac{S}{2x}$

Bezüglich der Maße G, C, S und F siehe NEM 310.

Bei Kreuzungen und Kreuzungsweichen sind zur Reduzierung der führungslosen Länge L die Grenzmaße S_{max} und F_{min} anzustreben.

Empfohlene Maße:

Spurweite G (Nennwert)	S_{max} [1]	F_{min} [2]	C_{min} [1]	G [3]	Erläuterungen:
6,5	5,2	0,7	5,9	6,6	S + F = C
9	7,3	0,8	8,1	8,9	F + C = G
12	10,1	0,9	11,0	11,9	(siehe NEM 310)
16,5	14,1	1,1	15,2	16,3	
22,5	19,5	1,4	20,9	22,3	
32	28,0	1,9	29,9	31,8	
45	39,3	2,5	41,8	44,3	

Anmerkungen
[1] Nach NEM 310.
[2] Nach NEM 310 berechnet.
[3] Die Abweichung vom Nennwert ist wegen des geraden Durchlaufs unbedenklich.

Ist die führungslose Länge im Herzstück größer als die tatsächlich geführte Länge des Radsatzes besteht die Gefahr des Ausbrechens, vor allem bei Kreuzungswinkeln unter etwa 10°.

Normen Europäischer Modellbahnen **Fahrdrahtlage**	**NEM** **201**

Verbindliche Norm	Maße in mm	Ausgabe 1979

Diese Norm bestimmt den Lagebereich des Fahrdrahtes bei Oberleitungsbetrieb von Modellen europäischer Regel- und Breitspurbahnen.

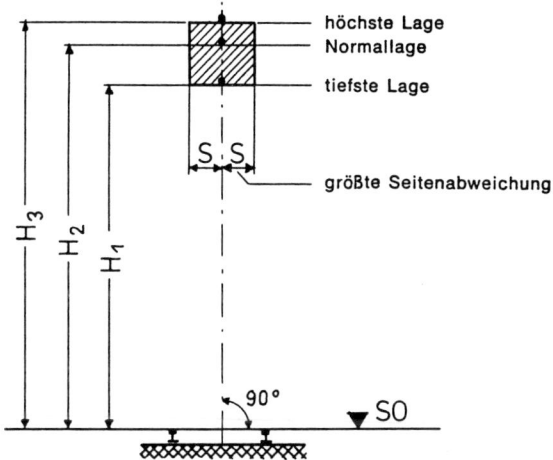

Maßtabelle

Nenngröße	S [1] [2]	H_1 [1]	H_2 [3]	H_3 [1]
Z	3	26	28	30
N	3,5	35	38	40
TT	4,5	45,5	50	52,5
H0	6	62	69	73
S	8	82,5	93	98,5
0	11	114	130	139
I	15	157	181	194

Anmerkungen

[1] Die Maße S, H₁ und H₃ sind Betriebsgrenzmaße. Die Fahrleitung ist so zu erstellen und zu unterhalten, daß die Lage des Fahrdrahtes auch unter dem Einfluß des Anpreßdruckes des Stromabnehmers, der Polygonführung im Bogen, von Temperaturschwankungen usw. den durch diese Maße umgrenzten Raum nicht überschreitet.

[2] In der Geraden ist der Fahrdraht unter Beachtung des Maßes S im Zickzack zu verlegen, um eine gleichmäßige Abnützung des Schleifstückes zu erzielen.
Einige Vorbild-Bahnen (z. B. SBB) verwenden Stromabnehmer mit extrem schmalen Wippen. Werden derartige Stromabnehmer maßstäblich nachgebildet, ist die größte zulässige Seitenabweichung S durch Versuche zu ermitteln.

[3] Das Maß H₂ wird in der Regel auf der freien Strecke angewendet. In Bahnhöfen liegt der Fahrdraht mitunter höher, im Tunnel und unter Brücken nach Bedarf tiefer.

Normen Europäischer Modellbahnen	**NEM**
# Stromabnehmer bei Oberleitungsbetrieb	**202**

Verbindliche Norm	**Maße in mm**	Ausgabe 1979

Diese Norm bestimmt die Wippen- und Schleifstückbreite sowie die Arbeitslagen des Stromabnehmers bei Oberleitungsbetrieb nach NEM 201.

NEM 202 gilt in Verbindung mit NEM 201 nur für Triebfahrzeuge, deren Stromabnehmer senkrecht über den Punkten angebracht sind, die das Fahrzeug im Gleis führen (Drehgestellzapfen oder Endachsen des festen Achsstandes). Weicht die Lage des Stromabnehmers wesentlich davon ab, sind die erforderlichen Werte durch Versuche zu ermitteln.

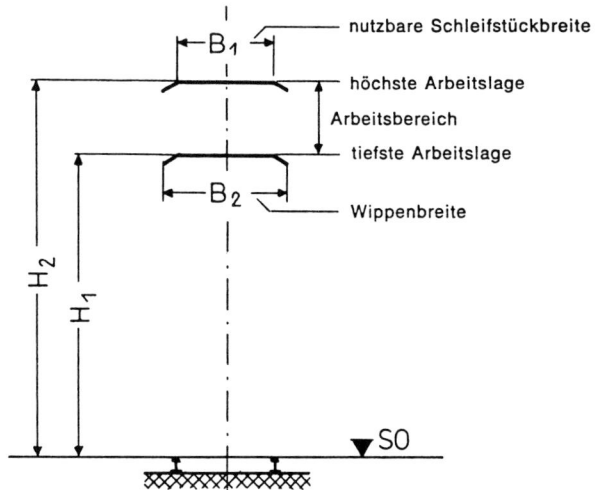

nutzbare Schleifstückbreite

höchste Arbeitslage

Arbeitsbereich

tiefste Arbeitslage

Wippenbreite

B_1

B_2

H_2

H_1

▼SO

Maßtabelle

Nenngröße	B_1		B_2 [2]		H_1 [1]	H_2 [1]
Z	8	+ 0,3	10	− 0,3	25	31
N	10,5	+ 0,5	14	− 0,5	34	41
TT	14	+ 0,7	18,5	− 0,7	44	54
H0	19	+ 1	25	− 1	60	75
S	25	+ 1,5	33	− 1,5	80	101
0	34	+ 2	45	− 2	111	142
I	47	+ 3	62	− 3	153	198

Anmerkungen

[1] Die Maße H_1 und H_2 bezeichnen die Grenzlagen des Schleifstückes, bei denen noch die einwandfreie Funktion des Stromabnehmers gewährleistet sein muß.
Für den abgesenkten, nicht arbeitenden Stromabnehmer gilt das Grenzmaß H_4 von NEM 301.

[2] Die Stromabnehmerwippe nach dieser Norm ist breiter als maßstäblich verkleinerte Wippen bestimmter Vorbild-Bahnen (z. B. SBB). Bei maßstäblicher Nachbildung derartiger Stromabnehmer ist NEM 201, Anmerkung [2] 2. Absatz zu beachten.

Normen Europäischer Modellbahnen	NEM
# Begrenzung der Fahrzeuge	# 301

Verbindliche Norm	Maße in mm	Ausgabe 1979

Die dargestellte Fahrzeugbegrenzung gilt für Nachbildungen europäischer Regelspur- und Breitspurfahrzeuge.

Modelle von Vorbildfahrzeugen sind möglichst maßstäblich zu bauen. In jedem Fall müssen sich alle Teile, auch abgesenkte Stromabnehmer [1], innerhalb der Begrenzung befinden.

Funktionselemente für Stromabnahme, Sicherungs- und Entkupplungseinrichtungen und dergleichen dürfen in den schraffierten Raum über der Schienenoberkante hineinragen.

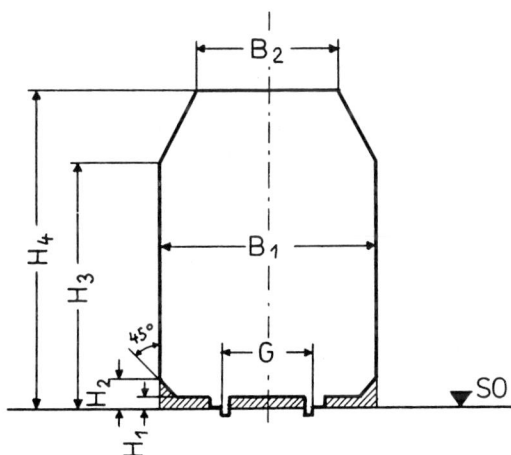

Maßtabelle

Nenngröße	G	B_1	B_2	H_1	H_2	H_3	H_4
Z	6,5	17	11	1	2	17	23
N	9,0	23	14	1	3	24	32
TT	12,0	30	18	1,5	4	32	42
H0	16,5	40	26	2	5	44	57
S	22,5	54	35	3	7	59	75
0	32,0	78	48	4	10	83	106
I	45,0	110	68	5	13	115	146

Anmerkung

[1] Begrenzung des Arbeitsraumes der Stromabnehmer siehe NEM 202.

	Normen Europäischer Modellbahnen	**NEM**
MOROP	**Wagenmasse**	**302**
		Seite 1 von 1
Empfehlung		**Ausgabe 1996**

1. Allgemeines

Diese Norm enthält Richtlinien zur Ermittlung der für einen sicheren Betrieb erforderlichen Wagenmasse für industriell oder durch Selbstbau gefertigte Modellwagen. Sie gilt nicht für Triebfahrzeuge.

Die Wagenmasse soll so bemessen werden, daß bei Fahrten in bei Modellbahnanlagen üblichen Gleisbögen auch bei nachfolgender Zuglast die Kippsicherheit gewährleistet ist.

2. Mindestmasse

Die in nachfolgender Übersicht enthaltene Mindestmasse kann zugrundegelegt werden, wenn keine die Kippsicherheit beeinträchtigende Faktoren vorhanden sind. Solche Negativ-Faktoren sind beispielsweise

– hohe Schwerpunktlage des Fahrzeugs
– großer Überhang (Abstand Pufferteller - Endachse)
– ungünstiger Angriffspunkt der Kupplung
  (günstig ist ein Angriffspunkt nahe der Endachse bzw. des Drehzapfens)
– Kupplungsaufhängung am Drehgestell

Mindestmasse pro mm Wagenlänge über Puffer

Nenngröße	Z	N	TT	H0	S	0	I
Masse (g/mm)	0,12	0,17	0,25	0,40	0,60	1,00	1,50

3. Erhöhte Masse

Die Wagenmasse laut Tabelle darf um bis zu 30 % erhöht werden. Überschreitungen sind bei der Zugbildung zu berücksichtigen.

Eine gegenüber der Mindestmasse erhöhte Wagenmasse soll bei Industrieprodukten nach Möglichkeit durch Ballast (z.B. Blechplatten) erzielt werden. Der Käufer soll die Möglichkeit haben, auf einfache Weise den Ballast zu entfernen oder zu verändern.

4. Weitere Kriterien

Beim Betrieb auf engen Gleisradien und bei Anwendung einer Überhöhung im Gleisbogen (NEM 114) besteht insbesondere bei Wagen, die unter 2. genannte Negativ-Faktoren aufweisen, eine erhöhte Kippgefahr. Dies kann teilweise durch zusätzlichen Ballast (z.B. Beladung) ausgeglichen werden.

	Normen Europäischer Modellbahnen **Wagenlaufschilder** Aufhängung	**NEM** **306** Seite 1 von 2
Empfehlung	**Maße in mm**	**Ausgabe 1994**

1 Zweck

Festlegung einheitlicher Modellmaße für die Auflage bzw. Aufhängungspunkte und der maximalen Schildergröße (nach TV § 103, RIC Bl. 22)

2 Maße der Aufhängungen und Schilder

Form A:

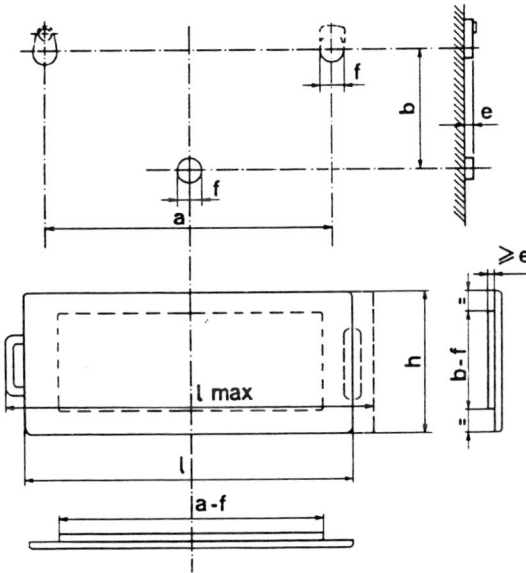

Form B:

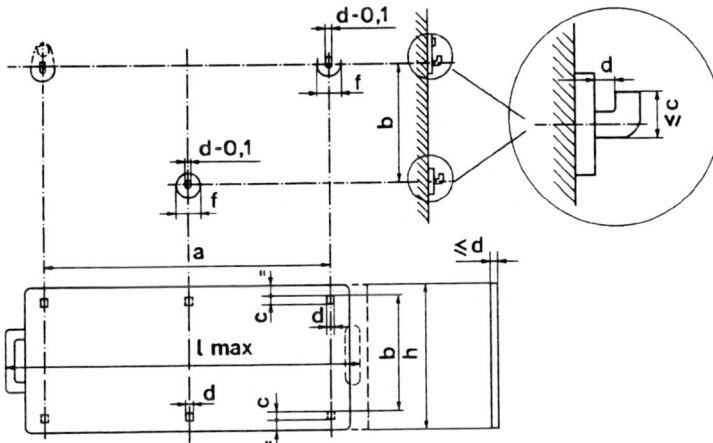

Maßtabelle für Aufhängungen und Schilder

Nenngröße	a	b	c	d	e	f	h	l	l_{max}
Z	–	--	--	--	–	--	1,5	3,2	3,6
N	--	--	–	--	–	--	2,0	4,4	4,9
TT	5,2	2,2	--	--	0,2	0,4	2,6	6,5	6,5
H0	7,2	3,0	--	--	0,25	0,5	3,6	8,0	9,0
S	9,8	4,1	–	--	0,3	0,7	5,0	11,0	12,3
0	14,0	5,8	(0,4)	(0,3)	0,3	1,0	7,0	15,6	17,5
I	19,6	8,2	0,4	0,3	0,3	1,4	10,0	22,0	24,5
II	28,0	11,7	0,6	0,4	0,4	2,0	14,0	31,0	35,0

3 Ausführung im Modell

1.   Anhänge-Kloben an Seitenwand angeformt, Laufschilder lose beigefügt
   1.1 Form A: Anhänge-Kloben imitiert, nicht funktionsfähig
   1.2 Form B: Anhänge-Kloben als funktionsfähige Haken nachgebildet
2.   Schilder (mit Handgriffen) an Seitenwand angeformt
3.   Aufhänge-Kloben auf Seitenwand gedruckt, Schiebebilder, Abreibebilder oder Klebeschilder etc. beigelegt
4.   Schilder (mit Handgriffen) auf Seitenwand gedruckt

4 Maße der Klappen mit Sichtfenster

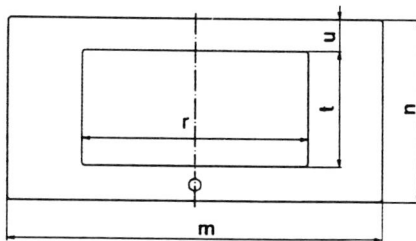

Nenngröße	m	n	r	t	u
Z	4,0	2,0	2,5	1,2	0,4
N	5,3	2,6	3,4	1,6	0,5
TT	7,1	3,5	4,6	2,2	0,6
H0	9,8	4,9	6,3	3,0	0,9
S	13,4	6,5	8,6	4,0	1,2
0	20,0	9,5	12,0	6,0	1,7
I	30,0	13,2	17,0	8,2	2,4
II	38,0	18,8	24,5	11,6	3,4

5 Abweichungen

Es wird darauf hingewiesen, daß bei einzelnen Bahnverwaltungen Besonderheiten und Abweichungen (Klapptafeln, Steckrahmen, Schilder für Schlafwagen etc.) bestehen.

Normen Europäischer Modellbahnen	**NEM**
# Puffer	**303**

Empfehlung	Maße in mm	Ausgabe 1987

1 Zweck

Diese Norm bestimmt die Lage und die Abmessungen der Puffer an Modellfahrzeugen und Gleisabschlüssen.

Besondere beim Modellbau zu berücksichtigende Belange erfordern zum Teil Abweichungen von den im RIV und RIC für das Vorbild festgelegten Grenzmaßen.

Insbesondere soll hierdurch

- bei Anwendung unterschiedlicher Verkleinerungsmaßstäbe (Nenngröße 0) die Verträglichkeit sichergestellt werden,
- bei unter den Puffern hindurchschwenkenden Kupplungsformen eine behinderungsfreie Funktion gewährleistet werden.

Beim Puffer-an-Puffer-Fahren sind darüber hinaus besondere Anforderungen an die Linienführung des Gleises zu stellen. Die hierfür geltenden Bedingungen sind nicht Gegenstand dieser Norm.

2 Pufferabstand und –höhe

Die Puffermitten nach Abb. 1 werden nach den Werten der Maßtabelle 1 bestimmt. Dabei ist zu beachten, daß in Verbindung mit den Abmessungen des Puffertellers (siehe Punkt 3) das Abstandsmaß **u** (Schienenoberkante - Unterkante Pufferteller) nicht unterschritten wird.

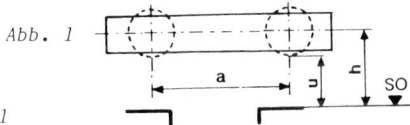

Abb. 1

Maßtabelle 1

Nenngröße	a	h	u min
Z	8,0 + 0,1 − 0,1	5,0 + 0,3 − 0,3	3,9
N	11,0 + 0,1 − 0,1	6,7 + 0,3 − 0,3	5,4
TT	14,5 + 0,2 − 0,2	8,9 + 0,4 − 0,4	7,1
H0	20,0 + 0,2 − 0,2	12,2 + 0,5 − 0,5	9,8
S	27,5 + 0,3 − 0,3	16,5 + 0,5 − 0,6	13,3
0	39,5 + 0,7 − 0,7	23,6 + 0,7 − 1,0	18,8
I	54,5 + 0,5 − 0,5	33,0 + 0,5 − 1,5	26,2

3 Pufferteller

Die Mindestwerte für den Durchmesser **d** der Pufferteller sind der Maßtabelle 2 zu entnehmen.

Werden die Puffer oben und unten mit waagerechten Begrenzungen nach Abb. 2 b versehen, so sind die in Maßtabelle 2 angegebenen Maße für den Wert **e** zu beachten.

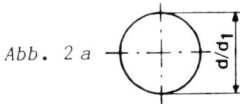

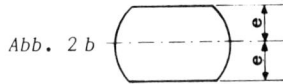

Abb. 2 a   *Abb. 2 b*

Bei Vorbild-Wagen bis Baujahr 1961 sind die von Fahrzeugmitte aus gesehen rechten Pufferteller gewölbt, die linken Pufferteller flach ausgeführt (Abb. 3). Bei Wagen ab Baujahr 1961 sind alle Pufferteller gewölbt. Der Radius **r** der Wölbung ist der Maßtabelle 2 zu entnehmen.

Maßtabelle 2   *Abb. 3*

Nenngröße	d min	d_1 [1] min	e min	r min
Z	1,6	1,7	0,8	7
N	2,0	2,3	1,0	10
TT	2,8	3,1	1,4	13
H0	3,8	4,3	1,9	18
S	5,2	5,8	2,6	24
0	7,6	8,3	3,8	34
I	10,6	11,5	5,3	47

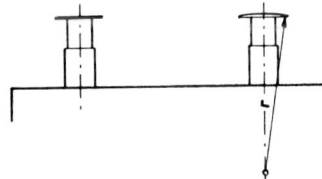

Anmerkung: [1] *Die Werte d_1 gelten für Vorbild-Fahrzeuge ab Baujahr 1939*

Normen Europäischer Modellbahnen **Übergangseinrichtungen** Faltenbalg, Gummiwulst	**NEM** **304**

Empfehlung	Maße in mm	Ausgabe 1991

Diese Norm bestimmt die für den optischen Eindruck wesentlichen Abmessungen der geschlossenen Übergangseinrichtungen freizügig kuppelbarer Modellfahrzeuge.

Besonderheiten der beim Modellbau zu beachtenden Belange bedingen zum Teil Abweichungen von den beim Vorbild festgelegten Grenzmaßen.

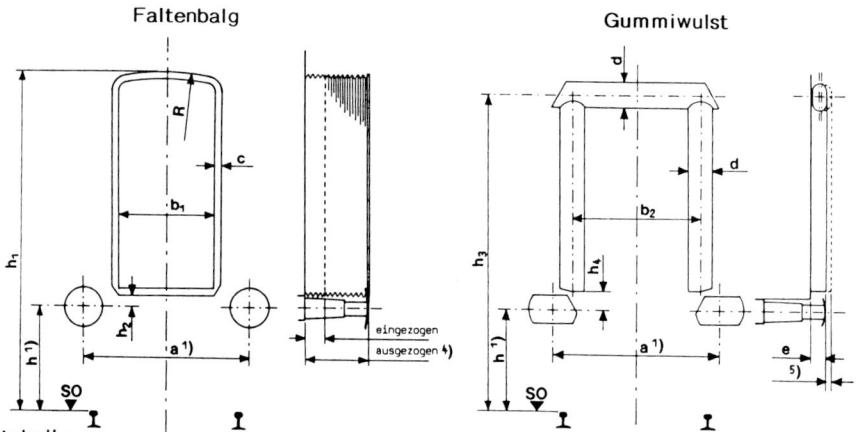

Faltenbalg   Gummiwulst

Maßtabelle

Nenngröße	Faltenbalg					Gummiwulst				
	h_1	h_2 [2]) min	b_1	c [3])	R	h_3	h_4 [2]) min	b_2	d	e
Z	15,7	0,6	4,4	0,5	11	15,1	0,9	6,2	1,2	0,7
N	21,6	0,8	6	0,6	15	20,7	1,3	8,5	1,6	1
TT	28,8	1,1	8,2	0,7	20	27,6	1,7	11,3	2,2	1,3
H0	39,7	1,5	11,3	0,9	28	38,1	2,3	15,6	3	1,7
S	53,9	2	15,6	1,1	38	51,8	3,1	21,3	4,1	2,3
0	76,7	2,9	22,2	1,6	54	73,7	4,4	30,2	5,8	3,3
I	107,8	4,1	31,2	2,2	75	103,6	6,3	42,5	8,1	4,7

Anmerkungen:

[1]) *Die Puffermaße a und h sind NEM 303 zu entnehmen.*

[2]) *Die Maße h_2 und h_4 sollen möglichst klein sein; sie sind deshalb nur so weit über h_2 min und h_4 min zu erhöhen, wie es für die Funktion von Kupplung und Puffern nötig ist.*

[3]) *Das Maß c bezieht sich auf den sichtbaren Endrahmen.*

[4]) *Der ausgezogene Faltenbalg wird durch die Pufferteller-Ebene begrenzt.*

[5]) *Werden bewegliche oder flexible Gummiwulste verwendet, darf der Wulst höchstens $\frac{e}{2}$ über die Puffer-Ebene vorragen.*

Bei den im Modell **nicht** beweglich oder flexibel ausgeführten Übergangseinrichtungen ist darauf zu achten, daß die einwandfreie Funktion der Kupplungen gewährleistet ist (siehe NEM 352 / 356 / 360 / 362). Erforderlichenfalls darf der ausgezogen nachgebildete Faltenbalg unten offen sein.

Normen Europäischer Modellbahnen	**NEM**
# Radsatz und Gleis	**310**

Verbindliche Norm	Maße in mm	Ausgabe 1977

Diese Norm ist Grundlage für die Prüfung von Gleisen, Weichen und Kreuzungen einerseits, Rädern und Radsätzen anderseits. Nach NEM hergestellte Modellbahnen müssen dieser Norm entsprechen. Die NMRA-Normen S 3, S 4 und die NMRA-Empfehlung RP 25 wurden soweit wie möglich berücksichtigt.

Die Maße weichen von der maßstäblichen Verkleinerung des Vorbildes im Interesse der Betriebssicherheit ab.

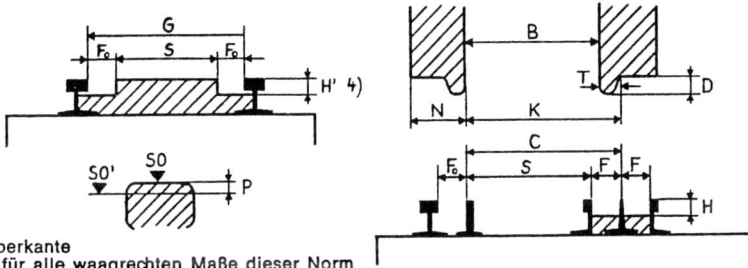

SO = Schienenoberkante
SO' = Meßebene für alle waagrechten Maße dieser Norm

Maßtabelle für		Gleis				Radsatz		Rad				
Spurweite G [1]		C [2]	S	F [3]	H [4]	K	B	N [5]	T		D [6]	P
Nennwert	max	min	max	max	min	max	min	min	min	max	max	
6,5	6,8	5,9	5,2	0,75	0,6	5,9	5,25	1,55	0,41	0,46	0,6	0,1
9	9,3	8,1	7,3	1,0	0,9	8,1	7,4	2,2	0,5	0,6	0,9	0,15
12	12,3	11,0	10,1	1,1	1,0	11,0	10,2	2,4	0,6	0,7	1,0	0,20
16,5	16,8	15,2	14,1	1,3	1,2	15,2	14,3	2,8	0,7	0,9	1,2	0,25
22,5	22,8	20,9	19,5	1,6	1,4	20,9	19,8	3,5	0,9	1,1	1,4	0,30
32	32,3	29,9	28,0	2,2	1,6	29,9	28,4	4,7	1,2	1,4	1,6	0,40
45	45,3	41,8	39,3	2,8	2,2	41,8	39,8	5,7	1,5	1,7	2,2	0,50

Anmerkungen

1) Im geraden Gleis ist der Nennwert anzustreben. Im Gleisbogen ist eine Spurerweiterung zweckmäßig, zum Beispiel, wenn Fahrzeuge mit einem großen Achsabstand verkehren sollen.

2) Die Begrenzung C_{min} gilt nur im kritischen Bereich des Radlenkers, also zum Beispiel nicht bei Leitschienen, wie sie bei Gleisbögen mit kleinen Halbmessern verwendet werden, oder bei Schutzschienen auf Brücken.

3) Am Herzstück darf die Begrenzung F_{max} überschritten werden, wenn ein Spurkranzauflauf (Rad läuft auf dem Spurkranz statt auf dem Laufkranz) vorgesehen ist.

$$F_o = \frac{G - S}{2} \quad \text{bzw. am Radlenker: } F_o = G - C$$

Die Einhaltung der maximalen Rillenweite am Herzstück gestattet den gemeinschaftlichen Betrieb mit Rädern, deren Spurkränze eine unterschiedliche Höhe D haben. Werden infolge der Schrägstellung der Radsätze im Rillenbereich Erweiterungen über das angegebene Maß hinaus notwendig oder muß aus dem gleichen Grund der Wert S verkleinert werden, so darf das Minimum der Spurkranzhöhe D nur 0,1 kleiner sein als das Maximum. Die Rillentiefe H_{max} darf dann nur $\geq H_{min} + 0,1$ sein. Gleisstücke mit vergrößerter Rillenweite F sind für Fahrzeuge nach NMRA-Standards nicht geeignet.

4) H_{min} gilt nur für die Tiefe der Rillen am Herzstück. Im übrigen ist eine Tiefe $H' > 1,3 H$ unter SO einzuhalten. Die Kanten der nichtmetallischen Herzstücke sollen 0,1 unter SO liegen.

5) Die Radbreite darf kleiner als N_{min} sein, wenn die Bedingungen des Spurkranzauflaufs nach Anmerkg. 3) erfüllt sind und wenn $K + N > G_{max}$ gewählt wird.

6) Das Maß D kann bis zur maßstäblichen Wiedergabe verkleinert werden, wenn ein Spurkranzauflauf nicht vorgesehen ist.

	Normen Europäischer Modellbahnen	**NEM**
MOROP	**Radreifenprofile**	**311**
		Seite 1 von 1
Empfehlung	**Maße in mm**	**Ausgabe 1994** (ersetzt Ausgabe 1984)

1. Räder mit Radreifen nach Abb. 1 besitzen eine hohe Laufsicherheit auf Gleisen, die nach NEM gebaut sind.

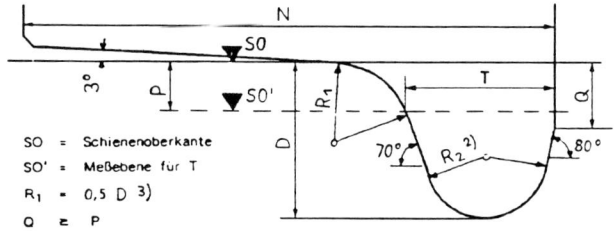

SO = Schienenoberkante
SO' = Meßebene für T
R_1 = 0,5 D [3)]
Q ≅ P

Abb. 1

Abmessungen (nach NEM 310)

Spurweite	N_{min}[1)]	T_{min}	T_{max}	D_{max}	P
6,5	1,55	0,41	0,46	0,6	0,10
9	2,2	0,5	0,6	0,9	0,15
12	2,4	0,6	0,7	1,0	0,20
16,5	2,8	0,7	0,9	1,2	0,25
22,5	3,5	0,9	1,1	1,4	0,30
32	4,7	1,2	1,4	1,6	0,40
45	5,7	1,5	1,7	2,2	0,50

Anmerkungen zu Abb.1 und Tabelle
1) Die Radbreite darf unter den in NEM 310 genannten Bedingungen kleiner als N_{min} sein.
2) Die Spitze des Spurkranzes ist abzurunden (R_2).
3) Die Ausrundung R_1 zwischen Lauf- und Spurkranz hat eine hohe Bedeutung für die Laufsicherheit und muß größer als die Schienenkopfausrundung R nach NEM 120 sein. Bei Rädern mit Haftreifen kann auf die Ausrundung verzichtet werden.

2. Die Spurkranzhöhe D kann nach Abb. 2 ohne Beeinträchtigung der horizontalen Führungsfunktion beliebig bis auf etwa 0,5 D_{max} verkleinert werden. Auf die Einhaltung des Radsatz-Grenzmaßes K_{max} nach NEM 310 ist zu achten.

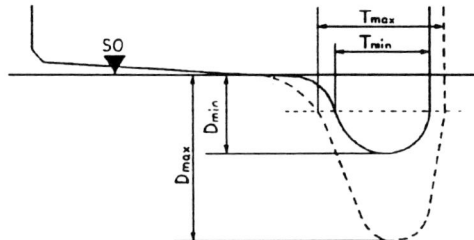

Abb. 2

Geringe Spurkranzhöhen erfordern sorgfältig verlegte Gleise und eine sichere Allradauflage.
D_{max} sollte nur bei Modellen mit großem Achsstand ohne Allradauflage angewandt werden. D_{max} ist ferner einzuhalten, wenn aus mechanischen oder elektrischen Funktionsgründen ein Spurkranzauflauf im Herzstückbereich von Weichen und Kreuzungen vorgesehen ist.

Normen Europäischer Modellbahnen	Beiblatt 1
Lehre für Radsatz und Gleis der Spurweite 16,5 mm	zu NEM 310 / 311

Maße in mm   Ausgabe 1984

1. Zweck

Mit der Lehre können Radsätze und Gleise der Spurweite 16,5 mm auf Einhaltung der nach NEM 124, 127, 310 und 311 festgelegten Maße überprüft werden.

2. Form und Abmessungen der Lehre

Die Lehre besteht aus einer ca 0,5 mm starken Metallscheibe.

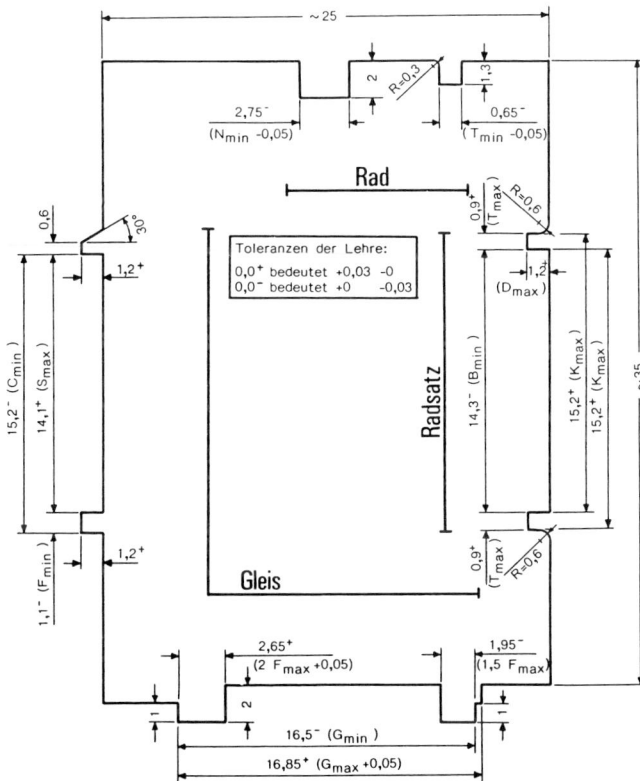

Toleranzen der Lehre:
0,0$^+$ bedeutet +0,03 -0
0,0$^-$ bedeutet +0   -0,03

Der Lehre wird vom Hersteller eine Gebrauchsanleitung beigegeben, aus der die Handhabung ersichtlich ist.

Die Lehre wird von der Firma

Hermann Heless
Teschnergasse 20/1/17
A-1180 Wien

hergestellt und kann unter der Bestellnummer 9990 über den Modellbahn-Fachhandel bezogen werden.

	Normen Europäischer Modellbahnen **Radsatz mit niedrigem Spurkranz**	**NEM** **311.1** <small>Seite 1 von 1</small>
Dokumentation	Maße in mm	Ausgabe 1996

1   Zweck

Nach NEM 311 kann die Spurkranzhöhe D ohne Beeinträchtigung der horizontalen Führungsfunktion bis auf etwa die Hälfte des Maximalwertes verkleinert werden. Eine noch weitergehende Verkleinerung verbietet sich durch das vorgegebene Mindestmaß für die Spurkranzbreite T.

In diesem Blatt wird beispielhaft ein Radsatz mit geringer Spurkranzhöhe dargestellt.

2   Darstellung für Nenngröße H0

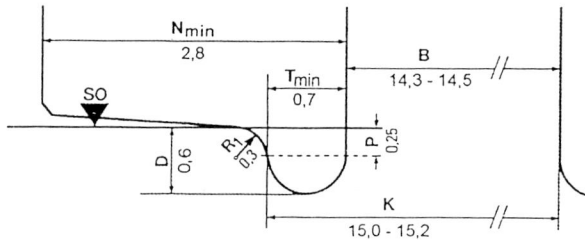

Die Mindestradbreite N = 2,8 sollte in diesem Fall möglichst in Verbindung mit dem maximalen Radsatz-Innenmaß B = 14,5 mm (ergibt sich laut NEM 310 aus K minus T) angewandt werden.

Eine Verringerung der Radbreite N beeinträchtigt in der Regel zwar nicht die Betriebssicherheit, führt aber zu einem sicht- und hörbaren Einsinken des Rades im Herzstückbereich von Weichen und Kreuzungen.

2.1   Vergleich NEM - NMRA

Das unter 2 dargestellte NEM-Radprofil ist nahezu identisch mit dem NMRA-Radprofil nach RP 25 Code 110 (Spurkranzhöhe D = 0,64 mm, Spurkranzbreite T = 0,76 mm, Radbreite N = 2,79 mm).

Nach NMRA-Standard S 4 <u>kann</u> sich in Verbindung mit RP 25 ein geringfügig größeres Radsatz-Innenmaß B (14,64 mm) ergeben, als nach NEM zulässig. Dies kann zum Spurkranzauflauf an der Herzstückspitze und damit zur Entgleisung führen. NMRA-Radsätze mit RP 25-Profil können daher auf NEM-Gleisen nur eingesetzt werden, wenn das Radsatz-Innenmaß B innerhalb des NEM-Toleranzbereichs liegt.

Fine scale-Radsätze nach NMRA RP 4 sind mit NEM nicht verträglich.

Anmerkung:

Der geringe Unterschied zwischen den NEM- und NMRA-Abmessungen beruht in erster Linie auf der unterschiedlichen Rillenweite im Weichenbereich, bedingt durch die verschiedenartige Fahrzeugstruktur:
– in den USA fast ausschließlich Drehgestellwagen,
– in Europa zahlreiche Lenkachswagen mit großem Radstand.
Letztere bewirken auf den engen Modellbahn-Gleisradien eine stärkere Schrägstellung der Räder und bedingen damit eine größere Rillenweite, d. h. eine kleinere Leitweite C (siehe NEM 310) gegenüber NMRA. Diese kleinere Leitweite in Weichen verlangt die Einhaltung des NEM-Radsatz-Innenmaßes B_{max}.

Normen Europäischer Modellbahnen	NEM
# Wagenradsatz für Zapfenlager	**313**

Empfehlung   **Maße in mm**   **Ausgabe 1978**

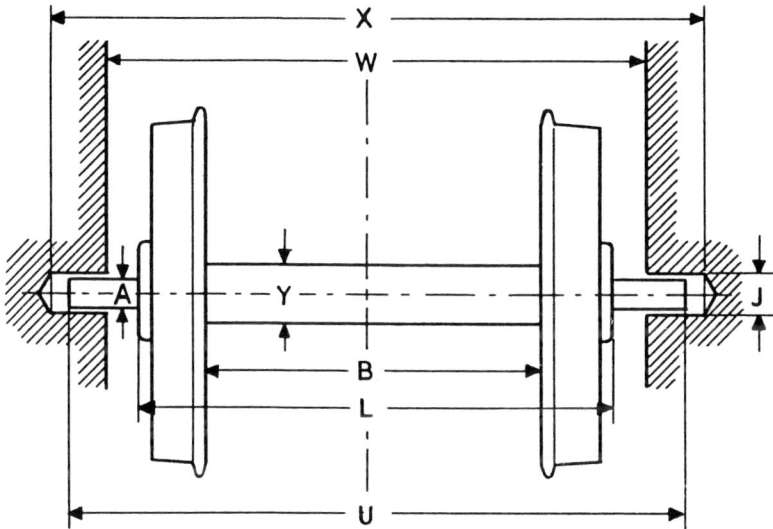

Maßtabelle

[1] Spurweite	A max	[2] Y	J min	[3] B min	L max	U	W	X
12	1,0	1,5	1,2	10,2	15,8	20,2 ± 0,2	17,4 + 0,4	20,6 + 0,6
16,5	1,0	2,0	1,2	14,3	20,8	25,5 ± 0,2	22,4 + 0,4	25,8 + 0,8
22,5	1,5	3,0	1,7	19,8	27,8	33,9 ± 0,3	29,6 + 0,5	34,4 + 0,6
32	2,0	4,0	2,2	28,4	39,0	46,4 ± 0,4	41,0 + 0,6	47,0 + 0,4
45	3,0	5,0	3,2	39,8	52,7	63,9 ± 0,6	55,0 + 0,8	64,7 + 0,4

Anmerkungen

[1] Für die Spurweiten 6,5 und 9 mm ist die Zapfenlagerung nicht anzuwenden.

[2] Richtmaß.

[3] Nach NEM 310.

Normen Europäischer Modellbahnen	NEM
Wagenradsatz für Spitzenlager	**314**

Empfehlung　　　　　　**Maße in mm**　　　　　　**Ausgabe 1978**

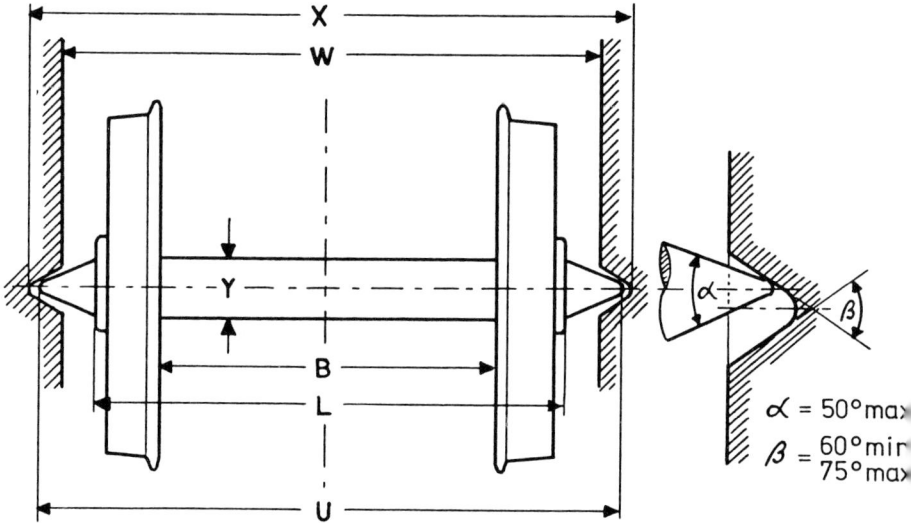

$\alpha = 50°\text{max}$

$\beta = \dfrac{60°\text{min}}{75°\text{max}}$

Maßtabelle

Spurweite [1]	Y [2]	B [3] min	L max	U	W	X
6,5	1,0	5,25	8,75	10,4 ±0,1	9,0 ± 0,1	10,8 — 0,1
9	1,0	7,4	12,5	14,7 ± 0,2	12,5 + 0,5	15,2 — 0,2
12	1,5	10,2	15,8	18,5 ± 0,2	16,3 + 0,5	19,0 — 0,2
16,5	2,0	14,3	20,8	24,5 ± 0,2	21,4 + 0,6	25,0 — 0,2
22,5	3,0	19,8	27,8	33,2 ± 0,2	28,6 + 0,8	33,7 — 0,2

Anmerkungen

[1] Für die Spurweiten 32 und 45 mm ist die Spitzenlagerung nicht anzuwenden.

[2] Richtmaß.

[3] nach NEM 310.

Normen Europäischer Modellbahnen **Radsatz und Gleis** für Mittelleiterbetrieb	**NEM** **340**

Dokumentation	Maße in mm	Ausgabe 1987

1 Zweck

Diese Norm enthält zum Teil von NEM 310 abweichende Maße für Radsatz und Gleis sowie Angaben über Mittelleiter und Stromabnahme entsprechend dem System MÄRKLIN H0.

Das System MÄRKLIN H0 beruht auf dem symmetrischen Mittelleiter- und Oberleitungsbetrieb (Speisesystem 0-4 bzw. 0-3 nach NEM 620).

2 Radsatz und Gleis

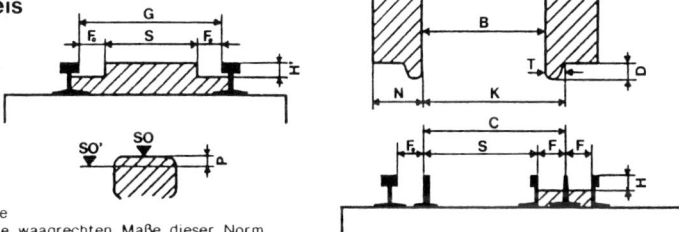

SO = Schienenoberkante
SO' = Meßebene für alle waagrechten Maße dieser Norm

Maßtabelle für		Gleis				Radsatz		Rad				
Spurweite G		C	S	F	H	K	B	N	T		D	P
Nennwert	max	min	max	max	min	max	min	min	min	max	max	
16,6	16,7	15,0	13,6	1,7	1,3	15,0	14,0	3,0	0,9	1,0	1,35	0,25

Es gelten sinngemäß die Anmerkungen in NEM 310

3 Mittelleiter

Als Mittelleiter wird aus optischen Gründen in der Regel anstelle einer durchgehenden Schiene eine Punktkontaktreihe verwendet.

Abstand: Die Punktkontakte werden im allgemeinen im Schwellenabstand angebracht; der doppelte Schwellenabstand (ca 16 mm) darf nicht überschritten werden.

Höhenlage: Zwischen 1,8 unter SO und 0,6 über SO.

Seitliche Abweichung:
- im Normalgleis: In der Regel ±0.
              Einzelne Punktkontakte können bis ca 2,2 mm außerhalb der Mitte liegen.
- in Weichen: Die seitliche Abweichung ist von der Weichengeometrie abhängig und im Einzelfall zu ermitteln.

4 Stromabnahme

Die Stromabnahme vom Mittelleiter erfolgt über Schleifschuhe mit folgenden Abmessungen:

Nutzbare Länge: - bei 1 Schleifer: Minimum   44,0
                                    Maximum   56,0
                - bei 2 Schleifern: je Schleifer 36,0

Breite: 5,0

	Normen Europäischer Modellbahnen **Kupplungen** **Allgemeines, Bezeichnungen**	**NEM** **351** Seite 1 von2
Dokumentation		**Ausgabe 1994** (ersetzt Ausgabe 1979)

1. Allgemeines

Kupplungen dienen zum Verbinden von Fahrzeugen. Jeweils zwei zusammenwirkende Kupplungen bilden ein Kupplungspaar. Beide Glieder sind in der Regel gleichartig ausgebildet. Bei ungleichartigen Gliedern kommt das Kuppeln nur bei richtiger Paarung zustande.

Die Nachbildung der Schraubenkupplung des europäischen Vorbildes ist für den Modellbahnbetrieb schlecht geeignet, da sie nur Zugkräfte übertragen und nur von Hand eingehängt und gelöst werden kann.

Bei Modellbahnen werden meistens Kupplungen verwendet, die Zug- und Druckkräfte übertragen.

Das **Kuppeln** erfolgt in der Regel automatisch durch Zusammenschieben der Fahrzeuge. **Entkuppelt** wird von Hand oder durch eine an bestimmten Stellen des Gleises angebrachte Entkupplungsvorrichtung. Falls entsprechende mechanische oder elektromagnetische Einrichtungen im Fahrzeug vorhanden sind, ist auch ein Entkuppeln an jeder beliebigen Stelle der Anlage möglich.

Die Kupplungen können mit Zusatzeinrichtungen versehen sein, die ein Entkuppeln durch die Entkupplungsvorrichtung nur vorbereiten. Die Fahrzeuge werden erst durch Ändern der Fahrtrichtung oder durch Abstoßen getrennt. Solche Kupplungen werden als "Kupplungen mit **Vorentkupplung**" bezeichnet.

2. Funktionsgruppen

1. Kupplungskopf mit Ansatz
2. Kupplungsaufnahme
3. Kupplungsschaft
4. Kupplungshalterung

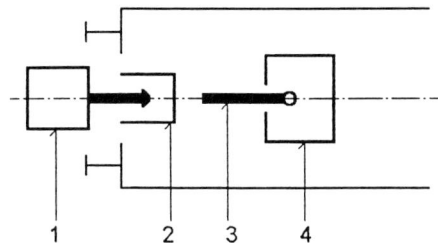

Die dargestellten Funktionsgruppen 1. bis 3. können in der schematisch dargestellten Form, in festen Gruppen, oder mit einer höhen- bzw. längenverstellbaren Einrichtung ausgeführt sein.

Wird der Kupplungsschaft durch eine kinematische Führung gesteuert, z.B. nach NEM 352, ist **Kurzkuppeln** möglich. Kurzkupplungen lassen ein Fahren mit Pufferberührung im geraden Gleis zu. Sie bewirken, daß sich beim Einlaufen in Gleisbögen die Stirnflächen der Fahrzeuge entfernen. Für die Kurzkupplung eignen sich nur Kupplungsformen, die im gekuppelten Zustand eine gegen Ausknicken steife Verbindung bilden.

3. Bezeichnung der Kupplungsarten

Die Kupplungen werden nach dem beweglichen Glied bzw. nach der Bewegungsart des Kupplungskopfes bezeichnet.

3.1　Bügelkupplungen

Bügelkupplungen haben einen beweglichen Bügel und einen festen Haken. Der in der Regel nach oben klappbare Bügel fällt in den Haken der Gegenkupplung. Besitzen beide Kupplungen Bügel, so gleiten diese übereinander.

Bügelkupplungen können auch so ausgeführt sein, daß die Haken über die Bügelvorderkante hinausragen und beim Kuppeln aneinander vorbeigehen. Die Bügel liegen bei diesen Varianten im gekuppelten Zustand nicht übereinander.

3.2　Hakenkupplungen

Hakenkupplungen haben einen beweglichen Haken und einen festen Bügel. Der in der Regel nach oben klappbare Haken fällt in den Bügel der Gegenkupplung. Besitzen beide Kupplungen Haken, so gleiten diese seitlich aneinander vorbei.

Hakenkupplungen können auch Bügel besitzen, die über die Haken hinausragen; diese gleiten beim Kuppeln übereinander.

3.3　Klauenkupplungen

Klauenkupplungen werden entweder mit feststehenden oder beweglichen Klauen ausgeführt, die beim Zusammenschieben der Fahrzeuge mit dem Gegenstück kuppeln. Beim automatischen Entkuppeln durch eine entsprechende Vorrichtung im Gleis werden die Klauen entweder angehoben oder gespreizt.

3.4　Klappkupplungen

Klappkupplungen sind Kupplungen, bei denen der Kopf oder der Kopf und der Schaft nach oben ausweichen können. Beim Gegeneinanderschieben der Fahrzeuge gleitet ein Kupplungskopf über den anderen, fällt hinter dem anderen Kopf ein und bildet dadurch eine zug- und druckfeste Verbindung.

3.5　Sonstige Kupplungen

Hierunter fallen alle Kupplungen, die sich nicht unter 3.1. bis 3.4. einordnen lassen.

Normen Europäischer Modellbahnen	**NEM**
# Führungen für Kurzkupplungen	**352**

Empfehlung   Ausgabe 1986

1. Allgemeines

Die Anwendung vom Vorbild abweichender kleiner Bogenradien bei Modellbahngleisen läßt einen Betrieb mit Pufferberührung nicht zu. Mit Hilfe einer als **Kurzkupplung** für Modelleisenbahnen bezeichneten Einrichtung wird ein vorbildähnlicher Fahrzeugabstand erzielt.

Die Kurzkupplung verbindet zwei Fahrzeuge derart, daß sich die am weitesten vorstehenden Fahrzeugteile (z. B. Puffer) im geraden Gleis nahezu berühren, im Gleisbogen jedoch der erforderliche Abstand zwangsläufig herbeigeführt wird. Diese Wirkung wird erzielt, indem die verhältnismäßig steif und längsspielfrei verbundenen Kupplungsschäfte in entsprechend geformten Führungen bewegt werden.

Der Kupplungsschaft muß zur Erzielung des Kurzkupplungs-Effektes einen Kupplungskopf tragen, der die vorgenannten Bedingungen erfüllt. Für die Nenngröße H0 soll er mit der Kupplungsaufnahme nach NEM 362 ausgestattet sein.

2. Ausführung

Die Abbildungen 1 und 2 zeigen zwei mögliche Ausführungsformen. Die Übertragung der Zugkräfte erfolgt bei beiden Ausführungen durch den am Kupplungsschaft befestigten Stift **b** und den Kulissenrand **c**. Die Druckkräfte werden bei der Ausführung nach Abb. 1 (T-förmiger Schaft) von einem der beiden Anschläge **d** auf die Druckfläche **e** übertragen. Bei der Ausführung nach Abb. 2 stützt sich der Stift **b** am inneren Kulissenrand **e** ab. Die Feder **f** dient nur zur Rückstellung in die Mittellage.

Abb. 1   Abb. 2

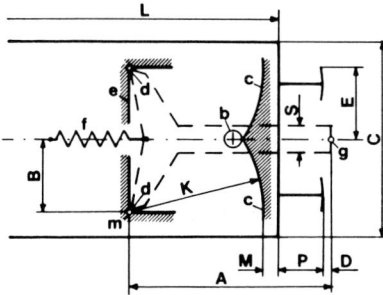
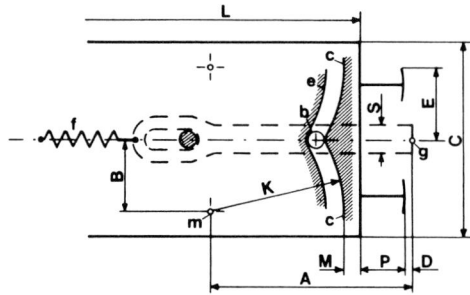

Abmessungen:

$$A_{max} = (C - S) \cdot \frac{R}{L}, \quad \text{jedoch} < \frac{L}{3}$$

$$B \geq E$$

$D = 0{,}15 \ldots 0{,}3 \text{ mm}$ im gestauchten Zustand

$K = A - (D + P + M)$

Definitionen:

A = Abstand des Mittelpunktes **m** der Kulissenführung (sowie der Abstützpunkte **d** nach Abb. 1) vom Symmetriepunkt **g** der Kupplungsköpfe

B = Abstand des Mittelpunktes **m** der Kulissenführung von der Fahrzeuglängsachse

C = Breite der Fahrzeugstirnseite

D = Überstand des Symmetriepunktes **g** über die feste stirnseitige Fahrzeugbegrenzung (z. B. Puffer, Gummiwulste)

E = Abstand der stirnseitigen Fahrzeugbegrenzung (Pufferaußenkanten) von der Fahrzeuglängsachse

K = Radius der die Zugkräfte aufnehmenden Führungsfläche **c** (Kulisse)

L = Fahrzeuglänge über Pufferbohlen

M = Technisch mögliche geringste Materialstärke zwischen Außenfläche (Pufferbohle) und Führungsfläche

P = Pufferlänge

R = Kleinster zulässiger Kurvenradius

S = Breite des Kupplungsschaftes

	Normen Europäischer Modellbahnen	**NEM**
MOROP	**Aufnahme für austauschbare Kupplungsköpfe in Nenngröße N**	**355** Seite 1 von 1
Empfehlung	**Maße in mm**	**Ausgabe 1994**

1. Zweck

Die Kupplungsaufnahme gestattet die Anbringung von austauschbaren Kupplungsköpfen, sofern sie einen Ansatz nach NEM 357 besitzen.

2. Funktionsweise

Ein innerhalb des Aufnahmeschachtes vorgesehener Drehpunkt gestattet das Anheben des Kupplungskopfes. Die Seitenbeweglichkeit wird durch entsprechende Führung des Kupplungsschaftes gewährleistet.

Bei kinematischer Führung des Kupplungsschaftes nach NEM 352 und Verwendung spezieller Kurzkupplungsköpfe ist ein Puffer-an-Puffer-Fahren möglich. Die Kupplungsaufnahme ist in diesem Fall nach Abb. 1 auszuführen.

3. Ausführung

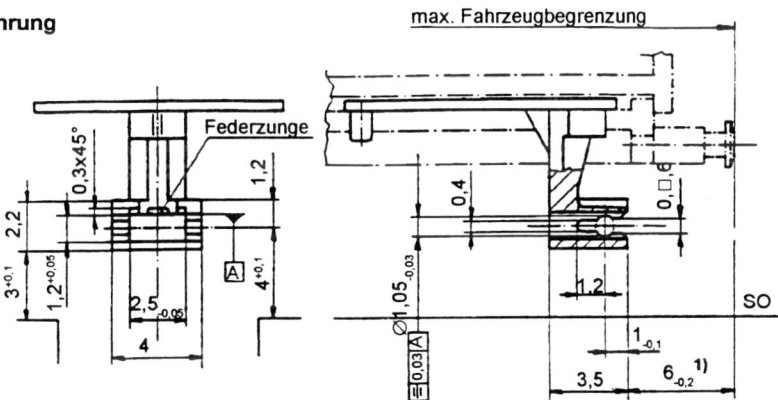

Abb. 1: Aufnahme an schwenkbarem Kupplungsschaft

Anmerkung 1)
Dieses Maß ist nur verbindlich, wenn der Kupplungsschaft durch eine Kurzkupplungskinematik gesteuert wird.

Anmerkung 2)
Das Maß x ist abhängig von der Gesamtgeometrie der Fahrzeugs (Richtwert 5 mm)

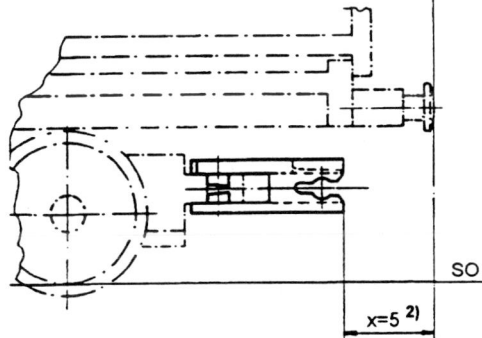

Abb. 2: Aufnahme an einer Drehgestell-Kupplungshalterung

4. Rechtsvorbehalt

Bei Verwendung dieser Norm sind bestehende Schutzrechte zu beachten.

	Normen Europäischer Modellbahnen	**NEM**
MOROP	**Kupplungskopf für Nenngröße N**	**356**
		Seite 1 von 1
Verbindliche Norm	**Maße in mm**	**Ausgabe 1994** (ersetzt Ausgabe 1978)

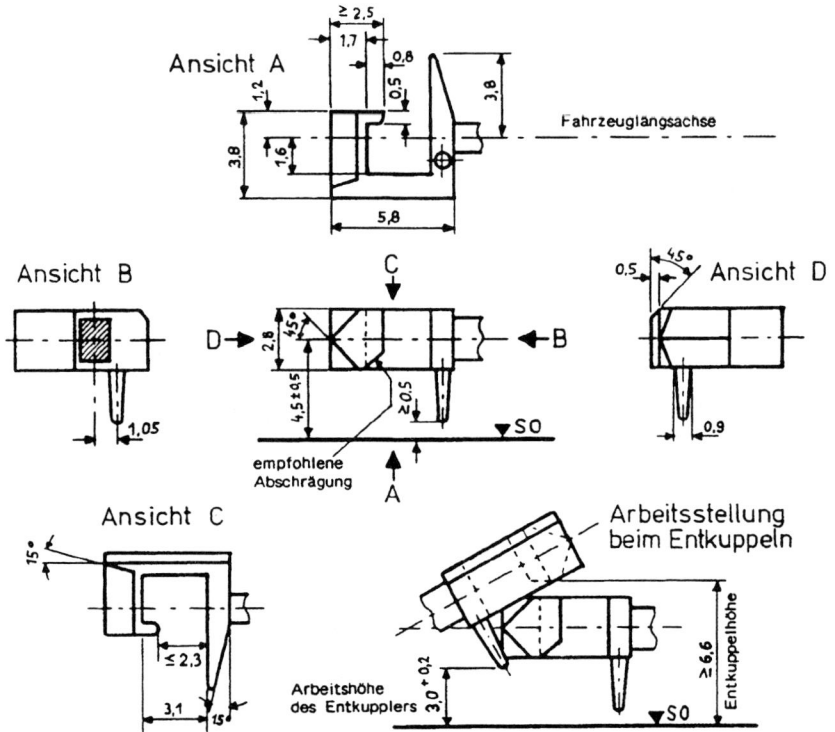

Ansicht A

Fahrzeuglängsachse

Ansicht B

Ansicht D

empfohlene Abschrägung

Ansicht C

Arbeitsstellung beim Entkuppeln

Arbeitshöhe des Entkupplers

Entkuppelhöhe

1   Beschreibung

Der Kupplungskopf ist mindestens nach oben und beiden Seiten beweglich gelagert und wird federnd in seiner Mittellage gehalten. Die Kupplungsköpfe an beiden Fahrzeugenden sind gleich. In gekuppeltem Zustand entsteht eine knicksteife Verbindung.

2   Funktionsmerkmale

- ❑ Selbsttätiges Kuppeln beim Zusammenschieben der Fahrzeuge.
- ❑ Entkuppeln zweier Fahrzeuge durch Anheben eines der beiden Kupplungsköpfe, wobei dessen Entkupplungszapfen mittels einer außerhalb der Gleismittelachse angebrachten Vorrichtung angehoben wird.
- ❑ Möglichkeit des Heraushebens einzelner Fahrzeuge aus dem Zugverband.

	Normen Europäischer Modellbahnen	**NEM**
MOROP	**Standardkupplung für**	**360**
	Nenngröße H0	Seite 1 von 1
Verbindliche Norm	**Maße in mm**	**Ausgabe 1994** (ersetzt Ausgabe 1979)

1. Die Standardkupplung nach dieser Norm ist eine Bügelkupplung. Die Standardkupplung ist entweder direkt mit ihrem Schaft am Fahrzeug um eine senkrechte Achse schwenkbar angeordnet oder mit dem Ansatz ihres Kupplungskopfes in eine Kupplungsaufnahme nach NEM 362 gesteckt. In der Regel wird die Kupplung durch eine Federung in Mittelstellung gehalten.

2. Standardkupplungen kuppeln beim Zusammenschieben zweier Fahrzeuge automatisch ein. Zum Entkuppeln besitzt der Bügel einen nach unten gerichteten Hebel, der durch eine in Gleismitte befindliche ortsfeste anhebbare Entkuppelrampe hochgedrückt wird und das Anheben der Bügelvorderkante bewirkt.

3. Abmessungen der Standardkupplung:

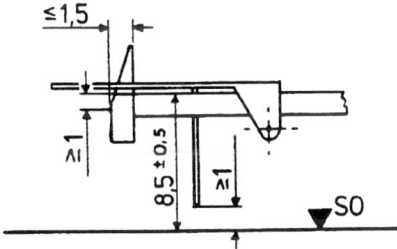

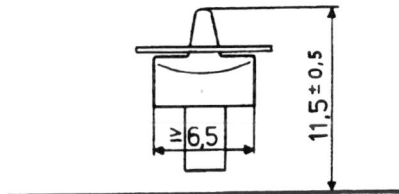

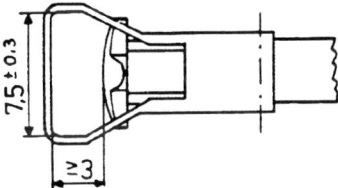

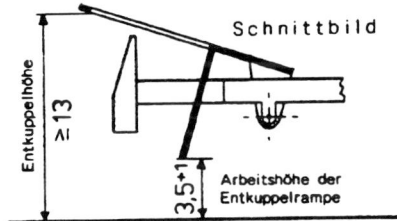

Die Bügelvorderkante soll zur Erleichterung des Kuppelns nach oben abgeschrägt werden.

4. Triebfahrzeuge können vereinfachte bügellose Ausführungen der Standardkupplung besitzen, die jedoch untereinander nicht kuppelbar sind.

5. Standardkupplungen können mit Zusatzeinrichtungen ausgestattet sein, die ein Vorentkuppeln beim Schieben mittels der unter 2. genannten ortsfesten Entkuppelrampe ermöglichen.

6. Fahrzeuge mit Kupplungen, die nicht mit Standardkupplungen kuppelbar sind, sollen mit Standardkupplungen ausgestattet werden können. Vorzugsweise ist dabei eine Kupplungsaufnahme nach NEM 362 vorzusehen.

	Normen Europäischer Modellbahnen **Aufnahme für austauschbare Kupplungsköpfe in Nenngröße H0**	**NEM** **362** Seite 1 von 1
Empfehlung	**Maße in mm**	**Ausgabe 1994** (ersetzt Ausgabe 1987)

1 Zweck

Die Kupplungsaufnahme gestattet die Anbringung von austauschbaren Kupplungsköpfen, sofern sie einen entsprechend geformten Ansatz besitzen.

2 Ausführung

Die Kupplungsaufnahme ist wie nachstehend dargestellt auszuführen:

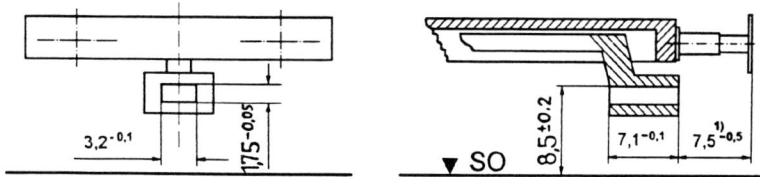

Anmerkung:
1) Dieses Maß ist nur verbindlich, wenn der Kupplungsschaft durch eine Kurzkupplungs-Kinematik gesteuert wird.

Falls Bauteile an Modellbahnfahrzeugen vor der Pufferebene liegen, zu Beispiel Gummiwulste, so ist die Lage der Vorderfläche der Aufnahme auf diese Bauteile zu beziehen.

Die Kupplungsköpfe besitzen in der Regel einen schwalbenschwanzförmigen elastischen Ansatz, dessen Nocken hinter die inneren Kanten der Aufnahme greifen.

<table>
<tr><td>Normen Europäischer Modellbahnen
Container</td><td>**NEM**
380</td></tr>
</table>

| Empfehlung | Modellmaße in mm | Ausgabe 1975 |

Diese Norm gilt als Richtlinie für die einheitliche Gestaltung der Befestigungselemente von Containern und Tragwagen.

Der Modellbahn-Industrie wird die Beachtung dieser Norm empfohlen. Die Anwendung einer weiteren zusätzlichen Befestigungsart ist freigestellt.

Container-Abmessungen

Nenn-größe	Länge				ISO-Container		Binnen-container[1])	
	10'	20'	30'	40'	Breite 8'	Höhe 8'	Breite	Höhe
N	18,7	37,8	57,0	76,2	15,2	15,2	15,6	16,3
TT	24,9	50,5	76,0	101,6	20,3	20,3	20,8	21,7
HO	34,4	69,6	104,9	140,1	28,0	28,0	28,7	29,9
S	46,7	94,7	142,6	190,5	38,1	38,1	39,1	40,6
O	66,5	134,6	202,8	270,9	54,2	54,2	55,6	57,8
I	93,5	189,3	285,2	381,0	76,2	76,2	78,1	81,3

[1]) Anmerkung: Bei mehreren europäischen Bahnverwaltungen zugelassen.

Befestigungselemente

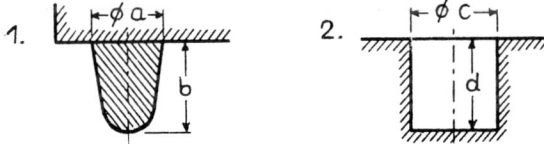

1. Zapfen befinden sich an der Container-Unterseite an allen 4 Ecken.

2. Löcher befinden sich in der Container-Oberseite an allen 4 Ecken sowie in der Ladefläche des Container-Tragwagens und der Straßentransporter.

Nenn-größe	Zapfen		Loch		Quer-maß	Zapfen- und Lochabstand Längsmaß				Zwi-schen-maß
	a max	b max	c min	d min	e	10' f	20' g	30' h	40' i	k
N	0,6	0,7	0,7	0,7	14,1	17,4	36,6	55,8	75,0	1,8
TT	0,7	0,8	0,8	0,8	18,8	23,2	48,8	74,4	100,0	2,4
HO	0,8	1,0	1,0	1,0	26,0	32,0	67,3	102,6	137,9	3,3
S	1,0	1,2	1,2	1,2	35,3	43,6	91,5	139,4	187,3	4,3
O	1,2	1,5	1,5	1,5	50,2	62,0	130,1	198,2	266,3	6,1
I	1,4	1,8	1,8	1,8	70,6	87,1	183,0	278,9	374,8	8,8

Anordnung der Löcher am Container-Tragwagen

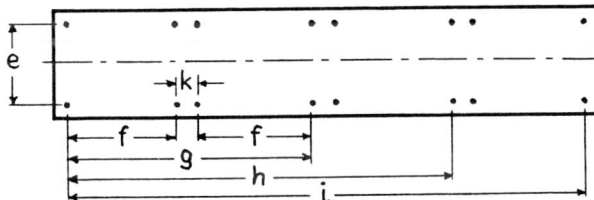

Normen Europäischer Modellbahnen	**NEM**
# Elektrische Speisung der ortsfesten Einrichtungen	**611**

Verbindliche Norm   **Ausgabe 1982**

1.   Diese Norm betrifft

1.1 ortsfeste Antriebe, die unmittelbar mit dem Betrieb zusammenhängen,

   z. B. Antriebe für Weichen, Entkupplungseinrichtungen, Signale, Drehscheiben;

1.2 ortsfeste Einrichtungen, die zur weiteren Ausgestaltung der Anlage gehören,

   z. B. Beleuchtung, Antriebe für Mühlen.

2.   Die elektrischen Teile der ortsfesten Einrichtungen sind so auszuführen, daß sie mit Wechselstrom betrieben werden können. Nach Möglichkeit sollen die Einrichtungen nach 1.1 auch mit Gleichstrom funktionieren.

3.   Die Nennspannung am Eingang der ortsfesten Einrichtung beträgt

Spurweiten	mm	6,5	>6,5 .... <45	≥ 45
Wechselspannung	Volt	10	14 bis 16	14 bis 18
Gleichspannung	Volt	8	12	14 bis 18

Normen Europäischer Modellbahnen	**NEM**
Stromabnahme des Fahrzeuges und Stromzuführung	**620** Seite 1/2

Dokumentation | Ausgabe 1983

1. Allgemeines

Zweck der Norm ist:

- Kennzeichnung aller der Stromzuführung des Gleises dienenden Leiter sowie der Stromabnahmeorgane der Fahrzeuge,

- Festlegung der möglichen Zuordnungen der Leiter,

- Feststellen der Verträglichkeit der verschiedenen Speisesysteme.

Ohne Bedeutung für diese Norm ist:

- die Funktion, die ein bestimmtes Speisesystem erfüllt,

- welche Stromart für ein bestimmtes Speisesystem verwendet wird.

Nicht Gegenstand dieser Norm sind:

- nicht drahtgebundene Steuerungen,

- solche Leiter, die nur an bestimmten Stellen vorhanden sind, z. B. Kontaktschienen.

2. Leiter und Stromabnahmeorgane

Alle in Betracht kommenden Leiter sind in Abb. 1 dargestellt.

Vor allem sind Fälle, die sich ausschließen, zu unterscheiden:

- gegenseitig isolierte Fahrschienen, die als Leiter 1 und 2 vorhanden sind,

- elektrisch miteinander verbundene Fahrschienen, die einen Leiter 0 bilden.

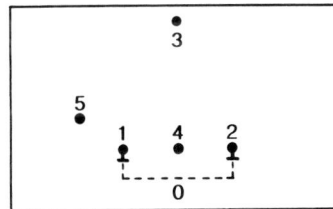

Abb. 1

In Tabelle 1 erhalten die Abnehmeorgane die gleiche Kenn-Nummer wie die Leiter.

Tabelle 1

Leiter		Stromabnahmeorgane	Kenn-Nr.
Fahrschienen elektrisch verbunden		Räder gegenseitig isoliert	0
Fahrschienen elektrisch verbunden		Räder gegenseitig nicht isoliert	0
Fahrsch. nicht elektrisch verbunden		Räder gegenseitig nicht isoliert	0
Fahrschiene 1		Rad oder Schleifschuh 1	1
Fahrschiene 2		Rad oder Schleifschuh 2	2
Oberleitung	[1]	Stromabnehmer	3
Mittelleiter	[2]	Mittelschleifschuh	4
Seitliche Leiter	[3]	Seitenschleifschuh [4]	5

Anmerkungen:

[1] Eine mehrfache Oberleitung, z. B. zur Darstellung des Drehstromsystems, ist beim Modell in der Regel als **ein** Leiter auszuführen.

[2] Es kann ein durchgehender Leiter oder eine Punktkontaktreihe verwendet werden.

[3] Der seitliche Leiter kann beliebig auf der einen oder anderen Seite liegen.

[4] Seitliche Schleifschuhe sind auf beiden Seiten anzuordnen und miteinander zu verbinden.

NEM 620 — Seite 2/2

3. Speisesysteme

Ausgabe 1983

3.1 Bezeichnung der Speisesysteme

Abb. 2

	0-3	0-4	0-5	3-4	3-5	4-5	1-2	1-3	1-4	1-5	2-3	2-4	2-5
0-3	▨												
0-4	0	▨											
0-5	0	0	▨										
3-4	3	4		▨									
3-5	3		5	3	▨								
4-5		4	5	4	5	▨							
1-2	/	/	/				▨						
1-3	/	/	/	3	3		1	▨					
1-4	/	/	/	4		4	1	1	▨				
1-5	/	/	/		5	5	1	1	1	▨			
2-3	/	/	/	3	3		2	3			▨		
2-4	/	/	/	4		4	2		4		2	▨	
2-5	/	/	/		5	5	2			5	2	2	▨

symmetrische ← Speisesysteme → asymmetrische

Abb. 2 zeigt am linken und unteren Rand die möglichen Speisesysteme. Jedes Speisesystem ist mit den Kenn-Nummern seiner beiden Leiter nach Abb. 1 bezeichnet (z. B. 3-4 = Oberleitung 3 und Mittelleiter 4).

3.2 Verträglichkeit

Die Eigenschaften der Kombination zweier Speisesysteme ergeben sich im Kreuzungsfeld der betreffenden Zeile und Spalte. Es gibt drei Fälle:

A) beide Speisesysteme sind getrennt: das Kreuzungsfeld ist leer,

B) beide Speisesysteme haben einen "Gemeinsamen Leiter": das Kreuzungsfeld enthält die Kenn-Nummer des Leiters,

C) beide Speisesysteme sind miteinander unverträglich, d. h. sie können nicht zusammen verwendet werden: das Kreuzungsfeld ist durch einen Schrägstrich gekennzeichnet.

Der "Gemeinsame Leiter" darf nicht unterbrochen werden, da sonst eine Beeinflussung der beiden Speisesysteme eintreten könnte.

Falls mehr als zwei Speisesysteme in Betracht kommen, darf nur ein "Gemeinsamer Leiter" vorhanden sein.

3.3 Erläuterung der Symmetrie

Die Speisesysteme 0-3, 0-4, 0-5, 1-2, 3-4, 3-5, 4-5 sind "elektrisch symmetrisch", d. h. das Fahrzeug kann ohne Beeinträchtigung der Funktion beliebig auf dem Gleis stehen. [1]

Die Speisesysteme 1-3, 1-4, 1-5, 2-3, 2-4, 2-5 sind "elektrisch asymmetrisch", d. h. das Fahrzeug muß in einer bestimmten Richtung auf dem Gleis stehen, damit die richtige Funktion gewährleistet wird.

3.4 Beispiele für handelsübliche Kombinationen

1-2	Zweischienenbetrieb	
1-3, 2-3	Asymmetrischer Oberleitungsbetrieb	} nach System NEM 621
1-4, 2-4	Asymmetrischer Mittelleiterbetrieb	z. B. System TRIX-EXPRESS
0-3	Symmetrischer Oberleitungsbetrieb	} z. B. System MÄRKLIN H0
0-4	Symmetrischer Mittelleiterbetrieb	
3-4	Spezieller symmetrischer Oberleitungsbetr.	z. B. System TRIX-EXPRESS

Anmerkung

[1] Beim Speisesystem 1-2 sind gegebenenfalls Gleisschaltungen erforderlich, um Kurzschlüsse und Veränderungen der Funktion zu vermeiden, z. B. beim Befahren einer Gleisschleife.

Normen Europäischer Modellbahnen	**NEM**
Stromzuführung bei Zweischienen-Triebfahrzeugen mit und ohne Oberleitung	**621**

Verbindliche Norm   Ausgabe 1981

1. Allgemeine Vorschrift

Alle Triebfahrzeuge müssen durch beide gegeneinander isolierte Fahrschienen gespeist werden können.

2. Triebfahrzeuge mit Stromabnehmern

2.1 Mit Stromabnehmern ausgerüstete Triebfahrzeuge sollten außerdem durch die Oberleitung und eine der beiden Schienen gespeist werden können.

2.2 Um die Wahl zwischen beiden Speisungsarten zu gestatten, ist eine der beiden Motorklemmen dauernd mit den Rädern einer Fahrzeugseite (gemeinsame Seite) zu verbinden; durch einen Umschalter wird die andere Klemme entweder mit den Rädern der anderen Seite oder mit dem Stromabnehmer verbunden (Abb. 1). Die Räder der beiden Seiten müssen gegeneinander isoliert bleiben.

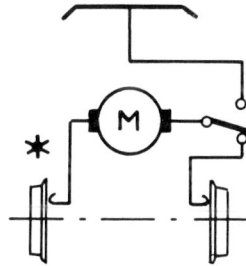

2.3 Die "gemeinsame Seite" wird durch das Symbol ✱ unter dem Fahrgestell gekennzeichnet.

Abb. 1

3. Vereinbarkeit und Unabhängigkeit der beiden Speisungsarten auf demselben Gleis

3.1 Vereinbarkeit

Die auf die Oberleitung geschalteten Fahrzeuge müssen so auf das Gleis gestellt werden, daß die Räder der "gemeinsamen Seite" auf der Schiene stehen, die den beiden Speisungskreisen gemeinsam ist (Abb. 2).

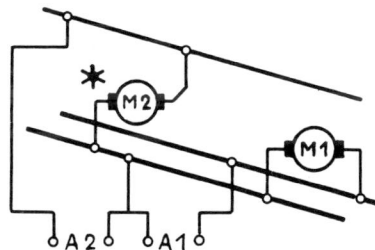

3.2 Unabhängigkeit

Werden zwei getrennte Stromquellen nach Abb. 2 benutzt, so wird der unabhängige Betrieb erreicht.

Abb. 2

4. Isolierung der Kupplungen und Puffer

4.1 Die Kupplungen aller Fahrzeuge, Triebfahrzeuge oder Wagen, müssen vom elektrischen Speisungskreis isoliert sein. Gleiches gilt für Puffer, wenn sie sich berühren können.

4.2 Ausnahmsweise können die Kupplungen zwischen Fahrzeugen, die im Betrieb nicht getrennt werden (z. B. Lok und Tender), zur elektrischen Verbindung verwendet werden.

Normen Europäischer Modellbahnen	**NEM**
# Gleichstromzugförderung – Elektrische Kennwerte	# 630

Verbindliche Norm   Ausgabe 1982

1. Allgemeines

In dieser Norm wird ein System als "Gleichstromzugförderung" bezeichnet, das folgenden Anforderungen entspricht:

1.1 Die Speisung der Triebfahrzeuge erfolgt durch polarisierte Spannung, z. B. gleich, gleichgerichtet oder pulsierend.

1.2 Die Drehrichtung der Motoren wird durch die Polarität bestimmt.

1.3 Die Drehzahl der Motoren wird über die Fahrspannung gesteuert.

2. Fahrspannung

2.1 Die Nennspannung beträgt

Tabelle 1:

Spurweite G mm	6,5	6,5 < G < 32	≥ 32
Spannung Volt	8	12	16

Bei Speisung durch gleichgerichtete, pulsierende oder ähnliche Spannungen muß der arithmetische Mittelwert U_m (Gleichkomponente) dem Nennwert entsprechen.

Die meisten der für Modellbahnen angewendeten Meßgeräte zeigen den Sinus-Effektivwert U_{eff} an. In diesem Fall müssen die gemessenen Werte der Spannungsgruppen 2 bis 4 der Tabelle 2 den verschiedenen Spannungsformen entsprechend umgerechnet werden (Tabelle 2). $U_m = k \cdot U_{eff}$

Tabelle 2:

Spannungs-gruppe	Benennung	Spannungsform	Umrechnungs-faktor k
1	reine Gleichspannung		1
2	Zweiweg-Gleichrichtung	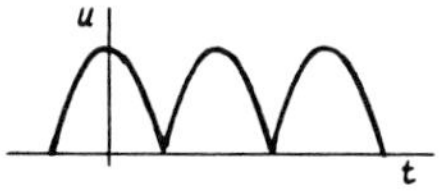	0,90
3	Einweg-Gleichrichtung	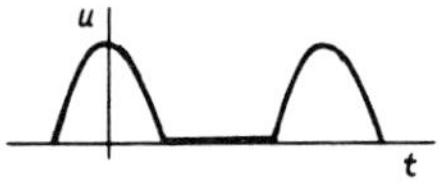	0,64
4	sonstige 1)	1)	variabel 2)

2.2 Spannungen anderer Art, z. B. für dauernde Zugbeleuchtung, für unabhängige Speisung besonders ausgerüsteter Triebfahrzeuge, dürfen der hier genormten Spannung überlagert werden, soweit die Werte nach Punkt 2.1 nicht überschritten werden.

Anmerkungen zu Tabelle 2:

1) Hierunter fallen unter anderem:

Glättung durch Kondensator		Impulsbreiten-steuerung	
Mischformen zwischen den Gruppen 2 und 3		Phasenanschnitt-steuerung	

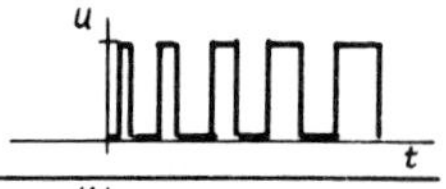

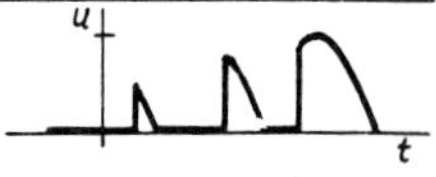

2) Die mit größerem Aufwand verbundenen Messungen dieser Gruppe fallen außerhalb des Anliegens dieser Norm.

Normen Europäischer Modellbahnen	**NEM**
Gleichstromzugförderung	**631**
Lauf- und Verkehrsrichtung beim Zweischienensystem	

Verbindliche Norm   Ausgabe 1985

1. Allgemeines

1.1 Die "**Laufrichtung**" eines Triebfahrzeuges läßt sich im Verhältnis zu seiner äußeren Gestaltung bestimmen; "vorwärts" bedeutet z. B. Rauchkammer, Führerstand "V" oder "1" vorn.

1.2 Die "**Verkehrsrichtung**" auf einem Gleis läßt sich im Verhältnis zum Fahrtweg bestimmen, z. B. von A nach B (Abb. 1).

2. Zweischienenbetrieb

2.1 Die Polarität der Schienen bestimmt die Verkehrsrichtung.

2.2 Die Position der Triebfahrzeuge auf dem Gleis ist beliebig.

2.3 Die in Verkehrsrichtung rechte Schiene ist positiv (Abb. 1 und 2).

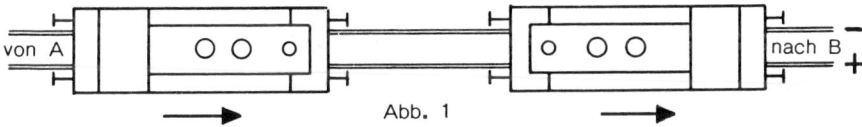

von A ... nach B −/+

Abb. 1

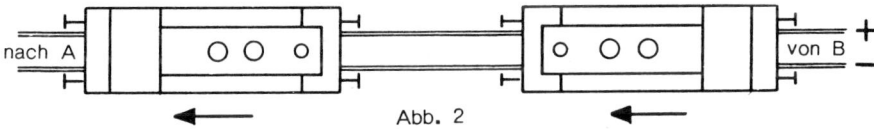

nach A ... von B +/−

Abb. 2

3. Oberleitungsbetrieb

3.1 Die Polarität der Oberleitung bestimmt die Laufrichtung.

3.2 Die Norm NEM 621 bestimmt die Position des Triebfahrzeuges auf dem Gleis.

3.3 Die "gemeinsame Seite" des Triebfahrzeuges, gekennzeichnet durch das Symbol ✱ , befindet sich auf der in Laufrichtung linken Schiene, wenn die Oberleitung positiv ist (Abb. 3 und 6). Die andere Schiene hat keine Bedeutung für diese Stromzuführungsart.

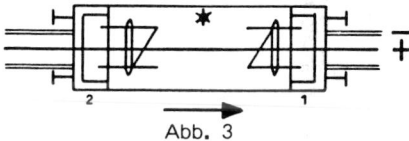

Abb. 3

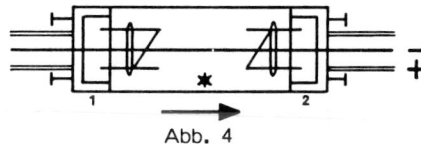

Abb. 4

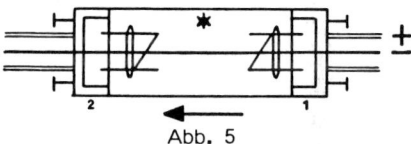

Abb. 5

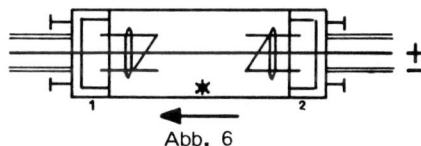

Abb. 6

Normen Europäischer Modellbahnen
Wechselstromzugförderung
Elektrische Kennwerte

NEM

640

Verbindliche Norm   Ausgabe 1988

1   Allgemeines

In dieser Norm wird ein System als "Wechselstromzugförderung" bezeichnet, das folgenden Anforderungen entspricht:

1.1   Die Speisung der Triebfahrzeuge erfolgt in der Regel durch Wechselspannung; als Sonderfall ist auch polarisierte Spannung möglich.

1.2   Die Drehrichtung der Motoren wird durch einen im Triebfahrzeug befindlichen **Fahrtrichtungsschalter** bestimmt und ist von der Polarität der Fahrspannung unabhängig.

1.3   Die Drehzahl der Motoren wird über die Fahrspannung gesteuert.

2   Fahrspannung

Der Effektivwert der Nennspannung beträgt 16 Volt.

Die maximale Frequenz der Wechselspannungsgrundwelle beträgt 60 Hertz.

3   Fahrtrichtungsschalter

Die Stellung des Fahrtrichtungsschalters bestimmt die Fahrtrichtung des Triebfahrzeugs. Die Umschaltung erfolgt durch einen Überspannungsimpuls von 24 Volt Nennwert.

Der Überspannungsimpuls darf nicht kürzer als 0,1 s und nicht länger als 3 s sein.

Normen Europäischer Modellbahnen

Wechselstrom-Fahrbetrieb mit Mittelleiter

NEM 645

Verbindliche Norm

Ausgabe 1990

1 Zweck

Diese Norm beschreibt das mit Wechselstrom nach NEM 640 betriebene Mittelleitersystem; es benutzt als Leiter einen Mittelleiter und die beiden Fahrschienen (Kombination 0-4 nach NEM 620).

Eine Oberleitung (Kombination 0-3 nach NEM 620) kann dieselbe Funktion wie der Mittelleiter ausüben.

2 Stromzuführung zum Triebfahrzeug

Die Stromzuführung ist in jeder Stellung des Triebfahrzeugs auf dem Gleis gewährleistet.

2.1 Mittelleiter (Abb. 1)

Grundsätzlich sind die Triebfahrzeuge für die Speisung durch den Mittelleiter und die beiden Fahrschienen ausgerüstet.

2.2 Oberleitung (Abb. 2)

Mit Oberleitungsstromabnehmern ausgerüstete Triebfahrzeuge können durch die Oberleitung und die beiden Fahrschienen gespeist werden. Ein Umschalter ermöglicht die wahlweise Stromabnahme aus dem Mittelleiter oder der Oberleitung.

Wird ausnahmsweise reiner Oberleitungsbetrieb gewählt, kann der Umschalter entfallen (Abb. 3).

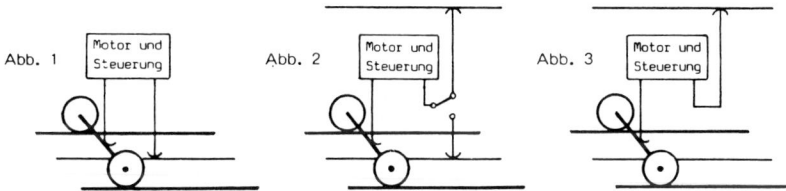

3 Verträglichkeit auf demselben Gleis

3.1 Vereinbarkeit

Der Betrieb mit Mittelleiter und der Betrieb mit Oberleitung sind miteinander vereinbar; die Fahrschienen sind der gemeinsame Leiter.

3.2 Unabhängigkeit

Die Verwendung von zwei getrennten Stromquellen T 1 und T 2 ermöglicht den unabhängigen Betrieb zweier Züge (Abb. 4).

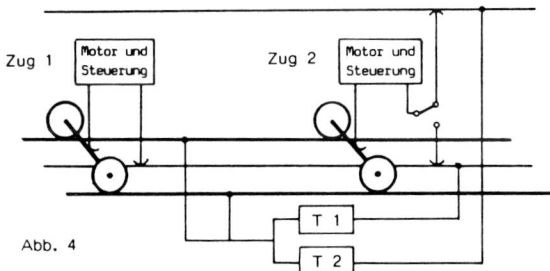

4 Fahrschienen und Radsätze

4.1 Fahrschienen

Die Fahrschienen sind normalerweise elektrisch miteinander verbunden; eine Fahrschiene darf aber an bestimmten Stellen gegen den Fahrstromkreis isoliert sein.

4.2 Radsätze

Die Räder jedes stromabnehmenden Radsatzes müssen elektrisch miteinander verbunden sein. Die Räder nicht stromabnehmender Radsätze dürfen gegeneinander isoliert sein.

5 Verkehrsrichtung

Die Verkehrsrichtung des Zuges wird mit Hilfe des Fahrtrichtungsschalters im Triebfahrzeug gesteuert.

Bei Stillstand kann die nachfolgende Verkehrsrichtung nicht vorausgesehen werden. Die letzte Verkehrsrichtung wird jedoch gespeichert, solange man die Umschaltung vom Steuergerät nicht betätigt hat.

Es ist möglich, daß zwei durch denselben Stromkreis gespeiste Triebfahrzeuge auf demselben Gleis in entgegengesetzter Richtung verkehren.

6 Kupplungen und Puffer

Die Kupplungen und Puffer aller Triebfahrzeuge und Wagen dürfen mit den Rädern elektrisch verbunden sein.

	Normen Europäischer Modellbahnen	**NEM**
MOROP	**Elektrische Schnittstelle für** **Modellfahrzeuge**	**650** Seite 1 von 3
Empfehlung		**Ausgabe 1995**

Zweck:

Festlegung einer einheitlichen Schnittstelle zum sicheren und schnellen Einbau oder Austausch von Elektronikbaugruppen in Triebfahrzeugen.

1. Einleitung:

Auf dem Gebiet der Modellbahn werden in zunehmendem Maße elektronische Systeme zur Steuerung von Triebfahrzeugen und zum Schalten von Funktionen eingesetzt. Nicht alle Modelle sind werkseitig mit einem Baustein zum Empfang von Steuerinformationen (Decoder) ausgerüstet. Es soll daher eine standardisierte elektrische Schnittstelle innerhalb der Fahrzeuge eingerichtet werden, an der der Anwender einen zu seinem Steuersystem passenden Empfangsbaustein auch nachträglich anschließen kann. Hierfür ist ausreichend Platz vorzusehen (Einbauraum).

2. Begriffsdefinition:

Schnittstelle:
Verbindung mehrerer elektrischer Leiter, die durch Verwendung einer zweiteiligen Steckverbindung (Stecker / Buchse) mechanisch lösbar gestaltet ist.

Linke/rechte Fahrzeugseite:
Es gilt die Festlegung gemäß NEM 631: Beim Blick von hinten über das Triebfahrzeug muß sich dieses vorwärts bewegen, wenn der Pluspol der Fahrspannung an der rechten Schiene anliegt.

3. Mechanische Ausführung der Schnittstelle:

Die Schnittstelle wird als Steckverbindung gefertigt und in der Regel werksseitig eingebaut.

Norm	NEM 651	NEM 652	NEM 653	NEM 654
Ausführung	Klein (S)	Mittel (M/a)	Mittel (M/b)	Groß (L)
Anschlüsse / Layout	6 (1 x 6)	8 (2 x 4)	9 (1 x 9)	4 (keine Vorgabe)
Teil im Triebfahrzeug	Buchse	Buchse	Buchse	Stecker
Raster (Kontaktabstand)	1,27 mm	2,54 mm	1,5 mm	keine Vorgabe
Stiftform [1]	rund	rund	rund	rund
Stiftlänge	5 mm	4 mm	4 mm	7,5 mm
Stiftdurchmesser	0,25 mm	0,5 mm	0,5 mm	1,25 mm
Dauerbelastbarkeit [2]	0,5 A	1,5 A	1,5 A	4,0 A
Spitzenbelastung (kurzzeitig)	0,75 A	3,0 A	3,0 A	6,0 A

1) Stifte mit einem rechteckigen Querschnitt sind eine akzeptable Alternative, sofern sie die gleiche Belastbarkeit und physikalische Kontakt-Qualität aufweisen wie die runde Form.
2) Die angegebene Belastbarkeit ist auf jeden einzelnen Kontakt bezogen, sie bezieht sich weder auf die Decoderkapazität noch auf die des Motors, der Lichter oder weiterer Zusatzkomponenten. Da viele Decoderhersteller für die Licht-und Funktionsanschlüsse weniger hoch belastbare Anschlüsse zur Verfügung stellen, ist den Fahrzeugherstellern zu empfehlen, zu dokumentieren, wieviel Strom die Stirnbeleuchtung und weitere Funktionen im Einzelnen aufnehmen.

NEM 650

Nebst der beschriebenen Basisausführung ist auch eine erweiterte Ausführung möglich. Wird werksseitig eine erweiterte Ausführung eingebaut, soll der Hersteller die Belegung der Anschlüsse klar und eindeutig dokumentieren. Die erweiterte Ausführung ist so zu gestalten, daß der Stecker der Basisausführung nur in die dem Basismodul entsprechenden Anschlüsse eingesteckt werden kann.

Bei den Ausführungen S, M/a und M/b ist der Anschluß "1" auf Stecker und Sockel deutlich zu bezeichnen. Bei der Ausführung L ist die Anschlußbelegung vom Hersteller zu bestimmen. Jeder Anschluß ist so zu bezeichnen, daß er leicht identifiziert werden kann. Empfohlen werden Nummern oder der festgelegte Farbcode.

3.1 Fahrzeugseitige Ausführung:

Fahrzeugseitig wird der Buchsenteil der Steckverbindung (Ausnahme Ausführung L) eingesetzt. Abhängig von den räumlichen Gegebenheiten innerhalb des Modells kann dieser Teil der Schnittstelle fest oder beweglich ausgeführt werden. Eine problemlose Montage / Demontage des Fahrzeugaufbaus muß sowohl mit als auch ohne eingebaute Elektronik sichergestellt sein.

Feste Ausführung: Der Steckverbinder ist mechanisch an einer Leiterplatte, dem Fahrgestell o. ä. befestigt. Diese Ausführung setzt voraus, daß der Anbringungspunkt bezogen auf den Einbauraum so gewählt wird, daß ein direktes An-/Aufstecken des Elektronikbausteins möglich ist.

Bewegliche Ausführung: Der Steckverbinder ist am Ende eines Kabelbaums befestigt, dessen Länge so dimensioniert ist, daß eine auf den Steckverbinder aufgesetzte Elektronik im Einbauraum untergebracht und befestigt werden kann.

Sofern bei der festen Ausführung die Anbringung des Steckverbinders auf einer im Fahrzeug vorhandenen Leiterplatte erfolgt, können die zur Funktion des Fahrzeuges erforderlichen Verbindungen über eine geeignete Leiterbahnführung erreicht werden. Diese Verbindungen sind so auszulegen, daß sie vor dem Einbau einer Elektronik mit einfachen Mitteln entfernt oder aufgetrennt werden können (zum Beispiel Blindstecker).

3.2 Elektronikseitige Ausführung:

Auf dem Elektronikbaustein wird der Stecker wie ein normaler Bauteil auf der Leiterplatte bestückt. Die Positionierung des Steckers ist so zu wählen, daß er in unmittelbarer Nähe und parallel zu einer Leiterplattenkante verläuft. Eine Ausführung, bei der der Stecker beweglich an einem Kabelbaum befestigt ist, ist zugelassen.

Bei Elektronikbausteinen mit Zusatzfunktionen sollen diese mit steckbaren Einzeldrähten herausgeführt werden, damit der Anwender selbst bestimmen kann, welche Zusatzfunktion des Decoders bestimmte Funktionen im Fahrzeug steuern soll.

4. Elektrischer Aufbau der Schnittstelle:

Am fahrzeugseitigen Teil der Steckverbindung werden mindestens folgende Anschlüsse zur Verfügung gestellt:

Gleis (2 Anschlüsse)
Motor (2 Anschlüsse)
Stirnbeleuchtung vorn
Stirnbeleuchtung hinten
Stromrückführung für Beleuchtung und Funktionen

Die Anschlußpunkte der elektrischen Einrichtungen des Fahrzeuges können beim Einsatz einer Leiterplatte im Fahrzeug zum konventionellen Betrieb ohne zusätzliche Elektronik durch eine geeignete Leiterbahnführung oder einen entsprechenden Blindstecker miteinander verbunden sein. Es ist jedoch sicherzustellen, daß diese Verbindungen, inkl. etwaig vorhandener Dioden für ein fahrtrichtungsabhängiges Wechsellicht, beim Einbau eines Elektronikbausteins problemlos entfernt werden können. Ist das Fahrzeug serienmäßig nicht mit einer Leiterplatte, sondern mit einem Kabelbaum versehen, so sind diese Verbindungen mittels einer in den fahrzeugseitigen Stecker eingesetzten Platine herzustellen. Diese Platine enthält auch die eventuell erforderlichen Dioden für das fahrtrichtungsabhängige Wechsellicht.

4.1 Kabelfarben:

Rot:	Stromabnahme rechts (oder Mittelleiter, 3. Außenschiene, Dachstromabnahme) zum Motoranschluß 1 oder zur Schnittstelle
Orange:	von der Schnittstelle zum Motoranschluß 1 oder zur Feldwicklung vorwärts [1]
Schwarz	Stromabnahme links zum Motoranschluß 2 oder zur Schnittstelle
Grau:	von der Schnittstelle zum Motoranschluß 2 oder zur Feldwicklung rückwärts [1]
Weiß:	Stirnbeleuchtung vorn (-)
Gelb:	Stirnbeleuchtung hinten (-)
Blau:	Gemeinsamer Leiter für Stirnbeleuchtung und Funktionen (+)

1) Gilt nur, wenn eine Schnittstelle im Fahrzeug eingebaut ist.

Alle andern Kabel haben keine Vorgabe, es darf jedoch keine der erwähnten Farben verwendet werden.

Können vom Hersteller aus fabrikationstechnischen oder anderen wichtigen Gründen die vorgegebenen Kabelfarben nicht eingehalten werden, ist ein Verdrahtungslayout mitzuliefern. Diesem müssen alle für den richtigen Einbau des Decoders nötigen Angaben entnommen werden können. Ist eine Schnittstelle werkseitig eingebaut, muß auch bei von der Empfehlung abweichenden Farben die in NEM 651 bis 654 festgelegte Kontaktbelegung eingehalten werden. Es ist anzustreben, daß auch Hersteller, die serienmäßig keine Schnittstelle einbauen, ein entsprechendes Datenblatt über die Verkabelung des Fahrzeuges mitliefern (in die Betriebsanleitung integrieren). Damit ist Gewähr für einen problemlosen nachträglichen Umbau gegeben.

	Normen Europäischer Modellbahnen	**NEM**
(MOROP Logo)	**Elektrische Schnittstelle** **Ausführung Klein (S)**	**651** Seite 1 von 1
Empfehlung		Ausgabe 1995

Basierend auf Festlegungen in NEM 650 ist die Schnittstelle der Ausführung Klein (S) wie folgt definiert:

Kontaktbelegung und funktionelle Zuordnung der Kabelfarben:

Kontakt 1	Motoranschluß 1	orange
Kontakt 2	Motoranschluß 2	grau
Kontakt 3	Stromabnahme rechts	rot
Kontakt 4	Stromabnahme links/Masse	schwarz
Kontakt 5	Beleuchtung vorn	weiß
Kontakt 6	Beleuchtung hinten	gelb

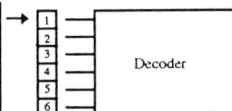

Die geringen Abmessungen dieser Decoder bedingen in der Regel eine ansteckbare Ausführung und eine werksseitig eingebaute Schnittstelle. Der Hersteller soll die Schnittstelle so einbauen, daß sich die Anschluß-Kontakte bei Aufsicht an der linken Seite des Elektronikbauteils befinden.

Piktogramm:

Fahrzeuge mit werkseitig eingebauter Schnittstelle sollen auf der Verpackung deutlich mit dem Kennbuchstaben S und dem nebenstehenden Piktogramm gekennzeichnet werden.

Hinweis:

Schnittstellen nach diesem Normblatt entsprechen vollumfänglich denjenigen nach NMRA RP 9.1.1 (Revisionsstand: August 1994).

	Normen Europäischer Modellbahnen	**NEM**
[MOROP logo]	**Kupplungen** **Allgemeines, Bezeichnungen**	**351** Seite 1 von2
Dokumentation		**Ausgabe 1994** (ersetzt Ausgabe 1979)

1. Allgemeines

Kupplungen dienen zum Verbinden von Fahrzeugen. Jeweils zwei zusammenwirkende Kupplungen bilden ein Kupplungspaar. Beide Glieder sind in der Regel gleichartig ausgebildet. Bei ungleichartigen Gliedern kommt das Kuppeln nur bei richtiger Paarung zustande.

Die Nachbildung der Schraubenkupplung des europäischen Vorbildes ist für den Modellbahnbetrieb schlecht geeignet, da sie nur Zugkräfte übertragen und nur von Hand eingehängt und gelöst werden kann.

Bei Modellbahnen werden meistens Kupplungen verwendet, die Zug- und Druckkräfte übertragen.

Das **Kuppeln** erfolgt in der Regel automatisch durch Zusammenschieben der Fahrzeuge. **Entkuppelt** wird von Hand oder durch eine an bestimmten Stellen des Gleises angebrachte Entkupplungsvorrichtung. Falls entsprechende mechanische oder elektromagnetische Einrichtungen im Fahrzeug vorhanden sind, ist auch ein Entkuppeln an jeder beliebigen Stelle der Anlage möglich.

Die Kupplungen können mit Zusatzeinrichtungen versehen sein, die ein Entkuppeln durch die Entkupplungsvorrichtung nur vorbereiten. Die Fahrzeuge werden erst durch Ändern der Fahrtrichtung oder durch Abstoßen getrennt. Solche Kupplungen werden als "Kupplungen mit **Vorentkupplung**" bezeichnet.

2. Funktionsgruppen

1. Kupplungskopf mit Ansatz
2. Kupplungsaufnahme
3. Kupplungsschaft
4. Kupplungshalterung

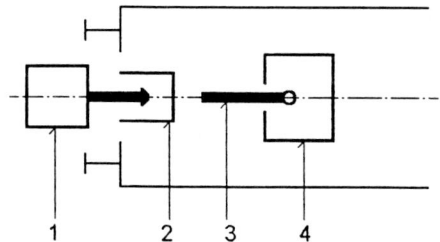

1   2   3   4

Die dargestellten Funktionsgruppen 1. bis 3. können in der schematisch dargestellten Form, in festen Gruppen, oder mit einer höhen- bzw. längenverstellbaren Einrichtung ausgeführt sein.

Wird der Kupplungsschaft durch eine kinematische Führung gesteuert, z.B. nach NEM 352, ist **Kurzkuppeln** möglich. Kurzkupplungen lassen ein Fahren mit Pufferberührung im geraden Gleis zu. Sie bewirken, daß sich beim Einlaufen in Gleisbögen die Stirnflächen der Fahrzeuge entfernen. Für die Kurzkupplung eignen sich nur Kupplungsformen, die im gekuppelten Zustand eine gegen Ausknicken steife Verbindung bilden.

	Normen Europäischer Modellbahnen **Elektrische Schnittstelle** **Ausführung Mittel, zweireihig (M/a)**	**NEM** **652** <small>Seite 1 von 1</small>

Empfehlung   **Ausgabe 1995**

Basierend auf Festlegungen in NEM 650 ist die Schnittstelle der Ausführung Mittel, zweireihig (M/a) wie folgt definiert:
Sie ist einzusetzen bei Fahrzeugen mit Permanentmagnetmotor.

Kontaktbelegung und funktionelle Zuordnung der Kabelfarben

Kontakt 1	Motoranschluß 1	orange
Kontakt 2	Beleuchtung hinten (-)	gelb
Kontakt 3	ohne Belegung *	
Kontakt 4	Stromabnahme links	schwarz
Kontakt 5	Motoranschluß 2	grau
Kontakt 6	Beleuchtung vorn (-)	weiß
Kontakt 7	Gemeinsamer Leiter für Beleuchtung (+)	blau
Kontakt 8	Stromabnahme rechts	rot

```
1   8
2   7
3   6
4   5
```

* Der Kontakt 3 kann frei bleiben oder für eine Zusatzfunktion verwendet werden. Eine Belegung durch den Hersteller ist auf jeden Fall zu dokumentieren. Wird er mit einer Sonderfunktion belegt, ist unbedingt eine Kurzschlußsicherung (Schutzdiode) gegen Verpolung einzubauen um Schäden zu vermeiden.

Piktogramm:

Fahrzeuge mit werkseitig eingebauter Schnittstelle sollen auf der Verpackung deutlich mit den Kennbuchstaben M/a und dem nebenstehenden Piktogramm gekennzeichnet werden.

Hinweis:

Schnittstellen nach diesem Normblatt entsprechen vollumfänglich denjenigen nach NMRA RP 9.1.1 (Revisionsstand: August 1994)

	Normen Europäischer Modellbahnen	**NEM**
MOROP	**Elektrische Schnittstelle** **Ausführung Mittel, einreihig (M/b)**	**653** Seite 1 von 1
Empfehlung		Ausgabe 1995

Basierend auf Festlegungen in NEM 650 ist die Schnittstelle der Ausführung Mittel, einreihig (M/b) wie folgt definiert:
Sie ist einzusetzen bei Fahrzeugen mit Motoren mit Feldwicklungen.

Kontaktbelegung und funktionelle Zuordnung der Kabelfarben:

Kontakt 1	ohne Belegung *		
Kontakt 2	Beleuchtung vorn (-)	weiss	
Kontakt 3	Feldwicklung vorwärts	orange	
Kontakt 4	Stromabnahme rechts	rot	
Kontakt 5	Gemeinsamer Leiter Beleuchtung/Motor (+)	blau	
Kontakt 6	Stromabnahme links	schwarz	
Kontakt 7	Feldwicklung rückwärts	grau	
Kontakt 8	Beleuchtung hinten (-)	gelb	
Kontakt 9	ohne Belegung *		

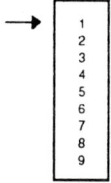

* Werden diese Kontakte mit Sonderfunktionen belegt, ist unbedingt eine Kurzschlußsicherung (Schutzdiode) gegen Verpolung einzubauen, um bei falschem Einstecken Schäden zu verhindern.

Piktogramm:

Fahrzeuge mit werkseitig eingebauter Schnittstelle sollen auf der Verpackung deutlich mit dem Kennbuchstaben M/b und dem nebenstehenden Piktogramm gekennzeichnet werden.

	Normen Europäischer Modellbahnen	**NEM**
MOROP	**Elektrische Schnittstelle** **Ausführung Groß (L)**	**654** Seite 1 von 1
Empfehlung		**Ausgabe 1995**

Basierend auf Festlegungen in NEM 650 ist die Schnittstelle der Ausführung Groß (L) wie folgt definiert:

Kontaktbelegung und funktionelle Zuordnung der Kabelfarben:

Kontakt 1	Motoranschluss 1	orange
Kontakt 2	Motoranschluß 2	grau
Kontakt 3	Stromabnahme links	schwarz
Kontakt 4	Stromabnahme rechts	rot

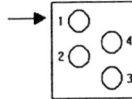

Piktogramm:

Fahrzeuge mit werkseitig eingebauter Schnittstelle sollen auf der Verpackung deutlich mit dem Kennbuchstaben L und dem nebenstehenden Piktogramm gekennzeichnet werden.

Hinweis:

Schnittstellen nach diesem Normblatt entsprechen denjenigen nach NMRA RP 9.1.1 (Revisionsstand: August 1994) .

	Normen Europäischer Modellbahnen	**NEM**
MOROP	**Ansatz am Kupplungskopf für Nenngröße N**	**357** Seite 1 von 1
Empfehlung	**Maße in mm**	**Ausgabe 1994**

1 Zweck

Diese Norm beschreibt den zur Kupplungsaufnahme nach NEM 355 gehörigen Kupplungsansatz. Als Kupplungskopf kann sowohl der Kupplungskopf nach NEM 356 als auch ein belieblger anderer verwendet werden. Die Abbildung zeigt als Ausführungsbeispiel den Kupplungskopf nach NEM 356.

2 Funktionsweise

Der Ansatz des Kupplungskopfes wird in die Aufnahme nach NEM 355 eingeklipst. Die Beweglichkeit des Kupplungskopfes nach oben ist über den Drehpunkt der seitlichen Zapfen am Ansatz gegeben.

3 Ausführung

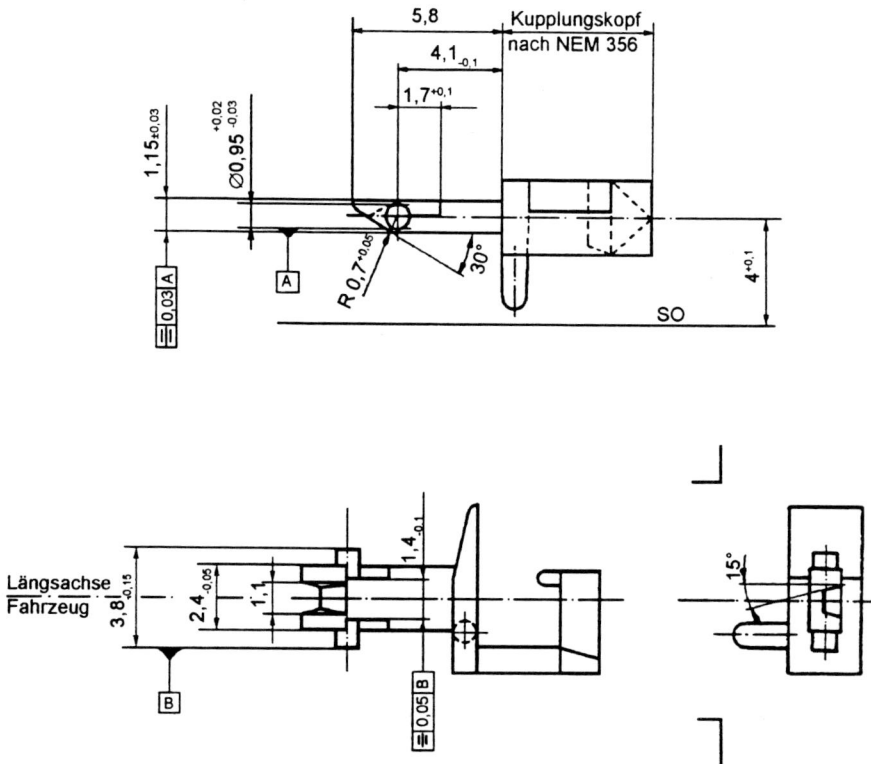

4 Rechtsvorbehalt

Bei Verwendung dieser Norm sind bestehende Schutzrechte zu beachten.

Normen Europäischer Modellbahnen	NEM
# Höchstgeschwindigkeit der Modelltriebfahrzeuge	**661**
Empfehlung	Ausgabe 1987

1 Zweck

Diese Norm bezeichnet das Verhältnis zwischen der elektrischen Speisung und der Höchstgeschwindigkeit der Modelltriebfahrzeuge.

2 Bezugswert der elektrischen Speisung

Die elektrische Größe, die die Drehzahl der Motoren steuert, ist bestimmend für diese Norm. Sie ist von der Art der Zugförderung abhängig und ihr Nennwert ist in den entsprechenden Normen festgelegt.

Als Bezugswerte werden zum Beispiel in dieser Norm betrachtet:

- der Mittelwert der Nennspannung für Gleichstromzugförderung
  (nach NEM 630),

- der Effektivwert der Nennspannung für Wechselstromzugförderung
  (nach NEM 640).

3 Verhältnis Speisung / Höchstgeschwindigkeit

Wenn der Bezugswert am Gleis erreicht ist, soll das Triebfahrzeug ohne Anhänge-last auf der horizontalen Geraden eine Geschwindigkeit erreichen, die zwischen der maßstäblich reduzierten Höchstgeschwindigkeit des Vorbilds und einer gemäß der folgenden Tabelle erhöhten Geschwindigkeit liegt.

Nenngröße	Z	N	TT	H0	S	0	≥I
Erhöhung in %	70	60	50	40	30	20	10

Die so ermittelte Höchstgeschwindigkeit gleicht den visuellen Eindruck einer scheinbar zu geringen Fahrgeschwindigkeit bei maßstäblicher Reduzierung aus.

Normen Europäischer Modellbahnen

Eisenbahn – Epochen

NEM 800

Empfehlung

Ausgabe 1990

1 Zweck

In der Entwicklungsgeschichte der Eisenbahn zeichnen sich deutlich Epochen ab, die durch technische Merkmale und wechselnde gesellschaftliche Strukturen gekennzeichnet sind. Die Epochen kommen sowohl im Streckenbild - z.B. im Bau- und Signalwesen - als auch in der Bauart, Farbgebung und Beschriftung der Fahrzeuge zum Ausdruck.

Modellbahn-Anlagen sollten sich hinsichtlich ihrer Thematik, der Ausstattung und des eingesetzten Fahrzeugparks einer bestimmten Epoche zuordnen lassen. Herstellern von Modellbahnen und Zubehör wird empfohlen, auf eine epochegerechte Ausführung zu achten und in ihren Angebotslisten die betreffende Epoche anzugeben.

2 Epochen – Einteilung

Bei den europäischen Eisenbahnen kann man aus der Sicht des Modelleisenbahners fünf **Epochen** unterscheiden (Tabelle), die sich in der Regel aber nicht scharf abgrenzen lassen; vielmehr sind die Übergänge fließend und auf Teilgebieten unterschiedlich.

Zahlreiche zwischenzeitliche Veränderungen im Erscheinungsbild der Eisenbahnen erfordern eine weitere Unterteilung in **Perioden**, deren Abgrenzung aber nur auf einzelne Länder oder Bahnverwaltungen bezogen möglich ist.

Die spezifisch länderbezogene Epochen-Abgrenzung sowie die Perioden-Einteilung werden in der Reihe NEM 801 und folgende behandelt.

Tabelle

Bezeichnung	ungefährer Zeitraum	Charakterisierung
EPOCHE I	bis 1925	Epoche des Eisenbahnbaus von den Anfängen bis zur Vollendung eines zusammenhängenden Streckennetzes. Entstehung zahlreicher Staatsbahn- und Privatbahn-Netze überwiegend regionaler Zuordnung. Entwicklung der Dampflok bis zum Abschluß ihrer Grundform. Buntes Erscheinungsbild des Fahrzeugparks. Blütezeit der Eisenbahnen durch monopolartige Stellung im Verkehrswesen.
EPOCHE II	1925 - 1945	Bildung großer Staatsbahnverwaltungen in mehreren Ländern. Weitgehende Vereinheitlichung der Bau- und Betriebsvorschriften sowie Normierung im Fahrzeugbau. Einführung des elektrischen Zugbetriebes.
EPOCHE III	1945 - 1970	Wiederaufbau und Neuorganisation des durch den Krieg in Mitleidenschaft gezogenen Eisenbahnwesens. Beginn des Traktionswechsels durch Ausbau des elektrischen und Diesel-Zugbetriebes und allmähliche Abnahme der Dampflok-Zugförderung. Entwicklung eines modernen Fahrzeugparks und neuer Signaltechnik.
EPOCHE IV	1970 - 1990	Weitgehender Abschluß der Traktionsumstellung auf elektrischen und Diesel-Zugbetrieb. Einführung eines international verbindlichen Beschriftungsschemas für Personen- und Güterwagen.
EPOCHE V	ab 1990	Entstehen von Schnellfahrnetzen. Grundlegende Überarbeitung des internationalen Beschriftungsschemas für Wagen. Werbewirksamere Farbgebung.

Normen Europäischer Modellbahnen	NEM
Anlagen-Module **Allgemeines**	**900**

Empfehlung   Ausgabe 1990

1   Definition

Module im Sinne dieser Norm sind transportable Anlagen-Teilstücke bestimmter Größe mit genormten Anschlußflächen, die sich beliebig kombinieren und zu betriebsfähigen Anlagen zusammensetzen lassen.

2   Allgemeingültige Anforderungen

2.1 Das Modul muß als verwindungssteifer Kasten ausgebildet sein.

2.2 Die Oberkante der Anschlußflächen kann eben sein oder ein Geländeprofil aufweisen. Sofern das Geländeprofil auf eine einseitige Betrachtung ausgerichtet ist, wird die dem Betrachter zugewandte Seite des Moduls mit "Südseite" oder "vorn", die entgegengesetzte Seite mit "Nordseite" oder "hinten" bezeichnet.

2.3 Die Anschlußflächen erhalten entweder 2 bis 3 Bohrungen zur Verbindung der Module mittels Schrauben und Muttern oder Paßstifte sowie Öffnungen zum Ansetzen von Schraubzwingen. Eine weitere Öffnung dient der Kabeldurchführung.

2.4 Meßhöhe ist das Planum (Auflagefläche des Schotterbetts - vgl. NEM 122/123). Es soll entweder 100 cm (für sitzende Bedienung; Ausstellungsanlagen) oder 130 cm (für stehende Bedienung; Cluban-lagen) über dem Fußboden liegen.

2.5 Die Standbeine der Module sind abnehmbar oder klappbar zu gestalten und sollen eine Verstellbarkeit aufweisen, die einen Höhenunterschied von ± 2,5 cm ausgleichen kann.

2.6 Die Unterseite des Moduls soll eben sein, um auch eine Auflage auf Tischen zu ermöglichen.

3   Größe und Form der Module

3.1 Die Breite des Moduls wird in der Regel durch die genormte Anschlußfläche bestimmt. Die Länge des Moduls soll ein Vielfaches der Breite betragen und wird meist durch die verfügbaren Transportmög-lichkeiten bestimmt.

3.2 Man unterscheidet Streckenmodule (Gerade und Bogen), Bahnhofs-, Übergangs- und Verzweigungsmodule.

Bahnhofsmodule können abweichende Größenabmessungen haben, doch muß die Anschlußfläche zum Streckenmodul der Norm entsprechen.

Übergangsmodule stellen die Verbindung zwischen verschiedenen Modul-Systemen oder zu Modulen mit nicht der Norm entsprechenden Anschlußflächen dar.

Bei den nachstehend dargestellten Ausführungsbeispielen sind die genormten Anschlußflächen (A) durch einen Doppelstrich angedeutet.

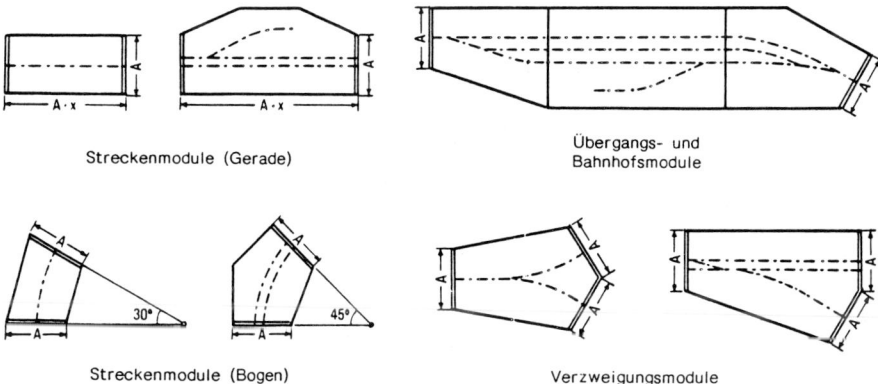

Streckenmodule (Gerade)

Übergangs- und
Bahnhofsmodule

Streckenmodule (Bogen)

Verzweigungsmodule

4   Ausführung der Module

Die Normen der Reihe NEM 910 bis 999 enthalten Beschreibungen der gebräuchlichen Modul-Systeme für die verschiedenen Nenngrößen mit näheren Angaben über die Ausführung der Module, die Gestal-tung der Anschlußflächen sowie die elektrische Ausrüstung. Die Zusatzbuchstaben bezeichnen das Land, in dem die betreffende Modul-Norm entwickelt wurde.

Wir schreiben über mehr als Dampf!

Spannende Abenteuer mit der Eisenbahn, computergesteuerte Modellbahn-Tests, originelle Werkstatt-Tips, einmalige Fotos, Geschichten von Menschen und Maschinen – bei uns finden Sie alles, was Modell und Vorbild an Faszination bieten.

Bilden Sie sich bitte selbst ein Urteil. Wir schicken Ihnen umgehend ein Probeheft. Das verpflichtet zu nichts und kostet nichts (außer Porto für die Postkarte oder die Telefon- bzw. Faxgebühr).

Also gleich anfordern.

MODELLEISENBAHNER
Pietsch + Scholten Verlag
Postfach 103743, D-70032 Stuttgart
Olgastraße 86, D-70180 Stuttgart
Telefon (0711) 2108078
Fax (0711) 2360415 oder (0711) 2108082